洛阳统计年鉴

LuoYang Statistical Yearbook

2017

总第 26 期

洛阳市统计局编

中国统计出版社
China Statistics Press

图书在版编目(CIP)数据

洛阳统计年鉴. 2017 / 洛阳市统计局编. ——北京 :
中国统计出版社, 2017.10
ISBN 978-7-5037-8327-2

Ⅰ. ①洛… Ⅱ. ①洛… Ⅲ. ①统计资料-洛阳市-
2017-年鉴 Ⅳ. ①C832.613-54

中国版本图书馆 CIP 数据核字(2017)第 217639 号

洛阳统计年鉴-2017

作　　者 / 洛阳市统计局
责任编辑 / 陈越月
装帧设计 / 杨中岳
出版发行 / 中国统计出版社
地　　址 / 北京市丰台区西三环南路甲 6 号
邮　　编 / 100073
电　　话 / 邮购(010)63376909　书店(010)68783171
网　　址 / http://csp.stats.gov.cn
印　　刷 / 洛阳市统计局印刷厂
经　　销 / 新华书店
开　　本 / 880mm×1240mm　1/16
字　　数 / 136 万字
印　　张 / 40
版　　别 / 2017 年 10 月第 1 版
版　　次 / 2017 年 10 月第 1 次印刷
定　　价 / 260.00 元

《洛阳统计年鉴－2017》编委会
和编辑部人员名单

编 辑 说 明

一、《洛阳统计年鉴－2017年》（以下简称《年鉴》）是一部全面、系统、翔实地记载和反映2016年洛阳市国民经济和社会事业发展情况的大型文献史料和信息密集的综合性工具书。

二、为适应改革开放新形势和市场经济发展的要求，满足社会各界认识和了解洛阳的市情市力，研究全市社会经济发展情况的需要，本《年鉴》录入了一些工业、投资和施工企业情况表。与此同时，对编辑工作也进行了必要的改进，使之更加合理、适用。为便于查阅，特将主要统计指标解释置于各专业统计资料之前。

三、《年鉴》由以下四个部分组成：

（一）要文专载：内容包括2016年全市国民经济和社会发展统计公报；政府工作报告；国民经济和社会发展计划执行情况报告；财政预算执行情况报告等。

（二）统计资料：内容包括：1. 综合；2. 人口与劳动力；3. 工业；4. 农村经济；5. 固定资产投资和建筑业；6. 交通和邮电业；7. 批发和零售业、住宿和餐饮业；8. 能源消费与库存；9. 外经和旅游业；10. 财政税收和金融保险业；11. 社会与科技事业；12. 人民生活和物价；13. 其它统计资料。

（三）附录：内容包括全国、全省2016年国民经济和社会发展统计公报。

四、使用本《年鉴》请注意以下几点：

（一）由于统计制度的变动，编辑本《年鉴》时，对以往年份的统计资料均按现行统计制度做了必要的订正。过去所有统计资料凡与本《年鉴》有出入的，均以本《年鉴》为准。

（二）本《年鉴》统计资料表式中的一些符号说明：

“#”表示其中项；

“空格”表示数字不详或无该项数据；

（三）由于“要文专载”中的文件发表较早，文中部分数字与“统计资料”表中会有出入，使用时均以“统计资料”表中数字为准。

五、本《年鉴》编辑中，得到中国统计出版社、河南省统计局、市政府办公室、市财政、金融、税务、保险等有关部门的热情帮助和大力支持，在此，谨致谢意。由于时间仓促，业务水平有限，缺点和差错在所难免，恳请广大读者批评指正。

目　　录

要文专载

洛阳市 2016 年国民经济与社会发展统计公报 …………… 3
洛阳市政府工作报告 ……………………………………… 8
关于洛阳市 2016 年国民经济和社会发展计划执行情况与 2017 年国民经济和社会发展计划（草案）的报告 …………………………………………………… 15
关于洛阳市 2016 年预算执行情况和 2017 年财政预算（草案）的报告 ……………………………………… 20

统计资料

一、综　合

1－1 行政区划（2016 年） ………………………………… 31
1－2 分县（市、区）乡、镇、办事处一览表（2016 年） …… 32
1－3 洛阳市主要统计指标增速居全省位次 …………… 33
1－4 洛阳市主要统计指标占全省比重 ………………… 34
1－5 国民经济和社会事业主要指标 …………………… 35
1－6 国民经济和社会事业发展指数 …………………… 37
1－7 按登记注册类型分二、三产业法人单位、产业活动单位数（2016 年） ……………………………………… 39
1－8 按地区分法人单位、产业活动单位数（2016 年） … 40
1－9 按三次产业及国民经济行业分组的法人单位及产业活动单位数（2016 年） ………………………………… 41
1－10 全市法人单位人员情况表（2016 年） …………… 45
1－11 生产总值发展情况（按当年价格计算）…………… 50
1－12 生产总值指数 ……………………………………… 51
1－13 生产总值构成表 …………………………………… 53
1－14 生产总值及构成（2016 年） ……………………… 54
1－15 生产总值构成项目（2016 年） …………………… 55
1－16 社会总产出（2016 年） …………………………… 56
1－17 分县（市）生产总值构成（2016 年） …………… 57
1－18 分县（市）生产总值指数及构成（2016 年） ……… 60
1－19 分县（市）生产总值构成项目（2016 年） ………… 61
1－20 分县（市）支出法计算的生产总值（2016 年） …… 62
1－21 按支出法计算的生产总值（2016 年） …………… 63
1－22 资本形成总额（2016 年） ………………………… 64
1－23 最终消费（2016 年） ……………………………… 65
1－24 居民消费水平 ……………………………………… 66

二、人口与劳动力

2－1 全市人口、劳动就业总量与指数 ………………… 71
2－2 分县（市、区）人口与劳动就业总量（2016 年） …… 73
2－3 年末总户数 ………………………………………… 75
2－4 年末总人口数 ……………………………………… 76
2－5 年末常住人口数 …………………………………… 77
2－6 年末男性人口数 …………………………………… 78
2－7 年末女性人口数 …………………………………… 79
2－8 人口自然变动情况（2016 年） …………………… 80
2－9 按城乡划分的全社会从业人员（2016 年） ………… 81
2－10 按登记注册类型分组的城镇非私营单位从业人员（2016 年） ……………………………………… 84
2－11 分县（市、区）城镇非私营单位从业人员（2016 年）…………………………………………………… 85
2－12 按登记注册类型分组的城镇非私营单位在岗职工人数（2016 年） ………………………………… 86
2－13 分县（市、区）城镇非私营单位在岗职工人数（2016 年） ……………………………………… 87
2－14 按登记注册类型分组的城镇非私营单位从业人员劳动报酬（2016 年） ………………………………… 88
2－15 分县（市、区）城镇非私营单位从业人员劳动报酬（2016 年） ……………………………………… 89
2－16 按登记注册类型分组的城镇非私营单位在岗职工工资总额（2016 年） ……………………………… 90
2－17 分县（市、区）城镇非私营单位在岗职工工资总额（2016 年） ……………………………………… 91
2－18 按登记注册类型分组的城镇非私营单位就业人员

年平均工资 …………………………………………… 92
2－19 分县(市、区)城镇非私营单位就业人员年平均工资(2016 年) …………………………………………… 93
2－20 按登记注册类型分组社会保险基本情况 ………… 94
2－21 失业、医疗、工伤社会保险基本情况 …………… 95

三、工　业

3－1 分县(市、区)规模以上工业总产值、销售产值、增加值(2016 年) …………………………………………… 101
3－2 全市规模以上工业分行业总产值、销售产值、增加值(2016 年) …………………………………………… 103
3－3 全市高技术产业分行业总产值、销售产值、增加值(2016 年) …………………………………………… 104
3－4 分县(市、区)高技术产业总产值、销售产值、增加值(2016 年) …………………………………………… 105
3－5 全市规模以上工业企业分类型指标(一)(2016 年) …………………………………………… 106
3－6 全市规模以上工业企业分类型指标(二)(2016 年) …………………………………………… 108
3－7 全市规模以上工业企业分类型指标(三)(2016 年) …………………………………………… 110
3－8 全市规模以上工业企业分类型指标(四)(2016 年) …………………………………………… 112
3－9 全市规模以上工业企业分类型指标(五)(2016 年) …………………………………………… 114
3－10 全市规模以上工业企业分类型指标(六)(2016 年) …………………………………………… 116
3－11 全市规模以上工业企业分行业指标(一)(2016 年) …………………………………………… 118
3－12 全市规模以上工业企业分行业指标(二)(2016 年) …………………………………………… 119
3－13 全市规模以上工业企业分行业指标(三)(2016 年) …………………………………………… 120
3－14 全市规模以上工业企业分行业指标(四)(2016 年) …………………………………………… 121
3－15 全市规模以上工业企业分行业指标(五)(2016 年) …………………………………………… 122
3－16 全市规模以上工业企业分行业指标(六)(2016 年) …………………………………………… 123
3－17 全市国有控股工业企业分行业指标(一)(2016 年) …………………………………………… 124
3－18 全市国有控股工业企业分行业指标(二)(2016 年) …………………………………………… 125
3－19 全市国有控股工业企业分行业指标(三)(2016 年) …………………………………………… 126
3－20 全市国有控股工业企业分行业指标(四)(2016 年) …………………………………………… 127
3－21 全市国有控股工业企业分行业指标(五)(2016 年) …………………………………………… 128
3－22 全市国有控股工业企业分行业指标(六)(2016 年) …………………………………………… 129
3－23 全市规模以上集体工业企业分行业指标(一)(2016 年) …………………………………………… 130
3－24 全市规模以上集体工业企业分行业指标(二)(2016 年) …………………………………………… 131
3－25 全市规模以上集体工业企业分行业指标(三)(2016 年) …………………………………………… 132
3－26 全市规模以上集体工业企业分行业指标(四)(2016 年) …………………………………………… 133
3－27 全市规模以上集体工业企业分行业指标(五)(2016 年) …………………………………………… 134
3－28 全市规模以上集体工业企业分行业指标(六)(2016 年) …………………………………………… 135
3－29 全市规模以上“三资”工业企业分行业指标(一)(2016 年) …………………………………………… 136
3－30 全市规模以上“三资”工业企业分行业指标(二)(2016 年) …………………………………………… 137
3－31 全市规模以上“三资”工业企业分行业指标(三)(2016 年) …………………………………………… 138
3－32 全市规模以上“三资”工业企业分行业指标(四)(2016 年) …………………………………………… 139
3－33 全市规模以上“三资”工业企业分行业指标(五)(2016 年) …………………………………………… 140
3－34 全市规模以上“三资”工业企业分行业指标(六)(2016 年) …………………………………………… 141
3－35 全市规模以上非公有制工业企业分行业指标(一)(2016 年) …………………………………………… 142
3－36 全市规模以上非公有制工业企业分行业指标(二)(2016 年) …………………………………………… 143
3－37 全市规模以上非公有制工业企业分行业指标(三)(2016 年) …………………………………………… 144
3－38 全市规模以上非公有制工业企业分行业指标(四)(2016 年) …………………………………………… 145
3－39 全市规模以上非公有制工业企业分行业指标(五)

(2016 年) …………………………………………… 146
3－40 全市规模以上非公有制工业企业分行业指标(六)
(2016 年) …………………………………………… 147
3－41 分县(市、区)规模以上工业企业指标(一)
(2016 年) …………………………………………… 148
3－42 分县(市、区)规模以上工业企业指标(二)
(2016 年) …………………………………………… 149
3－43 分县(市、区)规模以上工业企业指标(三)
(2016 年) …………………………………………… 150
3－44 分县(市、区)规模以上工业企业指标(四)
(2016 年) …………………………………………… 151
3－45 分县(市、区)规模以上工业企业指标(五)
(2016 年) …………………………………………… 152
3－46 分县(市、区)规模以上工业企业指标(六)
(2016 年) …………………………………………… 153
3－47 分县(市、区)国有控股工业企业指标(一)
(2016 年) …………………………………………… 154
3－48 分县(市、区)国有控股工业企业指标(二)
(2016 年) …………………………………………… 155
3－49 分县(市、区)国有控股工业企业指标(三)
(2016 年) …………………………………………… 156
3－50 分县(市、区)国有控股工业企业指标(四)
(2016 年) …………………………………………… 157
3－51 分县(市、区)国有控股工业企业指标(五)
(2016 年) …………………………………………… 158
3－52 分县(市、区)国有控股工业企业指标(六)
(2016 年) …………………………………………… 159
3－53 分县(市、区)规模以上集体工业企业指标(一)
(2016 年) …………………………………………… 160
3－54 分县(市、区)规模以上集体工业企业指标(二)
(2016 年) …………………………………………… 161
3－55 分县(市、区)规模以上集体工业企业指标(三)
(2016 年) …………………………………………… 162
3－56 分县(市、区)规模以上集体工业企业指标(四)
(2016 年) …………………………………………… 163
3－57 分县(市、区)规模以上集体工业企业指标(五)
(2016 年) …………………………………………… 164
3－58 分县(市、区)规模以上集体工业企业指标(六)
(2016 年) …………………………………………… 165
3－59 分县(市、区)规模以上“三资”工业企业指标(一)
(2016 年) …………………………………………… 166
3－60 分县(市、区)规模以上“三资”工业企业指标(二)
(2016 年) …………………………………………… 167
3－61 分县(市、区)规模以上“三资”工业企业指标(三)
(2016 年) …………………………………………… 168
3－62 分县(市、区)规模以上“三资”工业企业指标(四)
(2016 年) …………………………………………… 169
3－63 分县(市、区)规模以上“三资”工业企业指标(五)
(2016 年) …………………………………………… 170
3－64 分县(市、区)规模以上“三资”工业企业指标(六)
(2016 年) …………………………………………… 171
3－65 分县(市、区)规模以上非公有制工业企业指标(一)
(2016 年) …………………………………………… 172
3－66 分县(市、区)规模以上非公有制工业企业指标(二)
(2016 年) …………………………………………… 173
3－67 分县(市、区)规模以上非公有制工业企业指标(三)
(2016 年) …………………………………………… 174
3－68 分县(市、区)规模以上非公有制工业企业指标(四)
(2016 年) …………………………………………… 175
3－69 分县(市、区)规模以上非公有制工业企业指标(五)
(2016 年) …………………………………………… 176
3－70 分县(市、区)规模以上非公有制工业企业指标(六)
(2016 年) …………………………………………… 177
3－71 全市主要工业产品产量 …………………………… 178

四、农村经济

4－1 农村经济发展情况 ……………………………… 185
4－2 农村经济发展指数 ……………………………… 186
4－3 农林牧渔业总产值发展情况 …………………… 187
4－4 农林牧渔业总产值发展指数 …………………… 188
4－5 主要农产品发展情况 …………………………… 189
4－6 主要农产品发展指数 …………………………… 193
4－7 农村经济主要人均指标发展情况 ……………… 197
4－8 农村经济主要人均指标发展指数 ……………… 198
4－9 分县(市、区)农村经济基本情况(2016 年) ……… 199
4－10 农业生产条件(2016 年) ……………………… 201
4－11 分县(市、区)渔业生产情况(2016 年) ………… 203
4－12 分县(市、区)农林牧渔业总产值(2016 年) …… 204
4－13 分县(市、区)农林牧渔业增加值(2016 年) …… 206
4－14 农作物播种面积和产量(2016 年) …………… 208
4－15 全市主要农作物播种面积构成(2016 年) ……… 219
4－16 水果生产情况(2016 年) ……………………… 221
4－17 林业生产情况(2016 年) ……………………… 223
4－18 主要畜禽年末存栏数量(2016 年) …………… 226

4－19 牲畜出栏和畜禽产品产量(2016 年) …………… 228
4－20 农村经济主要指标人均水平(2016 年) ………… 230
4－21 全市农林牧渔业总产值及构成(按当年价计算)…… …………………………………………………………… 233
4－22 分县(市、区)农林牧渔业分项产值(2016 年) … 235

五、固定资产投资和建筑业

5－1 全市固定资产投资主要指标 ……………………… 243
5－2 分县(市、区)固定资产投资主要指标(2016 年) …… ………………………………………………………… 244
5－3 分县(市、区)全社会固定资产投资 …………… 246
5－4 分县(市、区)固定资产投资 …………………… 247
5－5 分县(市、区)工业固定资产投资 ……………… 248
5－6 固定资产投资完成情况综合表(2016 年) ……… 249
5－7 按国民经济行业分的固定资产投资(一)(2016 年)… ………………………………………………………… 250
5－8 按国民经济行业分的固定资产投资 (二)(2016 年) ………………………………………………………… 253
5－9 按国民经济行业分的项目个数新增固定资产 (2016 年) …………………………………………… 256
5－10 分县(市、区)固定资产项目投资完成情况(2016 年) ………………………………………………………… 259
5－11 分县(市、区)施工投产项目及新增固定资产 (2016 年) …………………………………………… 260
5－12 分县(市、区)施工竣工面积及竣工率(2016 年) …… ………………………………………………………… 261
5－13 农户固定资产投资额(2016 年) ………………… 262
5－14 固定资产投资亿元以上项目一览表(2016 年) … 266
5－15 全市房地产年报数据综合表(一)(2016 年) …… 297
5－16 全市房地产年报数据综合表(二)(2016 年) …… 302
5－17 分县(市、区)房地产开发投资完成情况(2016 年)… ………………………………………………………… 306
5－18 全市房地产施工、竣工面积及价值(2016 年)…… 308
5－19 全市商品房销售与出租情况(2016 年) ………… 309
5－20 全市建筑业生产情况(2016 年) ……………… 310
5－21 全市建筑业财务状况(2016 年) ……………… 314
5－22 全市劳务分包企业生产经营情况(2016 年) …… 322
5－23 分县(市、区)建筑业企业生产情况(2016 年) … 324
5－24 分县(市、区)建筑业企业财务状况(2016 年) … 326

六、交通和邮电业

6－1 交通运输、邮电主要指标发展情况 ……………… 335
6－2 年末机动车情况(2016 年) …………………… 336
6－3 邮电业务量 ……………………………………… 337
6－4 邮电通信企业增加值(2016 年) ……………… 338

七、批发和零售业、住宿和餐饮业

7－1 社会消费品零售总额发展情况 ………………… 343
7－2 社会消费品零售总额发展指数 ………………… 344
7－3 分县(市、区)社会消费品零售总额(2016 年) …… 345
7－4 限额以上批发零售法人企业商品购进、销售和库存 (2016 年) …………………………………………… 346
7－5 限额以上住宿业法人经营情况(2016 年) ……… 352
7－6 限额以上餐饮业法人经营情况(2016 年) ……… 353
7－7 限额以上批发和零售业商品销售类值(2016 年) …… ………………………………………………………… 354
7－8 分县(市、区)限额以上企业批发业商品购、销、存总额(2016 年) …………………………………… 355
7－9 分县(市、区)限额以上企业零售业商品购、销、存总额(2016 年) …………………………………… 356
7－10 分县(市、区)限额以上企业住宿业经营情况 (2016 年) …………………………………………… 357
7－11 分县(市、区)限额以上企业餐饮业经营情况 (2016 年) …………………………………………… 358
7－12 限额以上法人批发和零售业财务状况(2016 年) … ………………………………………………………… 359
7－13 限额以上住宿餐饮企业财务状况(2016 年) …… 387

八、能源消费与库存

8－1 能源生产情况 …………………………………… 399
8－2 能源生产、消费弹性系数 ……………………… 400
8－3 能源加工转换效率 ……………………………… 400
8－4 单位 GDP 能耗情况……………………………… 401
8－5 规模以上工业企业水消费 ……………………… 401
8－6 分县(市、区)规模以上工业综合能源消费量(当量值) ………………………………………………………… 402
8－7 规模以上工业主要能源消费情况 ……………… 403
8－8 规模以上工业主要能源消费量发展指数 ………… 404

8－9 分县(市、区)规模以上工业企业原煤消费量 …… 405
8－10 分县(市、区)规模以上工业企业电力消费量 …… 406
8－11 分县(市、区)规模以上工业企业焦炭消费量 …… 407
8－12 分县(市、区)规模以上工业企业汽油消费量 …… 408
8－13 分县(市、区)规模以上工业企业煤油消费量 …… 409
8－14 分县(市、区)规模以上工业企业柴油消费量 …… 410
8－15 分县(市、区)规模以上工业企业燃料油消费量 …… …… 411
8－16 分部门规模以上工业企业原煤消费量 …… 412
8－17 分部门规模以上工业企业电力消费量 …… 413
8－18 分部门规模以上工业企业焦炭消费量 …… 414
8－19 分部门规模以上工业企业汽油消费量 …… 415
8－20 分部门规模以上工业企业煤油消费量 …… 416
8－21 分部门规模以上工业企业柴油消费量 …… 417
8－22 分部门规模以上工业企业燃料油消费量 …… 418
8－23 分县(市、区)工业企业用水情况(取水总量)…… 419
8－24 分县(市、区)工业企业用水情况(地表水)…… 420
8－25 分县(市、区)工业企业用水情况(地下水)…… 421
8－26 分县(市、区)工业企业用水情况(自来水)…… 422
8－27 分县(市、区)工业企业用水情况(重复用水)…… 423
8－28 主要耗能工业企业单位产品能源消耗情况表 … 424
8－29 主要耗能工业企业单位产品电力消耗情况表 … 425
8－30 规模以上工业企业分行业能源消费量(一)(2016 年) …… 426
8－31 规模以上工业企业分行业能源消费量(二)(2016 年) …… 427
8－32 规模以上工业企业分行业能源消费量(三)(2016 年) …… 428
8－33 规模以上工业企业分行业能源消费量(四)(2016 年) …… 429
8－34 规模以上工业企业分行业能源消费量(五)(2016 年) …… 430
8－35 规模以上工业企业分行业能源消费量(六)(2016 年) …… 431
8－36 分县(市、区)能源购进、消费及库存(2016 年) …… …… 432
8－37 工业企业能源加工转换情况(2016 年) …… 438

九、外经和旅游业

9－1 对外经济贸易主要经济指标 …… 445
9－2 对外经济贸易发展指数 …… 446
9－3 进出口总值(2016 年) …… 447
9－4 银行结售汇情况(2016 年) …… 453
9－5 外商投资企业实际投资情况(2016 年) …… 454
9－6 新批外商投资合同(项目)(2016 年) …… 457
9－7 旅游事业发展情况 …… 458

十、财政税收和金融保险业

10－1 一般公共预算收入发展情况 …… 465
10－2 一般公共预算支出发展情况 …… 466
10－3 住户年末存款余额发展情况 …… 467
10－4 住户年末存款余额发展指数 …… 468
10－5 预算内财政收入(2016 年) …… 469
10－6 预算内财政支出(2016 年) …… 470
10－7 分县(市)一般公共预算收入(2016 年) …… 471
10－8 分县(市)一般公共预算支出(2016 年) …… 472
10－9 税收收入分级别分税种(地税局)(2016 年) …… 473
10－10 税收收入分企业类型(地税局)(2016 年) …… 474
10－11 税收收入分产业类型(地税局)(2016 年) …… 475
10－12 税收收入分级别分税种(国税局)(2016 年) … 477
10－13 税收收入分企业类型(国税局)(2016 年) …… 478
10－14 税收收入分产业类型(国税局)(2016 年) …… 479
10－15 金融机构人民币信贷收支(2016 年)…… 480
10－16 中资全国性四家大型银行人民币信贷收支(2016 年) …… 481
10－17 股份制商业银行人民币信贷收支(2016 年)…… 482
10－18 金融机构本外币信贷收支(2016 年)…… 483
10－19 农村商业银行人民币信贷收支(2016 年)…… 484
10－20 保险业务情况 …… 485

十一、社会与科技事业

11－1 全市社会事业发展情况 …… 493
11－2 文化事业基本情况(2016 年) …… 494
11－3 广播电视事业情况(2016 年) …… 494
11－4 分县(市、区)教育经费情况(2016 年) …… 495
11－5 民办学校教育基本情况(2016 年) …… 496
11－6 分学科本科学生数(2016 年) …… 497
11－7 普通高等学校分学科研究生数(2016 年) …… 498
11－8 普通高等学校专任教师分学历的人数(2016 年) … …… 499

11－9 普通中等专业学校专任教师学历情况(2016 年) ……………………………………………………… 499
11－10 技工学校数、学生数和教职工数 ……………… 500
11－11 成人学校基本情况(2016 年)………………… 500
11－12 普通中小学和幼儿园专任教师分学历的人数与构成 ……………………………………………………… 501
11－13 分县(市、区)各级普通学校生师比(2016 年) ……………………………………………………………… 502
11－14 分县(市、区)每万人口各级学校平均在校生数(2016 年) ……………………………………………… 503
11－15 分县(市、区)普通高等学校(机构)基本情况(2016 年) ……………………………………………… 504
11－16 分县(市、区)成人学校高等教育基本情况(2016 年) ……………………………………………………… 505
11－17 分县(市、区)中等职业学校基本情况(2016 年) ……………………………………………………………… 506
11－18 分县(市、区)普通中学基本情况(2016 年) …… 507
11－19 分县(市、区)普通高中基本情况(2016 年) …… 508
11－20 分县(市、区)普通初中基本情况(2016 年) …… 509
11－21 分县(市、区)小学基本情况(2016 年) ………… 510
11－22 分县(市、区)学前教育情况(2016 年) ………… 512
11－23 分县(市、区)特殊教育情况(2016 年) ………… 513
11－24 运动员在国际国内比赛成绩 …………………… 514
11－25 健身场地设施建设每年新增情况 ……………… 514
11－26 体育系统职工人数 ……………………………… 515
11－27 等级运动员、裁判员人数 ……………………… 515
11－28 卫生事业发展情况 ……………………………… 516
11－29 卫生机构、床位、人员数(2016 年)…………… 517
11－30 卫生机构各类人员 ……………………………… 518
11－31 医院床位使用情况 ……………………………… 518
11－32 医院、卫生院诊疗人次及入院人数(2016 年) … 519
11－33 分县(市、区)卫生机构情况(2016 年) ………… 520
11－34 分县(市、区)卫生事业基本情况(2016 年) …… 521
11－35 城市建设基本情况 ……………………………… 522
11－36 社会安全基本情况 ……………………………… 523
11－37 公安机关立案的刑事案件情况 ………………… 524
11－38 公安机关受理的治安案件分类情况 …………… 525
11－39 交通事故发生情况(2016 年)…………………… 526
11－40 火灾事故发生情况(2016 年)…………………… 527
11－41 环境保护基本情况 ……………………………… 528
11－42 环境基本情况 …………………………………… 529
11－43 婚姻登记情况 …………………………………… 530
11－44 收养性社会福利单位基本情况(2016 年)……… 530
11－45 社会福利事业、企业单位数和工作人员 ……… 531
11－46 由国家支出的社会福利救济主要费用情况 …… 531
11－47 规模以上工业企业研究与发展(R&D)人员分属地情况(2016 年) ………………………………………… 532
11－48 规模以上工业企业研究与发展(R&D)经费内部支出分属地情况(2016 年) ………………………………… 533
11－49 规模以上工业企业研发产出及相关分属地情况(2016 年) ……………………………………………… 534
11－50 规模以上工业企业办研发机构分属地情况(2016 年) ……………………………………………………… 535
11－51 科技活动人员情况(2016 年)…………………… 536
11－52 研究与发展(R&D)情况(2016 年) …………… 537
11－53 科技活动机构情况(2016 年)…………………… 538

十二、人民生活和物价

12－1 城镇居民人均收支发展情况 …………………… 543
12－2 城镇居民人均可支配收入情况 ………………… 544
12－3 城镇居民人均可支配收入发展指数 …………… 545
12－4 城镇居民人均消费性支出情况 ………………… 546
12－5 农村居民人均收支发展情况 …………………… 547
12－6 农村居民人均收入情况 ………………………… 548
12－7 农村居民人均收入发展指数 …………………… 549
12－8 农村居民人均消费支出情况 …………………… 550
12－9 农村居民人均消费支出发展指数 ……………… 551
12－10 居民消费价格指数(2016 年)…………………… 552
12－11 商品零售价格指数(2016 年)…………………… 555

十三、其它统计资料

13－1 河南省及各省辖市主要统计指标(2016 年) …… 561

附　　录

中华人民共和国 2016 年国民经济和社会发展统计公报 ……………………………………………… 577
2016 年河南省国民经济和社会发展统计公报 ………… 589

中国统计出版社最新统计资料书简目

要文专载

SPECIAL　REPORT

洛阳市 2016 年国民经济与社会发展统计公报

洛阳市统计局

（2017 年 3 月 31 日）

2016 年，洛阳市上下紧紧围绕"9＋2"工作布局和"四高一强一率先"奋斗目标，积极推进供给侧结构性改革，统筹稳增长、促改革、调结构、强基础、惠民生、防风险各项工作，经济运行呈现出"总体平稳、稳中有进、稳中有新、稳中向好"的良好态势，经济社会保持平稳健康发展。

一、综　合

初步核算，全年全市生产总值[1] 3782.9 亿元，按可比价计算，比上年增长 8.6%。其中，第一产业增加值 234.0 亿元，增长 4.4%；第二产业增加值 1805.5 亿元，增长 7.6%，其中工业增加值 1553.7 亿元，增长 8.2%；第三产业增加值 1743.4 亿元，增长 10.4%。三次产业结构为 6.2∶47.7∶46.1。人均生产总值达 55860 元。

图 1：2010 年以来生产总值及增速

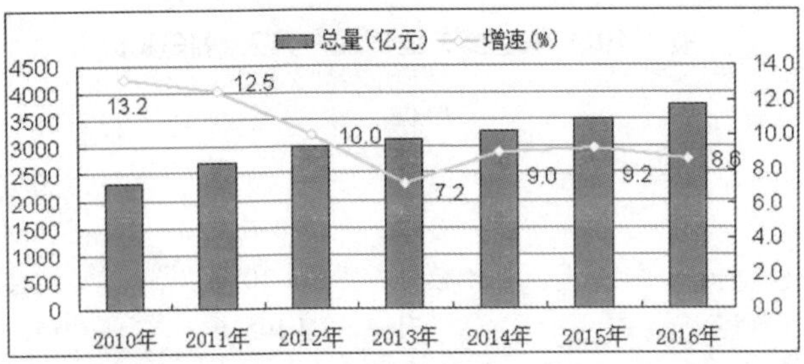

图 2：2010 年以来三次产业增加值占生产总值比重（%）

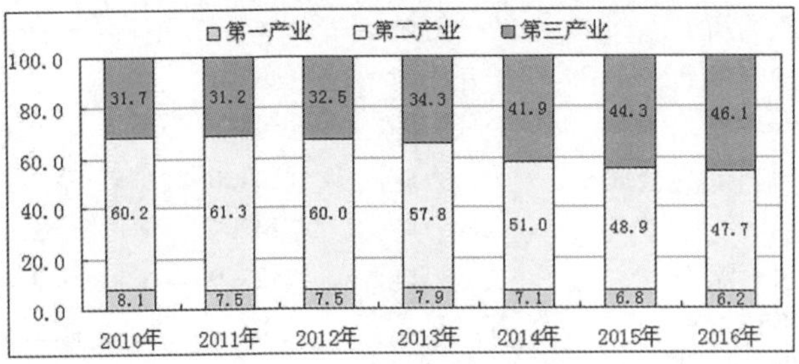

年末总人口 705.11 万人，其中市区人口 198.96 万人；年末常住人口 680.10 万人，其中城镇常住人口 369.63 万人，城镇化率为 54.35%。全年出生人口 9.17 万人，出生率 12.40‰；死亡人口 4.18 万人，死亡率 5.84‰；自然变动净增人口 4.99 万人，自然增长率 6.56‰。

表 1：2016 年年末人口数及构成

指　标	年末数（万人）	比重（%）
年末总人口	705.11	—
常住人口	680.10	100.00
# 城镇	369.63	54.35
乡村	310.47	45.65
# 男性	347.57	51.11
女性	332.53	48.89
# 0—14 岁（含不满 15 周岁）	124.74	18.34
15—64 岁（含不满 65 周岁）	492.28	72.38
65 岁及以上	63.08	9.28

全年居民消费价格比上年上涨 1.7%。其中食品烟酒类价格上涨 3.4%，仍是影响总指数上涨的主要动力。

图 3：2016 年居民消费价格月度同比涨幅（%）

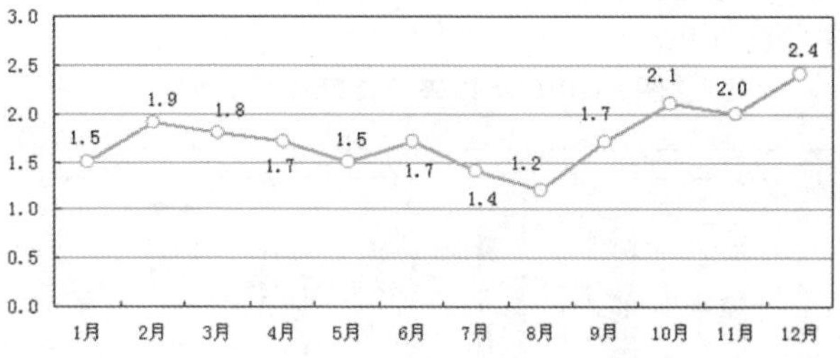

表 2：2016 年居民消费价格指数（CPI）

以上年为 100

项　　目	指　数
居民消费价格指数（CPI）	101.7
食品烟酒	103.4
粮食	99.1
畜肉	111.5
鲜菜	111.3
衣着	100.0
居住[2]	100.7
生活用品及服务	101.2
交通和通信	98.1
教育文化和娱乐	100.0
医疗保健	107.4
其他用品和服务	104.9

据财政部门统计，全年一般公共预算收入 302.7 亿元，比上年增长 9.1%。其中税收收入 198.4 亿元，增长 6.6%，税收占一般公共预算收入的比重为 65.6%。一般公共预算支出 516.9 亿元，增长 8.0%。其中，教育支出 94.5 亿元，增长 10.2%；科学技术支出 9.3 亿元，增长 4.7%；文化体育与传媒支出 8.9 亿元，下降 4.7%；社会保障与就业支出 46.7 亿元，增长 3.5%；医疗卫生与计划生育支出 48.7 亿元，增长

10.7%。

图 4:2010 年以来一般公共预算收入及增速

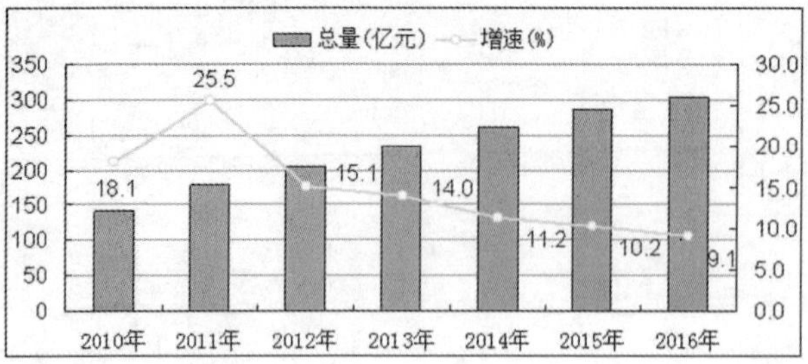

二、农　业

全年粮食播种面积 781.9 万亩,比上年增长 0.2%。其中,夏粮面积 375.2 万亩,增长 0.2%;秋粮面积 406.7 万亩,增长 0.1%。小麦种植面积 375.2 万亩,增长 0.2%;玉米种植面积 289.6 万亩,下降 1.2%。蔬菜种植面积 100.7 万亩,下降 2.3%。油料种植面积 65.6 万亩,下降 0.5%。棉花种植面积 6.1 万亩,增长 2.7%。

全年粮食产量 231.4 万吨,比上年下降 5.6%。其中,夏粮产量 114.3 万吨,下降 8.2%;秋粮产量 117.1 万吨,下降 2.9%。小麦产量 114.3 万吨,下降 8.2%;玉米产量 88.1 万吨,下降 6.0%。

图 5:2010 年以来粮食产量(万吨)

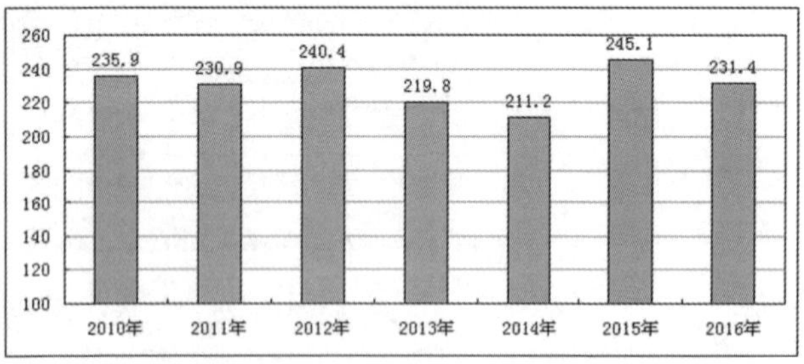

全年肉类总产量 25.4 万吨,比上年下降 7.2%。禽蛋总产量 16.2 万吨,增长 6.9%。奶类总产量 30.7 万吨,下降 31.9%。年末生猪存栏 168.7 万头,下降 5.0%;生猪出栏 233.4 万头,下降 1.4%。年末家禽存栏 2481.9 万只,增长 0.8%;家禽出栏 2144.7 万只,增长 8.4%。

表 3:2016 年主要农产品产量及增速

产品名称	单位	产量	比上年增长(%)
粮　食	万吨	231.4	-5.6
夏　粮	万吨	114.3	-8.2
秋　粮	万吨	117.1	-2.9
油　料	吨	127540	0.5
花　生	吨	88058	-1.5
油菜籽	吨	29737	5.2
芝　麻	吨	7513	4.1
棉　花	吨	5150	25.2
烟　叶	吨	57780	4.93
水　果	万吨	88.2	2.4
蔬　菜	万吨	283.1	-3.4
食用菌(干重)	吨	61959	-21.5

年末农业机械总动力 516.9 万千瓦,农用拖拉机 19.31 万台,农村用电量 23.99 亿千瓦时,化肥施用量(折纯)24.68 万吨。

三、工　业

全年规模以上工业增加值[③] 1418.7 亿元,比上年增长 8.9%。在规模以上工业增加值中,分经济类型看,国有企业增加值下降 10.9%,集体企业增长 18.7%,股份制企业增长 9.8%,外商及港澳台商投资企业增长 5.5%;分门类看,采矿业下降 10.4%,制造业增长 11.4%,电力、热力、燃气及水生产和供应业下降 0.5%。

图 6:2010 年以来规模以上工业增加值及增速

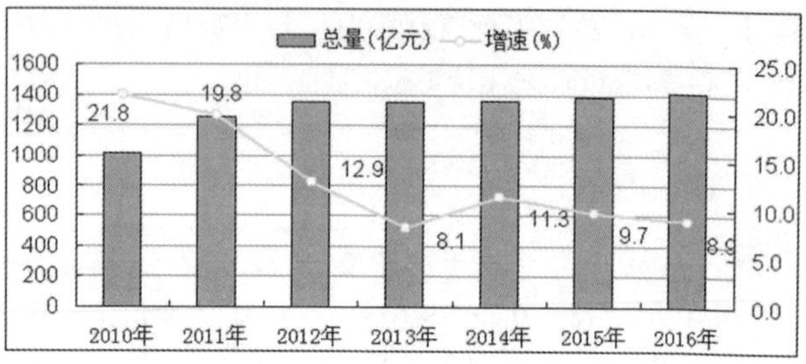

全年非公有制工业增加值增长 12.5%,占规模以上工业的 75.94%;高技术企业增加值增长 18.5%,占规模以上工业的 3.55%;高成长性制造业增加值增长 13.8%,占规模以上工业的 45.41%;高耗能行业增加值增长 3.0%,占规模以上工业的 38.58%。

表 4:2016 年主要工业产品产量及增长速度

产品名称	单位	产量	比上年增长(%)
纱	万吨	1.9	6.5
布	万米	4038.9	16.3
化学纤维	万吨	10.4	13.5
饮料酒	千升	260165.6	15.9
卷　烟	亿支	122.0	-3.5
摩托车	万辆	58.7	-1.8
原油加工量	万吨	564.4	23.6
发电量	亿千瓦小时	433.1	-7.3
钢	万吨	23.6	10.6
10 种有色金属	万吨	144.0	3.6
铝	万吨	142.9	3.7
水　泥	万吨	727.9	-3.3
平板玻璃	万重量箱	565.9	-22.9
轴承	万套	18123.0	-0.3
耐火材料	万吨	1095.3	7.6
化肥(折纯量)	万吨	6.5	-53.7
大中型拖拉机	台	74726	-10.5
黄　金	千克	11508.8	9.5

全年规模以上工业企业主营业务收入 7292.6 亿元,比上年增长 7.8%;利税总额 459.6 亿元,增长 16.7%;利润总额 254.5 亿元,增长 22.0%;亏损企业 134 家,亏损面为 7.3%,亏损企业亏损额 47.3 亿元,下降 32.7%。年末产成品库存 154.4 亿元,增长 1.9%;应收账款 481.1 亿元,增长

5.7%。

全年产业集聚区规模以上工业增加值938.6亿元，比上年增长10.2%，占全市规模以上工业增加值的66.2%。

四、固定资产投资

全年固定资产投资（不含农户）4082.7亿元，增长15.4%。

图7:2010年以来固定资产投资及增速

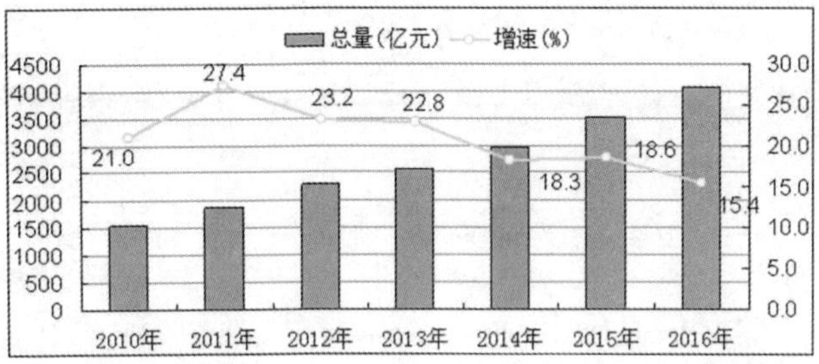

在固定资产投资中，第一产业投资238.8亿元，增长19.5%；第二产业投资1836.8亿元，增长10.9%；第三产业投资2007.1亿元，增长19.4%。民间投资3380.0亿元，增长11.8%，占固定资产投资比重为82.8%。

图8:2016年民间投资月度累计增速(%)

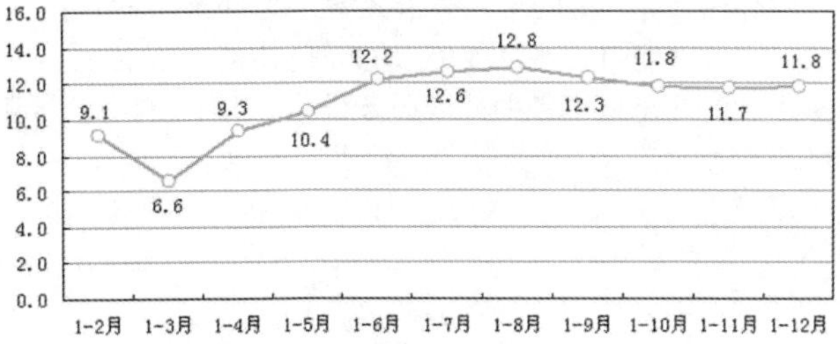

表5:2016年各行业固定资产投资及增速

行业	投资额（亿元）	比上年增长%
合计	4082.7	15.4
农林牧渔业	269.2	14.4
采矿业	129.7	45.1
制造业	1537.9	5.1
电力、热力、燃气及水生产和供应业	171.5	55.4
建筑业	0.0	—
批发和零售业	135.6	46.8
交通运输、仓储和邮政业	179.5	57.8
住宿和餐饮业	67.1	10.5
信息传输、软件和信息技术服务业	47.7	36.8
金融业	1.0	-75.5
房地产业	634.2	-2.6
租赁和商务服务业	44.3	104.1
科学研究和技术服务业	19.6	26.1
水利、环境和公共设施管理业	559.9	42.1
居民服务、修理和其他服务业	30.1	-48.9
教育	60.7	11.2
卫生和社会工作	83.8	27.9
文化、体育和娱乐业	100.5	55.8
公共管理、社会保障和社会组织	10.3	51.9

全年房地产开发投资372.5亿元，比上年增长11.6%，其中住宅投资265.0亿元，增长14.0%。房屋施工面积4767.0万平方米，增长1.6%，其中住宅3367.4万平方米，增长1.1%。房屋竣工面积367.2万平方米，下降34.1%，其中住宅255.0万平方米，下降37.7%。商品房销售面积770.4万平方米，增长12.1%，其中住宅665.0万平方米，增长9.3%。商品房销售额350.1亿元，增长18.4%，其中住宅291.8亿元，增长20.3%。

全年固定资产投资在建项目（不含房地产开发）2673个，实际完成投资3710.2亿元。其中，亿元以上项目1091个，实际完成投资2930.7亿元。

全年产业集聚区固定资产投资1973.3亿元，比上年增长15.2%，占全市固定资产投资的48.3%。

五、国内贸易

全年社会消费品零售总额1807.4亿元，比上年增长12.6%。分城乡看，城镇零售额1575.7亿元，增长12.5%；乡村零售额231.7亿元，增长13.1%。分行业看，批发和零售业零售额1513.8亿元，增长12.2%；住宿和餐饮业零售额293.6亿元，增长15.0%。

图9:2010年以来社会消费品零售总额及增速

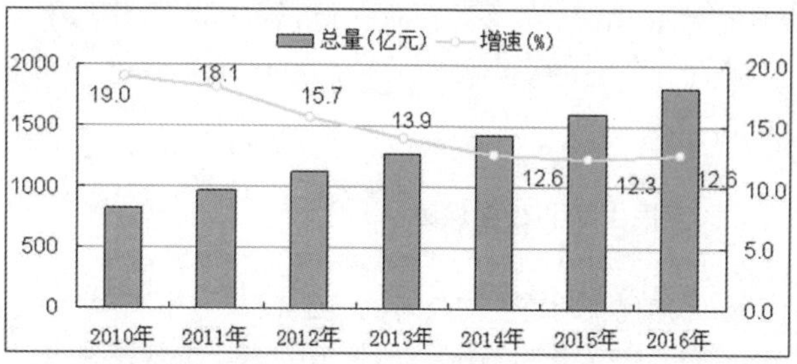

在限额以上批发零售业企业商品零售额中，粮油、食品类比上年增长25.0%，饮料类增长11.7%，烟酒类增长18.0%，服装鞋帽、针纺织品类增长25.6%，化妆品类增长8.4%，金银珠宝类增长11.6%，日用品类增长23.1%，家用电器和音像器材类增长16.0%，中西药品类增长25.3%，文化办公用品类增长28.1%，家具类增长22.6%，石油及制品类增长9.0%，建筑及装潢材料类增长24.8%，汽车类增长12.6%，体育、娱乐用品类增长46.9%。

六、对外经济

据海关统计，全年进出口总额115.83亿元，比上年下降4.6%。其中，出口总额101.27亿元，下降0.1%；进口总额14.56亿元，下降27.5%。

据商务部门统计，全年新批备案外商投资企业24家；合同利用外商投资额12.71亿美元，比上年增长175.9%；实际吸收外资26.88亿美元，增长5.3%；引进省外境内资金709.9亿元，增长7.4%。

七、交通[④]、邮电和旅游

据交通部门统计，全年公路运输货物周转量 614.48 亿吨公里，比上年增长 7.0%；货物运输量 2.20 亿吨，增长 13.0%。旅客周转量 56.77 亿人公里，增长 0.1%；旅客运输量 1.15 亿人次，增长 9.8%。民航货物吞吐量 1486.33 吨，下降 1.6%；民航旅客吞吐量 92.1 万人次，增长 27.6%。

据邮电部门统计，全年邮电业务总量 144.7 亿元，比上年增长 56.1%。其中，电信业务总量 139.4 亿元，增长 57.5%；邮政业务总量 5.3 亿元，增长 26.3%。年末本地固定电话用户 84.7 万户，下降 13.8%。年末移动电话用户 661.5 万户，增长 8.6%。年末互联网用户 478.7 万户，增长 11.7%。

据旅游部门统计，全年接待国内外游客 11420 万人次，比上年增长 9.5%，其中接待入境游客 115 万人次，增长 14.5%。旅游总收入 905 亿元，增长 15.6%，其中创汇收入 3.48 亿美元，增长 12.6%。年末共有 A 级旅游景区 41 处，其中 4A 级以上景区 23 处。年末共有星级酒店 60 家，国际国内旅行社 86 家。

八、金融和保险

据金融部门统计，年末金融机构人民币各项存款余额 4982.4 亿元，比年初增加 799.4 亿元。其中住户存款余额 2364.6 亿元，比年初增加 300.5 亿元。金融机构人民币各项贷款余额 3011.9 亿元，比年初增加 376.2 亿元。其中住户贷款余额 852.0 亿元，比年初增加 130.6 亿元。

全年保险公司保费收入 111.1 亿元，全年赔付 40.8 亿元。

九、人民生活和社会保障

全年居民人均可支配收入 20812 元，比上年增长 7.7%；居民人均消费支出 15757 元，增长 10.2%。按常住地分，城镇居民人均可支配收入 30752 元，增长 7.2%；城镇居民人均消费支出 22659 元，增长 11.5%。农村居民人均可支配收入 11457 元，增长 7.4%；农村居民人均消费支出 9261 元，增长 10.5%。

据社保部门统计，年末参加城镇职工基本养老保险人数（含离退休人员）118.32 万人，比上年末增加 3.05 万人。参加城镇职工基本医疗保险人数（含离退休人员）111.75 万人，增加 2.32 万人。参加失业保险人数 63.59 万人，领取失业保险金人数 1.07 万人。参加工伤保险人数 68.13 万人。

十、教育、文化和体育

据教育部门统计，全市共有普通高校 7 所，招生 4.23 万人，在校生 13.36 万人，毕业生 3.84 万人。普通高中 81 所，招生 4.63 万人，在校生 13.50 万人，毕业生 4.17 万人。普通初中 346 所，招生 9.71 万人，在校生 27.90 万人，毕业生 8.67 万人。小学 1305 所，招生 10.44 万人，在校生 58.98 万人。幼儿园在园儿童 26.27 万人。普通中等专业学校 36 所，招生 2.54 万人，在校生 6.61 万人。特殊教育学校招生 264 人，在校生 1226 人。普通初中入学率 100.0%，小学学龄儿童入学率 100.0%。

据文化、广电和新闻部门统计，年末全市共有艺术表演团体 89 个，文化馆 17 个，公共图书馆 17 个。中、短波广播发射台和转播台 12 台，一千瓦以上电视发射台和转播台 12 台。广播人口覆盖率 97.52%，电视人口覆盖率 97.96%。市级电视台周播出时间 433.1 小时，市级广播电台日播出时间 59.2 小时。

据体育部门统计，全市共有体育场地 8479 个，场地面积 1077 万平方米。全年共举办县以上运动会及各种体育比赛 162 场次，参加运动员 6.1 万人次。运动员在国内外各项体育比赛中，获得省级以上金牌 120 枚，银牌 110 枚，铜牌 120 枚。

十一、卫生和社会服务

据卫生部门统计，年末全市共有卫生机构 922 个，床位 44868 张。其中，医院、卫生院 286 个，床位 41954 张。卫生防疫机构 16 个，妇幼卫生机构 16 个。卫生技术人员 43236 人，其中执业医师、助理执业医师 16713 人，注册护士 18147 人。卫生防疫机构人员 1021 人，妇幼卫生机构人员 2065 人。农村乡（镇）共有卫生院 154 个，床位 7330 张，卫生技术人员 4918 人。

据民政部门统计，年末全市各类社会福利院床位 18382 张，福利院收养 11785 人。国家抚恤、补助各类优抚对象 46428 人。年末城镇各种社区服务设施 375 个，其中社区服务中心 38 个。全年接受社会捐赠 91.2 万元。

十二、环境保护

初步核算，全年万元生产总值能耗比上年下降 7.8%，其中万元规模以上工业增加值能耗下降 13.07%。

据环保部门统计，年末全市环保系统人数 1814 人，环境监测人员 480 人，各级环境监测站 10 个；烟尘控制区 7 个，面积为 859.7 平方公里。全年市区空气质量优良天数达到 166 天。

全年共营造林 119.7 千公顷，其中人工造林 8.4 千公顷。年末共有自然保护区 4 个，其中国家级自然保护区 2 个。森林公园 15 个，其中国家级森林公园 7 个。森林覆盖率 47.5%。

注释：

① 公报中生产总值、各产业增加值绝对数按现价计算，增长速度按不变价格计算。

② 公报中居民消费价格指数（CPI）分类中“居住类”价格包括建房及装修材料（如木材、水泥、砖瓦灰砂石、电料、漆等）、住房租金（公房及私房房租）、自有住房（房屋贷款利率、物业费、各种房屋维修费等）、水电及燃料等价格。

③ 公报中工业增加值及其各分组增加值绝对数按现价计算，增长速度按不变价格计算。

④ 公报中交通数据统计口径调整，公路运输客货运周转量、客货运运输量等指标数据与上年不可比。

本公报中数据均为初步统计数。

资料来源：

本公报中社会保障数据来自市人力资源和社会保障局；财政数据来自市财政局；金融数据来自人民银行洛阳中心支行；公路运输数据来自市交通运输局；进出口数据来自洛阳海关；外商投资、省外境内资金等数据来自市商务局；邮政业务数据来自市邮政局；旅游数据来自市旅游发展委员会；教育数据来自市教育局；艺术表演团体、公共图书馆、文化馆、广播电视等数据来自市文化广播新闻出版局；体育数据来自市体育局；卫生数据来自市卫生计生委；社会服务数据来自市民政局；环境监测数据来自市环保局；其他数据均来自市统计局。

洛阳市政府工作报告

——2017年1月9日在洛阳市第十四届人民代表大会第五次会议上

洛阳市人民政府代市长　刘宛康

各位代表：

现在，我代表市人民政府，向大会报告工作，请予审议，并请各位政协委员和其他列席人士提出意见。

一、2016年工作回顾

2016年是"十三五"的开局之年。一年来，全市上下紧紧围绕"9+2"工作布局和"四高一强一率先"奋斗目标，积极推进供给侧结构性改革，统筹稳增长、促改革、调结构、强基础、惠民生、防风险各项工作，经济社会呈现良好发展态势。

——综合实力迈上新台阶。预计全年实现地区生产总值3740亿元，同比增长8.8%，增速保持全省第一方阵；一般公共预算收入302.7亿元，增长9.1%；固定资产投资4085亿元，增长15.5%；社会消费品零售总额1800亿元，增长12.5%。

——结构调整取得新成效。全市高技术产业增加值同比增长16.8%，六大高成长性制造业增加值同比增长13.3%，分别高于规模以上工业增速7.9和4.4个百分点；第三产业增加值占GDP的比重达44.3%，对经济增长贡献率达56.6%，产业结构正在由"二三一"向"三二一"渐进。

——创新发展步入新阶段。郑洛新国家自主创新示范区获批开建。我市入选国家小微企业创业创新基地城市示范、电子功能材料区域集聚试点、循环经济示范城市。以空空导弹研究院、中航光电等为代表的先进国防科技工业取得长足发展，洛阳制造在航空航天等国家一系列重大工程中绽放异彩。

——开放合作开创新局面。现代开放体系加快构建，中国(河南)自由贸易试验区洛阳片区获批建设，牡丹文化节、河洛文化旅游节等平台作用进一步增强。全年签订亿元以上招商引资合同390个，投资总额1769.1亿元；已开工项目285个，其中10亿元以上项目36个。实现进出口总额17.1亿美元；其中与"一带一路"沿线国家进出口额7.84亿美元，占全市的45.8%。

——人民生活有了新提高。全年民生支出达378.4亿元，占全市一般公共预算支出的73.2%。67件民生实事中，除1件调整计划外，其它66件全部完成。脱贫攻坚初战告捷，214个贫困村46760名贫困人口如期脱贫。预计全市居民人均可支配收入达21120元，同比增长8%。

我们主要做了以下工作：

——坚持把稳增长保态势作为重中之重，综合施策、精准发力，经济运行稳中向好。将稳定即期增长与促进长远发展相结合，聚焦关键、破解难题，着力培育新的经济增长点。狠抓项目扩投资。396个省市重点项目完成投资1044亿元，占年计划的136.5%。新开工亿元以上项目649个，完成投资1739亿元。精细服务稳企业。建立地企合作双月联席会议制度，四次地企合作会议签约项目100个，总投资667.4亿元；签订金融对接协议47个、总金额2670.8亿元；50个产销对接合同金额达15.65亿元。开展"政策落实进万企"活动，实施"小巨人"企业培育和中小企业"百千万成长工程"，举办银企、用工、产销、产学研对接活动47场，为1515家企业提供还贷周转金61.9亿元。2次大型银企洽谈会签约资金826亿元，落实率90%以上。前11个月，全市规模以上工业利税、利润同比分别增长17.5%和24%，高于全省16.1和18个百分点。

——坚持把构建现代产业体系作为发展根基，强化创新驱动，深化结构调整，转型升级步伐加快。以"四双联动"为路径，以重大项目为支撑，促进动力转换、速度换挡、结构转型。全面推进科技创新。新增省级以上创新主体322家，其中高新技术企业38家、创新型试点企业8家。入选省创新型龙头企业、"互联网+"工业创新示范企业数量均居全省第一。新增市级以上研发平台211个，其中省重点实验室4个、工程技术研究中心17个。新增国家级科技企业孵化器4个、众创空间2个，省国际科技合作基地3个。荣获国家科技进步特等奖2项、技术发明奖1项，省重大科技专项6个。清华大学先进制造产业研发基地等一批新型研发机构落户洛阳。中国创新创业大赛先进制造行业总决赛、"直通硅谷"创业创新大赛成功举办。"河洛英才计划"新引进团队5个、人才87名。高新区入选国家科技服务业区域试点。中信重工成为国家首批企业"双创"示范基地、17个国家专业化众创空间之一，荣膺中国工业大奖、中国质量奖提名奖。全市万人有效发明专利7.6件，同比增长30%。推进产业优化升级。工业方面，实施中航光电新技术产业基地等重大结构调整项目339个，完成投资416亿元；中航锂电产业园三期等84个项目竣工投产。我市成为首个国家先进装备制造业标准化试点市。服务业方面，实施白云山自驾车营地等重大项目200个，完成投资376亿元；隋唐洛阳城九洲池、卫坡古村落文化旅游等43个项目竣工投用。全年接待游客1.14亿人次、旅游总收入905亿元，分别增长9.5%和16%。我市入选全国休闲农业乡村旅游示范市。栾川、嵩县、孟津、洛龙被授予国家全域旅游示范区创建单位。着力强化载体支撑。前11个月，全市产业集聚区完成投资1878.8亿元，占全市的46%。在全省观摩活动中，我市荣获小组第一；高新、偃师分别入选全省"十强""十先进"产业集聚区，西工、洛龙分别入选全省"十强""十先进"服务业"两区"。洛阳产城融合示范区获国家批准。

——坚持把推进新型城镇化作为战略任务，统筹做好"三篇文章"，城乡面貌持续改善。谋划实施"一中心六组团”城市发展战略，加强城乡规划、建设、管理，城市综合承载力进一步提升。增强基础支撑能力。龙门站综合交通枢纽、洛济高速（洛阳—济源）、尧栾西高速（尧山—栾川—西峡）等项目加快实施；洛吉快速通道黄河大桥、310国道新建、故县水库引水等工程完成过半；前坪水库成功截流；二广高速瀍河站互通式立交等工程竣工通车；三洋铁路、郑登洛（郑州—登封—洛阳）和焦济洛（焦作—济源—洛阳）城际铁路、大鱼沟抽水蓄能电站等项目前期工作取得新进展。华润首阳山电厂“引热入洛”工程全线贯通，全市新增供热面积364万平方米。110千伏伊滨区拓展等11项输变电工程建成投运。加大城市建设力度。海绵城市建设正式启动，城市地下综合管廊专项规划获批。城市轨道交通1号、2号线试验段和古城快速路等项目开工建设；孙辛路改造、玄奘路等一批市政道路竣工通车；环城路、城市生活垃圾综合处理园区、应天门遗址保护展示等工程顺利推进。棚户区改造完成征迁717.4万平方米、开工912.3万平方米、竣工520.3万平方米，货币化安置率达52.7%、高于全省19.5个百分点。河柴文化游园等47处游园建成投用。加大环境治理力度。实施蓝天、碧水等五大行动计划，扎实开展扬尘、机动车尾气、露天烧烤等专项治理，打好大气污染防治攻坚战。企业窑炉废气治理、发电机组超低排放改造、燃煤锅炉拆除及提标工作扎实推进。淘汰黄标车、老旧车2.4万辆。城区地表水断面、集中式水源地水质达标率保持在100%。造林40余万亩，抚育改造森林160万亩。绿色建筑数量、面积居全省首位。夯实农业农村基础。粮食总产46.3亿斤，属历史高产年份。新增国家出口食品农产品质量安全示范区2个，省级农业产业化集群3个、龙头企业7家，市级龙头企业47家。66个市级美丽乡村试点顺利推进，765个提升村、510个示范村建设任务全部完成。硬化通组通户道路2002公里。新增有效灌溉面积4.26万亩，治理水土流失面积153平方公里。扎实推进新型城镇化试点建设。出台居住证管理暂行办法和推进农业转移人口市民化工作方案，42.5万人在洛办理居住证登记。洛阳新型城镇化试点经验在全国推广。

——坚持以供给侧结构性改革为主线，突出问题导向，把握市场方向，发展活力进一步增强。4大类57项重点改革任务有序推进。供给侧结构性改革初见成效。扎实推进“三去一降一补”，关闭退出煤矿5处（6对），化解过剩产能153万吨；商品房库存消化周期由2015年的23.5个月降为9个月；认真落实省、市降成本政策措施，减轻企业负担35亿元。国企改革步伐加快。33家驻洛央企“三供一业”分离移交工作稳步推进，6家驻洛省企分离企业办社会工作完成年度省定任务，首批23家市出资企业完成脱钩改制，混合所有制改革、国企内部“三项制度”改革等试点工作有序推进。“放管服”改革力度加大。深化行政审批、商事登记制度改革，在全省率先推行企业投资负面清单，全面取消非行政许可审批，调整、取消行政审批51项，审批环节、时限平均压缩20.9%和32.2%。投融资体制改革持续深化。启动实施“引金入洛”工程，平安银行、中原银行、中信建投、中原农业保险等金融机构顺利进驻，农商行组建工作全面完成。新增“新三板”挂牌企业11家，3家上市企业再融资11.3亿元。PPP模式试点工作扎实推进。同时，卫生、农林、交通、流通等领域改革持续深化，我市入选河南省内贸流通改革发展综合试点城市。

——坚持以改善民生为根本，强力推进民生工程，千方百计惠民利民，群众获得感持续增强。精准扶贫扎实推进。各级政府投入大量人力、财力、物力，建设易地扶贫搬迁安置点91个，完成整村推进项目461个，实施产业扶贫项目528个，贫困地区生产生活条件显著改善，基本公共服务水平进一步提高。社会保障能力持续加强。新增城镇就业13万人、农村劳动力转移就业3.1万人；发放创业担保贷款29.8亿元，扶持2.3万人创业，带动8.1万人实现就业。国家大学科技园、恒生科技园入选全国创业孵化示范基地。城乡居民医疗保险待遇和城乡低保、农村五保供养标准进一步提高。公共服务不断完善。新建、改扩建公办幼儿园48所，入园率高于全省4.5个百分点；城市区义务教育全面消除超大班额；普通高招再创新高。改扩建县级医院1所、乡镇卫生院9所。建成社区养老服务中心30个，新建农村老年幸福院202个，新增养老床位3400张。建成基层综合文化服务中心10个，举办“舞台艺术送农民”等公益性演出700余场，开展群众性文化活动2000余次。市体育中心、洛浦公园全民健身提升等工程竣工投用，乡、村两级体育健身设施覆盖率达100%。我市成功创建国家公共文化服务体系示范区，入选首批国家文化消费试点城市，顺利通过省全民健身示范市验收。社会大局和谐稳定。积极回应群众合理诉求，荣膺“人民网网民留言办理工作10周年贡献奖”。持续开展安全生产大检查，加强重点行业领域专项整治，安全形势总体平稳。加强食品药品市场监管，保障群众饮食用药安全。严惩各种违法犯罪，社会治安形势良好。

——坚持以“两学一做”学习教育为载体，致力勤政廉政，改进政风行风，政府效能不断提高。深入开展“两学一做”学习教育。着力强化“四个意识”，认真履行全面从严治党主体责任，有的放矢整改问题，政府系统党员干部作风进一步好转。加强法治政府建设。自觉接受人大及其常委会监督，积极支持政协参政议政，办理人大代表建议296件、政协提案498件。完善重大行政决策制度，推进依法科学民主决策。建立政府法律顾问制度，组建了市政府法律顾问团。审查办理地方性法规草案2部、规章2件。我市在2016年中国法治政府评估中名列全省第一。强力推进政府廉政建设。公车改革取得阶段性成果。“三公经费”同比下降34.1%。坚持以零容忍态度惩治腐败，政治生态不断净化。军政军民团结进一步加强，民兵预备役工作取得新进步，我市荣膺全国双拥模范城“七连冠”。同时，民族宗教、外事侨务、对台、统计、审计、人防、气象、地震、史志、残疾人工作，妇女儿童事业等均取得了新的成绩。

各位代表！以上成绩的取得，离不开省委、省政府和市委的坚强领导，离不开历届政府班子和老同志打下的坚实基础，离不开市人大、市政协、各民主党派、人民团体的监督支持，更离不开全市人民和社会各界的团结奋斗、无私奉献。在此，我代表市人民政府，向辛勤工作在各条战线上的700万洛阳人民，向人大代表、政协委员，向各民主党派、人民团体，向离退休老领导、老同志，向驻洛部队、武警官兵和公安干警，向所有关心支持洛阳发展的社会各界和海内外朋友，表示衷心的感谢并致以崇高的敬意！

肯定成绩的同时，我们也清醒地看到，全市经济社会发展中还存在不少问题：实体经济活力不足，经济下行压力较大；战略性新兴产业、现代服务业和高效农业占比偏低，产业转型升级任务艰巨;科技投入不足,产学研结合度较低,科技成果转化能力不强;改革攻坚进入深水区,国企改革任务繁重,深层次矛盾需要破解;对外开放程度不够,开放载体和平台不足;公共服务体系不完善,就业、就医、教育、住房、环保等问题亟待进一步解决;政府职能转变不到位,发展环境尚需进一步优化。对于这些问题,我们决不推诿、决不回避,一定尽全力予以解决。

二、2017年总体要求及重点工作安排

2017年是贯彻落实省、市党代会精神,实现洛阳新定位的开局之年,也是供给侧结构性改革的深化之年,洛阳既迎来了难得的发展机遇,又面临着诸多的困难和挑战。

新定位赋予了洛阳光荣艰巨的历史使命,我们要勇于担当、奋发有为,为中原更加出彩提供坚实有力的支撑!习近平总书记要求河南打好"四张牌";国家《促进中部地区崛起"十三五"规划》提出,要继续做大做强洛阳等区域性中心城市;省十次党代会强调,要"巩固提升洛阳中原城市群副中心城市地位,建设全国重要的现代装备制造业基地和国际文化旅游名城,推动豫西北各市与洛阳联动发展,形成带动全省经济发展新的增长极",为洛阳加快发展指明了方向、增添了动力。只要我们牢记使命、久久为功,就一定不会辜负党中央、国务院和省委、省政府的重托!

新机遇鼓舞了洛阳人民率先发展、科学发展的信心,我们要乘势而上、厚植优势,为洛阳赶超跨越积蓄更加强劲的能量!国家"一带一路"战略深入推进,郑洛新国家自主创新示范区、中国(河南)自由贸易试验区相继获批,战略组合叠加效应逐步显现,为洛阳加快发展创造了良好的政策环境。只要我们抓住机遇、乘势而上,就一定能够在新一轮城市竞争中占据主动、拔得头筹!

新目标描绘了洛阳未来的宏伟蓝图,我们要牢记使命、砥砺前行,全面开启率先发展的新征程!市十一次党代会确立了"9+2"工作布局和"四高一强一率先"的奋斗目标,描绘了"十三五"洛阳经济社会发展的宏伟蓝图。只要我们紧盯目标不动摇、咬定青山不放松,凝心聚力、务实重干,就一定能把蓝图变为现实,谱写决胜全面小康、让中原更加出彩的洛阳篇章!

新形势带来了更多的风险挑战,我们要迎难而上、负重奋进,全力开创转型发展的新局面!当前,外部环境依然复杂多变,新常态下经济发展的不确定性明显增加;区域竞争日趋激烈,新的发展格局正在形成;自身发展的深层次矛盾尚未有效破解,产业升级、经济转型倒逼压力增大。但是,只要我们迎难而上、奋力拼搏,就一定能够实现转型发展、跨越发展、率先发展!

根据市委全会和市委经济工作会议精神,今年政府工作的总体要求是:深入贯彻习近平总书记系列重要讲话精神,深入贯彻党中央治国理政新理念新思想新战略,认真落实中央、省委、市委经济工作会议,省、市党代会,省委、市委全会精神,统筹推进"五位一体"总体布局和协调推进"四个全面"战略布局,坚持以新发展理念为指导、以提高经济发展质量和效益为中心、以推进供给侧结构性改革为主线,坚持稳中求进工作总基调、稳中求新、稳中求好,坚持发挥优势打好"四张牌",坚持以体系为支撑、以专项为带动、以项目为抓手,坚持以人民为中心的发展思想,全面做好稳增长、促改革、调结构、惠民生、防风险各项工作,加快推进"9+2"工作布局、实现"四高一强一率先"奋斗目标,以优异成绩迎接党的十九大胜利召开。

今年全市经济社会发展的主要预期目标是:地区生产总值增长8.8%、在实际工作中力争更好一些,一般公共预算收入增长8.5%,全社会固定资产投资增长13%,社会消费品零售总额增长12%,进出口总值保持稳定,城乡居民收入与经济增长基本同步,居民消费价格涨幅控制在3%左右,城镇新增就业10万人以上,常住人口城镇化率提高1.65个百分点,节能减排、环境保护等约束性指标完成省下达任务,发展质量和效益明显提高。

提出这样的预期目标,既保持了全市经济发展速度的连续性,又明显高于全省发展目标,与中央、省要求和洛阳市"十三五"发展目标相一致,与洛阳全国区域性中心城市、中原城市群副中心城市的发展定位相适应,与实现"四高一强一率先"的奋斗目标相吻合,在实际工作中,我们要争取更好的结果。

重点抓好以下十个方面的工作:

(一)稳定经济运行,壮大综合实力,努力巩固稳中向好的发展势头。坚持把稳定经济增长作为经济工作的突出任务,以稳保进、以进固稳,稳中求新、稳中求好。一是精细服务稳企业。实施企业"倍增提质"计划,加强运行监测,搞好要素保障,坚持分类施策,创新服务机制,不断提高质量效益。提升轨道车辆、成套装备、铁路轴承、光电连接器等优势产品的市场份额,支持光伏企业拓展应用市场,推动有色金属行业调整改造提升。抢抓新一轮国家电力体制改革机遇,积极开展大用户直购电交易。办好银企洽谈会,全年计划新增贷款320亿元以上。二是狠抓项目增投资。大力实施"9643"合理有效投资行动计划,突出抓好415个总投资3295亿元的省市重点项目。全年计划实施亿元以上项目1400个,完成投资2800亿元,其中新开工项目400个以上,推动一批重大项目前期工作取得突破。抓住国家有序放开配电网、电信、市政等领域市场准入的机遇,鼓励引导民间资本进入。三是多策并举促消费。落实国家"十大扩消费行动",着力扩大住房、旅游、文化等领域消费,积极培育健康养老、体育健身等新型消费业态,增强区域消费辐射效应。

(二)突出示范带动,优化创新生态,加快构建现代创新体系。大力推进创新型城市建设,加快实施8个重大专项,争当郑洛新国家自主创新示范区的领头羊、全省创新发展的排头兵。一是加快建设郑洛新国家自主创新示范区。科学编制洛阳片区发展规划,围绕开放协同创新、科技成果转化、科技金融结合、人才培养引进等方面先行先试,完善政策支持体系,进一步激发创新活力。二是推动大众创业万众创新。以国家小微企业创业创新基地城市示范为载体,依托中信重工、高新区等国家、省级"双创"示范基地,大力实施"重微共振"工程,建设13个小微企业公共服务平台、提升20个创新创业载体,积极争取国家第二批"双创"示范基地,打造最具活力的国家创业创新示范城市。三是深化科技体制改革。将高校、科研院所专业技术人员科技成果转化情况纳入绩效评价体系,激发广大科研人员的积极性、创造性。依托科技大市场网上交易服务平台和线下服务大厅,吸引、集聚科技资源,建设豫西北乃至全省科技资源交易中心。四是强

化创新平台支撑。大力推进创新主体、创新平台"双倍增"行动,实施创新龙头企业和"科技小巨人"企业培育工程,重点培育400家创新主体,新增研发平台260家。支持洛阳中科信息产业研究院等加快建设;围绕装备制造、新能源、新材料等领域,建设提升20个产业技术创新战略联盟;推动骨干企业、科研院所建设一批新型研发机构。支持有条件的县(市)建设科技园区和孵化器,提升县域创新发展能力。五是优化创新生态体系。引导金融资金、社会资本进入技术创新领域,探索设立科技创业种子投资引导资金、天使投资引导资金、科技成果转化风险补偿资金,满足科技型企业融资需求。推进知识产权质押融资,鼓励科技型企业上市融资或挂牌交易。大力实施"河洛英才计划""河洛工匠计划",培养引进一批具有重大技术突破和较强产业化能力的领军型、紧缺型人才团队。实施标准引领、质量认证和品牌带动工程,提升全市质量水平。

(三)强化项目支撑,振兴实体经济,加快构建现代产业体系。围绕"565"现代产业体系,大力实施8个重大专项,加快新旧动能转换,积极创建"中国制造2025"试点城市、国家老工业城市转型升级示范区,促进产业向高端化、集群化发展。一是做大做强五大主导产业。计划实施重大项目337个,完成投资616亿元。重点推进中信重工节能环保装备产业化基地、中原大数据云计算中心等197个续建项目;争取洛阳石化炼油扩能改造"一主四辅"和煤制氢项目、重渡沟国家旅游度假区等140个项目开工建设。二是积极培育六大新兴产业。计划实施重大项目160个,完成投资351亿元。重点推进中国一拖新型轮拖智能制造工厂、民生药业集团二期等97个续建项目;争取中航光电智能机器人产业化等63个项目开工建设;国舰机器人核心部件产业化、格力电器物流配送中心二期等项目竣工投产。三是大力发展五大特色产业。计划实施重大项目179个,完成投资327亿元。重点推进龙门石窟世界文化遗产园区旅游商业设施等125个续建项目;争取河科大二附院综合楼等54个项目开工建设;科大讯飞洛阳语音云创新研究院等项目建成投用。四是提高融合发展水平。围绕航空航天、后勤保障、装备制造、新材料等领域,谋划实施一批军民两用战略性新兴产业重点工程,组建军民融合创新研究院,争创国家军民融合创新示范区,加快建设国家级军民结合产业示范基地。大力发展制造业服务业,促进先进制造业与现代服务业融合发展。积极创建产业与金融合作试点城市,加快建设文化和科技融合示范基地。五是推动产业集聚发展。大力实施主导产业升级、创新能力提升、服务功能完善、产城融合发展等行动计划,抓好集聚区体制机制创新、产业布局优化、闲置土地利用等工作,推动产业集聚区提质转型。全市产业集聚区计划新开工亿元以上主导产业项目165个,竣工120个。启动服务业专业园区规划建设,推动商务中心区和特色商业区提质增效,实施产业项目90个,完成投资190亿元。

(四)聚焦改革攻坚,激发市场活力,加快构建现代市场体系。全面深化各项改革,实施4个重大专项,让改革红利加速释放、市场活力充分迸发!一是深化供给侧结构性改革。围绕去产能,严控水泥、平板玻璃等行业新增产能,以法治化、市场化手段淘汰落后产能,防止已淘汰产能死灰复燃;大力实施新一轮技术改造,支持企业采用新技术、新产品、新设备提质增效。围绕去库存,落实好信贷、税收优惠政策,加大棚户区改造力度,鼓励农村和外来人员进城购房,推动房地产业持续健康发展;大力发展住房租赁市场,推进租购并举,满足刚性需求,化解商品房库存;对库存量较大的县(市)区,减缓用地供应,加大货币化安置力度。围绕去杠杆,把降低企业特别是国有企业的杠杆率作为重中之重,盘活企业存量资产,引导企业通过债转股、股权融资、挂牌上市、股本增发、再融资等方法降低负债率;抓好挂牌上市后备企业梯队培育,提高直接融资比重。围绕降成本,重点在减税、降费、降低要素成本上下功夫,深入推进"放管服"改革,深化涉企收费专项整治,进一步降低制度性交易成本,减轻实体经济负担;以减少"跑冒滴漏"为着力点,引导企业"眼睛向内"降本增效。围绕补短板,紧盯制约经济社会发展的重要领域、关键环节和人民群众急需解决的突出问题,加大对基础设施、民生保障、公共服务、脱贫攻坚、环境保护等方面的投入力度,进一步优化财政支出和投资结构,增强发展的协调性和可持续性。二是深化国资国企改革。支持中钢洛耐、中铝洛铜等央企深化改革、转型升级,扎实推进驻洛央企"三供一业"分离移交;推动洛铜集团、LYC轴承等省企开展混合所有制改革,全面完成剥离企业办社会职能;分类推进市(县)属企业深化产权制度改革,全面完成市出资企业脱钩改制,推动有色矿业、万基控股等企业改革取得突破性进展。持续深化地企合作,扩大合作成果。三是大力推进农业供给侧结构性改革。积极实施高标准粮田"百千万"建设工程、特色农业"百乡百村"示范创建工程、新型农业经营主体"百社百场"示范培育工程,建设高标准粮田4万亩,新增市级以上示范社50家以上、示范家庭农场30家以上,提高农产品质量和效益。实施特色沟域经济重大专项,建成10条沟域经济产业带。抓好农村产权制度改革、供销系统综合改革,扎实开展扶持村级集体经济和农村集体经济股份合作试点,稳步推进水利、集体林权和国有林场等各项改革,完成土地确权登记颁证工作。四是深化金融体制改革。持续实施"引金入洛"工程,引进恒丰银行、广发银行等金融机构,加快洛阳银行上市步伐,壮大地方金融主体。推进15家企业上市(挂牌)、再融资,实现资本市场融资185亿元以上。积极推广PPP模式,扩大融资成果。鼓励支持金融创新,引导设立各类创业投资、股权投资和并购基金,探索发行小微企业增信集合债、集合票据、双创债,不断丰富金融业态。五是深化其他领域改革。按时完成城市综合执法体制改革,统筹推进财政、教育、文化、价格、交通、公务用车等领域改革。六是加快发展非公经济。积极培育国家、省级中小企业公共服务平台、小微企业创业创新示范基地。设立产业发展基金,拓宽民营企业融资渠道。鼓励民营企业参与混合所有制改革、与科研院所建立合作研发和成果转化机制。继续实施"小巨人"企业培育工程,重点建设钨钼铝钛材料精深加工等10个小微企业工业园。七是完善现代市场体系。加强消费基础设施建设,改造提升中心城区大型市场,做强市场功能,做优市场环境,汇聚更多的人流、物流、信息流、资金流。加快推进国家电子商务示范城市建设,提升农村电商发展水平。

(五)完善载体功能,优化空间布局,加快构建现代城镇体系。科学推进新型城镇化,实施6个重大专项,加快形成"四级联动"城镇总体布局。一是强力推进"一中心六组团"城市发展战略。完成四期总规实施评估,启动五期总规修编，高标准编制“一中心六组团”战略规划，推动中心城区与六组团产业承接、交通连接、生态对接，打造“半小时经济圈”。“一中心六组团”计划开工项目268个、竣工135个，完成投资561.6亿元。二是优化中心城区功能布局。加快地下综合管廊、海绵城市试点建设，大力推进“一环线、12座立交”等一批重点市政工程。洛北城区要以疏解提升为主，启动建设王城大道快速化、洛吉快速通道与定鼎路互通立交等项目，确保一季度河洛路改扩建工程开工，牡丹文化节前新街跨洛河大桥竣工、新伊大道开工，上半年九都路东延长线工程竣工。洛南城区要着力完善公共服务功能，确保东环路二期、南环路牡丹文化节前完工，古城快速路一期项目上半年完工、二期项目4月开工；开工建设龙门站综合交通枢纽配套项目，加快动车停车场前期工作，确保与城际铁路同步开建。伊滨城区要加快核心区建设，拉开框架，尽快实现与周边城区连接，重点抓好汉魏大道等主干路网建设，力争科技大道等项目牡丹文化节前建成通车，伊滨路与顾龙路7月实现连通。三是加快新型城镇化进程。全面启动洛阳国家产城融合示范区建设，高质量完成国家新型城镇化综合试点建设任务，确保常住人口城镇化率达到55.8%以上。积极争取国家城乡交通一体化试点，开通“六组团”城乡公交车。棚户区改造完成征迁680万平方米，新开工安置房5.62万套，基本建成3.5万套。抓好偃师、孟津、新安“百城建设提质示范工程”，实施县城管理三年提升行动计划，创建一批全国文明县城、国家园林县城和卫生县城。实施特色小镇培育工程，打造一批工业强镇、商贸重镇、旅游名镇。四是提升城市管理水平。大力推进城市修补、生态修复“双修”示范城市建设，开展广告整治、绿化提升、亮化改造和山体、水系、绿地修复。抓好文明城市创建工作，改造提升背街小巷，确保90%以上市区主干道实现机械化清扫。有序推进数字化城市管理系统二期工程建设，实现城市管理平台配网运行、生活垃圾综合处理园区试运行。五是加快建设美丽乡村。扎实推进农村人居环境提升村和示范村创建活动，确保27%以上的行政村达到提升村创建标准，18%以上的行政村达到示范村创建标准。持续抓好农村秸秆禁烧。

（六）强化辐射带动，提升承载能力，加快构建现代基础设施体系。充分发挥基础设施对经济社会发展的支撑引领作用，大力实施8个重大专项，推动基础设施协调共建、均衡发展。一是完善综合交通体系。围绕建设洛阳全国性枢纽，做好洛阳机场改扩建三期、焦济洛城际铁路、栾卢高速（栾川—卢氏）、渑栾高速（渑池—栾川）等项目前期工作；积极推进尧栾西高速、洛济高速等项目建设；确保二广高速市区段扩宽改造工程上半年开工，新汝高速（新安—宜阳—伊川—汝阳）下半年开工，力争郑登洛城际铁路年底前开工。加快建设4A级以上景区快速通道和县乡之间二级公路，确保洛吉快速通道黄河大桥10月主体建成、12条干线公路年底前建成通车。抓好城市快速路和快速公交“双快系统”建设，对环城高速公路重点出入口进行提升改造，确保城市轨道交通1号线上半年开工、力争2号线下半年开工。二是提升综合承载能力。持续实施城镇基础设施扩能增效工程，加快东环线燃气管网和伊川至嵩县、栾川天然气管道建设，抓好500千伏洛阳东等43项电网工程；积极推进神华国华孟津电厂等“引热入洛”工程，新增供热面积800万平方米，集中供热普及率达60%。三是提高农业综合保障能力。抓好中小河流治理、饮水安全巩固提升，完成小浪底南岸灌区前期工作、前坪水库年度建设任务、故县水库引水工程，新增有效灌溉面积3万亩，治理水土流失面积150平方公里。完成60个小城镇（中心村）、100个贫困村电网改造。建设农村公路600公里、桥梁2800延米。

（七）传承历史文脉，彰显文化特色，加快构建文化传承创新体系。加强历史文化保护、传承和利用，实施5个重大专项，着力打造国际文化旅游名城和华夏历史文明传承创新示范区。一是彰显历史文化名城底蕴。编制完成全市域文物保护与利用总体规划，大力推进隋唐洛阳城应天门、定鼎门片区、南城墙遗址公园和汉魏故城太极殿、汉函谷关等一批遗址保护展示工程，加快建设全国大遗址保护示范基地。积极推进二里头夏都遗址博物馆、丝绸之路博物馆、仓窖博物馆、古代壁画保护研究中心建设，支持民办博物馆发展。扎实推进老城历史文化街区、涧西工业遗产群和传统村落保护整治。加强非物质文化遗产传承展示保护。二是做大做强文化旅游产业。以“旅游+”和“全域旅游”理念为引领，加快智慧旅游试点城市建设和4个全域旅游示范区创建，推动文化、旅游深度融合。重点推进灵山文化旅游园区等一批文化旅游项目。大力开展国家、省级旅游度假区、A级景区创建，重点打造以老君山、白云山等为代表的生态休闲度假游品牌，以精品化景区带动旅游业提档升级。积极发展农耕文化、都市农业等乡村旅游，让群众望得见山、看得见水、记得住乡愁！加快国家文化消费试点城市建设，大力发展滑雪、漂流、汽车营地等体育旅游产品，温泉养生、医疗养老等康体旅游产品，实景演艺、影视演出等文化旅游产品，形成多元化的旅游产品体系。办好牡丹文化节、河洛文化旅游节、市十三届运动会暨全民健身大会等重大节会。全年接待游客1.23亿人次，实现旅游总收入1040亿元。三是完善公共文化服务体系。巩固国家公共文化服务体系示范区创建成果，实施图书馆、文化馆提升改造工程，规划建设科技馆新馆、方志馆，确保城市规划馆建成投用，争取建成市文化馆、少儿图书馆、非遗展示中心。大力开展“百场公益性文化演出”等文化惠民活动，创作一批具有洛阳特色的优秀艺术作品。

（八）加强环境保护，狠抓污染治理，加快构建生态环境建设体系。牢固树立绿色发展理念，大力实施5个重大专项，统筹推进“五大行动计划”，努力建设生态宜居的美丽家园。一是加强环境综合整治。持续打好大气污染防治攻坚战，狠抓燃煤、工业、扬尘、油品、黄标车等重点领域污染治理，加快推进煤改电、煤改气，集中整治“小散乱差”污染企业，彻底消除污染围城问题。全面打响水污染治理攻坚战，认真落实“河长制”，加快水生态文明试点市建设，大力推进“四河同治”，加强河渠截污、黑臭水体治理和污水管网建设，完成县城黑臭水体垃圾清理、截污纳管。加强城镇污水、污泥处理设施建设与提标改造，污水处理厂全部执行一级A排放标准，污泥无害化处理处置率达90%以上。二是构筑绿色生态屏障。实施廊道绿化、城郊森林提升、荒山绿化工程，建设环城沿路生态防护隔离带，完成廊道绿化提升1045公里、5万亩；对周山等城市森林公园实施改造提升，完善休闲娱乐、体育健身等服务功能；加强天然林保护、湿地公园建设。实施51项园林绿化工程，加快洛浦公园提升改造，持续抓好中心城区道路、公园、园林绿化提升及小游园建设，扩大城市绿量。三是大力发展循环经济。加强矿产资源及尾矿资源综合利用,推进建筑垃圾、生活垃圾与污水处理厂污泥循环利用,完成餐厨废弃物资源化利用和无害化处理试点建设。实施产业集聚区、专业园区循环化改造工程,重点推进中再生洛阳公司报废汽车拆解等项目,确保全市资源产出率同比提高5%以上。

(九)加强平台建设,扩大双向开放,加快构建现代开放体系。以中国(河南)自由贸易试验区建设为契机,大力实施5个重大专项,全方位融入"一带一路"战略,打造中西部对外开放新高地。一是加快开放平台建设。认真编制中国(河南)自由贸易试验区洛阳片区实施方案和产业发展、空间布局等规划,扎实开展各项改革试点,吸引高端人才集聚和知名企业落户。抓好综合保税区申建,完成空港经济区规划编制,支持建设中储保税物流中心。积极推进铁路口岸和铁路物流园区场站建设,争取开通铁路国际货运班列。完善洛阳航空口岸功能,提升机场航空货运保障能力。力争创建省级以上出口食品农产品质量安全示范区2个以上。二是大力推进精准招商。发挥科研院所和产业基础优势,围绕"565"现代产业体系和60个重大专项,开展"一对一"产业专题对接活动,积极承接发达地区链条式、集群式产业转移,吸引龙头企业、关联企业入驻,引进10亿元以上重大项目不少于80个。三是推动外贸稳定增长。大力培育、引进"两头在外"企业,加快建设跨境电子商务综合实验区,积极培育外贸综合性服务企业、服务外包示范园区,力争洛阳外贸公共服务平台建成运营。四是加快企业"走出去"步伐。支持优势企业到境外投资,参与国家级合作工业园开发,开拓"一带一路"沿线新兴市场。推动对外承包工程与外派劳务有机结合,鼓励中铁隧道集团、石化工程公司等对外承包工程,带动技术、标准和大型机械及成套设备出口。

(十)倾力改善民生,增进群众福祉,加快构建公共服务体系。坚持以人民为中心的发展思想,持续加大民生投入,积极实施5个重大专项,办好省定、市定民生实事,让洛阳人民的日子一年更比一年好!一是坚决打赢脱贫攻坚战。扎实推进精准扶贫、精准脱贫,大力实施"五个一批",抓好产业扶贫、金融扶贫、易地扶贫搬迁等重大项目建设,完成198个贫困村、8.12万贫困人口脱贫任务,确保伊川脱贫摘帽,偃师、洛龙、伊滨整体脱贫。二是稳定就业促进创业。大力实施全民技能振兴工程,持续推进创业孵化基地、创业园区建设,完善就业创业服务体系,发放创业担保贷款15亿元,以创业带动就业。创新"互联网+高校毕业生服务",实现高校毕业生高质量就业。鼓励农民工返乡创业,完成创业培训1万人、农村劳动力技能就业计划3万人。新增城镇就业10万人、农村劳动力转移就业2.6万人。三是努力办好人民满意的教育。启动第三期学前三年行动计划,新建、改扩建公办幼儿园63个,扩大公办、普惠性幼儿园覆盖率。加快实施义务教育"全面改薄"、城镇义务教育资源扩充五年计划,新建、改扩建农村中小学151个,推动义务教育均衡优质发展。继续做好高中阶段教育普及工作,不断提高教学质量。高质量完成职业教育资源整合,加快推进职业技术学院、幼儿师范学校搬迁改造及职教园区建设;支持驻洛高校改革发展,促进高校一流学科建设。鼓励、规范民办教育发展。四是织密织牢社会保障网。扎实推进机关事业单位养老保险制度改革。抓好城镇居民大病保险试点、城镇居民基本医疗保险和新农合制度整合工作。加强征缴管理,确保各项社保资金按时足额发放。实施好"菜篮子"工程,让人民群众吃上"放心菜""便宜菜"。加强社会救助体系建设,切实保障困难群众基本生活。积极推进国家养老服务业综合改革和医养结合试点城市建设,整顿改造提升现有养老机构,提高农村敬老院集中供养水平,新建养老床位3000张。加大保障性住房建设力度,基本建成公共租赁房5000套,分配入住4000套。改造农村危房5000户。五是着力打造健康洛阳。坚持把人民健康放在优先发展的战略地位,推进分级诊疗制度建设,完善社区卫生服务网络,提高公共医疗服务水平,打造"15分钟就医圈"。积极推动洛阳正骨国家中医骨伤区域医疗中心建设。落实全面两孩政策,促进人口均衡发展。加快县(市)"两场三馆"体育设施建设,打造"15分钟健身圈"。六是切实维护社会稳定。落实安全生产责任,加强隐患排查治理,健全事故防控体系,实施尾矿库标本兼治工程,坚决防范各类生产安全事故发生。加强食品安全监管,切实守住舌尖上的安全。持续推进平安洛阳建设,严厉打击违法犯罪活动。做好新形势下的群众工作,加强矛盾排查化解,有效防范和打击非法集资,确保社会和谐稳定。积极支持国防和军队改革,推动军民融合发展,提升新形势下国防动员、国防教育、设施保护、双拥等工作质量。继续做好民族宗教、外事侨务、对台、统计、审计、人防、气象、地震、档案、残疾人工作、妇女儿童事业等工作。

三、加快建设人民满意的服务型政府

持续加强和改进政府工作,规范行政权力运行,推动作风建设常态长效,不断提高政府执行力、公信力和服务水平,树立为民务实清廉的政府形象。

(一)深化简政放权,加快转变政府职能。大力推进行政审批标准化试点建设,持续深化行政审批制度改革,严格控制新设行政许可,大力推行权力清单、责任清单、负面清单制度并实行动态管理,清理规范行政审批中介服务。全面推进"两集中两到位"职能归并改革,深化商事制度改革,进一步优化审批流程,努力形成更具吸引力的法治化、便利化营商环境。

(二)推进依法行政,切实维护公平正义。坚持法定职责必须为、法无授权不可为,建立健全市、县、乡三级政府法律顾问网络,大力推进服务型行政执法建设,依法设定权力、行使权力、制约权力、监督权力。严格执行人大及其常委会决定,提高人大代表议案、建议和政协提案办理质量,自觉接受人大及其常委会法律、工作监督和政协民主监督,认真听取民主党派、工商联、无党派人士和各人民团体意见,高度重视社会监督和舆论监督。大力推进政务公开,加强政策解读,回应社会关切,确保权力在阳光下运行。加强信用体系建设,着力打造诚信洛阳。健全科学民主决策机制,完善公众参与、专家论证、风险评估、合法性审查、集体讨论决定等重大行政决策程序,使政府的每一项决策都遵从法律法规、体现社情民意、彰显公平正义!

(三)坚持抓实抓长,全面提升效能效率。加快智慧城市和国家信息惠民试点城市建设,大力推进"互联网+政务服务",加快市民中心建设,高标准打造贯通市县的政务服务平台,做到政务服务事项"应上尽上、全程在线",让信息多跑路、让群众少跑腿、让企业更满意！大力倡树“清新简约、务本责实”作风，提升公务人员素质，优化政府工作流程，推动政府工作提速、提质、提效。

（四）从严正风反腐，着力打造廉洁政府。牢固树立“四个意识”，落实全面从严治党主体责任和监督责任，认真贯彻中央八项规定精神，严格遵守政治纪律、政治规矩，深入开展政风行风建设，驰而不息纠正“四风”，严肃查处懒政怠政为官不为行为。强化行政监察和审计监督，对公共资金、国有资产、国有资源和领导干部履行经济责任情况实现审计全覆盖。扎实开展廉洁教育和廉洁文化建设，从源头上遏制和预防腐败行为。注重家风传承，以良好的家风促政风带民风。

各位代表！新定位带来新机遇，新目标开启新征程。让我们紧密团结在以习近平同志为核心的党中央周围，在省委、省政府和市委的坚强领导下，团结奋进、积极作为，为早日实现“四高一强一率先”奋斗目标，谱写决胜全面小康、让中原更加出彩的洛阳篇章而努力奋斗！

关于洛阳市2016年国民经济和社会发展计划执行情况与2017年国民经济和社会发展计划(草案)的报告

——2017年1月9日在洛阳市第十四届人民代表大会第五次会议上

洛阳市发展和改革委员会主任　张伊民

各位代表:

受市人民政府委托,向大会报告我市2016年国民经济和社会发展计划执行情况与2017年国民经济和社会发展计划(草案),请予审议,并请各位政协委员和列席人员提出意见。

一、2016年国民经济和社会发展计划执行情况

2016年,在市委市政府的正确领导下,全市上下积极贯彻中央、省一系列决策部署,主动适应经济发展新常态,以新发展理念为引领,以"四高一强一率先"为奋斗目标,全面推进落实"9+2"工作布局,妥善应对风险挑战,经济社会保持平稳健康发展,实现了"十三五"良好开局。2016年全市实现生产总值3782.9亿元,同比增长8.6%,增速保持全省第一方阵;一般公共预算收入302.7亿元,增长9.1%;固定资产投资4082.7亿元,增长15.4%;社会消费品零售总额1807.4亿元,增长12.6%;全市居民人均可支配收入20812元,增长7.7%;居民消费价格指数稳定在1.7%左右。

——供给侧结构性改革取得重要突破。将推进供给侧结构性改革作为经济工作的主线,研究出台《关于推进供给侧结构性改革的意见》和去产能、去库存、去杠杆等"1+7"政策文件,全面落实"三去一降一补"重点任务。一是全面完成去产能年度目标。关闭煤炭矿井5处,化解过剩产能153万吨,完成省定年度任务;停产32.5标号复合硅酸盐水泥,升级改造高标号水泥产能761万吨。二是去房地产库存取得阶段性成果。出台农民购买商品房意见等一系列优惠政策,积极推进棚户区改造货币化安置,商品房供应面积同比下降20%,销售面积同比增长60%,库存消化周期从2015年的23.5个月降为9个月。三是去杠杆防风险成效明显。落实政府债务规模限额管理制度,积极运用PPP、基金等模式实施公共基础设施建设,有效防控地方政府债务风险。把降低企业杠杆率作为去杠杆的重点,加强企业自身债务管理,提高企业直接融资规模,市城投等实现债务融资134亿元。金融机构资本充足率保持10.5%以上,不良贷款率1.68%,符合监管要求。四是实体经济成本有效降低。全面推行"营改增",加大减税降费力度,出台36条降成本政策措施,全年降低企业负担35亿元。取消、免征、停征、降低行政事业收费107项。落实降低非居民用管道天然气价格、一般工商业及其他用电电价、尖峰电价水平等政策。成功促成华润首阳山、中硅高科等7家企业电力直接交易35.3亿千瓦时。五是公共服务供给水平进一步提升。集中在社会民生领域实施一批补短板、促提升项目,有效改善公共服务供给水平。交通和公共管理等领域投资增速均在60%以上,水利投资增速超过40%。

——稳增长政策有效落实。抓住经济发展的关键环节,不断加强政策研究和措施落实,力促经济运行保持在合理区间。一是投资结构不断优化。积极落实省委省政府稳增长保态势20项政策和8大行动,坚持项目例会、联审联批、观摩督导等项目推进机制,围绕"9+2"工作布局实施一批重大项目,带动投资增长,促进结构优化。全市396个省市重点项目完成投资1044亿元,超额36.5%完成计划。123个政府投资项目总体进展顺利,完成投资84亿元。服务业投资占比49.2%,同比提高1.7个百分点。电子信息、机器人及智能制造、新能源等新兴产业投资快速增长。二是社会消费稳定增长。多措并举引导市场预期,抢抓国家扩内需政策,落实推进"十大扩消费行动",消费需求持续扩大。成功创建国家文化消费试点、国家级医养结合试点、"互联网+政务服务"信息惠民试点等,培育消费新需求。鼓励发展微信公众号、官方旗舰店等网络渠道,为消费者提供良好体验,网络零售总额同比增长31%,占社会消费的比重同比提高1.9个百分点。三是企业服务更加精准。坚持领导分包重点企业、重点项目制度,加强要素保障,促进企业稳定运行。开展"政策落实进万企"活动,落实地企合作双月联席会议制度,协调解决重点企业和项目建设难题350多个,问题解决满意率达95%以上。银企洽谈会签约资金826亿元,落实率90%以上。全市新增融资500亿元。争取中央、省项目资金16.5亿元、专项建设基金50.4亿元,资金额居全省前列。

——产业结构调整步伐加快。坚持把调结构和稳增长结合起来,以提高质量和核心竞争力为中心,大力发展新技术、新产业、新业态、新模式,产业结构持续优化。一是农业生产保持稳定。积极推进高标准粮田"百千万"建设工程,新建成粮田7.8万亩。粮食总产231.4万吨,属历史高产年份。二是工业结构升级优化。实施亿元以上重大结构调整项目339个,累计完成投资416亿元。阿特斯1吉瓦太阳能组件、华中铝业精密铝材加工、中信重工重装高科产业园等274个项目加快建设,中诚新能源汽车工业大学、中航光电新技术产业基地、三杰热电科技新型保温管材等65个项目如期开工。高技术、高成长性制造业占比提高。全年高技术产业增加值在规模以上工业中占比为3.55%,比上年提高0.27个百分点;六大高成长性制造业增加值在规上工业中占比达45.4%,比上年提高2.2个百分点。高新、偃师入选

全省“十强”“十先进”产业集聚区，洛宁产业集聚区晋级一星级。*三是服务业快速发展。*服务业同比增长10.4%，对经济增长的贡献率达53.4%，成为拉动经济增长的主动力。实施现代服务业项目200个，累计完成投资412亿元。白云山自驾车营地、洛阳文化产业城等75个项目开工建设，中国关林电商产业园一期等125个项目加快推进。旅游业稳定增长，全年接待游客1.14亿人次、总收入905亿元，分别增长9.5%和15.6%。金融机构存贷款余额分别达4982.4亿元和3011.9亿元，分别比年初增加799.4亿元和376.2亿元。涧西被确定为国家“十三五”服务业综合改革试点区域，是全省唯一入选城区。西工、洛龙入选全省“十强”“十先进”服务业“两区”。

*——经济发展新动能加快成长。*坚持改革引领、创新驱动、开放支撑，深入推进改革创新开放，发展动力更加强劲。*一是各项改革取得阶段性进展。*放管服改革有序推进，在全省率先推行企业投资负面清单，全面取消非行政许可审批，调整（取消）行政审批51项。商事制度改革深入开展，全面实施企业“五证合一”、个体工商户“两证整合”改革，领先入选全国首批商标注册受理城市。国企改革不断深化，69家市属企业完成功能界定与分类，3户市属企业开展了混合所有制试点。公务用车制度改革取得阶段性成果，投融资改革、医疗改革、财税体制改革稳步推进，农村、林业、交通等领域改革持续深化。*二是科技创新能力明显增强。*郑洛新国家自主创新示范区成功获批，入选国家小微企业创业创新基地示范城市，成功创建国家电子功能材料区域集聚试点、循环经济示范城市。新增高新技术企业38家、市级以上研发平台211个。高新区入选国家科技服务业区域试点园区，成功举办中国创新创业大赛先进制造行业总决赛，国家小微企业创新创业峰会。清华大学洛阳先进制造产业研发基地启动运营，中信重工成功入选国家首批企业双创示范基地和国家专业化众创空间。*三是开放水平显著提高。*河南自贸区洛阳片区成功获批，开放平台进一步扩大。签约招商项目391个，投资总额1813.3亿元。实际利用省外境内资金709.9亿元、外资26.8亿美元，分别增长7.4%和5.3%。*四是民营经济实力不断壮大。*落实国家“非公经济36条”“民间投资36条”等政策，促进民营经济加快发展，全市民营经济实现营业收入8078.3亿元，纳税214.8亿元。

*——新型城镇化加快推进。*以国家新型城镇化综合试点建设为契机，加快基础设施建设和城市功能完善，提升城镇化的质量和水平，城镇化率54.35%，提高1.65个点，城乡区域发展格局重塑优化。*一是重大基础设施建设取得突破。*郑登洛城际铁路、高铁龙门站综合交通枢纽等项目前期工作加快推进，尧栾西高速、济洛高速先后获批开建，二广高速洛阳瀍河互通立交竣工通车，洛吉快速通道黄河大桥、310国道新建等按计划实施。前坪水库成功截流，大鱼沟抽水蓄能电站项目可研通过专家评审，11项输变电工程建成投运，伊川－嵩县天然气管道工程开工建设。*二是城市建设快速推进。*棚户区改造完成征迁717.4万平方米、开工912.3万平方米、竣工520.3万平方米。古城快速路开工建设，孙辛路改造、玄奘路等一批市政道路竣工通车。城市轨道交通试验段如期开工，海绵城市建设正式启动，故县水库引水工程完成过半，偃师华润首阳山电厂“引热入洛”工程全线贯通，新增供热面积440万平方米。*三是农村环境持续改善。*66个市级美丽乡村试点顺利推进，765个提升村、510个示范村建设任务全部完成。农村基础设施建设进一步加强，建成农村通组通户道路2002公里，新增有效灌溉面积4.26万亩，治理水土流失153平方公里。

*——社会保障不断改善。*民生领域投入持续加大，累计支出378.4亿元，占公共预算支出的73.2%。*一是民生实事扎实推进。*25项67件民生实事按计划实施，提高退休人员基本养老金水平、城乡低保补助标准、推进公安业务网上办理等66件已全部完成，新购置210辆汽电混合公交车调整至2017年实施。*二是环境治理力度加大。*顺利完成13家燃煤发电企业的28台机组的超低排放改造，拆除燃煤锅炉42台，淘汰黄标车、老旧车2.4万辆。完成河道治理40公里。城区地表水断面、集中式饮用水源水质达标率保持在100%。林业生态建设深入推进，完成造林绿化119.7千公顷，森林覆盖率47.5%。*三是精准扶贫扎实展开。*建设易地扶贫搬迁安置点91个，实施整村推进村137个，实施产业扶贫项目534个，214个贫困村、4.7万贫困人口的脱贫任务如期完成。*四是公共服务水平不断提高。*新增城镇就业13万人。新建、改扩建公办幼儿园48所。改扩建县级医院1所、乡镇卫生院9所，建成社区养老服务中心30个，新增机构养老床位2040张。新建农村老年幸福院202个。文化惠民工程全面完成，建成基层综合文化服务中心示范点10个，成功创建国家公共文化服务体系示范区。

同时，计划生育、科技、体育、广播电视、新闻出版、公共文化、残疾人等社会事业全面发展，食品药品安全、信访化解，打击犯罪等工作全面加强，社会大局保持稳定。

肯定成绩的同时，也应清醒地看到，我市在经济社会发展中还存在不少突出矛盾和问题，经济增长内生动力不足，主要依靠投资拉动；新经济、新动能发展势头良好但规模还难以与传统动能等量齐观，高耗能资源型产业占比依然较大；民生领域欠账较多，公共服务水平不高；生态建设存在短板，环境问题突出。具体体现在：一是固定资产投资增速回落。随着房地产调控措施的收紧，以及部分行业产能过剩，房地产和工业投资增速下降较快，影响全市固定资产投资稳定增长。全年投资增长15.4%，比前两年分别回落3.2个和2.4个百分点。二是对外经济持续下降。受外需不振影响，我市部分进出口企业订单减少，外销比例持续缩减，全市进出口总额同比下降4.6%。三是居民收入增长较慢。受经济下行影响，部分企业效益下滑，导致城乡居民工资性收入和经营性收入增长乏力，全年居民人均可支配收入同比增长7.7%，低于经济增长水平。四是空气质量有待提高。全年空气优良天数仅完成166天，与省定210天的目标差距较大，特别是入冬以来，雾霾频发，极大影响人民群众生产生活和身心健康。

二、2017年经济社会发展的总体要求和主要目标任务

2017年我市经济社会发展总体要求是：**深入贯彻习近平总书记系列重要讲话精神，深入贯彻党中央治国理政新理念新思想新战略，认真落实中央、省委、市委经济工作会议，省、市党代会，省委、市委全会精神，统筹推进“五位一体”总体布局和协调推进“四个全面”战略布局，坚持以新发展理念为指导、以提高经济发展质量和效益为中心、以推进供给**

侧结构性改革为主线，坚持稳中求进工作总基调、稳中求新、稳中求好，坚持发挥优势打好“四张牌”，坚持以体系为支撑、以专项为带动、以项目为抓手，坚持以人民为中心的发展思想，全面做好稳增长、促改革、调结构、惠民生、防风险各项工作，加快推进“9+2”工作布局、实现“四高一强一率先”奋斗目标，以优异成绩迎接党的十九大胜利召开。

今年全市经济社会发展的主要预期目标为：地区生产总值增长8.8%、在实际工作中力争更好一些，一般公共预算收入增长8.5%，全社会固定资产投资增长13%，社会消费品零售总额增长12%，进出口总值保持稳定，城乡居民收入与经济增长基本同步，居民消费价格涨幅控制在3%左右，城镇新增就业10万人以上，常住人口城镇化率提高1.65个百分点，节能减排、环境保护等约束性指标完成省下达任务，发展质量和效益明显提高。

实现2017年经济发展的目标，关键是要坚决落实好市委市政府一系列决策部署，夯实责任、压实担子、坚定不移、全力以赴、突出重点、抓出成效，全面带动各项经济工作再上新台阶。

（一）推进供给侧结构性改革，增强经济发展活力。按照“四个聚焦”要求，以供给侧结构性改革为主线，推进全面深化改革精准落地。一是深入推进“三去一降一补”。坚持以“去”促优，扎扎实实化解过剩产能，完成煤炭去产能任务；落实金融信贷、房产交易税收优惠政策，力争全市商品房库存去化周期控制在合理范围；稳妥有序降低企业杠杆率，大力发展直接融资，推动兰迪机器等15家企业上市（挂牌）再融资。坚持以“降”促效，落实省政府50条、市政府36条降成本政策，有效降低实体经济负担。坚持以“补”促强，加大脱贫、民生、基础设施等重点领域投入，提高补短板的精准性和有效性。二是深化国企改革。服务支持好中钢洛耐、中铝洛铜等央企改革和转型升级，指导推动洛铜集团、LYC等省企开展混合所有制改革，分类推进有色矿业、万基控股等市属县属国有企业改革，推动政府投融资平台市场化转型。继续推进驻洛央（省）企“三供一业”分离移交，加快剥离47家市属国有企业办社会职能。实施黄金工业公司等4户企业破产关闭注销，完成洛粮公司等29户企业改制重组。持续深化地企合作，筹备组织好双月联席会议，争取更大成效。三是持续深化农村综合改革。以农业供给侧结构性改革为引领，全面深化农村各项改革。实施特色沟域经济重大专项，推进农业种养结构调整。持续深化农村产权制度改革、供销系统综合改革，扎实开展农村集体经济股份合作试点，扶持村级集体经济试点，稳步推进水利、集体林权和国有林场等各项改革。完成农村土地确权登记颁证工作，积极推进新型农业经营主体“百社百场”示范培育工程，新增市级以上示范社50家以上、示范家庭农场30家以上。四是加快发展非公经济。落实支持非公经济发展各项政策措施，建设法制化市场营商环境，引导小微企业和民营企业集聚发展。同时，加快推进投融资、财税金融、电力、资源性产品价格等重点领域改革以及科技、教育、医疗、养老等社会领域各项改革。

（二）持续扩大有效需求，促进经济稳定增长。坚持稳中求进工作总基调，持续扩大有效投资，推动消费加快升级，强化要素保障，力促全市经济“求进求新求好”。一是持续扩大有效投资。实施“9643”合理有效投资行动计划，全面推进9大体系的深化落实，统筹推动60个重大专项落地生根，全力实施415个总投资3295亿元的重点项目，加大力度争取中央资金、专项建设基金，激发民间投资活力，加快建成一批事关长远、事关全局的重大项目，为经济发展奠定坚实的基础。二是着力推进消费升级。深入贯彻落实国家“十大扩消费行动”，扩大在住房、汽车、旅游、文化等领域的消费。实施改造提升和疏解外迁中心城区大型市场、培育整合规划布局商品市场等现代市场体系重大专项，促进居民消费扩大升级，引导消费释放潜力。三是全力加强要素保障。切实抓好银企、用工、产销、产学研四项对接，强化电力运行调度、稳定供煤渠道、积极争取铁路运力，有效保障企业生产，切实做好土地、环境容量约束性要素保障，稳定经济运行。深化银企对接合作，确保银企洽谈会签约资金落实率达85%以上，新增贷款320亿元。

（三）加快创新主体培育引进和载体平台建设，培育发展新动能。围绕创新对经济发展的支撑引领作用，以郑洛新国家自主创新示范区为契机，以现代创新体系重大专项为抓手，着力打通“四个通道”，推进“四链融合”，争当全省创新发展排头兵。一是加快建设自主创新示范区。落实省加快推进郑洛新国家自主创新示范区建设的30条意见和中关村“6+4”政策，制定我市实施方案及配套政策，编制洛阳自主创新示范区发展规划，完善政策支撑体系。加快建立完善自主创新示范区建设体制机制，推动科技金融结合、知识产权运用与保护、人才培养与引进和科技成果转移转化，争当郑洛新国家自主创新示范区的领头羊。二是深入推进大众创业万众创新。以国家小微企业创业创新基地城市示范建设为契机，落实鼓励“双创”政策，实施“重微共振”工程，加快完善面向大众的创新创业服务体系，建设和提升13个公共服务平台、20个创新创业载体。加快推进“双创”示范基地建设，推动中信重工国家级“双创”示范基地和高新区、725所、河科大等一批省级“双创”示范基地建设。三是加快创新主体培育。启动实施“创新主体、创新平台双倍增计划”，重点培育创新主体400家、新增平台260家。重点支持中科院洛阳机器人与智能装备创新研究院、洛阳中科信息产业研究院、清华大学先进制造产业研发基地等加快建设。围绕“565”产业发展需求，在机器人、生物工程、光电等领域建设提升20个产业技术创新联盟，推动725所、中航光电、普莱柯等骨干企业、科研院所建设一批新型研发机构。四是优化创新环境。建立健全技术创新的市场导向机制和政府引导机制，加大对科研人员转化科研成果的激励力度，借助地企合作平台，促进创业投资与项目对接。设立科技创业种子投资、天使投资、科技成果转化风险补偿资金，满足科技型企业融资需求。实施“河洛英才”“河洛工匠”“玉洛汇”计划等，培养和引进一批产业领军型、紧缺型创新创业团队，加速科技成果转化。

（四）推进产业结构优化升级，构建现代产业体系。围绕发挥产业对中心城市的核心支撑作用，扎实推进现代产业体系重大专项，加快改造提升传统产业和发展壮大新兴产业，推动产业向中高端水平迈进。一是做大做强五大主导产业。大力实施先进装备制造、新材料、高端石化、全域旅游等重大专项，厚植发展优势，提升核心竞争力。重点推进一拖新型轮拖智能制造新模式应用、重渡沟国家旅游度假区等337个项目建设，争取凯盛超薄信息显示材料深加工等一批项目竣工投产，形成新的经济增长点。加快“中原钛谷”建设，积极申建“中国制造2025”城市试点示范、国家老工业城市和资源城市产业转型升级示范区。办好牡丹文化节、河洛文化旅游节等重大节会，全年接待游客1.23亿人次，旅游收入突破千亿。二是积极培育六大新兴产业。大力实施机器人及智能装备、新能源汽车、现代物流、电子商务、金融等重大专项，培育发展新动能，提升高端产品供给能力和水平。重点推进中兴公司北斗位置服务示范平台、中储洛阳综合物流产业园等160个项目建设，争取国能黄河物流、北易公司第三代四轮车生产等一批项目竣工投产。积极申建国家军民融合创新示范区、国家产融合作试点城市。大力实施“引金入洛”工程，全市新增融资520亿元。加快电子商务示范市建设。三是大力发展五大特色产业。大力实施大数据、养老服务、沟域经济等重大专项，加快推进古城历史街区保护与整治等179个项目建设；争取科大讯飞洛阳语音云创新研究院、佳嘉乐现代农业示范基地等项目竣工投产，形成一批区域特色品牌。加快推进华大基因公司牡丹基因测序工作，新增牡丹种植面积5万亩，建成10条沟域经济产业带。扎实推进涧西区“十三五”国家服务业综合改革试点建设，推动生产性服务业向价值链高端延伸。四是强化产业集聚发展。实施产业集群龙头企业培育工程，重点支持40个左右的优势企业做大做强，新开工亿元以上主导产业项目165个，竣工120个，加快形成一批千亿级产业集群和县域百亿级产业集群。启动服务业专业园区规划建设，突出抓好招商引资、业态培育、项目建设和功能完善等工作，全年实施产业项目90个，完成投资190亿元。

（五）实施“一中心六组团”城市发展战略，提高城乡发展水平。以建设国家新型城镇化综合试点为引领，统筹做好规划、建设、管理三篇文章，大力实施现代城镇体系和基础设施体系重大专项，加快构建“四级联动”城镇总体布局，打造宜居宜业现代城市，巩固提升中原城市群副中心城市地位。一是推进中心城区优化提升。着力优化洛北城区、洛南城区和伊滨城区“三大板块”功能布局，抓好城市快速路和快速公交“双快系统”建设，力争古城快速路一期上半年竣工、二期4月份开工，启动建设王城大道快速化，力争地铁1号线主体工程上半年开工、2号线下半年开工，完善城市交通系统。加快推进地下综合管廊、海绵城市等在建项目。切实抓好旧城改造，棚户区改造完成投资200亿元、征迁面积680万平方米，新开工安置房5.62万套，基本建成3.5万套。按照“300米见绿、500米见园”的要求，完成一批市区公园游园建设。二是促进城乡一体发展。加快推进县级城市扩容提质，抓好“百城建设提质工程”，推进供水、供气、供热、污水垃圾处理等市政设施建设，完善城市功能。积极争取国家“城乡交通一体化”试点，全面推进城乡客运一体化，开通“六组团”公交车。推进建制镇示范试点建设，完成60个小城镇（中心村）、100个贫困村电网改造。三是强化基础支撑。围绕建设洛阳全国性枢纽，积极开展洛阳机场改扩建、呼南高铁豫西通道、新安—宜阳—伊川—汝阳高速、二广高速拓宽改造等项目前期工作，力争郑登洛城际铁路年底前开工建设，洛吉黄河大桥主桥10月份建成，12条干线公路年底前建成通车。同时，加快东环线燃气管网和伊川至嵩县、栾川天然气管道建设，抓好500千伏洛阳东等43项电网工程；积极推进神华国华孟津电厂“引热入洛”工程，新增供热面积800万平方米，集中供热普及率提高到60%。加快推进前坪水库建设，完成小浪底南岸灌区前期工作，新增有效灌溉3万亩，治理水土流失150平方公里。

（六）加快自贸区和综合保税区建设，提高开放发展水平。突出抓好现代开放体系重大专项，全方位融入“一带一路”，打造对外开放新高地。一是加快自贸区建设。按照多规合一要求，高水平编制产业发展、空间、土地利用等规划，加快推进河南自贸区洛阳片区建设。支持中信、一拖等装备制造业优势企业加快“走出去”步伐，积极参与国家级合作工业园开发。鼓励中铁隧道集团、石化工程公司等企业对外承包工程，带动技术、标准和大型机械及成套设备出口。二是加快开放载体建设。加快洛阳西工综合保税区申建，支持中储洛阳分公司建设保税物流中心。编制洛阳空港经济区发展战略规划，谋划洛阳机场综合交通枢纽。积极推进铁路口岸和铁路物流园区场站建设，争取开通铁路国际货运班列。加快建设跨境电子商务综合实验区，发展跨境电子商务新型贸易。三是立足战略定位精准招商。立足新战略定位，围绕九大体系60个重大专项，积极对接境内外500强企业，加快引进一批龙头型、战略型重大项目，力争年内引进8－10家境内外500强企业。用好中国洛阳牡丹文化节、河洛文化旅游节等招商平台，创新招商方式，开展重大项目推介洽谈和招商引资活动，发挥产业基金、股权投资引导基金等平台作用，开展股权招商、并购招商等新模式，提高承接国内外产业转移的实效和层次，力争引进10亿元以上重大项目80个。

（七）着力改善生态环境，加快推进绿色发展。坚持科学治理和高效利用，重点推进生态体系重大专项，强化硬性约束，严格监督检查，力促生态持续好转。一是加强大气污染防治。认真落实全省环境污染治理三大行动，狠抓燃煤、工业、黄标车等重点领域污染治理，加快推进煤改电、煤改气，实施燃煤散烧管控，推进工业窑炉废气提标治理，控制工业涂装、石油炼制行业实施有机物污染治理，控制扬尘污染等工程，持续消减空气中污染物排放量，坚决打赢大气污染防治攻坚战。二是加强水环境综合整治。认真落实“河长制”，加快水生态文明试点市建设，大力推进“四河同治”，加强河渠截污、黑臭水体治理和污水管网建设，城市建成区污水收集处理率达到95%以上，各县（市）达到85%以上，争取完成县城黑臭水体垃圾清理、截污纳管。加强城镇污水、污泥处理设施建设与提标改造，污水处理厂全部执行一级A排放标准，污泥无害化处理处置率达到90%以上，促进水环境质量明显改善。三是加强生态保护修复。启动新一轮退耕还林，抓好天然林保护、农田防护林、山区营造林等林业重点工程建设。完成廊道绿化提升1045公里、5万余亩，改造提升周山等城郊森林公园。加快洛浦公园提升改造，抓好中心城区道路、公园、园林绿化提升及小游园建设，实施51项园林绿化工程，打造环城生态防护带。实施土壤污染修复，确保全市土壤环境安全。四是改善农村人居环境。大力开展农村清洁行动，完善农村垃圾转运设施和污水处理设施，扎实推进农村人居环境提升村和示范村创建活动，确保27%以上的行政村达到提升村创建标准，18%以上的行政村达到示范村创建标准。持续抓好农村秸秆禁烧，确保秸秆综合利用率保持在90%以上。五是大力推进节能减排。实施节能降碳综合改造和循环经济提升工程，加快实施双瑞万基海绵钛节能技改、华润热电生活垃圾无害化焚烧余热发电等一批项目，年节能15万吨标准煤。加强矿产资源及尾矿资源综合利用，推进建筑垃圾、生活垃圾与污水处理厂污泥循环利用，完成餐厨废弃物资源化利用和无害化处理试点建设任务。

（八）着力保障和改善民生，增强人民群众获得感。持续加大民生投入，集中力量抓好公共服务体系重大专项和文化传承创新体系重大专项，坚持做好民生实事，持续增进人民群众福祉。一是深入开展脱贫攻坚。加快推进产业、金融、易地搬迁等扶贫项目建设，完成198个贫困村、8.12万人的脱贫任务。确保伊川、偃师、洛龙和伊滨实现整体脱贫。二是努力办好人民满意的教育。启动第三期学前三年行动计划，新建、改扩建公办幼儿园63个。加快推进义务教育“全面改薄”、城镇义务教育资源扩充五年计划，新建、改扩建农村中小学151个。继续做好高中阶段教育普及工作，加快推进职业技术学院、幼儿师范学校搬迁改造及职教园区建设，服务、支持驻洛高校改革发展。三是加快推进健康洛阳建设。深化公立医院综合改革，大力推进分级诊疗制度建设，完善社区卫生服务网络，打造15分钟就医圈。实施基层医疗机构“五个一”工程、“369”人才工程。争取建设洛阳正骨国家中医骨伤区域医疗中心。推动医疗、医保、医药“三医”联动，守护好群众用药安全。积极做好“全面两孩”政策落实工作，促进人口均衡发展。四是继续做好就业再就业工作。实施全民技能振兴工程，夯实“互联网＋高校毕业生服务”，扩展高校毕业生就业渠道。支持农民工返乡创业，妥善安置化解过剩产能中下岗分流职工。组织创业培训1万人，完成农村劳动力培训3万人，新增城镇就业10万人、农村劳动力转移就业2.6万人。五是强化社会保障。开展机关事业单位养老保险改革，推进新农合和城镇居民医保制度整合，按时足额发放各项社会保险待遇。加强社会救助体系建设，切实保障困难群众的基本生活。积极推动国家养老服务业综合改革和医养结合试点城市，新建养老床位3000张，改建整治存在重大安全隐患的养老场所，建成智慧社区养老服务中心试点10个，全市社区养老服务中心覆盖率达到90%以上。六是提高公共文化服务水平。加强综合性公共文化设施建设，推进公共图书馆、文化馆、博物馆、美术馆和乡镇综合文化站免费开放。提升和完善基层综合性文化服务中心，开展文化惠民活动，继续推进九洲池、应天门等大遗址保护展示工程和遗址公园建设，加快二里头夏朝遗址博物馆、丝绸之路博物馆等重大文化项目建设。

各位代表，今年全市国民经济和社会发展任务相当繁重。坚信在市委正确领导下，在市人大、市政协监督、支持下，全市人民一定能够战胜各种困难，全面完成2017年国民经济和社会发展的目标任务。

关于洛阳市 2016 年预算执行情况和 2017 年财政预算(草案)的报告

——2017 年 1 月 9 日在洛阳市第十四届人民代表大会第五次会议上

洛阳市财政局局长　刘庆林

各位代表:

受市人民政府委托,现将 2016 年财政预算执行情况和 2017 年财政预算(草案)提请市十四届人大五次会议审议,并请各位政协委员和其他列席人士提出意见。

一、2016 年财政预算执行情况

2016 年,在市委的正确领导下,在市人大、市政协的监督支持下,市政府团结带领全市人民,牢固树立新发展理念,坚持稳中求进工作总基调,以建立现代财政制度为目标,狠抓增收节支,深入推进财税体制改革,确保财政预算平稳运行,为全市经济社会发展提供财力支撑。

(一)2016 年预算收支情况

1. 一般公共预算

2016 年,经各级人大批准的全市一般公共收入预算合计 310.7 亿元,增长 8.4%。全面推开营业税改征增值税试点后,全市一般公共收入预算相应调整为 299.6 亿元,全市收入实际完成 302.7 亿元,为预算的 101%,同比增长 9.1%。经各级人大批准的全市一般公共支出预算合计 435.2 亿元,执行中加上上级新增转移支付补助、省转贷地方政府债券等安排支出,调整后全市支出预算为 527.9 亿元,实际完成 516.9 亿元,为预算的 97.9%,增长 8%。

2016 年,市十四届人大四次会议批准的市级一般公共收入预算 94.9 亿元,增长 6%。全面推开营业税改征增值税试点后,市级一般公共收入预算相应调整为 88.5 亿元,市级收入实际完成 89.6 亿元,为预算的 101.3%,同比增长 6%。市十四届人大四次会议批准的市级一般公共支出预算为 128.7 亿元,执行中加上上级新增转移支付补助、省转贷地方政府债券等安排支出,调整后市级支出预算为 130.7 亿元,实际完成 126.5 亿元,为预算的 96.8%,增长 3.8%。

2. 政府性基金预算

2016 年,经各级人大批准的全市政府性基金收入预算合计 97.3 亿元,全市收入实际完成 57.1 亿元,为预算的 58.6%,下降 29.4%。经各级人大批准的全市政府性基金支出预算合计 108.5 亿元,执行中加上上级新增转移支付补助、省转贷地方政府债券等安排支出,减去收入短收因素,调整后全市支出预算为 83.6 亿元,实际完成 77.5 亿元,为预算的 92.7%,下降 14.8%。

2016 年,市十四届人大四次会议批准的市级政府性基金收入预算 61.4 亿元,市级收入实际完成 34.8 亿元,为预算的 56.7%,下降 40.4%。市十四届人大四次会议批准的市级政府性基金支出预算 66.9 亿元,执行中加上上级新增转移支付补助、省转贷地方政府债券等安排支出,减去收入短收及补助县(市、区)等因素,调整后市级支出预算为 38.7 亿元,实际完成 34.4 亿元,为预算的 88.9%,增长 32.2%。

3. 国有资本经营预算

2016 年,市十四届人大四次会议批准的市级国有资本经营收入预算 3180 万元,支出预算 3180 万元。市级收入实际完成 5456 万元,为预算的 171.6%,下降 45%;市级支出实际完成 700 万元,为预算的 22%,下降 83.7%。

4. 社会保险基金预算

2016 年,市十四届人大四次会议批准的全市社会保险基金收入预算 105.5 亿元,支出预算 113.4 亿元。全市收入实际完成 114.4 亿元,为预算的 108.4%,增长 4.3%;全市支出实际完成 112 亿元,为预算的 98.7%,增长 6.1%。

(二)政府债务情况

按照预算法规定,国家对政府债务余额实行限额管理,即年度政府债务的余额不得突破批准的限额。省财政厅核定我市 2016 年政府债务限额 535.1 亿元(一般债务 347.7 亿元,专项债务 187.4 亿元)。经市人大常委会批准,2016 年全市政府债务限额中,市级政府债务限额 211.1 亿元(一般债务 64.3 亿元,专项债务 146.8 亿元),县(市、区)政府债务限额 324 亿元(一般债务 283.4 亿元,专项债务 40.6 亿元)。

汇总统计各级政府债务余额,截至 2016 年底,全市政府债务余额 372 亿元(一般债务 239.4 亿元,专项债务 132.6 亿元),其中,市级政府债务余额 151.4 亿元(一般债务 52.9 亿元,专项债务 98.5 亿元),县(市、区)政府债务余额 220.6 亿元(一般债务 186.5 亿元,专项债务 34.1 亿元)。

(三)落实市人大决议与主要财政工作情况

按照市十四届人大四次会议有关决议和审查意见,各级财政部门主动适应新常态,加快推进“9+2”工作布局,围绕“四高一强一率先”奋斗目标,认真落实积极的财政政策,统筹安排财政资金,创新资金投入机制,着力促进经济社会平稳较快发展。

1. 落实积极财政政策,促进经济稳步发展

●扩大投资需求。争取上级补助资金 202 亿元,使用省转贷地方政府置换和新增债券资金 112.3 亿元,实施了一批基础设施和民生工程,加快推进基本公共服务均等化。

●提升城市品位。积极为城市建设筹措资金 43.4 亿元,主要用于棚户区改造、城市管网、市政道路、园林绿化提升、交通设施、水利工程等市政基础设施建设,大力支持古城路快速改扩建、310 国道、黄河大桥、孙辛高架桥等重点项目建设。此外,郑卢高速九都路连接线与西环路立交、洛北城

区基础设施建设等工程正在按照PPP模式有序推进，缓解政府资金压力，提升城市品位。

●促进企业发展。筹措支持企业发展资金5.1亿元，支持产业升级、支持小微企业和重点企业顺利实现发展动力转换，释放新需求，创造新供给。将企业还贷周转金规模扩大至2.1亿元，筹措小额担保贷款贴息资金2.3亿元，缓解企业融资难、融资贵问题。累计办理退税2.3亿元，增强企业发展后劲。

●支持创业创新。成功入围2016年全国小微企业创业创新基地城市示范，未来三年，我市将获得中央财政给予的6亿元奖补资金，首批2.7亿元资金已到位，市财政积极筹措配套资金，对创业创新空间建设、公共服务平台建设、优化创业创新环境等进行专项资金支持。

●支持节能环保。全市节能环保支出完成9.7亿元。市级拨付资金1.1亿元，完成2万多台黄标车“黄改绿”及黄标车提前淘汰、拆改燃煤锅炉20蒸吨；拨付资金2.1亿元，用于新能源汽车产业技术创新、绿色建筑标识项目奖励、海绵城市建设等支出。

●支持服务业发展。争取商贸流通及商务中心区和特色商业区奖励补助资金0.8亿元，争取旅游业发展促进资金0.3亿元，支持我市服务业快速发展，有力地活跃了地方经济。

2. 加大财政支农力度，巩固农业基础地位

全市农林水事务支出完成59.5亿元，大力支持农业可持续发展与脱贫攻坚。

●积极支持粮食生产。兑现农业支持保护补贴、农机购置补贴5.8亿元，争取产粮大县奖励及粮食仓库智能化提升改造资金1.5亿元，充分调动了农民种粮积极性。投入财政资金1.2亿元，建设农业综合开发土地治理项目9.3万亩，为粮食丰收提供了有力支持。

●改善农民生产生活条件。市级拨付资金1.3亿元，建设10个省级、66个市级美丽乡村试点；筹措资金1亿元，实施一事一议项目560个，大力改善村容村貌。

●加大脱贫攻坚支持力度。筹措扶贫专项资金4.9亿元、搬迁扶贫资金8.2亿元，支持4.7万名农村贫困人口稳定脱贫。制定了统筹整合使用财政涉农资金实施办法，明确将市级财政预算安排的美丽乡村、农业产业化、改善农村人居环境等9类17项资金纳入统筹整合范围；制定了扶贫资金管理办法，进一步明晰业务主管部门、扶贫部门、财政部门之间的权责，大力支持脱贫攻坚战。

3. 加大民生领域投入，促进社会和谐稳定

全市民生支出完成378.4亿元，占一般公共预算支出的73.2%。

●完善就业和社会保障体系。全市社会保障和就业支出完成46.7亿元。筹措就业资金2.2亿元，全面落实就业创业优惠政策；筹措城乡低保资金5.1亿元，保障全市城乡低保对象的基本生活需要；筹措资金7.7亿元，保障全市城乡居民养老保险参保对象的待遇发放。

●保障教育文化体育发展。全市教育支出完成94.5亿元。筹措资金16.5亿元，用于城乡义务教育经费保障、校舍维修改造、学生营养改善计划、特岗教师工资等；筹措资金2.7亿元，用于中等职业学校免学费助学金以及特色专业和实训平台建设等。全市文化体育与传媒支出完成8.9亿元，用于百场公益演出、文物保护、博物馆图书馆文化馆免费开放及农村文化建设等，支持文化体育事业发展。

●深化医药卫生体制改革。全市医疗卫生与计划生育支出完成48.7亿元。筹措资金3.1亿元，推进基本公共卫生服务逐步均等化；拨付资金1亿元，用于基层医疗卫生机构实施国家基本药物制度补助；筹措资金31.5亿元，将新农合及城镇居民医保财政补助标准提高到420元，大病保险制度实现城乡居民全覆盖。

●加强住房保障工作。争取上级保障性住房补助资金19.8亿元，市级安排保障性住房资金2.1亿元，支持公租房项目建设和货币化安置；市级拨付购房补贴资金1.1亿元，为符合条件的农民及外来人员发放购房补助。此外，充分利用国家金融政策，争取国开行、农发行贷款40亿元，支持棚户区改造。

4. 全面深化财政改革，提高财政管理水平

●完善公共支出管理。2016年，市级“三公”经费支出6266万元，下降34.1%。推行预算管理制度改革，加强绩效管理，市级批复绩效目标2242个，涉及财政资金63.3亿元。市级财政投资评审工作共完成项目1931个，审核资金154.7亿元，审减资金24.4亿元，平均审减率15.8%。

●稳步推进基金化改革。以市财政局与省财政厅所属豫资公司共同出资的洛阳市河洛新业公司为承接平台，市财政局主导推动河洛新业公司与启迪控股股份有限公司共同发起设立小微“双创”母子基金，基金总规模75亿元，将有力地推动我市创业创新事业发展；与郑州银行和中原银行合作，设立两只PPP基金，基金规模各50亿元，助推洛阳PPP项目落地实施；全力争取“邮银豫资一带一路（河南）基金”注册地落户洛阳，母基金规模100.1亿元，将吸引撬动信贷和社会投资资金900亿元，优先支持我市产业发展。

●加快推广运用PPP模式。抓住被财政部确定为全国PPP项目试点城市的重大机遇，严格筛选入库项目，并在北京、上海、郑州、洛阳等地举办项目推介会，助推PPP项目落地实施，在项目数量、投资金额、运行质量等方面都走在了全省前列。截至目前，我市共有87个项目入选财政部、省财政厅PPP意向项目库，总投资933.4亿元。其中，财政部第二批示范项目11个，总投资216.4亿元；财政部第三批示范项目3个，总投资81.6亿元；省财政厅推介项目22个，总投资446.3亿元；24个项目确定社会资本方，总投资471.2亿元。同时，争取中国政企合作投资基金4.1亿元，并获得首批财政部PPP项目奖补资金1600万元。

●加强政府性债务管理。全面清理核实政府存量债务，将债务纳入全口径预算管理，加强政府债务限额管理，建立健全政府债务风险防控机制，妥善处理存量债务，防范和化解财政金融风险。全市及市级政府债务余额均控制在省定限额以内。

这些成绩的取得，是市委科学决策、正确领导的结果，是市人大、市政协及代表委员们加强监督、有力指导的结果，是各级、各部门以及全市人民艰苦奋斗、共同努力的结果。同时，我们也清醒认识到财政改革发展面临的问题与挑战：一是经济下行压力持续，虽然财政收入总量平稳增长，但收入增速趋缓，政策性减收因素增加，可用财力增加较少；二是税源结构单一，拉动性新增税源少，收入结构有待优化；三是政策性支出增长较快，保障和改善民生压力大，收支矛盾突出。

针对这些问题，我们将高度重视，深入分析原因，采取有力措施，认真加以解决。

二、2017年财政预算（草案）情况

2017年是"十三五"规划实施的关键一年，也是统筹推进"9+2"工作布局、实现"四高一强一率先"奋斗目标的重要一年，编制好2017年财政预算意义重大。

根据面临的形势，2017年预算编制和财政工作的指导思想是：**全面贯彻党的十八大、十八届三中、四中、五中、六中全会和中央经济工作会议、全国财政工作会议以及省、市党代会和省、市经济工作会议精神，坚持稳中求进工作总基调，牢固树立和贯彻落实新发展理念，紧紧围绕"四高一强一率先"奋斗目标，统筹推进"9+2"工作布局；坚持以提高发展质量和效益为中心，以推进供给侧结构性改革为主线，发挥财政政策在稳增长和调结构中的重要作用；进一步落实减税降费政策，减轻企业负担；调整优化支出结构，保障基本公共服务；推进财政资金统筹使用，提高支出精准度和资金使用效益；加强地方政府性债务管理，积极防范化解财政金融风险，促进经济平稳健康发展和社会和谐稳定。**

2017年预算编制遵循的基本原则：一是收入预算要实事求是、积极稳妥，充分考虑中央和地方增值税收入划分调整、落实减税降费措施等因素的影响。二是支出预算要统筹兼顾、突出重点，调整优化财政支出结构，集中财力支持"9+2"工作布局，确保省市重点项目顺利推进。三是强化地方政府债务限额管理和预算管理，健全地方政府规范的举债融资渠道，防范和化解债务风险。四是推进财政资金统筹使用，加强政府性基金预算、国有资本经营预算与一般公共预算的统筹衔接，全面清理盘活财政存量资金。五是继续推进基金化改革，通过市场化方式来支持产业发展，真正发挥财政资金"四两拨千斤"的导向作用和乘数效应。六是进一步加强中期财政规划管理，做好与各项规划、重大收支政策的衔接，增强中期财政规划对年度预算的指导性和约束力，确保财政可持续。七是进一步推进预算公开，坚持以公开为常态、不公开为例外，扩大公开范围，细化公开内容，规范公开方式，强化社会监督，促进依法理财。

结合当前国际国内经济发展状况分析，2017年我市经济下行压力依然较大，稳增长、调结构、惠民生、防风险等任务艰巨繁重，财政减收增支因素仍然较多，加之营改增政策减税效应全面显现，财政收支矛盾会更加突出。综合考虑以上因素，全市一般公共预算收入预期增长8.5%。需要说明的是，以上全市收入增长是预期性的，待各县（市、区）预算经同级人大批准后，及时汇总报市人大常委会备案。

2017年市级收支预算安排情况如下：

（一）一般公共预算

1. 收入预算

2017年市级一般公共预算收入按增长6%编列，预期目标为90.8亿元（2017年全年实施营改增试点，按照新的增值税收入划分过渡方案，2016年完成数调整为同口径数额85.6亿元）。其中：税收收入60.8亿元，增长9%；非税收入30亿元，增长0.3%。

2. 支出预算

2017年，市级一般公共预算收入90.8亿元，加上上级补助收入，减去上解上级支出和对县（市、区）结算补助等，市级2017年财力预计为102.3亿元，加上动用预算稳定调节基金15.7亿元，共计安排支出118亿元。主要支出科目及重点支出项目安排情况：

●一般公共服务支出7亿元，增长3.1%。

●教育支出14.2亿元，同比增长7.9%，重点安排城乡义务教育经费保障机制配套资金、普通高中、高职、中职助学金、中职免学费、学前教育资助资金等政策性资金和教育附加专项支出4.7亿元。

●科学技术支出2.6亿元，增长8.6%，重点安排应用技术与研发资金1亿元，增长20%；安排清华大学天津高端装备研究院洛阳先进制造产业基地、深圳光启洛阳尖端技术研究院项目建设等科技项目1.3亿元。

●文化体育与传媒支出3.6亿元，增长7.1%，重点安排公共文化示范区、文物保护、文化馆建设等专项支出1.1亿元。

●社会保障和就业支出9.9亿元，增长13.4%，重点安排城乡居民养老保险、就业、城乡低保、残疾人保障、行政事业单位养老保险金等支出5.2亿元。

●医疗卫生与计划生育支出6.8亿元，增长17.3%，重点安排城乡居民医疗保险市级配套、基本公共卫生服务补助、城乡医疗救助、城镇独生子女父母奖励、行政事业单位医疗保险费等支出4.7亿元。

●农林水支出7.6亿元，同比增长8.1%，重点安排扶贫资金1.6亿元；安排廊道沿线绿化提升及农田林网建设补助、林业生态圈、宜林荒山绿化、牡丹产业发展等资金1.3亿元；安排改善农村人居环境、美丽乡村示范点建设等资金0.8亿元；安排创业担保贷款市级贴息及农业保险保费市级配套资金0.9亿元。

●住房保障支出4亿元，同比增长9.4%，重点安排公租房建设、农村危房改造、行政事业单位住房公积金等支出3.1亿元。

●预备费3亿元。

●为保障"9+2"工作布局、"565"现代产业体系重大专项以及自主创新示范区、小微双创城市示范建设等顺利推进，安排产业引导资金7.4亿元，大气污染治理和水源地保护资金1.5亿元，河洛英才计划专项资金1.5亿元，公交及航线补贴资金3.8亿元，居民供热及尾矿库治理等专项资金1.5亿元，债务还本付息支出3.4亿元。

●对洛阳市轨道交通第一期建设项目1号线工程、龙门站综合交通枢纽工程、尧栾西高速洛阳段、济洛高速洛阳段、古城快速路建设工程、洛河水系综合整治示范项目、伊洛河水生态文明示范区等全市部分重点建设项目，拟通过争取新增政府债券资金予以保障，届时将编制预算调整方案，向市人大常委会报告。

（二）政府性基金预算

2017年，市级政府性基金收入预算39.1亿元，增长12.3%；加上预计省返还彩票公益金收入0.7亿元、上年结转3亿元，市级政府性基金支出预算安排42.8亿元，下降36%。主要支出项目安排情况如下：

●城乡社区支出38.9亿元，重点安排土地开发、保障性住房建设、征地拆迁补偿等支出23.4亿元；安排热力、自来水、燃气管网等城市基础设施建设支出6.5亿元；安排污水

处理、公交配套等支出1.4亿元。

●交通运输支出2.3亿元，重点安排公路还贷及小修保养等支出。

●其他支出0.9亿元，主要是彩票公益金安排社会福利事业和体育事业发展等支出。

（三）国有资本经营预算

2017年，市级国有资本经营收入预算5195万元，全部为利润收入，按照收支平衡、不列赤字要求，市级国有资本经营支出预算安排5195万元，主要用于国有企业改革等支出。

（四）社会保险基金预算

2017年，全市社会保险基金收入预算173.4亿元，增长51.7%；支出预算182.8亿元，增长61.1%，主要是新增机关事业单位养老保险金。主要收支项目安排情况如下：

●企业职工基本养老保险基金收入79.2亿元，支出89.2亿元；

●机关事业单位基本养老保险基金收入63.2亿元，支出63.7亿元；

●失业保险基金收入3.6亿元，支出3.7亿元；

●城镇职工基本医疗保险基金收入24.9亿元，支出22.9亿元；

●工伤保险基金收入1.5亿元，支出1.7亿元；

●生育保险基金收入1亿元，支出1.6亿元。

三、2017年深化财税体制改革和加强预算管理的主要措施

（一）财税改革工作重点

●优化创新财政资金投入方式。围绕“9+2”工作布局及60个重大专项、415个重点项目，全力保障“9643”合理有效投资行动计划。创新财政资金使用方式，鼓励通过引导基金、担保基金等市场化模式，发挥对社会资本的引导带动作用。创新投融资体制机制，在公共服务领域推广PPP模式，提高公共服务供给质量和效率。对于采用PPP模式的项目，有关财政资金要逐步由“补建设”转向“补运营”。

●贯彻推进供给侧结构性改革。继续落实国家减税降费政策，按照国家消费税、环境资源税改革部署，做好相关改革准备工作；密切关注房地产税和个人所得税改革动态，做好前瞻性研究工作；落实好已出台的减税降费政策，做好营改增试点和资源税改革后续工作，确保改革平稳运行。积极支持大众创业万众创新，落实众创空间等税收优惠政策；支持制造业改造升级，促进重点领域加快发展。

●推进财政事权和支出责任划分改革。关注省以下财政事权和支出责任划分改革工作推进情况，结合我市实际，合理确定市与县（市、区）政府间财政事权，根据财政事权划分、财政体制及基层政府财力状况，合理确定市与县（市、区）政府的支出责任，逐步建立事权和支出责任相适应的制度，进一步理顺市与县（市、区）的财政分配关系，促进经济协调发展，推进基本公共服务均等化。

●继续深化预算管理制度改革。实施中期财政规划管理是中央和省委、省政府确定的一项重大改革任务，也是对现行预算管理制度的重大制度性创新。市级从编制2017年预算起已经全面启动本级中期财政规划编制工作，各县（市、区）从编制2018年预算起将全面实行中期财政规划管理，力争用三年时间建立比较成熟的中期财政规划编制框架和制度体系。

●大力推进综合治税体系建设。建立涉税信息采集共享机制，加强对涉税信息的比对分析，针对疑点信息组织开展税收专项治理和稽查工作，严厉打击各种偷逃骗税行为，堵塞税收跑冒滴漏问题，不断提升税收征管效率和服务水平，确保实现税收收入依法征收、应收尽收。

（二）加强预算管理主要措施

●加强财政收入管理。把培植财源作为财政工作的重中之重，不断加强征收管理，做大财政“蛋糕”。坚持依法治税，构建综合治税新格局，挖潜堵漏，做到应收尽收。密切跟踪财政收入形势，加强分析、妥善应对。坚持提升总量与优化结构并重，努力提高一般公共预算收入占GDP的比重、税收收入占一般公共预算收入的比重，有效促进可用财力持续稳定增长。加大争取资金工作力度，主动对接，积极跟进，争取上级更多的财政专项资金支持。

●强化支出预算管理。更加注重优化结构，分好“蛋糕”，用好增量、激活存量，着力保障扶贫、农业、教育、社保、医疗等关系群众切身利益的民生方面刚性支出。严格落实预算法，强化预算约束，认真执行人大批准的预算。取消一般公共预算中一些以收定支、专款专用的规定，对相关领域支出统筹安排。加大政府性基金预算转列一般公共预算力度，提高国有资本经营预算调入一般公共预算的比例。将存量资金使用与年度预算安排统筹考虑，全力保障各项重点支出资金需求。

●盘活财政存量资金。对于预算执行进度缓慢或预计年内难以执行的资金，及时调整用途，避免资金沉淀。继续按规定清理收回两年以上结转资金，同时加强对两年以内资金的清理盘活。加大清理财政专户和预算单位实有资金账户存量资金力度。

●提升财政管理水平。严格依法依规办事，强化宗旨意识，履职尽责、主动作为，进一步建立健全既能够保证财政资金安全又有利于提高工作效率的财政管理制度，优化财政管理流程，推动财政管理更加规范高效透明，切实提高财政管理水平。

●加强财政监督检查。进一步完善财政监督体系，健全财政监督机制，管好财政“蛋糕”。建立财政部门、主管部门、资金使用单位、审计部门相互联动的预算执行监督体系。牢固树立法治理念，稳步推进预算公开，自觉接受市人大、市政协和社会公众的监督。加强监督检查结果的追踪问效和反馈机制，提高财政资金使用的规范性、安全性和有效性。

各位代表，我们将在市委的坚强领导和市人大、市政协的监督支持下，按照省委赋予洛阳新的战略定位，深入推进“9+2”工作布局，坚定信心，攻坚克难，确保圆满完成全年预算任务，为实现“四高一强一率先”奋斗目标做出应有贡献！

统计资料

STATISTICS

一、综　合

GENERAL　SURVEY

资料整理:周延辉　舒　凯　李兵兵

主要统计指标解释

可比价格 指计算各种总量指标所采用的扣除了价格变动因素的价格，可进行不同时期总量指标的对比。按可比价格计算总量指标有两种方法：一种是直接用产品产量乘某一年的不变价格计算；另一种是用价格指数进行缩减。

不变价格 指以同类产品某年的平均价格作为固定价格，用于计算各年的产品价值。按不变价格计算的产品价值消除了价格变动因素，不同时期对比可以反映生产的发展速度。新中国成立后，随着工农业产品价格水平的变化，国家统计局先后五次制定了全国统一的工业产品不变价格和农业产品不变价格。从1952年到1957年使用1952年工（农）业产品不变价格，从1957年到1970年使用1957年不变价格，从1971年到1980年使用1970年不变价格，从1981年到1990年使用1980年不变价格，从1991年开始使用1990年不变价格。

国民经济行业分类 自2012年定期报表开始使用新的《国民经济行业分类》（GB/T4754－2011）。该分类是由国家统计局组织修订，国家质量监督检验检疫总局和中国国家标准化管理委员会于2011年4月29日发布。这次修订是在2002年分类标准的基础上，参照联合国《全部经济活动的国际标准产业分类》（ISIC/Rev.4）进行的。修订后的《国民经济行业分类》（GB/T4754－2012）共有门类20个，大类96个，中类432个，小类1094个。

企业（单位）登记注册类型 是以在工商行政管理机关登记注册的各类企业为划分对象，以工商行政管理部门对企业登记注册的类型为依据，将企业登记注册类型分为内资企业、港澳台商投资企业和外商投资企业三大类。内资企业包括国有企业、集体企业、股份合作企业、联营企业、有限责任公司、股份有限公司、私营公司和其他企业；港澳台商投资企业和外商投资企业分别包括合资经营企业、合作经营企业、独资经营企业和股份有限公司。对不在工商行政管理部门进行登记注册的行政机关、事业单位和社会团体，主要按其经费来源和管理方式进行划分。

法人单位 指具备：

⑴依法成立、有自己的名称、组织机构和场所、能够独立承担民事责任；

⑵独立拥有和使用（或授权使用）资产、承担负债、有权与其它单位签订合同；

⑶会计上独立核算、能够编制资产负债表。法人单位包括企业法人、事业单位法人、机关法人、会团体法人和其他法人。

产业活动单位 是法人单位的附属单位。产业活动单位应具备下列条件：

⑴在一个场所从事一种或主要从事一种社会经济活动；

⑵相对独立组织生产经营和业务活动；

⑶能够掌握收入和支出等业务核算资料。

国内生产总值（GDP） 指按市场价格计算的一个国家（或地区）所有常住单位在一定时期内生产活动的最终成果。国内生产总值有三种表现形态，即价值形态、收入形态和产品形态。从价值形态看，它是所有常住单位在一定时期内生产的全部货物和服务价值超过同期投入的全部非固定资产货物和服务价值的差额，即所有常住单位的增加值之和；从收入形态看，它是所有常住单位在一定时期内创造并分配给常住单位和非常住单位的初次收入之和；从产品形态看，它是所有常住单位在一定时期内最终使用的货物和服务价值减去货物和服务进口价值。在实际核算中，国内生产总值有三种计算方法，即生产法、收入法和支出法。三种方法分别从不同的方面反映国内生产总值及其构成。

三次产业 三产业的划分是世界上较为常用的产业结构分类，但各国的划分不尽一致。我国的三次产业划分是：

第一产业是指农、林、牧、渔业（不含农、林、牧、渔服务业）。

第二产业是指采矿业（不含开采辅助活动），制造业（不含金属制品、机械和设备修理业），电力、热力、燃气及水生产和供应业，建筑业。

第三产业即服务业，是指除第一产业、第二产业以外的其他行业。

支出法生产总值 是从最终使用的角度反映一个国家(或地区)一定时期内生产活动最终成果的一种方法,包括最终消费支出、资本形成总额及货物和服务净出口三部分。计算公式为:

支出法生产总值 = 最终消费支出 + 资本形成总额 + 货物和服务净出口

最终消费支出 指常住单位为满足物质、文化和精神生活的需要,从本国经济领土和国外购买的货物和服务的支出。它不包括非常住单位在本国经济领土内的消费支出。最终消费支出分为居民消费支出和政府消费支出。

居民消费支出 指常住住户在一定时期内对于货物和服务的全部最终消费支出。居民消费支出除了直接以货币形式购买的货物和服务的消费支出外,还包括以其他方式获得的货物和服务的消费支出,即所谓的虚拟消费支出。居民虚拟消费支出包括如下几种类型:单位以实物报酬及实物转移的形式提供给劳动者的货物和服务;住户生产并由本住户消费了的货物和服务,其中的服务仅指住户的自有住房服务;金融机构提供的金融媒介服务;保险公司提供的保险服务。

政府消费支出 指政府部门为全社会提供的公共服务的消费支出和免费或以较低的价格向居民住户提供的货物和服务的净支出,前者等于政府服务的产出价值减去政府单位所获得的经营收入的价值,后者等于政府部门免费或以较低价格向居民住户提供的货物和服务的市场价值减去向住户收取的价值。

资本形成总额 指常住单位在一定时期内获得减去处置的固定资产和存货的净额,包括固定资本形成总额和存货变动两部分。

固定资本形成总额 指常住单位在一定时期内获得的固定资产减处置的固定资产的价值总额。固定资产是通过生产活动生产出来的,且其使用年限在一年以上、单位价值在规定标准以上的资产,不包括自然资产。可分为有形固定资本形成总额和无形固定资本形成总额。有形固定资本形成总额包括一定时期内完成的建筑工程、安装工程和设备工器具购置(减处置)价值,以及土地改良、新增役、种、奶、毛、娱乐用牲畜和新增经济林木价值。无形固定资本形成总额包括矿藏的勘探、计算机软件等获得减处置。

存货变动 指常住单位在一定时期内存货实物量变动的市场价值,即期末价值减期初价值的差额,再扣除当期由于价格变动而产生的持有收益。存货变动可以是正值,也可以是负值,正值表示存货上升,负值表示存货下降。存货包括生产单位购进的原材料、燃料和储备物资等存货,以及生产单位生产的产成品、在制品和半成品等存货。

货物和服务净出口 指货物和服务出口减货物和服务进口的差额。出口包括常住单位向非常住单位出售或无偿转让的各种货物和服务的价值;进口包括常住单位从非常住单位购买或无偿得到的各种货物和服务的价值。由于服务活动的提供与使用同时发生,一般把常住单位从非常住单位得到的服务作为进口,非常住单位从常住单位得到的服务作为出口。货物的出口和进口都按离岸价格计算。

劳动者报酬 指劳动者因从事生产活动所获得的全部报酬。包括劳动者获得的各种形式的工资、奖金和津贴,既包括货币形式的,也包括实物形式的,还包括劳动者所享受的公费医疗和医药卫生费、上下班交通补贴、单位支付的社会保险费、住房公积金等。

生产税净额 指生产税减生产补贴后的余额。生产税指政府对生产单位从事生产、销售和经营活动以及因从事生产活动使用某些生产要素(如固定资产、土地、劳动力)所征收的各种税、附加费和规费。生产补贴与生产税相反,指政府对生产单位的单方面转移支出,因此视为负生产税,包括政策亏损补贴、价格补贴等。

固定资产折旧 指一定时期内为弥补固定资产损耗按照规定的固定资产折旧率提取的固定资产折旧,或按国民经济核算统一规定的折旧率虚拟计算的固定资产折旧。它反映了固定资产在当期生产中的转移价值。各类企业和企业化管理的事业单位的固定资产折旧是指实际计提的折旧费;不计提折旧的政府机关、非企业化管理的事业单位和居民住房的固定资产折旧是按照统一规定的折旧率和固定资产原值计算的虚拟折旧。原则上,固定资产折旧应按固定资产当期的重置价值计算,但是目前我国尚不具备对全社会固定资产进行重估价的基础,所以暂时只能采用上述办法。

营业盈余 指常住单位创造的增加值扣除劳动者报酬、生产税净额和固定资产折旧后的余额。它相当于企业的营业利润加上生产补贴,但要扣除从利润中开支的工资和福利等。

1-1 行政区划(2016年)

单位：个

	县(市、区)	乡镇办事处	乡	镇	办事处	村、社区居委会	村委会	社区居委会
全　市	**18**	**188**	**30**	**100**	**58**	**3187**	**2716**	**471**
老城区	1	7			7	47	11	36
西工区	1	11			11	64	5	59
瀍河区	1	8	1		7	30		30
涧西区	1	12			12	73		73
吉利区	1	4			4	36	28	8
洛龙区	1	12		4	8	129	101	28
高新区	1	2			2	38	22	16
龙管会	1	1			1	10		10
伊滨区	1	5		5		106	74	32
偃师市	1	13		9	4	242	210	32
孟津县	1	10		10		234	208	26
新安县	1	11	1	10		307	257	50
栾川县	1	14	2	12		214	204	10
嵩　县	1	16	6	10		322	310	12
汝阳县	1	13	5	8		22	206	14
宜阳县	1	16	5	11		357	338	19
洛宁县	1	18	7	11		388	382	6
伊川县	1	15	3	10	2	370	360	10

注：本表来自民政部门。

1-2 分县(市、区)乡、镇、办事处一览表(2016年)

	乡、镇、办事处
老 城 区	西关街道办事处 西南隅街道办事处 西北隅街道办事处 东南隅街道办事处 东北隅街道办事处 南关街道办事处 洛浦路街道办事处 邙山街道办事处
西 工 区	王城路街道办事处 金谷园路街道办事处 西工街道办事处 邙岭路街道办事处 唐宫路街道办事处 凯旋东路街道办事处 汉屯路街道办事处 红山街道办事处 洛北街道办事处 道北路办事处(老城区代管)
瀍 河 区	东关街道办事处 瀍西街道办事处 五股路街道办事处 北窑街道办事处 塔湾街道办事处 杨文街道办事处 华林街道办事处 瀍河回族乡
涧 西 区	长春路街道办事处 天津路街道办事处 湖北路街道办事处 南昌路街道办事处 长安路街道办事处 周山路街道办事处 重庆路街道办事处 郑州路街道办事处 武汉路街道办事处 徐家营街道办事处 珠江路街道办事处 工农街道办事处 瀛洲街道办事处(高新区代管)
吉 利 区	吉利街道办事处 西霞院街道办事处 康乐街道办事处 河阳街道办事处
洛 龙 区	龙门街道办事处 关林街道办事处 太康东路街道办事处 古城街道办事处 科技园街道办事处 安乐街道办事处 开元路街道办事处 翠云路街道办事处 龙门石窟街道办事处(龙门景区代管) 辛店街道办事处(高新区代管) 白马寺镇 安乐镇 李楼镇 诸葛镇(伊滨区代管) 李村镇(伊滨区代管) 庞村镇(伊滨区代管) 佃庄镇(伊滨区代管) 寇店镇(伊滨区代管) 丰李镇
偃 师 市	商城街道办事处 伊洛街道办事处 槐新街道办事处 首阳山街道办事处 顾县镇 高龙镇 府店镇 岳滩镇 缑氏镇 翟镇镇 山化镇 邙岭镇 大口镇
孟 津 县	城关镇 平乐镇 会盟镇 白鹤镇 麻屯镇 朝阳镇 横水镇 马屯镇 送庄镇 常袋镇
新 安 县	城关镇 铁门镇 石寺镇 磁涧镇 五头镇 石井镇 仓头镇 北冶镇 南李村镇 正村镇 曹村乡
栾 川 县	城关镇 潭头镇 三川镇 冷水镇 陶湾镇 合峪镇 赤土店镇 庙子镇 石庙镇 狮子庙镇 白土镇 叫河镇 栾川乡 秋扒乡
嵩 县	城关镇 田湖镇 车村镇 旧县镇 闫庄镇 德亭镇 大章镇 白河镇 纸房镇 饭坡镇 何村乡 库区乡 九店乡 黄庄乡 木植街乡 大坪乡
汝 阳 县	城关镇 上店镇 小店镇 付店镇 三屯镇 刘店镇 内埠镇 陶营镇 柏树乡 十八盘乡 靳村乡 王坪乡 蔡店乡
宜 阳 县	城关镇 柳泉镇 白杨镇 韩城镇 香鹿山镇 锦屏镇 三乡镇 莲庄镇 张坞镇 赵保镇 樊村镇 盐镇乡 董王庄乡 高村乡 花果山乡 上观乡
洛 宁 县	城关镇 王范回族镇 上戈镇 下峪镇 河底镇 兴华镇 东宋镇 马店镇 故县镇 赵村镇 长水镇 城郊乡 小界乡 罗岭乡 西山底乡 涧口乡 底张乡 陈吴乡
伊 川 县	城关街道办事处 河滨街道办事处 水寨镇 彭婆镇 鸣皋镇 江左镇 白沙镇 高山镇 半坡镇 吕店镇 酒后镇 白元镇 鸦岭乡 平等乡 葛寨乡

1-3 洛阳市主要统计指标增速居全省位次

	2011	2012	2013	2014	2015	2016
生产总值增速	10	16	17	12	4	3
一产增加值增速	10	5	17	13	1	2
二产增加值增速	8	16	17	14	7	14
工业增加值增速	9	16	17	10	6	11
三产增加值增速	17	14	12	9	12	9
人均生产总值增速	14	14	16	14	10	11
一般公共预算收入增速	13	14	16	14	10	8
一般公共预算支出增速	3	15	14	5	7	5
规模以上工业增加值增速	10	16	17	11	8	7
固定资产投资增速	6	11	15	15	3	10
房地产开发投资增速	8	10	16	13	9	15
社会消费品零售总额增速	8	12	7	14	11	2
实际利用外商直接投资增速	17	17	16	17	12	15
城镇居民人均可支配收入增速	9	13	11	14	9	3
农村居民人均可支配收入增速	7	7	9	10	13	17

1-4 洛阳市主要统计指标占全省比重

单位：%

	2011	2012	2013	2014	2015	2016
生产总值	10.04	10.07	9.77	9.40	9.38	9.44
一产增加值	5.80	5.94	6.13	5.58	5.62	5.46
二产增加值	10.74	10.72	10.18	9.41	9.46	9.29
工业增加值	10.59	10.54	9.96	9.10	9.17	9.04
三产增加值	10.54	10.58	10.48	10.61	10.34	10.61
一般公共预算收入	10.35	10.06	9.69	9.50	9.53	9.60
一般公共预算支出	6.99	6.89	6.69	6.85	7.01	6.93
固定资产投资	11.00	10.26	10.00	9.93	10.12	10.27
工业投资	10.44	9.49	9.22	9.18	9.77	9.92
房地产开发投资	9.11	9.04	7.86	6.92	6.93	6.03
社会消费品零售总额	10.19	10.21	10.21	10.21	10.20	10.26
进出口总额	6.38	3.05	2.99	2.71	2.64	2.46
出口	7.68	4.01	3.59	3.65	3.78	3.57
进口	4.52	1.76	2.10	1.27	1.05	0.77
实际利用外商直接投资	17.54	16.44	16.52	16.15	15.87	15.82

1-5 国民经济和社会事业主要指标

	2005年	2010年	2011年	2012年	2013年	2014年	2015年	2016年
综　合								
年末总人口(万人)	641.7	680.9	684.7	688.5	692.3	696.2	700.3	705.1
# 市区人口	147.4	173.5	190.2	191.8	193.3	195.5	197.4	199.0
年末常住人口(万人)	635.4	655.4	656.7	659.0	661.5	667.8	674.3	680.1
城镇人口	243.9	290.5	302.9	315.9	327.1	340.2	355.0	369.6
乡村人口	391.5	364.9	353.8	343.1	334.4	327.6	319.3	310.5
城镇化率(%)	38.02	44.33	46.13	47.93	49.44	50.95	52.65	54.35
人口自然增长率(‰)	5.16	5.82	5.45	5.19	5.44	5.66	5.80	6.56
生产总值(亿元)	1112.4	2320.2	2702.8	2981.1	3140.8	3284.6	3507.0	3820.1
第一产业	105.3	180.6	195.5	213.5	232.4	232.0	236.4	234.0
第二产业	648.4	1338.3	1566.2	1655.1	1645.7	1677.3	1723.4	1791.3
工业	566.1	1182.6	1383.7	1447.0	1427.1	1438.3	1479.2	1541.5
第三产业	358.7	801.4	941.1	1112.5	1262.7	1375.3	1547.2	1794.8
人均生产总值(元)	17486	35426	41197	45316	47569	49417	52261	56410
工　业								
规模以上工业增加值	359.8	1014.0	1255.1	1348.2	1350.0	1360.0	1386.2	1418.7
规模以上工业主营业务收入(亿元)	1113.3	3917.6	4866.8	5384.8	5860.6	6377.4	6723.5	7468.8
规模以上工业利润总额(亿元)	51.5	212.1	239.9	221.1	236.6	228.8	218.5	276.0
规模以上工业利税总额(亿元)	104.6	386.9	423.0	413.9	423.6	423.1	410.2	498.2
农　业								
乡村从业人员(万人)	298.5	312.2	309.8	310.9	294.3	291.8	290.7	288.7
农林牧渔业总产值(亿元)	184.1	324.2	356.4	390.7	430.9	432.5	440.8	438.5
粮食总产量(万吨)	210.5	235.9	230.9	240.4	219.8	211.2	245.1	231.4
夏粮	96.5	110.8	109.2	112.5	96.7	106.2	124.5	114.3
秋粮	114.0	125.1	121.6	127.9	123.2	105.5	120.6	117.1
棉花总产量(吨)	4341	3301	3037	2030	2538	2667	4112	5150
油料总产量(吨)	97422	132491	133705	136893	134867	114282	126907	127540
烟叶总产量(吨)	56689	60236	61400	64804	75542	61434	55067	57780
蔬菜总产量(万吨)	201.2	220.1	233.7	243.0	253.0	269.4	293.1	283.1
年末牛存栏(万头)	94.3	68.7	65.8	62.4	62.5	63.3	64.9	48.2
年末生猪存栏(万头)	198.0	193.1	203.0	208.7	205.0	192.3	177.5	168.7
农业机械总动力(万千瓦)	384.2	457.9	471.6	478.2	492.0	501.0	509.7	516.9
固定资产投资								
全社会固定资产投资(亿元)	480.1	1768.8	1907.2	2158.7	2569.2	3026.5	3576.7	4120.1
固定资产投资	400.9	1548.8	1860.5	2109.1	2519.0	2981.1	3537.0	4082.7
工业投资	209.3	893.9	951.1	967.2	1186.5	1411.5	1662.5	1839.1
房地产开发投资	46.1	179.9	237.1	274.5	302.0	302.6	333.9	372.5
公路运输、邮电								
货物运输量(万吨)	5400	13384	16276	18847	14868	16570	17524	22045
货运周转量(亿吨公里)	44.3	291.7	358.1	416.4	372.1	401.9	438.9	614.5

注：因交通部门对公路客、货运运输量和周转量等指标统计口径作周期性调整，部分年份数据与往年不可比。

1-5续表

	2005年	2010年	2011年	2012年	2013年	2014年	2015年	2016年
旅客运输量(万人)	8225	13349	16019	17401	11367	11688	12855	11456
客运周转量(亿人公里)	38.7	103.4	124.3	134.9	65.0	77.5	85.0	56.8
邮电业务总量(万元)	368670	384093	464986	508919	528078	736240	926959	1446580
内外贸易								
社会消费品零售总额(亿元)	340.7	816.2	963.5	1114.8	1269.2	1429.2	1605.1	1807.4
进出口总值(万美元)	96015	154427	208295	157664	179484	176299	195077	175639
出口总额	72374	105188	147774	118890	129256	143796	162878	153574
进口总额	23641	49239	60521	38774	50228	32502	32199	22065
实际利用外商直接投资(万美元)	11429	120475	176800	199251	222272	241025	255300	268798
财政、金融								
一般公共预算收入	609566	1420232	1782735	2052637	2340480	2602579	2866887	3026563
一般公共预算支出	888674	2307993	2969001	3451128	3733705	4129882	4777578	5169122
金融机构年末存款余额(亿元)	914.8	2096.1	2428.6	2902.5	3350.3	3744.6	4183.0	4982.4
城乡居民储蓄余额	595.2	1111.7	1233.1	1465.2	1659.8	1784.9	2064.1	2364.6
金融机构年末贷款余额(亿元)	480.3	1111.4	1366.6	1645.3	1966.0	2300.0	2635.7	3011.9
劳动工资和人民生活								
城镇非私营单位从业人员年末人数(万人)	51.0	53.9	59.9	61.1	72.8	72.7	74.8	75.4
国有职工	31.2	31.0	33.5	34.4	29.1	28.4	27.0	25.9
城镇非私营单位从业人员劳动报酬(万元)	719422	1552613	1940413	2253131	2864577	3137907	3369952	3760316
国有职工	474469	952945	1132403	1343527	1217438	1339545	1303099	1402561
城镇非私营单位就业人员年平均工资(元/人)	14641	29917	33466	38322	40469	43646	45819	50076
国有职工	15822	31830	35197	40437	42406	47314	48827	54211
集体职工	11325	26280	28482	31842	34884	40483	43932	51468
城镇居民人均可支配收入(元)	9720	17639	20163	22636	24820	26974	28686	30752
城镇居民人均生活消费支出(元)	6837	12069	13884	14927	15968	18380	20328	22659
农村居民人均可支配收入(元)	2903	5680	6822	7777	8756	9669	10667	11457
农村居民人均生活消费支出(元)	2144	4635	5293	5979	6783	7423	8382	9261
农村居民人均拥有住房面积(平方米)	32.4	38.5	41.0	41.6	43.3	44.0	46.4	48.0
教育、卫生、旅游								
各类学校数(所)	3358	5277	4984	5000	3444	2810	3667	3505
在校学生数(万人)	141.7	187.8	189.3	166.6	142.6	141.2	162.1	164.6
学龄儿童入学率(%)	100.0	100.0	100.0	100.0	100.0	100.0	100.0	100.0
年末卫生机构床位数(张)	18264	27927	28873	31683	34149	37163	39366	44857
年末卫生技术人员(人)	20494	29346	31716	33579	36430	39157	41808	43281
接待外国人、华侨、港澳台胞(万人)	13.8	45.8	53.0	61.3	70.0	84.2	100.4	115.0

注：2013年及以前为城镇非私营单位在岗职工年平均工资。(下同)

1-6　国民经济和社会事业发展指数

上年=100

	2005年	2010年	2011年	2012年	2013年	2014年	2015年	2016年
综　合								
年末总人口	100.5	103.5	100.6	100.6	100.6	100.6	100.6	100.7
#市区人口	100.5	111.1	109.6	100.8	100.8	101.1	101.0	100.8
年末常住人口	99.8	102.1	100.2	100.4	100.4	101.0	101.0	100.9
城镇人口	107.5	102.4	104.3	104.3	103.5	104.0	104.4	104.1
乡村人口	95.5	101.8	97.0	97.0	97.5	98.0	97.5	97.2
生产总值	115.1	113.0	112.5	110.0	107.2	109.0	109.1	108.6
第一产业	107.0	104.5	103.3	104.5	104.3	104.0	105.0	104.4
第二产业	117.3	114.5	114.4	109.2	106.0	109.7	108.5	107.1
工业	118.9	115.4	115.5	108.8	105.9	109.8	108.8	107.7
第三产业	113.6	111.9	111.2	112.5	109.8	108.7	110.8	110.9
人均生产总值	115.4	111.4	112.3	109.7	106.8	108.2	108.1	107.6
工　业								
规模以上工业增加值	124.2	121.8	119.8	112.9	108.1	111.3	109.7	108.9
规模以上工业主营业务收入	144.4	130.5	124.2	110.6	108.8	108.8	105.4	111.1
规模以上工业利润总额	154.2	120.8	113.1	92.1	107.0	96.7	95.5	126.3
规模以上工业利税总额	142.1	114.2	109.3	97.8	102.3	99.9	96.9	121.5
农　业								
乡村从业人员	100.0	100.7	99.2	100.4	94.7	99.1	99.6	99.3
农林牧渔业总产值	107.0	104.6	103.7	104.6	110.3	104.1	104.9	104.4
粮食总产量	101.2	100.3	97.9	104.1	91.4	96.1	116.1	94.4
夏粮	96.3	100.7	98.5	103.0	85.9	109.9	117.2	91.8
秋粮	105.8	100.0	97.2	105.2	96.3	85.3	114.9	97.1
棉花总产量	99.4	92.3	92.0	66.8	125.0	105.1	154.2	125.2
油料总产量	117.9	104.2	100.9	102.4	98.5	84.7	111.0	100.5
烟叶总产量	121.8	96.7	101.9	105.5	116.6	81.3	89.6	104.9
蔬菜总产量	113.3	102.0	106.2	104.0	104.1	106.5	108.8	96.6
年末牛存栏	101.7	97.3	95.8	94.8	100.2	101.3	102.5	74.3
年末生猪存栏	106.2	100.4	105.1	102.8	98.2	93.8	92.3	95.0
农业机械总动力	105.4	103.6	103.0	101.4	102.9	101.8	101.7	101.4
固定资产投资								
全社会固定资产投资	145.5	122.2	126.9	122.7	122.3	117.8	118.2	115.2
固定资产投资	148.4	121.0	127.4	123.2	122.8	118.3	118.6	115.4
工业投资	149.5	112.0	122.5	111.9	125.6	119.0	117.8	110.6
房地产开发投资	150.1	130.4	131.8	114.8	110.0	100.2	110.3	111.6
公路运输、邮电								
货物运输量	104.7	123.9	121.6	115.8	112.6	111.4	105.8	113.0
货运周转量	105.0	123.1	122.8	116.3	112.6	108.0	109.2	107.0

1-6续表 上年=100

	2005年	2010年	2011年	2012年	2013年	2014年	2015年	2016年
旅客运输量	108.8	120.0	120.0	108.6	108.5	102.8	110.0	109.8
客运周转量	105.7	118.4	120.2	108.5	108.5	119.2	109.7	100.1
邮电业务总量	131.3	39.5	121.1	109.4	103.8	124.5	125.9	156.1
内外贸易								
社会消费品零售总额	114.4	119.0	118.1	115.7	113.9	112.6	112.3	112.6
进出口总值	127.9	137.4	134.9	75.7	113.8	98.2	110.7	90.0
出口总额	122.8	161.1	140.5	80.5	108.7	111.0	113.3	94.3
进口总额	146.4	104.6	122.9	64.1	129.5	64.7	99.1	68.5
实际利用外商直接投资	128.4	131.6	146.8	112.7	111.6	132.6	105.9	105.3
财政、金融								
一般公共预算收入	141.7	118.1	125.5	115.1	114.0	111.2	110.2	109.1
一般公共预算支出	141.5	112.8	128.6	116.2	108.2	110.6	115.7	108.0
金融机构年末存款余额	115.6	121.9	115.9	119.5	115.4	111.8	111.7	119.1
住户存款余额	114.7	112.0	110.9	118.8	113.3	107.5	115.6	114.6
金融机构年末贷款余额	105.1	128.2	123.0	112.0	119.5	117.0	114.6	114.3
劳动工资和人民生活								
城镇非私营单位从业人员年末人数	98.5	102.9	111.1	102.0	119.1	99.9	91.8	100.8
国有职工	101.0	102.3	108.1	102.7	84.6	97.6	95.0	95.9
城镇非私营单位从业人员劳动报酬	109.6	115.6	125.0	116.1	127.1	109.5	92.9	111.6
国有职工	107.3	113.9	118.8	118.6	90.6	110.0	99.8	107.6
城镇非私营单位从业人员年平均工资	112.4	114.4	111.9	114.5	105.6	107.9	102.4	109.3
国有职工	106.7	111.6	110.6	114.9	104.9	111.6	103.9	111.0
集体职工	119.0	112.0	108.4	111.8	109.5	116.1	103.2	117.2
城镇居民人均可支配收入	112.7	110.6	114.3	112.3	109.7	108.7	108.5	107.2
城镇居民人均生活消费支出	112.6	109.3	115.0	107.5	107.0	115.1	110.6	111.5
农村居民人均可支配收入	112.3	114.5	120.1	114.0	112.6	110.4	108.8	107.4
农村居民人均生活消费支出	114.8	112.7	114.2	113.0	113.4	109.4	112.9	110.5
农村居民人均住房面积	104.3	102.3	106.5	101.5	104.1	101.6	105.5	103.4
教育、卫生、旅游								
各类学校数	97.3	93.1	94.4	100.3	68.9	81.6	130.5	95.6
在校学生数	101.9	97.6	100.8	88.0	85.6	99.0	114.8	101.5
年末卫生机构床位数	99.6	104.9	103.4	109.7	107.8	108.8	105.9	113.9
年末卫生技术人员	109.6	106.1	108.1	105.9	108.5	107.5	106.8	103.5
接待外国人、华侨、港澳台胞	153.6	122.8	115.7	115.7	114.2	120.3	119.2	114.6

1-7 按登记注册类型分二、三产业法人单位、产业活动单位数(2016年)

单位：个

	法人单位数	单产业法人	多产业法人	产业活动单位数	多产业法人所属产业活动单位
全市总计	**68764**	**67770**	**994**	**75994**	**8224**
内资	**68627**	**67643**	**984**	**75592**	**7949**
国有	6186	5893	293	8424	2531
集体	2290	2206	84	2993	787
股份合作	172	162	10	334	172
国有联营	30	25	5	93	68
集体联营	99	95	4	168	73
国有与集体联营	7	7		18	11
其他联营	82	80	2	136	56
国有独资公司	115	105	10	145	40
其他有限责任公司	14361	14150	211	15104	954
股份有限公司	808	749	59	1531	782
私营独资	7509	7487	22	7844	357
私营合伙	888	883	5	921	38
私营有限责任公司	18987	18795	192	19538	743
私营股份有限公司	692	678	14	754	76
其他内资	16401	16328	73	17589	1261
港澳台商投资	**72**	**67**	**5**	**302**	**235**
与港澳台商合资经营	29	26	3	39	13
与港澳台商合作经营	8	8		8	
港澳台商独资	33	31	2	252	221
其他港、澳、台商投资	2	2		3	1
外商投资	**65**	**60**	**5**	**100**	**40**
中外合资经营	32	30	2	44	14
中外合作经营	7	6	1	7	1
外资企业	15	13	2	35	22
外商投资股份有限公司	5	5		8	3
其他外商投资	6	6		6	

1-8 按地区分法人单位、产业活动单位数(2016年)

单位：个

	法人单位数	单产业法人	多产业法人	产业活动单位数	多产业法人所属产业活动单位
全市总计	**68764**	**67770**	**994**	**75994**	**8224**
老城区	2268	2234	34	2551	317
西工区	6401	6243	158	7482	1239
瀍河区	1187	1138	49	1362	224
涧西区	6499	6308	191	7288	980
吉利区	1020	986	34	1198	212
洛龙区	9563	9485	78	10098	613
孟津县	4479	4394	85	4943	549
新安县	5001	4949	52	5563	614
栾川县	3575	3491	84	4153	662
嵩县	3775	3738	37	4254	516
汝阳县	3892	3849	43	4236	387
宜阳县	3875	3857	18	4168	311
洛宁县	4273	4218	55	4891	673
伊川县	5617	5589	28	5974	385
偃师市	4615	4593	22	4998	405
高新区	2724	2698	26	2835	137

1-9 按三次产业及国民经济行业分组的法人单位及产业活动单位数(2016年)

单位：个

	法人单位数	单产业法人	多产业法人	产业活动单位数	多产业法人所属产业活动单位
全市总计	**68764**	**67770**	**994**	**75994**	**8224**
按产业分组					
第一产业	4955	4947	8	4972	25
第二产业	14369	14220	149	14746	526
第三产业	49440	48603	837	56276	7673
按专业分组					
农林牧渔业	4955	4947	8	4972	25
工业	11809	11696	113	12084	388
建筑业	2560	2524	36	2662	138
交通运输邮电业	1160	1125	35	1725	600
批发、零售贸易、餐饮业	16991	16687	304	19733	3046
服务业	29074	28625	449	32460	3835
房地产业	2215	2166	49	2358	192
按机构类型分组					
企业	48974	48275	699	54739	6464
事业单位	6509	6383	126	7262	879
机关	1210	1067	143	1712	645
社会团体	736	732	4	758	26
民办非企业单位	1932	1927	5	1927	
其他组织机构	9403	9386	17	9596	210
按国民经济行业分组					
农、林、牧、渔业	**4955**	**4947**	**8**	**4972**	**25**
农业	2113	2113		2117	4
林业	361	360	1	360	
畜牧业	1727	1723	4	1731	8
渔业	75	75		75	
农、林、牧、渔服务业	679	676	3	689	13
采矿业	**956**	**945**	**11**	**991**	**46**
煤炭开采和洗选业	70	70		72	2
黑色金属矿采选业	104	102	2	108	6
有色金属矿采选业	501	493	8	527	34
非金属矿采选业	246	245	1	249	4
开采辅助活动	10	10		10	
其他采矿业	25	25		25	

1-9续表1 单位：个

	法人			产业活动	
	单位数	单产业法人	多产业法人	单位数	多产业法人所属产业活动单位
制造业	**10530**	**10446**	**84**	**10616**	**170**
农副食品加工业	367	365	2	373	8
食品制造业	215	209	6	222	13
酒、饮料和精制茶制造业	189	186	3	191	5
烟草制品业	3	2	1	5	3
纺织业	94	94		94	
纺织服装、鞋、帽制造业	91	91		92	1
皮革、毛皮、羽毛(绒)及其制品业	276	276		276	
木材加工及木、竹、藤、棕、草制品业	183	183		184	1
家具制造业	350	343	7	353	10
造纸及纸制品业	98	98		99	1
印刷和记录媒介复制业	231	230	1	237	7
文教、美工、体育和娱乐用品制造业	216	215	1	219	4
石油加工、炼焦及核燃料加工业	46	45	1	47	2
化学原料及化学制品制造业	485	477	8	490	13
医药制造业	95	95		95	
化学纤维制造业	19	19		21	2
橡胶和塑料制品业	349	347	2	354	7
非金属矿物制品业	1815	1810	5	1828	18
黑色金属冶炼及压延加工业	203	200	3	204	4
有色金属冶炼及压延加工业	330	326	4	331	5
金属制品业	723	713	10	724	11
通用设备制造业	1811	1798	13	1812	14
专用设备制造业	986	976	10	999	23
汽车制造业	137	136	1	141	5
铁路、船舶、航空航天和其他运输设备制造业	396	395	1	397	2
电气机械和器材制造业	400	398	2	400	2
计算机、通信和其他电子设备制造业	144	143	1	145	2
仪器仪表制造业	94	92	2	94	2
其他制造业	72	72		72	
废弃资源综合利用业	40	40		41	1
金属制品、机械和设备修理业	72	72		76	4

1-9续表2

单位：个

	法人单位数	单产业法人	多产业法人	产业活动单位数	多产业法人所属产业活动单位
电力、热力、燃气及水的生产和供应业	**323**	**305**	**18**	**477**	**172**
电力、热力的生产和供应业	218	207	11	356	149
燃气生产和供应业	37	35	2	43	8
水的生产和供应业	68	63	5	78	15
建筑业	**2560**	**2524**	**36**	**2662**	**138**
房屋建筑业	587	568	19	630	62
土木工程建筑业	507	497	10	535	38
建筑安装业	385	382	3	397	15
建筑装饰和其他建筑业	1081	1077	4	1100	23
批发和零售业	**15799**	**15531**	**268**	**18341**	**2810**
批发业	7636	7572	64	8064	492
零售业	8163	7959	204	10277	2318
交通运输、仓储和邮政业	**1160**	**1125**	**35**	**1725**	**600**
铁路运输业	23	22	1	30	8
道路运输业	759	735	24	1083	348
水上运输业	10	10		11	1
航空运输业	3	1	2	4	3
管道运输业	2	2		2	
装卸搬运和运输代理业	182	182		195	13
仓储业	112	110	2	118	8
邮政业	69	63	6	282	219
住宿和餐饮业	**1192**	**1156**	**36**	**1392**	**236**
住宿业	519	503	16	583	80
餐饮业	673	653	20	809	156
信息传输、软件和信息技术服务业	**1852**	**1841**	**11**	**2393**	**552**
电信、广播电视和卫星传输服务	85	78	7	584	506
互联网和相关服务	409	408	1	432	24
软件和信息技术服务业	1358	1355	3	1377	22
金融业	**390**	**334**	**56**	**1538**	**1204**
货币金融服务	159	129	30	1065	936
资本市场服务	86	86		102	16
保险业	94	68	26	312	244
其他金融业	51	51		59	8

1-9续表3 单位：个

	法人			产业活动	
	单位数	单产业法人	多产业法人	单位数	多产业法人所属产业活动单位
房地产业	**2215**	**2166**	**49**	**2358**	**192**
房地产业	2215	2166	49	2358	192
租赁和商务服务业	**4438**	**4394**	**44**	**4621**	**227**
租赁业	629	628	1	641	13
商务服务业	3809	3766	43	3980	214
科学研究和技术服务业	**3059**	**3034**	**25**	**3156**	**122**
研究和试验发展	186	185	1	189	4
专业技术服务业	1583	1559	24	1661	102
科技推广和应用服务业	1290	1290		1306	16
水利、环境和公共设施管理业	**813**	**806**	**7**	**843**	**37**
水利管理业	140	137	3	147	10
生态保护和环境治理业	92	92		101	9
公共设施管理业	581	577	4	595	18
居民服务、修理和其他服务业	**1079**	**1068**	**11**	**1133**	**65**
居民服务业	459	451	8	480	29
机动车、电子产品和日用产品修理业	332	331	1	361	30
其他服务业	288	286	2	292	6
教育	**3897**	**3833**	**64**	**4204**	**371**
教育	3897	3833	64	4204	371
卫生和社会工作	**3927**	**3896**	**31**	**4029**	**133**
卫生	3634	3604	30	3727	123
社会工作	293	292	1	302	10
文化、体育和娱乐业	**1482**	**1468**	**14**	**1557**	**89**
新闻出版业	41	41		43	2
广播、电视、电影和影视录音制作业	111	110	1	118	8
文化艺术业	671	669	2	686	17
体育	106	103	3	118	15
娱乐业	553	545	8	592	47
公共管理、社会保障和社会组织	**8137**	**7951**	**186**	**8986**	**1035**
中国共产党机关	158	155	3	163	8
国家机构	2813	2645	168	3632	987
人民政协、民主党派	24	24		24	
社会保障	118	118		121	3
群众团体、社会团体和其他成员组织	1258	1254	4	1280	26
基层群众自治组织	3766	3755	11	3766	11

1-10 全市法人单位人员情况表(2016年)

单位：个、人

	单位数	从业人员
全市总计	**68764**	**1905720**
按产业分组		
第一产业	4955	81959
第二产业	14369	951523
第三产业	49440	872238
按专业分组		
农林牧渔业	4955	81959
工业	11809	785016
建筑业	2560	166507
交通运输邮电业	1160	65172
批发、零售贸易、餐饮业	16991	211299
服务业	29074	547687
房地产业	2215	48080
按机构类型分组		
企业	48974	1509657
事业	6509	187256
机关	1210	54289
社会团体	736	13268
民办非企业	1932	28678
其他组织机构	9403	112572
按登记注册类型分组		
国有	6186	258048
集体	2290	43350
股份合作	172	5916
国有联营	30	919
集体联营	99	1364
国有与集体联营	7	112
其他联营	82	1679
国有独资公司	115	35411
其他有限责任公司	14361	534555
股份有限公司	808	72411

单位：个、人

	单 位 数	从业人员
私营独资	7509	125503
私营合伙	888	14009
私营有限责任公司	18987	499153
私营股份有限公司	692	38519
其他内资	16401	232965
与港、澳、台商合资经营	29	6785
与港、澳、台商合作经营	8	1375
港、澳、台商独资	33	20527
其他港、澳、台商投资	2	758
中外合资经营	32	6658
中外合作经营	7	988
外资企业	15	4369
外商投资股份有限公司	5	93
其他商贸投资	6	253
按国民经济行业(大类)分组		
农、林、牧、渔业	**4955**	**81959**
农业	2113	38010
林业	361	5590
畜牧业	1727	24631
渔业	75	865
农、林、牧、渔服务业	679	12863
采矿业	**956**	**73223**
煤炭开采和洗选业	70	26030
黑色金属矿采选业	104	2975
有色金属矿采选业	501	35563
非金属矿采选业	246	7985
开采辅助活动	10	320
其他采矿业	25	350
制造业	**10530**	**685259**
农副食品加工业	367	14035
食品制造业	215	9478
酒、饮料和精制茶制造业	189	8394
烟草制品业	3	254

单位：个、人

	单 位 数	从业人员
纺织业	94	9286
纺织服装、鞋、帽制造业	91	4289
皮革、毛皮、羽毛(绒)及其制品业	276	15341
木材加工及木、竹、藤、棕、草制品业	183	6660
家具制造业	350	26227
造纸及纸制品业	98	4008
印刷和记录媒介复制业	231	9594
文教、美工、体育和娱乐用品制造业	216	20708
石油加工、炼焦及核燃料加工业	46	7375
化学原料及化学制品制造业	485	38705
医药制造业	95	9505
化学纤维制造业	19	1686
橡胶和塑料制品业	349	14054
非金属矿物制品业	1815	89647
黑色金属冶炼及压延加工业	203	15444
有色金属冶炼及压延加工业	330	65629
金属制品业	723	35472
通用设备制造业	1811	88720
专用设备制造业	986	76166
汽车制造业	137	11672
铁路、船舶、航空航天和其他运输设备制造业	396	45394
电气机械和器材制造业	400	32677
计算机、通信和其他电子设备制造业	144	12912
仪器仪表制造业	94	4092
其他制造业	72	1333
废弃资源综合利用业	40	1492
金属制品、机械和设备修理业	72	5010
电力、热力、燃气及水的生产和供应业	**323**	**26534**
电力、热力的生产和供应业	218	20131
燃气生产和供应业	37	1914
水的生产和供应业	68	4489

1-10续表3 单位：个、人

	单 位 数	从业人员
建筑业	**2560**	**166507**
房屋建筑业	587	95111
土木工程建筑业	507	39852
建筑安装业	385	13456
建筑装饰和其他建筑业	1081	18088
批发和零售业	**15799**	**177995**
批发业	7636	74236
零售业	8163	103759
交通运输、仓储和邮政业	**1160**	**65172**
铁路运输业	23	13052
道路运输业	759	44656
水上运输业	10	126
航空运输业	3	64
管道运输业	2	7
装卸搬运和运输代理业	182	2566
仓储业	112	2653
邮政业	69	2048
住宿和餐饮业	**1192**	**33304**
住宿业	519	15608
餐饮业	673	17696
信息传输、软件和信息技术服务业	**1852**	**31918**
电信、广播电视和卫星传输服务	85	5646
互联网和相关服务	409	7510
软件和信息技术服务业	1358	18762
金融业	**390**	**24111**
货币金融服务	159	16646
资本市场服务	86	1430
保险业	94	5610
其他金融活动	51	425
房地产业	**2215**	**48080**
房地产业	2215	48080

1-10续表4 单位：个、人

	单位数	从业人员
租赁和商务服务业	**4438**	**46145**
租赁业	629	5044
商务服务业	3809	41101
科学研究和技术服务业	**3059**	**55315**
研究和试验发展	186	4880
专业技术服务业	1583	26470
科技推广和应用服务业	1290	23965
水利、环境和公共设施管理业	**813**	**26249**
水利管理业	140	3064
生态保护和环境治理业	92	1373
公共设施管理业	581	21812
居民服务、修理和其他服务业	**1079**	**12905**
居民服务业	459	6183
机动车、电子产品和日用产品修理业	332	2900
其他服务业	288	3822
教育	**3897**	**117521**
教育	3897	117521
卫生和社会工作	**3927**	**63277**
卫生	3634	59308
社会工作	293	3969
文化、体育和娱乐业	**1482**	**24458**
新闻出版业	41	2731
广播、电视、电影和影视录音制作业	111	3129
文化艺术业	671	9248
体育	106	2787
娱乐业	553	6563
公共管理、社会保障和社会组织	**8137**	**145788**
中国共产党机关	158	3149
国家机构	2813	82672
人民政协、民主党派	24	500
社会保障	118	1137
群众团体、社会团体和其他成员组织	1258	23838
基层群众自治组织	3766	34492

1-11 生产总值发展情况(按当年价格计算)

	生产总值(万元)	第一产业	第二产业	工业	第三产业	人均生产总值(元)
1978年	168521	35955	91656	82782	40910	357
1980年	191198	43358	101442	91405	46398	395
1981年	190804	50675	91530	81910	48599	388
1982年	200656	44785	102570	93025	53301	402
1983年	243447	65619	112726	101461	65102	482
1984年	291250	75635	139055	124671	76560	570
1985年	339210	67832	179186	160668	92192	656
1986年	365880	55690	205400	180410	104790	697
1987年	440193	75278	236086	208706	128829	823
1988年	578158	101451	308127	273763	168580	1060
1989年	707210	119462	380498	349308	207250	1273
1990年	744611	125620	375327	339000	243664	1316
1991年	855096	109148	457148	417525	288800	1487
1992年	1035244	109349	586473	540033	339422	1779
1993年	1463164	178391	856831	770827	427942	2492
1994年	1918025	206243	1121212	980738	590570	3239
1995年	2450457	225949	1434108	1228746	790400	4107
1996年	2893444	323492	1614153	1383801	955799	4814
1997年	3350102	310703	1895140	1625794	1144259	5538
1998年	3648262	401909	1973276	1679673	1273077	5994
1999年	3774544	372936	2023694	1734386	1377914	6158
2000年	4227640	392992	2309496	1968237	1525152	6830
2001年	4619883	397492	2489203	2164382	1733188	7426
2002年	5277506	538030	2826084	2502667	1913392	8489
2003年	6701265	676828	3806319	3436341	2218119	10823
2004年	8802846	887496	4958155	4194647	2957195	14204
2005年	11123986	1053017	6484214	5660728	3586755	17486
2006年	13336460	1236772	8011429	7066626	4088259	20980
2007年	15953222	1366973	9698097	8646230	4888152	25120
2008年	19196384	1616485	11567023	10267686	6012876	30084
2009年	20014846	1672294	11341171	9950935	7001381	31169
2010年	23202460	1805550	13382843	11825649	8014067	35426
2011年	27027571	1954807	15661967	13836768	9410797	41197
2012年	29811236	2135154	16551093	14469897	11124989	45316
2013年	31407596	2324298	16456592	14270575	12626706	47569
2014年	32845734	2319936	16772877	14382993	13752921	49417
2015年	35069755	2363937	17233932	14792261	15471886	52261
2016年	38201075	2339954	17913160	15415129	17947961	56410

1-12 生产总值指数

上年=100

	生产总值	第一产业	第二产业		第三产业	人均生产总值
				工业		
1978年	107.7	90.9	118.1		104.8	106.2
1980年	99.0	91.0	101.3	108.7	99.9	97.9
1981年	97.0	109.3	89.6	89.2	101.8	95.5
1982年	103.7	88.1	110.3	111.9	106.5	102.0
1983年	120.0	146.3	109.8	108.8	118.7	118.7
1984年	115.5	110.0	120.4	120.7	112.0	114.1
1985年	107.5	85.6	116.0	116.1	112.5	106.2
1986年	103.5	74.1	109.9	107.6	112.8	101.9
1987年	113.8	130.7	111.3	111.8	110.3	111.8
1988年	118.5	111.4	122.1	123.1	115.4	116.2
1989年	109.8	110.1	111.7	114.7	105.5	107.7
1990年	106.2	100.4	105.4	104.1	111.5	104.3
1991年	110.0	87.4	118.8	120.1	108.6	108.3
1992年	113.9	95.4	119.1	120.4	113.0	112.6
1993年	119.1	144.5	116.7	115.1	114.1	118.0
1994年	113.9	91.9	117.1	113.1	118.5	112.8
1995年	115.0	98.9	118.2	114.8	115.1	114.2
1996年	112.5	140.0	108.1	108.7	112.2	111.8
1997年	114.3	101.8	116.7	117.2	114.2	113.5
1998年	111.5	129.4	107.8	107.4	112.5	110.8
1999年	108.2	94.6	110.8	110.8	108.2	107.5
2000年	109.6	109.4	110.2	111.6	108.7	108.4
2001年	108.6	101.0	108.6	109.0	110.6	107.4
2002年	111.0	106.9	111.3	112.0	111.5	110.3
2003年	116.6	112.8	120.6	124.0	111.7	115.9
2004年	116.2	106.3	118.9	120.1	114.6	115.6
2005年	115.1	107.0	117.3	118.9	113.6	115.4
2006年	115.7	107.5	119.8	120.9	110.9	115.8
2007年	116.2	104.5	119.1	121.1	113.8	116.3
2008年	114.4	105.8	115.7	116.6	113.9	113.8
2009年	112.9	104.1	112.1	110.7	116.6	112.6
2010年	113.0	104.5	114.5	115.4	111.9	111.4
2011年	112.5	103.3	114.4	115.5	111.2	112.3
2012年	110.0	104.5	109.2	108.8	112.5	109.7
2013年	107.2	104.3	106.0	105.9	109.8	106.8
2014年	109.0	104.0	109.7	109.8	108.7	108.2
2015年	109.1	105.0	108.5	108.8	110.8	108.1
2016年	108.6	104.4	107.1	107.7	110.9	107.6

	生产总值	第一产业	第二产业		第三产业	人均生产总值
				工业		
1978年	100.0	100.0	100.0	100.0	100.0	100.0
1980年	106.2	102.6	109.0	116.1	102.5	103.6
1981年	103.0	112.1	97.0	103.6	104.3	98.9
1982年	106.8	98.8	108.0	115.9	111.1	100.9
1983年	128.2	144.5	118.0	126.1	131.9	119.8
1984年	148.1	159.0	142.0	152.2	147.7	136.6
1985年	159.2	136.1	165.0	176.7	166.2	145.1
1986年	164.8	100.9	182.0	190.1	187.5	147.9
1987年	187.5	131.9	202.0	212.5	206.8	165.3
1988年	222.2	146.9	247.0	261.6	238.6	192.1
1989年	244.0	161.7	276.0	300.1	251.7	206.9
1990年	259.1	162.3	291.0	312.4	280.6	215.8
1991年	282.0	141.9	345.0	375.2	304.7	233.7
1992年	324.6	135.4	412.0	451.7	344.3	263.2
1993年	386.6	195.7	480.0	519.9	392.8	310.5
1994年	440.3	179.8	563.0	588.0	465.5	350.3
1995年	506.3	177.8	665.0	675.1	535.8	400.0
1996年	569.6	248.9	719.0	733.8	601.2	447.2
1997年	651.1	253.4	839.0	860.0	686.6	507.2
1998年	726.0	327.9	905.0	923.6	772.4	562.4
1999年	785.5	310.2	1002.0	1023.4	835.7	604.6
2000年	860.9	339.4	1105.0	1142.1	908.4	655.4
2001年	934.9	342.8	1200.0	1244.9	1004.7	703.9
2002年	1037.7	366.5	1335.0	1394.3	1120.2	776.4
2003年	1210.0	413.4	1610.0	1728.9	1251.3	899.8
2004年	1406.0	439.4	1915.0	2076.4	1434.0	1041.1
2005年	1618.3	470.2	2246.3	2468.9	1629.0	1201.4
2006年	1872.4	505.4	2691.1	2984.8	1806.6	1391.3
2007年	2176.0	527.9	3206.3	3614.2	2056.6	1618.0
2008年	2489.3	558.5	3709.7	4213.5	2342.5	1841.3
2009年	2820.4	582.5	4225.3	4752.8	2679.8	2073.3
2010年	3195.5	609.3	4905.6	5565.5	2926.3	2309.7
2011年	3594.9	631.8	5685.6	6517.2	3163.3	2593.8
2012年	3954.4	660.9	6322.4	7234.1	3441.7	2845.4
2013年	4239.1	686.7	6790.3	7755.0	3706.7	3038.9
2014年	4620.6	714.2	7449.0	8515.0	4029.2	3288.1
2015年	5041.1	749.9	8082.1	9264.3	4464.3	3554.4
2016年	5474.6	782.9	8656.0	9977.7	4950.9	3824.6

1-13 生产总值构成表

单位：%

	生产总值	第一产业	第二产业	工业	第三产业
1978年	100.0	21.3	54.4	49.1	24.3
1980年	100.0	22.7	53.1	47.8	24.3
1981年	100.0	26.6	48.0	42.9	25.5
1982年	100.0	22.3	51.1	46.4	26.6
1983年	100.0	27.0	46.3	41.7	26.7
1984年	100.0	26.0	47.7	42.8	26.3
1985年	100.0	20.0	52.8	47.4	27.2
1986年	100.0	15.2	56.1	49.3	28.6
1987年	100.0	17.1	53.6	47.4	29.3
1988年	100.0	17.5	53.3	47.4	29.2
1989年	100.0	16.9	53.8	49.4	29.3
1990年	100.0	16.9	50.4	45.5	32.7
1991年	100.0	12.8	53.5	48.8	33.8
1992年	100.0	10.6	56.7	52.2	32.8
1993年	100.0	12.2	58.6	52.7	29.2
1994年	100.0	10.8	58.5	51.1	30.8
1995年	100.0	9.2	58.5	50.1	32.3
1996年	100.0	11.2	55.8	47.8	33.0
1997年	100.0	9.3	56.6	48.5	34.2
1998年	100.0	11.0	54.1	46.0	34.9
1999年	100.0	9.9	53.6	45.9	36.5
2000年	100.0	9.3	54.6	46.6	36.1
2001年	100.0	8.6	53.9	46.5	37.5
2002年	100.0	10.2	53.5	46.8	36.3
2003年	100.0	10.1	56.8	50.1	33.1
2004年	100.0	10.1	56.3	47.7	33.6
2005年	100.0	9.5	58.3	50.9	32.2
2006年	100.0	9.3	60.1	53.0	30.7
2007年	100.0	8.6	60.8	54.2	30.6
2008年	100.0	8.4	60.3	53.5	31.3
2009年	100.0	8.4	56.7	49.7	35.0
2010年	100.0	7.8	57.7	51.0	34.5
2011年	100.0	7.2	57.9	51.2	34.8
2012年	100.0	7.2	55.5	48.5	37.3
2013年	100.0	7.4	52.4	45.4	40.2
2014年	100.0	7.1	51.1	43.8	41.9
2015年	100.0	6.7	49.2	42.2	44.1
2016年	100.0	6.1	46.9	40.4	47.0

1-14 生产总值及构成(2016年)

	各行业增加值(万元)	构成(%)	发展指数%
地区生产总值	**38201075**	**100.0**	**108.6**
按行业分			
农林牧渔业	2525569	6.6	104.4
工业	15415129	40.4	107.7
建筑业	2533746	6.6	102.6
批发和零售业	3084333	8.1	110.9
交通运输、仓储和邮政业	1640339	4.3	104.4
住宿和餐饮业	866317	2.3	104.4
信息传输、软件和信息技术服务业	1012484	2.7	124.8
金融业	2267989	5.9	115.0
房地产业	2071685	5.4	106.1
租赁和商务服务业	1102945	2.9	115.6
科学研究和技术服务业	1321499	3.5	111.9
水利、环境和公共设施管理业	190711	0.5	105.6
居民服务、修理和其他服务业	614651	1.6	110.7
教育	1220191	3.2	107.6
卫生和社会工作	733355	1.9	110.8
文化、体育和娱乐业	520736	1.4	129.3
公共管理、社会保障和社会组织	1079396	2.8	111.9
按三次产业分			
第一产业	2339954	6.1	104.4
第二产业	17913160	46.9	107.1
第三产业	17947961	47.0	110.9

1-15 生产总值构成项目（2016年）

单位：万元

	增加值	劳动者报酬	生产税净额	固定资产折旧	营业盈余
地区生产总值	**38201075**	**17627534**	**6031093**	**5771566**	**8770882**
按行业分					
农林牧渔业	2525569	2151489	12160	361920	
工业	15415129	5845872	4261053	2093710	3214494
采矿业	1074662	627223	185814	112137	149488
制造业	12288958	4526936	3700948	1349902	2711172
电力、燃气及水的生产和供应业	2051509	691713	374291	631671	353834
建筑业	2533746	2011238	58590	169092	294826
批发和零售业	3084333	1012601	858406	69710	1143616
交通运输、仓储和邮政业	1640339	940893	86091	366753	246602
住宿和餐饮业	866317	146710	37978	30736	650893
信息传输、软件和信息技术服务业	1012484	269425	51949	305697	385413
金融业	2267989	558278	83030	79808	1546873
房地产业	2071685	374528	386147	989546	321464
租赁和商务服务业	1102945	554454	55150	464563	28778
科学研究和技术服务业	1321499	364257	69380	334616	553246
水利、环境和公共设施管理业	190711	74156	4680	75104	36771
居民服务、修理和其他服务业	614651	469028	13986	57202	74435
教育	1220191	1033223	4362	133910	48696
卫生和社会工作	733355	514846	1443	51172	165894
文化、体育和娱乐业	520736	359950	40852	73790	46144
公共管理、社会保障和社会组织	1079396	946586	5836	114237	12737
按三次产业分					
第一产业	2339954	1981883	12160	345911	
第二产业	17913160	7832265	4313156	2258434	3509305
第三产业	17947961	7813386	1705777	3167221	5261577

1-16　社会总产出(2016年)

单位：万元

	按当年价格计算	构　成(%)
总产出	**121247622**	**100.0**
按行业分		
农林牧渔业	4385408	3.6
工业	71532848	59.0
采掘业	5350613	4.4
制造业	58847819	48.5
电力、燃气及水的生产和供应业	7334416	6.1
建筑业	13233143	10.9
批发和零售业	3657903	3.0
交通运输、仓储和邮政业	4014430	3.3
住宿和餐饮业	1410009	1.2
信息传输、软件和信息技术服务业	1355620	1.1
金融业	3107677	2.6
房地产业	5154006	4.3
租赁和商务服务业	2363303	1.9
科学研究和技术服务业	3520770	2.9
水利、环境和公共设施管理业	245338	0.2
居民服务、修理和其他服务业	950293	0.8
教育	1824530	1.5
卫生和社会工作	1489055	1.2
文化、体育和娱乐业	849706	0.7
公共管理、社会保障和社会组织	2153583	1.8
按三次产业分		
第一产业	4074235	3.4
第二产业	84585612	69.7
第三产业	32587775	26.9

1-17 分县(市)生产总值构成(2016年)

单位:万元

地区	生产总值	农林牧渔业	工业	建筑业	批发和零售业	交通运输、仓储和邮政业	住宿和餐饮业
全市	**38201075**	**2525569**	**15415129**	**2533746**	**3084333**	**1640339**	**866317**
偃师市	4498387	215582	2220623	158904	198072	605218	71347
孟津县	2606904	256582	1261422	155985	153458	113614	55010
新安县	4154984	242841	2294576	232126	236112	192310	101788
栾川县	1648349	153570	860829	72463	123769	52222	118836
嵩县	1566111	316409	439901	104333	101300	144291	84324
汝阳县	1387972	152936	627610	96886	149110	104967	28595
宜阳县	2470453	380269	909030	172169	133567	146924	55110
洛宁县	1695729	304317	594039	97238	68834	214690	62925
伊川县	3287059	285002	1564998	200515	266731	85467	119416

单位：万元

	信息传输、软件和信息技术服务业	金 融 业	房地产业	租赁和商务服务业	科学研究和技术服务业	水利、环境和公共设施管理业	居民服务、修理和其他服务业
全　市	**1012484**	**2267989**	**2071685**	**1102945**	**1321499**	**190711**	**614651**
偃师市	56765	145216	140730	35112	15400	13360	93421
孟津县	78422	112489	80233	88112	5879	16350	25037
新安县	25093	140089	193301	76343	7229	64030	46007
栾川县	10689	14188	24535	24866	4998	15422	49500
嵩　县	35062	45313	67668	43644	1286	13874	36103
汝阳县	9242	45384	47873	13467	1197	5225	21259
宜阳县	39818	72355	123898	45392	44317	7376	77585
洛宁县	15374	48635	66631	14006	8134	14894	22192
伊川县	47436	156629	303219	51785	3294	4951	18611

1-17续表2

单位：万元

	教　育	卫生和社会工作	文化、体育和娱乐业	公共管理社会保障和社会组织	第一产业	第二产业	第三产业	人均地区生产总值(元)
全　市	**1220191**	**733355**	**520736**	**1079396**	**2339954**	**17913160**	**17947961**	**56410**
偃师市	195048	117294	23118	193177	201064	2379527	1917796	78954
孟津县	72642	22728	29916	79025	241007	1417407	948490	61288
新安县	99195	70701	32213	101030	226779	2512457	1415748	86275
栾川县	38827	20845	17492	45298	143650	933292	571407	46928
嵩　县	36219	22844	15976	57564	295374	544234	726503	30138
汝阳县	30487	17080	2508	34146	141007	724496	522469	32608
宜阳县	77215	56970	28489	99969	357453	1081199	1031801	40344
洛宁县	55011	31896	16735	60178	278450	678410	738869	39408
伊川县	46224	46997	56093	29691	267902	1765513	1253644	41801

1-18　分县(市)生产总值指数及构成(2016年)

	生产总值发展指数(上年=100)	第一产业	第二产业	第三产业	生产总值构成(%)	第一产业	第二产业	第三产业
全　市	**108.6**	**104.4**	**107.1**	**110.9**	**100.0**	**6.1**	**46.9**	**47.0**
偃师市	108.6	104.3	108.1	109.7	100.0	4.5	52.9	42.6
孟津县	108.9	104.5	108.6	110.8	100.0	9.2	54.4	36.4
新安县	108.8	104.6	108.6	110.0	100.0	5.5	60.4	34.1
栾川县	108.5	104.2	108.6	109.6	100.0	8.7	56.6	34.7
嵩　县	108.4	104.7	108.2	110.3	100.0	18.9	34.7	46.4
汝阳县	108.4	104.4	108.0	110.2	100.0	10.2	52.2	37.6
宜阳县	108.9	104.1	108.2	111.5	100.0	14.4	43.8	41.8
洛宁县	108.7	104.6	108.9	110.2	100.0	16.4	40.0	43.6
伊川县	108.6	104.5	107.4	111.3	100.0	8.2	53.7	38.1

1-19 分县(市)生产总值构成项目(2016年)

单位：万元

	生产总值	劳动者报酬	生产税净额	固定资产折旧	营业盈余
全 市	**38201075**	**17627534**	**6031093**	**5771566**	**8770882**
偃师市	4498387	1509329	481995	541844	1965219
孟津县	2606904	1191615	417021	461582	536686
新安县	4154984	1202968	1063533	525005	1363478
栾川县	1648349	488432	185119	172788	802010
嵩 县	1566111	622033	116847	174101	653130
汝阳县	1387972	642936	185530	182134	377372
宜阳县	2470453	1172439	267771	489173	541070
洛宁县	1695729	731564	203071	258481	502613
伊川县	3287059	1735681	238365	735117	577896

1-20　分县(市)支出法计算的生产总值(2016年)

单位：万元

	支出法									
		最终消费					资本			货物和服
			居民消费			政府消费		固定资本	存货增加	
	生产总值	支出	支出	城镇居民	农村居民	支出	形成总额	形成总额		务净流出
全　市	**38201075**	**18891159**	**12373346**	**8764107**	**3609239**	**6517813**	**26377580**	**26230306**	**147274**	**-7067664**
偃师市	4498387	1277487	900631	563845	336786	376856	2770574	2599655	170919	450326
孟津县	2606904	990594	706218	434608	271610	284376	2201707	2145815	55892	-585397
新安县	4154984	1120518	781069	513302	267767	339449	5295980	5237485	58495	-2261514
栾川县	1648349	784741	547529	359941	187588	237212	1254253	1188982	65271	-390645
嵩　县	1566111	845630	557507	275019	282488	288123	2372038	2354674	17364	-1651557
汝阳县	1387972	663051	406429	196596	209833	256622	1873301	1851202	22099	-1148380
宜阳县	2470453	1092261	790699	489844	300855	301562	2454108	2422244	31864	-1075916
洛宁县	1695729	794235	528651	319592	209059	265584	668252	396696	271556	233242
伊川县	3287059	1540456	1198206	725214	472992	342250	1110973	1063980	46993	635630

1-21 按支出法计算的生产总值(2016年)

	按当年价格计算(万元)	构　成(%)
生产总值	**38201075**	**100.0**
最终消费	18891159	49.5
居民消费	12373346	32.4
城镇居民	8764107	22.9
农村居民	3609239	9.5
政府消费	6517813	17.1
资本形成总额	26377580	69.0
固定资本形成总额	26230306	68.6
存货增加	147274	0.4
货物和服务净出口	-7067664	-18.5

1-22　资本形成总额(2016年)

	资本形成(万元)	构　　成(%)
资本形成总额	**26377580**	**100.00**
一、固定资本形成总额	**26230306**	**99.44**
1. 住宅	2741755	10.39
2. 非住宅建筑物	13941155	52.85
3. 机器和设备	9243451	35.04
4. 土地改良支出	6828	0.03
5. 矿藏勘探费	5673	0.02
6. 计算机软件	38362	0.15
7. 其他	253082	0.96
二、存货变动	**147274**	**0.56**
1. 农林牧渔业	10625	0.04
2. 工业	60384	0.23
3. 建筑业	26329	0.10
4. 批发和零售业	21326	0.08
5. 交通运输、仓储和邮政业	3226	0.01
6. 住宿和餐饮业	6589	0.02
7. 房地产业	1968	0.01
8. 其他行业	16827	0.06

1-23 最终消费(2016年)

	消费支出(万元)	构　成(%)
最终消费支出	**18891159**	**100.00**
居民消费支出	**12373346**	**65.50**
(一)城镇居民	8764107	46.39
1. 食品烟酒	1879744	9.95
2. 衣着	711111	3.76
3. 居住(含自有住房服务)	1294704	6.85
4. 生活用品及服务	851670	4.51
5. 交通和通信	1003677	5.31
6. 教育文化娱乐	912552	4.83
7. 医疗保健	1027565	5.44
8. 银行中介服务	254540	1.35
9. 保险服务	78258	0.41
10. 其他商品和服务	750286	3.97
(二)农村居民	3609239	19.11
1. 食品烟酒	786950	4.17
2. 衣着	312682	1.66
3. 居住(含自有住房服务)	854843	4.53
4. 生活用品及服务	280130	1.48
5. 交通和通信	473549	2.51
6. 教育文化娱乐	351532	1.86
7. 医疗保健	298637	1.58
8. 银行中介服务	120036	0.64
9. 保险服务	16083	0.09
10. 其他商品和服务	114797	0.61
政府消费支出	**6517813**	**34.50**

1-24 居民消费水平

	2016年	发展指数(上年=100)
当年价格居民消费水平(元/人)	**18271**	**112.8**
城镇居民	24189	104.9
农村居民	11462	130.0
可比价格居民消费水平(元/人)	**18360**	**113.4**
城镇居民	24924	108.1
农村居民	10808	122.6
居民年平均人口(万人)	**677.2**	**100.9**
城镇居民	362.3	104.2
农村居民	314.9	97.4

二、人口与劳动力

POPULATION AND LABOUR FORCE

资料整理：解文波　朱　朴

主要统计指标解释

人口数　指一定时点、一定地区范围内的有生命的个人的总和。

年度统计的年末人口数指每年 12 月 31 日 24 时的人口数。

常住人口　指实际经常居住在某地区一定时间（指半年以上）的人口。按人口普查和抽样调查规定，主要包括：1、在本地居住，户口也在本地的人口；2、户口在外地，但在本地居住半年以上者，或离开户口地半年以上而调查时在本地居住的人口；3、调查时居住在本地，但在任何地方都没有登记常住户口，如手持户口迁移证、出生证、退伍证、劳改劳教释放证等尚未办理常住户口的人，即所谓“口袋户口”的人。

出生率（又称粗出生率）　指在一定时期内（通常为一年）平均每千人所出生的人数的比率，一般用千分率表示。计算公式为：

出生率＝年出生人数/年平均人数×1000‰

式中：出生人数指活产婴儿，即胎儿脱离母体时（不管怀孕月数），有过呼吸或其他生命现象。年平均人数指年初、年底人口数的平均数，也可用年中人口数代替。

死亡率（又称粗死亡率）　指在一定时期内（通常为一年）一定地区的死亡人数与同期平均人数（或期中人数）之比，一般用千分率表示。计算公式为：

死亡率＝年死亡人数/年平均人数×1000‰

人口自然增长率　指在一定时期内（通常为一年）人口自然增加数（出生人数减死亡人数）与该时期内平均人数（或期中人数）之比，一般用千分率表示。计算公式为：

人口自然增长率＝（本年出生人数－本年死亡人数）/年平均人数×1000‰＝人口出生率－人口死亡率

从业人员　指在 16 周岁及以上，从事一定社会劳动并取得劳动报酬或经营收入的人员。这一指标反映了一定时期内全部劳动力资源的实际利用情况，是研究我国基本国情国力的重要指标。

单位就业人员　指报告期末最后一日 24 时在本单位中工作，并取得工资或其他形式劳动报酬的人员数。该指标为时点指标，不包括最后一日当天及以前已经与单位解除劳动合同关系的人员，是在岗职工、劳务派遣人员及其他就业人员之和。就业人员不包括：

（1）离开本单位仍保留劳动关系，并定期领取生活费的人员；

（2）利用课余时间打工的学生及在本单位实习的各类在校学生；

（3）本单位因劳务外包而使用的人员。

城镇私营和个体就业人员　城镇私营就业人员指在工商管理部门注册登记，其经营地址设在县城关镇（含县城关镇）以上的私营企业就业人员，包括私营企业投资者和雇工。城镇个体就业人员指在工商管理部门注册登记，并持有城镇户口或在城镇长期居住，经批准从事个体工商经营的就业人员，包括个体经营者和在个体工商户劳动的家庭帮工和雇工。

在岗职工　指在本单位工作且与本单位签订劳动合同，并由单位支付各项工资和社会保险、住房公积金的人员，以及上述人员中由于学习、病伤、产假等原因暂未工作仍由单位支付工资的人员。在岗职工还包括：

（1）应订立劳动合同而未订立劳动合同人员（如使用的农村户籍人员）；

（2）处于试用期人员；

（3）编制外招用的人员；

（4）派往外单位工作，但工资仍由本单位发放的人员（如挂职锻炼、外派工作等情况）。

工资总额　指根据《关于工资总额组成的规定》（1990 年 1 月 1 日国家统计局发布的一号令）进行修订，在报告期内（季度或年度）直接支付给本单位全部就业人员的劳动报酬总额。包括计时工资、计件工资、奖金、津贴和补贴、加班加点工资、特殊情况下支付的工资，是在岗职工工资总额、劳务派遣人员工资总额和其他就业人员工资总额之和。

工资总额是税前工资，包括单位从个人工资中直接为其代扣或代缴的房费、水费、电费、住房公积金和社会保险基金个人缴纳部分等。

工资总额不论是计入成本的还是不计入成本的，不论是以货币形式支付的还是以实物形式支付的，均应列入工资总额的计算范围。

平均工资　指单位就业人员在一定时期内平均每人所得的货币工资额。它表明一定时期职工工资收入的高低程度，是反映就业人员工资水平的主要指标。

2-1 全市人口、劳动就业总量与指数

	2010年	2011年	2012年	2013年	2014年	2015年	2016年
年末总户数(万户)	**205.8**	**206.0**	**208.8**	**212.6**	**212.1**	**214.8**	**216.6**
年末总人口(万人)	**680.9**	**684.7**	**688.5**	**692.3**	**696.2**	**700.3**	**705.1**
#男性人口	349.1	350.7	353.1	354.7	356.8	358.3	360.4
女性人口	331.8	334.0	335.4	337.6	339.4	342.0	344.7
年末常住人口(万人)	**655.4**	**656.7**	**659.0**	**661.5**	**667.8**	**674.3**	**680.1**
城镇人口	290.5	302.9	315.9	327.1	340.2	355.0	369.6
乡村人口	364.9	353.8	343.1	334.4	327.6	319.3	310.5
城镇化率(%)	**44.33**	**46.13**	**47.93**	**49.44**	**50.95**	**52.65**	**54.35**
城镇非私营单位							
从业人员年末人数(万人)	**53.9**	**59.9**	**61.1**	**72.8**	**72.7**	**74.8**	**75.4**
国有职工	31.0	33.5	34.4	29.1	28.4	27.0	25.9
集体职工	3.8	3.5	3.6	3.0	2.6	2.4	2.2
城镇非私营单位							
从业人员劳动报酬(万元)	**1552613**	**1940413**	**2253131**	**2864577**	**3137907**	**3369952**	**3760316**
国有职工	952945	1132403	1343527	1217438	1339545	1303099	1402561
集体职工	86819	96741	112526	99900	106430	105170	110815
城镇非私营单位							
就业人员年平均工资(元)	**29917**	**33466**	**38322**	**40469**	**43646**	**45819**	**50076**
国有职工	31830	35197	40437	42406	47314	48827	54211
集体职工	26280	28482	31842	34884	40483	43932	51468

上年=100

	2010年	2011年	2012年	2013年	2014年	2015年	2016年
年末总户数	**103.5**	**100.1**	**101.4**	**101.8**	**99.8**	**101.3**	**100.8**
年末总人口	**103.6**	**100.6**	**100.6**	**100.6**	**100.6**	**100.6**	**100.7**
#男性人口	103.5	100.5	100.7	100.5	100.6	100.3	100.6
女性人口	103.6	100.7	100.4	100.7	100.5	100.8	100.8
年末常住人口	**102.1**	**100.2**	**100.4**	**100.4**	**101.0**	**101.0**	**100.9**
城镇人口	102.4	104.3	104.3	103.5	104.0	104.4	104.1
乡村人口	101.8	97.0	97.0	97.5	98.0	97.5	97.2
城镇非私营单位							
从业人员年末人数	**102.9**	**111.1**	**102.0**	**119.1**	**99.9**	**91.8**	**100.8**
国有职工	102.3	108.1	102.7	84.6	97.6	95.0	95.9
集体职工	102.7	92.1	102.9	83.3	86.7	111.7	91.7
城镇非私营单位							
从业人员劳动报酬	**115.6**	**125.0**	**116.1**	**127.1**	**109.5**	**92.9**	**111.6**
国有职工	113.9	118.8	118.6	90.6	110.0	99.8	107.6
集体职工	103.5	111.4	116.3	88.8	106.5	104.4	105.4
城镇非私营单位							
就业人员年平均工资	**114.4**	**111.9**	**114.5**	**105.6**	**107.9**	**102.4**	**109.3**
国有职工	111.6	110.6	114.9	104.9	111.6	103.9	111.0
集体职工	112.0	108.4	111.8	109.6	116.1	103.2	117.2

2-2 分县(市、区)人口与劳动就业总量(2016年)

	全　市	老城区	西工区	廛河区	涧西区	吉利区	洛龙区	高新区	伊滨区
年末总户数(万户)	**216.6**	**6.4**	**10.8**	**6.3**	**14.8**	**2.1**	**14.1**	**3.1**	**7.5**
年末总人口(万人)	**705.1**	**17.2**	**33.3**	**17.8**	**45.9**	**6.9**	**40.6**	**10.3**	**27.0**
# 男性人口	360.3	8.5	16.6	9.0	22.8	3.4	20.3	5.1	13.5
女性人口	344.8	8.7	16.7	8.8	23.1	3.5	20.3	5.2	13.5
年末常住人口(万人)	**680.1**	**19.3**	**36.1**	**19.1**	**52.8**	**7.0**	**45.0**	**12.4**	**26.7**
城镇人口	369.6	18.0	33.9	17.8	52.2	4.8	32.0	8.4	12.7
乡村人口	310.5	1.3	2.2	1.3	0.6	2.2	13.0	4.0	14.0
城镇化率(%)	**54.35**	**93.30**	**93.84**	**93.61**	**98.90**	**69.00**	**70.70**	**68.10**	**47.33**
城镇非私营单位从业人员年末人数(人)	**753879**	**13575**	**44485**	**13292**	**49879**	**16782**	**48940**	**39875**	**5461**
国有职工	259130	1629	7738	4203	8313	2364	10212	1504	1406
集体职工	22262	274	279	170	660	1703	333	265	686
城镇非私营单位从业人员劳动报酬(万元)	**3760316**	**52907**	**197468**	**73003**	**249471**	**75418**	**252851**	**242401**	**22729**
国有职工	1402561	8072	365053	21595	39057	12117	68733	8516	6364
集体职工	110815	875	11014	531	1866	6750	1329	2009	2985
城镇非私营单位就业人员年平均工资(元)	**50076**	**39524**	**45058**	**53412**	**50655**	**44584**	**53379**	**62720**	**39939**
国有职工	54211	49768	47533	52786	46814	52227	67951	56734	44848
集体职工	51468	32404	39619	30326	28233	38815	40273	68098	43770
从业人员按企业、事业、机关分(人)									
企　业	529188	10302	38769	9308	42712	14430	41774	38588	2892
事　业	142865	2478	4324	3304	4352	1021	4423	474	2028
机　关	68546	660	1200	680	2460	1311	2743	813	541
民间非营利组织	230	135	20		18				
其　他	13050		172		337	20			
从业人员按国民经济行业分(人)									
农林牧渔业	1002								
采矿业	18031								1525
制造业	252510	1025	3272	1717	4960	3131	15793	31197	791
电力燃气及水的生产和供应业	15723		440		464	32	959	175	
建筑业	83412	1789	12024	5221	6572	5978	1342	3282	
批发与零售业	36211	994	7507	938	12806	464	4813	196	30
交通运输仓储和邮政业	18970	3823	1232	250	959	1254	4999	100	
住宿与餐饮业	8134	612	2430	225	1076	20	1103	325	
信息传输计算机服务和软件业	9678		2027	133	49	44	6261	1080	
金融业	26739		1355		331		104		
房地产业	16555	654	4341	535	2070	1179	4429	1321	218
租赁与商务服务业	7452	319	819	5	1038	1836	148	192	249
科学研究技术服务与地质勘查业	30441	335	2087	211	10710	230	909	688	79
水利环境和公共设施管理业	9396	207		117		30	19		
居民服务和其他服务业	1358	73	156	16	17			32	
教　育	81875	590	1501	1112	2027	599	2366	431	1875
卫生社会保障和社会福利业	43393	749	916	1989	1918	549	518	40	153
文化体育与娱乐业	6116	259	812	15	148		1087		
公共管理与社会组织业	86883	2146	3566	808	4734	1436	4090	816	541
国际组织									

	偃师市	孟津县	新安县	栾川县	嵩　县	汝阳县	宜阳县	洛宁县	伊川县
年末总户数(万户)	**18.3**	**16.3**	**15.9**	**10.8**	**17.3**	**12.9**	**20.3**	**14.1**	**25.6**
年末总人口(万人)	**60.7**	**46.4**	**53.3**	**34.2**	**60.2**	**48.5**	**69.8**	**49.1**	**83.9**
# 男性人口	31.1	23.3	27.5	17.8	31.5	25.1	36.2	25.5	43.1
女性人口	29.6	23.1	25.8	16.4	28.7	23.4	33.6	23.6	40.8
年末常住人口(万人)	**57.2**	**42.8**	**48.4**	**35.1**	**52.1**	**42.7**	**61.2**	**43.2**	**79.0**
城镇人口	32.5	19.7	21.4	16.2	17.1	14.3	21.0	13.8	33.0
乡村人口	24.7	23.1	27.0	18.9	35.0	28.4	40.2	29.4	46.0
城镇化率(%)	**56.82**	**46.13**	**44.25**	**46.23**	**32.78**	**33.41**	**34.33**	**31.80**	**41.75**
城镇非私营单位从业人员年末人数(人)	**32465**	**41750**	**84433**	**29655**	**20413**	**27473**	**36482**	**34814**	**38845**
国有职工	16108	15511	27801	10821	13412	11384	14656	13910	20528
集体职工	3407	3308	843	2138	1143	811	3369	1051	723
城镇非私营单位从业人员劳动报酬(万元)	**134147**	**157379**	**371933**	**148301**	**94912**	**110928**	**151099**	**129809**	**152992**
国有职工	68964	60264	153713	59532	64019	54584	63925	54187	81038
集体职工	15425	9510	6596	12451	5120	6057	16294	5360	1521
城镇非私营单位在岗职工年平均工资(元)	**41161**	**38471**	**43763**	**50591**	**46430**	**40386**	**41655**	**35451**	**39321**
国有职工	42710	39394	54500	55784	47796	47990	43838	39372	39421
集体职工	45757	36339	77781	58209	46125	73776	48364	53385	21126
从业人员按企业、事业、机关分(人)									
企　业	15891	29387	59327	19813	7532	17169	19707	21691	21252
事　业	11735	8185	8879	4906	8395	6700	7614	7951	11386
机　关	4763	4121	5027	4864	4424	3529	9161	4594	5749
民间非营利组织		57							
其　他	76		11200	72	62	75		578	458
从业人员按国民经济行业分(人)									
农林牧渔业	161	7		23	107	26	12	404	60
采矿业	2936		964	3264	3025	1093	3027	1517	680
制造业	5397	19080	47031	7358	686	12234	12484	15386	13991
电力燃气及水的生产和供应业	1073	940	753	955	492	434	855	1008	619
建筑业	2769	5252	6241	3152	1302	1294	481	1731	1345
批发与零售业	1331	1576	1376	875	309	626	634	689	1023
交通运输仓储和邮政业	506	1257	493	526	73	542	659	654	1234
住宿与餐饮业	333	162	370	140	152	65	81	33	759
信息传输计算机服务和软件业		84							
金融业	918	430	494	485	811	501	558	458	763
房地产业	157	111	567	97	195	175	182	62	262
租赁与商务服务业	579	140	884	48	10	121	80	185	570
科学研究技术服务与地质勘查业	634	568	147	129	98	121	199	232	255
水利环境和公共设施管理业	344	641	782	931	671	294	2206	250	1189
居民服务和其他服务业	93	180	32	628	30	24		27	
教　育	5407	4321	16015	3611	4796	4013	5489	4035	6474
卫生社会保障和社会福利业	2634	2178	2055	1720	2557	1893	2683	2469	3393
文化体育与娱乐业	424	118	411	142	141	85	209	168	462
公共管理与社会组织业	6769	4705	5818	5571	4958	3932	6643	5506	5766
国际组织									

2-3 年末总户数

单位：万户

	2010年	2011年	2012年	2013年	2014年	2015年	2016年
总　计	**205.8**	**206.0**	**208.8**	**212.6**	**212.1**	**214.8**	**216.6**
市　区	**73.0**	**61.6**	**61.8**	**63.5**	**63.0**	**64.1**	**65.1**
老城区	6.6	6.3	6.4	6.5	6.3	6.4	6.4
西工区	15.6	10.5	10.7	10.8	10.7	10.7	10.8
廛河区	6.5	6.6	6.4	6.5	6.1	6.2	6.3
涧西区	21.5	14.6	14.3	14.5	14.4	14.5	14.8
吉利区	2.6	2.2	2.3	2.1	2.1	2.1	2.1
洛龙区	9.9	11.2	11.4	12.8	12.8	13.6	14.1
高新区	2.9	2.8	2.9	3.0	3.1	3.1	3.1
伊滨区	7.4	7.4	7.4	7.5	7.5	7.5	7.5
县（市）	**132.8**	**144.4**	**147.0**	**149.1**	**149.1**	**150.7**	**151.5**
偃师市	17.2	18.1	18.2	18.3	18.1	18.2	18.3
孟津县	13.5	15.3	15.4	15.7	15.9	16.1	16.3
新安县	14.4	14.6	15.6	15.8	15.7	15.9	15.9
栾川县	10.5	10.4	10.5	10.7	10.7	10.8	10.8
嵩　县	15.6	16.8	16.9	17.2	17.2	17.3	17.3
汝阳县	11.6	12.6	12.6	12.7	12.7	12.8	12.9
宜阳县	18.2	19.2	19.2	19.5	19.8	20.2	20.3
洛宁县	12.2	12.9	13.5	13.7	13.8	13.9	14.1
伊川县	19.6	24.5	25.1	25.5	25.2	25.5	25.6

2-4 年末总人口数

单位：万人

	2010年	2011年	2012年	2013年	2014年	2015年	2016年
总　计	**680.9**	**684.7**	**688.5**	**692.3**	**696.2**	**700.3**	**705.1**
市　区	**186.1**	**190.2**	**191.8**	**193.3**	**195.5**	**197.4**	**199.0**
老城区	14.3	16.5	16.7	16.9	17.1	17.3	17.2
西工区	35.4	33.6	33.4	33.6	33.3	33.6	33.3
瀍河区	16.8	17.4	17.6	17.7	17.7	17.8	17.8
涧西区	44.5	46.1	45.0	45.1	45.1	45.4	45.9
吉利区	6.8	6.8	6.9	6.8	6.8	6.8	6.9
洛龙区	34.2	37.0	37.5	38.1	38.8	39.5	40.6
高新区	8.8	7.4	9.2	9.4	10.0	10.2	10.3
伊滨区	25.3	25.4	25.5	25.7	26.7	26.8	27.0
县　（市）	**494.8**	**494.5**	**496.7**	**499.0**	**500.7**	**502.9**	**506.1**
偃师市	58.1	59.7	59.9	60.0	60.2	60.5	60.7
孟津县	45.2	45.4	45.5	45.7	46.0	46.2	46.4
新安县	52.1	52.4	52.5	52.6	52.8	53.0	53.3
栾川县	33.1	33.4	33.4	33.6	33.8	33.9	34.2
嵩　县	58.6	58.9	59.1	59.3	59.6	59.9	60.2
汝阳县	46.7	47.0	47.3	47.5	47.7	48.1	48.5
宜阳县	73.0	69.5	68.8	69.0	69.3	69.5	69.8
洛宁县	48.0	48.4	48.4	48.6	48.7	48.8	49.1
伊川县	79.4	79.8	81.8	82.7	82.6	83.0	83.9

2-5 年末常住人口数

单位：万人

	2010年	2011年	2012年	2013年	2014年	2015年	2016年
总　计	**655.4**	**656.7**	**659.0**	**661.5**	**667.8**	**674.3**	**680.1**
市　区	**203.6**	**207.7**	**208.5**	**209.7**	**212**	**215.8**	**218.4**
老城区	16.3	18.7	18.7	18.9	19.1	19.3	19.3
西工区	37.3	35.2	35.3	35.4	35.7	36.0	36.1
廛河区	17.8	18.6	18.7	18.8	19.0	19.1	19.1
涧西区	51.3	51.5	51.6	51.8	51.1	52.3	52.8
吉利区	6.9	6.9	6.9	6.8	6.9	6.9	7.0
洛龙区	40.7	43.4	43.6	44.3	43.5	44.1	45.0
高新区	10.6	10.6	10.7	10.7	12.0	12.2	12.4
伊滨区	22.7	22.9	22.9	23.0	24.7	25.9	26.7
县　（市）	**451.8**	**449.0**	**450.5**	**451.8**	**455.8**	**458.5**	**461.7**
偃师市	55.8	56.0	56.2	56.4	56.5	56.8	57.2
孟津县	41.5	41.6	41.7	41.8	42.1	42.3	42.8
新安县	47.0	47.2	47.3	47.4	47.6	47.9	48.4
栾川县	34.3	34.4	34.4	34.5	34.9	35.1	35.1
嵩　县	50.7	50.8	50.9	51.1	51.5	51.8	52.1
汝阳县	40.8	40.9	41.2	41.4	41.6	42.3	42.7
宜阳县	63.8	60.2	60.4	60.6	61.0	61.2	61.2
洛宁县	42.1	42.2	42.4	42.3	42.7	42.8	43.2
伊川县	75.8	75.8	76.0	76.3	77.9	78.3	79.0

2-6 年末男性人口数

单位：万人

	2010年	2011年	2012年	2013年	2014年	2015年	2016年
总　计	**349.1**	**350.7**	**353.1**	**354.7**	**356.8**	**356.8**	**361.3**
市　区	**94.1**	**96.0**	**96.7**	**97.2**	**98.1**	**98.2**	**99.2**
老城区	7.1	8.6	8.6	8.7	8.8	8.8	8.5
西工区	18.3	16.9	16.8	16.9	16.7	16.7	16.6
廛河区	8.6	8.9	9.0	9.1	9.0	9.0	9.0
涧西区	21.6	23.2	22.6	22.7	22.6	22.6	22.8
吉利区	3.4	3.4	3.4	3.4	3.4	3.4	3.4
洛龙区	17.2	18.7	18.9	18.9	19.3	19.4	20.3
高新区	5.1	3.6	4.5	4.5	4.9	4.9	5.1
伊滨区	12.7	12.7	12.8	13.0	13.4	13.4	13.5
县（市）	**255.0**	**254.7**	**256.4**	**257.5**	**258.7**	**258.6**	**261.1**
偃师市	30.1	30.5	30.6	30.7	30.9	30.9	31.1
孟津县	22.8	22.9	22.9	23.0	23.1	23.1	23.3
新安县	26.7	26.9	27.0	27.1	27.2	27.2	27.5
栾川县	17.3	17.4	17.5	17.6	17.6	17.6	17.8
嵩　县	30.7	30.8	31.0	31.1	31.3	31.3	31.5
汝阳县	24.3	24.4	24.6	24.6	24.7	24.7	25.1
宜阳县	37.6	35.8	35.8	35.9	36.0	36.0	36.2
洛宁县	24.8	24.9	25.1	25.2	25.4	25.3	25.5
伊川县	40.7	41.1	41.9	42.3	42.5	42.5	43.1

2-7 年末女性人口数

单位：万人

	2010年	2011年	2012年	2013年	2014年	2015年	2016年
总　计	**331.8**	**334.0**	**335.4**	**337.6**	**339.4**	**343.5**	**344.8**
市　区	**91.1**	**94.1**	**95.2**	**96.2**	**97.4**	**99.0**	**99.8**
老城区	7.2	7.9	8.1	8.3	8.3	8.5	8.7
西工区	17.1	16.7	16.6	16.7	16.6	16.9	16.7
瀍河区	8.2	8.5	8.6	8.7	8.7	8.8	8.8
涧西区	21.1	22.8	22.3	22.4	22.5	22.8	23.1
吉利区	3.4	3.5	3.5	3.4	3.4	3.4	3.5
洛龙区	16.1	18.3	18.8	19.2	19.5	19.8	20.3
高新区	5.4	3.7	4.7	4.8	5.1	5.3	5.2
伊滨区	12.6	12.7	12.7	12.7	13.3	13.5	13.5
县（市）	**240.7**	**239.9**	**240.2**	**241.4**	**242.0**	**244.5**	**245.0**
偃师市	29.5	29.2	29.3	29.3	29.3	29.6	29.6
孟津县	22.4	22.5	22.5	22.7	22.9	23.1	23.1
新安县	25.4	25.5	25.4	25.6	25.6	25.7	25.8
栾川县	15.8	15.9	16.0	16.1	16.2	16.3	16.4
嵩　县	27.9	28.1	28.1	28.2	28.3	28.7	28.7
汝阳县	22.4	22.6	22.7	22.9	23.0	23.3	23.4
宜阳县	35.4	33.7	33.0	33.2	33.3	33.6	33.6
洛宁县	23.2	23.4	23.3	23.3	23.3	23.5	23.6
伊川县	38.7	39.0	39.9	40.1	40.1	40.7	40.8

2-8 人口自然变动情况(2016年)

	出生数 (人)	出生率 (‰)	死亡数 (人)	死亡率 (‰)	自然增长数 (人)	自然增长率 (‰)
总　计	**91729**	**12.40**	**41838**	**5.84**	**49891**	**6.56**
市　区	**25871**	**13.06**	**10283**	**5.19**	**15588**	**7.87**
老城区	2275	13.18	935	5.42	1339	7.76
西工区	3998	11.97	1737	5.2	2261	6.77
廛河区	2408	13.54	701	3.94	1707	9.60
涧西区	6263	13.72	2415	5.29	3848	8.43
吉利区	902	13.18	389	5.68	513	7.50
洛龙区	5008	12.50	2103	5.25	2905	7.25
高新区	1486	14.54	541	5.29	945	9.25
伊滨区	3531	13.11	1463	5.43	2069	7.68
县（市）	**65858**	**13.05**	**31555**	**6.25**	**34303**	**6.80**
偃师市	7784	12.85	3598	5.94	4186	6.91
孟津县	5809	12.54	3039	6.56	2770	5.98
新安县	6104	11.49	2523	4.75	3580	6.74
栾川县	4579	13.44	1864	5.47	2716	7.97
嵩　县	8459	14.08	4548	7.57	3911	6.51
汝阳县	6917	14.33	3649	7.56	3268	6.77
宜阳县	9133	13.11	4180	6.00	4953	7.11
洛宁县	6442	13.15	2596	5.30	3846	7.85
伊川县	10631	12.74	5557	6.66	5073	6.08

2-9 按城乡划分的全社会从业人员(2016年)

单位：人

	全社会从业人员	城镇非私营单位	国有单位	集体单位	其他单位	私营个体	城镇私营	城镇个体	乡村
总计	**4541283**	**753879**	**259130**	**22262**	**472487**	**900537**	**424614**	**475923**	**2886867**
按国民经济行业分									
农、林、牧、渔业	1526111	1002	988		14	40196	20067	20129	1484913
采矿业	21333	18031	645		17386	3302	2635	667	
制造业	951601	252510	17424	2103	232983	144831	104576	40255	554260
电力、煤气及水的生产和供应业	17403	15723	5728	26	9969	1680	1601	79	
建筑业	410244	83412	9386	4586	69440	26093	24383	1710	300739
批发和零售业	613811	36211	5084	1284	29843	404388	145882	258506	173212
交通运输、仓储及邮政业	143351	18970	4512	254	14204	8906	6552	2354	115475
住宿和餐饮业	189735	8134	1616	139	6379	84997	7489	77508	96604
信息传输、计算机服务和软件业	45022	9678	390		9288	18023	16980	1043	17321
金融业	27460	26739	975	2426	23338	721	695	26	
房地产业	29954	16555	318	1178	15059	13399	13349	50	
租赁和商务服务业	55497	7452	1041	404	6007	48045	41134	6911	
科学研究、技术服务和地质勘探业	53410	30441	15907	136	14398	22969	21543	1426	
水利、环境和公共设施管理业	10731	9396	6830	161	2405	1335	1298	37	
居民服务和其他服务业	218170	1358	364	130	864	72469	10310	62159	144343
教育	83251	81875	61959	6777	13139	1376	1121	255	
卫生、社会保障和社会福利业	44905	43393	37088	2435	3870	1512	1092	420	
文化、体育和娱乐业	12411	6116	3816		2300	6295	3907	2388	
公共管理和社会组织国际组织	86883	86883	85059	223	1601				
按三次产业分									
第一产业	1526111	1002	988		14	40196	20067	20129	1484913
第二产业	1400581	369676	33183	6715	329778	175906	133195	42711	854999
第三产业	1614591	383201	224959	15547	142695	684435	271352	413083	546955

2-9续表1 单位：人

	全社会从业人员	老城区	西工区	瀍河区	涧西区	吉利区	洛龙区	高新区	伊滨区
总计	**4541283**	**52438**	**182892**	**55930**	**147200**	**48602**	**219087**	**105128**	**92587**
按国民经济行业分									
农、林、牧、渔业	1526111	10798	6834	16900	488	9709	44014	13104	41844
采矿业	21333		23	1		37		20	1525
制造业	951601	6169	12837	4838	11142	6391	48585	50641	28667
电力、煤气及水的生产和供应业	17403		483	2	492	56	959	179	
建筑业	410244	2708	15255	6552	7653	8460	30008	5409	11005
批发和零售业	613811	14965	69209	13057	60704	8932	30195	11530	2806
交通运输、仓储及邮政业	143351	4220	2713	1361	1669	2816	13760	458	
住宿和餐饮业	189735	3397	14476	3129	12268	1697	17256	5454	3625
信息传输、计算机服务和软件业	45022	211	7265	690	4462	523	8332	2878	
金融业	27460	38	1371	1	372	27	104	26	
房地产业	29954	810	5629	613	3670	1378	4429	2414	218
租赁和商务服务业	55497	867	14952	619	11094	2453	3960	2701	249
科学研究、技术服务和地质勘探业	53410	598	8438	361	15556	376	909	4641	79
水利、环境和公共设施管理业	10731	273	79	129	111	64	19	32	
居民服务和其他服务业	218170	485	15544	3600	7906	2999	6365	4206	
教育	83251	3656	1551	1151	2052	599	2573	508	1875
卫生、社会保障和社会福利业	44905	827	1297	2011	2130	549	638	53	153
文化、体育和娱乐业	12411	270	1370	107	697	100	1187	58	
公共管理和社会组织国际组织	86883	2146	3566	808	4734	1436	5794	816	541
按三次产业分									
第一产业	1526111	10798	6834	16900	488	9709	44014	13104	41844
第二产业	1400581	8877	28597	11393	19287	14944	79552	56249	41197
第三产业	1614591	32763	147461	27637	127425	23949	95521	35775	9546

2-9续表2 单位：人

	偃师市	孟津县	新安县	栾川县	嵩　县	汝阳县	宜阳县	洛宁县	伊川县
总　计	**429338**	**344525**	**401410**	**240556**	**358826**	**301548**	**422391**	**331271**	**554683**
按国民经济行业分									
农、林、牧、渔业	121571	124087	137722	73744	181102	152628	189651	195578	218158
采矿业	3316	28	1067	22343	3544	1564	4471	1854	7523
制造业	175545	78898	86557	37194	33843	40713	58729	45541	49308
电力、煤气及水的生产和供应业	1356	1085	829	1579	599	468	1195	1222	689
建筑业	13860	31761	34872	11639	26205	17055	39002	42218	25998
批发和零售业	43900	38211	55676	28365	36633	15139	52915	17201	123436
交通运输、仓储及邮政业	5449	14298	14937	13325	12657	9538	18341	856	25582
住宿和餐饮业	15603	12088	20147	14832	19447	4896	14197	5806	19727
信息传输、计算机服务和软件业	10950	2785	1541	1715	5282	419	2679	306	6899
金融业	968	567	497	514	853	512	559	463	843
房地产业	1307	1493	1509	280	4725	332	182	356	579
租赁和商务服务业	2349	1924	3350	1758	5287	245	710	573	21839
科学研究、技术服务和地质勘探业	1592	2180	916	506	420	121	338	338	874
水利、环境和公共设施管理业	355	947	999	1076	739	292	2206	283	1237
居民服务和其他服务业	14982	21484	15759	20344	14655	47750	22067	6288	17872
教育	5565	4437	16104	3620	4846	4028	5521	4108	9484
卫生、社会保障和社会福利业	2654	2257	2084	1771	2645	1894	2686	2472	6600
文化、体育和娱乐业	1228	1290	1020	377	386	59	298	302	7201
公共管理和社会组织	6788	4705	5824	5574	4958	3895	6644	5506	10834
国际组织									
按三次产业分									
第一产业	121571	124087	137722	73744	244773	152628	189651	195578	218158
第二产业	194077	111772	123325	72755	33071	59800	103397	90835	83518
第三产业	113690	108666	140363	94057	80982	89120	129343	44858	253007

2-10 按登记注册类型分组的城镇非私营单位从业人员(2016年)

单位：人

	合　计	国有单位	城镇集体单　位	其他单位
总　　计	**753879**	**259130**	**22262**	**472487**
按企业、事业、机关分				
企　　业	529188	59387	13137	456664
事　　业	142865	131034	8798	3033
机　　关	68546	68154	188	204
民间非营利组织	230	20	57	153
其　　他	13050	535	82	12433
按国民经济行业分				
农、林、牧、渔业	1002	988		14
采矿业	18031	645		17386
制造业	252510	17424	2103	232983
电力、煤气及水的生产和供应业	15723	5728	26	9969
建筑业	83412	9386	4586	69440
批发和零售业	36211	5084	1284	29843
交通运输、仓储及邮政业	18970	4512	254	14204
住宿和餐饮业	8134	1616	139	6379
信息传输、计算机服务和软件业	9678	390		9288
金融业	26739	975	2426	23338
房地产业	16555	318	1178	15059
租赁和商务服务业	7452	1041	404	6007
科学研究、技术服务和地质勘探业	30441	15907	136	14398
水利、环境和公共设施管理业	9396	6830	161	2405
居民服务和其他服务业	1358	364	130	864
教育	81875	61959	6777	13139
卫生、社会保障和社会福利业	43393	37088	2435	3870
文化、体育和娱乐业	6116	3816		2300
公共管理和社会组织	86883	85059	223	1601
国际组织				
按三次产业分				
第一产业	1002	988		14
第二产业	369676	33183	6715	329778
第三产业	383201	224959	15547	142695

2-11 分县(市、区)城镇非私营单位从业人员(2016年)

单位：人

	合 计	按登记注册类型分			按三次产业分		
		国有单位	城镇集体单位	其他单位	第一产业	第二产业	第三产业
总 计	**753879**	**259130**	**22262**	**472487**	**1002**	**369676**	**383201**
市 直	175260	77630	1099	96531	202	87138	87920
老城区	13575	1629	274	11672		2814	10761
西工区	44485	7738	279	36468		15736	28749
瀍河区	13292	4203	170	8919		6938	6354
涧西区	49879	8313	660	40906		11996	37883
吉利区	16782	2364	1703	12715		9141	7641
洛龙区	48940	10212	333	38395		18094	30846
高新区	39875	1504	265	38106		34654	5221
伊滨区	5461	1406	686	3369		2316	3145
偃师市	32465	16108	3407	12950	161	12175	20129
孟津县	41750	15511	3308	22931	7	25272	16471
新安县	84433	27801	843	55789		54989	29444
栾川县	29655	10821	2138	16696	23	14729	14903
嵩 县	20413	13412	1143	5858	107	5505	14801
汝阳县	27473	11384	811	15278	26	15055	12392
宜阳县	36482	14656	3369	18457	12	16847	19623
洛宁县	34814	13910	1051	19853	404	19642	14768
伊川县	38845	20528	723	17594	60	16635	22150

2-12 按登记注册类型分组的城镇非私营单位在岗职工人数(2016年)

单位：人

	合　计	国有单位	城镇集体单　位	其他单位
总　　计	**708205**	**245977**	**20075**	**442153**
按企业、事业、机关分				
企　　业	505100	58443	11027	435630
事　　业	134393	123872	8721	1800
机　　关	63504	63112	188	204
民间非营利组织	230	20	57	153
其　　他	4978	530	82	4366
按国民经济行业分				
农、林、牧、渔业	1002	988		14
采矿业	17791	645		17146
制造业	251271	17309	2091	231871
电力、煤气及水的生产和供应业	15565	5718	26	9821
建筑业	75416	9378	3598	62440
批发和零售业	35074	4914	958	29202
交通运输、仓储及邮政业	18276	4295	254	13727
住宿和餐饮业	8002	1585	139	6278
信息传输、计算机服务和软件业	9656	390		9266
金融业	17427	950	2389	14088
房地产业	15232	305	825	14102
租赁和商务服务业	6927	1028	39	5860
科学研究、技术服务和地质勘探业	29873	15741	121	14011
水利、环境和公共设施管理业	6772	4427	160	2185
居民服务和其他服务业	1294	363	126	805
教育	72554	60708	6773	5073
卫生、社会保障和社会福利业	40303	34260	2353	3690
文化、体育和娱乐业	5816	3675		2141
公共管理和社会组织	79954	79298	223	433
国际组织				
按三次产业分				
第一产业	1002	988		14
第二产业	360043	33050	5715	321278
第三产业	347160	211939	14360	120861

2-13 分县(市、区)城镇非私营单位在岗职工人数(2016年)

单位：人

	合计	按登记注册类型分			按三次产业分		
		国有单位	城镇集体单位	其他单位	第一产业	第二产业	第三产业
总计	**708205**	**245977**	**20075**	**442153**	**1002**	**360043**	**347160**
市直	162129	73603	2097	86741	202	86548	75379
老城区	11485	1567	269	9649		2197	9288
西工区	41410	6087	275	35048		15182	26228
廛河区	12881	4048	170	8663		6765	6116
涧西区	48525	8118	627	39780		11107	37418
吉利区	15427	2351	1372	11704		8265	7162
洛龙区	48420	9905	304	38211		18056	30364
高新区	38787	1504	265	37018		34101	4686
伊滨区	5322	1328	686	3308		2301	3021
偃师市	31540	16049	3096	12395	161	11486	19893
孟津县	40565	14863	2182	22520	7	24829	15729
新安县	74000	27389	832	45779		53123	20877
栾川县	27442	9184	2077	16181	23	14433	12986
嵩县	18958	12520	971	5467	107	5365	13486
汝阳县	26810	11076	759	14975	26	14957	11827
宜阳县	34779	13312	3369	18098	12	16366	18401
洛宁县	33214	13600	469	19145	404	18385	14425
伊川县	36511	18785	255	17471	60	16577	19874

2-14 按登记注册类型分组的城镇非私营单位从业人员劳动报酬(2016年)

单位：万元

	合　计	国有单位	城镇集体单　位	其他单位
总　　计	**3760316**	**1402561**	**110815**	**2246940**
按企业、事业、机关分				
企　　业	2634678	376716	64011	2193951
事　　业	745858	690163	45103	10593
机　　关	335586	333495	1107	984
民间非营利组织	778	58	194	527
其　　他	43416	2130	401	40886
按国民经济行业分				
农、林、牧、渔业	3466	3407		59
采矿业	70652	1248		69404
制造业	1178677	94510	8174	1075994
电力、煤气及水的生产和供应业	119924	45241	85	74598
建筑业	391042	52658	14500	323884
批发和零售业	166177	42396	3409	120372
交通运输、仓储及邮政业	72309	18051	1123	53135
住宿和餐饮业	27004	4897	369	21738
信息传输、计算机服务和软件业	68851	2364		66487
金融业	208807	8021	28532	172254
房地产业	69779	1086	4263	64429
租赁和商务服务业	29069	3696	752	24621
科学研究、技术服务和地质勘探业	211937	119778	798	91362
水利、环境和公共设施管理业	30700	22381	606	7713
居民服务和其他服务业	4184	1207	347	2630
教育	417127	334046	36955	46126
卫生、社会保障和社会福利业	240113	211399	9597	19117
文化、体育和娱乐业	27092	18275		8818
公共管理和社会组织	423407	417900	1307	4201
国际组织				
按三次产业分				
第一产业	3466	3407		59
第二产业	1760294	193656	22759	1543879
第三产业	1996556	1205498	88056	703002

2-15 分县(市、区)城镇非私营单位从业人员劳动报酬(2016年)

单位：万元

	合计	按登记注册类型分			按三次产业分		
		国有单位	城镇集体单位	其他单位	第一产业	第二产业	第三产业
总计	**3760316**	**1402561**	**110815**	**2246940**	**3466**	**1760294**	**1996556**
市直	1142568	541376	15037	586155	962	510327	631280
老城区	52907	8072	875	43960		13943	38964
西工区	197467	36505	1101	159861		75395	122072
廛河区	73003	21595	531	50878		37922	35082
涧西区	249471	39057	1866	208548		58137	191333
吉利区	75418	12117	6750	56551		41514	33904
洛龙区	252851	68733	1329	182789		80818	172034
高新区	242401	8516	2008	231877		211385	31016
伊滨区	22729	6364	2985	13380		8316	14414
偃师市	134147	68964	15425	49758	674	45639	87834
孟津县	157379	60264	9510	87605	23	93012	64343
新安县	371933	153713	6596	211624		235933	136000
栾川县	148301	59532	12451	76318	81	75542	72678
嵩县	94912	64019	5120	25774	399	24419	70094
汝阳县	110928	54584	6057	50288	71	51130	59726
宜阳县	151099	63925	16294	70880	56	65154	85890
洛宁县	129809	54187	5360	70262	986	70463	58360
伊川县	152992	81038	1521	70433	214	61246	91532

2-16 按登记注册类型分组的城镇非私营单位在岗职工工资总额（2016年）

单位：万元

	合计	国有单位	城镇集体单位	其他单位
总计	**3625422**	**1367559**	**105467**	**2152395**
按企业、事业、机关分				
企业	2546449	372628	58838	2114983
事业	725239	671988	44927	8324
机关	322868	320777	1107	984
民间非营利组织	778	58	194	527
其他	30087	2109	401	27577
按国民经济行业分				
农、林、牧、渔业	3466	3407		59
采矿业	69106	1248		67858
制造业	1170249	94200	8145	1067905
电力、煤气及水的生产和供应业	119021	44607	85	74329
建筑业	355297	52628	11635	291034
批发和零售业	163220	41893	2638	118689
交通运输、仓储及邮政业	70099	17334	1123	51642
住宿和餐饮业	26621	4822	369	21431
信息传输、计算机服务和软件业	68734	2364		66370
金融业	183982	7984	28403	147595
房地产业	65730	1059	3623	61048
租赁和商务服务业	27941	3643	101	24196
科学研究、技术服务和地质勘探业	209295	119466	769	89060
水利、环境和公共设施管理业	25917	18481	604	6833
居民服务和其他服务业	3936	1206	314	2416
教育	400587	330822	36944	32821
卫生、社会保障和社会福利业	229226	201262	9407	18557
文化、体育和娱乐业	26426	17979		8446
公共管理和社会组织	406571	403156	1307	2108
国际组织				
按三次产业分				
第一产业	3466	3407		59
第二产业	1713673	192683	19865	1501125
第三产业	1908283	1171470	85602	651211

2-17 分县(市、区)城镇非私营单位在岗职工工资总额(2016年)

单位：万元

	合　计	按登记注册类型分			按三次产业分		
		国有单位	城镇集体单位	其他单位	第一产业	第二产业	第三产业
总　计	**3625422**	**1367559**	**105467**	**2152395**	**3466**	**1713673**	**1908283**
市　直	1104908	530429	15031	559448	962	506326	597620
老城区	45726	7960	840	36926		9652	36073
西工区	188950	33289	1091	154570		72793	116157
廛河区	71198	20981	531	49687		37001	34197
涧西区	241651	38527	1808	201316		52357	189294
吉利区	69001	12100	6132	50769		36211	32790
洛龙区	250924	67579	1261	182084		80098	170826
高新区	237876	8516	2009	227351		208836	29040
伊滨区	22081	6025	2985	13071		8268	13812
偃师市	131928	68847	14677	48404	674	44030	87224
孟津县	154295	58771	9239	86285	23	91651	62620
新安县	347647	152624	6568	188456		226474	121173
栾川县	141506	55472	12323	73711	81	73807	67618
嵩　县	89951	61193	4472	24285	399	23824	65728
汝阳县	108713	53440	5804	49468	71	50795	57846
宜阳县	147319	61608	16294	69417	56	64806	82458
洛宁县	124139	53463	3756	66921	986	65609	57544
伊川县	147610	76735	648	70227	214	61133	86263

2-18 按登记注册类型分组的城镇非私营单位就业人员年平均工资

单位：元

	2016年	2015年	2016年比2015年 ±%
总　计	**50076**	**45819**	**9.3**
按企业、事业、机关分			
企　业	49970	46530	7.4
事　业	52445	45167	16.1
机　关	49220	41875	17.5
民间非营利组织	34737	33366	4.1
其　他	33274	39535	-15.8
按国民经济行业分			
农、林、牧、渔业	34416	29852	15.3
采矿业	38034	41259	-7.8
制造业	46023	43228	6.5
电力、煤气及水的生产和供应业	76677	72958	5.1
建筑业	48710	44876	8.5
批发和零售业	46320	43634	6.2
交通运输、仓储及邮政业	38168	36350	5.0
住宿和餐饮业	33268	30953	7.5
信息传输、计算机服务和软件业	73804	61516	20.0
金融业	81074	78656	3.1
房地产业	42827	41586	3.0
租赁和商务服务业	39061	37586	3.9
科学研究、技术服务和地质勘探业	71074	66879	6.3
水利、环境和公共设施管理业	32886	30357	8.3
居民服务和其他服务业	31386	29774	5.4
教育	50994	45930	11.0
卫生、社会保障和社会福利业	56129	51185	9.7
文化、体育和娱乐业	44117	37153	18.7
公共管理和社会组织	49035	40926	19.8
国际组织			
按三次产业分			
第一产业	34416	29852	15.3
第二产业	47498	44728	6.2
第三产业	52636	47022	11.9

2-19 分县(市、区)城镇非私营单位就业人员年平均工资(2016年)

单位：元

	合　计	按登记注册类型分			按三次产业分		
		国有单位	城镇集体单　位	其他单位	第一产业	第二产业	第三产业
总　计	**50076**	**54211**	**51468**	**47739**	**34416**	**47498**	**52636**
市　直	65417	69749	136446	61156	47147	57955	72998
老城区	39524	49768	32404	38246		51411	36504
西工区	45058	47533	39619	44571		47912	42461
廛河区	53412	52786	30326	54114		51010	56274
涧西区	50655	46814	28233	51819		48395	51384
吉利区	44584	52227	38815	43985		44662	44488
洛龙区	53379	67951	40273	49504		47529	56655
高新区	62720	56734	68098	62921		65132	54087
伊滨区	39939	44848	43770	37270		32081	46511
偃师市	41161	42710	45757	38062	41580	37284	38805
孟津县	38471	39394	36339	38099	33429	37724	39606
新安县	43763	54500	77781	37843		42906	46189
栾川县	50591	55784	58209	46245	35261	51354	49844
嵩　县	46430	47796	46125	43405	37290	44357	47358
汝阳县	40386	47990	73776	32928	27423	33899	48330
宜阳县	41655	43838	48364	38684	46333	47362	44078
洛宁县	35451	39372	53385	32158	24288	32565	40049
伊川县	39321	39421	21126	39948	35633	36746	41266

2-20 按登记注册类型分组社会保险基本情况

	年末参加养老保险人数(万人)					养老保险基金收支情况(万元)		
	合计	职工	离退休人员	城乡居民参保人数	城乡居民养老金领取人数	基金收入	基金支出	累计结余
2007年	76.80	56.76	20.04			218228	211043	127399
2008年	81.59	60.90	20.69			280796	274013	134182
2009年	85.99	63.30	22.69			357812	334300	157694
2010年	90.60	66.52	24.08			391491	384290	164895
2011年	95.65	70.05	25.60			471500	454988	181407
2012年	471.72	73.01	26.28	306.27	66.16	519820	550575	174094
2013年	481.08	78.23	27.81	304.84	70.20	835023	668653	383529
2014年	493.11	81.93	28.94	308.34	73.90	804361	773485	414002
2015年	504.18	85.19	30.10	308.76	80.13	886423	900859	399566
2016年	505.87	87.37	30.88	304.18	83.44	955712	963978	505225
企　业								
2007年	69.56	50.90	18.66			195784	190916	95624
2008年	73.83	54.66	19.17			254337	250035	99926
2009年	77.96	56.83	21.13			330553	308901	121578
2010年	82.57	60.15	22.42			364225	357054	128749
2011年	87.63	63.68	23.95			440202	427209	141742
2012年	92.37	67.68	24.69			468754	511539	98957
2013年	98.09	71.99	26.10			717798	587836	228919
2014年	102.89	75.71	27.18			682731	685836	225814
2015年	107.42	79.17	28.25			733146	769331	189629
2016年	110.85	81.79	29.06			804432	840777	254381
机关事业								
2007年	7.24	5.86	1.38			22444	20127	31775
2008年	7.76	6.24	1.52			26459	23978	34256
2009年	8.03	6.47	1.56			27259	25399	36116
2010年	8.03	6.37	1.66			27266	27236	36146
2011年	8.02	6.37	1.65			31298	27779	39665
2012年	6.92	5.33	1.59			30364	27310	42718
2013年	7.95	6.24	1.71			34553	30125	47147
2014年	7.98	6.22	1.76			34985	31832	50300
2015年	7.87	6.02	1.85			35756	39720	46336
2016年	7.40	5.58	1.82			38122	43253	41205
城乡居民养老保险								
2013年				304.84	70.20	82672	50692	107463
2014年				308.34	73.90	86645	55817	137888
2015年				308.76	80.13	117521	91808	163601
2016年				304.18	83.44	113158	79948	209639

2-21 失业、医疗、工伤社会保险基本情况

单位：万人

	失业保险			基本医疗保险		工伤保险		生育保险	
	年末参保职工人数	发放失业保险金人数	发放失业保险金(万元)	年末参保职工人数	年末参保退休人数	年末参保人数	年末享受待遇人数	年末参保人数	年末享受待遇人数
2005年	60.20	5.73	13677	46.68	17.88	36.75	0.08	33.82	0.17
2006年	58.44	6.80	18749	48.90	19.36	38.02	0.22	35.02	0.22
2007年	59.71	5.69	17731	53.10	21.72	43.31	0.25	35.52	0.31
2008年	59.10	4.33	15002	59.10	23.90	45.72	0.17	40.00	0.2
2009年	59.78	2.51	11113	62.60	24.70	47.90	0.21	43.68	0.21
2010年	60.02	2.16	13898	65.40	27.30	49.50	0.20	44.69	0.4
2011年	60.23	2.67	13647	69.30	28.30	55.13	0.24	48.93	0.42
2012年	60.83	2.62	19556	71.87	29.49	60.01	0.34	51.81	0.55
2013年	61.07	2.55	21500	73.72	30.76	61.56	0.23	54.11	0.65
2014年	63.46	3.19	22535	75.56	32.09	64.1	0.23	54.96	0.73
2015年	63.63	2.32	29255	75.98	33.45	66.51	0.25	56.41	1.35
2016年	63.59	2.36	18109	76.84	34.5	68.13	0.2	57.26	1.06

三、工　业

INDUSTRY

资料整理：王继军　刘予军　解婧婧　郭　静　程　萍　胡国钢

主要统计指标解释

工业 指从事自然资源的开采，对采掘品和农产品进行加工和再加工的物质生产部门。具体包括：(1)对自然资源的开采，如采矿、晒盐等(但不包括禽兽捕猎和水产捕捞)；(2)对农副产品的加工、再加工，如粮油加工、食品加工、缫丝、纺织、制革等；(3)对采掘品的加工、再加工，如炼铁、炼钢、化工生产、石油加工、机器制造、木材加工等，以及电力、自来水、煤气的生产和供应等；(4)对工业品的修理、翻新，如机器设备的修理、交通运输工具(如汽车)的修理等。

工业统计调查单位为独立核算法人工业企业。

独立核算法人工业企业指从事工业生产经营活动的单位。独立核算法人工业企业应同时具备以下条件：①依法成立，有自己的名称、组织机构和场所，能够承担民事责任；②独立拥有和使用资产，承担负债，有权与其他单位签订合同；③独立核算盈亏，并能够编制资产负债表。

国有及国有控股企业 指国有企业加上国有控股企业。国有企业(即原全民所有制工业或国营工业)指企业全部资产归国家所有，并按《中华人民共和国企业法人登记管理条例》规定登记注册的非公司制的经济组织。包括国有企业、国有独资公司和国有联营企业。1957 年以前的公私合营和私营工业，后均改造为国营工业，1992 年改为国有工业，这部分工业的资料不单独分列时，均包括在国有企业内。国有控股企业是对混合所有制经济的企业进行的"国有控股"分类。它是指这些企业的全部资产中国有资产(股份)相对其他所有者中的任何一个所有者占资(股)最多的企业。该分组反映了国有经济控股情况。

轻工业 指主要提供生活消费品和制作手工工具的工业。按其所使用的原料不同，可分为两大类：(1)以农产品为原料的轻工业，是指直接或间接以农产品为基本原料的轻工业。主要包括食品制造、饮料制造、烟草加工、纺织、缝纫、皮革和毛皮制作、造纸以及印刷等工业；(2)以非农产品为原料的轻工业，是指以工业品为原料的轻工业。主要包括文教体育用品、化学药品制造、合成纤维制造、日用化学制品、日用玻璃制品、日用金属制品、手工工具制造、医疗器械制造、文化和办公用机械制造等工业。

重工业 指为国民经济各部门提供物质技术基础的主要生产资料的工业。按其生产性质和产品用途，可以分为下列三类：(1)采掘(伐)工业，是指对自然资源的开采，包括石油开采、煤炭开采、金属矿开采、非金属矿开采等工业；(2)原材料工业，指向国民经济各部门提供基本材料、动力和燃料的工业。包括金属冶炼及加工、炼焦及焦炭、化学、化工原料、水泥、人造板以及电力、石油和煤炭加工等工业；(3)加工工业，是指对工业原材料进行再加工制造的工业。包括装备国民经济各部门的机械设备制造工业、金属结构、水泥制品等工业，以及为农业提供的生产资料如化肥、农药等工业。

根据上述划分原则，修理业中以重工业产品为修理作业对象的划为重工业，反之划为轻工业。

资产总计 指企业过去的交易或者事项形成的、由企业拥有或者控制的、预期会给企业带来经济利益的资源。资产一般按流动性分为流动资产和非流动资产。其中流动资产可分为货币资金、交易性金融资产、应收票据、应收账款、预付款项、其他应收款、存货等；非流动资产可分为长期股权投资、固定资产、无形资产及其他非流动资产等。根据会计"资产负债表"中"资产总计"项目的期末余额数填报。

固定资产原价 指固定资产的成本，包括企业在购置、自行建造、安装、改建、扩建、技术改造某项固定资产时所发生的全部支出总额。根据会计"固定资产"科目的期末借方余额填报。

负债合计 指企业过去的交易或者事项形成的，预期会导致经济利益流出企业的现时义务。负债一般按偿还期长短分为流动负债和非流动负债。根据会计"资产负债表"中"负债合计"项目的期末余额数填报。

所有者权益合计 指企业资产扣除负债后由所有者享有的剩余权益。公司的所有者权益又称股东权益。包括实收资本、资本公积、盈余公积、未分配利润等。根据会计"资产负债表"中"所有者权益合计"项目的期末余额数填报。

主营业务收入 指企业确认的销售商品、提供劳务等主营业务的收入。根据会计"主营业务收入"科目的期末贷方余额填报。

主营业务成本 指企业经营主要业务所发生的成本总额。根据会计"主营业务成本"科目的期末借方余额填报。

主营业务税金及附加 指企业经营主要业务应负担的营业税、消费税、城市维护建设税、教育费附加等。根据会计“主营业务税金及附加”科目的期末借方余额填报。

利润总额 指企业在一定会计期间的经营成果，是生产经营过程中各种收入扣除各种耗费后的盈余，反映企业在报告期内实现的盈亏总额。根据会计“利润表”中“利润总额”项目的本期金额数填报。

应交增值税 指企业按税法规定，从事货物销售或提供加工、修理修配劳务等增加货物价值的活动本期应交纳的税金。

3-1 分县(市、区)规模以上工业总产值、销售产值、增加值(2016年)

单位：万元

	工业 总产值 (当年价格)	工业销售 产值 (当年价格)	工业 增加值 (当年价格)
总计	**73062939**	**72151255**	**14187263**
老城区	471378	471080	97018
西工区	2415405	2385860	451814
瀍河区	144145	144919	30836
涧西区	1829128	1802446	320401
吉利区	444005	383565	81002
洛龙区	1682352	1643189	336730
高新区	2274133	2172615	503975
伊滨区	4874398	4763891	989580
偃师市	12638564	12429595	2282427
孟津县	7488126	7464468	1423807
新安县	11656678	11564746	2107503
栾川县	1776586	1691594	387467
嵩县	1315601	1289270	200939
汝阳县	1406840	1338411	308318
宜阳县	3484362	3449117	698319
洛宁县	3338315	3337330	582150
伊川县	6281831	6137118	1256313
大型企业	**20687793**	**20419918**	**3997940**
西工区	364791	349974	63823
吉利区	236572	203377	42677
洛龙区	895666	871945	170747
高新区	558153	549700	112680
偃师市	1856903	1789590	324272
孟津县	337029	332098	71501
新安县	4444403	4390411	777946
栾川县	958589	918720	209066
嵩县	358799	356421	42370
宜阳县	44698	44649	12861
洛宁县	402689	402689	84045
伊川县	2929027	2887406	549096

单位：万元

	工　业 总产值 (当年价格)	工业销售 产　值 (当年价格)	工　业 增加值 (当年价格)
中型企业	**21084076**	**20737120**	**4199473**
老城区	4461	4461	934
西工区	1029335	1021839	189685
瀍河区	69601	69601	15361
涧西区	231546	207453	42450
吉利区	141237	117193	25755
洛龙区	481395	474550	105501
高新区	934992	866452	211479
伊滨区	2012538	1995185	412492
偃师市	4002289	3937320	720579
孟津县	2138165	2132873	401831
新安县	2573127	2563771	432503
栾川县	316453	274079	69971
嵩　县	593992	592753	85438
汝阳县	699964	664298	156941
宜阳县	1727763	1724915	344650
洛宁县	2139143	2137724	348634
伊川县	1677984	1641820	360368
小微型企业	**31291069**	**30994216**	**5989851**
老城区	466917	466618	96084
西工区	1021280	1014047	198306
瀍河区	74544	75318	15475
涧西区	1597582	1594993	277951
吉利区	66196	62995	12571
洛龙区	305290	296695	60481
高新区	780988	756464	179817
伊滨区	2861860	2768706	577088
偃师市	6779372	6702685	1237577
孟津县	5012932	4999497	950474
新安县	4639148	4610564	897054
栾川县	501545	498795	108430
嵩　县	362811	340097	73131
汝阳县	706876	674113	151377
宜阳县	1711902	1679553	340807
洛宁县	796484	796918	149471
伊川县	1674820	1607893	346849

3-2 全市规模以上工业分行业总产值、销售产值、增加值(2016年)

单位：万元

	工　业 总产值 (当年价格)	工业销售 产　值 (当年价格)	工　业 增加值 (当年价格)
总　计	**73062939**	**72151255**	**14187263**
按轻重工业分			
轻工业	13679034	13451329	3085075
重工业	59383905	58699925	11102188
按企业规模分			
大型企业	20687793	20419918	3997940
中型企业	21084076	20737120	4199473
小微型企业	31291069	30994216	5989851
按行业分			
煤炭开采和洗选业	178075	179919	81252
黑色金属矿采选业	76565	74572	19494
有色金属矿采选业	2982163	2907196	578915
非金属矿采选业	398405	383729	96822
农副食品加工业	912562	898831	182325
食品制造业	750046	734579	138033
酒、饮料和精制茶制造业	460697	457519	108563
烟草制品业	302640	304404	227667
纺织业	451566	441502	110636
纺织服装、服饰业	191001	185172	43591
皮革、毛皮、羽毛及其制品和制鞋业	502104	498051	116620
木材加工和木、竹、藤、棕、草制品业	437181	434831	135615
家具制造业	2175528	2158373	640301
造纸和纸制品业	309373	302592	87370
印刷和记录媒介复制业	630897	608415	59416
文教、工美、体育和娱乐用品制造业	626194	622492	103545
石油加工、炼焦和核燃料加工业	2964734	2969146	478888
化学原料和化学制品制造业	3012555	2922367	609452
医药制造业	838923	830506	173744
化学纤维制造业	139425	138108	28484
橡胶和塑料制品业	1082045	1049598	290132
非金属矿物制品业	8881258	8746829	1813478
黑色金属冶炼和压延加工业	3388575	3365056	749408
有色金属冶炼和压延加工业	12164818	12102900	1361571
金属制品业	3313320	3304954	774671
通用设备制造业	5769468	5671481	1147826
专用设备制造业	7423630	7376047	1256403
汽车制造业	896867	883151	198016
铁路、船舶、航空航天和其他运输设备制造业	4394526	4294952	848527
电气机械和器材制造业	2568298	2514208	545158
计算机、通信和其他电子设备制造业	821062	786431	81516
仪器仪表制造业	295825	283818	84413
其他制造业	12401	12401	5659
废弃资源综合利用业	417204	417204	65855
金属制品、机械和设备修理业	212438	212438	18683
电力、热力生产和供应业	2818293	2815202	858980
燃气生产和供应业	219666	219666	51107
水的生产和供应业	42616	42616	15128

3-3 全市高技术产业分行业总产值、销售产值、增加值(2016年)

单位：万元

	单位数 (个)	工业 总产值 (当年价格)	工业 销售产值 (当年价格)	工业 增加值 (当年价格)
总　计	**65**	**1966142**	**1953236**	**503886**
一、医药制造业	**27**	**777176**	**768826**	**173744**
(一)化学药品制造	6	263811	262839	57076
(二)中药饮品加工	3	16241	16241	3151
(三)中成药生产	11	268088	266139	57867
(四)兽用药品制造	5	148058	146662	34302
(五)生物药品制造	2	50395	47800	8775
(六)卫生材料及医药用品制造	3	92330	90826	12572
二、航空、航天器及设备制造业	**1**	**10658**	**10658**	**35842**
(一)飞机制造				28813
(二)航天器制造				
(三)航空、航天相关设备制造	2	22710	22710	7029
(四)其他航空航天器制造				
(五)航空航天器修理				
三、电子及通信设备制造业	**20**	**725518**	**731116**	**154265**
(一)电子工业专用设备制造	8	73098	71856	
(二)光纤、光缆制造				
(三)锂离子电池制造	5	436229	442032	78479
(四)通信设备制造				
(五)广播电视设备制造	2	7629	7629	1356
(六)雷达及配套设备制造				
(七)视听设备制造	1	64465	64465	13766
(八)电子器件制造	8	563392	531426	20134
(九)电子元件制造	5	107905	105239	25294
(十)其他电子设备制造	2	60487	60487	15236
四、计算机及办公设备制造业	**1**	**17185**	**17185**	**5730**
(一)计算机整机制造				4552
(二)计算机零部件制造	1	17185	17185	
(三)计算机外围设备制造				
(四)其他计算机制造				1178
(五)办公设备制造				
五、医疗仪器设备及仪器仪表制造业	**11**	**194746**	**185929**	**84413**
(一)医疗仪器设备及器械制造				
(二)仪器仪表制造	11	194746	185929	84413
六、信息化学品制造业	**5**	**240859**	**239522**	**49892**

3-4 分县(市、区)高技术产业总产值、销售产值、增加值(2016年)

单位：万元

	工　业 总产值 (当年价格)	工业销售 产　值 (当年价格)	工　业 增加值 (当年价格)
总　计	**1966142**	**1953236**	**503886**
老城区	4527	4311	1117
西工区	196207	196207	53444
瀍河区	3414	3414	842
涧西区	119001	110916	19201
洛龙区	373366	366651	65009
高新区	563246	561211	123719
伊滨区	47612	44920	9029
偃师市	223689	216268	29626
孟津县	145560	144423	28532
新安县	60002	60002	12251
栾川县	29803	29463	4568
嵩　县	10436	10345	2575
汝阳县	117748	108909	4545
宜阳县	129709	129305	11531
洛宁县	534224	534224	82692
伊川县	65435	63368	14804

3-5 全市规模以上工业企业分类型指标(一)(2016年)

单位：万元

	企　业 单位数 (个)	亏损企业	全部从业人员 年平均人数 (人)	应收帐款	应付账款
总　计	**1920**	**140**	**549838**	**5483133**	**5506859**
内资企业	**1870**	**133**	**515331**	**5249366**	**5246839**
国有企业	20	4	13971	571188	383764
中央企业	4	2	8371	530707	329790
地方企业	16	2	5600	40482	53974
集体企业	13		1897	15473	11846
股份合作企业	1		74	872	736
联营企业	1		208	108	218
国有联营企业					
集体联营企业					
国有与集体联营企业					
其他联营企业	1		208	108	218
有限责任公司	651	74	223992	2356684	3143875
国有独资公司	19	8	25252	186095	518052
其他有限责任公司	632	66	198740	2170589	2625823
股份有限公司	46	6	44803	783521	721619
私营企业	1133	48	230007	1518606	983233
私营独资企业	102		16140	90415	44903
私营合作企业	8		1095	5179	1905
私营有限责任公司	944	42	191110	1150396	827060
私营股份有限公司	79	6	21662	272616	109364
其他企业	5	1	379	2916	1549
港、澳、台商投资企业	**27**	**3**	**24128**	**103381**	**121415**
合资经营企业(港或澳、台资)	12		4218	90721	67312
合作经营企业(港或澳、台资)	2		763	479	14543
港澳台商独资经营企业	12	3	18604	9110	31327
港澳台商投资股份有限公司					
其他港澳台投资	1		543	3071	8233
外商投资企业	**23**	**4**	**10379**	**130387**	**138604**
中外合资经营企业	14	2	5926	50428	48705
中外合作经营企业	2		768		6538
外资企业	7	2	3685	79959	83362
外商投资股份有限公司					
其他外商投资					

单位：万元

	企业单位数(个)	亏损企业	全部从业人员年平均人数(人)	应收帐款	应付账款
总　　计	**1920**	**140**	**549838**	**5483133**	**5506859**
独资企业	**154**	**9**	**54297**	**766145**	**555202**
国有企业	20	4	13971	571188	383764
集体企业	13		1897	15473	11846
私营独资企业	102		16140	90415	44903
港澳台商独资经营企业	12	3	18604	9110	31327
外资企业	7	2	3685	79959	83362
合作、合伙企业	**20**	**1**	**3830**	**12623**	**33722**
股份合作企业	1		74	872	736
国有联营企业					
集体联营企业					
国有与集体联营企业					
其他联营企业	1		208	108	218
私营合伙企业	8		1095	5179	1905
合作经营企业(港或澳、台资)	2		763	479	14543
中外合作经营企业	2		768		6538
其他企业(内资)	5	1	379	2916	1549
其他港澳台商投资企业	1		543	3071	8233
其他外商投资企业					
股份有限公司	**125**	**12**	**66465**	**1056137**	**830983**
股份有限公司(内资)	46	6	44803	783521	721619
私营股份有限公司	79	6	21662	272616	109364
港澳台商投资股份有限公司					
外商投资股份有限公司					
有限责任公司	**1621**	**118**	**425246**	**3648229**	**4086952**
国有独资公司	19	8	25252	186095	518052
私营有限责任公司	944	42	191110	1150396	827060
合资经营企业(港或澳、台资)	12		4218	90721	67312
中外合资经营企业	14	2	5926	50428	48705
其他有限责任公司	632	66	198740	2170589	2625823
在总计中：亏损企业	**140**	**140**	**90055**	**1423694**	**1666857**
在总计中：国有控股企业	**136**	**47**	**158125**	**2490642**	**3128863**
在总计中：农村工业	**7**		**834**	**8724**	**4409**

3-6 全市规模以上工业企业分类型指标(二)(2016年)

单位：万元

	流动资产 合　计	固定资产 原　价	固定资产 合　计	累计折旧
总　计	**28873160**	**39314587**	**26817129**	**13855966**
内资企业	**27690827**	**36809323**	**25181518**	**12955695**
国有企业	1700076	2846211	1641008	1289203
中央企业	1457073	2482223	1432018	1107539
地方企业	243003	363987	208990	181665
集体企业	39247	50522	37077	13766
股份合作企业	5231	1103	414	689
联营企业	5832	20291	19220	1071
国有联营企业				
集体联营企业				
国有与集体联营企业				
其他联营企业	5832	20291	19220	1071
有限责任公司	13144715	17438972	11906364	6467517
国有独资公司	1516294	2839176	1745337	1170006
其他有限责任公司	11628421	14599796	10161027	5297511
股份有限公司	5241417	6637060	3753959	2973988
私营企业	7505752	9781446	7808748	2189709
私营独资企业	477495	691436	569576	152462
私营合作企业	36812	41017	29668	11349
私营有限责任公司	5832365	8070809	6361737	1823219
私营股份有限公司	1159080	978184	847767	202679
其他企业	48556	33719	14728	19752
港、澳、台商投资企业	**708091**	**1632930**	**1230412**	**433548**
合资经营企业(港或澳、台资)	195526	981133	729319	252571
合作经营企业(港或澳、台资)	237020	143887	75402	90849
港澳台商独资经营企业	262032	463597	410311	61195
港澳台商投资股份有限公司				
其他港澳台投资	13513	44313	15381	28933
外商投资企业	**474242**	**872334**	**405199**	**466723**
中外合资经营企业	225368	672908	294546	378174
中外合作经营企业	50162	69822	38202	31369
外资企业	198712	129604	72451	57181
外商投资股份有限公司				
其他外商投资				

单位：万元

	流动资产 合　计	固定资产 原　价	固定资产 合　计	累计折旧
总　计	**28873160**	**39314587**	**26817129**	**13855966**
独资企业	**2677563**	**4181370**	**2730424**	**1573808**
国有企业	1700076	2846211	1641008	1289203
集体企业	39247	50522	37077	13766
私营独资企业	477495	691436	569576	152462
港澳台商独资经营企业	262032	463597	410311	61195
外资企业	198712	129604	72451	57181
合作、合伙企业	**397127**	**354152**	**193014**	**184011**
股份合作企业	5231	1103	414	689
国有联营企业				
集体联营企业				
国有与集体联营企业				
其他联营企业	5832	20291	19220	1071
私营合伙企业	36812	41017	29668	11349
合作经营企业(港或澳、台资)	237020	143887	75402	90849
中外合作经营企业	50162	69822	38202	31369
其他企业(内资)	48556	33719	14728	19752
其他港澳台商投资企业	13513	44313	15381	28933
其他外商投资企业				
股份有限公司	**6400497**	**7615244**	**4601726**	**3176667**
股份有限公司(内资)	5241417	6637060	3753959	2973988
私营股份有限公司	1159080	978184	847767	202679
港澳台商投资股份有限公司				
外商投资股份有限公司				
有限责任公司	**19397974**	**27163821**	**19291966**	**8921481**
国有独资公司	1516294	2839176	1745337	1170006
私营有限责任公司	5832365	8070809	6361737	1823219
合资经营企业(港或澳、台资)	195526	981133	729319	252571
中外合资经营企业	225368	672908	294546	378174
其他有限责任公司	11628421	14599796	10161027	5297511
在总计中：亏损企业	**8014705**	**9735839**	**5552725**	**4281946**
在总计中：国有控股企业	**9785102**	**17746190**	**10688931**	**7601092**
在总计中：农村工业	**23691**	**49857**	**56117**	**11025**

3-7 全市规模以上工业企业分类型指标(三)(2016年)

单位：万元

	资产合计	流动负债合计	负债合计	所有者权益合计
总　　计	**65940680**	**28978090**	**37580290**	**28123345**
内资企业	**62638059**	**27365234**	**35707610**	**26708630**
国有企业	3984160	1219558	1686994	2297166
中央企业	3520900	991986	1401643	2119257
地方企业	463260	227571	285351	177909
集体企业	77182	33401	36924	40258
股份合作企业	5793	872	872	4921
联营企业	25052	3225	5768	19284
国有联营企业				
集体联营企业				
国有与集体联营企业				
其他联营企业	25052	3225	5768	19284
有限责任公司	28667378	15830370	19837844	8765068
国有独资公司	4067804	2587907	3427589	640215
其他有限责任公司	24599575	13242462	16410255	8124853
股份有限公司	12964872	5614960	8265631	4697518
私营企业	16835666	4628370	5823155	10856880
私营独资企业	1094709	167264	210697	861274
私营合作企业	78971	18348	26315	48876
私营有限责任公司	13280977	3633426	4626994	8526243
私营股份有限公司	2381010	809333	959149	1420488
其他企业	77956	34478	50422	27534
港、澳、台商投资企业	**2107823**	**1093810**	**1278706**	**829117**
合资经营企业(港或澳、台资)	961245	478725	543295	417950
合作经营企业(港或澳、台资)	321724	261045	277280	44443
港澳台商独资经营企业	795961	335343	434347	361614
港澳台商投资股份有限公司				
其他港澳台投资	28894	18697	23784	5110
外商投资企业	**1194799**	**519046**	**593974**	**585598**
中外合资经营企业	718149	250483	319020	383903
中外合作经营企业	137237	22411	22630	114607
外资企业	339413	246152	252325	87088
外商投资股份有限公司				
其他外商投资				

单位：万元

	资产合计	流动负债合计	负债合计	所有者权益合计
总　　计	**65940680**	**28978090**	**37580290**	**28123345**
独资企业	**6291424**	**2001717**	**2621286**	**3647400**
国有企业	3984160	1219558	1686994	2297166
集体企业	77182	33401	36924	40258
私营独资企业	1094709	167264	210697	861274
港澳台商独资经营企业	795961	335343	434347	361614
外资企业	339413	246152	252325	87088
合作、合伙企业	**675626**	**359076**	**407071**	**264776**
股份合作企业	5793	872	872	4921
国有联营企业				
集体联营企业				
国有与集体联营企业				
其他联营企业	25052	3225	5768	19284
私营合伙企业	78971	18348	26315	48876
合作经营企业(港或澳、台资)	321724	261045	277280	44443
中外合作经营企业	137237	22411	22630	114607
其他企业(内资)	77956	34478	50422	27534
其他港澳台商投资企业	28894	18697	23784	5110
其他外商投资企业				
股份有限公司	**15345882**	**6424292**	**9224780**	**6118006**
股份有限公司(内资)	12964872	5614960	8265631	4697518
私营股份有限公司	2381010	809333	959149	1420488
港澳台商投资股份有限公司				
外商投资股份有限公司				
有限责任公司	**43627749**	**20193004**	**25327153**	**18093163**
国有独资公司	4067804	2587907	3427589	640215
私营有限责任公司	13280977	3633426	4626994	8526243
合资经营企业(港或澳、台资)	961245	478725	543295	417950
中外合资经营企业	718149	250483	319020	383903
其他有限责任公司	24599575	13242462	16410255	8124853
在总计中：亏损企业	**15359376**	**10056759**	**11811950**	**3547424**
在总计中：国有控股企业	**24312491**	**12976041**	**16842374**	**7425357**
在总计中：农村工业	**80038**	**11681**	**14250**	**65788**

3-8 全市规模以上工业企业分类型指标(四)(2016年)

单位：万元

	主营业务收入	主营业务成本	主营业务税金及附加	销售费用	管理费用
总计	**74688168**	**66429245**	**1050888**	**1630390**	**2321183**
内资企业	**72184647**	**64241555**	**1032355**	**1584410**	**2199292**
国有企业	1684642	1231016	112439	92303	144476
中央企业	964480	683056	8083	82165	121649
地方企业	720162	547960	104356	10138	22827
集体企业	314082	290476	1338	6286	7752
股份合作企业	41728	39330	84	209	417
联营企业	30326	26377	19	724	2168
国有联营企业					
集体联营企业					
国有与集体联营企业					
其他联营企业	30326	26377	19	724	2168
有限责任公司	31109631	28987013	102170	377956	906969
国有独资公司	3190840	2942443	6900	29124	90238
其他有限责任公司	27918791	26044570	95270	348832	816730
股份有限公司	5854925	4508558	666147	99375	367809
私营企业	33061358	29075981	149965	1006410	768830
私营独资企业	2419769	2099343	11238	81595	57685
私营合作企业	202778	182367	283	2242	4185
私营有限责任公司	26550263	23179951	116820	867954	607330
私营股份有限公司	3888548	3614320	21623	54620	99631
其他企业	87956	82803	194	1148	871
港、澳、台商投资企业	**1368466**	**1185786**	**11302**	**26015**	**74989**
合资经营企业(港或澳、台资)	573575	501669	5691	10308	34159
合作经营企业(港或澳、台资)	148922	114756	991	2799	5117
港澳台商独资经营企业	466444	395824	4615	12305	32882
港澳台商投资股份有限公司					
其他港澳台投资	179525	173538	6	603	2832
外商投资企业	**1135056**	**1001904**	**7231**	**19964**	**46902**
中外合资经营企业	578227	510383	4174	10691	26381
中外合作经营企业	98718	64495	2317	76	5525
外资企业	458111	427026	740	9198	14996
外商投资股份有限公司					
其他外商投资					

单位：万元

	主营业务收　　入	主营业务成　　本	主营业务税金及附加	销售费用	管理费用
总　　计	**74688168**	**66429245**	**1050888**	**1630390**	**2321183**
独资企业	**5343048**	**4443685**	**130369**	**201687**	**257791**
国有企业	1684642	1231016	112439	92303	144476
集体企业	314082	290476	1338	6286	7752
私营独资企业	2419769	2099343	11238	81595	57685
港澳台商独资经营企业	466444	395824	4615	12305	32882
外资企业	458111	427026	740	9198	14996
合作、合伙企业	**789951**	**683667**	**3893**	**7800**	**21115**
股份合作企业	41728	39330	84	209	417
国有联营企业					
集体联营企业					
国有与集体联营企业					
其他联营企业	30326	26377	19	724	2168
私营合伙企业	202778	182367	283	2242	4185
合作经营企业(港或澳、台资)	148922	114756	991	2799	5117
中外合作经营企业	98718	64495	2317	76	5525
其他企业(内资)	87956	82803	194	1148	871
其他港澳台商投资企业	179525	173538	6	603	2832
其他外商投资企业					
股份有限公司	**9743473**	**8122878**	**687770**	**153995**	**467440**
股份有限公司(内资)	5854925	4508558	666147	99375	367809
私营股份有限公司	3888548	3614320	21623	54620	99631
港澳台商投资股份有限公司					
外商投资股份有限公司					
有限责任公司	**58811695**	**53179016**	**228855**	**1266908**	**1574837**
国有独资公司	3190840	2942443	6900	29124	90238
私营有限责任公司	26550263	23179951	116820	867954	607330
合资经营企业(港或澳、台资)	573575	501669	5691	10308	34159
中外合资经营企业	578227	510383	4174	10691	26381
其他有限责任公司	27918791	26044570	95270	348832	816730
在总计中：亏损企业	**9904546**	**8967436**	**659843**	**107568**	**450564**
在总计中：国有控股企业	**18355416**	**15984907**	**804239**	**300812**	**965140**
在总计中：农村工业	**205798**	**184883**	**1318**	**4538**	**4338**

3-9 全市规模以上工业企业分类型指标(五)(2016年)

单位：万元

	财务费用	利息支出	利润总额	亏损企业亏损总额	利税总额	所得税费用
总　计	**807465**	**751283**	**2760032**	**487148**	**4981671**	**376990**
内资企业	**760602**	**707480**	**2669836**	**473139**	**4815229**	**358831**
国有企业	24428	29166	106573	21998	301604	21143
中央企业	20588	25191	65891	20992	112663	13088
地方企业	3840	3975	40682	1006	188942	8055
集体企业	595	488	8589		12530	497
股份合作企业	25	25	1663		2581	5
联营企业	12	22	1026		1068	76
国有联营企业						
集体联营企业						
国有与集体联营企业						
其他联营企业	12	22	1026		1068	76
有限责任公司	483046	462422	546893	248672	1117502	84220
国有独资公司	117899	117478	20118	30656	91831	269
其他有限责任公司	365147	344944	526775	218016	1025671	83952
股份有限公司	74130	64509	113647	175488	999743	46545
私营企业	178329	150824	1886480	26955	2373539	205798
私营独资企业	7506	6480	162289		199707	14433
私营合作企业	395	175	13298		16942	164
私营有限责任公司	156578	133310	1621954	13346	2016325	188602
私营股份有限公司	13851	10859	88939	13608	140565	2600
其他企业	38	25	4966	26	6663	547
港、澳、台商投资企业	**38700**	**32036**	**29677**	**3194**	**69772**	**3867**
合资经营企业(港或澳、台资)	14983	13411	13496		36199	1922
合作经营企业(港或澳、台资)	7924	3152	8997		16014	1325
港澳台商独资经营企业	14955	14520	5560	3194	15930	620
港澳台商投资股份有限公司						
其他港澳台投资	837	953	1624		1630	
外商投资企业	**8163**	**11766**	**60518**	**10815**	**96669**	**14292**
中外合资经营企业	6544	10154	29944	9978	49090	6975
中外合作经营企业	-238	353	25406		37068	6406
外资企业	1856	1259	5169	837	10511	911
外商投资股份有限公司						
其他外商投资						

3-9续表　　单位：万元

	财务费用	利息支出	利润总额	亏损企业 亏损总额	利税总额	所得税 费　用
总　计	**807465**	**751283**	**2760032**	**487148**	**4981671**	**376990**
独资企业	**49340**	**51913**	**288180**	**26030**	**540282**	**37604**
国有企业	24428	29166	106573	21998	301604	21143
集体企业	595	488	8589		12530	497
私营独资企业	7506	6480	162289		199707	14433
港澳台商独资经营企业	14955	14520	5560	3194	15930	620
外资企业	1856	1259	5169	837	10511	911
合作、合伙企业	**8994**	**4705**	**56980**	**26**	**81966**	**8522**
股份合作企业	25	25	1663		2581	5
国有联营企业						
集体联营企业						
国有与集体联营企业						
其他联营企业	12	22	1026		1068	76
私营合伙企业	395	175	13298		16942	164
合作经营企业(港或澳、台资)	7924	3152	8997		16014	1325
中外合作经营企业	-238	353	25406		37068	6406
其他企业(内资)	38	25	4966	26	6663	547
其他港澳台商投资企业	837	953	1624		1630	
其他外商投资企业						
股份有限公司	**87980**	**75368**	**202586**	**189097**	**1140308**	**49145**
股份有限公司(内资)	74130	64509	113647	175488	999743	46545
私营股份有限公司	13851	10859	88939	13608	140565	2600
港澳台商投资股份有限公司						
外商投资股份有限公司						
有限责任公司	**661150**	**619296**	**2212287**	**271996**	**3219115**	**281719**
国有独资公司	117899	117478	20118	30656	91831	269
私营有限责任公司	156578	133310	1621954	13346	2016325	188602
合资经营企业(港或澳、台资)	14983	13411	13496		36199	1922
中外合资经营企业	6544	10154	29944	9978	49090	6975
其他有限责任公司	365147	344944	526775	218016	1025671	83952
在总计中：亏损企业	**295455**	**291342**	**-487148**	**487148**	**469482**	**-1427**
在总计中：国有控股企业	**383454**	**412669**	**82068**	**405749**	**1399935**	**84305**
在总计中：农村工业	**324**	**247**	**10596**		**15013**	**1271**

3-10 全市规模以上工业企业分类型指标(六)(2016年)

单位：万元

	本年应交增值税	实收资本	国家资本
总　计	**1168132**	**12333186**	**2126407**
内资企业	**1110424**	**11472169**	**1957360**
国有企业	82543	406275	350128
中央企业	38649	327731	327731
地方企业	43894	78544	22397
集体企业	2583	22276	
股份合作企业	835		
联营企业	24	2000	
国有联营企业			
集体联营企业			
国有与集体联营企业			
其他联营企业	24	2000	
有限责任公司	466817	4869562	1408969
国有独资公司	64267	360196	306623
其他有限责任公司	402550	4509366	1102346
股份有限公司	219889	2262331	180425
私营企业	336232	3906809	17720
私营独资企业	26078	185337	
私营合作企业	3360	17455	
私营有限责任公司	276794	3334755	16220
私营股份有限公司	30000	369261	1500
其他企业	1503	2918	118
港、澳、台商投资企业	**28794**	**450182**	**93703**
合资经营企业(港或澳、台资)	17012	342929	93703
合作经营企业(港或澳、台资)	6027	23899	
港澳台商独资经营企业	5755	51354	
港澳台商投资股份有限公司			
其他港澳台投资		32000	
外商投资企业	**28914**	**410836**	**75345**
中外合资经营企业	14967	341711	75345
中外合作经营企业	9345	4669	
外资企业	4602	64456	
外商投资股份有限公司			
其他外商投资			

3-10续表

单位：万元

	本年应交增值税	实收资本	国家资本
总　计	**1168132**	**12333186**	**2126407**
独资企业	**121561**	**729697**	**350128**
国有企业	82543	406275	350128
集体企业	2583	22276	
私营独资企业	26078	185337	
港澳台商独资经营企业	5755	51354	
外资企业	4602	64456	
合作、合伙企业	**21093**	**82941**	**118**
股份合作企业	835		
国有联营企业			
集体联营企业			
国有与集体联营企业			
其他联营企业	24	2000	
私营合伙企业	3360	17455	
合作经营企业(港或澳、台资)	6027	23899	
中外合作经营企业	9345	4669	
其他企业(内资)	1503	2918	118
其他港澳台商投资企业		32000	
其他外商投资企业			
股份有限公司	**249889**	**2631592**	**181925**
股份有限公司(内资)	219889	2262331	180425
私营股份有限公司	30000	369261	1500
港澳台商投资股份有限公司			
外商投资股份有限公司			
有限责任公司	**775589**	**8888957**	**1594237**
国有独资公司	64267	360196	306623
私营有限责任公司	276794	3334755	16220
合资经营企业(港或澳、台资)	17012	342929	93703
中外合资经营企业	14967	341711	75345
其他有限责任公司	402550	4509366	1102346
在总计中：亏损企业	**296062**	**3749993**	**642037**
在总计中：国有控股企业	**512332**	**5054957**	**1803116**
在总计中：农村工业	**3078**	**10390**	

3-11 全市规模以上工业企业分行业指标(一)(2016年)

单位：万元

	企业单位数(个)	亏损企业	全部从业人员年平均人数(人)	应收帐款	应付账款
总　计	**1920**	**140**	**549838**	**5483133**	**5506859**
按轻重工业分					
轻工业	448	15	131356	586687	473215
重工业	1472	125	418482	4896447	5033643
按企业规模分					
大型工业	53	12	184422	2410227	2692256
中型工业	387	37	198772	1474904	1210496
小型工业	1416	85	166117	1548788	1080096
微型工业	64	6	527	49215	524012
按行业类型分					
煤炭开采和洗选业	11	8	17294	54167	113584
石油和天然气开采业					
黑色金属矿采选业	9	1	810	3306	7486
有色金属矿采选业	93	21	23527	139605	169886
非金属矿采选业	21		3225	9768	3619
开采辅助活动					
其他采矿业					
农副食品加工业	44	6	6037	37973	29334
食品制造业	29		6148	18094	15032
酒、饮料和精制茶制造业	16	1	3941	11979	11083
烟草制品业	2		990	36787	19186
纺织业	19		6044	50146	13537
纺织服装、服饰业	9	1	1939	8214	6243
皮革、毛皮、羽毛及其制品和制鞋业	18		4691	29644	23261
木材加工和木、竹、藤、棕、草制品业	14		3199	9847	1682
家具制造业	88		19056	39565	48885
造纸和纸制品业	15		2036	10083	7377
印刷和记录媒介复制业	30	2	5459	48948	25395
文教、工美、体育和娱乐用品制造业	17		18893	12288	2443
石油加工、炼焦和核燃料加工业	13	1	6633	51953	122631
化学原料和化学制品制造业	112	5	25230	172848	155101
医药制造业	30	2	7583	46751	16805
化学纤维制造业	5		1111	8276	5353
橡胶和塑料制品业	57	2	7978	97105	50048
非金属矿物制品业	308	15	55254	380696	443066
黑色金属冶炼和压延加工业	55	3	11470	83002	57491
有色金属冶炼和压延加工业	103	16	67464	1276676	1420634
金属制品业	111	1	23446	194580	82409
通用设备制造业	246	20	56278	703529	473042
专用设备制造业	178	11	59507	808161	647177
汽车制造业	34	1	7631	65886	33884
铁路、船舶、航空航天和其他运输设备制造业	87	3	49916	363572	324070
电气机械和器材制造业	64	4	18300	146095	98418
计算机、通信和其他电子设备制造业	24	5	6992	99692	103803
仪器仪表制造业	14	1	3206	116892	58841
其他制造业	1		90	403	
废弃资源综合利用业	2		581	39983	13119
金属制品、机械和设备修理业	2	1	4249	140953	116070
电力、热力生产和供应业	31	7	10093	137324	748612
燃气生产和供应业	5	1	1347	24452	34594
水的生产和供应业	3	1	2190	3893	3657

3-12 全市规模以上工业企业分行业指标(二)(2016年)

单位：万元

	流动资产合计	固定资产原价	固定资产合计	累计折旧
总　计	**28873160**	**39314587**	**26817129**	**13855966**
按轻重工业分				
轻工业	3534582	5298268	4039819	1316777
重工业	25338577	34016319	22777311	12539189
按企业规模分				
大型工业	15372103	16884100	10029702	7108880
中型工业	6277693	9868502	7434360	2701549
小型工业	6906304	9963161	7579162	2871531
微型工业	317060	2598824	1773906	1174005
按行业类型分				
煤炭开采和洗选业	175603	888431	704097	218620
石油和天然气开采业				
黑色金属矿采选业	24719	36787	34209	10989
有色金属矿采选业	1003208	1574275	1333273	418254
非金属矿采选业	53964	60594	54031	15550
开采辅助活动				
其他采矿业				
农副食品加工业	227531	196797	131391	49434
食品制造业	127257	198440	171646	29553
酒、饮料和精制茶制造业	150095	166447	148239	68780
烟草制品业	174963	92437	63373	41158
纺织业	192114	223164	123133	101641
纺织服装、服饰业	34470	86544	73277	13267
皮革、毛皮、羽毛及其制品和制鞋业	105695	237644	207033	32168
木材加工和木、竹、藤、棕、草制品业	64411	171318	157369	13950
家具制造业	310736	848447	674734	170319
造纸和纸制品业	43580	54803	45287	10516
印刷和记录媒介复制业	143361	189034	148812	46155
文教、工美、体育和娱乐用品制造业	73369	203076	177044	27878
石油加工、炼焦和核燃料加工业	328210	1726121	482561	1007042
化学原料和化学制品制造业	869456	1445162	968861	462915
医药制造业	317903	253802	189455	61632
化学纤维制造业	15080	20786	8959	11549
橡胶和塑料制品业	276941	288052	227040	73110
非金属矿物制品业	2032529	2654163	2136801	648599
黑色金属冶炼和压延加工业	585045	600750	436624	194778
有色金属冶炼和压延加工业	10661314	10080728	6462342	3881866
金属制品业	739157	977157	817693	171415
通用设备制造业	2250036	2175054	1636697	616871
专用设备制造业	3272222	2546404	1838693	981779
汽车制造业	192275	292268	218214	95397
铁路、船舶、航空航天和其他运输设备制造业	1903244	2419469	1723454	699948
电气机械和器材制造业	634302	537814	471810	79846
计算机、通信和其他电子设备制造业	266571	215570	142784	76289
仪器仪表制造业	365100	92252	54790	49613
其他制造业	1112			
废弃资源综合利用业	165128	89082	83012	10570
金属制品、机械和设备修理业	203533	76900	33683	43185
电力、热力生产和供应业	722055	7319757	4393974	3367006
燃气生产和供应业	84300	197592	192096	24814
水的生产和供应业	82571	77467	50638	29510

3-13 全市规模以上工业企业分行业指标(三)(2016年)

单位：万元

	资产合计	流动负债合计	负债合计	所有者权益合计
总　计	**65940680**	**28978090**	**37580290**	**28123345**
按轻重工业分				
轻工业	8395630	1795627	2330046	6013898
重工业	57545051	27182463	35250244	22109446
按企业规模分				
大型工业	31868064	17382562	22379575	9488489
中型工业	15568777	5409867	7365025	8203750
小型工业	16072165	4929239	6082231	9989928
微型工业	2431674	1256421	1753459	441177
按行业类型分				
煤炭开采和洗选业	985722	545797	970142	15579
石油和天然气开采业				
黑色金属矿采选业	82676	45114	51221	31455
有色金属矿采选业	2863700	1223304	1633620	1230080
非金属矿采选业	121016	8584	16967	104049
开采辅助活动				
其他采矿业				
农副食品加工业	421823	151276	177576	244245
食品制造业	319988	76894	98813	221175
酒、饮料和精制茶制造业	344572	106543	161604	182968
烟草制品业	238369	86680	86680	151689
纺织业	339454	136954	171698	167756
纺织服装、服饰业	109196	30405	43443	62383
皮革、毛皮、羽毛及其制品和制鞋业	318942	52006	70439	247121
木材加工和木、竹、藤、棕、草制品业	225198	35491	57625	166200
家具制造业	993297	83107	112193	881105
造纸和纸制品业	104485	28448	36155	68330
印刷和记录媒介复制业	302002	116573	136885	163395
文教、工美、体育和娱乐用品制造业	313238	31365	59789	253450
石油加工、炼焦和核燃料加工业	860097	520183	525207	334889
化学原料和化学制品制造业	2255682	946688	1152927	1047110
医药制造业	657204	147883	188718	468486
化学纤维制造业	27077	5910	7290	19787
橡胶和塑料制品业	571819	210331	238768	322581
非金属矿物制品业	4535334	1697569	2040464	2465406
黑色金属冶炼和压延加工业	1087579	514320	541977	537237
有色金属冶炼和压延加工业	22125095	12880118	16966672	5127857
金属制品业	1751165	442673	517027	1204588
通用设备制造业	4769809	1812906	2271001	2471029
专用设备制造业	6158385	2579500	3219687	2901793
汽车制造业	431303	156370	163470	267834
铁路、船舶、航空航天和其他运输设备制造业	3792552	688616	822042	2970509
电气机械和器材制造业	1379358	440390	620430	758480
计算机、通信和其他电子设备制造业	485960	303652	349409	136551
仪器仪表制造业	435116	128530	128966	306150
其他制造业	1507		282	1224
废弃资源综合利用业	250647	126977	128271	122376
金属制品、机械和设备修理业	289463	223393	229714	59749
电力、热力生产和供应业	5474182	2235313	3366484	2107698
燃气生产和供应业	279117	106013	138446	140671
水的生产和供应业	238553	52216	78191	160362

3-14　全市规模以上工业企业分行业指标(四)(2016年)

单位：万元

	主营业务收　入	主营业务成　本	主营业务税金及附加	销售费用	管理费用
总　计	**74688168**	**66429245**	**1050888**	**1630390**	**2321183**
按轻重工业分					
轻工业	13324600	11295505	178505	484635	364262
重工业	61363568	55133740	872383	1145755	1956921
按企业规模分					
大型工业	23297356	20590523	714711	356939	967125
中型工业	20882189	18382600	204079	598086	655976
小型工业	28379778	25398848	126348	667870	683711
微型工业	2128845	2057275	5750	7494	14371
按行业类型分					
煤炭开采和洗选业	188641	180650	3686	4122	35957
石油和天然气开采业					
黑色金属矿采选业	75205	69476	264	99	2217
有色金属矿采选业	2714244	2402360	24694	30405	117424
非金属矿采选业	355794	299432	2044	15636	15145
开采辅助活动					
其他采矿业					
农副食品加工业	890554	799856	4129	21043	21401
食品制造业	729813	640333	1996	25323	29235
酒、饮料和精制茶制造业	407297	339153	17212	11118	19961
烟草制品业	243976	91190	102559	6577	15248
纺织业	456877	409968	1010	4213	8588
纺织服装、服饰业	187234	147057	656	11593	14249
皮革、毛皮、羽毛及其制品和制鞋业	455923	398941	2365	15772	6459
木材加工和木、竹、藤、棕、草制品业	421469	353039	1882	15886	23238
家具制造业	2152868	1675833	20126	159181	35836
造纸和纸制品业	296428	250927	2926	13630	5673
印刷和记录媒介复制业	591599	509486	8768	20727	19060
文教、工美、体育和娱乐用品制造业	620442	548852	1758	13917	32294
石油加工、炼焦和核燃料加工业	2998896	2213959	634621	10419	86812
化学原料和化学制品制造业	3286436	2998655	13688	74722	99630
医药制造业	814928	682520	3094	34002	40924
化学纤维制造业	137778	126839	677	2001	3918
橡胶和塑料制品业	1074301	964476	3872	29768	22913
非金属矿物制品业	8030478	7245475	38527	180440	223993
黑色金属冶炼和压延加工业	3370528	3159095	7857	65108	51098
有色金属冶炼和压延加工业	13941765	12806786	49206	197794	353271
金属制品业	3695995	3155676	19712	161737	76419
通用设备制造业	5817386	5230780	19781	110519	209089
专用设备制造业	8137184	7522105	23705	144674	338341
汽车制造业	894109	810899	2340	16500	17989
铁路、船舶、航空航天和其他运输设备制造业	4847253	4106457	12694	151609	146946
电气机械和器材制造业	1934267	1731143	5154	42140	73013
计算机、通信和其他电子设备制造业	822179	756935	1995	14372	31432
仪器仪表制造业	274636	207147	765	4836	39597
其他制造业	12690	12164	17	23	47
废弃资源综合利用业	465029	426329	1304	2268	5054
金属制品、机械和设备修理业	231883	217662	1016	3543	17598
电力、热力生产和供应业	2836518	2699391	13344	2347	51429
燃气生产和供应业	235442	198139	1150	11662	23476
水的生产和供应业	40123	40063	295	667	6210

3-15 全市规模以上工业企业分行业指标(五)(2016年)

单位：万元

	财务费用	利息支出	利润总额	亏损企业亏损总额	利税总额
总　计	**807465**	**751283**	**2760032**	**487148**	**4981671**
按轻重工业分					
轻工业	65739	61586	958588	11736	1288624
重工业	741726	689697	1801444	475412	3693047
按企业规模分					
大型工业	438285	425491	365981	276485	1535619
中型工业	175319	172334	1001714	132673	1523653
小型工业	160069	123676	1345726	73521	1820207
微型工业	33792	29782	46611	4468	102193
按行业类型分					
煤炭开采和洗选业	18638	18816	-55295	56025	-35401
石油和天然气开采业					
黑色金属矿采选业	705	679	2304	842	3246
有色金属矿采选业	38460	35304	100102	42205	160505
非金属矿采选业	1203	1216	22231		28891
开采辅助活动					
其他采矿业					
农副食品加工业	8242	4646	36097	454	45617
食品制造业	1420	1382	32489		39932
酒、饮料和精制茶制造业	1825	1698	19008	6560	46429
烟草制品业	730	943	28903		156597
纺织业	1197	1403	27654		34004
纺织服装、服饰业	878	962	12802	328	14951
皮革、毛皮、羽毛及其制品和制鞋业	2359	2319	29991		35409
木材加工和木、竹、藤、棕、草制品业	1206	1361	25218		29535
家具制造业	24169	23357	237739		296671
造纸和纸制品业	1630	1459	21644		28801
印刷和记录媒介复制业	5600	4599	29369	296	46834
文教、工美、体育和娱乐用品制造业	762	806	22355		28354
石油加工、炼焦和核燃料加工业	14697	16522	16672	18176	806186
化学原料和化学制品制造业	30843	26718	153681	8984	223793
医药制造业	3782	4064	55006	1712	71128
化学纤维制造业	214	174	4130		5672
橡胶和塑料制品业	4961	4474	51276	1346	68007
非金属矿物制品业	50710	35084	303061	15750	450888
黑色金属冶炼和压延加工业	10934	7955	75808	3860	100191
有色金属冶炼和压延加工业	359687	319682	300427	85783	551751
金属制品业	22888	21690	262149	5	320753
通用设备制造业	51731	47979	224203	35417	355819
专用设备制造业	44626	61143	35669	164786	140043
汽车制造业	1144	1334	45826	267	62646
铁路、船舶、航空航天和其他运输设备制造业	11416	13332	428556	4756	472061
电气机械和器材制造业	7852	6871	79205	2735	102835
计算机、通信和其他电子设备制造业	3798	3379	15295	550	22355
仪器仪表制造业	-1873	466	30627	103	37416
其他制造业	8		431		554
废弃资源综合利用业	947	290	25024		38293
金属制品、机械和设备修理业	2666	2857	-7769	7846	-1405
电力、热力生产和供应业	80412	75327	55915	25327	176450
燃气生产和供应业	-28	169	10587	1153	12219
水的生产和供应业	-2973	827	1644	1884	3645

3-16 全市规模以上工业企业分行业指标(六)(2016年)

单位：万元

	所得税费用	本年应交增值税	实收资本	国家资本
总　计	**376990**	**1168132**	**12333186**	**2126407**
按轻重工业分				
轻工业	160013	151059	2015755	61664
重工业	216977	1017073	10317432	2064743
按企业规模分				
大型工业	127800	454260	4605867	982335
中型工业	122139	316943	3911622	580822
小型工业	117354	347405	3525268	360667
微型工业	9697	49523	290430	202584
按行业类型分				
煤炭开采和洗选业	-7362	16110	157831	131881
石油和天然气开采业				
黑色金属矿采选业	239	678	12526	
有色金属矿采选业	20244	35510	519616	59760
非金属矿采选业	3701	4615	30729	
开采辅助活动				
其他采矿业				
农副食品加工业	2684	5391	108130	43
食品制造业	2399	5447	55248	
酒、饮料和精制茶制造业	3225	10208	93863	
烟草制品业	6901	25135	24279	
纺织业	899	5340	95189	
纺织服装、服饰业	768	1467	17986	918
皮革、毛皮、羽毛及其制品和制鞋业	1721	3053	19194	
木材加工和木、竹、藤、棕、草制品业	1553	2435	26826	
家具制造业	46141	38806	825723	
造纸和纸制品业	335	4231	31221	
印刷和记录媒介复制业	633	8677	35487	1536
文教、工美、体育和娱乐用品制造业	1261	4241	104517	300
石油加工、炼焦和核燃料加工业	795	154893	1166691	
化学原料和化学制品制造业	8794	56293	514057	126533
医药制造业	3819	13028	241507	2000
化学纤维制造业		866	10192	
橡胶和塑料制品业	2579	12854	151996	33090
非金属矿物制品业	19157	108966	1159289	80412
黑色金属冶炼和压延加工业	5314	16526	175752	
有色金属冶炼和压延加工业	51258	201681	2097810	692515
金属制品业	34376	38892	669812	2700
通用设备制造业	13298	111356	937292	170912
专用设备制造业	18188	80580	1070202	1100
汽车制造业	4960	14480	64966	7400
铁路、船舶、航空航天和其他运输设备制造业	85627	30524	252919	67419
电气机械和器材制造业	17701	18301	336972	6791
计算机、通信和其他电子设备制造业	1574	5039	106041	3553
仪器仪表制造业	997	5984	74245	26098
其他制造业		106	370	
废弃资源综合利用业	941	11965	2000	
金属制品、机械和设备修理业	34	5222	51488	50896
电力、热力生产和供应业	20467	107045	944038	631575
燃气生产和供应业	1773	482	45048	5840
水的生产和供应业		1705	102136	23136

3-17 全市国有控股工业企业分行业指标(一)(2016年)

单位：万元

	企业单位数(个)	亏损企业	全部从业人员年平均人数(人)	应收帐款	应付账款
总计	**136**	**47**	**158125**	**2490642**	**3128863**
按轻重工业分					
轻工业	12	2	5879	128956	68073
重工业	124	45	152246	2361687	3060790
按企业规模分					
大型工业	27	10	109712	1822390	1857927
中型工业	56	19	41300	522303	580485
小型工业	48	16	7008	132423	187474
微型工业	5	2	105	13526	502977
按行业类型分					
煤炭开采和洗选业	10	8	16863	53215	113584
石油和天然气开采业					
黑色金属矿采选业					
有色金属矿采选业	14	4	10208	37149	65828
非金属矿采选业					
开采辅助活动					
其他采矿业					
农副食品加工业	2	1	135	290	2281
食品制造业					
酒、饮料和精制茶制造业					
烟草制品业	1		735	33489	14225
纺织业					
纺织服装、服饰业	1	1	289	1617	1879
皮革、毛皮、羽毛及其制品和制鞋业					
木材加工和木、竹、藤、棕、草制品业					
家具制造业					
造纸和纸制品业					
印刷和记录媒介复制业	1		90	709	
文教、工美、体育和娱乐用品制造业	1		169	327	
石油加工、炼焦和核燃料加工业	1	1	3640	35430	115428
化学原料和化学制品制造业	8	2	3982	23881	52435
医药制造业	1		192	2530	79
化学纤维制造业					
橡胶和塑料制品业	1		300	27850	15653
非金属矿物制品业	14	4	9280	85233	210910
黑色金属冶炼和压延加工业	1	1		440	8784
有色金属冶炼和压延加工业	15	8	28237	629404	671573
金属制品业	2		766	5783	2155
通用设备制造业	13	5	18021	379189	302074
专用设备制造业	9	4	27903	492313	480617
汽车制造业					
铁路、船舶、航空航天和其他运输设备制造业	7	1	15832	250391	158364
电气机械和器材制造业	3		5634	60340	29736
计算机、通信和其他电子设备制造业	2		574	18240	10322
仪器仪表制造业	5		2263	86871	52781
其他制造业					
废弃资源综合利用业	1		340	28370	1581
金属制品、机械和设备修理业	1	1	4003	140557	116070
电力、热力生产和供应业	22	6	8669	97027	702504
燃气生产和供应业					
水的生产和供应业					

3-18 全市国有控股工业企业分行业指标(二)(2016年)

单位：万元

	流动资产 合　计	固定资产 原　价	固定资产 合　计	累计折旧
总　计	**9785102**	**17746190**	**10688931**	**7601092**
按轻重工业分				
轻工业	514557	281411	203099	89294
重工业	9270545	17464779	10485832	7511799
按企业规模分				
大型工业	7102868	8929001	4663642	4156550
中型工业	1838968	3362772	2523746	994932
小型工业	715976	2935745	1799257	1285986
微型工业	127290	2518672	1702286	1163625
按行业类型分				
煤炭开采和洗选业	174029	869432	687202	216517
石油和天然气开采业				
黑色金属矿采选业				
有色金属矿采选业	246721	646845	585561	166443
非金属矿采选业				
开采辅助活动				
其他采矿业				
农副食品加工业	6483	2948	2351	641
食品制造业				
酒、饮料和精制茶制造业				
烟草制品业	167563	84038	58406	37675
纺织业				
纺织服装、服饰业	3542	5273	4097	1175
皮革、毛皮、羽毛及其制品和制鞋业				
木材加工和木、竹、藤、棕、草制品业				
家具制造业				
造纸和纸制品业				
印刷和记录媒介复制业	4112	907	112	794
文教、工美、体育和娱乐用品制造业	5270	1515		1515
石油加工、炼焦和核燃料加工业	226801	1613981	406335	971122
化学原料和化学制品制造业	157556	600838	360940	239898
医药制造业	6310	3866	398	3468
化学纤维制造业				
橡胶和塑料制品业	45079	25374	19175	6198
非金属矿物制品业	422456	777138	586925	214474
黑色金属冶炼和压延加工业	20217	43503	21799	21779
有色金属冶炼和压延加工业	2696087	3389071	1941177	1344934
金属制品业	23544	30718	29613	1205
通用设备制造业	1096156	862904	557161	341054
专用设备制造业	2239421	1598428	1007580	799417
汽车制造业				
铁路、船舶、航空航天和其他运输设备制造业	859713	332785	193323	150294
电气机械和器材制造业	252958	133042	105195	27914
计算机、通信和其他电子设备制造业	31490	6124	3238	2886
仪器仪表制造业	312516	74025	41796	44380
其他制造业				
废弃资源综合利用业	36563	7907	5843	2064
金属制品、机械和设备修理业	201921	75330	32953	42329
电力、热力生产和供应业	548594	6560200	4037751	2962917
燃气生产和供应业				
水的生产和供应业				

3-19 全市国有控股工业企业分行业指标(三)(2016年)

单位：万元

	资产合计	流动负债合计	负债合计	所有者权益合计
总　计	**24312491**	**12976041**	**16842374**	**7425357**
按轻重工业分				
轻工业	1008012	311129	475529	487724
重工业	23304479	12664912	16366845	6937633
按企业规模分				
大型工业	14699245	8588162	10783743	3915502
中型工业	4915845	2482544	3597062	1318783
小型工业	2715797	721567	901705	1814092
微型工业	1981605	1183769	1559865	376980
按行业类型分				
煤炭开采和洗选业	965309	537102	958070	7238
石油和天然气开采业				
黑色金属矿采选业				
有色金属矿采选业	1040025	588908	735909	304115
非金属矿采选业				
开采辅助活动				
其他采矿业				
农副食品加工业	8863	3610	9568	-706
食品制造业				
酒、饮料和精制茶制造业				
烟草制品业	225969	77370	77370	148599
纺织业				
纺织服装、服饰业	7907	8794	8794	-886
皮革、毛皮、羽毛及其制品和制鞋业				
木材加工和木、竹、藤、棕、草制品业				
家具制造业				
造纸和纸制品业				
印刷和记录媒介复制业	4224	354	354	3870
文教、工美、体育和娱乐用品制造业	8570		6500	2070
石油加工、炼焦和核燃料加工业	676398	485440	486199	190200
化学原料和化学制品制造业	678662	395582	473776	160126
医药制造业	6708	3084	3084	3625
化学纤维制造业				
橡胶和塑料制品业	84972	46360	46360	38612
非金属矿物制品业	1163623	716571	829642	333981
黑色金属冶炼和压延加工业	43579	31627	31627	11952
有色金属冶炼和压延加工业	5907244	4239416	5265831	641414
金属制品业	53284	4661	5471	47813
通用设备制造业	2145995	999316	1331931	814064
专用设备制造业	3999801	1981126	2522699	1477102
汽车制造业				
铁路、船舶、航空航天和其他运输设备制造业	1145159	344519	441412	703747
电气机械和器材制造业	560957	165046	309672	251285
计算机、通信和其他电子设备制造业	35372	12026	12026	23346
仪器仪表制造业	366961	97831	97895	269066
其他制造业				
废弃资源综合利用业	44912	29021	30315	14597
金属制品、机械和设备修理业	286936	221480	227801	59135
电力、热力生产和供应业	4851062	1986799	2930069	1920993
燃气生产和供应业				
水的生产和供应业				

3-20 全市国有控股工业企业分行业指标(四)(2016年)

单位：万元

	主营业务收入	主营业务成本	主营业务税金及附加	销售费用	管理费用
总计	**18355416**	**15984907**	**804239**	**300812**	**965140**
按轻重工业分					
轻工业	769354	548091	103073	21600	46919
重工业	17586063	15436816	701166	279213	918221
按企业规模分					
大型工业	12877391	10950751	677877	240508	734931
中型工业	2878245	2558084	117969	41294	160034
小型工业	994083	890798	5682	18546	65883
微型工业	1605697	1585274	2710	465	4292
按行业类型分					
煤炭开采和洗选业	181359	174049	3678	3910	35511
石油和天然气开采业					
黑色金属矿采选业					
有色金属矿采选业	1002416	925136	11582	418	37334
非金属矿采选业					
开采辅助活动					
其他采矿业					
农副食品加工业	17528	17304	9	131	228
食品制造业					
酒、饮料和精制茶制造业					
烟草制品业	215433	66357	102502	6577	12616
纺织业					
纺织服装、服饰业	2298	1866		96	298
皮革、毛皮、羽毛及其制品和制鞋业					
木材加工和木、竹、藤、棕、草制品业					
家具制造业					
造纸和纸制品业					
印刷和记录媒介复制业	3886	2693	21		537
文教、工美、体育和娱乐用品制造业	63730	63544	7	60	73
石油加工、炼焦和核燃料加工业	2353637	1624303	632439	2338	77677
化学原料和化学制品制造业	364212	379462	2204	2575	30515
医药制造业	6338	2005	99	3348	797
化学纤维制造业					
橡胶和塑料制品业	39852	33931	105	864	2846
非金属矿物制品业	1058805	971102	5363	19949	52669
黑色金属冶炼和压延加工业	20388	19516	94	53	2423
有色金属冶炼和压延加工业	4265831	3788890	13951	109431	175598
金属制品业	162736	154782	114	539	2107
通用设备制造业	1223102	1056827	4802	34716	104546
专用设备制造业	3234725	2999273	11593	65932	224541
汽车制造业					
铁路、船舶、航空航天和其他运输设备制造业	668887	459652	3202	31488	87098
电气机械和器材制造业	461060	410905	280	9038	26600
计算机、通信和其他电子设备制造业	46114	37668	226	1386	4280
仪器仪表制造业	169590	123784	532	4259	21839
其他制造业					
废弃资源综合利用业	22193	13099	109	54	625
金属制品、机械和设备修理业	177456	163569	1007	3513	17406
电力、热力生产和供应业	2593842	2495190	10323	138	46974
燃气生产和供应业					
水的生产和供应业					

3-21 全市国有控股工业企业分行业指标(五)(2016年)

单位：万元

	财务费用	利息支出	利润总额	亏损企业亏损总额	利税总额
总　计	**383454**	**412669**	**82068**	**405749**	**1399935**
按轻重工业分					
轻工业	4630	5649	53627	369	185429
重工业	378825	407020	28441	405380	1214506
按企业规模分					
大型工业	253447	280395	43666	256262	1047695
中型工业	79328	84090	30566	108062	260778
小型工业	22407	20096	-9857	37700	31589
微型工业	28273	28088	17694	3725	59873
按行业类型分					
煤炭开采和洗选业	18629	18807	-55302	56025	-35441
石油和天然气开采业					
黑色金属矿采选业					
有色金属矿采选业	18908	19844	8088	15291	24813
非金属矿采选业					
开采辅助活动					
其他采矿业					
农副食品加工业	-3		-36	42	38
食品制造业					
酒、饮料和精制茶制造业					
烟草制品业	670	914	27247		154318
纺织业					
纺织服装、服饰业	369	369	-328	328	-112
皮革、毛皮、羽毛及其制品和制鞋业					
木材加工和木、竹、藤、棕、草制品业					
家具制造业					
造纸和纸制品业					
印刷和记录媒介复制业	4		646		878
文教、工美、体育和娱乐用品制造业	7		40		73
石油加工、炼焦和核燃料加工业	13339	15350	-18176	18176	755600
化学原料和化学制品制造业	11307	11695	20073	8010	28906
医药制造业	-1		141		1104
化学纤维制造业					
橡胶和塑料制品业	1342	1300	3673		5044
非金属矿物制品业	13250	12999	16303	12954	38425
黑色金属冶炼和压延加工业	1236	1236	-3587	3587	-2468
有色金属冶炼和压延加工业	165073	167421	40902	63271	139959
金属制品业	4	11	5419		6320
通用设备制造业	29920	29748	16269	27631	81041
专用设备制造业	36185	54645	-132898	163893	-84943
汽车制造业					
铁路、船舶、航空航天和其他运输设备制造业	2616	6643	90071	3393	109268
电气机械和器材制造业	2529	3091	13438		15088
计算机、通信和其他电子设备制造业	93		2511		3676
仪器仪表制造业	-2161	235	26885		31533
其他制造业					
废弃资源综合利用业	682	24	3521		3639
金属制品、机械和设备修理业	2640	2855	-7846	7846	-1514
电力、热力生产和供应业	66820	65484	25015	25302	124693
燃气生产和供应业					
水的生产和供应业					

3-22 全市国有控股工业企业分行业指标(六)(2016年)

单位：万元

	所得税 费用	本年应交 增值税	实收资本	国家资本
总　计	**84305**	**512332**	**5054957**	**1803116**
按轻重工业分				
轻工业	18868	28522	162250	36563
重工业	65437	483809	4892707	1766553
按企业规模分				
大型工业	60338	325663	3375524	810515
中型工业	9628	111570	947643	447688
小型工业	5364	35725	485078	342329
微型工业	8976	39373	246712	202584
按行业类型分				
煤炭开采和洗选业	-7362	16086	152831	131881
石油和天然气开采业				
黑色金属矿采选业				
有色金属矿采选业	5097	5129	198784	54360
非金属矿采选业				
开采辅助活动				
其他采矿业				
农副食品加工业		65	43	43
食品制造业				
酒、饮料和精制茶制造业				
烟草制品业	6901	24570	23597	
纺织业				
纺织服装、服饰业	2	189	1800	918
皮革、毛皮、羽毛及其制品和制鞋业				
木材加工和木、竹、藤、棕、草制品业				
家具制造业				
造纸和纸制品业				
印刷和记录媒介复制业		211	1536	1536
文教、工美、体育和娱乐用品制造业		27	600	300
石油加工、炼焦和核燃料加工业	0	141337	1133205	
化学原料和化学制品制造业	2400	6629	163334	126533
医药制造业	14	864	500	500
化学纤维制造业				
橡胶和塑料制品业		1265	33090	33090
非金属矿物制品业	4901	16759	316993	80392
黑色金属冶炼和压延加工业	34	1026	30000	
有色金属冶炼和压延加工业	14873	84785	717358	471996
金属制品业		788	3600	2700
通用设备制造业	6117	59661	444033	133255
专用设备制造业	10670	36333	752046	1000
汽车制造业				
铁路、船舶、航空航天和其他运输设备制造业	11496	15807	91887	50818
电气机械和器材制造业	12082	1370	89703	1791
计算机、通信和其他电子设备制造业	370	939	4243	3553
仪器仪表制造业	791	4077	61402	26098
其他制造业				
废弃资源综合利用业	710	9	2000	
金属制品、机械和设备修理业	34	5199	50896	50896
电力、热力生产和供应业	15177	89209	781478	631457
燃气生产和供应业				
水的生产和供应业				

3-23 全市规模以上集体工业企业分行业指标(一)(2016年)

单位：万元

	企业单位数(个)	亏损企业	全部从业人员年平均人数(人)	应收帐款	应付账款
总　计	**29**	**2**	**7727**	**79835**	**62657**
按轻重工业分					
轻工业	8	1	2702	5730	6513
重工业	21	1	5025	74106	56144
按企业规模分					
大型工业	1	1	1272	32682	18655
中型工业	5		3762	19041	19669
小型工业	23	1	2693	28113	24333
微型工业					
按行业类型分					
煤炭开采和洗选业					
石油和天然气开采业					
黑色金属矿采选业					
有色金属矿采选业					
非金属矿采选业					
开采辅助活动					
其他采矿业					
农副食品加工业	1		98	74	
食品制造业	1		270	429	765
酒、饮料和精制茶制造业					
烟草制品业	1		255	3298	4961
纺织业					
纺织服装、服饰业					
皮革、毛皮、羽毛及其制品和制鞋业					
木材加工和木、竹、藤、棕、草制品业					
家具制造业					
造纸和纸制品业					
印刷和记录媒介复制业	2		145	237	75
文教、工美、体育和娱乐用品制造业					
石油加工、炼焦和核燃料加工业					
化学原料和化学制品制造业	4	1	1658	35499	19868
医药制造业	1	1	150	139	268
化学纤维制造业					
橡胶和塑料制品业	1		42	170	
非金属矿物制品业	4		521	9135	5495
黑色金属冶炼和压延加工业	1		46	285	
有色金属冶炼和压延加工业	1		67	1247	91
金属制品业					
通用设备制造业	4		695	1392	656
专用设备制造业	4		1451	17549	20674
汽车制造业					
铁路、船舶、航空航天和其他运输设备制造业					
电气机械和器材制造业					
计算机、通信和其他电子设备制造业	1		147	8050	9740
仪器仪表制造业	1		315	1190	64
其他制造业					
废弃资源综合利用业					
金属制品、机械和设备修理业	1		246	396	
电力、热力生产和供应业					
燃气生产和供应业					
水的生产和供应业	1		1621	747	

3-24 全市规模以上集体工业企业分行业指标(二)(2016年)

单位：万元

	流动资产合计	固定资产原价	固定资产合计	累计折旧
总　计	**307533**	**296140**	**167251**	**140642**
按轻重工业分				
轻工业	95186	105116	66012	41837
重工业	212348	191024	101239	98804
按企业规模分				
大型工业	124160	108485	37166	78741
中型工业	107341	104693	73518	34763
小型工业	76033	82962	56567	27137
微型工业				
按行业类型分				
煤炭开采和洗选业				
石油和天然气开采业				
黑色金属矿采选业				
有色金属矿采选业				
非金属矿采选业				
开采辅助活动				
其他采矿业				
农副食品加工业	234	4896	4500	396
食品制造业	2384	10032	4321	5711
酒、饮料和精制茶制造业				
烟草制品业	7399	8399	4968	3484
纺织业				
纺织服装、服饰业				
皮革、毛皮、羽毛及其制品和制鞋业				
木材加工和木、竹、藤、棕、草制品业				
家具制造业				
造纸和纸制品业				
印刷和记录媒介复制业	4047	3361	3216	145
文教、工美、体育和娱乐用品制造业				
石油加工、炼焦和核燃料加工业				
化学原料和化学制品制造业	137900	116718	42488	81652
医药制造业	2765	12188	10128	2061
化学纤维制造业				
橡胶和塑料制品业	1225			
非金属矿物制品业	13494	10357	7700	2493
黑色金属冶炼和压延加工业	368	5919	1127	4792
有色金属冶炼和压延加工业	4614	1634	990	645
金属制品业				
通用设备制造业	7112	22939	22234	1543
专用设备制造业	36511	35965	30110	6762
汽车制造业				
铁路、船舶、航空航天和其他运输设备制造业				
电气机械和器材制造业				
计算机、通信和其他电子设备制造业	14293	809	379	430
仪器仪表制造业	1886	472	102	370
其他制造业				
废弃资源综合利用业				
金属制品、机械和设备修理业	1612	1570	730	857
电力、热力生产和供应业				
燃气生产和供应业				
水的生产和供应业	71691	60880	34259	29301

3-25 全市规模以上集体工业企业分行业指标(三)(2016年)

单位：万元

	资产合计	流动负债合计	负债合计	所有者权益合计
总　计	**533290**	**177460**	**233214**	**300076**
按轻重工业分				
轻工业	187462	52170	82556	104907
重工业	345827	125290	150658	195169
按企业规模分				
大型工业	161326	57992	68211	93115
中型工业	225805	55896	93571	132235
小型工业	146159	63572	71432	74726
微型工业				
按行业类型分				
煤炭开采和洗选业				
石油和天然气开采业				
黑色金属矿采选业				
有色金属矿采选业				
非金属矿采选业				
开采辅助活动				
其他采矿业				
农副食品加工业	4734	2	2	4732
食品制造业	10452	5461	7599	2853
酒、饮料和精制茶制造业				
烟草制品业	12400	9310	9310	3090
纺织业				
纺织服装、服饰业				
皮革、毛皮、羽毛及其制品和制鞋业				
木材加工和木、竹、藤、棕、草制品业				
家具制造业				
造纸和纸制品业				
印刷和记录媒介复制业	7263	1652	3528	3735
文教、工美、体育和娱乐用品制造业				
石油加工、炼焦和核燃料加工业				
化学原料和化学制品制造业	180540	65163	75389	105151
医药制造业	19015	5980	7382	11633
化学纤维制造业				
橡胶和塑料制品业	1446		211	1235
非金属矿物制品业	21194	11388	11388	9806
黑色金属冶炼和压延加工业	1501	25	25	1476
有色金属冶炼和压延加工业	5604	3272	4605	999
金属制品业				
通用设备制造业	30058	2294	3189	26870
专用设备制造业	94571	34807	47512	47059
汽车制造业				
铁路、船舶、航空航天和其他运输设备制造业				
电气机械和器材制造业				
计算机、通信和其他电子设备制造业	17687	11147	11147	6540
仪器仪表制造业	1988	207	207	1781
其他制造业				
废弃资源综合利用业				
金属制品、机械和设备修理业	2527	1913	1913	614
电力、热力生产和供应业				
燃气生产和供应业				
水的生产和供应业	122312	24839	49809	72503

3-26 全市规模以上集体工业企业分行业指标(四)(2016年)

单位：万元

	主营业务收入	主营业务成本	主营业务税金及附加	销售费用	管理费用
总计	**1251310**	**1172383**	**2882**	**23215**	**32334**
按轻重工业分					
轻工业	130241	111543	497	5151	11098
重工业	1121069	1060840	2385	18064	21236
按企业规模分					
大型工业	519159	500043	787	11617	7156
中型工业	257350	233849	525	2836	12064
小型工业	474801	438491	1570	8763	13114
微型工业					
按行业类型分					
煤炭开采和洗选业					
石油和天然气开采业					
黑色金属矿采选业					
有色金属矿采选业					
非金属矿采选业					
开采辅助活动					
其他采矿业					
农副食品加工业	2317	1825	4	4	4
食品制造业	16620	13655	59	1361	1279
酒、饮料和精制茶制造业					
烟草制品业	28544	24833	57		2633
纺织业					
纺织服装、服饰业					
皮革、毛皮、羽毛及其制品和制鞋业					
木材加工和木、竹、藤、棕、草制品业					
家具制造业					
造纸和纸制品业					
印刷和记录媒介复制业	18676	18061	167	114	383
文教、工美、体育和娱乐用品制造业					
石油加工、炼焦和核燃料加工业					
化学原料和化学制品制造业	600168	572831	911	14550	8861
医药制造业	2173	2112	92	587	1054
化学纤维制造业					
橡胶和塑料制品业	23238	21995	23	116	232
非金属矿物制品业	163702	154186	362	2444	3455
黑色金属冶炼和压延加工业	2077	2045	5		27
有色金属冶炼和压延加工业	2464	1883	91	131	126
金属制品业					
通用设备制造业	90941	83394	684	1170	752
专用设备制造业	203116	187323	206	2083	7004
汽车制造业					
铁路、船舶、航空航天和其他运输设备制造业					
电气机械和器材制造业					
计算机、通信和其他电子设备制造业	13058	10403	56	122	1203
仪器仪表制造业	3953	3665	62		223
其他制造业					
废弃资源综合利用业					
金属制品、机械和设备修理业	54427	54093	9	30	193
电力、热力生产和供应业					
燃气生产和供应业					
水的生产和供应业	25836	20080	95	504	4906

3-27 全市规模以上集体工业企业分行业指标(五)(2016年)

单位：万元

	财务费用		利润总额	亏损企业	利税总额
		利息支出		亏损总额	
总　计	**3646**	**3505**	**21585**	**1779**	**41809**
按轻重工业分					
轻工业	1124	1347	3398	1489	6698
重工业	2522	2158	18188	290	35111
按企业规模分					
大型工业	1665	1665	-290	290	7629
中型工业	1028	1006	7536		13076
小型工业	953	833	14339	1489	21105
微型工业					
按行业类型分					
煤炭开采和洗选业					
石油和天然气开采业					
黑色金属矿采选业					
有色金属矿采选业					
非金属矿采选业					
开采辅助活动					
其他采矿业					
农副食品加工业	1		478		482
食品制造业	248	253	868		1423
酒、饮料和精制茶制造业					
烟草制品业	61	29	1656		2279
纺织业					
纺织服装、服饰业					
皮革、毛皮、羽毛及其制品和制鞋业					
木材加工和木、竹、藤、棕、草制品业					
家具制造业					
造纸和纸制品业					
印刷和记录媒介复制业	23	16	129		332
文教、工美、体育和娱乐用品制造业					
石油加工、炼焦和核燃料加工业					
化学原料和化学制品制造业	1767	1775	3067	290	12328
医药制造业	182	192	-1489	1489	-1335
化学纤维制造业					
橡胶和塑料制品业	14	14	857		1113
非金属矿物制品业	51	39	3204		4646
黑色金属冶炼和压延加工业			0		50
有色金属冶炼和压延加工业	166	130	125		301
金属制品业					
通用设备制造业	273	239	4668		6788
专用设备制造业	284	21	6217		9008
汽车制造业					
铁路、船舶、航空航天和其他运输设备制造业					
电气机械和器材制造业					
计算机、通信和其他电子设备制造业	-3		1539		2007
仪器仪表制造业	-1		32		601
其他制造业					
废弃资源综合利用业					
金属制品、机械和设备修理业	26	2	77		109
电力、热力生产和供应业					
燃气生产和供应业					
水的生产和供应业	555	796	157		1676

3-28 全市规模以上集体工业企业分行业指标(六)(2016年)

单位：万元

	所得税费用	本年应交增值税	实收资本	国家资本
总　计	**1344**	**17316**	**108713**	**2000**
按轻重工业分				
轻工业	415	2782	46164	2000
重工业	929	14534	62548	
按企业规模分				
大型工业	130	7126	28906	
中型工业	21	5015	38428	2000
小型工业	1193	5175	41378	
微型工业				
按行业类型分				
煤炭开采和洗选业				
石油和天然气开采业				
黑色金属矿采选业				
有色金属矿采选业				
非金属矿采选业				
开采辅助活动				
其他采矿业				
农副食品加工业			4732	
食品制造业	217	496	2050	
酒、饮料和精制茶制造业				
烟草制品业		566	682	
纺织业				
纺织服装、服饰业				
皮革、毛皮、羽毛及其制品和制鞋业				
木材加工和木、竹、藤、棕、草制品业				
家具制造业				
造纸和纸制品业				
印刷和记录媒介复制业	6	16	1700	
文教、工美、体育和娱乐用品制造业				
石油加工、炼焦和核燃料加工业				
化学原料和化学制品制造业	350	8346	31426	
医药制造业		62	15000	
化学纤维制造业				
橡胶和塑料制品业		232	802	
非金属矿物制品业	60	1081	2665	
黑色金属冶炼和压延加工业		45	106	
有色金属冶炼和压延加工业		85	30	
金属制品业				
通用设备制造业	269	1436	16551	
专用设备制造业	53	2585	8377	
汽车制造业				
铁路、船舶、航空航天和其他运输设备制造业				
电气机械和器材制造业				
计算机、通信和其他电子设备制造业	389	412	3500	
仪器仪表制造业	1	507	500	
其他制造业				
废弃资源综合利用业				
金属制品、机械和设备修理业		24	592	
电力、热力生产和供应业				
燃气生产和供应业				
水的生产和供应业		1424	20000	2000

3-29 全市规模以上“三资”工业企业分行业指标(一)(2016年)

单位：万元

	企业单位数(个)	亏损企业	全部从业人员年平均人数(人)	应收帐款	应付账款
总计	**35**	**6**	**30638**	**150649**	**211721**
按轻重工业分					
轻工业	11	1	22364	24465	43584
重工业	24	5	8274	126185	168137
按企业规模分					
大型工业	3		20887	67458	86946
中型工业	13		7374	61409	81753
小型工业	16	6	2346	20846	42850
微型工业	3		31	936	172
按行业类型分					
煤炭开采和洗选业					
石油和天然气开采业					
黑色金属矿采选业					
有色金属矿采选业	4	1	1036	205	21029
非金属矿采选业					
开采辅助活动					
其他采矿业					
农副食品加工业	2		1045	9882	14828
食品制造业					
酒、饮料和精制茶制造业	3	1	511	3106	1721
烟草制品业					
纺织业					
纺织服装、服饰业					
皮革、毛皮、羽毛及其制品和制鞋业	1		850	1313	4327
木材加工和木、竹、藤、棕、草制品业					
家具制造业					
造纸和纸制品业					
印刷和记录媒介复制业	1		460	2853	
文教、工美、体育和娱乐用品制造业	1		16250	3349	1235
石油加工、炼焦和核燃料加工业					
化学原料和化学制品制造业					
医药制造业	1		43	237	
化学纤维制造业					
橡胶和塑料制品业					
非金属矿物制品业	4		1329	1906	15189
黑色金属冶炼和压延加工业					
有色金属冶炼和压延加工业	2	1	534	475	2751
金属制品业	1		253	1265	26
通用设备制造业	4	1	602	2874	6042
专用设备制造业	1	1	248	6257	3332
汽车制造业	1		268	4150	1000
铁路、船舶、航空航天和其他运输设备制造业	1		2555	2961	20827
电气机械和器材制造业					
计算机、通信和其他电子设备制造业	2		2625	64220	73116
仪器仪表制造业					
其他制造业					
废弃资源综合利用业					
金属制品、机械和设备修理业					
电力、热力生产和供应业	2		540	19031	19840
燃气生产和供应业	3	1	1049	23533	24470
水的生产和供应业	1		440	3035	1989

3-30 全市规模以上“三资”工业企业分行业指标(二)(2016年)

单位：万元

	流动资产 合　计	固定资产 原　价	固定资产 合　计	累计折旧
总　计	**986715**	**1675741**	**1021741**	**683861**
按轻重工业分				
轻工业	164416	371766	264279	129307
重工业	822300	1303975	757462	554555
按企业规模分				
大型工业	250566	227730	133992	93195
中型工业	460350	1040222	579911	460667
小型工业	266055	401997	303525	128772
微型工业	9746	5791	4314	1227
按行业类型分				
煤炭开采和洗选业				
石油和天然气开采业				
黑色金属矿采选业				
有色金属矿采选业	182694	237032	182361	54420
非金属矿采选业				
开采辅助活动				
其他采矿业				
农副食品加工业	27941	29187	14416	14771
食品制造业				
酒、饮料和精制茶制造业	8077	68484	40624	50223
烟草制品业				
纺织业				
纺织服装、服饰业				
皮革、毛皮、羽毛及其制品和制鞋业	12675	91499	87588	3911
木材加工和木、竹、藤、棕、草制品业				
家具制造业				
造纸和纸制品业				
印刷和记录媒介复制业	8317	31841	29741	2100
文教、工美、体育和娱乐用品制造业	26886	82036	72027	10009
石油加工、炼焦和核燃料加工业				
化学原料和化学制品制造业				
医药制造业	1108			
化学纤维制造业				
橡胶和塑料制品业				
非金属矿物制品业	242056	116566	54103	62463
黑色金属冶炼和压延加工业				
有色金属冶炼和压延加工业	62085	76698	62249	14448
金属制品业	6957	4500	1684	2817
通用设备制造业	20740	12883	10864	1936
专用设备制造业	11655	10645	8021	2625
汽车制造业	5980	9000	8000	1000
铁路、船舶、航空航天和其他运输设备制造业	74126	66606	19377	46686
电气机械和器材制造业				
计算机、通信和其他电子设备制造业	163066	123401	57969	65433
仪器仪表制造业				
其他制造业				
废弃资源综合利用业				
金属制品、机械和设备修理业				
电力、热力生产和供应业	52233	533592	207419	326647
燃气生产和供应业	70126	181657	165207	24350
水的生产和供应业	9993	115	92	23

3-31 全市规模以上"三资"工业企业分行业指标(三)(2016年)

单位：万元

	资产合计	流动负债合计	负债合计	所有者权益合计
总　计	**2430712**	**1182598**	**1374671**	**1056041**
按轻重工业分				
轻工业	483659	151774	167833	315826
重工业	1947054	1030825	1206838	740216
按企业规模分				
大型工业	456372	264527	281807	174565
中型工业	1243068	532027	606209	636859
小型工业	712900	384581	484538	228362
微型工业	18373	1463	2117	16256
按行业类型分				
煤炭开采和洗选业				
石油和天然气开采业				
黑色金属矿采选业				
有色金属矿采选业	496309	223289	284987	211323
非金属矿采选业				
开采辅助活动				
其他采矿业				
农副食品加工业	56880	35303	35303	21577
食品制造业				
酒、饮料和精制茶制造业	58255	31113	33990	24265
烟草制品业				
纺织业				
纺织服装、服饰业				
皮革、毛皮、羽毛及其制品和制鞋业	100264	6195	6195	94069
木材加工和木、竹、藤、棕、草制品业				
家具制造业				
造纸和纸制品业				
印刷和记录媒介复制业	38058	2350	3715	34343
文教、工美、体育和娱乐用品制造业	98914	8629	18536	80378
石油加工、炼焦和核燃料加工业				
化学原料和化学制品制造业				
医药制造业	1911		56	1854
化学纤维制造业				
橡胶和塑料制品业				
非金属矿物制品业	301669	247715	265127	36542
黑色金属冶炼和压延加工业				
有色金属冶炼和压延加工业	162927	105568	121436	41490
金属制品业	10401	1857	1857	8544
通用设备制造业	49811	14366	14366	35444
专用设备制造业	25118	10769	10769	14349
汽车制造业	13980	4000	4000	9980
铁路、船舶、航空航天和其他运输设备制造业	120333	63415	65269	55064
电气机械和器材制造业				
计算机、通信和其他电子设备制造业	266019	211179	221786	44233
仪器仪表制造业				
其他制造业				
废弃资源综合利用业				
金属制品、机械和设备修理业				
电力、热力生产和供应业	303426	119962	162962	140464
燃气生产和供应业	236122	92320	118743	117378
水的生产和供应业	90318	4570	5575	84743

3-32 全市规模以上“三资”工业企业分行业指标(四)(2016年)

单位：万元

	主营业务收入	主营业务成本	主营业务税金及附加	销售费用	管理费用
总计	**1991714**	**1726908**	**14119**	**41197**	**99999**
按轻重工业分					
轻工业	766813	666576	7098	25909	46476
重工业	1224902	1060333	7021	15289	53523
按企业规模分					
大型工业	651850	583797	2089	16492	42265
中型工业	979424	846891	9549	10520	31460
小型工业	323211	261330	2398	14098	25809
微型工业	37229	34890	82	88	467
按行业类型分					
煤炭开采和洗选业					
石油和天然气开采业					
黑色金属矿采选业					
有色金属矿采选业	125420	78098	2394	76	11074
非金属矿采选业					
开采辅助活动					
其他采矿业					
农副食品加工业	130548	119028		4302	2599
食品制造业					
酒、饮料和精制茶制造业	77294	64247	1737	4482	4831
烟草制品业					
纺织业					
纺织服装、服饰业					
皮革、毛皮、羽毛及其制品和制鞋业	95063	87352	651	1714	2576
木材加工和木、竹、藤、棕、草制品业					
家具制造业					
造纸和纸制品业					
印刷和记录媒介复制业	54743	43691	3078	1924	1973
文教、工美、体育和娱乐用品制造业	224258	192486	792	7204	19496
石油加工、炼焦和核燃料加工业					
化学原料和化学制品制造业					
医药制造业	20052	18900	40	100	201
化学纤维制造业					
橡胶和塑料制品业					
非金属矿物制品业	136818	112649	572	609	4258
黑色金属冶炼和压延加工业					
有色金属冶炼和压延加工业	34916	31647		27	929
金属制品业	5837	5059	35	98	430
通用设备制造业	45303	35640	177	2320	4792
专用设备制造业	9166	5574	84	988	2732
汽车制造业	84000	78343	144	152	167
铁路、船舶、航空航天和其他运输设备制造业	133893	111583	744	5685	14279
电气机械和器材制造业					
计算机、通信和其他电子设备制造业	473224	453266	559	4205	11321
仪器仪表制造业					
其他制造业					
废弃资源综合利用业					
金属制品、机械和设备修理业					
电力、热力生产和供应业	178430	146775	1900		
燃气生产和供应业	150523	129464	1011	7311	17044
水的生产和供应业	12228	13107	200		1299

3-33 全市规模以上“三资”工业企业分行业指标(五)(2016年)

单位：万元

	财务费用		利润总额	亏损企业	利税总额
		利息支出		亏损总额	
总　计	**30497**	**29875**	**84818**	**10591**	**148389**
按轻重工业分					
轻工业	3888	4198	21264	6560	39536
重工业	26609	25677	63554	4031	108854
按企业规模分					
大型工业	1002	1171	11433		19541
中型工业	15991	15235	63837		109464
小型工业	13606	13459	6268	10591	15643
微型工业	-101	10	3280		3741
按行业类型分					
煤炭开采和洗选业					
石油和天然气开采业					
黑色金属矿采选业					
有色金属矿采选业	7640	8239	25123	602	37929
非金属矿采选业					
开采辅助活动					
其他采矿业					
农副食品加工业	119	215	4559		5041
食品制造业					
酒、饮料和精制茶制造业	1035	1034	925	6560	4415
烟草制品业					
纺织业					
纺织服装、服饰业					
皮革、毛皮、羽毛及其制品和制鞋业	1203	1203	1356		3037
木材加工和木、竹、藤、棕、草制品业					
家具制造业					
造纸和纸制品业					
印刷和记录媒介复制业	1863	1447	2215		7250
文教、工美、体育和娱乐用品制造业	175	212	4105		5993
石油加工、炼焦和核燃料加工业					
化学原料和化学制品制造业					
医药制造业	12	12	799		1240
化学纤维制造业					
橡胶和塑料制品业					
非金属矿物制品业	7166	2394	3039		10816
黑色金属冶炼和压延加工业					
有色金属冶炼和压延加工业	3699	3639	-1400	1439	-1296
金属制品业	5	6	211		537
通用设备制造业	113	0	2083	648	3637
专用设备制造业	128	129	-190	190	594
汽车制造业	184	184	5010		6764
铁路、船舶、航空航天和其他运输设备制造业	-535	59	6724		9792
电气机械和器材制造业					
计算机、通信和其他电子设备制造业	2199	1853	2228		5385
仪器仪表制造业					
其他制造业					
废弃资源综合利用业					
金属制品、机械和设备修理业					
电力、热力生产和供应业	9126	9144	19335		36945
燃气生产和供应业	-91	88	5326	1153	6454
水的生产和供应业	-3543	18	3371		3853

3-34 全市规模以上“三资”工业企业分行业指标(六)(2016年)

单位：万元

	所得税费用	本年应交增值税	实收资本	国家资本
总　计	**16634**	**49446**	**497899**	**57445**
按轻重工业分				
轻工业	3461	11167	79572	16601
重工业	13173	38279	418327	40843
按企业规模分				
大型工业	1305	6012	86841	16601
中型工业	12826	36078	332854	40843
小型工业	2118	6978	73360	
微型工业	385	379	4843	
按行业类型分				
煤炭开采和洗选业				
石油和天然气开采业				
黑色金属矿采选业				
有色金属矿采选业	6499	10413	25112	
非金属矿采选业				
开采辅助活动				
其他采矿业				
农副食品加工业	1019	483	9310	
食品制造业				
酒、饮料和精制茶制造业	876	1754	15994	
烟草制品业				
纺织业				
纺织服装、服饰业				
皮革、毛皮、羽毛及其制品和制鞋业	261	1030	2000	
木材加工和木、竹、藤、棕、草制品业				
家具制造业				
造纸和纸制品业				
印刷和记录媒介复制业		1957	2000	
文教、工美、体育和娱乐用品制造业	250	1096	9800	
石油加工、炼焦和核燃料加工业				
化学原料和化学制品制造业				
医药制造业		401	1550	
化学纤维制造业				
橡胶和塑料制品业				
非金属矿物制品业	449	7205	19826	
黑色金属冶炼和压延加工业				
有色金属冶炼和压延加工业		103	6000	
金属制品业	8	292	7996	
通用设备制造业	444	1378	35255	13867
专用设备制造业		700	3000	
汽车制造业		1610	100	
铁路、船舶、航空航天和其他运输设备制造业	1055	2318	36891	16601
电气机械和器材制造业				
计算机、通信和其他电子设备制造业		2598	72150	
仪器仪表制造业				
其他制造业				
废弃资源综合利用业				
金属制品、机械和设备修理业				
电力、热力生产和供应业	4821	15711	131750	
燃气生产和供应业	952	117.6	42028	5840
水的生产和供应业		281	77136	21136

3-35 全市规模以上非公有制工业企业分行业指标(一)(2016年)

单位：万元

	企业单位数(个)	亏损企业	全部从业人员年平均人数(人)	应收帐款	应付账款
总计	**1755**	**91**	**383986**	**2912656**	**2315339**
按轻重工业分					
轻工业	428	12	122775	452001	398630
重工业	1327	79	261211	2460655	1916709
按企业规模分					
大型工业	25	1	73438	555156	815673
中型工业	326	18	153710	933559	610342
小型工业	1345	68	156416	1388252	868289
微型工业	59	4	422	35689	21035
按行业类型分					
煤炭开采和洗选业	1		431	952	
石油和天然气开采业					
黑色金属矿采选业	9	1	810	3306	7486
有色金属矿采选业	79	17	13319	102456	104058
非金属矿采选业	21		3225	9768	3619
开采辅助活动					
其他采矿业					
农副食品加工业	41	5	5804	37610	27054
食品制造业	28		5878	17666	14267
酒、饮料和精制茶制造业	16	1	3941	11979	11083
烟草制品业					
纺织业	19		6044	50146	13537
纺织服装、服饰业	8		1650	6597	4364
皮革、毛皮、羽毛及其制品和制鞋业	18		4691	29644	23261
木材加工和木、竹、藤、棕、草制品业	14		3199	9847	1682
家具制造业	88		19056	39565	48885
造纸和纸制品业	15		2036	10083	7377
印刷和记录媒介复制业	27	2	5224	48001	25320
文教、工美、体育和娱乐用品制造业	16		18724	11962	2443
石油加工、炼焦和核燃料加工业	12		2993	16523	7203
化学原料和化学制品制造业	100	2	19590	113468	82798
医药制造业	28	1	7241	44082	16458
化学纤维制造业	5		1111	8276	5353
橡胶和塑料制品业	55	2	7636	69085	34395
非金属矿物制品业	290	11	45453	286329	226662
黑色金属冶炼和压延加工业	53	2	11424	82277	48706
有色金属冶炼和压延加工业	87	8	39160	646024	748970
金属制品业	109	1	22680	188797	80254
通用设备制造业	229	15	37562	322947	170312
专用设备制造业	165	7	30153	298299	145887
汽车制造业	34	1	7631	65886	33884
铁路、船舶、航空航天和其他运输设备制造业	80	2	34084	113181	165707
电气机械和器材制造业	61	4	12666	85755	68682
计算机、通信和其他电子设备制造业	21	5	6271	73402	83742
仪器仪表制造业	8	1	628	28831	5995
其他制造业	1		90	403	
废弃资源综合利用业	1		241	11613	11538
金属制品、机械和设备修理业					
电力、热力生产和供应业	9	1	1424	40298	46108
燃气生产和供应业	5	1	1347	24452	34594
水的生产和供应业	2	1	569	3147	3657

3-36 全市规模以上非公有制工业企业分行业指标(二)(2016年)

单位：万元

	流动资产 合计	固定资产 原价	固定资产 合计	累计折旧
总 计	**18780525**	**21272256**	**15960947**	**6114232**
按轻重工业分				
轻工业	2924839	4911740	3770708	1185646
重工业	15855685	16360516	12190239	4928586
按企业规模分				
大型工业	8145075	7846614	5328894	2873589
中型工业	4331385	6401037	4837096	1671854
小型工业	6114295	6944454	5723338	1558408
微型工业	189770	80152	71619	10381
按行业类型分				
煤炭开采和洗选业	1575	18998	16895	2103
石油和天然气开采业				
黑色金属矿采选业	24719	36787	34209	10989
有色金属矿采选业	756487	927430	747712	251811
非金属矿采选业	53964	60594	54031	15550
开采辅助活动				
其他采矿业				
农副食品加工业	220815	188954	124540	48397
食品制造业	124873	188407	167325	23842
酒、饮料和精制茶制造业	150095	166447	148239	68780
烟草制品业				
纺织业	192114	223164	123133	101641
纺织服装、服饰业	30928	81272	69180	12092
皮革、毛皮、羽毛及其制品和制鞋业	105695	237644	207033	32168
木材加工和木、竹、藤、棕、草制品业	64411	171318	157369	13950
家具制造业	310736	848447	674734	170319
造纸和纸制品业	43580	54803	45287	10516
印刷和记录媒介复制业	135202	184767	145484	45216
文教、工美、体育和娱乐用品制造业	68100	201561	177044	26364
石油加工、炼焦和核燃料加工业	101409	112140	76226	35920
化学原料和化学制品制造业	574000	727606	565433	141365
医药制造业	308829	237748	178929	56104
化学纤维制造业	15080	20786	8959	11549
橡胶和塑料制品业	230637	262679	207865	66912
非金属矿物制品业	1596579	1866668	1542176	431632
黑色金属冶炼和压延加工业	564461	551327	413698	168207
有色金属冶炼和压延加工业	7960614	6690023	4520175	2536287
金属制品业	715612	946439	788080	170210
通用设备制造业	1146768	1289211	1057302	274274
专用设备制造业	996290	912011	801003	175600
汽车制造业	192275	292268	218214	95397
铁路、船舶、航空航天和其他运输设备制造业	1043530	2086684	1530131	549655
电气机械和器材制造业	381344	404771	366615	51932
计算机、通信和其他电子设备制造业	220788	208636	139166	72973
仪器仪表制造业	50699	17755	12892	4863
其他制造业	1112			
废弃资源综合利用业	128565	81176	77170	8506
金属制品、机械和设备修理业				
电力、热力生产和供应业	173460	759556	356223	404089
燃气生产和供应业	84300	197592	192096	24814
水的生产和供应业	10881	16587	16379	208

3-37 全市规模以上非公有制工业企业分行业指标(三)(2016年)

单位：万元

	资产合计	流动负债合计	负债合计	所有者权益合计
总　计	**41094900**	**15824589**	**20504702**	**20397912**
按轻重工业分				
轻工业	7200155	1432329	1771962	5421268
重工业	33894744	14392260	18732740	14976644
按企业规模分				
大型工业	17007494	8736409	11527621	5479872
中型工业	10427127	2871428	3674393	6752733
小型工业	13210210	4144100	5109094	8101110
微型工业	450069	72653	193594	64198
按行业类型分				
煤炭开采和洗选业	20413	8695	12072	8341
石油和天然气开采业				
黑色金属矿采选业	82676	45114	51221	31455
有色金属矿采选业	1823676	634396	897711	925965
非金属矿采选业	121016	8584	16967	104049
开采辅助活动				
其他采矿业				
农副食品加工业	408226	147665	168006	240218
食品制造业	309536	71433	91214	218323
酒、饮料和精制茶制造业	344572	106543	161604	182968
烟草制品业				
纺织业	339454	136954	171698	167756
纺织服装、服饰业	101288	21611	34649	63270
皮革、毛皮、羽毛及其制品和制鞋业	318942	52006	70439	247121
木材加工和木、竹、藤、棕、草制品业	225198	35491	57625	166200
家具制造业	993297	83107	112193	881105
造纸和纸制品业	104485	28448	36155	68330
印刷和记录媒介复制业	290515	114567	133003	155790
文教、工美、体育和娱乐用品制造业	304669	31365	53288	251380
石油加工、炼焦和核燃料加工业	183698	34743	39009	144690
化学原料和化学制品制造业	1396480	485943	603762	781833
医药制造业	631481	138819	178253	453228
化学纤维制造业	27077	5910	7290	19787
橡胶和塑料制品业	485402	163971	192198	282734
非金属矿物制品业	3350517	969610	1199433	2121620
黑色金属冶炼和压延加工业	1042499	482668	510326	523809
有色金属冶炼和压延加工业	16212247	8637429	11696237	4485444
金属制品业	1697881	438012	511555	1156775
通用设备制造业	2593756	811297	935881	1630095
专用设备制造业	2064013	563566	649476	1377632
汽车制造业	431303	156370	163470	267834
铁路、船舶、航空航天和其他运输设备制造业	2647393	344096	380631	2266762
电气机械和器材制造业	818401	275344	310758	507194
计算机、通信和其他电子设备制造业	432900	280479	326236	106665
仪器仪表制造业	66167	30492	30864	35303
其他制造业	1507		282	1224
废弃资源综合利用业	205735	97956	97956	107779
金属制品、机械和设备修理业				
电力、热力生产和供应业	623121	248514	436416	186705
燃气生产和供应业	279117	106013	138446	140671
水的生产和供应业	116241	27377	28382	87859

3-38 全市规模以上非公有制工业企业分行业指标(四)(2016年)

单位：万元

	主营业务收入	主营业务成本	主营业务税金及附加	销售费用	管理费用
总　计	**55081442**	**49271956**	**243767**	**1306362**	**1323709**
按轻重工业分					
轻工业	12425005	10635871	74935	457884	306245
重工业	42656437	38636085	168832	848479	1017464
按企业规模分					
大型工业	9900806	9139730	36046	104815	225038
中型工业	17746594	15590666	85586	553957	483878
小型工业	26910894	24069559	119096	640561	604714
微型工业	523148	472001	3039	7029	10080
按行业类型分					
煤炭开采和洗选业	7282	6601	8	212	446
石油和天然气开采业					
黑色金属矿采选业	75205	69476	264	99	2217
有色金属矿采选业	1711828	1477224	13112	29986	80091
非金属矿采选业	355794	299432	2044	15636	15145
开采辅助活动					
其他采矿业					
农副食品加工业	870709	780726	4116	20908	21170
食品制造业	713193	626679	1938	23962	27956
酒、饮料和精制茶制造业	407297	339153	17212	11118	19961
烟草制品业					
纺织业	456877	409968	1010	4213	8588
纺织服装、服饰业	184936	145191	656	11497	13951
皮革、毛皮、羽毛及其制品和制鞋业	455923	398941	2365	15772	6459
木材加工和木、竹、藤、棕、草制品业	421469	353039	1882	15886	23238
家具制造业	2152868	1675833	20126	159181	35836
造纸和纸制品业	296428	250927	2926	13630	5673
印刷和记录媒介复制业	569037	488731	8581	20614	18140
文教、工美、体育和娱乐用品制造业	556712	485308	1751	13857	32222
石油加工、炼焦和核燃料加工业	645260	589656	2182	8082	9134
化学原料和化学制品制造业	2322056	2046363	10574	57597	60253
医药制造业	806416	678404	2903	30068	39072
化学纤维制造业	137778	126839	677	2001	3918
橡胶和塑料制品业	1011211	908550	3744	28787	19835
非金属矿物制品业	6807971	6120187	32803	158047	167869
黑色金属冶炼和压延加工业	3348063	3137534	7757	65056	48648
有色金属冶炼和压延加工业	9673471	9016014	35164	88231	177547
金属制品业	3533259	3000894	19598	161198	74312
通用设备制造业	4503343	4090559	14295	74633	103790
专用设备制造业	4699343	4335510	11906	76659	106796
汽车制造业	894109	810899	2340	16500	17989
铁路、船舶、航空航天和其他运输设备制造业	4178366	3646805	9492	120121	59847
电气机械和器材制造业	1473208	1320238	4875	33102	46413
计算机、通信和其他电子设备制造业	763006	708864	1713	12864	25949
仪器仪表制造业	101093	79698	171	577	17535
其他制造业	12690	12164	17	23	47
废弃资源综合利用业	442836	413230	1196	2214	4428
金属制品、机械和设备修理业					
电力、热力生产和供应业	242675	204202	3021	2209	4455
燃气生产和供应业	235442	198139	1150	11662	23476
水的生产和供应业	14287	19983	200	164	1304

3-39 全市规模以上非公有制工业企业分行业指标(五)(2016年)

单位：万元

	财务费用	利息支出	利润总额	亏损企业 亏损总额	利税总额
总　计	**420365**	**335109**	**2656379**	**79620**	**3539926**
按轻重工业分					
轻工业	59985	54590	901563	9878	1096497
重工业	360380	280520	1754816	69743	2443429
按企业规模分					
大型工业	183173	143431	322605	19934	480295
中型工业	94963	87238	963613	24611	1249799
小型工业	136709	102747	1341244	34333	1767513
微型工业	5519	1694	28917	743	42320
按行业类型分					
煤炭开采和洗选业	9	9	7		40
石油和天然气开采业					
黑色金属矿采选业	705	679	2304	842	3246
有色金属矿采选业	19552	15460	92013	26914	135692
非金属矿采选业	1203	1216	22231		28891
开采辅助活动					
其他采矿业					
农副食品加工业	8243	4646	35654	413	45097
食品制造业	1172	1129	31620		38509
酒、饮料和精制茶制造业	1825	1698	19008	6560	46429
烟草制品业					
纺织业	1197	1403	27654		34004
纺织服装、服饰业	510	593	13130		15063
皮革、毛皮、羽毛及其制品和制鞋业	2359	2319	29991		35409
木材加工和木、竹、藤、棕、草制品业	1206	1361	25218		29535
家具制造业	24169	23357	237739		296671
造纸和纸制品业	1630	1459	21644		28801
印刷和记录媒介复制业	5574	4583	28594	296	45625
文教、工美、体育和娱乐用品制造业	755	806	22315		28280
石油加工、炼焦和核燃料加工业	1358	1172	34848		50586
化学原料和化学制品制造业	17769	13248	130542	683	182559
医药制造业	3601	3873	56354	223	71358
化学纤维制造业	214	174	4130		5672
橡胶和塑料制品业	3605	3160	46746	1346	61851
非金属矿物制品业	37409	22047	283555	2796	407817
黑色金属冶炼和压延加工业	9698	6719	79395	273	102608
有色金属冶炼和压延加工业	194449	152131	259400	22512	411490
金属制品业	22884	21679	256730	5	314432
通用设备制造业	21538	17992	203266	7786	267990
专用设备制造业	8158	6477	162351	893	215977
汽车制造业	1144	1334	45826	267	62646
铁路、船舶、航空航天和其他运输设备制造业	8800	6689	338485	1362	362794
电气机械和器材制造业	5323	3780	65767	2735	87747
计算机、通信和其他电子设备制造业	3708	3379	11245	550	16672
仪器仪表制造业	289	231	3710	103	5282
其他制造业	8		431		554
废弃资源综合利用业	266	266	21502		34655
金属制品、机械和设备修理业					
电力、热力生产和供应业	13593	9842	30901	26	51757
燃气生产和供应业	-28	169	10587	1153	12219
水的生产和供应业	-3529	32	1487	1884	1969

3-40 全市规模以上非公有制工业企业分行业指标(六)(2016年)

单位：万元

	所得税费用	本年应交增值税	实收资本	国家资本
总　计	**291340**	**638484**	**7169517**	**321291**
按轻重工业分				
轻工业	140730	119754	1807340	23101
重工业	150611	518730	5362177	298190
按企业规模分				
大型工业	67331	121471	1201437	171820
中型工业	112490	200358	2925551	131133
小型工业	110798	306505	2998811	18338
微型工业	721	10150	43718	
按行业类型分				
煤炭开采和洗选业		24	5000	
石油和天然气开采业				
黑色金属矿采选业	239	678	12526	
有色金属矿采选业	15147	30381	320832	5400
非金属矿采选业	3701	4615	30729	
开采辅助活动				
其他采矿业				
农副食品加工业	2684	5326	103355	
食品制造业	2182	4951	53198	
酒、饮料和精制茶制造业	3225	10208	93863	
烟草制品业				
纺织业	899	5340	95189	
纺织服装、服饰业	766	1277	16186	
皮革、毛皮、羽毛及其制品和制鞋业	1721	3053	19194	
木材加工和木、竹、藤、棕、草制品业	1553	2435	26826	
家具制造业	46141	38806	825723	
造纸和纸制品业	335	4231	31221	
印刷和记录媒介复制业	626	8450	32251	
文教、工美、体育和娱乐用品制造业	1261	4215	103917	
石油加工、炼焦和核燃料加工业	795	13556	33486	
化学原料和化学制品制造业	6044	41318	319298	
医药制造业	3805	12102	226007	1500
化学纤维制造业		866	10192	
橡胶和塑料制品业	2579	11356	118104	
非金属矿物制品业	14197	91125	839631	20
黑色金属冶炼和压延加工业	5280	15456	145647	
有色金属冶炼和压延加工业	36385	116810	1380421	220519
金属制品业	34376	38104	666212	0
通用设备制造业	6912	50260	476708	37657
专用设备制造业	7465	41662	309779	100
汽车制造业	4960	14480	64966	7400
铁路、船舶、航空航天和其他运输设备制造业	74131	14717	161032	16601
电气机械和器材制造业	5619	16931	247269	5000
计算机、通信和其他电子设备制造业	815	3688	98297	
仪器仪表制造业	205	1400	12343	
其他制造业		106	370	
废弃资源综合利用业	231	11957		
金属制品、机械和设备修理业				
电力、热力生产和供应业	5290	17836	162561	118
燃气生产和供应业	1773	482	45048	5840
水的生产和供应业		281	82136	21136

3-41 分县(市、区)规模以上工业企业指标(一)(2016年)

单位：万元

	企业单位数(个)	亏损企业	全部从业人员年平均人数(人)	应收帐款	应付账款
洛阳市	**1920**	**140**	**549838**	**5483133**	**5506859**
市　直	24	9	62882	978848	1568146
老城区	29	1	2185	17827	7602
西工区	76	7	14591	217840	174575
廛河区	19	4	2280	39541	19743
涧西区	55	1	7245	97604	99193
吉利区	11	2	2962	52901	37954
洛龙区	77	14	31919	807287	546542
高新区	85	7	33372	743403	442695
龙门园区	1		200	2914	2914
伊滨区	158	2	39302	80415	151461
偃师市	338	6	75228	597157	439300
孟津县	280	5	45769	440250	251341
新安县	241	15	72066	460799	577009
栾川县	58	26	17456	121371	227273
嵩　县	33	2	11358	62574	44922
汝阳县	75	8	19925	78697	181750
宜阳县	135	3	38580	81738	106497
洛宁县	64	3	38570	63492	58266
伊川县	161	25	33948	538475	569679

3-42 分县(市、区)规模以上工业企业指标(二)(2016年)

单位：万元

	流动资产 合　计	固定资产 原　价	固定资产 合　计	累计折旧
洛阳市	**28873160**	**39314587**	**26817129**	**13855966**
市　直	4160502	8376158	4606201	4009593
老城区	57980	29405	21041	11274
西工区	1033018	624974	333279	346472
廛河区	83340	52826	38654	17487
涧西区	362806	213802	154734	83864
吉利区	213967	263663	122234	109427
洛龙区	2063223	1793726	1223481	610858
高新区	2114945	1052181	740466	381886
龙门园区	12810	2806	1510	1296
伊滨区	609139	1499636	1168833	329511
偃师市	2935519	5074588	3626425	1481080
孟津县	1639908	4065153	2700412	1461037
新安县	3126526	5278822	3903960	1546092
栾川县	3350171	4454771	2981967	1692990
嵩　县	272488	304841	230700	101034
汝阳县	508593	831278	886834	132395
宜阳县	564504	1169200	909634	326869
洛宁县	563672	1521428	1330192	198186
伊川县	5200049	2705329	1836575	1014617

3-43 分县(市、区)规模以上工业企业指标(三)(2016年)

单位：万元

	资产合计	流动负债合计	负债合计	所有者权益合计
洛阳市	**65940680**	**28978090**	**37580290**	**28123345**
市 直	10174854	6205029	7734231	2440623
老城区	90925	46548	46934	43990
西工区	1796870	632914	770897	1015380
廛河区	140392	59256	75373	65019
涧西区	743732	309017	476779	266953
吉利区	353975	185255	206483	147491
洛龙区	4107564	1947309	2634757	1472806
高新区	3471053	1322780	1633532	1837519
龙门园区	17031	10699	10829	6202
伊滨区	1964646	342763	509310	1453953
偃师市	6949146	1702753	2029017	4849715
孟津县	5023359	1256164	1794682	3198440
新安县	7932565	3071259	3915115	3925883
栾川县	9845179	4374835	6944253	2900926
嵩 县	656726	328061	369059	287667
汝阳县	1481227	501852	755497	725728
宜阳县	1729809	745580	801539	897991
洛宁县	2006529	401699	620814	1385715
伊川县	7455099	5534318	6251186	1201344

3-44 分县(市、区)规模以上工业企业指标(四)(2016年)

单位：万元

	主营业务收入	主营业务成本	主营业务税金及附加	销售费用	管理费用
洛阳市	**74688168**	**66429245**	**1050888**	**1630390**	**2321183**
市　直	10761526	9492620	759234	112907	448846
老城区	476563	458335	1318	1713	6236
西工区	2316003	2128085	5932	45716	95659
廛河区	101736	90911	409	1925	7221
涧西区	1856334	1779301	2860	10438	24333
吉利区	691733	655479	1240	13649	17408
洛龙区	2447863	1973184	13790	116204	184657
高新区	2625226	2089904	10658	89567	242533
龙门园区	8348	6324	67	420	1353
伊滨区	4738779	3743170	37894	332038	152939
偃师市	12543279	10933946	58018	429671	198011
孟津县	7607040	6927925	35775	95296	147350
新安县	12126186	11347972	31222	120380	199872
栾川县	1995794	1670703	30731	11335	104956
嵩　县	1232315	1145589	6894	5326	32194
汝阳县	919243	860151	6979	8759	15872
宜阳县	3537870	3236153	17375	74482	88456
洛宁县	3368173	2820262	11327	118061	224263
伊川县	5334159	5069232	19165	42503	129025

3-45 分县(市、区)规模以上工业企业指标(五)(2016年)

单位：万元

	财务费用	利息支出	利润总额	亏损企业亏损总额	利税总额
洛阳市	**807465**	**751283**	**2760032**	**487148**	**4981671**
市直	149615	175347	-172674	259491	862888
老城区	1355	1137	7882	142	13762
西工区	8688	12595	46852	11648	88935
廛河区	1914	1608	-327	1623	2271
涧西区	4233	1781	47386	3587	59457
吉利区	4448	3879	6743	388	20041
洛龙区	50769	51305	130801	15641	196040
高新区	24577	27647	198594	15041	285817
龙门园区	332	324	61		688
伊滨区	44576	43786	431797	20809	533475
偃师市	76029	61729	850068	14151	1024367
孟津县	40108	34778	357979	22252	519702
新安县	113583	109750	325894	23395	494228
栾川县	71017	32952	117393	46151	193567
嵩县	12545	10929	35755	1454	50662
汝阳县	8880	7123	23334	3461	42531
宜阳县	12760	10917	176945	15639	278845
洛宁县	14238	15144	169617	3098	199126
伊川县	167799	148552	5934	29180	115270

3-46 分县(市、区)规模以上工业企业指标(六)(2016年)

单位：万元

	所得税费用	本年应交增值税	实收资本	国家资本
洛阳市	**376990**	**1168132**	**12333186**	**2126407**
市　直	31929	275544	3140033	644848
老城区	220	4562	25871	
西工区	3574	36111	280718	66011
廛河区	166	2158	47315	15204
涧西区	1074	9165	79080	16361
吉利区	1145	12053	62071	
洛龙区	20189	51108	781960	448739
高新区	33428	76552	818596	183117
龙门园区	15	560	1000	
伊滨区	83545	63734	1224237	12600
偃师市	96840	116023	1089119	35425
孟津县	18028	125764	1286544	141681
新安县	22686	136666	680543	207889
栾川县	26133	45389	568479	146142
嵩　县	3548	7895	152904	48616
汝阳县	2713	12218	553136	684
宜阳县	7870	84423	381760	32576
洛宁县	17918	18066	339076	67977
伊川县	5970	90141	820747	58538

3-47 分县(市、区)国有控股工业企业指标(一)(2016年)

单位：万元

	企业单位数(个)	亏损企业	全部从业人员年平均人数(人)	应收帐款	应付账款
洛阳市	**136**	**47**	**158125**	**2490642**	**3128863**
市直	19	9	57569	948217	1502576
老城区					
西工区	9	3	4717	131957	110849
瀍河区	2		96	4452	1432
涧西区	8	1	1593	25747	19052
吉利区	2		456	6717	2258
洛龙区	10	3	14686	559868	379520
高新区	18	4	24104	533442	356293
龙门园区					
伊滨区	2	2	2111	503	58653
偃师市	5	3	4385	5537	37147
孟津县	7	2	3089	58709	35707
新安县	13	6	21795	154251	399756
栾川县	10	8	4778	27479	43352
嵩县	8		6172	23217	31776
汝阳县	6		2630	3374	74947
宜阳县	8	3	4990	2050	55290
洛宁县	5	2	1462	1031	9844
伊川县	4	1	3492	4093	10412

3-48 分县(市、区)国有控股工业企业指标(二)(2016年)

单位：万元

	流动资产 合　计	固定资产 原　价	固定资产 合　计	累计折旧
洛阳市	**9785102**	**17746190**	**10688931**	**7601092**
市　直	3867459	8074601	4406733	3904880
老城区				
西工区	736864	383674	184840	241985
廛河区	5889	10809	8315	2495
涧西区	99664	48628	34273	14443
吉利区	13168	16179	15041	1138
洛龙区	1259010	1368696	955223	426868
高新区	1500993	685097	490257	197579
龙门园区				
伊滨区	10065	117658	86102	30814
偃师市	44569	233530	157154	76376
孟津县	279269	2731606	1703138	1081874
新安县	1346376	2583817	1448577	1100297
栾川县	221259	306208	210747	116646
嵩　县	131123	232601	171033	78675
汝阳县	65864	298231	397034	42216
宜阳县	116050	340062	215923	167346
洛宁县	17481	176936	118635	65465
伊川县	69999	137859	85908	51995

3-49 分县(市、区)国有控股工业企业指标(三)(2016年)

单位：万元

	资产合计	流动负债合计	负债合计	所有者权益合计
洛阳市	**24312491**	**12976041**	**16842374**	**7425357**
市　直	9607783	5931881	7420832	2186951
老城区				
西工区	1167448	397353	498147	669301
廛河区	21040	2963	2963	18077
涧西区	188087	60216	83799	104288
吉利区	31560	8340	18340	13219
洛龙区	2847152	1299634	1894464	952688
高新区	2410520	987725	1278929	1131591
龙门园区				
伊滨区	126978	182658	205443	-78465
偃师市	253665	138518	150475	103190
孟津县	2057981	359118	733336	1324645
新安县	3424865	2214722	2848989	531116
栾川县	549018	376854	447002	102016
嵩　县	347384	240706	243812	103573
汝阳县	489419	288611	415341	74078
宜阳县	436371	229722	244444	191927
洛宁县	196663	76536	102211	94452
伊川县	156559	180486	253848	-97288

3-50 分县(市、区)国有控股工业企业指标(四)(2016年)

单位：万元

	主营业务收　入	主营业务成　本	主营业务税金及附加	销售费用	管理费用
洛阳市	**18355416**	**15984907**	**804239**	**300812**	**965140**
市　直	8485361	7255805	757327	102630	418014
老城区					
西工区	712724	625230	1430	18155	54494
廛河区	20271	18330	27	189	1514
涧西区	307253	292599	329	2737	7000
吉利区	13291	11157	72	384	1723
洛龙区	1451901	1104559	9481	86900	126764
高新区	1408306	1062342	6565	55662	157759
龙门园区					
伊滨区	13072	17695	100	459	12892
偃师市	160430	149898	1843	1248	10833
孟津县	304775	266187	3410	425	29805
新安县	3600866	3373762	7920	21608	65352
栾川县	696273	683134	4177	464	17346
嵩　县	638778	592028	3714	193	22999
汝阳县	160347	136651	3005	2424	5553
宜阳县	182520	224629	2468	5829	16364
洛宁县	84372	68979	1747	13	6459
伊川县	114875	101924	625	1492	10268

3-51 分县(市、区)国有控股工业企业指标(五)(2016年)

单位：万元

	财务费用	利息支出	利润总额	亏损企业亏损总额	利税总额
洛阳市	**383454**	**412669**	**82068**	**405749**	**1399935**
市直	149886	173015	-183192	259491	846427
老城区					
西工区	4451	7992	24147	11562	29947
廛河区	-3		251		401
涧西区	1385	954	2734	3587	7268
吉利区	349		4350		6481
洛龙区	40659	42815	96476	3301	147768
高新区	17960	21107	125742	14101	196440
龙门园区					
伊滨区	6043	6013	-20809	20809	-21083
偃师市	3771	3562	-6594	12259	4974
孟津县	17973	16919	-13837	20251	9053
新安县	101797	102066	41692	20804	112329
栾川县	16196	16439	-14815	18255	-3800
嵩县	7523	7965	18248		25008
汝阳县	3762	3502	12071		19654
宜阳县	4622	5355	-2293	15639	12509
洛宁县	3373	1244	-2103	3072	2210
伊川县	3707	3720	-1	2620	4349

3-52 分县(市、区)国有控股工业企业指标(六)(2016年)

单位：万元

	所得税费用	本年应交增值税	实收资本	国家资本
洛阳市	**84305**	**512332**	**5054957**	**1803116**
市　直	30085	271515	3030240	620407
老城区				
西工区	1335	4330	89799	31008
廛河区	69	116	15400	15204
涧西区	333	4201	21908	13961
吉利区	522	2059	11139	
洛龙区	16601	41811	441620	419599
高新区	26463	64133	423638	118117
龙门园区				
伊滨区	-176	-424	14600	12600
偃师市	-6823	9677	39425	30425
孟津县	1932	19471	233762	141631
新安县	4009	62397	167143	159144
栾川县	-290	6798	87959	34550
嵩　县	3439	3047	81366	46716
汝阳县	1896	4578	88399	684
宜阳县	3674	12333	128943	32576
洛宁县	795	2566	121100	67977
伊川县	443	3725	58518	58518

3-53 分县(市、区)规模以上集体工业企业指标(一)(2016年)

单位：万元

	企业单位数(个)	亏损企业	全部从业人员年平均人数(人)	应收帐款	应付账款
洛阳市	**29**	**2**	**7727**	**79835**	**62657**
市　直	1		1621	747	
老城区	3		271	1529	1130
西工区	1		46	285	
瀍河区					
涧西区	5		1114	24151	31392
吉利区	1	1	1272	32682	18655
洛龙区	2	1	217	1386	359
高新区	2		525	3727	5726
龙门园区					
伊滨区					
偃师市	3		728	8627	3895
孟津县	8		1006	3653	1445
新安县	1		730	2818	
栾川县					
嵩　县					
汝阳县	1		98	74	
宜阳县					
洛宁县	1		99	157	55
伊川县					

3-54 分县(市、区)规模以上集体工业企业指标(二)(2016年)

单位：万元

	流动资产 合计	固定资产 原价	固定资产 合计	累计折旧
洛阳市	**307533**	**296140**	**167251**	**140642**
市直	71691	60880	34259	29301
老城区	7072	7321	4350	3253
西工区	368	5919	1127	4792
廛河区				
涧西区	44223	13694	9808	4904
吉利区	124160	108485	37166	78741
洛龙区	7379	13823	11117	2706
高新区	9783	18432	9289	9195
龙门园区				
伊滨区				
偃师市	15923	12749	9513	2695
孟津县	16262	26569	23620	3786
新安县	7245	20769	19970	799
栾川县				
嵩县				
汝阳县	234	4896	4500	396
宜阳县				
洛宁县	3195	2605	2531	74
伊川县				

3-55 分县(市、区)规模以上集体工业企业指标(三)(2016年)

单位：万元

	资产合计	流动负债合计	负债合计	所有者权益合计
洛阳市	**533290**	**177460**	**233214**	**300076**
市　直	122312	24839	49809	72503
老城区	11422	5728	5728	5694
西工区	1501	25	25	1476
瀍河区				
涧西区	85180	44064	55951	29229
吉利区	161326	57992	68211	93115
洛龙区	24618	9252	11986	12632
高新区	22852	14771	16909	5943
龙门园区				
伊滨区				
偃师市	25436	12147	12147	13289
孟津县	40968	4578	5690	35277
新安县	27215	2451	3268	23948
栾川县				
嵩　县				
汝阳县	4734	2	2	4732
宜阳县				
洛宁县	5726	1612	3488	2238
伊川县				

3-56 分县(市、区)规模以上集体工业企业指标(四)(2016年)

单位：万元

	主营业务收入	主营业务成本	主营业务税金及附加	销售费用	管理费用
洛阳市	**1251310**	**1172383**	**2882**	**23215**	**32334**
市　直	25836	20080	95	504	4906
老城区	61967	59829	85	131	822
西工区	2077	2045	5		27
廛河区					
涧西区	221264	206277	210	1768	6532
吉利区	519159	500043	787	11617	7156
洛龙区	4637	3995	183	718	1180
高新区	45164	38487	116	1361	3912
龙门园区					
伊滨区					
偃师市	94375	82140	367	4955	3694
孟津县	161313	149200	972	1737	1914
新安县	96725	92401	55	408	1870
栾川县					
嵩　县					
汝阳县	2317	1825	4	4	4
宜阳县					
洛宁县	16476	16061	3	14	318
伊川县					

3-57 分县(市、区)规模以上集体工业企业指标(五)(2016年)

单位：万元

	财务费用	利息支出	利润总额	亏损企业 亏损总额	利税总额
洛阳市	**3646**	**3505**	**21585**	**1779**	**41809**
市　直	555	796	157		1676
老城区	44	43	1057		1973
西工区			0		50
廛河区					
涧西区	287	4	6451		9140
吉利区	1665	1665	-290	290	7629
洛龙区	348	322	-1364	1489	-1034
高新区	309	282	2525		3702
龙门园区					
伊滨区					
偃师市	72	70	3174		4564
孟津县	350	304	7339		11014
新安县	7	7	1985		2535
栾川县					
嵩　县					
汝阳县	1		478		482
宜阳县					
洛宁县	8	13	74		79
伊川县					

3-58 分县(市、区)规模以上集体工业企业指标(六)(2016年)

单位：万元

	所得税费用	本年应交增值税	实收资本	国家资本
洛阳市	**1344**	**17316**	**108713**	**2000**
市　直		1424	20000	2000
老城区	62	831	3550	
西工区		45	106	
廛河区				
涧西区	439	2478	10584	
吉利区	130	7126	28906	
洛龙区		147	15030	
高新区	217	1062	2732	
龙门园区				
伊滨区				
偃师市	193	1023	3500	
孟津县	297	2682	18373	
新安县		496		
栾川县				
嵩　县				
汝阳县			4732	
宜阳县				
洛宁县	6	3	1200	
伊川县				

3-59 分县(市、区)规模以上“三资”工业企业指标(一)(2016年)

单位：万元

	企业单位数(个)	亏损企业	全部从业人员年平均人数(人)	应收帐款	应付账款
洛阳市	**35**	**6**	**30638**	**150649**	**211721**
市　直	2		3268	25250	38376
老城区					
西工区	3		1700	8746	14841
瀍河区					
涧西区					
吉利区					
洛龙区	3	1	2515	64443	69155
高新区	6	2	1243	11643	11884
龙门园区					
伊滨区					
偃师市	3		1000	21883	19840
孟津县	4		554	10884	6174
新安县					
栾川县	3	2	382	398	16205
嵩　县					
汝阳县	1	1	50	334	5972
宜阳县	1		650	766	646
洛宁县	4		17304	4259	8723
伊川县	5		1972	2045	19907

3-60 分县(市、区)规模以上“三资”工业企业指标(二)(2016年)

单位：万元

	流动资产合计	固定资产原价	固定资产合计	累计折旧
洛阳市	**986715**	**1675741**	**1021741**	**683861**
市　直	118783	232844	161686	70615
老城区				
西工区	40785	25420	16499	8802
瀍河区				
涧西区				
吉利区				
洛龙区	158674	104499	55040	49469
高新区	36689	98140	55584	64946
龙门园区				
伊滨区				
偃师市	60550	565433	237160	328748
孟津县	20599	19127	10919	8208
新安县				
栾川县	191304	239726	203162	36564
嵩　县				
汝阳县	13419		7900	
宜阳县	5285	2113	506	1607
洛宁县	89099	167277	125227	41800
伊川县	251529	221161	148058	73103

3-61 分县(市、区)规模以上“三资”工业企业指标(三)(2016年)

单位：万元

	资产合计	流动负债合计	负债合计	所有者权益合计
洛阳市	**2430712**	**1182598**	**1374671**	**1056041**
市　直	307299	146670	161793	145506
老城区				
西工区	165592	37794	38799	126793
廛河区				
涧西区				
吉利区				
洛龙区	261156	208337	213857	47299
高新区	109916	56602	61689	48227
龙门园区				
伊滨区				
偃师市	341484	122312	166677	174807
孟津县	33682	10423	11132	22550
新安县				
栾川县	515440	301025	378373	137067
嵩　县				
汝阳县	22108	6133	13116	8992
宜阳县	9045	4770	4770	4275
洛宁县	263198	33972	50268	212930
伊川县	401792	254561	274196	127596

3-62 分县(市、区)规模以上“三资”工业企业指标(四)(2016年)

单位：万元

	主营业务收入	主营业务成本	主营业务税金及附加	销售费用	管理费用
洛阳市	**1991714**	**1726908**	**14119**	**41197**	**99999**
市　直	211617	183822	1668	8329	23032
老城区					
西工区	125827	116333	339	2889	5529
廛河区					
涧西区					
吉利区					
洛龙区	309890	293442	1776	6655	12865
高新区	267424	243590	677	4615	8497
龙门园区					
伊滨区					
偃师市	233173	190465	4978	1924	1973
孟津县	165649	150663	217	2555	1644
新安县					
栾川县	57716	41677	77		6272
嵩　县					
汝阳县	4643	5028		6	761
宜阳县	30961	29289	56	497	522
洛宁县	391132	309179	3196	11941	32551
伊川县	193682	163420	1136	1786	6355

3-63 分县(市、区)规模以上“三资”工业企业指标(五)(2016年)

单位：万元

	财务费用	利息支出	利润总额	亏损企业亏损总额	利税总额
洛阳市	**30497**	**29875**	**84818**	**10591**	**148389**
市　直	-691	61	9587		13533
老城区					
西工区	-3451	233	6176		8429
廛河区					
涧西区					
吉利区					
洛龙区	1479	1016	-5681	6560	-1280
高新区	1993	1874	8331	837	11500
龙门园区					
伊滨区					
偃师市	10988	10591	21550		44196
孟津县	110	206	10519		13073
新安县					
栾川县	11522	11471	-1723	2041	-578
嵩　县					
汝阳县	1		-1153	1153	-1153
宜阳县	16	16	581		2766
洛宁县	1	651	33127		46928
伊川县	8529	3755	3504		10977

3-64 分县(市、区)规模以上"三资"工业企业指标(六)(2016年)

单位：万元

	所得税费用	本年应交增值税	实收资本	国家资本
洛阳市	**16634**	**49446**	**497899**	**57445**
市　直	1771	2272	72854	22441
老城区				
西工区	544	1914	114746	35003
瀍河区				
涧西区				
吉利区				
洛龙区	2	2624	48066	
高新区	782	2493	56738	
龙门园区				
伊滨区				
偃师市	4821	17667	133750	
孟津县	1019	2337	2450	
新安县				
栾川县	93	1068	25443	
嵩　县				
汝阳县			5066	
宜阳县		2129	2026	
洛宁县	6892	10606	15469	
伊川县	710	6338	21291	

3-65 分县(市、区)规模以上非公有制工业企业指标(一)(2016年)

单位：万元

	企业单位数(个)	亏损企业	全部从业人员年平均人数(人)	应收帐款	应付账款
洛阳市	**1755**	**91**	**383986**	**2912656**	**2315339**
市直	4		3692	29884	65570
老城区	26	1	1914	16298	6472
西工区	66	4	9828	85599	63725
瀍河区	17	4	2184	35089	18311
涧西区	42		4538	47707	48749
吉利区	8	1	1234	13503	17041
洛龙区	65	10	17016	246033	166663
高新区	65	3	8743	206234	80676
龙门园区	1		200	2914	2914
伊滨区	156		37191	79912	92808
偃师市	330	3	70115	582992	398259
孟津县	265	3	41674	377888	214188
新安县	227	9	49541	303731	177253
栾川县	48	18	12678	93892	183920
嵩县	25	2	5186	39357	13146
汝阳县	68	8	17197	75249	106803
宜阳县	127		33590	79688	51208
洛宁县	58	1	37009	62304	48366
伊川县	157	24	30456	534382	559267

3-66 分县(市、区)规模以上非公有制工业企业指标(二)(2016年)

单位：万元

	流动资产合计	固定资产原价	固定资产合计	累计折旧
洛阳市	**18780525**	**21272256**	**15960947**	**6114232**
市　直	221353	240677	165209	75411
老城区	50908	22084	16691	8022
西工区	295787	235381	147312	99695
廛河区	77450	42016	30339	14992
涧西区	218920	151481	110653	64517
吉利区	76639	138999	70028	29548
洛龙区	796835	411207	257141	181284
高新区	604169	348653	240919	175113
龙门园区	12810	2806	1510	1296
伊滨区	599074	1381979	1082732	298696
偃师市	2875027	4828309	3459757	1402009
孟津县	1344377	1306978	973654	375376
新安县	1772904	2674237	2435413	444996
栾川县	3128913	4148563	2771219	1576343
嵩　县	141364	72240	59667	22359
汝阳县	442495	528151	485299	89783
宜阳县	448455	829138	693710	159523
洛宁县	542995	1341888	1209027	132647
伊川县	5130050	2567470	1750667	962621

3-67 分县(市、区)规模以上非公有制工业企业指标(三)(2016年)

单位：万元

	资产合计	流动负债合计	负债合计	所有者权益合计
洛阳市	**41094900**	**15824589**	**20504702**	**20397912**
市　直	444760	248309	263590	181170
老城区	79503	40820	41207	38296
西工区	627921	235537	272725	344603
廛河区	119352	56293	72410	46942
涧西区	470465	204738	337028	133437
吉利区	161089	118923	119932	41157
洛龙区	1235793	638424	728307	507486
高新区	1037681	320285	337695	699985
龙门园区	17031	10699	10829	6202
伊滨区	1837668	160105	303867	1532418
偃师市	6670045	1552088	1866395	4733235
孟津县	2924410	892468	1055656	1838518
新安县	4480485	854086	1062858	3370820
栾川县	9296161	3997981	6497251	2798910
嵩　县	309342	87355	125248	184094
汝阳县	987074	213239	340155	646918
宜阳县	1293438	515857	557096	706064
洛宁县	1804140	323552	515115	1289025
伊川县	7298540	5353832	5997339	1298632

3-68 分县(市、区)规模以上非公有制工业企业指标(四)(2016年)

单位：万元

	主营业务收入	主营业务成本	主营业务税金及附加	销售费用	管理费用
洛阳市	**55081442**	**49271956**	**243767**	**1306362**	**1323709**
市　直	2250329	2216735	1813	9773	25926
老城区	414596	398507	1233	1582	5415
西工区	1601202	1500810	4497	27561	41138
瀍河区	81465	72581	381	1736	5707
涧西区	1327817	1280425	2321	5934	10801
吉利区	159282	144280	381	1648	8530
洛龙区	991325	864631	4126	28587	56712
高新区	1171756	989074	3977	32544	80862
龙门园区	8348	6324	67	420	1353
伊滨区	4725707	3725476	37794	331579	140046
偃师市	12288473	10701908	55807	423467	183483
孟津县	7140951	6512539	31393	93133	115631
新安县	8428595	7881809	23248	98364	132649
栾川县	1299522	987570	26554	10872	87610
嵩　县	593537	553561	3180	5133	9195
汝阳县	756579	721675	3970	6331	10315
宜阳县	3355350	3011525	14907	68652	72092
洛宁县	3267325	2735221	9577	118035	217487
伊川县	5219284	4967308	18541	41012	118758

3-69 分县(市、区)规模以上非公有制工业企业指标(五)(2016年)

单位：万元

	财务费用	利息支出	利润总额	亏损企业亏损总额	利税总额
洛阳市	**420365**	**335109**	**2656379**	**79620**	**3539926**
市　直	-826	1537	10361		14785
老城区	1311	1094	6825	142	11789
西工区	4237	4604	22704	86	58938
廛河区	1917	1608	-578	1623	1870
涧西区	2561	823	38201		43050
吉利区	2434	2214	2682	98	5931
洛龙区	9763	8168	35688	10852	49305
高新区	6308	6259	70327	941	85675
龙门园区	332	324	61		688
伊滨区	38533	37773	452606		554557
偃师市	72186	58097	853488	1891	1014829
孟津县	21785	17555	364477	2001	499635
新安县	11780	7677	282218	2591	379364
栾川县	54821	16513	132208	27896	197367
嵩　县	5021	2964	17507	1454	25654
汝阳县	5116	3621	10785	3461	22396
宜阳县	8138	5562	179237		266336
洛宁县	10857	13887	171647	27	196837
伊川县	164092	144832	5935	26560	110921

3-70 分县(市、区)规模以上非公有制工业企业指标(六)(2016年)

单位：万元

	所得税费用	本年应交增值税	实收资本	国家资本
洛阳市	**291340**	**638484**	**7169517**	**321291**
市 直	1844	2606	89794	22441
老城区	158	3731	22321	
西工区	2239	31736	190813	35003
廛河区	97	2042	31915	
涧西区	301	2486	46588	2400
吉利区	493	2868	22026	
洛龙区	3589	9150	325310	29140
高新区	6748	11358	392226	65000
龙门园区	15	560	1000	
伊滨区	83721	64158	1209637	0
偃师市	103471	105323	1046194	5000
孟津县	15799	103610	1034409	50
新安县	18678	73773	513400	48745
栾川县	26423	38591	480520	111592
嵩 县	109	4848	71538	1900
汝阳县	817	7640	460004	
宜阳县	4197	72090	252817	
洛宁县	17117	15498	216776	
伊川县	5527	86416	762229	20

3-71 全市主要工业产品产量

	2016年	2015年	2016年为2015年%
钢(吨)	236136	213432	110.6
成品钢材(吨)	3689505	3470598	106.3
铁合金(吨)	22672	26404	85.9
十种有色金属(吨)	1439719	1389122	103.6
铝(吨)	1428607	1377602	103.7
氧化铝(吨)	1118066	1275586	87.7
黄金(千克)	11508.8	10511.8	109.5
铝材(吨)	2213846	1571683	140.9
耐火材料(吨)	10952752	9898838	110.6
发电量(亿KWH)	433.1	466.7	92.8
原油加工量(万吨)	564.4	456.7	123.6
汽油(万吨)	174.2	127.9	136.2
柴油(万吨)	143.8	138.4	103.9
硫酸(100%)(吨)	312297	328497	95.1
合成氨(无水氨)(吨)	135897	231097	58.8
化肥(折100%)(吨)	65053	140525	46.3
氮肥(吨)	65053	140525	46.3
塑料(吨)	172850	114118	151.5
中成药(实重吨)(吨)	21960	17877	122.8
钼精矿折含量(含纯钼45%)(吨)	123785	130443	94.9
钨精矿折含量(折三氧化钨65%)(吨)	21763	24498	88.8

3-71续表

	2016年	2015年	2016年为2015年%
滚动轴承(万套)	18123	18185	1.00
大中型拖拉机(台)	74726	83439	0.90
小型拖拉机(台)	5765	11177	0.52
铜材(吨)	188120	180926	1.04
摩托车(辆)	586895	597918	0.98
多晶硅(吨)	18515	12499	1.48
化学纤维(吨)	103596	91277	1.13
水泥(万吨)	727.9	752.7	0.97
平板玻璃(万重量箱)	565.9	733.6	0.77
砖(万块)	2249551	2030147	1.11
卫生陶瓷制品(万件)	261.7	289.5	0.90
人造板(立方米)	238515	268050	0.89
纱(吨)	19281	18108	1.06
布(万米)	4039	3478	1.16
畜肉制品(吨)	55614	64108	0.87
机制纸及纸板(吨)	120982	63919	1.89
卷烟(亿支)	122.0	126.4	0.97
饮料酒(千升)	260166	224515	1.16
白酒(千升)	48519	41265	1.18
啤酒(千升)	211647	183250	1.15
塑料制品(吨)	704667	570702	1.23
小麦粉(万吨)	35.0	32.5	1.08

四、农村经济

RURAL ECONOMY

资料整理:任晓娟 郝 琪 王 飞

主要统计指标解释

农林牧渔业总产值 指以货币表现的农、林、牧、渔业全部产品和对农林牧渔业生产活动进行的各种支持性服务活动的价值总量，它反映一定时期内农林牧渔业生产总规模和总成果。计算方法通常是按农、林、牧、渔业产品及其副产品的产量分别乘以各自单位产品价格求得；少数生产周期较长，当年没有产品或产品产量不易统计的，则采用间接方法匡算其产值；然后将四业产品产值及农林牧渔服务业产值相加即为农林牧渔业总产值。

粮食产量 指农业生产经营者日历年度内生产的全部粮食数量。按收获季节包括夏收粮食、早稻和秋收粮食，按作物品种包括谷物、薯类和豆类。其产量计算方法：谷物按脱粒后的原粮计算，豆类按去豆荚后的干豆计算；薯类（包括甘薯和马铃薯，不包括芋头和木薯）按 5 公斤鲜薯折 1 公斤粮食计算。城市郊区作为蔬菜的薯类（如马铃薯等）按鲜品计算，并且不作粮食统计。

棉花产量 指全社会的产量。包括春播棉和夏播棉。产量按皮棉计算。不包括木棉。

油料产量 指全部油料作物的生产量。包括花生、油菜籽、芝麻、向日葵籽、胡麻籽（亚麻籽）和其他油料。不包括大豆、木本油料和野生油料。花生以带壳干花生计算。

水产品产量 指渔业（捕捞和养殖）生产活动的最终有效成果，包括全部海水和淡水鱼类、甲壳类（虾、蟹）、贝类、头足类、藻类和其他类渔业产品的最终产量。水产品产量是通过各级水产和统计部门逐级上报取得数据。1995 年及以前，贝类中牡蛎按鲜肉计算；蚶、蛤、蛙按 5 斤鲜品折 1 斤计算。1996 年以后则统一按鲜品计算。

猪、牛、羊肉产量 指当年出栏并已屠宰、除去头蹄下水后带骨肉（即胴体重）的重量。

期初（末）畜禽存栏头（只）数 指报告期初（末）农村各种合作经济组织和国营农场、农民个人、机关、团体、学校、工矿企业、部队等单位以及城镇居民饲养的大牲畜、猪、羊、家禽等畜禽的存栏数。

农作物播种面积 指实际播种或移植有农作物的面积。凡是实际种植有农作物的面积，不论种植在耕地上还是种植在非耕地上，均包括在农作物播种面积中。在播种季节基本结束后，因遭灾而重新改种和补种的农作物面积，也包括在内。

农用化肥施用量 指本年内实际用于农业生产的化肥数量，包括氮肥、磷肥、钾肥和复合肥。化肥施用量要求按折纯量计算数量。折纯量是指把氮肥、磷肥、钾肥分别按含氮、含五氧化二磷、含氧化钾的百分之一百成份进行折算后的数量。复合肥按其所含主要成分折算。

4-1 农村经济发展情况

	2005年	2010年	2011年	2012年	2013年	2014年	2015年	2016年
乡村人口(万人)	488.74	506.22	504.80	507.40	487.44	488.74	494.41	500.66
从业人员	298.54	312.22	309.75	310.90	294.34	291.83	290.74	288.69
粮食总产量(吨)	2105266	2359221	2308501	2404140	2198285	2112295	2451374	2314394
夏　粮	965472	1108470	1092327	1125292	966611	1062258	1245254	1143229
秋　粮	1139794	1250751	1216174	1278848	1231674	1050037	1206120	1171165
棉花总产量(吨)	4341	3301	3037	2030	2538	2667	4112	5150
油料总产量(吨)	97422	132491	133705	136893	134867	114282	126907	127540
烟叶总产量(吨)	56689	60236	61400	64804	75542	61434	55067	57780
蔬菜总产量(吨)	2012148	2201146	2336567	2430029	2529660	2694088	2930834	2830561
肉类总产量(吨)	256339	243187	246396	258048	266871	276648	273340	253634
禽蛋总产量(吨)	151430	138918	142102	147500	149500	145526	151763	162188
奶类总产量(吨)	217281	425404	414526	430600	431000	431696	443095	307015
年末牛存栏(万头)	94.25	68.65	65.80	62.40	62.50	63.30	64.87	48.20
年末生猪存栏(万头)	198.00	193.09	203.00	208.70	205.00	192.28	177.54	168.74
年末羊存栏(万只)	142.01	72.88	71.74	70.20	70.29	72.85	75.96	79.84
年末家禽存栏(万只)	2325.24	2255.50	2400.97	2540.30	2438.20	2506.99	2462.20	2481.93

4-2 农村经济发展指数

上年=100

	2005年	2010年	2011年	2012年	2013年	2014年	2015年	2016年
乡村人口	100.0	101.1	96.5	96.8	96.3	100.3	101.2	101.3
从业人员	97.8	100.8	93.5	94.2	93.9	99.1	99.6	99.3
粮食总产量	100.3	100.3	89.5	91.5	87.9	96.1	116.1	94.4
夏 粮	110.0	100.7	95.8	97.2	94.4	109.9	117.2	91.8
秋 粮	92.1	100.0	84.0	86.3	82.1	85.3	114.9	97.1
棉花总产量	61.4	92.3	80.8	87.8	131.4	105.1	154.2	125.2
油料总产量	117.3	104.2	86.3	85.5	83.5	84.7	111.0	100.5
烟叶总产量	108.4	96.7	102.0	100.1	94.8	81.3	89.6	104.9
蔬菜总产量	133.9	102.0	122.4	115.3	110.9	106.5	108.8	96.6
肉类总产量	107.9	104.6	113.8	112.3	107.2	103.7	98.8	92.8
禽蛋总产量	96.1	101.4	104.8	102.4	98.7	97.3	104.3	106.9
奶类总产量	198.7	103.5	101.5	104.1	100.3	100.2	102.6	69.3
年末牛存栏	67.2	97.3	92.2	96.2	101.4	101.3	102.5	74.3
年末生猪存栏	97.1	100.4	99.6	94.7	92.1	93.8	92.3	95.0
年末羊存栏	51.3	94.9	100.0	101.5	103.8	103.6	104.3	105.1
年末家禽存栏	107.8	98.9	111.2	104.4	98.7	102.8	98.2	100.8

4-3 农林牧渔业总产值发展情况

单位:万元

	2005年	2010年	2011年	2012年	2013年	2014年	2015年	2016年
农林牧渔业总产值(现价)	**1841410**	**3242259**	**3564239**	**3906754**	**4309209**	**4325098**	**4408417**	**4385408**
农业产值	1009862	1764596	1877663	2087109	2269540	2325255	2409795	2416357
林业产值	135567	307424	328391	358944	405933	384348	395889	426427
牧业产值	600712	959545	1113898	1189645	1346352	1299119	1270638	1160654
渔业产值	12736	36425	40268	43985	51429	57660	63030	70797
服务业产值	82533	174270	204018	227071	235955	258716	269065	311173
按区划分								
老 城 区	17311	24799	26140	27259	30768	29814	30128	29337
西 工 区	5258	4050	4491	5432	6045	5548	5618	5537
瀍 河 区	5234	8245	8024	9592	12675	12282	12053	11600
涧 西 区	633	695	2761	2545	2679	2594	2553	2500
吉 利 区	15171	24092	26666	29099	31171	30649	30465	29722
洛 龙 区	85038	93456	101408	106739	140832	130298	130402	127723
孟 津 县	142369	307930	321613	381031	428029	432942	441805	438601
新 安 县	167648	320287	366109	381201	405578	409540	417034	414405
栾 川 县	95113	180334	193982	213580	257715	259983	264739	262066
嵩　 县	209516	395202	435673	472989	526434	531576	542851	539946
汝 阳 县	127780	172382	187694	212121	256107	258609	263591	261430
宜 阳 县	215670	442827	500590	585877	611389	617732	667682	660300
洛 宁 县	181643	336399	401431	423835	498738	503213	523499	520200
伊 川 县	249868	469929	501623	534254	554813	554991	526758	522939
偃 师 市	305209	294435	334113	362095	383012	387497	392326	388736
龙 管 会					2541	2462	2475	2352
伊 滨 区		111906	111802	118962	138575	138866	142623	141455
高 新 区	5342	25862	25126	24342	25093	24315	23342	22397

4-4 农林牧渔业总产值发展指数

上年=100

	2005年	2010年	2011年	2012年	2013年	2014年	2015年	2016年
农林牧渔业总产值	**107.0**	**104.6**	**103.7**	**104.6**	**103.9**	**104.1**	**104.9**	**104.4**
农业产值	105.5	103.5	103.2	104.1	102.1	103.4	105.1	105.2
林业产值	112.7	106.5	107.3	105.1	108.0	107.0	107.0	108.2
牧业产值	108.5	105.6	102.4	105.3	104.0	104.0	104.0	101.6
渔业产值	115.6	106.2	106.9	104.6	109.6	107.3	106.7	106.9
服务业产值	106.6	107.1	110.3	104.9	111.9	106.0	104.0	104.4
按区划分								
老 城 区	105.8	102.3	103.6	101.6	101.8	102.0	104.0	102.5
西 工 区	107.8	101.6	102.0	105.4	102.3	102.0	104.2	103.8
瀍 河 区	107.7	102.0	102.8	102.4	100.1	102.0	101.0	101.3
涧 西 区	76.1	101.8	102.3	102.5	101.6	101.0	101.3	103.1
吉 利 区	108.0	103.3	103.1	104.5	103.3	103.5	102.3	102.7
洛 龙 区	100.9	104.2	103.5	103.6	103.4	102.8	103.0	103.1
孟 津 县	105.6	103.0	102.1	106.1	104.2	104.3	105.0	104.5
新 安 县	107.1	104.7	104.9	104.7	104.3	104.1	104.8	104.6
栾 川 县	106.3	103.6	103.3	104.2	104.5	104.4	104.8	104.2
嵩 县	108.1	104.1	104.7	104.6	103.9	104.1	105.1	104.7
汝 阳 县	107.9	104.4	103.6	105.3	104.5	104.1	104.9	104.4
宜 阳 县	106.4	104.6	105.2	104.7	104.2	104.2	104.9	104.1
洛 宁 县	107.1	104.3	104.5	101.3	103.5	104.0	105.1	104.6
伊 川 县	107.4	103.3	104.5	104.0	104.6	104.2	104.3	104.5
偃 师 市	107.1	103.3	104.7	104.3	104.6	104.3	104.2	104.3
龙 管 会						102.0	103.6	100.1
伊 滨 区		101.7	93.8	101.9	104.3	102.0	105.0	104.4
高 新 区	106.4	102.9	98.4	101.9	101.3	102.0	98.8	101.0

注：2005年以后采用可比价，以前年份为90年不变价。

4-5 主要农产品发展情况

单位：吨

	2005年	2010年	2011年	2012年	2013年	2014年	2015年	2016年
粮食总产量	**2105266**	**2359221**	**2308501**	**2404140**	**2198285**	**2112295**	**2451374**	**2314394**
老城区	8046	7980	7635	7501	5929	4997	4457	3831
西工区	6751	4515	4032	3802	3091	2363	2498	2647
瀍河区	3094	4777	4589	4460	4017	3295	3138	2164
涧西区	709	608	1606	2283	1631	795	1668	2058
吉利区	14495	15459	15319	17029	16352	15631	17624	14715
洛龙区	55379	58363	55364	53960	50046	43221	41999	36502
孟津县	180481	218706	216066	232304	227973	218351	260044	244550
新安县	190293	212830	212908	220807	202331	192414	211542	204822
栾川县	64023	66384	68242	67808	59726	46215	48068	43965
嵩县	188825	221825	209754	217792	193174	180214	217388	207530
汝阳县	150950	176054	168343	178186	163510	160226	188115	179099
宜阳县	321688	352314	346383	374714	345428	334297	397590	371196
洛宁县	222851	267328	252828	263564	221574	214352	257739	256017
伊川县	327732	368312	348170	370594	340569	332058	389641	369092
偃师市	363832	246598	259188	268984	249239	249619	270623	250143
高新区	6117	21057	16016	16291	13019	7984	7967	7403
龙管会			3425	3512	2583	1752	2210	1939
伊滨区			118636	100537	102930	104501	129063	116721
夏粮产量	**965472**	**1108470**	**1092327**	**1125292**	**966611**	**1062258**	**1245254**	**1143229**
老城区	4428	4030	3878	3750	3494	3389	2880	2345
西工区	3341	2562	2182	1952	1770	1692	1906	1480
瀍河区	1524	2573	2485	2408	2190	1934	1725	1265
涧西区	298	338	677	1369	564	547	1060	958
吉利区	7156	8053	8068	9437	8913	8609	9413	7732
洛龙区	26279	28040	28223	26550	24511	23235	20840	17886
孟津县	98969	122057	115859	120023	114237	121900	148526	137213
新安县	81563	91644	90617	93397	83923	90459	107344	100095
栾川县	25167	25670	23614	23069	16767	19372	18103	14529
嵩县	83624	99292	97992	99074	78548	88290	103351	95266
汝阳县	67485	80638	75902	81167	64683	73961	87720	80433
宜阳县	137538	157760	155132	173166	154226	168456	200923	182509
洛宁县	113790	133973	132227	133275	102620	113955	138962	132111
伊川县	131328	162842	160330	171638	144412	165827	196245	179229
偃师市	180741	124005	125109	124316	114684	120164	133588	123960
高新区	2241	9825	8455	8573	5517	5929	5138	4019
龙管会			1710	1776	1135	1122	1436	1235
伊滨区			59869	50354	49249	53406	66094	60964

4-5续表1 单位:吨

	2005年	2010年	2011年	2012年	2013年	2014年	2015年	2016年
油料产量	**97422**	**132491**	**133705**	**136893**	**134867**	**114282**	**126907**	**127540**
老城区	129	117	109	100	100	3	4	5
西工区	261	69	49	39	41	34	53	68
瀍河区	16							
涧西区	14	8	52	53	44	22	36	44
吉利区	181	49	71	75	150	397	78	205
洛龙区	500	437	458	456	526	124	188	307
孟津县	6283	4184	3936	4144	3231	2959	4323	3945
新安县	4800	5771	6117	5679	4782	4855	5014	5025
栾川县	442	426	455	577	1133	885	1260	947
嵩县	5957	8619	9138	9623	9477	7570	9013	9657
汝阳县	10859	10502	8289	8574	8238	7665	9200	10874
宜阳县	41113	78264	79675	82410	84014	70951	75668	73195
洛宁县	6681	7096	7910	8295	8148	4848	5649	7765
伊川县	10053	10616	11493	11535	10691	9946	11639	11198
偃师市	9942	4697	3704	3785	3386	3393	3868	2767
高新区	191	366	688	460	262	97	149	417
龙管会			483	389	61	40	49	179
伊滨区			1088	819	583	493	716	942
烟叶总产量	**56689**	**60236**	**61400**	**64804**	**75542**	**61434**	**55067**	**57780**
老城区								
西工区								
瀍河区								
涧西区								
吉利区								
洛龙区								
孟津县	2188	1098	1112	1269	2091	1592	856	850
新安县	3000	2958	3018	2799	4007	4772	4068	4183
栾川县	658	521	541	813	974	547	599	851
嵩县	2871	4267	4391	4660	4405	3612	3859	3865
汝阳县	3429	5818	4700	4797	6708	6454	6891	6136
宜阳县	20179	20131	21178	22516	33057	24624	17321	15934
洛宁县	14295	17748	18517	19898	15951	11887	12828	17843
伊川县	10069	7695	7943	8052	8349	7946	8645	8118
偃师市								
高新区								
龙管会								
伊滨区								

4-5续表2 单位:吨

	2005年	2010年	2011年	2012年	2013年	2014年	2015年	2016年
蔬菜总产量	**2012148**	**2201146**	**2336567**	**2430029**	**2529660**	**2694088**	**2930834**	**2830561**
老城区	4342	4166	4265	4988	5047	5115	5299	5556
西工区	9315	2450	3116	3234	3312	3351	3465	2674
瀍河区	20666	28770	29074	29830	30635	31102	32999	22609
涧西区	1403	2093	2205	2288	2281	2337	2445	1819
吉利区	4827	3900	3988	4036	4121	4372	4713	2557
洛龙区	184257	178225	201565	215145	220524	235740	259720	205670
孟津县	116762	148060	214053	233532	251645	270015	297505	308948
新安县	291632	290470	291504	292615	306953	333468	365147	388480
栾川县	58519	61241	62171	63104	66133	68382	73185	61980
嵩县	151459	224039	226204	240345	254014	267477	274468	262691
汝阳县	33854	29663	27838	29341	30984	32130	35189	34583
宜阳县	401352	508338	529064	561157	603244	641852	706409	699056
洛宁县	63605	70321	70074	71253	74267	81415	88986	92182
伊川县	169839	196099	212129	214329	213419	223877	244250	216293
偃师市	499758	316120	318301	320339	314997	340172	370447	351815
高新区	558	9360	8959	9622	10132	10618	11096	1601
龙管会			460	510	501	542	592	244
伊滨区			131597	134361	137451	142124	154919	171803
肉类总产量	**256339**	**243187**	**246396**	**258048**	**266871**	**276648**	**273340**	**253634**
老城区	776	648	634	640	638	652	638	628
西工区	892	300	292	288	257	324	319	321
瀍河区	900	513	519	414	416	535	505	473
涧西区	86	58	134	109	110	102	103	106
吉利区	3782	2769	2823	2815	2866	2952	3084	3092
洛龙区	6951	3166	3036	3001	2956	3189	3110	3105
孟津县	18286	21548	21309	21782	22572	23416	22866	21645
新安县	18325	20035	19745	20339	21357	22196	22781	22021
栾川县	10692	7569	7692	7734	8002	8138	7834	7300
嵩县	26553	30974	30286	31046	31953	33023	32452	28629
汝阳县	21376	10705	10623	11821	12402	12780	12448	11957
宜阳县	27382	38763	44790	52108	48592	50355	49712	45739
洛宁县	25604	25258	26056	26545	26775	28044	28045	23182
伊川县	50457	40543	42601	44274	46128	47513	47062	43849
偃师市	43313	29492	29204	29639	30773	31987	31177	30731
高新区	964	1072	1037	1013	1016	1018	990	981
龙管会			274	260	227	246	249	253
伊滨区			9556	9644	9831	10178	9965	9622

4-5续表3

单位:吨

	2005年	2010年	2011年	2012年	2013年	2014年	2015年	2016年
禽蛋总产量	**151430**	**138918**	**142102**	**147500**	**149500**	**145526**	**151763**	**162188**
老城区	406	520	532	566	597	226	233	249
西工区	602	700	171	183	78	80	82	88
瀍河区	1079	650	665	468	88	56	60	64
涧西区	129	20	88	90	109	100	104	111
吉利区	1995	1582	1204	942	1109	691	711	760
洛龙区	5249	3449	3646	2947	3155	3120	3264	3488
孟津县	9430	12270	12649	13527	13175	13144	13761	14695
新安县	15561	11981	12705	13159	13649	13497	14121	15101
栾川县	2532	5060	5246	4926	5296	5250	5544	5912
嵩县	8247	11574	12055	13131	13869	13856	14449	15423
汝阳县	13768	6034	6257	6682	3747	3720	3895	4153
宜阳县	13117	16757	17158	18287	18883	18579	19632	20985
洛宁县	12161	14316	14683	16934	17960	17723	18393	19667
伊川县	18919	18716	18938	22910	24213	24130	25041	26754
偃师市	47999	20081	20594	19287	19491	18880	19602	20998
高新区	236	618	632	550	154	77	80	86
龙管会			78	96	90	55	57	61
伊滨区			14801	12815	13837	12342	12734	13593
水果总产量	**473940**	**671269**	**712979**	**747844**	**782055**	**810925**	**867595**	**888221**
老城区	2330	1775	1474	1482	445	937	759	660
西工区	2003	2449	2073	2123	2165	2668	2498	2331
瀍河区	738					175	602	602
涧西区	43	19	1249	1184	1086	1045	1048	1056
吉利区	789	416	409	252	422	408	369	635
洛龙区	7817	5735	4686	4760	6852	10845	10690	9418
孟津县	31271	44502	49487	53433	54451	54786	56513	70200
新安县	37583	60429	66017	65924	68160	69453	71443	63021
栾川县	11932	15112	7349	8597	8853	9371	9532	7941
嵩县	49124	74523	80161	80343	82533	85470	84640	82256
汝阳县	6212	6252	7907	10067	12214	11534	10373	11066
宜阳县	67860	113098	116221	120651	124926	132505	131695	130415
洛宁县	186265	267326	286739	287191	300284	312591	369595	397587
伊川县	9134	13186	13566	13493	13644	12872	12313	11123
偃师市	58287	53364	60877	85468	94199	100054	95569	87961
高新区	2552	8633	10406	9321	9423	4115	7527	9489
龙管会			668	186	633	440	1100	515
伊滨区			3690	3369	1765	1656	1329	1945

4-6 主要农产品发展指数

上年=100

	2005年	2010年	2011年	2012年	2013年	2014年	2015年	2016年
粮食总产量	**101.2**	**100.3**	**97.9**	**104.1**	**91.4**	**96.1**	**116.1**	**94.4**
老 城 区	94.3	105.8	95.7	98.2	79.0	84.3	89.2	86.0
西 工 区	99.1	100.3	89.3	94.3	81.3	76.4	105.7	106.0
瀍 河 区	108.4	144.5	96.1	97.2	90.1	82.0	95.2	69.0
涧 西 区	59.1	86.9	264.1	142.2	71.4	48.7	209.8	123.4
吉 利 区	110.4	100.5	99.1	111.2	96.0	95.6	112.8	83.5
洛 龙 区	96.6	116.6	94.9	97.5	92.7	86.4	97.2	86.9
孟 津 县	93.3	93.7	98.8	107.5	98.1	95.8	119.1	94.0
新 安 县	100.4	100.4	100.0	103.7	91.6	95.1	109.9	96.8
栾 川 县	124.7	93.1	102.8	99.4	88.1	77.4	104.0	91.5
嵩　 县	107.9	100.9	94.6	103.8	88.7	93.3	120.6	95.5
汝 阳 县	106.0	101.3	95.6	105.8	91.8	98.0	117.4	95.2
宜 阳 县	93.6	95.9	98.3	108.2	92.2	96.8	118.9	93.4
洛 宁 县	100.7	101.0	94.6	104.2	84.1	96.7	120.2	99.3
伊 川 县	103.8	101.0	94.5	106.4	91.9	97.5	117.3	94.7
偃 师 市	103.5	67.3	105.1	103.8	92.7	100.2	108.4	92.4
高 新 区	96.3	91.3	76.1	101.7	79.9	61.3	99.8	92.9
龙 管 会				102.5	73.5	67.8	126.1	87.7
伊 滨 区				84.7	102.4	101.5	123.5	90.4
夏粮产量	**96.3**	**100.7**	**98.5**	**103.0**	**85.9**	**109.9**	**117.2**	**91.8**
老 城 区	99.6	106.4	96.2	96.7	93.2	97.0	85.0	81.4
西 工 区	99.3	100.5	85.2	89.5	90.7	95.6	112.6	77.6
瀍 河 区	104.6	152.6	96.6	96.9	90.9	88.3	89.2	73.3
涧 西 区	48.9	94.9	200.3	202.2	41.2	97.0	193.8	90.4
吉 利 区	103.3	100.7	100.2	117.0	94.4	96.6	109.3	82.1
洛 龙 区	87.9	117.5	100.7	94.1	92.3	94.8	89.7	85.8
孟 津 县	94.0	100.6	94.9	103.6	95.2	106.7	121.8	92.4
新 安 县	92.7	100.7	98.9	103.1	89.9	107.8	118.7	93.2
栾 川 县	119.5	100.1	92.0	97.7	72.7	115.5	93.4	80.3
嵩　 县	108.8	100.2	98.7	101.1	79.3	112.4	117.1	92.2
汝 阳 县	101.4	100.7	94.1	106.9	79.7	114.3	118.6	91.7
宜 阳 县	83.9	96.2	98.3	111.6	89.1	109.2	119.3	90.8
洛 宁 县	95.7	100.4	98.7	100.8	77.0	111.0	121.9	95.1
伊 川 县	100.6	100.4	98.5	107.1	84.1	114.8	118.3	91.3
偃 师 市	99.4	68.5	100.9	99.4	92.3	104.8	111.2	92.8
高 新 区	80.4	100.1	86.1	101.4	64.4	107.5	86.7	78.2
龙 管 会				103.9	63.9	98.9	128.0	86.0
伊 滨 区				84.1	97.8	108.4	123.8	92.2

4-6续表1 上年=100

	2005年	2010年	2011年	2012年	2013年	2014年	2015年	2016年
油料产量	**117.9**	**104.2**	**100.9**	**102.4**	**98.5**	**84.7**	**111.0**	**100.5**
老城区	67.9	95.9	93.2	91.7	100.0	3.0	133.3	125.0
西工区	77.2	97.2	71.0	79.6	105.1	82.9	155.9	128.3
瀍河区	84.2							
涧西区	63.6	100.0	650.0	101.9	83.0	50.0	163.6	122.2
吉利区	172.4	90.7	144.9	105.6	200.0	264.7	19.6	262.8
洛龙区	135.5	112.3	104.8	99.6	115.4	23.6	151.6	163.3
孟津县	79.0	91.6	94.1	105.3	78.0	91.6	146.1	91.3
新安县	93.9	78.7	106.0	92.8	84.2	101.5	103.3	100.2
栾川县	144.0	100.9	106.8	126.8	196.4	78.1	142.4	75.2
嵩县	105.2	99.0	106.0	105.3	98.5	79.9	119.1	107.1
汝阳县	112.9	106.7	78.9	103.4	96.1	93.0	120.0	118.2
宜阳县	147.5	97.3	101.8	103.4	101.9	84.5	106.6	96.7
洛宁县	103.7	107.2	111.5	104.9	98.2	59.5	116.5	137.5
伊川县	100.3	97.2	108.3	100.4	92.7	93.0	117.0	96.2
偃师市	118.1	74.1	78.9	102.2	89.5	100.2	114.0	71.5
高新区	111.0	92.7	188.0	66.9	57.0	37.0	153.6	279.9
龙管会				80.5	15.7	65.6	122.5	365.3
伊滨区				75.3	71.2	84.6	145.2	131.6
烟叶总产量	**121.8**	**96.7**	**101.9**	**105.5**	**116.6**	**81.3**	**89.6**	**104.9**
老城区								
西工区								
瀍河区								
涧西区								
吉利区								
洛龙区								
孟津县	151.0	95.3	101.3	114.1	164.8	76.1	53.8	99.3
新安县	131.3	96.7	102.0	92.7	143.2	119.1	85.2	102.8
栾川县	102.0	96.5	103.8	150.3	119.8	56.2	109.5	142.1
嵩县	131.1	97.5	102.9	106.1	94.5	82.0	106.8	100.2
汝阳县	150.0	94.0	80.8	102.1	139.8	96.2	106.8	89.0
宜阳县	136.5	97.1	105.2	106.3	146.8	74.5	70.3	92.0
洛宁县	114.8	97.1	104.3	107.5	80.2	74.5	107.9	139.1
伊川县	96.2	96.5	103.2	101.4	103.7	95.2	108.8	93.9
偃师市								
高新区								
龙管会								
伊滨区								

4-6续表2

上年=100

	2005年	2010年	2011年	2012年	2013年	2014年	2015年	2016年
蔬菜总产量	**113.3**	**102.0**	**106.2**	**104.0**	**104.1**	**106.5**	**108.8**	**96.6**
老城区	102.3	96.9	102.4	117.0	101.2	101.3	103.6	104.8
西工区	96.9	100.2	127.2	103.8	102.4	101.2	103.4	77.2
瀍河区	122.7	93.8	101.1	102.6	102.7	101.5	106.1	68.5
涧西区	37.5	95.4	105.4	103.8	99.7	102.5	104.6	74.4
吉利区	79.6	100.7	102.3	101.2	102.1	106.1	107.8	54.3
洛龙区	99.7	103.0	113.1	106.7	102.5	106.9	110.2	79.2
孟津县	105.3	101.7	144.6	109.1	107.8	107.3	110.2	103.8
新安县	116.7	100.0	100.4	100.4	104.9	108.6	109.5	106.4
栾川县	95.7	101.7	101.5	101.5	104.8	103.4	107.0	84.7
嵩县	114.4	100.4	101.0	106.3	105.7	105.3	102.6	95.7
汝阳县	107.3	102.1	93.8	105.4	105.6	103.7	109.5	98.3
宜阳县	147.1	101.4	104.1	106.1	107.5	106.4	110.1	99.0
洛宁县	129.9	100.1	99.6	101.7	104.2	109.6	109.3	103.6
伊川县	105.3	102.1	108.2	101.0	99.6	104.9	109.1	88.6
偃师市	103.9	72.6	100.7	100.6	98.3	108.0	108.9	95.0
高新区	67.8	91.2	95.7	107.4	105.3	104.8	104.5	14.4
龙管会				110.9	98.2	108.2	109.2	41.2
伊滨区				102.1	102.3	103.4	109.0	110.9
肉类总产量	**102.4**	**104.6**	**101.3**	**104.7**	**103.4**	**103.7**	**98.8**	**92.8**
老城区	91.4	85.0	97.8	100.9	99.7	102.2	97.9	98.4
西工区	101.3	93.8	97.3	98.7	89.2	126.1	98.5	100.6
瀍河区	107.4	113.5	101.2	79.7	100.5	128.6	94.4	93.7
涧西区	56.0	96.7	230.5	81.5	100.9	92.7	101.0	102.9
吉利区	101.1	98.6	101.9	99.7	101.8	103.0	104.5	100.3
洛龙区	83.3	88.7	95.9	98.8	98.5	107.9	97.5	99.8
孟津县	101.9	100.5	98.9	102.2	103.6	103.7	97.7	94.7
新安县	103.0	104.9	98.6	103.0	105.0	103.9	102.6	96.7
栾川县	91.2	105.4	101.6	100.5	103.5	101.7	96.3	93.2
嵩县	106.4	107.0	97.8	102.5	102.9	103.3	98.3	88.2
汝阳县	104.3	106.0	99.2	111.3	104.9	103.0	97.4	96.1
宜阳县	104.4	107.7	115.5	116.3	93.3	103.6	98.7	92.0
洛宁县	100.5	101.3	103.2	101.9	100.9	104.7	100.0	82.7
伊川县	105.8	105.1	105.1	103.9	104.2	103.0	99.1	93.2
偃师市	102.6	79.6	99.0	101.5	103.8	103.9	97.5	98.6
高新区	108.2	87.2	96.7	97.7	100.3	100.2	97.2	99.1
龙管会				95.0	87.3	108.4	101.2	101.6
伊滨区				100.9	101.9	103.5	97.9	96.6

4-6续表3　　上年=100

	2005年	2010年	2011年	2012年	2013年	2014年	2015年	2016年
禽蛋产量	**107.1**	**101.4**	**102.3**	**103.8**	**101.4**	**97.3**	**104.3**	**106.9**
老 城 区	79.5	63.4	102.3	106.4	105.5	37.9	103.1	106.9
西 工 区	107.3	73.5	24.4	107.0	42.6	102.6	102.5	107.3
瀍 河 区	111.2	70.7	102.3	70.4	18.8	63.6	107.1	106.7
涧 西 区	113.2	55.6	440.0	102.3	121.1	91.7	104.0	106.7
吉 利 区	108.1	105.5	76.1	78.2	117.7	62.3	102.9	106.9
洛 龙 区	116.4	105.2	105.7	80.8	107.1	98.9	104.6	106.9
孟 津 县	110.5	101.2	103.1	106.9	97.4	99.8	104.7	106.8
新 安 县	109.9	101.7	106.0	103.6	103.7	98.9	104.6	106.9
栾 川 县	49.2	89.4	103.7	93.9	107.5	99.1	105.6	106.6
嵩　 县	110.5	102.6	104.2	108.9	105.6	99.9	104.3	106.7
汝 阳 县	110.3	106.3	103.7	106.8	56.1	99.3	104.7	106.6
宜 阳 县	100.2	102.4	102.4	106.6	103.3	98.4	105.7	106.9
洛 宁 县	109.3	104.0	102.6	115.3	106.1	98.7	103.8	106.9
伊 川 县	108.6	103.1	101.2	121.0	105.7	99.7	103.8	106.8
偃 师 市	111.5	59.4	102.6	93.7	101.1	96.9	103.8	107.1
高 新 区	59.0	67.8	102.3	87.0	28.0	50.0	103.9	107.5
龙 管 会				123.1	93.8	61.1	103.6	107.0
伊 滨 区				86.6	108.0	89.2	103.2	106.7
水果总产量	**111.2**	**105.4**	**106.2**	**104.9**	**104.6**	**103.7**	**107.0**	**102.4**
老 城 区	70.6	96.4	83.0	100.5	30.0	210.6	81.0	87.0
西 工 区	129.7	96.8	84.6	102.4	102.0	123.2	93.6	93.3
瀍 河 区	90.7						344.0	100.0
涧 西 区	107.5	100.0	6573.7	94.8	91.7	96.2	100.3	100.8
吉 利 区	86.0	96.7	98.3	61.6	167.5	96.7	90.4	172.1
洛 龙 区	119.5	161.0	81.7	101.6	143.9	158.3	98.6	88.1
孟 津 县	113.9	105.6	111.2	108.0	101.9	100.6	103.2	124.2
新 安 县	121.6	104.3	109.2	99.9	103.4	101.9	102.9	88.2
栾 川 县	102.3	103.8	48.6	117.0	103.0	105.9	101.7	83.3
嵩　 县	129.9	102.1	107.6	100.2	102.7	103.6	99.0	97.2
汝 阳 县	123.4	104.1	126.5	127.3	121.3	94.4	89.9	106.7
宜 阳 县	113.0	107.4	102.8	103.8	103.5	106.1	99.4	99.0
洛 宁 县	106.7	104.6	107.3	100.2	104.6	104.1	118.2	107.6
伊 川 县	116.1	106.0	102.9	99.5	101.1	94.3	95.7	90.3
偃 师 市	103.4	100.0	114.1	140.4	110.2	106.2	95.5	92.0
高 新 区	196.6	111.4	120.5	89.6	101.1	43.7	182.9	126.1
龙 管 会				27.8	340.3	69.5	250.0	46.8
伊 滨 区				91.3	52.4	93.8	80.3	146.4

4-7 农村经济主要人均指标发展情况

	2005年	2010年	2011年	2012年	2013年	2014年	2015年	2016年
按乡村人口平均								
粮食产量(公斤)	430.77	466.05	457.31	473.83	450.99	432.19	495.82	462.27
棉花产量(公斤)	0.89	0.65	0.60	0.40	0.52	0.55	0.83	1.03
油料产量(公斤)	19.93	26.17	26.49	26.98	27.67	23.38	25.67	25.47
水果产量(公斤)	96.98	132.60	140.52	147.39	160.44	165.92	175.48	177.41
蔬菜产量(公斤)	411.72	434.82	462.87	478.94	518.97	551.23	592.80	565.37
肉类产量(公斤)	52.45	48.04	48.81	50.86	54.75	56.60	55.29	50.66
禽蛋产量(公斤)	28.96	27.44	28.15	29.07	30.67	29.78	30.70	32.40
奶类产量(公斤)	44.50	84.04	82.12	84.87	88.42	88.33	89.62	61.32
牛存栏(头)	0.19	0.14	0.13	0.12	0.13	0.13	0.13	0.10
生猪存栏(头)	0.41	0.38	0.40	0.41	0.42	0.39	0.36	0.34
家禽存栏(只)	4.76	4.46	4.76	5.01	5.00	4.99	4.98	4.96
按乡村从业人员平均								
粮食产量(公斤)	705.19	755.63	745.28	773.16	746.85	723.81	843.15	801.70
棉花产量(公斤)	1.45	1.06	0.98	0.65	0.86	0.91	1.41	1.78
油料产量(公斤)	32.63	42.44	43.17	44.02	45.82	39.16	43.65	44.18
蔬菜产量(公斤)	673.99	705.00	754.34	781.49	859.43	923.17	1008.06	980.50

4-8　农村经济主要人均指标发展指数

上年=100

	2005年	2010年	2011年	2012年	2013年	2014年	2015年	2016年
按乡村人口平均								
粮食产量	100.6	99.2	98.1	103.6	95.2	95.8	114.7	93.2
棉花产量	98.9	91.3	92.3	66.5	130.1	104.8	152.4	123.7
油料产量	117.2	103.1	101.2	101.9	102.6	84.5	109.8	99.2
水果产量	110.5	110.1	106.0	104.9	108.9	103.4	105.8	101.1
蔬菜产量	112.6	100.9	106.5	103.5	108.4	106.2	107.5	95.4
肉类产量	101.8	103.5	101.6	104.2	107.7	103.4	97.7	91.6
禽蛋产量		100.3	102.6	103.3	105.5	97.1	103.1	105.5
奶类产量		102.4	97.7	103.3	104.2	99.9	101.5	68.4
牛存栏	100.0	96.9	96.1	94.3	104.3	101.0	101.3	73.4
生猪存栏	95.3	100.4	105.4	102.3	102.2	93.5	91.3	93.9
家禽存栏	107.0	97.9	106.7	105.3	99.9	99.7	99.8	99.5
按乡村从业人员平均								
粮食产量	101.2	99.6	98.6	103.7	96.6	96.9	116.5	95.1
棉花产量	99.3	91.6	92.7	66.6	132.1	106.0	154.8	126.1
油料产量	117.9	103.4	101.7	102.0	104.1	85.5	111.5	101.2
蔬菜产量	113.3	101.3	107.0	103.6	110.0	107.4	109.2	97.3

4-9 分县(市、区)农村经济基本情况(2016年)

	洛阳市	老城区	西工区	瀍河区	涧西区	吉利区	洛龙区	孟津县	新安县
乡村人口(万人)	500.66	2.52	5.38	4.04		3.68	26.13	39.76	44.18
从业人员	288.69	1.34	2.35	2.14		1.82	14.00	21.60	26.32
农林牧渔业总产值									
(现行价)(万元)	4385408	29337	5537	11600	2500	29722	127723	438601	414405
农林牧渔业增加值									
(现行价)(万元)	2525569	17247	3221	6739	1419	17118	74079	256582	242841
粮食总产量(吨)	2314394	3831	2647	2164	2058	14715	36502	244550	204822
夏　粮	1143229	2345	1480	1265	958	7732	17886	137213	100095
秋　粮	1171165	1486	1167	899	1100	6983	18616	107337	104727
棉花总产量(吨)	5150					11	9	620	680
油料总产量(吨)	127540	5	68		44	205	307	3945	5025
烟叶总产量(吨)	57780							850	4183
蔬菜总产量(吨)	2830561	5556	2674	22609	1819	2557	205670	308948	388480
肉类总产量(吨)	253634	628	321	473	106	3092	3105	21645	22021
禽蛋总产量(吨)	162188	249	88	64	111	760	3488	14695	15101
奶类总产量(吨)	307015	502	395	716	143	761	16679	128521	5421
年末牛存栏(万头)	48.20	0.01	0.01	0.04	0.02	0.07	0.52	4.58	2.40
年末生猪存栏(万头)	168.74	0.19	0.26	0.30	0.14	2.43	2.63	17.69	14.17
年末羊存栏(万只)	79.84	0.04	0.06	0.07	0.03	0.22	0.23	5.21	13.93
年末家禽存栏(万只)	2481.93	3.79	6.12	4.87	4.06	9.31	46.69	183.40	253.77

4-9续表

	栾川县	嵩　县	汝阳县	宜阳县	洛宁县	伊川县	偃师市	高新区	龙管会	伊滨区
乡村人口(万人)	30.59	49.53	43.82	59.78	42.14	70.98	53.43	5.42	2.93	16.34
从业人员	17.45	30.57	25.43	34.83	26.81	43.14	28.60	2.39	1.18	8.71
农林牧渔业总产值(现行价)(万元)	262066	539946	261430	660300	520200	522939	388736	22397	2352	141455
农林牧渔业增加值(现行价)(万元)	153570	316409	152936	380269	304317	285002	215582	12698	1388	83458
粮食总产量(吨)	43965	207530	179099	371196	256017	369092	250143	7403	1939	116721
夏　粮	14529	95266	80433	182509	132111	179229	123960	4019	1235	60964
秋　粮	29436	112264	98666	188687	123906	189863	126183	3384	704	55757
棉花总产量(吨)	18	259	315	2014	87	966	105	35	4	27
油料总产量(吨)	947	9657	10874	73195	7765	11198	2767	417	179	942
烟叶总产量(吨)	851	3865	6136	15934	17843	8118				
蔬菜总产量(吨)	61980	262691	34583	699056	92182	216293	351815	1601	244	171803
肉类总产量(吨)	7300	28629	11957	45739	23182	43849	30731	981	253	9622
禽蛋总产量(吨)	5912	15423	4153	20985	19667	26754	20998	86	61	13593
奶类总产量(吨)	373	6935	503	9360	3631	15312	88778	8859	102	20024
年末牛存栏(万头)	0.92	8.63	1.42	9.02	8.55	8.51	3.02	0.13	0.00	0.34
年末生猪存栏(万头)	5.64	17.76	8.80	26.13	8.90	30.66	23.53	1.13	0.08	8.33
年末羊存栏(万只)	3.35	11.63	2.23	23.69	10.51	5.46	1.89	0.07	0.07	1.14
年末家禽存栏(万只)	90.68	207.56	146.22	360.10	355.99	465.75	215.06	43.03	3.52	82.02

4-10 农业生产条件(2016年)

	洛阳市	老城区	西工区	瀍河区	涧西区	吉利区	洛龙区	孟津县	新安县
自来水受益村数(个)	2479	11	26	15		28	102	228	293
通有线电视村数	2779	11	28	15		28	102	223	296
通宽带村数	2813	11	28	15		28	102	226	296
乡村户数(户)	1281282	7260	17438	12321		9805	64806	109202	116006
乡村人口数(人)	5006560	25216	53791	40432		36847	261255	397630	441808
男性(人)	2591072	12859	26966	20985		18111	132689	205173	230773
女性(人)	2415488	12357	26825	19447		18736	128566	192457	211035
乡村劳动力资源数(人)	3274905	17651	31258	24590		22501	168453	267045	294587
乡村从业人员数(人)	2886867	13439	23495	21376		18194	140041	215990	263203
农村用电量(万千瓦时)	239915	560	6227	719	1628	4080	30243	22535	5408
化肥(折纯量)(吨)	246807	1738	2915	828	314	3021	6910	18558	21356
其中：氮肥(吨)	72152	248	827	190	118	495	362	3827	6847
磷肥(吨)	35208	67	478	90	58	170	186	1824	4842
钾肥(吨)	23746	44	362	70	1	116	367	2936	3156
复合肥(吨)	115701	1379	1248	478	137	2240	5995	9971	6511
农用塑料薄膜使用量(吨)	5363	18	8	25	1	19	489	364	551
其中：地膜使用量(吨)	2644	13	8	12	1	9	96	195	226
地膜覆盖面积(公顷)	32155	3	11	4	2	172	1285	1527	1222
农用柴油使用量(吨)	45625	45	74	222	32	450	609	4791	2760
农药使用量(吨)	4659	9	14	7	6.5	49	125	438	515

4-10续表

	栾川县	嵩　县	汝阳县	宜阳县	洛宁县	伊川县	高新区	偃师市	龙管会	伊滨区
自来水受益村数(个)	206	282	138	331	268	271	6	206		68
通有线电视村数	206	307	163	327	379	369	22	226		76
通宽带村数	206	306	179	348	374	369	22	226		76
乡村户数(户)	78691	131277	106070	146489	105233	171020	14237	141847	8060	41520
乡村人口数(人)	305904	495324	438174	597792	421435	709822	54178	534294	29304	163354
男性(人)	158850	255751	224766	308679	222024	366386	27019	280243	14735	85063
女性(人)	147054	239573	213408	289113	199411	343436	27159	254051	14569	78291
乡村劳动力资源数(人)	200761	334680	276079	401864	297405	452352	33949	336413	16313	99004
乡村从业人员数(人)	174472	305705	254301	348287	268126	431440	23901	285999	11772	87126
农村用电量(万千瓦时)	29808.41	11931	20542	20669	7396	35161	1556	29926	620	10900
化肥(折纯量)(吨)	7824	24966.5	17114	46485	22087.5	25454	855	34010	279	12092
其中：氮肥(吨)	3092	9772.7	2932	13647	6688.2	12291	315	7762	55	2683
磷肥(吨)	758	4881.3	1593	7347	3430	6279	235	2220	55	695
钾肥(吨)	282	1934.3	701	6702	3006.3	2190	8	1778	6	86
复合肥(吨)	3692	8378.2	11888	18789	8963	4694	297	22250	163	8628
农用塑料薄膜使用量(吨)	95	304.7	528	1008	989.55	520	4	230	2	207
其中：地膜使用量(吨)	74	116.6	223	712	447.65	358	3	110	1	39
地膜覆盖面积(公顷)	1001	1764	2633	12773	5133	2809	35	1270	1	510
农用柴油使用量(吨)	723	2285.3	4266	12329	3783.9	3367	170	6748	62	2908
农药使用量(吨)	79	467.42	457	965	495.1	342	15	507	9	159

4-11 分县(市、区)渔业生产情况(2016年)

	养殖面积 (公顷)	水产品 产　量 (吨)	养殖产量
洛阳市	**30591**	**54866**	**49677**
吉利区	694	11715	11715
洛龙区	1281	3282	3276
孟津县	4696	18010	16013
新安县	17130	8922	6922
栾川县	237	640	560
嵩　县	3271	3980	3980
汝阳县	256	283	251
宜阳县	620	3310	2830
洛宁县	1980	3833	3313
伊川县	329	598	528
偃师市	97	293	289
高新区			

4-12 分县(市、区)农林牧渔业总产值(2016年)

	洛阳市	老城区	西工区	瀍河区	涧西区	吉利区	洛龙区	孟津县	新安县
按当年现行价计算									
农林牧渔业总产值(万元)	**4385408**	**29337**	**5537**	**11600**	**2500**	**29722**	**127723**	**438601**	**414405**
农业产值	2416357	23404	2246	8674	1642	4920	93108	194597	252404
林业产值	426427	1346	47		17	375	205	13820	47006
牧业产值	1160654	1801	2859	2187	593	8075	17861	181691	79405
渔业产值	70797					13884	3903	21870	8180
服务业产值	311173	2787	385	738	248	2467	12645	26623	27410
现价总产值构成(%)									
农业产值	55.1	79.8	40.6	74.8	65.7	16.6	72.9	44.4	60.9
林业产值	9.7	4.6	0.8		0.7	1.3	0.2	3.2	11.3
牧业产值	26.5	6.1	51.6	18.9	23.7	27.2	14.0	41.4	19.2
渔业产值	1.6					46.7	3.1	5.0	2.0
服务业产值	7.1	9.5	7.0	6.4	9.9	8.3	9.9	6.1	6.6

	栾川县	嵩　县	汝阳县	宜阳县	洛宁县	伊川县	偃师市	龙管会	伊滨区	高新区
按当年现行价计算										
农林牧渔业总产值(万元)	**262066**	**539946**	**261430**	**660300**	**520200**	**522939**	**388736**	**2352**	**141455**	**22397**
农业产值	172696	293508	149394	452960	279301	257507	223257	1174	77602	10419
林业产值	45300	84974	53067	6745	48168	9567	2946	327	1746	2094
牧业产值	26154	120887	38133	157624	147755	223939	136058	624	47984	7506
渔业产值	988	4681	443	3353	758	551	297		119	162
服务业产值	16928	35896	20392	39618	44217	31376	26178	227	14004	2217
现价总产值构成(%)										
农业产值	65.9	54.4	57.1	68.6	53.7	49.2	57.4	49.9	54.9	46.5
林业产值	17.3	15.7	20.3	1.0	9.3	1.8	0.8	13.9	1.2	9.3
牧业产值	10.0	22.4	14.6	23.9	28.4	42.8	35.0	26.5	33.9	33.5
渔业产值	0.4	0.9	0.2	0.5	0.1	0.1	0.1		0.1	0.7
服务业产值	6.5	6.6	7.8	6.0	8.5	6.0	6.7	9.7	9.9	9.9

4-13 分县(市、区)农林牧渔业增加值(2016年)

	洛阳市	老城区	西工区	瀍河区	涧西区	吉利区	洛龙区	孟津县	新安县
农林牧渔业增加值(万元)	**2525569**	**17247**	**3221**	**6739**	**1419**	**17118**	**74079**	**256582**	**242841**
农　业	1425650	14018	1505	4973	913	2697	53837	119602	143919
林　业	303062	533	33		13	251	125	7983	32904
牧　业	562917	1058	1459	1337	352	3945	10285	98113	44639
渔　业	48325					8804	2498	15309	5317
服务业	185615	1638	224	429	141	1421	7334	15575	16062
农林牧渔业增加值构成(%)									
农　业	56.4	81.3	46.7	73.8	64.3	15.8	72.7	46.6	59.3
林　业	12.0	3.1	1.0		0.9	1.5	0.2	3.1	13.5
牧　业	22.3	6.1	45.3	19.8	24.8	23.0	13.9	38.2	18.4
渔　业	1.9					51.4	3.4	6.0	2.2
服务业	7.3	9.5	7.0	6.4	9.9	8.3	9.9	6.1	6.6
增加值占总产值(%)									
农　业	59.0	59.9	67.0	57.3	55.6	54.8	57.8	61.5	57.0
林　业	71.1	39.6	70.2		76.5	66.9	61.0	57.8	70.0
牧　业	48.5	58.7	51.0	61.1	59.4	48.9	57.6	54.0	56.2
渔　业	68.3					63.4	64.0	70.0	65.0
服务业	59.7	58.8	58.2	58.1	56.9	57.6	58.0	58.5	58.6
农林牧渔业增加值发展速度(%)									
农林牧渔业	**4.4**	**2.5**	**3.8**	**1.3**	**3.2**	**2.7**	**3.1**	**4.5**	**4.6**
农　业	4.9	2.8	3.6	6.0	2.8	-9.6	3.3	1.0	4.4
林　业	8.2	3.1	-13.2			9.2	2.4	9.9	7.0
牧　业	1.6	-2.0	4.4	-12.0	4.5	7.1	2.4	8.6	3.7
渔　业	6.9					5.2	2.6	4.5	8.5
服务业	4.4	2.5	3.9	1.3	3.0	2.7	3.1	4.5	4.6

4-13续表

	栾川县	嵩　县	汝阳县	宜阳县	洛宁县	伊川县	偃师市	龙管会	伊滨区	高新区
农林牧渔业增加值(万元)	**153570**	**316409**	**152936**	**380269**	**304317**	**285002**	**215582**	**1388**	**83458**	**12698**
农　业	108837	176189	85759	257372	190145	149354	95356	692	39852	5220
林　业	23049	56082	37678	3250	32166	6889	2012	193	1620	1104
牧　业	11087	59546	17464	93835	55636	111273	103446	369	33612	5003
渔　业	677	3557	106	2996	503	386	250		112	114
服务业	9920	21035	11929	22816	25867	17100	14518	134	8262	1257
农林牧渔业增加值构成(%)										
农　业	70.9	55.7	56.1	67.7	62.5	52.4	44.2	49.9	47.8	41.1
林　业	15.0	17.7	24.6	0.9	10.6	2.4	0.9	13.9	1.9	8.7
牧　业	7.2	18.8	11.4	24.7	18.3	39.0	48.0	26.6	40.3	39.4
渔　业	0.4	1.1	0.1	0.8	0.2	0.1	0.1		0.1	0.9
服务业	6.5	6.6	7.8	6.0	8.5	6.0	6.7	9.7	9.9	9.9
增加值占总产值(%)										
农　业	63.0	60.0	57.4	56.8	68.1	58.0	42.7	58.9	51.4	50.1
林　业	50.9	66.0	71.0	48.2	66.8	72.0	68.3	59.0	92.8	52.7
牧　业	42.4	49.3	45.8	59.5	37.7	49.7	76.0	59.1	70.0	66.7
渔　业	68.5	76.0	23.9	89.4	66.4	70.1	84.2		94.1	70.4
服务业	58.6	58.6	58.5	57.6	58.5	54.5	55.5	59.0	59.0	56.7
农林牧渔业增加值发展速度(%)										
农林牧渔业	**4.2**	**4.7**	**4.4**	**4.1**	**4.6**	**4.5**	**4.3**	**0.1**	**4.4**	**1.0**
农　业	4.8	5.6	5.0	6.8	4.0	3.9	3.3	0.2	7.1	0.3
林　业	3.7	2.3	3.4	-6.3	5.1	6.8	3.4	-0.5	5.8	7.1
牧　业	0.1	4.3	3.9	-2.7	6.3	5.2	5.3	0.3	1.1	1.5
渔　业	55.6	9.0	5.4	8.0	3.1	6.7	4.5		3.5	5.7
服务业	4.2	4.7	4.4	4.1	4.6	4.5	4.3		4.4	1.0

4-14 农作物播种面积和产量(2016年)

	农作物总播种面积(公顷)	一、粮食作物			1、夏收粮食		
		播种面积(公顷)	总产量(吨)	公顷产量(公斤)	播种面积(公顷)	总产量(吨)	公顷产量(公斤)
洛阳市	**698726**	**521235**	**2314394**	**4440**	**250132**	**1143229**	**4571**
老城区	1539	1098	3831	3489	590	2345	3975
西工区	1061	906	2647	2922	429	1480	3450
瀍河区	909	529	2164	4091	309	1265	4094
涧西区	839	721	2058	2854	351	958	2729
吉利区	2766	2533	14715	5809	1305	7732	5925
洛龙区	11513	6469	36502	5643	3294	17886	5430
孟津县	66647	54537	244550	4484	28497	137213	4815
新安县	65119	48307	204822	4240	22544	100095	4440
栾川县	21813	11317	43965	3885	3711	14529	3915
嵩县	74984	51830	207530	4004	23264	95266	4095
汝阳县	57034	44034	179099	4067	19860	80433	4050
宜阳县	132642	88684	371196	4186	42101	182509	4335
洛宁县	82866	63574	256017	4027	30266	132111	4365
伊川县	95091	79504	369092	4642	38476	179229	4658
高新区	2999	2653	7403	2790	1218	4019	3300
偃师市	53501	43759	250143	5716	22817	123960	5433
龙管会	1074	712	1939	2723	348	1235	3549
伊滨区	26329	20068	116721	5816	10752	60964	5670

4-14续表1

	2、秋收粮食			(一)谷物合计			1、稻 谷		
	播种面积(公顷)	总产量(吨)	公顷产量(公斤)	播种面积(公顷)	总产量(吨)	公顷产量(公斤)	播种面积(公顷)	总产量(吨)	公顷产量(公斤)
洛阳市	**271103**	**1171165**	**4320**	**461229**	**2094614**	**4541**	**1954**	**12912**	**6608**
老城区	508	1486	2925	1026	3424	3337			
西工区	477	1167	2447	839	2423	2888			
瀍河区	220	899	4086	524	2134	4073			
涧西区	370	1100	2973	702	2017	2873			
吉利区	1228	6983	5686	2522	14584	5783			
洛龙区	3175	18616	5863	6429	36309	5648			
孟津县	26040	107337	4122	52273	231173	4422	1031	8200	7953
新安县	25763	104727	4065	43347	184162	4249			
栾川县	7606	29436	3870	10144	41114	4053			
嵩县	28566	112264	3930	43206	182890	4233	15	63	4200
汝阳县	24174	98666	4081	38183	146445	3835	17	179	10529
宜阳县	46583	188687	4051	76598	326148	4258	291	645	2216
洛宁县	33308	123906	3720	50101	227600	4543	32	292	9125
伊川县	41028	189863	4628	69730	325088	4662	566	3519	6217
高新区	1435	3384	2358	2525	7108	2815			
偃师市	20942	126183	6025	42791	245721	5742			
龙管会	364	704	1934	682	1883	2761			
伊滨区	9316	55757	5985	19607	114391	5834	2	14	7000

4-14续表2

	2、小麦			#硬粒小麦			3、玉米		
	播种面积(公顷)	总产量(吨)	公顷产量(公斤)	播种面积(公顷)	总产量(吨)	公顷产量(公斤)	播种面积(公顷)	总产量(吨)	公顷产量(公斤)
洛阳市	**250121**	**1143218**	**4571**	**61282**	**237814**	**3881**	**193087**	**881474**	**4565**
老城区	590	2345	3975				436	1079	2475
西工区	429	1480	3450				410	943	2300
瀍河区	309	1265	4094				215	869	4042
涧西区	350	958	2737	1			352	1059	3009
吉利区	1305	7732	5925				1217	6852	5630
洛龙区	3294	17886	5430				3135	18423	5877
孟津县	28495	137210	4815				21461	84356	3931
新安县	22544	100095	4440	197	902	4579	20182	82557	4091
栾川县	3708	14526	3917				6436	26588	4131
嵩县	23264	95266	4095	5225			19782	87216	4409
汝阳县	19860	80433	4050	5539	23290	4205	18041	64783	3591
宜阳县	42101	182509	4335	35958	139811	3888	29966	129300	4315
洛宁县	30266	132111	4365	10909	52437	4807	16958	77599	4576
伊川县	38476	179229	4658				24533	122575	4996
高新区	1213	4014	3309				1312	3094	2358
偃师市	22817	123960	5433				19595	120444	6147
龙管会	348	1235	3549				334	648	1940
伊滨区	10752	60964	5670	3453	21374	6190	8722	53089	6087

4-14续表3

	4、谷　子			5、高　粱			6、其它谷物		
	播种面积（公顷）	总产量（吨）	公顷产量（公斤）	播种面积（公顷）	总产量（吨）	公顷产量（公斤）	播种面积（公顷）	总产量（吨）	公顷产量（公斤）
洛阳市	**15746**	**56403**	**3582**	**178**	**580**	**3258**	**143**	**27**	**189**
老城区									
西工区									
瀍河区									
涧西区									
吉利区									
洛龙区									
孟津县	1126	1351	1200	17	29	1706	143	27	189
新安县	621	1510	2432						
栾川县									
嵩　县	58	150	2586	87	195	2241			
汝阳县	265	1050	3962						
宜阳县	4186	13374	3195	54	320	5926			
洛宁县	2845	17598	6186						
伊川县	6135	19729	3216	20	36	1800			
高新区									
偃师市	379	1317	3475						
龙管会									
伊滨区	131	324	2473						

4-14续表4

	(二)豆类合计			#1、大　豆			2、绿　豆		
	播种面积(公顷)	总产量(吨)	公顷产量(公斤)	播种面积(公顷)	总产量(吨)	公顷产量(公斤)	播种面积(公顷)	总产量(吨)	公顷产量(公斤)
洛阳市	**30031**	**44015**	**1466**	**22467**	**34431**	**1533**	**6401**	**8046**	**1257**
老城区	5	4	800				5	4	800
西工区	7	11	1571				7	11	1571
瀍河区									
涧西区	3	3	1000	2	1	500			
吉利区	2	6	3000	2	6	3000			
洛龙区									
孟津县	565	620	1097	428	489	1143	102	111	1088
新安县	2474	3487	1409	1686	2388	1416	788	1099	1395
栾川县	913	1564	1713	883	1410	1597	24	43	1792
嵩　县	3798	5168	1361	2820	4070	1443	684	784	1146
汝阳县	2082	5279	2536	1893	5028	2656	156	215	1378
宜阳县	6677	9419	1411	3353	5454	1627	3133	3503	1118
洛宁县	9938	14800	1489	8825	13263	1503	745	986	1323
伊川县	2809	2194	781	2096	1025	489	660	1132	1715
高新区	10	10	1000	5	5	1000			
偃师市	538	994	1848	303	882	2911	58	112	1931
龙管会	22	22	1000	21	21	1000	1	1	1000
伊滨区	188	434	2309	150	389	2593	38	45	1184

4-14续表5

	3、红小豆			(三)红薯(折粮)			二、油料合计		
	播种面积(公顷)	总产量(吨)	公顷产量(公斤)	播种面积(公顷)	总产量(吨)	公顷产量(公斤)	播种面积(公顷)	总产量(吨)	公顷产量(公斤)
洛阳市	**951**	**1382**	**1453**	**29975**	**175765**	**5864**	**43743**	**127540**	**2916**
老城区				67	403	6015	5	5	1000
西工区				60	213	3550	34	68	2000
瀍河区				5	30	6000			
涧西区				16	38	2375	46	44	957
吉利区				9	125	13889	84	205	2440
洛龙区				40	193	4825	287	307	1070
孟津县	31	20	645	1699	12757	7509	1516	3945	2602
新安县				2486	17173	6908	2094	5025	2400
栾川县				260	1287	4950	669	947	1416
嵩县	292	313	1072	4826	19472	4035	4883	9657	1978
汝阳县	30	36	1200	3769	27375	7263	3729	10874	2916
宜阳县	189	426	2254	5409	35629	6587	17988	73195	4069
洛宁县	368	551	1497	3535	13617	3852	5713	7765	1359
伊川县	41	36	878	6965	41810	6003	4795	11198	2335
高新区				118	285	2415	242	417	1723
偃师市				430	3428	7972	1205	2767	2296
龙管会				8	34	4250	119	179	1504
伊滨区				273	1896	6945	334	942	2820

4-14续表6

	1、花生			2、油菜籽			3、芝麻		
	播种面积（公顷）	总产量（吨）	公顷产量（公斤）	播种面积（公顷）	总产量（吨）	公顷产量（公斤）	播种面积（公顷）	总产量（吨）	公顷产量（公斤）
洛阳市	**25233**	**88058**	**3490**	**11669**	**29737**	**2548**	**4024**	**7513**	**1867**
老城区	3	3	1000				2	2	1000
西工区	6	29	4833	7	10	1429	21	29	1381
瀍河区									
涧西区	9	7	778	23	23	1000	14	14	1000
吉利区	84	205	2440						
洛龙区	229	230	1004	27	49	1815	31	28	903
孟津县	1222	3493	2858	255	420	1647	39	32	821
新安县	636	1711	2690	1041	2539	2439	339	562	1658
栾川县	289	615	2128	361	290	803	8	9	1125
嵩县	3296	7454	2262	887	1305	1471	559	631	1129
汝阳县	2791	8757	3138	640	1672	2613	283	380	1343
宜阳县	12697	54653	4304	4439	16467	3710	843	2051	2433
洛宁县	735	1374	1869	1853	3706	2000	574	1331	2319
伊川县	2066	6562	3176	1517	2328	1535	1212	2308	1904
高新区	150	270	1800	55	105	1909	37	42	1135
偃师市	815	2215	2718	366	482	1317	24	70	2917
龙管会	34	65	1912	63	106	1683	22	8	364
伊滨区	171	415	2427	135	235	1741	16	16	1000

4-14续表7

	向日葵			三、棉花			四、麻类		
	播种面积(公顷)	总产量(吨)	公顷产量(公斤)	播种面积(公顷)	总产量(吨)	公顷产量(公斤)	播种面积(公顷)	总产量(吨)	公顷产量(公斤)
洛阳市	**2817**	**2232**	**792**	**4071**	**5150**	**1265**	**6**	**6**	**1000**
老城区									
西工区									
瀍河区									
涧西区									
吉利区				5	11	2200			
洛龙区				13	9	692			
孟津县				605	620	1025			
新安县	78	213	2731	210	680	3238			
栾川县	11	33	3000	17	18	1059			
嵩县	141	267	1894	261	259	992			
汝阳县	15	65	4333	229	315	1376			
宜阳县	9	24	2667	1498	2014	1344			
洛宁县	2551	1354	531	136	87	640	6	6	1000
伊川县				946	966	1021			
高新区				20	35	1750			
偃师市				95	105	1105			
龙管会				1	4	4000			
伊滨区	12	276	23000	35	27	771			

4-14续表8

	五、烟叶合计			#烤烟			六、药材		
	播种面积（公顷）	总产量（吨）	公顷产量（公斤）	播种面积（公顷）	总产量（吨）	公顷产量（公斤）	播种面积（公顷）	总产量（吨）	公顷产量（公斤）
洛阳市	**23615**	**57780**	**2447**	**23615**	**57957**	**2454**	**24583**	**49740**	**2023**
老城区									
西工区									
瀍河区									
涧西区									
吉利区							1		
洛龙区									
孟津县	325	850	2615	325	850	2615	71		
新安县	1041	4183	4018	1041	4183	4018	1835	3203	1746
栾川县	381	851	2234	381	848	2226	5690	8139	1430
嵩县	2534	3865	1525	2534	3865	1525	9345	35143	3761
汝阳县	2568	6136	2389	2568	6136	2389	4932	10	2
宜阳县	5863	15934	2718	5863	15058	2568	1052	329	313
洛宁县	8120	17843	2197	8120	18899	2327	1301	2617	2012
伊川县	2783	8118	2917	2783	8118	2917	355	277	779
高新区									
偃师市									
龙管会									
伊滨区							1	23	23115

4-14续表9

	七、蔬菜(含菜用瓜)			八、瓜　果			(1)西　瓜		
	播种面积(公顷)	总产量(吨)	公顷产量(公斤)	播种面积(公顷)	总产量(吨)	公顷产量(公斤)	播种面积(公顷)	总产量(吨)	公顷产量(公斤)
洛阳市	**67106**	**2830561**	**42180**	**7421**	**187083**	**25210**	**5894**	**160934**	**27305**
老城区	156	5556	35615	4	32	8000	2	4	2000
西工区	110	2674	24309	11	229	20818	3	88	29333
瀍河区	325	22609	69566	22	376	17091	22	376	17091
涧西区	72	1819	25264						
吉利区	94	2557	27202	39	1137	29154	37	1117	30189
洛龙区	4406	205670	46680	8	80	10000			
孟津县	8495	308948	36368	443	11979	27041	289	10866	37599
新安县	9885	388480	39300	1132	13379	11819	925	11000	11892
栾川县	3235	61980	19159	20	210	10500	7	149	21286
嵩　县	5755	262691	45646	269	8699	32338	236	7535	31928
汝阳县	1041	34583	33221	372	2516	6763	346	2086	6029
宜阳县	14392	699056	48573	2806	82370	29355	2244	69781	31097
洛宁县	2822	92182	32665	1078	28755	26674	867	27127	31288
伊川县	5571	216293	38825	1015	31529	31063	782	26881	34375
高新区	54	1601	29648	30	650	21667	30	650	21667
偃师市	7345	351815	47899	147	4088	27810	101	3117	30861
龙管会	29	244	8414	21	865	41190			
伊滨区	3319	171803	51763	4	189	47250	3	157	52333

4-14续表10

	⑵甜　瓜			⑶草　莓			九、其他农作物播种面积（公顷）
	播种面积（公顷）	总产量（吨）	公顷产量（公斤）	播种面积（公顷）	总产量（吨）	公顷产量（公斤）	
洛阳市	**1247**	**22456**	**18008**	**280**	**3693**	**13189**	**6946**
老城区				2	28	14000	276
西工区				8	141	17625	
瀍河区							33
涧西区							
吉利区	2	20	10000				10
洛龙区				8	80	10000	330
孟津县	5	203	40600	149	910	6107	655
新安县	165	862	5224	42	1517	36119	615
栾川县	4	51	12750	9	10	1111	484
嵩　县	32	1146	35813	1	18	18000	107
汝阳县	23	390	16957	3	40	13333	129
宜阳县	562	12589	22400				359
洛宁县	186	1198	6441	25	430	17200	116
伊川县	209	4286	20507	24	362	15083	122
高新区							
偃师市	37	814	22000	9	157	17444	950
龙管会	21	865	41190				192
伊滨区	1	32	32000				2568

4-15　全市主要农作物播种面积构成(2016年)

单位：%

	洛阳市	老城区	西工区	瀍河区	涧西区	吉利区	洛龙区	孟津县	新安县	栾川县
农作物总播种面积	**100.0**	**100.0**	**100.0**	**100.0**	**100.0**	**100.0**	**100.0**	**100.0**	**100.0**	**100.0**
粮食作物合计	**74.6**	**71.3**	**85.4**	**58.2**	**85.9**	**91.6**	**56.2**	**81.8**	**74.2**	**51.9**
夏收粮食	35.8	38.3	40.4	34.0	41.8	47.2	28.6	42.8	34.6	17.0
秋收粮食	38.8	33.0	45.0	24.2	44.1	44.4	27.6	39.1	39.6	34.9
谷物合计	66.0	66.7	79.1	57.6	83.7	91.2	55.8	78.4	66.6	46.5
稻谷	0.3							1.5		
小麦	35.8	38.3	40.4	34.0	41.7	47.2	28.6	42.8	34.6	17.0
玉米	27.6	28.3	38.6	23.7	42.0	44.0	27.2	32.2	31.0	29.5
谷子	2.3							1.7	1.0	
高粱										
其它谷物								0.2		
豆类合计	4.3	0.3	0.7		0.4	0.1		0.8	3.8	4.2
大豆	3.2				0.2	0.1		0.6	2.6	4.0
绿豆	0.9	0.3	0.7					0.2	1.2	0.1
红小豆	0.1									
红薯(折粮)	4.3	4.4	5.7	0.6	1.9	0.3	0.3	2.5	3.8	1.2
油料合计	**6.3**	**0.3**	**3.2**		**5.5**	**3.0**	**2.5**	**2.3**	**3.2**	**3.1**
花生	3.6	0.2	0.6		1.1	3.0	2.0	1.8	1.0	1.3
油菜籽	1.7		0.7		2.7		0.2	0.4	1.6	1.7
芝麻	0.6	0.1	2.0		1.7		0.3	0.1	0.5	
棉花	**0.6**					**0.2**	**0.1**	**0.9**	**0.3**	**0.1**
烟叶	**3.4**							**0.5**	**1.6**	**1.7**
烤烟	3.4							0.5	1.6	1.7
药材类合计	**3.5**							**0.1**	**2.8**	**26.1**
蔬菜(含菜用瓜)	**9.6**	**10.1**	**10.4**	**35.8**	**8.6**	**3.4**	**38.3**	**12.7**	**15.2**	**14.8**
瓜果类(果用瓜)	**1.1**	**0.3**	**1.0**	**2.4**		**1.4**	**0.1**	**0.7**	**1.7**	**0.1**
其它作物	**1.0**	**17.9**		**3.6**		**0.4**	**2.9**	**1.0**	**0.9**	**2.2**

单位：%

	嵩　县	汝阳县	宜阳县	洛宁县	伊川县	高新区	偃师市	龙管会	伊滨区
农作物总播种面积	**100.0**	**100.0**	**100.0**	**100.0**	**100.0**	**100.0**	**100.0**	**100.0**	**100.0**
粮食作物合计	**69.1**	**77.2**	**66.9**	**76.7**	**83.6**	**88.5**	**81.8**	**66.3**	**76.2**
夏收粮食	31.0	34.8	31.7	36.5	40.5	40.6	42.6	32.4	40.8
秋收粮食	38.1	42.4	35.1	40.2	43.1	47.8	39.1	33.9	35.4
谷物合计	57.6	66.9	57.7	60.5	73.3	84.2	80.0	63.5	74.5
稻谷			0.2		0.6				
小麦	31.0	34.8	31.7	36.5	40.5	40.4	42.6	32.4	40.8
玉米	26.4	31.6	22.6	20.5	25.8	43.7	36.6	31.1	33.1
谷子	0.1	0.5	3.2	3.4	6.5		0.7		0.5
高粱	0.1								
其它谷物									
豆类合计	5.1	3.7	5.0	12.0	3.0	0.3	1.0	2.0	0.7
大豆	3.8	3.3	2.5	10.6	2.2	0.2	0.6	2.0	0.6
绿豆	0.9	0.3	2.4	0.9	0.7		0.1	0.1	0.1
红小豆	0.4	0.1	0.1	0.4					
红薯(折粮)	6.4	6.6	4.1	4.3	7.3	3.9	0.8	0.7	1.0
油料合计	**6.5**	**6.5**	**13.6**	**6.9**	**5.0**	**8.1**	**2.3**	**11.1**	**1.3**
花生	4.4	4.9	9.6	0.9	2.2	5.0	1.5	3.2	0.6
油菜籽	1.2	1.1	3.3	2.2	1.6	1.8	0.7	5.9	0.5
芝麻	0.7	0.5	0.6	0.7	1.3	1.2		2.0	0.1
棉花	**0.3**	**0.4**	**1.1**	**0.2**	**1.0**	**0.7**	**0.2**	**0.1**	**0.1**
烟叶	**3.4**	**4.5**	**4.4**	**9.8**	**2.9**				
烤烟	3.4	4.5	4.4	9.8	2.9				
药材类合计	**12.5**	**8.6**	**0.8**	**1.6**	**0.4**				
蔬菜(含菜用瓜)	**7.7**	**1.8**	**10.9**	**3.4**	**5.9**	**1.8**	**13.7**	**2.7**	**12.6**
瓜果类(果用瓜)	**0.4**	**0.7**	**2.1**	**1.3**	**1.1**	**1.0**	**0.3**	**2.0**	
其它作物	**0.1**	**0.2**	**0.3**	**0.1**	**0.1**		**1.8**	**17.9**	**9.8**

4-16 水果生产情况(2016年)

	洛阳市	老城区	西工区	瀍河区	涧西区	吉利区	洛龙区	孟津县	新安县
果园面积(公顷)	**46568**	**48**	**211**	**17**	**69**	**41**	**404**	**2231**	**4316**
苹果园	22781		1	2		2	4	277	768
梨园	3376	8	48	1		4	23	779	895
桃园	2996		13	8	41	24	88	226	817
猕猴桃园	61	12					1	5	
葡萄园	4395	4	14	6	27	8	243	250	111
水果总产量(吨)	**888221**	**660**	**2331**	**602**	**1056**	**635**	**9418**	**70200**	**63021**
苹果	489589	290	6	45		130	5	24400	14376
红富士	392846	290	4	45		120		21424	7800
国光	15486							185	618
梨	48999	105	724	12		11	251	26193	441
雪花梨	6993					11	89	1715	35
鸭梨	2190	105		12				7	40
桃子	69567	193	480	230	610	131	1138	4382	7408
猕猴桃	870						26	120	
葡萄	110964	52	300	315	420	150	5625	4573	1315
红枣	20085					50			784
柿子	68014	20	449		26	34	570	446	29104

4-16续表

	栾川县	嵩　县	汝阳县	宜阳县	洛宁县	伊川县	偃师市	高新区	龙管会	伊滨区
果园面积(公顷)	**703**	**2938**	**961**	**3386**	**26573**	**814**	**3315**	**435**	**12**	**94**
苹果园	25	635	143	1441	18872	413	180	4		14
梨园	369	156	93	124	805	30	34	3		4
桃园	131	477	184	499	349	66	41	24	2	6
猕猴桃园	33	6		1			1			2
葡萄园	9	109	100	143	59	33	3056	169	10	44
水果总产量(吨)	**7941**	**82256**	**11066**	**130415**	**397587**	**11123**	**87961**	**9489**	**515**	**1945**
苹果	608	28050	858	71995	335642	7370	5569	65		180
红富士	204	11257	514	44643	294366	7122	5022			35
国光	10	2676	56	1427	10296	78	120			20
梨	1131	1576	1158	4488	11007	447	1310	60		85
雪花梨	417	309	125	3032	503	447	310			
鸭梨	30	240	42	1072	557					85
桃子	1790	7236	2843	10291	30300	980	1232	276	15	32
猕猴桃	500	115				32	10			37
葡萄	127	1667	1355	2328	5192	564	78701	6259	500	1521
红枣	5	587	43	17221	29	1300	38	28		
柿子	1189	9650	4492	5995	15417	413	90	29		90

4-17 林业生产情况(2016年)

	洛阳市	老城区	西工区	瀍河区	涧西区	吉利区
营林情况						
当年造林面积(公顷)	11111		67			
用材林	24					
经济林	1939					
防护林	9148		67			
迹地更新面积(公顷)						
封山育林面积(公顷)						
零星植树(万株)	798.5					2.3
育苗面积(公顷)	3369					
主要林产品产量						
核　桃(吨)	18688				28	210
板　栗(吨)	10124					
生　漆(吨)	103					
村及村以下木材采伐量(立方米)	97478					34

4-17续表1

	洛龙区	高新区	孟津县	新安县	栾川县	嵩　县
营林情况						
当年造林面积(公顷)	67		734	1016	1520	1193
用材林					24	
经济林			285	348	358	
防护林	67		449	668	1138	1193
迹地更新面积(公顷)						
封山育林面积(公顷)						
零星植树(万株)	25	7	4.2			50
育苗面积(公顷)			185	179	1019	281
主要林产品产量						
核　桃(吨)	980		3350	3765	3020	4500
板　栗(吨)					7035	1860
生　漆(吨)					100	
村及村以下木材采伐量(立方米)		113	3857			28901

4-17续表2

	汝阳县	宜阳县	洛宁县	伊川县	偃师市	伊滨区	龙管会
营林情况							
当年造林面积(公顷)	1684	1595	1877	715	643		
用材林							
经济林	742				206		
防护林	942	1595	1877	715	437		
迹地更新面积(公顷)							
封山育林面积(公顷)							
零星植树(万株)		67	175	400	68		
育苗面积(公顷)	450	507	280	299	169		
主要林产品产量							
核　桃(吨)		40	300	1040	1455		
板　栗(吨)	1120		65		44		
生　漆(吨)			3				
村及村以下木材采伐量(立方米)	3881	11024	40312	6355	2435	541	25

4-18 主要畜禽年末存栏数量(2016年)

	洛阳市	老城区	西工区	瀍河区	涧西区	吉利区	洛龙区	孟津县	新安县	栾川县
猪(万头)	**168.74**	**0.19**	**0.26**	**0.30**	**0.14**	**2.43**	**2.63**	**17.69**	**14.17**	**5.64**
能繁殖的母猪	19.12	0.01	0.03	0.02	0.02	0.28	0.26	1.94	1.60	0.62
牛(万头)	**48.20**	**0.01**	**0.01**	**0.04**	**0.02**	**0.07**	**0.52**	**4.58**	**2.40**	**0.92**
肉牛	40.47	0.01	0.01	0.02	0.01	0.03	0.03	0.31	2.31	0.92
奶牛	7.73	0.00	0.00	0.01	0.02	0.04	0.49	4.27	0.09	0.00
役用牛										
羊(万只)	**79.84**	**0.04**	**0.06**	**0.07**	**0.03**	**0.22**	**0.23**	**5.21**	**13.93**	**3.35**
山羊	49.18	0.03	0.03	0.04	0.02	0.10	0.10	2.93	8.16	2.18
绵羊	30.66	0.02	0.02	0.03	0.01	0.12	0.13	2.28	5.76	1.17
家禽存栏(万只)	**2481.93**	**3.79**	**6.12**	**4.87**	**4.06**	**9.31**	**46.69**	**183.40**	**253.77**	**90.68**
鸡	2351.82	3.79	5.29	4.54	4.06	9.01	44.39	182.01	253.26	90.68
兔存栏(万只)	**228.29**			**0.30**		**1.47**		**2.48**	**26.81**	**0.05**

4-18续表

	嵩 县	汝阳县	宜阳县	洛宁县	伊川县	偃师市	高新区	龙管会	伊滨区
猪(万头)	**17.76**	**8.80**	**26.13**	**8.90**	**30.66**	**23.53**	**1.13**	**0.08**	**8.33**
能繁殖的母猪	2.04	0.96	3.19	1.04	3.53	2.69	0.13	0.01	0.76
牛(万头)	**8.63**	**1.42**	**9.02**	**8.55**	**8.51**	**3.02**	**0.13**	**0.00**	**0.34**
肉牛	8.59	1.41	9.02	8.51	8.50	0.63	0.01	0.00	0.14
奶牛	0.04	0.01	0.00	0.04	0.01	2.39	0.12	0.00	0.20
役用牛									
羊(万只)	**11.63**	**2.23**	**23.69**	**10.51**	**5.46**	**1.89**	**0.07**	**0.07**	**1.14**
山羊	6.63	1.52	15.31	6.87	3.30	1.15	0.04	0.04	0.71
绵羊	5.00	0.71	8.38	3.64	2.16	0.74	0.03	0.02	0.44
家禽存栏(万只)	**207.56**	**146.22**	**360.10**	**355.99**	**465.75**	**215.06**	**43.03**	**3.52**	**82.02**
鸡	205.91	142.79	354.88	250.16	462.15	214.56	39.48	3.36	81.51
兔存栏(万只)	**38.76**		**123.54**	**15.31**	**17.79**	**0.91**			**0.88**

4-19 牲畜出栏和畜禽产品产量(2016年)

	洛阳市	老城区	西工区	瀍河区	涧西区	吉利区	洛龙区	孟津县	新安县	栾川县
猪出栏头数(万头)	233.44	0.72	0.26	0.30	0.07	3.23	3.28	22.28	18.76	6.73
牛出栏头数(万头)	21.91	0.00	0.01	0.04	0.00	0.01	0.02	1.34	1.05	0.61
羊出栏头数(万只)	63.74	0.03	0.04	0.09	0.06	0.15	0.21	3.90	10.07	2.43
家禽出栏头数(万只)	2144.71	6.55	6.07	2.45	3.67	20.24	42.94	166.72	240.21	78.54
肉类总产量(吨)	253634	628	321	473	106	3092	3105	21645	22021	7300
猪肉产量	179339	550	199	225	54	2477	2532	17101	14413	5157
牛肉产量	33502	3	13	70	5	16	37	2084	1595	901
羊肉产量	7847	4	4	11	7	18	26	483	1240	297
禽肉产量	25551	71	105	155	40	278	510	1899	2685	939
禽蛋产量(吨)	162188	249	88	64	111	760	3488	14695	15101	5912
奶类产量(吨)	307015	502	395	716	143	761	16679	128521	5421	373
牛奶产量	293206	502	395	716	143	761	16659	125083	2885	373
山绵羊毛产量(吨)	798	0	1	1	0	2	2	52	139	33
蜂蜜产量(吨)	2575				18	5		19	11	13

4-19续表

	嵩　县	汝阳县	宜阳县	洛宁县	伊川县	偃师市	高新区	龙管会	伊滨区
猪出栏头数(万头)	23.21	12.31	42.48	12.05	44.05	32.96	1.08	0.13	9.55
牛出栏头数(万头)	4.17	0.56	4.21	5.39	3.55	0.54	0.01	0.01	0.39
羊出栏头数(万只)	11.42	2.77	13.12	11.09	4.17	1.31	0.16	0.15	2.57
家禽出栏头数(万只)	138.51	117.11	214.08	272.33	311.81	381.51	10.34	6.17	125.46
肉类总产量(吨)	28629	11957	45739	23182	43849	30731	981	253	9622
猪肉产量	17924	9430	32576	9236	33865	25363	828	97	7312
牛肉产量	6374	865	6414	8116	5568	811	21	14	595
羊肉产量	1403	337	1626	1362	515	159	20	18	317
禽肉产量	1651	1325	2375	4125	3403	4385	112	124	1369
禽蛋产量(吨)	15423	4153	20985	19667	26754	20998	86	61	13593
奶类产量(吨)	6935	503	9360	3631	15312	88778	8859	102	20024
牛奶产量	6801	503	5034	276	15312	88778	8859	102	20024
山绵羊毛产量(吨)	116	22	237	105	55	19	1	1	11
蜂蜜产量(吨)	667	117	317	982	421	6			

4-20 农村经济主要指标人均水平(2016年)

	洛阳市	老城区	西工区	瀍河区	涧西区	吉利区	洛龙区
按乡村人口平均							
农林牧渔业总产值(现行价)(元)	8759.32	11634.28	1029.35	2869.01		8066.33	4395.77
农林牧渔业增加值(现行价)(元)	5044.52	6839.70	598.80	1666.75		4645.70	2549.53
粮食总产量(公斤)	462.27	151.93	49.21	53.52		399.35	125.63
夏　粮	228.35	93.00	27.51	31.29		209.84	61.56
秋　粮	233.93	58.93	21.70	22.23		189.51	64.07
棉花总产量(公斤)	1.03					0.30	0.03
油料总产量(公斤)	25.47	0.20	1.26			5.56	1.06
烟叶总产量(公斤)	11.54						
蔬菜总产量(公斤)	565.37	220.34	49.71	559.19		69.40	707.84
肉类总产量(公斤)	50.66	24.90	5.97	11.70		83.91	10.69
禽蛋总产量(公斤)	32.40	9.87	1.64	1.58		20.63	12.00
奶类总产量(公斤)	61.32	19.91	7.34	17.71		20.65	57.40
年末牛存栏(头)	0.10	0.00	0.00	0.01		0.02	0.02
年末生猪存栏(只)	0.34	0.07	0.05	0.07		0.66	0.09
年末羊存栏(只)	0.16	0.02	0.01	0.02		0.06	0.01
年末家禽存栏(头)	4.96	1.50	1.14	1.20		2.53	1.61
按乡村从业人员平均							
农林牧渔业总产值(现行价)(元)	15190.89	21829.75	2356.67	5426.65		16336.15	8413.18
农林牧渔业增加值(现行价)(元)	8748.48	12833.54	1370.93	3152.60		9408.60	4879.62
粮食总产量(公斤)	801.70	285.07	112.66	101.24		808.78	240.44
棉花总产量(公斤)	1.78					0.60	0.06
油料总产量(公斤)	44.18	0.37	2.89			11.27	2.02
烟叶总产量(公斤)	20.01						
蔬菜总产量(公斤)	980.50	413.42	113.81	1057.68		140.54	1354.76

	孟津县	新安县	栾川县	嵩　县	汝阳县	宜阳县
按乡村人口平均						
农林牧渔业总产值(现行价)(元)	11030.38	9379.75	8566.94	10900.86	5966.35	11045.65
农林牧渔业增加值(现行价)(元)	6452.78	5496.53	5020.20	6387.92	3490.30	6361.23
粮食总产量(公斤)	615.02	463.60	143.72	418.98	408.74	620.95
夏　粮	345.08	226.56	47.50	192.33	183.56	305.31
秋　粮	269.94	237.04	96.23	226.65	225.18	315.64
棉花总产量(公斤)	1.56	1.54	0.06	0.52	0.72	3.37
油料总产量(公斤)	9.92	11.37	3.10	19.50	24.82	122.44
烟叶总产量(公斤)	2.14	9.47	2.78	7.80	14.00	26.65
蔬菜总产量(公斤)	776.97	879.30	202.61	530.34	78.93	1169.40
肉类总产量(公斤)	54.44	49.84	23.86	57.80	27.29	76.51
禽蛋总产量(公斤)	36.96	34.18	19.33	31.14	9.48	35.10
奶类总产量(公斤)	323.22	12.27	1.22	14.00	1.15	15.66
年末牛存栏(头)	0.12	0.05	0.03	0.17	0.03	0.15
年末生猪存栏(只)	0.44	0.32	0.18	0.36	0.20	0.44
年末羊存栏(只)	0.13	0.32	0.11	0.23	0.05	0.40
年末家禽存栏(头)	4.61	5.74	2.96	4.19	3.34	6.02
按乡村从业人员平均						
农林牧渔业总产值(现行价)(元)	20306.54	15744.69	15020.52	17662.32	10280.34	18958.50
农林牧渔业增加值(现行价)(元)	11879.35	9226.38	8801.99	10350.14	6013.98	10918.27
粮食总产量(公斤)	1132.23	778.19	251.99	678.86	704.28	1065.78
棉花总产量(公斤)	2.87	2.58	0.10	0.85	1.24	5.78
油料总产量(公斤)	18.26	19.09	5.43	31.59	42.76	210.16
烟叶总产量(公斤)	3.94	15.89	4.88	12.64	24.13	45.75
蔬菜总产量(公斤)	1430.38	1475.97	355.24	859.30	135.99	2007.13

	洛宁县	伊川县	偃师市	高新区	龙管会	伊滨区
按乡村人口平均						
农林牧渔业总产值(现行价)(元)	12343.54	7367.19	7275.69	4133.97		8659.41
农林牧渔业增加值(现行价)(元)	7220.97	4015.12	4034.89	2343.76		5109.03
粮食总产量(公斤)	607.49	519.98	468.17	136.64		714.53
夏　粮	313.48	252.50	232.01	74.18		373.20
秋　粮	294.01	267.48	236.17	62.46		341.33
棉花总产量(公斤)	0.21	1.36	0.20	0.65		0.17
油料总产量(公斤)	18.43	15.78	5.18	7.70		5.77
烟叶总产量(公斤)	42.34	11.44				
蔬菜总产量(公斤)	218.73	304.71	658.47	29.55		1051.72
肉类总产量(公斤)	55.01	61.77	57.52	18.11		58.90
禽蛋总产量(公斤)	46.67	37.69	39.30	1.59		83.21
奶类总产量(公斤)	8.62	21.57	166.16	163.52		122.58
年末牛存栏(头)	0.20	0.12	0.06	0.02		0.02
年末生猪存栏(只)	0.21	0.43	0.44	0.21		0.51
年末羊存栏(只)	0.25	0.08	0.04	0.01		0.07
年末家禽存栏(头)	8.45	6.56	4.03	7.94		5.02
按乡村从业人员平均						
农林牧渔业总产值(现行价)(元)	19401.33	12120.78	13592.22	9370.74		16235.68
农林牧渔业增加值(现行价)(元)	11349.78	6605.83	7537.86	5312.75		9579.00
粮食总产量(公斤)	954.84	855.49	874.63	309.74		1339.68
棉花总产量(公斤)	0.32	2.24	0.37	1.46		0.31
油料总产量(公斤)	28.96	25.95	9.67	17.45		10.81
烟叶总产量(公斤)	66.55	18.82				
蔬菜总产量(公斤)	343.80	501.33	1230.13	66.98		1971.89

4-21 全市农林牧渔业总产值及构成(按当年价计算)

	2016 年 绝 对 数 (万元)	2015 年 绝 对 数 (万元)	2016 年 构 成 (%)	2015 年 构 成 (%)
农林牧渔业总产值	**4385408**	**4408417**		
农业产值	**2416357**	**2409795**	**55.1**	**54.7**
谷物及其他作物	804253	829472	18.3	18.8
谷物	412516	481058	9.4	10.9
小 麦	246935	285150	5.6	6.5
玉 米	141917	183794	3.2	4.2
薯 类	105459	61378	2.4	1.4
油 料	76435	73500	1.7	1.7
豆 类	21626	20003	0.5	0.5
棉 花	11325	8697	0.3	0.2
烟 草	145721	152040	3.3	3.4
其他农作物	31171	32796	0.7	0.7
蔬菜园艺作物	981167	958641	22.4	21.7
蔬菜(含菜用瓜)	637400	575898	14.5	13.1
花 卉	111201	120201	2.5	2.7
其他园艺作物	85572	130575	2.0	3.0
水果、坚果、饮料和香料作物	416064	395808	9.5	9.0
水果(含果用瓜)	341281	337829	7.8	7.7
苹 果	168419	178080	3.8	4.0

4-21续表

	2016 年 绝对数 (万元)	2015 年 绝对数 (万元)	2016 年 构成 (%)	2015 年 构成 (%)
中药材	214873	225875	4.9	5.1
林业产值	**426427**	**395889**	**9.7**	**9.0**
林木的培育和种植	248986	233883	5.7	5.3
竹木采运	3737	3628	0.1	0.1
林产品	173705	158378	4.0	3.6
牧业产值	**1160654**	**1270638**	**26.5**	**28.8**
牲畜饲养	359637	560139	8.2	12.7
牛的饲养	219261	366165	5.0	8.3
羊的饲养	33174	33813	0.8	0.8
奶产品	103157	158628	2.4	3.6
牛　奶	99189	154055	2.3	3.5
猪的饲养	469100	385481	10.7	8.7
家禽饲养	144006	147202	3.3	3.3
肉　禽	28884	29005	0.7	0.7
禽　蛋	115122	118197	2.6	2.7
狩猎和捕捉动物				
其他畜牧业	187910	177816	4.3	4.0
渔业产值	**70797**	**63030**	**1.6**	**1.4**
农林牧渔服务业	**311173**	**269065**	**7.1**	**6.1**

4-22 分县(市、区)农林牧渔业分项产值(2016年)

单位：万元

	农林牧渔业总产值	一、农业产值	(一)谷物及其它作物	1、谷物	#小麦	玉米	2、薯类	3、油料	4、豆类
洛阳市	**4385408**	**2416357**	**804253**	**412516**	**246935**	**141917**	**105459**	**76435**	**21626**
老城区	29337	23404	977	680	507	174	242	4	2
西工区	5537	2246	696	472	320	152	128	52	10
瀍河区	11600	8674	459	413	273	140	18		
涧西区	2500	1642	457	377	207	170	23	31	1
吉利区	29722	4920	3178	2773	1670	1103	75	116	2
洛龙区	127723	93108	7597	6829	3863	2966	116	180	
孟津县	438601	194597	76408	45780	29637	13581	7654	2225	301
新安县	414405	252404	68138	38259	21621	13292	10304	2964	1941
栾川县	262066	172696	14346	9838	3138	6700	772	504	674
嵩县	539946	293508	67512	34759	20577	14042	11683	5686	2468
汝阳县	261430	149394	70797	28225	17374	10430	16425	6244	2194
宜阳县	660300	452960	187473	65284	39420	20817	21377	41622	7964
洛宁县	520200	279301	115729	47403	28536	12493	8170	4753	6387
伊川县	522939	257507	127826	66398	38713	19735	25086	7343	1452
偃师市	388736	223257	74003	46638	26775	19391	2057	1574	449
龙管会	2352	1174	537	371	267	104	20	99	9
伊滨区	141455	77602	31981	24922	13168	8547	1138	510	194
高新区	22397	10419	1891	1365	867	498	171	251	7

	5、棉花	6、烟叶	7、其他农作物	(二)蔬菜园艺作物	#蔬菜	花卉	其他园艺作物	(三)水果	#苹果
洛阳市	**11325**	**145721**	**31171**	**981167**	**637400**	**111201**	**85572**	**416064**	**168419**
老城区			50	21763	1459	20216		664	100
西工区			34	677	677			874	2
瀍河区			28	7977	5917	2060		238	15
涧西区			25	872	398		430	313	
吉利区	24		187	587	586			1155	45
洛龙区	24		448	80783	51355	26525		4728	2
孟津县	453	2144	17850	93297	74177	8660	10000	23392	8394
新安县	1495	10550	2625	125299	79091	40867		28231	4945
栾川县		2146	411	44180	19873		21036	8074	209
嵩县	570	9748	2600	109426	61865	15339	9892	51070	9649
汝阳县		15475	2234	43877	7380	5		5422	295
宜阳县	4429	40186	6612	196476	153293			68491	21324
洛宁县	299	45000	3716	19172	16764	368		139101	115461
伊川县	2124	20474	4949	104240	60367	28000	15500	10767	2535
偃师市	231		23054	105619	77604	27750		43635	1916
龙管会	9		29	414	65	349		222	
伊滨区	59		5158	44117	34103	9880		1504	62
高新区			98	4628	336		4252	3899	22

4-22续表2

单位：万元

	(四)中药材	二、林业产值	(一)林木培育和种植	(二)竹木采运	(三)林产品	三、畜牧业产值	(一)牲畜饲养	1、牛的饲养	2、羊的饲养
洛阳市	**214873**	**426427**	**248986**	**3737**	**173705**	**1160654**	**359637**	**219261**	**33174**
老城区		1346	846		500	1801	181	7	7
西工区		47	47			2859	212	65	17
瀍河区						2187	1304	935	203
涧西区		17	17			593	243	32	25
吉利区		375	201	174		8075	424	99	73
洛龙区		205	205			17861	8411	249	115
孟津县	1500	13820	13820			181691	111215	4974	2537
新安县	30736	47006	27984	4200	14823	79405	17084	10458	5293
栾川县	106096	45300	12054	126	33120	26154	7341	5929	1248
嵩　县	65499	84974	37628	816	46530	120887	51328	41891	5930
汝阳县	29298	53067	15508	214	37345	38133	7153	5545	1434
宜阳县	520	6745	5549	592	604	157624	52589	41866	7133
洛宁县	5300	48168	45853	752	1563	147755	68940	53871	6571
伊川县	14674	9567	6841	276	2450	223939	69913	35440	2185
偃师市		2946	2946			136058	35676	5379	617
龙管会		327	327			624	198	92	73
伊滨区		1746	1649	96		47984	17424	3934	1341
高新区		2094	2094			7506	3157	132	81

单位：万元

	3、 奶产品	#牛　奶	(二) 猪的饲养	(三) 家禽饲养	#肉　禽	禽　蛋	(四) 其　它 畜牧业	四、 渔业产值	五、 农林牧渔 服务业产值
洛阳市	**103157**	**99189**	**469100**	**144006**	**28884**	**115122**	**187910**	**70797**	**311173**
老城区	166	166	1380	240	63	177			2787
西工区	130	130	524	176	114	62	1948		385
瀍河区	166	166	732	151	98	53			738
涧西区	48	48	139	123	45	79	88		248
吉利区	252	252	6705	850	303	547	96	13884	2467
洛龙区	8047	8047	6597	2854	553	2301		3903	12645
孟津县	73688	61898	51945	12748	1410	11338	683	21870	26623
新安县	1272	1272	37680	13566	2917	10649	11075	8180	27410
栾川县	164		13483	5291	1102	4189	38	988	16928
嵩　县	3383	2279	46639	12794	1887	10907	8126	4681	35896
汝阳县	168	168	24773	4437	1483	2954	1770	443	20392
宜阳县	3093	2192	84228	18931	3471	15461	1876	3353	39618
洛宁县	386	110	26042	29801	15152	13999	1322	758	44217
伊川县	5101	5101	88450	22864	3702	19162	25000	551	31376
偃师市	29679	29679	61862	19741	4799	14942	18778	297	26178
龙管会	34	34	249	177	133	43			227
伊滨区	6662	6662	19246	11213	1480	9733	102	119	14004
高新区	2944		2168	181	120	62	2000	162	2217

五、固定资产投资和建筑业

INVESTMENT IN FIXED ASSETS AND CONSTRUCTION

资料整理：李　静　崔玉贞　吴晓燕　张　帅　高群英

主要统计指标解释

全社会固定资产投资 是以货币形式表现的在一定时期内全社会建造和购置固定资产的工作量以及与此有关的费用的总称。按登记注册类型可分为国有、集体、个体、联营、股份制、外商、港澳台商、其他等。

固定资产投资 指城镇和农村各种登记注册类型的企业、事业、行政单位及城镇个体户进行的计划总投资(或实际需要总投资)500 万元及以上的建设项目投资和房地产开发投资。

新增固定资产 指已经完成建造和购置过程,并已交付生产或使用单位的固定资产的价值,包括已经建成投入生产或交付使用的工程投资和达到固定资产标准的设备、工具、器具的投资及有关应摊入的费用。属于增加固定资产价值的其他建设费用,应随同交付使用的工程一并计入新增固定资产。

房地产开发投资 指各种登记注册类型的房地产开发法人单位统一开发的包括统代建、拆迁还建的住宅、厂房、仓库、饭店、宾馆、度假村、写字楼、办公楼等房屋建筑物,配套的服务设施,土地开发工程(如道路、给水、排水、供电、供热、通讯、平整场地等基础设施工程)和土地购置的投资;不包括单纯的土地开发和交易活动。

房屋建筑面积 指从房屋外墙线算起的各层平面面积的总和,包括可供使用的有效面积和房屋结构(如柱、墙)占用的面积。多层建筑按各层(包括地下室)面积总和计算。

住宅建筑面积 指施工和竣工房屋建筑面积中供居住用的施工和竣工房屋建筑面积。

施工面积 指报告期内施工的全部房屋建筑面积。包括本期新开工的面积、上期跨入本期继续施工的房屋面积、上期停缓建在本期恢复施工的房屋面积、本期竣工的房屋面积及本期施工后又停缓建的房屋面积。

竣工面积 指在报告期内房屋建筑按照设计要求已全部完工,达到住人和使用条件,经验收鉴定合格,正式移交使用单位的建筑面积。

商品房销售面积 指报告期内出售商品房屋的合同总面积(即双方签署的正式买卖合同中所确定的建筑面积)。由现房销售建筑面积和期房销售建筑面积两部分组成。

商品房销售额 指报告期内出售商品房屋的合同总价款(即双方签署的正式买卖合同中所确定的合同总价)。该指标与商品房销售面积同口径,由现房销售额和期房销售额两部分组成。

建筑业总产值 是以货币形式表现的建筑业企业在一定时期内生产的建筑业产品和提供的服务的总和。建筑业总产值包括:

(1)建筑工程产值:指列入建筑工程预算内的各种工程价值。

(2)安装工程产值:指设备安装工程价值,不包括被安装设备本身的价值。

(3)其他产值:建筑业总产值中除建筑工程、安装工程以外的产值。包括房屋构筑物修理产值、非标准设备制造产值、总包企业向分包企业收取的管理费以及不能明确划分的施工活动所完成的产值。

5-1 全市固定资产投资主要指标

单位：万元

	2005年	2010年	2012年	2013年	2014年	2015年	2016年
全社会固定资产投资总额	**4800717**	**17687991**	**21587150**	**25692364**	**30264796**	**35766908**	**41201069**
固定资产投资	4009156	15488052	21090529	25189784	29810966	35369646	40826848
住　宅	606590	1762483	2448052	3065475	2710781	2761823	2887273
农户投资	254392	428603	496621	502580	453830	397262	374221
固定资产投资按经济类型分							
国有经济	1584843	2771464	4434390	4921936	4058757	3965462	5086661
集体经济	105894	1827014	2211432	2894089	2869530	2666469	733763
个体经济	76228	229279	231344	22130	56518	48689	121206
其它经济	2242191	10660295	14213363	17351629	22826161	28689026	34885218
固定资产投资按产业分							
第一产业	26149	485316	1373643	1178882	1851446	1998874	2387863
第二产业	2135361	8993505	9699475	11901049	14122207	16564641	18367576
第三产业	1847646	6009231	10017411	12109853	13837313	16806131	20071409
固定资产投资当年新增固定资产	**3441154**	**13961688**	**14663412**	**19284067**	**24766647**	**36342559**	**28892654**
固定资产投资房屋施工面积（万平方米）	**1684.5**	**3730.5**	**6573.7**	**8605.6**	**8223.5**	**7366.1**	**6204.7**
#住　宅	1007.9	2154.1	3417.3	4413.1	4345.9	3837.9	3629.7
固定资产投资房屋竣工面积（万平方米）	**844.6**	**1307.2**	**1039.6**	**1552.5**	**1759.5**	**1318.9**	**637.3**
#住　宅	479.2	713.8	553.9	916.5	817.2	714.4	330.3
农户房屋施工面积（万平方米）	**883.5**	**1150.4**	**569.9**	**852.1**	**690.8**	**1801.3**	**604.4**
#住　宅	652.3	989.7	547.2	784.8	664.4	1751.9	514.5
农户房屋竣工面积（万平方米）	**787.7**	**624.7**	**336.2**	**589.3**	**633.4**	**1750.5**	**528.1**
#住　宅	618.1	537.9	330.5	555.7	601.1	1703.9	464.2

注：2011年以前凡含“固定资产投资”指标均为城镇固定资产投资.

5-2 分县(市、区)固定资产投资主要指标(2016年)

单位：万元

	洛阳市	老城区	西工区	廛河区	涧西区	吉利区	洛龙区	偃师市
全社会固定资产投资总额	**41201069**	**806821**	**1919170**	**942819**	**2276526**	**431177**	**2711326**	**3405369**
固定资产投资	40826848	802786	1917236	942695	2271754	430172	2685861	3345325
住　宅	2887273	275785	491391	304411	403802	71471	604597	47583
农户固定资产投资	374221	4035	1934	124	4772	1005	25465	60044
固定资产投资按经济类型分								
国有经济	5086661	29190	375685	165512	207750	113004	275086	128716
集体经济	733763		12126		46388		65298	509
个体经济	121206	13060	3436		24200			53850
其它经济	34885218	760536	1525989	777183	1993416	317168	2345477	3162250
固定资产投资按产业分								
第一产业	2387863	1500	16330				24600	58000
第二产业	18367576	40626	414613	230381	946321	133117	636456	2120517
第三产业	20071409	760660	1486293	712314	1325433	297055	2024805	1166808
固定资产投资当年新增固定资产	**28892654**	**331694**	**1303868**	**580067**	**1635548**	**205588**	**1105135**	**2546314**
房屋施工面积(万平方米)	**6204.7**	**437.1**	**1207.5**	**211.2**	**748.1**	**112.6**	**1293.4**	**93.6**
#住　宅	3629.7	336.0	824.3	170.6	420.3	88.6	774.9	49.8
房屋竣工面积(万平方米)	**637.3**	**3.2**	**110.6**		**127.4**	**15.9**	**127.8**	**24.4**
#住　宅	330.3	3.2	71.8		71.2	11.3	47.3	6.6
农户房屋施工面积(万平方米)	**604.4**	**0.2**	**3.0**	**0.2**	**9.4**	**0.5**	**45.2**	**103.3**
#住　宅	514.5	0.2	3.0	0.2	9.4	0.5	45.2	92.3
农户房屋竣工面积(万平方米)	**528.1**	**0.2**	**3.0**	**0.2**	**9.4**	**0.5**	**35.0**	**98.0**
#住　宅	464.2	0.2	3.0	0.2	9.4	0.5	35.0	86.0

5-2续表

单位：万元

	孟津县	新安县	栾川县	嵩　县	汝阳县	宜阳县	洛宁县	伊川县
全社会固定资产投资总额	**3164138**	**5225687**	**2509701**	**2398037**	**1865967**	**3218992**	**2386663**	**4778512**
固定资产投资	3136792	5190781	2480110	2354278	1851202	3175414	2346781	4735495
住　宅	7775	54871	45664	83182	29271	25315	164564	78994
农户固定资产投资	27346	34906	29591	43759	14765	43578	39882	43017
固定资产投资按经济类型分								
国有经济	132086	733318	31819	937668	303934	308496	444409	154378
集体经济	194309	141304		159625		80605	850	32749
个体经济						4930	980	20750
其它经济	2810397	4316159	2448291	1256985	1547268	2781383	1900542	4527618
固定资产投资按产业分								
第一产业	131823	307128	242450	163281	168133	379303	116830	556739
第二产业	1660995	3031094	567419	611866	1130833	1872404	1645274	2127268
第三产业	1343974	1852559	1670241	1579131	552236	923707	584677	2051488
固定资产投资当年新增固定资产	**2755108**	**3143143**	**1576481**	**2148655**	**1667325**	**2396432**	**1653448**	**2979823**
房屋施工面积(万平方米)	**72.0**	**497.2**	**185.3**	**71.6**	**101.0**	**169.9**	**235.0**	**173.3**
#住　宅	12.2	191.8	32.7	50.5	66.6	65.4	167.7	104.7
房屋竣工面积(万平方米)	**28.4**	**61.1**	**11.5**	**34.0**	**9.1**	**10.4**	**4.1**	**19.4**
#住　宅		55.2		24.0	2.8	9.3	3.5	8.3
农户房屋施工面积(万平方米)	**33.3**	**48.5**	**53.5**	**52.5**	**35.1**	**72.0**	**37.3**	**110.5**
#住　宅	25.9	48.5	45.4	47.4	32.9	57.1	33.7	73.1
农户房屋竣工面积(万平方米)	**29.9**	**48.5**	**51.3**	**43.1**	**25.0**	**69.7**	**37.3**	**77.1**
#住　宅	23.5	48.5	45.2	42.1	24.5	57.1	33.7	55.3

5-3 分县(市、区)全社会固定资产投资

单位:万元

	2000年	2005年	2008年	2009年	2010年	2011年	2012年	2013年	2014年	2015年	2016年
洛阳市	**1256783**	**4800717**	**11006146**	**14472812**	**17687991**	**19072189**	**21587150**	**25692364**	**30264796**	**35766908**	**41201069**
老城区	7003	40072	136705	231315	291781	318347	391949	494103	583735	697398	806821
西工区	5693	66388	339771	566727	692047	753302	933312	1175930	1402706	1663020	1919170
廛河区	5366	47355	176699	285988	370018	391505	483042	588537	693306	815491	942818.9
涧西区	11788	93174	401564	665672	817875	910101	1129341	1407370	1679967	1987061	2276526
吉利区	14195	64247	99733	144560	174113	178684	220956	266138	315385	376631	431177
洛龙区	69734	220980	588047	843439	1029357	1115703	1374537	1704150	2021628	2372709	2711326
高新区		73160	185956	284573	342372	419228	519530	649329	779271	2890933	
孟津县	48180	190808	677961	1041105	1341122	1356889	1580339	1909094	2316512	2780253	3164138
新安县	85167	485838	989187	1602680	2023516	2181522	2672765	3203304	3549033	4244912	5225687
栾川县	32456	123626	504039	692732	865588	1076945	1319020	1538126	1891333	2278164	2509701
嵩　县	36348	196147	911269	1426900	1729463	1718158	1348317	1542955	1776987	2080593	2398037
汝阳县	31175	183593	866571	563371	681058	753075	928365	1129806	1350006	1641632	1865967
宜阳县	44967	218440	869014	1398212	1704334	1726686	1711354	2001500	2358043	2781580	3218992
洛宁县	24180	178662	700277	1138338	1412271	1402926	1313058	1494730	1814504	2153990	2386663
伊川县	81145	430111	1084589	1599727	1997021	2172349	2515411	2927966	3576944	4291473	4778512
偃师市	135881	531550	1045337	1520809	1840454	1344889	1643683	2041650	2442231	946275	3405369
伊滨区							942011	1187883	1454917	1708967	
龙管会							11500	15800	18960	23000	

5-4 分县(市、区)固定资产投资

单位:万元

	2000年	2005年	2008年	2009年	2010年	2011年	2012年	2013年	2014年	2015年	2016年
洛 阳 市	**833971**	**4009156**	**9743148**	**12804895**	**15488052**	**18605440**	**21090529**	**25189784**	**29810966**	**35369646**	**40826848**
老 城 区	7003	30286	131870	225321	285108	312961	386275	488361	578650	693075	802786
西 工 区	5693	62128	330756	558883	690042	751197	931114	1173686	1400720	1661277	1917236
廛 河 区	5366	39257	162965	275332	346795	387582	479045	584508	689785	815386	942695
涧 西 区	11788	80381	389099	660670	812846	904891	1123853	1401833	1679967	1982723	2271754
吉 利 区	9701	60051	94491	138516	167572	177683	219888	265051	314410	375780	430172
洛 龙 区	6078	173041	561502	814169	1005421	1089445	1346609	1675887	1995107	2349559	2685861
高 新 区		49893	182135	273306	337497	414202	514254	644000	774333	916537	1061507
孟 津 县	20981	148281	632091	894544	1086780	1322742	1543738	1872090	2282587	2743817	3136792
新 安 县	44662	360371	886026	1470796	1810661	2138983	2627160	3157152	3507514	4216183	5190781
栾 川 县	19343	91925	416876	591922	728318	1044410	1284200	1502853	1859381	2231217	2480110
嵩 县	15050	127883	644866	1094971	1336188	1663419	1289800	1483854	1723567	2063466	2354278
汝 阳 县	11718	103604	752537	475068	581249	733564	908207	1109366	1330948	1592934	1851202
宜 阳 县	17824	161386	684650	1156997	1417014	1673227	1652336	1941479	2302953	2736600	3175414
洛 宁 县	11555	109152	557306	941346	1143920	1351238	1258046	1439168	1763734	2107153	2346781
伊 川 县	39610	355316	999951	1467311	1790031	2118651	2457749	2869726	3523953	4228213	4735495
偃 师 市	30793	381435	884775	1297764	1572919	1293300	1592391	1989691	2395012	2890933	3345325
伊 滨 区							915704	1161287	1430057	1708967	1903325
龙 管 会							11500	15800	18960	23000	26925

5-5 分县(市、区)工业固定资产投资

单位:万元

	2000年	2005年	2008年	2009年	2010年	2011年	2012年	2013年	2014年	2015年	2016年
洛 阳 市	**389128**	**2092573**	**5913911**	**7982939**	**8939322**	**9511176**	**9672294**	**11864649**	**14114811**	**16624641**	**18390576**
老 城 区		4282	63445	48287	36413	36791	38148	6115	13614	22554	40626
西 工 区	1585	12244	103297	192364	209569	183962	202284	187438	177322	164889	414613
廛 河 区	2010	694	43448	39802	52028	68737	55318	113229	193092	183011	230381
涧 西 区	1503	13584	163665	301991	388035	372146	418049	510604	624866	783875	946321
吉 利 区	2657	55728	60189	79194	110237	138633	174579	181906	185665	180020	133117
洛 龙 区	264	48021	272765	347331	435901	366337	207995	629564	735314	720792	636456
高 新 区		34338	117006	164238	128515	268881	234979	312348	283862	343395	423038
孟 津 县	10675	109735	500631	678802	823408	793649	865485	1150799	1338642	1533465	1660995
新 安 县	24917	342047	728136	1237193	1279133	1295232	1626191	1971300	2015827	2479738	3044094
栾 川 县	11260	64941	271621	274250	443188	460854	432310	369499	741303	752476	567419
嵩 县	4451	34937	262391	603216	536920	571195	378175	602932	553380	755556	611866
汝 阳 县	2883	59044	456534	343052	436006	465962	570115	693618	911388	1218726	1130833
宜 阳 县	4102	84966	450011	714014	762969	854597	642718	999662	1419302	1425723	1882404
洛 宁 县	2500	65394	312333	574572	616835	613676	462965	833764	988067	1150497	1645274
伊 川 县	33875	334529	740979	1056280	1439877	1660001	1590179	1497875	1882953	2250385	2127268
偃 师 市	6436	337430	786782	1149012	1187261	863454	1025272	1227279	1444479	1849471	2120517
伊 滨 区							583071	552704	586558	800168	765854
龙 管 会											

5-6 固定资产投资完成情况综合表(2016年)

单位：万元

	投资项目	房地产开发
投资总额	**40826848**	**3725110**
按控股情况分		
国有控股	6462597	193487
集体控股	1807605	10470
港澳台控股	296958	106266
外商控股	267318	378
私人及其他控股	31992370	3414509
本年资金来源小计	**40073270**	**4178830**
国家预算内资金	676421	
国内贷款	2196970	469464
债券		
利用外资	42648	
自筹资金	34259239	1460975
其他资金	2897992	2248391
按隶属关系分		
中央	412448	
地方	40414400	3725110
按构成分		
建筑安装工程	26267919	3063215
设备工器具购置	9967338	84421
其他费用	4591591	577474
按建设性质分		
新建	30098697	
扩建	3509882	
改建	2297850	
本年新增固定资产	**28892654**	**974047**
房屋面积		
施工面积	62046603	47669509
#住宅	36297123	33674209
竣工面积	6373123	3671547
#住宅	3303053	2549739

5-7 按国民经济行业分的固定资产投资(一)(2016年)

单位：万元

	本年完成投资	#中央	地方	#内资	港澳台	外商投资
总计	**40826848**	**412448**	**40414400**	**39987206**	**375471**	**464171**
农、林、牧、渔业	**2691873**	**5188**	**2686685**	**2691873**		
农业	1205142	5188	1199954	1205142		
林业	452646		452646	452646		
畜牧业	726675		726675	726675		
渔业	3400		3400	3400		
农、林、牧、渔服务业	304010		304010	304010		
工业	**18390576**	**345899**	**18044677**	**17733640**	**225624**	**431312**
采矿业	1296566		1296566	1240985	48830	6751
煤炭开采和洗选业	66610		66610	66610		
石油和天然气开采业	30131		30131	30131		
黑色金属矿采选业						
有色金属矿采选业	1004599		1004599	949018	48830	6751
非金属矿采选业	176682		176682	176682		
开采辅助活动	13000		13000	13000		
其他采矿业	5544		5544	5544		
制造业	15379356	316537	15062819	14820817	145194	413345
农副食品加工业	391330		391330	378186	5376	7768
食品制造业	178306		178306	178306		
酒、饮料和精制茶制造业	259107		259107	259107		
烟草制造业						
纺织业	54750		54750	54750		
纺织服装、服饰业	82372		82372	82372		
皮革、毛皮、羽毛及其制品和制鞋业	128650		128650	128650		
木材加工及木、竹、藤、棕、草制品业	41673		41673	41673		
家具制造业	452892		452892	452892		
造纸及纸制品业	110588		110588	110588		
印刷和记录媒介复制业	29573		29573	29573		
文教、工美、体育和娱乐用品制造业	113001		113001	113001		
石油加工、炼焦及核燃料加工业	51751		51751	51751		
化学原料及化学制品制造业	959156	42000	917156	951606		7550

5-7续表1 单位：万元

	本年完成投资	#中央	地方	#内资	港澳台	外商投资
医药制造业	232096		232096	232096		
化学纤维制造业						
橡胶和塑料制品业	277845		277845	277845		
非金属矿物制品业	1636147	1050	1635097	1636147		
黑色金属冶炼和压延加工业	168027		168027	168027		
有色金属冶炼及压延加工业	2323879	99564	2224315	2167249	27710	128920
金属制品业	969282	8100	961182	969282		
通用设备制造业	1974508	4869	1969639	1934310	35550	4648
专业设备制造业	1653652	31215	1622437	1638852		14800
汽车制造业	772101	99695	672406	717406		54695
铁路船舶、航空航天和其他运输设备制造业	468695	21210	447485	438671		30024
电气机械及器材制造业	1339495		1339495	1097997	76558	164940
计算机、通信和其他电子设备制造业	536913	4034	532879	536913		
仪器仪表制造业	11300		11300	11300		
其他制造业	28485		28485	28485		
废弃资源综合利用业	123782	4800	118982	123782		
金属制品、机械和设备修理业	10000		10000	10000		
电力、燃气及水的生产和供应业	1714654	29362	1685292	1671838	31600	11216
电力、热力生产和供应业	1267493	29362	1238131	1235893	31600	
燃气生产和供应业	122856		122856	122856		
水的生产和供应业	324305		324305	313089		11216
建筑业						
房屋建筑业						
批发和零售业	**1355969**	**5614**	**1350355**	**1326411**	**29558**	
批发业	428179	2250	425929	428179		
交通运输、仓储和邮政业	**1794645**	**14190**	**1780455**	**1791795**	**2850**	
铁路运输	9100		9100	9100		
道路运输业	1274663	14190	1260473	1274663		
仓储业	484965		484965	482115	2850	
邮政业	12000		12000	12000		

 单位：万元

	本年完成投资	#中央	地方	#内资	港澳台	外商投资
住宿和餐饮业	**671202**		**671202**	**668002**	**3200**	
住宿业	451077		451077	451077		
信息传输、软件和信息技术服务业	**476745**		**476745**	**463745**		**13000**
电信、广播电视和卫星传输服务业	50902		50902	50902		
互联网和相关服务	8720		8720	8720		
金融业	**10479**		**10479**	**10479**		
货币金融服务	9150		9150	9150		
保险业	1329		1329	1329		
房地产业	**6342170**	**1086**	**6341084**	**6212902**	**114239**	**15029**
租赁和商务服务业	**443395**	**1450**	**441945**	**443395**		
商务服务业	433745	1450	432295	433745		
科学研究和技术服务业	**195797**	**6933**	**188864**	**195797**		
研究和试验发展	35483	6933	28550	35483		
专业技术服务业	62306		62306	62306		
水利、环境和公共设施管理业	**5599134**	**25805**	**5573329**	**5594304**		**4830**
水利管理业	432257		432257	432257		
生态保护和环境治理业	156743		156743	156743		
公共设施管理业	5010134	25805	4984329	5005304		4830
居民服务业、修理和其他服务业	**301484**		**301484**	**301484**		
居民服务业	292348		292348	292348		
教育	**607328**		**607328**	**607328**		
卫生和社会工作	**838007**	**6283**	**831724**	**838007**		
卫生	423317	6283	417034	423317		
文化、体育和娱乐业	**1005456**		**1005456**	**1005456**		
广播、电视、电影和影视录音制作业	96681		96681	96681		
文化艺术业	362805		362805	362805		
公共管理、社会保障和社会组织	**102588**		**102588**	**102588**		
国家机构	44856		44856	44856		
社会保障						
国际组织						

5-8 按国民经济行业分的固定资产投资（二）(2016年)

单位：万元

	本年完成投资	国有控股	集体控股	私人控股	港澳台控股	外商控股	其他控股
总计	**40826848**	**6462597**	**1807605**	**26853504**	**296958**	**267318**	**5138866**
农、林、牧、渔业	**2691873**	**178758**	**95404**	**2138122**			**279589**
农业	1205142	35998	28371	988687			152086
林业	452646	75717	41387	304867			30675
畜牧业	726675	14480	25646	597861			88688
渔业	3400			3400			
农、林、牧、渔服务业	304010	52563		243307			8140
工业	**18390576**	**1739819**	**227111**	**14682514**	**158284**	**262075**	**1320773**
采矿业	1296566	39720	63050	1044694	48830		100272
煤炭开采和洗选业	66610		39050				27560
石油和天然气开采业	30131			30131			
黑色金属矿采选业							
有色金属矿采选业	1004599	39720	11000	881784	48830		23265
非金属矿采选业	176682			127235			49447
开采辅助活动	13000		13000				
其他采矿业	5544			5544			
制造业	15379356	1269242	155011	12580415	98238	262075	1014375
农副食品加工业	391330		22832	354193		7768	6537
食品制造业	178306			137025			41281
酒、饮料和精制茶制造业	259107	45107		214000			
烟草制造业							
纺织业	54750			54750			
纺织服装、服饰业	82372	600		50946			30826
皮革、毛皮、羽毛及其制品和制鞋业	128650		4900	108750			15000
木材加工及木、竹、藤、棕、草制品业	41673			41673			
家具制造业	452892			452892			
造纸及纸制品业	110588			89723			20865
印刷和记录媒介复制业	29573	2000		22793			4780
文教、工美、体育和娱乐用品制造业	113001	20130		92871			
石油加工、炼焦及核燃料加工业	51751			16660			35091
化学原料及化学制品制造业	959156	74306		857424			27426

5-8续表1 单位：万元

	本年完成投资	国有控股	集体控股	私人控股	港澳台控股	外商控股	其他控股
医药制造业	232096			232096			
化学纤维制造业							
橡胶和塑料制品业	277845			234277			43568
非金属矿物制品业	1636147	193016		1328324			114807
黑色金属冶炼和压延加工业	168027			168027			
有色金属冶炼及压延加工业	2323879	281036	9766	1856552	27710		148815
金属制品业	969282	8100	9630	919059			32493
通用设备制造业	1974508	52562	66375	1618539	35550	4648	196834
专业设备制造业	1653652	256515	41508	1270017			85612
汽车制造业	772101	54871		615998		54695	46537
铁路船舶、航空航天和其他运输设备制造业	468695	44641		374630		30024	19400
电气机械及器材制造业	1339495	198533		846000	34978	164940	95044
计算机、通信和其他电子设备制造业	536913	33025		483729			20159
仪器仪表制造业	11300			11300			
其他制造业	28485			28485			
废弃资源综合利用业	123782	4800		99682			19300
金属制品、机械和设备修理业	10000						10000
电力、燃气及水的生产和供应业	1714654	430857	9050	1057405	11216		206126
电力、热力生产和供应业	1267493	205703		930580			131210
燃气生产和供应业	122856			117870			4986
水的生产和供应业	324305	225154	9050	8955	11216		69930
建筑业							
房屋建筑业							
批发和零售业	**1355969**	**88556**	**27451**	**1027142**	**29558**	**4865**	**178397**
批发业	428179	25332		305151			97696
交通运输、仓储和邮政业	**1794645**	**741415**	**106603**	**559485**	**2850**		**384292**
铁路运输	9100	4900		4200			
道路运输业	1274663	712216	97893	151734			312820
仓储业	484965	24299	8710	382530	2850		66576
邮政业	12000			12000			

5-8续表2 单位：万元

	本　年 完成投资	国有控股	集体控股	私人控股	港澳台 控　股	外商控股	其他控股
住宿和餐饮业	**671202**	**19096**	**22023**	**600530**			**29553**
住宿业	451077	19096	15335	396599			20047
信息传输、软件和信息技术服务业	**476745**	**63902**		**379946**			**32897**
电信、广播电视和卫星传输服务业	50902	50902					
互联网和相关服务	8720			8720			
金融业	**10479**	**9150**	**872**				**457**
货币金融服务	9150	9150					
保险业	1329		872				457
房地产业	**6342170**	**617752**	**957604**	**3200975**	**106266**	**378**	**1459195**
租赁和商务服务业	**443395**	**46909**	**4750**	**368946**			**22790**
商务服务业	433745	46909	4750	359296			22790
科学研究和技术服务业	**195797**	**20159**	**560**	**163442**			**11636**
研究和试验发展	35483	6933		26500			2050
专业技术服务业	62306	11814		45622			4870
水利、环境和公共设施管理业	**5599134**	**1989164**	**142324**	**2568095**			**899551**
水利管理业	432257	282093	51773	32609			65782
生态保护和环境治理业	156743	118907	631	17160			20045
公共设施管理业	5010134	1588164	89920	2518326			813724
居民服务业、修理和其他服务业	**301484**	**143218**	**52250**	**54386**			**51630**
居民服务业	292348	143218	52250	45250			51630
教育	**607328**	**320786**	**75648**	**127348**			**83546**
卫生和社会工作	**838007**	**249784**	**52234**	**344076**			**191913**
卫生	423317	152197	52234	149480			69406
文化、体育和娱乐业	**1005456**	**207225**	**7094**	**629123**			**162014**
广播、电视、电影和影视录音制作业	96681			96681			
文化艺术业	362805	169129	7094	113250			73332
公共管理、社会保障和社会组织	**102588**	**26904**	**35677**	**9374**			**30633**
国家机构	44856	22701	6850	4614			10691
社会保障							
国际组织							

5-9 按国民经济行业分的项目个数新增固定资产(2016年)

单位：万元

	在建规模	#新开工规模	施工项目个数(个)	#本年新开工	本年投产项目个数(个)	本年完成固定资产	本年新增固定资产
总计	**63521150**	**38792983**	**2673**	**2078**	**1917**	**36008915**	**26933473**
农、林、牧、渔业	**3865611**	**2289325**	**312**	**250**	**227**	**2691873**	**2123094**
农业	1831251	1227475	148	126	108	1205142	944664
林业	676162	289175	33	21	27	452646	424593
畜牧业	871016	558770	104	84	73	726675	578719
渔业	40353	40353	2	2	1	3400	1500
农、林、牧、渔服务业	446829	173552	25	17	18	304010	173618
工业	**30782562**	**20302811**	**1125**	**885**	**796**	**17471815**	**13116385**
采矿业	2021843	1279326	77	53	57	1291666	1110823
煤炭开采和洗选业	281692	253692	3	2	1	66610	28000
石油和天然气开采业	31400	31400	1	1		30131	
黑色金属矿采选业							
有色金属矿采选业	1339675	711958	57	38	43	999699	895689
非金属矿采选业	334032	276732	13	10	10	176682	152090
开采辅助活动	29500		1		1	13000	29500
其他采矿业	5544	5544	2	2	2	5544	5544
制造业	25581174	17145249	963	775	683	14483036	11059194
农副食品加工业	653666	507866	36	30	25	386420	311652
食品制造业	386463	311263	16	13	10	168769	124801
酒、饮料和精制茶制造业	522300	335950	16	11	12	259107	267442
烟草制造业							
纺织业	65650	40850	8	6	8	54750	45570
纺织服装、服饰业	230860	143460	11	9	6	82372	133586
皮革、毛皮、羽毛及其制品和制鞋业	136050	136050	18	18	16	128650	91440
木材加工及木、竹、藤、棕、草制品业	113170	80350	7	6	5	41673	51039
家具制造业	819717	689917	65	58	40	452892	338071
造纸及纸制品业	252334	95110	14	11	11	110588	192390
印刷和记录媒介复制业	5500	5500	2	2	2	5500	5500
文教、工美、体育和娱乐用品制造业	159823	122623	10	8	7	113001	74281
石油加工、炼焦及核燃料加工业	78160	78160	6	6	4	51751	15960
化学原料及化学制品制造业	2685837	1705232	54	42	39	882996	1029304

5-9续表1

单位：万元

	在建规模	#新开工规模	施工项目个数(个)	#本年新开工	本年投产项目个数(个)	本年完成固定资产	本年新增固定资产
医药制造业	404692	191430	12	6	9	227630	199496
化学纤维制造业							
橡胶和塑料制品业	397775	362080	27	23	20	268055	186615
非金属矿物制品业	2795770	1812820	134	103	97	1621895	1042280
黑色金属冶炼和压延加工业	325460	257460	11	10	6	163589	107449
有色金属冶炼及压延加工业	3937400	2898133	76	62	40	2236488	1273716
金属制品业	1854521	939073	53	42	37	930129	755767
通用设备制造业	2258248	1752648	159	132	130	1806020	1478636
专业设备制造业	2274480	1626710	104	83	76	1483624	988278
汽车制造业	1493400	915900	23	15	11	751331	323769
铁路船舶、航空航天和其他运输设备制造业	876304	497805	34	29	25	429055	313653
电气机械及器材制造业	2012676	1156776	45	34	30	1124805	1287556
计算机、通信和其他电子设备制造业	608441	353383	13	10	10	528379	334935
仪器仪表制造业	11500		1		1	11300	11300
其他制造业	26277		1		1	28485	23005
废弃资源综合利用业	184700	118700	6	5	4	123782	42375
金属制品、机械和设备修理业	10000	10000	1	1	1	10000	9328
电力、燃气及水的生产和供应业	3179545	1878236	85	57	56	1697113	946368
电力、热力生产和供应业	2266900	1589065	56	38	35	1254822	698509
燃气生产和供应业	278092	172401	10	6	6	122856	96952
水的生产和供应业	634553	116770	19	13	15	319435	150907
建筑业							
房屋建筑业							
批发和零售业	**2111524**	**1436760**	**115**	**95**	**80**	**1354969**	**968404**
批发业	571119	310313	27	22	19	427179	356613
交通运输、仓储和邮政业	**2686528**	**2023018**	**155**	**131**	**117**	**1787409**	**1364694**
铁路运输	4200	4200	1	1	1	4200	4200
道路运输业	1776242	1640827	125	113	93	1272327	870910
仓储业	880169	352074	25	13	19	484965	463667
邮政业	12000	12000	1	1	1	12000	12000

5-9续表2 单位：万元

	在建规模	#新开工规模	施工项目个数（个）	#本年新开工	本年投产项目个数（个）	本年完成固定资产	本年新增固定资产
住宿和餐饮业	**985593**	**776148**	**104**	**91**	**80**	**662727**	**454687**
住宿业	730701	531756	57	47	45	442602	327120
信息传输、软件和信息技术服务业	**1348693**	**1059269**	**12**	**9**	**6**	**455892**	**211229**
电信、广播电视和卫星传输服务业	114124		1			50902	
互联网和相关服务							
金融业	**19004**	**19004**	**4**	**4**	**2**	**10479**	**9150**
货币金融服务	9150	9150	2	2	2	9150	9150
保险业	9854	9854	2	2		1329	
房地产业	**5986652**	**2270854**	**143**	**79**	**104**	**2617060**	**2373540**
租赁和商务服务业	**1004638**	**856230**	**36**	**31**	**25**	**443395**	**247154**
商务服务业	994988	846580	34	29	23	433745	237904
科学研究和技术服务业	**578835**	**297294**	**23**	**15**	**18**	**195797**	**238789**
研究和试验发展	38808	26500	4	2	4	35483	26733
专业技术服务业	91216	47706	9	7	8	62306	84531
水利、环境和公共设施管理业	**10062597**	**5021049**	**367**	**267**	**251**	**5597243**	**3759875**
水利管理业	723552	257056	25	16	19	430366	480248
生态保护和环境治理业	295406	102698	14	9	9	156743	57377
公共设施管理业	9043639	4661295	328	242	223	5010134	3222250
居民服务业、修理和其他服务业	**408861**	**296651**	**47**	**43**	**34**	**301484**	**175933**
居民服务业	399725	287515	45	41	32	292348	168017
教育	**897661**	**575536**	**69**	**57**	**54**	**594553**	**483140**
卫生和社会工作	**1192475**	**667395**	**58**	**40**	**43**	**716175**	**480168**
卫生	539660	147280	37	26	32	302241	369315
文化、体育和娱乐业	**1463968**	**788242**	**78**	**58**	**59**	**1005456**	**839953**
广播、电视、电影和影视录音制作业	190425	42425	3	2	2	96681	48431
文化艺术业	559394	352986	26	20	20	362805	330834
公共管理、社会保障和社会组织	**125948**	**113397**	**25**	**23**	**21**	**102588**	**87278**
国家机构	49277	36726	12	10	10	44856	42458
社会保障							
国际组织							

5-10 分县(市、区)固定资产项目投资完成情况(2016年)

单位：万元

	合　计	建筑工程	安装工程	设备工器具购置	其他费用
洛阳市	**37101738**	**22065858**	**1138846**	**9882917**	**4014117**
老城区	477500	270829	120	54548	152003
西工区	1276170	1208521	311	56846	10492
瀍河区	599401	348268		251133	
涧西区	1697298	697671	10635	932766	56226
吉利区	376854	248204	7850	115185	5615
洛龙区	1712171	1125860	39872	455551	90888
高新区	862033	489302	5400	248763	118568
孟津县	3134962	1453128	121135	1092318	468381
新安县	5157857	2477093	286417	2245548	148799
栾川县	2408110	1981220	27365	71486	328039
嵩　县	2340616	1550599	140800	329562	319655
汝阳县	1813099	1319482	67859	164788	260970
宜阳县	3136853	1967092	53099	865215	251447
洛宁县	2153030	707151	162305	416172	867402
伊川县	4642689	2553838	102694	1418410	567747
偃师市	3280276	2379258	110790	690608	99620
伊滨区	1837485	1101608	2194	472418	261265
龙管会	26925	26925			

5-11 分县(市、区)施工投产项目及新增固定资产(2016年)

	本年施工项目(个)	#新开工	本年投产项目(个)	项目建成投产率(%)	本年完成投资(万元)	本年新增固定资产(万元)	固定资产交付使用率(%)
洛阳市	**2673**	**2078**	**1917**	**71.7**	**37101738**	**26933473**	**72.6**
老城区	88	75	57	64.8	477500	299450	62.7
西工区	242	218	207	85.5	1276170	1027682	80.5
廛河区	30	28	28	93.3	599401	328934	54.9
涧西区	135	109	100	74.1	1697298	927522	54.6
吉利区	41	33	26	63.4	376854	203252	53.9
洛龙区	70	51	50	71.4	1712171	879584	51.4
高新区	34	17	21	61.8	862033	902472	104.7
孟津县	259	193	170	65.6	3134962	2755108	87.9
新安县	331	246	191	57.7	5157857	3096122	60.0
栾川县	96	64	38	39.6	2408110	1537481	63.8
嵩　县	186	148	172	92.5	2340616	2138355	91.4
汝阳县	89	50	50	56.2	1813099	1661369	91.6
宜阳县	277	218	232	83.8	3136853	2388232	76.1
洛宁县	136	104	96	70.6	2153030	1645198	76.4
伊川县	261	225	186	71.3	4642689	2952173	63.6
偃师市	199	163	163	81.9	3280276	2298163	70.1
伊滨区	181	123	116	64.1	1837485	1684755	91.7
龙管会	15	13	13	86.7	26925	26675	99.1

5-12 分县(市、区)施工竣工面积及竣工率(2016年)

单位：平方米

	施工面积	#住宅	竣工面积	#住宅	竣工率(%)	#住宅
洛阳市	**14377094**	**2622914**	**2701576**	**753314**	**18.8**	**28.7**
老城区	72487					
西工区	302510		160743		53.1	
廛河区						
涧西区	1752582	87512	374885	38537	21.4	44.0
吉利区	543015	497122	159230	113337	29.3	22.8
洛龙区	2502358	1032740	616094	15000	24.6	1.5
高新区	993680					
孟津县	562607		284095		50.5	#DIV/0!
新安县	3316274	600000	408200	370000	12.3	61.7
栾川县	1245181					
嵩　县	506898	334640	294430	214040	58.1	64.0
汝阳县	87589	2800	50334	2400	57.5	85.7
宜阳县	619858	30500	5420		0.9	
洛宁县	111175		5125		4.6	
伊川县	281340	37600	55400		19.7	
偃师市	244500		86000		35.2	
伊滨区	1164087		201620		17.3	
龙管会						

5-13 农户固定资产投资额(2016年)

单位：万元

	洛阳市	老城区	西工区	瀍河区	涧西区	吉利区	洛龙区	孟津县
本年新增固定资产原值	**337800**	**4035**	**1934**	**124**	**4772**	**1005**	**20629**	**26292**
本年固定资产投资完成额	**374221**	**4035**	**1934**	**124**	**4772**	**1005**	**25465**	**27346**
按投资来源分								
国内贷款	3584					18		
自筹资金	300344	4035	1934	124	4772	987	23132	27346
其他资金	70293						2333	
按投资构成分								
建筑工程	337077	4035	1934	124	4772	853	24182	27346
水　利	93							
房　屋	325915	4035	1934	124	4772	853	23267	27346
住　宅	282930	4035	1934	124	4772	853	22989	20818
安装工程								
设备工、器具购置	24085					17	1233	
生产设备	24085					17	1233	
其　它	13059					136	50	
按投资方向分								
农林牧渔业	48135						1410	6528
采掘业	431							
制造业	1369						1067	
电力煤气及水的生产和供应业	3881							
建筑业	1414							
交通运输.仓储和邮政业	16145							
信息传输.计算机服务和软件业	1235							
批发和零售业	1713							
住宿和餐饮业	51							

单位：万元

	洛阳市	老城区	西工区	瀍河区	涧西区	吉利区	洛龙区	孟津县
金融业								
房地产业	297076	4035	1934	124	4772	988	22989	20818
租赁和商务服务业	17					17		
科学研究. 技术服务和地质勘探业								
水利环境和公共设施管理业								
居民服务和其他服务业	1007							
教　育	845							
卫生. 社会保障和社会福利业								
文化. 体育和娱乐业	899							
公共管理和社会组织	2							
国际组织								
按具体投资项目分								
房　屋	325915	4035	1934	124	4772	853	23267	27346
住　宅	282930	4035	1934	124	4772	853	22989	20818
道　路								
桥　梁								
设　备	24085					17	1233	
水　利	93							
其　它	24128					136	965	
本年施工房屋面积（万平方米）	604.4	0.2	3.0	0.2	9.4	0.5	45.2	33.3
其中：住宅	514.5	0.2	3.0	0.2	9.4	0.5	45.2	25.9
其中：当年新开工	467.4	0.2		0.2	9.4	0.5	42.4	27.2
本年竣工房屋面积（万平方米）	528.1	0.2	3.0	0.2	9.4	0.5	35.0	29.9
其中：住宅	464.2	0.2	3.0	0.2	9.4	0.5	35.0	23.5
本年竣工房屋投资完成额	364632	310	1934	124	4772	853	23822	51326
其中：住宅	315824	310	1934	124	4772	853	23822	35148
本年竣工房屋投资完成额	320847	310	1934	124	4772	853	18430	26292
其中：住宅	288373	310	1934	124	4772	853	18430	19726
年末实有人数（万人）	500.7	2.5	5.4	4.0	5.4	3.7	29.1	39.8

	新安县	栾川县	嵩县	汝阳县	宜阳县	洛宁县	伊川县	偃师市
本年新增固定资产原值	**7886**	**29591**	**40753**	**14440**	**43578**	**39882**	**42836**	**60044**
本年固定资产投资完成额	**34906**	**29591**	**43759**	**14765**	**43578**	**39882**	**43017**	**60044**
按投资来源分								
国内贷款		3566						
自筹资金	34906	9850	32316	363	40693	39882	43017	36989
其他资金		16175	11443	14402	2885			23055
按投资构成分								
建筑工程	33942	29561	34662	14336	37215	26861	40158	57098
水　利					93			
房　屋	33992	29561	31387	14336	30193	26861	40158	57098
住　宅	33992	24464	26670	14043	24508	21488	25855	56385
安装工程								
设备工.器具购置	864		1088	416	6363	13021	1084	
生产设备	864		1088	416	6363	13021	1084	
其　它	100	30	8009	13			1775	2947
按投资方向分								
农林牧渔业	914	5960	9080	709	5516	2633	15387	
采掘业			431					
制造业							302	
电力煤气及水的生产和供应业			3881					
建筑业					779			635
交通运输.仓储和邮政业			2153		1221	11567	1204	
信息传输.计算机服务和软件业					1235			
批发和零售业			1403		310			
住宿和餐饮业					51			

5-13续表3 单位：万元

	新安县	栾川县	嵩县	汝阳县	宜阳县	洛宁县	伊川县	偃师市
金融业								
房地产业	33992	23611	26670	14043	34466	25682	25855	57098
租赁和商务服务业								
科学研究. 技术服务和地质勘探业								
水利环境和公共设施管理业								
居民服务和其他服务业			138	13			269	587
教　育								845
卫生. 社会保障和社会福利业								
文化. 体育和娱乐业		20						879
公共管理和社会组织			2					
国际组织								
按具体投资项目分								
房　屋	33992	29561	31387	14336	30193	26861	40158	57098
住　宅	33992	24464	26670	14043	24508	21488	25855	56385
道　路								
桥　梁								
设　备	864		1088	416	6363	13021	1084	
水　利					93			
其　它	50	30	11283	13	6929		1775	2947
本年施工房屋面积（万平方米）	48.5	53.5	52.5	35.1	72.0	37.3	110.5	103.3
其中：住宅	48.5	45.4	47.4	32.9	57.1	33.7	73.1	92.3
其中：当年新开工	11.8	41.0	39.3	18.8	72.0	37.3	72.2	95.0
本年竣工房屋面积（万平方米）	48.5	51.3	43.1	25.0	69.7	37.3	77.1	98.0
其中：住宅	48.5	45.2	42.1	24.5	57.1	33.7	55.3	86.0
本年竣工房屋投资完成额	34906	25468	29072	19323	43578	26861	45334	56950
其中：住宅	34906	21362	26525	18655	43578	21488	29062	53285
本年竣工房屋投资完成额	34906	29561	24382	14010	43578	26861	39977	54858
其中：住宅	34906	24464	23790	9751	43578	21488	30322	53925
年末实有人数（万人）	44.2	30.6	49.5	43.8	59.8	42.1	71.0	69.8

5-14 固定资产投资亿元以上项目一览表(2016年)

单位：万元

	开工时间	投产时间	计划总投资	自开工至本年底累计完成投资
洛阳利尔晶光伏材料有限公司3万吨/年多晶硅及配套项目	201607		880000	91882
洛阳金元古城文化建设有限公司历史文化街区整治与保护项目	201305		850000	495361
涧西区一拖棚户区改造项目指挥部一拖棚户区改造项目	201512		700000	110181
河南省博时置业有限公司伊川颐高国际电子商务产业园	201604		540000	125604
万基控股集团有限公司2*60万千瓦机组上大压小工程	201606		510000	100599
洛阳大智实业有限公司东大高科技产业园标准化厂房建设项目	201504		500000	213040
洛阳科岭新能源汽车有限公司年产10万套增程式纯电动乘用车及20万套增程式动力系	201601		448600	122872
汝阳县移民办公室河南省前坪水库工程	201503		439676	166223
栾川彤辉生态旅游科技有限公司伊河源生态度假区建设	201203		400000	157560
洛阳洛政新龙建设发展股份有限公司东南环城区域整体城镇化建设项目	201601		384000	97565
中航锂电（洛阳）有限公司锂离子动力电池	200910	201606	360000	360000
洛阳利尔晶光伏材料有限公司20000吨/年多晶硅、1.5GW /年太阳能电池切片及组件、2万吨/	201404	201605	350000	350000
洛阳惠软商务区开发有限公司HP-洛阳国际软件人才及产业基地项目（西区）	201601		350000	32897
洛阳万基钛白粉股份有限公司年产20万吨钛白粉项目	201201		320726	167275
洛阳万众吉利热电有限公司2×350mw等级燃气-蒸汽联合循环电厂	201408		265000	245959
义马煤业集团孟津煤矿有限责任公司河南能源化工集团公司孟津煤矿项目	201611		238692	27560
洛阳双瑞特种装备有限公司双瑞特种装备产业基地建设项目	201205		216135	154093
洛阳天元科技园发展有限公司高新区节能环保装备制造创新创业孵化中心项目	201604		200000	45570
洛阳华晟物流有限公司年吞吐2500万吨综合物流园项目	201605		200000	80520
洛阳龙羽新电有限公司年产4600万毫米蓝宝石	201502		200000	103168
河南菩禧文化旅游开发有限公司龙门凤凰水城城市综合体项目	201403	201610	200000	196650
洛阳中部石材工业城有限公司涧口乡院东村石材工业城二期	201412		200000	177510
洛阳伊滨区管理委员会福民安置4号小区	201103		182420	182101
洛阳东风新能源汽车有限公司年产10万套电动汽车关键零部件项目	201507		180000	127490
洛阳市住房和城乡建设委员会伊滨区2011年路网建设（二期）工程项目	201401	201612	175158	180946
洛阳伊滨区撤村并城规划建设办公室伊滨区2号安置小区二期项目	201604		173499	800
中信重工机械股份有限公司节能环保装备产业化项目	201208		170680	22560
洛阳伊滨区管理委员会伊滨区福民工程10号小区建筑工程	201402		164340	90763
洛阳水利建设投资有限责任公司洛河东湖拦河坝工程及综合治理	201411		161918	141500
洛阳浙商科技园发展有限公司洛阳科技创意园二期	201310		155000	112328
中航锂电（洛阳）有限公司中航锂电（洛阳）产业园建设项目三期工程	201601	201611	150000	150000
洛阳东大科技产业园有限公司东大高科技产业园建设项目	201604		150000	55440
洛阳市洛龙区科技园街道办事处龙跃小区一期工程	201403	201603	150000	179800
洛阳京航科技园开发有限公司洛阳北航科技园项目	201303	201605	150000	150000
洛阳中新影文化股份有限公司中央新影华夏文化产业园综合服务中心项目	201501		148000	92978
洛阳市涧西区周山路办事处浅井头社区居民委员会浅井头村民安置小区项目	201401		147000	121500

单位：万元

	开工时间	投产时间	计　　划 总 投 资	自开工至 本年底累计 完成投资
洛阳麦达斯铝业有限公司年产5万吨轨道车型材及车体大部件产品	201108		146239	143046
偃师市水利局洛河大堤整治	201307	201607	133911	133911
洛阳舜谛文化传播有限公司洛阳盛世唐园文化产业园项目	201607		130000	20640
河南传林实业有限公司莲花池生态园（传林花谷）项目	201501		126000	97867
洛阳洛政新龙建设发展股份有限公司洛阳市南环路建设工程	201607		125322	69332
洛阳伊滨区管理委员会伊滨区福民工程8号安置小区	201202		123120	122910
偃师市伊洛投资有限公司标准化厂房三期建设项目	201409	201605	120000	120000
河南国能黄河物流有限公司国能黄河物流园项目	201604		120000	40835
洛阳普创科技园发展有限公司华中物联网信息化产业基地项目	201504	201608	120000	122000
河南金彭车业有限公司年产40万辆电动车和5万辆三轮摩托车配件项目	201311	201609	120000	120000
洛阳威佳泰恒商贸有限公司威佳汽车贸易博览中心工程一期建设项目	201310		120000	81287
洛阳新经济创业投资有限公司洛阳智能电气产业园建设项目	201401	201610	116500	116500
中国移动通信集团洛阳呼叫基地中国移动（洛阳）呼叫中心项目	201401		114124	95126
国机重工（洛阳）有限公司数字化产业园项目	201604	201612	110000	110000
洛阳兰迪玻璃机器股份有限公司新型中空玻璃产品及设备产业化项目	201201		110000	64444
洛阳环洛再生能源有限公司洛阳市生活垃圾综合处理园区项目	201409		104443	80715
河南盛元纸业有限公司年产30万吨高档箱板纸	201307	201607	104224	104224
洛阳佳嘉乐农业产品开发有限公司年产十万吨大型真菌汝阳现代农业示范基地项目	201404		100000	68411
洛阳双瑞万基钛业有限公司年产15kt/a海锦钛	201501		100000	99600
洛阳爱科麦钨钼科技股份有限公司年产1000吨电子功能钨钼新材料及精深加工产品项目	201509		100000	81390
河南天亚农林科技有限公司翅油果树、樱桃李种植项目	201502	201612	100000	105165
洛阳市阿帕奇电动车有限公司年产10万辆新能源汽车项目	201503		100000	99956
洛阳天立铁塔制造有限公司年产三十万吨铁塔建设项目	201603		100000	88662
北控（洛阳）水环境开发有限公司洛河水系综合整治工程	201411	201612	99997	99997
河南龙泉金亨电力有限公司绿色节能改造项目	201603		99782	74300
汝阳埃克斯新能源科技有限公司汝阳县200MW 光伏发电项目	201601		99500	64500
河南腾威铜业科技有限公司年产10万吨精密线缆项目	201601		99347	27636
炎黄科技园建设有限公司炎黄科技园三期	201601		99000	82935
新安县昌胜建设投资有限公司棚户区改造	201510		98856	98023
栾川英博天然气有限公司天然气综合利用项目	201610		98600	7500
栾川县冷水镇村镇建设发展中心环境综合提升整治项目	201601		98400	28205
河南中迈电子商务有限公司日进出包裹15万件以上电子商务项目	201601	201612	98000	98000
洛阳云川风能科技有限公司年产球式风电偏航轴承5000套项目	201604		98000	62230
洛阳月星新能源科技有限公司年产8000吨高容量硅碳复合锂离子电池负极材料项目	201602		98000	57940
栾川城乡旅游发展有限公司旅游风情小镇建设项目	201606		98000	19690
河南同元文化古镇旅游开发有限公司河洛旅游文化综合体一期工程	201408		98000	80785

单位：万元

	开工时间	投产时间	计划总投资	自开工至本年底累计完成投资
偃师市城关镇老城城西村民委员会偃师市城关镇城西村安置房项目	201601		98000	60000
洛阳氟钾科技有限公司30万吨钾长石综合利用项目	201606		97982	43597
孟津县华强土地开发服务有限公司华阳产业集聚区牛庄周口村棚户区改造建设项目	201608		97933	1000
洛阳百合园食品有限公司年产270000吨植物饮料项目	201609		97300	8100
孟津县盛世城市建设投资有限公司孟津县棚户区改造牛步河村安置房建设	201601		97247	300
河南中部粮油股份有限公司中部粮油主食产业园	201604		97000	39748
中国石化集团石油商业储备有限公司原油商业储备基地工程	201311		96887	86617
洛阳北方大河三轮摩托车有限公司年产10万台新能源低速电动车项目	201602		96800	59140
洛阳百合园食品有限公司纯粮制酒及农产品预包装食品项目	201608		96700	18040
民生药业集团有限公司珍医堂印象中药饮片项目	201605		96700	83950
河南捷威铜业科技有限公司办公楼、厂房、宿舍楼建设工程	201601		96416	79246
洛阳伊滨区管理委员会伊滨区福民工程9号安置小区	201303	201605	96380	102133
洛阳市钧泽铝业有限公司年产3万吨铝合金装饰材料	201609		96000	28302
洛阳师范学院教师学生公寓项目	201509	201608	96000	96000
洛阳市涧西区工农街道办事处小所社区居民委员会小所村整村改造项目	201507	201608	96000	96000
河南博然铝业有限公司年产2.5万吨铝合金制品特种铸造	201609		96000	27780
洛阳爱普特光能科技有限公司年生产10000套太阳能储能箱及25000根太阳能路灯项目	201606		96000	28250
栾川县诚志实业有限公司伏牛山名企商务会所及艺术家创业园项目	201608		95300	3950
洛阳市老城区洛浦办事处新生村民委员会新生城中村改造项目	201604		95248	7500
洛阳金鹭硬质合金工具有限公司年产500万件高性能硬质合金凿岩工具及配套产品生产线	201610		95000	650
河南省天源水电有限公司金牛岭民俗文化村旅游综合体建设项目	201601		95000	63150
河南唐都南郡文化旅游开发有限公司温泉旅游度假村项目（一期）	201602		95000	43375
偃师市城关镇后庄村委会偃师市城关镇后庄村新型社区二期项目	201601		95000	67300
伊川县华美实业有限公司华美家居建材城建设项目一期	201507	201606	95000	95790
河南金彭车业有限公司年产40万套轻型电动车项目	201612		95000	100
栾川县城关镇大南沟社区居委会栾川县城关镇大南沟满族山寨旅游综合体开发项目	201505		95000	63569
洛阳豫宝园电子商务有限公司电子商务运营中心项目	201610		94500	12
栾川县鸭石红豆杉景区有限公司河道漂流建设工程	201603		94000	5900
洛阳天河大峡谷旅游度假开发有限公司天河大峡谷深度开发项目	201601		93617	18054
林安（偃师）商贸物流城有限公司林安（偃师）商贸物流城二期	201504	201608	93000	93000
洛阳达伟铝业有限公司年产6万吨聚氯化铝	201504	201605	92850	92850
洛阳冀能新材料有限公司年产120万吨高钙石灰项目	201601		92650	64740
洛阳万安山建设发展有限公司洛阳万安山山顶公园项目	201503	201610	92453	92453
洛阳市老城区洛浦办事处岳村村民委员会洛阳市老城区岳村城中村改造项目	201505		92248	83248
新安县恒基铝业有限公司年产6万吨中强全铝合金绞线	201610		92000	18129
河南金康生态农业有限公司金康生态农业一期开发项目	201511	201612	92000	92172

5-14续表3

单位：万元

	开工时间	投产时间	计划总投资	自开工至本年底累计完成投资
洛阳创晟能源科技有限公司年产200MW 太阳能组件和600万套路太阳能系列产品	201502	201605	91400	91400
洛阳安轮铝制品有限公司汽车轻量化铝轮毂	201602		91186	57387
洛阳深山生物科技有限公司伏牛山农副产品加工和饮料饮品加工项目	201602		91000	70750
洛阳万安山建设发展有限公司洛阳万安山文化旅游区项目	201605		90655	38608
洛阳晶睿万基光电科技有限公司年产5万吨铝合金特材生产线	201603		90534	56934
宜阳城市发展投资有限公司汉唐古镇旅游开发项目	201603		90327	41259
洛阳五洲国际工业博览城有限公司跨境电子商务产业园项目	201611		90000	4100
洛阳万年硅业有限公司二期技改项目	201511	201611	90000	90000
洛阳十方莲池生态文化旅游发展有限公司万亩荷花观赏园项目	201510		90000	55817
河南申安照明技术有限公司年产10万套LED照明模块项目	201605		90000	41400
汝阳县住房和城乡建设局商务区旧城改造一期项目	201501	201610	90000	90000
栾川县城关镇君山路居委会城关镇鸾州大道旅游综合体开发项目	201506		90000	62561
洛阳福盛德电子制品有限公司年产1000吨电子级三氟化氮建设项目	201603	201609	89700	99690
栾川浩元电子商务有限公司电商产业园二期项目	201607		89600	9880
栾川瑞龙食品有限公司年产50000吨蔬菜素食香肠项目	201609		89500	6910
河南省老君山生态旅游开发有限公司老君山云景索道建设项目	201604		89265	39090
栾川县诚志实业有限公司伏牛山居生态度假村建设项目	201510		89000	71050
洛阳金石再生资源开发有限公司建设年生产氧化铝基电熔材料20万吨项目	201604		89000	62107
伊川县硕康农业发展有限公司养老公寓建设项目	201605		89000	44630
洛宁县城市建设投资集团有限公司标准化厂房及配套设施建设项目	201606		89000	20068
新安县五头镇村镇建设发展中心社区建设项目	201301	201602	89000	89000
洛阳道奥橡胶制品有限公司年产10万吨氧化铝微粉	201605		88974	46389
洛阳万基铝加工有限公司年产10万吨食品包装高端新材料	201602		88923	47883
新安县宝瑞钛业有限公司年产7万吨铝钛合金管棒	201604		88534	34560
栾川城乡旅游发展有限公司栾川旅游农业电子商务产业基地项目	201608		88300	9520
洛阳百力克矿山机械有限公司年产10000吨矿山设备及零配件项目	201606		88000	28030
洛阳北方易初摩托车有限公司新建新能源车辆研发制造中心	201511	201611	88000	88000
洛阳灵山国诚旅游发展有限公司灵山国际水城建设	201103		88000	72222
洛玻集团洛阳龙泽焦化有限公司一期年产2.5万吨聚甲醛项目	201509	201609	88000	88000
河南牧坤农业科技有限公司洛峪川农业观光园区	201501	201608	87885	87885
汝阳县水利局北汝河综合治理工程	201601		87709	43700
河南杜康酒业股份有限公司杜康新天地商业项目一期	201505	201605	87000	87630
河南菩禧文化旅游开发有限公司凤凰水城温泉生态文化苑项目	201604		87000	82840
洛阳万安山建设发展有限公司万安山山景绿化项目	201311	201607	86975	86975
洛阳荣基新材料有限公司年产73000吨钛合金管棒	201602	201610	86836	86836
栾川天晴医院护理院业务用房建设项目	201504	201608	86751	90751

单位：万元

	开工时间	投产时间	计划总投资	自开工至本年底累计完成投资
伊川县水寨镇水寨村村民委员会新型农村社区凯地城建设项目	201601		86000	58800
洛阳试玉生物科技有限公司农村三产融合发展项目	201605		86000	16700
河南永吉服饰有限公司年产590万件服装项目	201609		86000	7860
洛阳卓佳交通标识工程有限公司年产60万只载重汽车铝轮毂	201603		85788	83750
河南卓威铜业科技有限公司厂房、办公楼、宿舍楼建设工程	201508		85317	85253
河南中材新型材料有限公司河南中材新型材料有限公司泡沫玻璃项目	201604		85000	58276
洛阳丰泰铝业有限公司年加工30万平方米铝合金塑钢门窗及5万平方米建筑幕墙项目	201605		85000	29920
偃师万吉新能源有限公司高效CdTe薄膜太阳能电池一期建设项目	201601		85000	56860
孟津县机关事务管理局县城新区文化中心建设	201302	201609	85000	85000
洛阳市益来生物科技有限公司年产100万吨生物有机肥项目	201602		85000	46471
洛阳铜加工集团有限责任公司年产1万吨镁和3万吨铜加工二期生产线项目	201506	201608	85000	88018
孟津县城关镇村镇建设发展中心孟津县汉魏国际城市综合体	201601		85000	20
洛阳北苑新材料技术有限公司年产13450吨新材料（医疗器械、特种陶瓷）生产线项目	201606		85000	64770
伊川县华美实业有限公司华美国际物流园	201603		85000	62483
洛阳春山农业开发有限公司春山旅游度假区项目	201603		85000	38520
洛阳市凯业农业发展有限公司奶牛养殖	201603		84900	67426
栾川县凯翔选矿有限公司万吨多金属综合回收项目	201502	201602	84800	92220
洛阳国邦陶瓷有限公司1200万平方米高档仿古砖生产线项目	201608		84700	14361
洛宁县罗岭乡人民政府三彩陶艺村项目	201506		84500	55485
栾川瑞龙食品有限公司农产品精加工建设项目	201607		84100	9450
栾川县养子沟旅游度假区养子沟旅游基础设施建设项目	201603		84000	62700
栾川县大泽裕养种植专业合作社生态农业种养殖示范项目	201609		84000	1550
洛阳市林源林业有限公司花卉、苗木、农作物种植项目	201603		84000	55288
栾川天晴医院天晴城养老项目	201608		83900	16870
河南省托菲克节能门窗有限公司十万套节能门窗设备购置			83607	65240
栾川县地质矿产局煤窑沟山体整治绿化工程	201511	201603	82560	89460
汝阳强盛陶瓷有限公司全抛立体釉面砖生产线项目	201610		82300	6774
洛阳英杰健康服务有限公司平泉山现代养老基地建设项目	201602		82000	46612
栾川县养子沟旅游度假区养子沟景区升级改造建设项目	201406		82000	75420
栾川县城市建设发展有限公司伊河河道治理工程	201602		82000	60660
洛阳正盈农业开发有限公司洛阳西苑文化森林公园绿化项目	201501		82000	77500
新安县聚能缘科技有限公司年产2万吨中厚板	201603	201611	81508	81508
洛阳鹏起实业有限公司钛合金激光快速成形材料及成形装备制造	201608		81463	10363
栾川县养子沟旅游度假区景区道路改扩建及基础设施综合提升项目	201604		81429	46395
河南瑞翔铝业有限公司年产450万平方米铝单板项目	201610		81300	8990
亚洲新能源（伊川）太阳能发电有限公司100Mw太阳能发电项目	201602		81000	80550

5-14续表5

单位：万元

	开工时间	投产时间	计划总投资	自开工至本年底累计完成投资
洛阳市市政道桥工程项目有限公司滨河南路建设工程	201601	201612	80724	86684
栾川豫晨旅游开发有限公司伏牛山度假村建设项目	201602		80645	47950
洛阳耐普铝业有限公司年产10万吨交通运输用铝合金	201608		80534	28608
偃师大唐东郡物业管理有限公司上海红星美凯龙物业管理项目	201510	201612	80008	80008
洛阳市国韵石材有限公司年生产加工20万立方米花岗岩等石材项目	201610		80000	1200
河南春宾电线电缆有限公司年产950km 轨道交通直流牵引电缆项目	201605		80000	59800
洛阳万安山生态旅游开发有限公司旅游开发综合建设项目	201604		80000	56150
洛阳台联新材料有限公司高精铝板带箔加工项目	201605		80000	73970
洛阳榕硕农业科技开发有限公司生态观光园建设	201512		80000	60692
河南恒阳铝业有限公司年产20万吨（二期10万吨）铝型材项目	201601	201607	80000	87450
新安县城关镇后峪村村民委员会后峪安置区工程建设	201409	201605	80000	80000
栾川天晴医院社区卫生服务中心扩建项目	201504	201606	79655	79655
洛阳市住房和城乡建设委员会玄奘路建设项目	201503	201608	79373	79373
洛阳志罂气体设备有限公司深冷法气体设备生产线项目	201506	201609	79200	79200
河南三杰新材料科技有限公司保温管建设项目	201612		79000	760
洛阳沃康药业有限公司绿桐套种中草药项目	201601		79000	47050
嵩县民族宗教局洛阳道安寺文化园建设项目	201601		78900	72318
宜阳县交通运输局宜阳县柳泉学习渡口改建工程	201604		78040	3500
河南通达电缆股份有限公司新型节能特种导线生产线项目	201406	201605	78000	78000
洛阳新东昊玻璃有限公司年加工120万平方米镀膜玻璃项目	201607		78000	19240
洛阳盛铁耐火材料有限公司年产5万吨高档不定型耐火材料项目	201603		78000	65719
洛阳亚罂机械有限公司50000t/a铸锻件生产项目	201502	201607	78000	78000
新安县城关镇村镇建设发展中心鲍庄安置区建设	201605		78000	17500
金堆成钼业汝阳责任有限公司10000吨/日采选技改工程项目	201405	201610	77656	77656
中信重工机械股份有限公司电液智能控制装备制造项目	201110		77360	39200
新安县锟泰铝业有限公司年产73000吨钛合金管棒	201608		77013	11755
新安县金泽矿产品有限公司年产6万吨铝型材加工	201602	201610	77000	77000
新安县昌胜建设投资有限公司路网提升	201604		76605	40891
河南辰闰科技有限公司购置高级非金属复合材料生产线设备			76500	76500
洛阳旭飞电气设备有限公司年产30万套钛镁合金门	201605		76500	34923
洛阳巨优机床有限公司机床、轴承加工项目	201603		76000	65830
洛阳久远石油化工设备有限公司年产10000吨石化及矿山设备及配件项目	201604	201611	76000	76000
新安县城关镇村镇建设发展中心水城建设	201601		76000	40600
上海超日（洛阳）太阳能有限公司二期工程设备购置项目			75951	75951
洛阳中收机械装备有限公司自走式玉米联合收割机产业化项目	201505	201606	75090	75090
河南科技大学第一附属医院新区医院新区医院二期工程	201403		75075	30680

单位：万元

	开工时间	投产时间	计划总投资	自开工至本年底累计完成投资
洛玻集团洛阳龙泽焦化有限公司年产10万吨焦炉煤气制甲醇项目	201509	201607	75000	75000
嵩县开拓者钼业有限公司年产3000吨高纯二硫化钼项目	201603	201608	75000	83250
洛阳威驰变器有限公司年产200万KVA台非晶合金变压器项目	201605		75000	64280
洛阳亚罂机械有限公司钢管深加工建设项目	201609		75000	6428
洛阳佳嘉乐农业产品开发有限公司农林废弃物集约利用生产优质大型真菌项目	201507		75000	49322
伊川县华美实业有限公司华美家居建材城建设项目二期	201606		75000	38376
洛阳市施凯信机电科技有限公司年产二十万台永磁无铁芯直流电机项目	201607		75000	40452
洛阳智慧工场科技园发展有限公司洛阳智慧工场物联网创新科技园二期	201311	201609	75000	76264
伊川县城关镇北府店社区居民委员会瑞宝豪苑社区建设项目	201501	201607	75000	76120
洛阳光隆贵科技有限公司30MWp光伏发电站项目	201605		74000	56654
河南恒野农牧股份有限公司河南恒野农牧股份有限公司年产50万吨饲料项目	201502	201610	73900	73900
洛阳鑫宏实业集团股份有限公司西泰山生态旅游开发项目	201301	201605	73800	73800
汝阳中洲陶瓷有限公司年产800万平方米现代化防水砖生产线项目	201606		73690	45254
伊川县教育局新区高中项目	201501	201608	73160	74160
栾川县鸭石红豆杉景区有限公司鸭石红豆杉景区开发	201507	201611	73000	78766
洛阳玺多升铝业有限公司年产5万吨铝型材	201601	201610	72893	72893
栾川县三强钼钨有限公司日8000吨铜回收项目	201603		72557	18300
洛阳鑫宏实业集团股份有限公司西泰山生态旅游度假村开发建设项目	201508		72300	37715
洛阳鼎昶源金属材料有限公司年产2500万平方米PS版生产线	201505	201605	72080	72080
孟津县城关镇人民政府（党委)润祥小区建设	201302	201604	72000	72000
汝阳县森科生态农业开发有限公司现代农业休闲观光园项目	201608		72000	10951
洛阳紫香园农业科技开发有限公司薰衣草庄园农业生态观光园玫瑰园景观工程	201605		72000	26500
抱犊寨旅游景区有限公司景区基础设施综合设开发项目	201510	201606	72000	72000
汝阳华睿物流有限公司汝阳华睿新城建设项目	201504	201607	72000	72000
洛阳豫宝园电子商务有限公司农村淘宝特色馆建设项目	201601		71600	58490
嵩县和顺药业有限公司中药饮片加工生产项目	201610		71100	30000
洛阳豪泽文化旅游有限责任公司豪泽国际旅游度假区项目	201601	201611	70000	70000
金銮洛阳房地产开发有限公司老城根文化商业综合体项目	201605		70000	9000
洛阳万安山生态旅游开发有限公司自由欢乐旅游开发综合项目	201504	201605	70000	76992
偃师市城关镇西寺庄社区居民委员会偃师市城关镇西寺庄村新型社区建设项目	201507	201608	70000	70000
伊川县城关镇周村社区居民委员会源盛国贸中心建设项目	201601		70000	42500
偃师市城关镇窑头村民委会偃师市城关镇窑头村新型社区二期项目	201603		70000	42200
栾川浩元电子商务有限公司盐韵生态养老中心建设项目	201601		69800	54530
洛阳水生态投资开发有限公司洛阳市区段河道治理工程	201509		69685	33378
洛阳永宁金铅冶炼有限公司还原炉和烟化炉节能减排技术升级改造项目	201601		69200	32049
河南省瑞德农业开发有限公司熊耳山风电场项目	201611		69135	20912

单位：万元

	开工时间	投产时间	计划总投资	自开工至本年底累计完成投资
洛阳志罡气体设备有限公司特种气体生产线项目	201606		69000	14539
洛宁金龙矿业有限公司六眼河矿区八一八硐口采掘工程	201603		68770	46482
洛阳神灵药业有限公司年产2000吨中成药生产项目	201505	201606	68700	68700
孟津县盛世城市建设投资有限公司孟津县龙泉湿地公园工程	201603		68000	46035
洛阳友松老年产业发展有限公司中国汉山（洛阳）老年安养基地建设项目	201601		68000	31773
洛阳润岩特钢铸造有限责任公司润岩铸造项目	201504	201606	68000	68000
偃师市城关镇高庄村委会偃师市城关镇高庄村旧城改造新型农村社区二期项目	201603		68000	52400
洛阳大学科技园建设有限公司洛阳大学科技园（三期）	201504	201606	68000	68000
河南中材新型材料有限公司发泡玻璃项目	201412	201603	68000	68000
洛阳凤凰山农林开发有限公司年销售苗木30000株、水果蔬菜30000吨	201512		68000	54826
嵩县鹏峰旅游开发有限责任公司牛头沟黄金文化旅游园区	201609		67900	29000
洛阳阳成有机肥科技有限公司年产60万吨微生物有机肥	201609		67500	27028
栾川英博天然气有限公司LNG储配站高压天然气管道工程	201509	201609	67000	72790
洛阳金石再生资源开发有限公司废钢渣综合利用项目	201607		66500	14499
洛阳天惠实业发展有限公司洛阳西郊文化生态园	201410	201611	66000	75113
河南昊晟城市矿产再生资源科技有限公司工程施工项目	201410	201608	66000	66000
洛阳深山生物科技有限公司植物保健饮品开发项目	201505	201608	66000	72000
洛阳锦桥矿业有限公司龙门店矿区八九零硐口采掘工程	201602		65560	55816
洛阳吴重机械制造有限公司年加工2000吨石化设备项目	201603	201611	65000	65000
洛阳载通车业有限公司年组装11500辆电动车项目	201506	201603	65000	65000
河南永盛助力车有限责任公司年产20万辆电动三轮助力车	201605		65000	46330
洛阳科技城产业发展有限公司洛阳科技城创智广场项目	201312		65000	4412
洛阳市天颐农业科技开发有限公司洛阳市天颐农业科技有限公司天颐山庄建设项目	201511	201611	65000	71000
洛阳浩瀚摩擦材料有限公司年产机动车刹车衬片50000标准箱项目	201606		65000	54000
洛阳龙峪湾森林养生避暑度假有限公司旅游道路改造提升项目	201609		65000	100
偃师市城关镇塔庄村民委员会塔庄安置小区二期建设项目	201602		65000	52200
孟津县城关镇长华社区居民委员会孟津县华西社区建设	201403	201608	65000	65000
洛阳市俊佳新型建材有限公司230万平方米铝制品金属幕墙	201607		64323	38067
洛阳科泰耐火材料有限公司年产5万吨特种耐火浇注料等不定型耐火材料项目	201503	201605	64000	64000
洛宁明珠投资有限公司电商产业园标准化厂房项目	201604	201609	63500	63500
洛阳栾川钼业集团钨业有限公司低品位白钨精矿综合利用示范工程项目	201503	201610	63000	63000
栾川县康瑞矿业有限责任公司升级改造及深部探矿项目	201606		62640	17380
洛阳市吉利区吉利乡北陈村民委员会北陈村棚户区改造	201602		62406	40000
新安县汉森绿化工程有限公司年产3万吨新能源汽车用电池箔	201602		62232	62200
洛阳聚客隆实业有限公司聚客隆市场升级改造项目	201410	201610	62000	63000
栾川县宝华山钨钼矿业有限公司选厂升级改造项目	201606		62000	52500

单位：万元

	开工时间	投产时间	计划总投资	自开工至本年底累计完成投资
洛阳养身谷文化旅游发展有限公司洛阳鸡冠山养生旅游度假区建设项目	201510		61852	22548
洛阳鑫宏实业集团股份有限公司西泰山老年公寓建设项目	201509		61290	35580
洛阳百合园食品有限公司年产300万件饮料项目	201512	201604	61200	68100
洛阳鹏飞耐磨材料股份有限公司纳米陶瓷铸钢复合衬板磨盘项目	201608		61000	17352
河南卓金光电科技有限公司年产1200万平方米深加工玻璃项目	201606		61000	15304
洛阳麦德陶粒有限公司陶瓷滚棒生产项目	201605		61000	19693
洛阳达伟铝业有限公司年产3万吨汽车轻量化铝合金零部件	201609		61000	28267
河南山城建设集团有限公司伏牛山绿苑度假村建设项目	201605		60645	11883
洛阳龙基铜业科技有限公司年产3万吨精密铜及铜合金管材项目	201604	201611	60456	61689
洛阳市海龙精铸有限公司年产1万吨精密铸造件加工项目	201605		60155	45395
孟津县盛世城市建设投资有限公司孟津县棚户区改造寺河南村安置房建设	201602		60042	85
洛阳美进超硬材料有限公司年产95万平米铝塑复合板项目	201608		60011	23476
洛阳市洛龙区科技园街道办事处龙跃小区二期工程	201601	201611	60000	60500
新安县龙潭峡旅游服务有限公司龙潭峡风情小镇综合开发安置项目	201508	201611	60000	60000
洛阳巨子新能源科技有限公司太阳能电池组件建设项目	201605		60000	41580
宜阳协鑫光伏电力有限公司宜阳协鑫光伏电力有限公司70MW 高效农业光伏发电项目	201603		60000	33711
偃师市城关镇新寨居委会偃师市新寨新型社区建设工程项目	201603	201611	60000	60000
栾川县九龙商务酒店有限公司九龙山温泉度假区建设项目	201603		60000	16520
洛玻集团洛阳龙泽焦化有限公司一期年产2.5万吨聚甲醛项目	201610		60000	3797
洛阳钢之源物流有限公司洛阳仓储物流中心建设项目	201510	201606	60000	63320
洛阳国舰齿轮传动有限公司机器人RV减速机磨齿机产业化项目	201601	201610	60000	60000
洛阳侨乐实业有限公司生态养生园建设	201512		60000	52614
洛阳浙商产业园发展有限公司浙商产业园项目	201403	201607	60000	60000
河南天长地久农业开发有限公司天羽现代精农业示范园建设项目	201505		60000	5006
偃师市城关镇东寺庄村民委员会偃师市城关镇东寺庄村新型社区建设项目	201507	201610	60000	60000
孟津县盛世城市建设投资有限公司孟津县城关镇上店整村搬迁	201211	201607	59000	59000
洛宁县伏牛矿业开发中心年产矿产机械设备一二零套建设项目	201606		59000	46680
洛阳蓝斯利科技有限公司食品检验和检测中心项目	201607		58800	47412
孟津县盛世城市建设投资有限公司马步社区建设	201302	201608	58372	58372
河南泓景农业科技有限公司伊川县20MW 农光互补发电项目	201603	201611	58300	64720
栾川城乡旅游发展有限公司栾川县旅游产业集聚区旅游配套设施（一期）工程	201608		58181	24660
偃师市超然工贸有限公司年产600台多用途巷道装载机项目	201606		58000	47400
洛阳源彩旅游有限公司七彩龙都风情园项目	201601	201608	58000	59080
洛阳新农民园艺景观有限公司黄河西霞院风景旅游开发项目	201512		58000	38216
偃师市容宝印铁制桶有限公司年产120万只钢桶项目	201610		58000	21000
洛阳瑞莱生物工程有限公司混合型饲料添加剂加工项目	201504	201604	57800	57800

5-14续表9 单位：万元

	开工时间	投产时间	计划总投资	自开工至本年底累计完成投资
洛阳市魏紫旅游开发有限公司河南印象地卫坡古村落	201603		57700	9400
河南省龙熙花田农业科技有限公司薰衣草庄园旅游建设项目	201511		57700	9350
中钛航宇河南科技有限公司钛及钛合金精密制造生产线	201601		57382	49347
洛宁金龙矿业有限公司七峰沟矿区766、810硐口竖井掘砌工程	201506	201610	57200	57200
宜阳县灵秀文化旅游发展有限公司灵山旅游配套服务设施建设项目	201604		57100	34006
栾川县大东坡钨钼矿业有限公司尾矿库接替库建设工程	201408	201607	57090	57090
洛阳兄弟连户外运动有限公司紧急救援中心及飞行员培训基地项目	201606		57000	26736
河南科技大学河南科技大学新校区三期工程	201511		57000	44000
洛阳九五鹿源农牧科技发展有限公司3700头梅花鹿养殖项目	201507	201612	57000	61500
洛阳市吉利区吉利乡冶戌村村民委员会冶戌新城	201306	201612	57000	57000
偃师市城关镇杏元社区居民委员会杏元新型社区项目	201510	201610	56000	56000
洛宁明珠水务有限公司年产灌装二二五毫升果汁生产项目	201606		56000	40157
河南省老君山生态旅游开发有限公司寨沟游览区基础设施建设项目	201606		55749	6470
阿特斯光伏电力(洛阳)有限公司太阳能电池组件新建项目	201602	201608	55396	59206
孟津县盛世城市建设投资有限公司孟津县宋岭村棚户区改造项目	201508		55339	21100
洛阳豫宝园电子商务有限公司电子商务产业园建设	201510	201608	55300	63300
洛阳聚洋化工有限公司年产10万吨甲醛项目	201607		55000	1150
汝阳大盛新能源有限公司汝阳马兰河60MW光伏发电项目	201603		55000	18972
洛阳通颖电器有限公司高效节能新型变压器生产项目	201607		55000	16249
洛阳市涧西区南昌路办事处王府庄社区居民委员会王府庄村村民安置房项目	201609		55000	169
孟津县城关镇长华社区居民委员会长华安置区兰亭国际建设	201310	201608	55000	55000
新安县职业高级中学职业教育中心	201604		54339	19700
汝阳中洲陶瓷有限公司专用陶瓷材料项目	201609		54000	3868
洛阳鼎盛高科精细化工有限公司年产6万吨系列油田化学品及炼油助剂项目	201609		54000	14250
郑州铁路局洛阳建筑段龙城嘉园三期项目	201601		53652	29755
伊川县城关镇董村社区居民委员会伊川县城关镇伊河整治项目	201512	201607	53000	53905
洛阳锦桥矿业有限公司龙门店矿区PD600、PD1256硐口深部拓展工程	201507	201610	52550	52550
河南八方矿业有限公司红庄矿区治理及黄金资源开发项目	201510	201608	52460	61460
洛阳洛玻集团源通能源有限公司4平方公里管道铺设工程	201502	201604	52000	52000
新安县五头镇村镇建设发展中心舜王社区二期工程建设	201510		52000	37060
伊川县公路管理局新增国道208伊龙路口到毛庄段改建工程	201604		51537	23020
宜阳城市发展投资有限公司第二高级中学建设项目	201611		51200	384
洛阳北控水务集团有限公司新区集中供热管网三期工程	201507		51121	28635
栾川县淯河南水北调源头养生度假有限公司栾川县南水北调源休闲养生度假山庄项目	201603		50879	10800
洛阳洛政新龙建设发展股份有限公司东环路跨洛河桥及引线工程	201602		50385	49225
栾川王府沟竹海旅游发展有限公司栾川王府竹海度假旅游区建设项目	201603		50280	31200

单位：万元

	开工时间	投产时间	计划总投资	自开工至本年底累计完成投资
洛阳市吉利区吉利乡白坡村村民委员会白坡村棚户区改造	201602		50000	46000
洛阳柏珞尔电气设备有限公司洛阳柏珞尔电气设备有限公司汽车压缩机生产项目	201506		50000	28600
孟津县城关镇人民政府（党委)孟津县新城科技园基础设施建设	201305	201602	50000	50000
洛阳灵山秀水电子商务有限公司宜阳大数据中心建设项目	201607		50000	23515
洛阳向农新能源科技有限公司蔬菜大棚种植项目	201605		50000	16000
洛阳大北门文化产业有限公司大北门工业旧址改造项目	201601		50000	38539
洛阳博世研磨材料科技有限公司年产600万平方米涂附磨具	201506	201604	50000	50000
洛阳博华实业有限公司年产3000吨高纯铌铁合金项目	201609		50000	7730
汝阳中景旅游开发有限公司中国龙隐景区4A 级提升建设项目	201504		50000	40965
河南黛眉山原始生态文化旅游开发有限公司黛眉山景区提升工程	201601	201609	50000	50000
新安兰丰农业开发有限公司生态旅游休闲观光项目	201511	201609	50000	50000
洛阳金达石化有限责任公司25万吨/年己烷油项目	201605		50000	24591
中国移动通信集团洛阳呼叫基地洛阳数据中心项目	201602		50000	13000
新安天成旅游发展有限公司青要山旅游度假区提升工程建设项目	201503		50000	45184
宜阳洛河水上运动有限公司中国。宜阳水上运动基地建设项目	201601	201612	50000	54015
洛阳世特景观园林工程有限公司生态休闲农业观光旅游项目	201512		50000	19106
河南中翔航空航天科技有限公司年产二十台飞行模拟器项目	201611		50000	8838
偃师市日升电力开发有限公司偃师万安山（一期）50M W 光伏电站项目	201608		50000	26600
中国汽车工业工程公司中汽工程新能源汽车核心零部件及涂装装备研发生产项目	201508	201612	50000	50000
偃师市岳滩镇创新摩托车配件厂年产4万辆电动三轮车和1万辆低速电动四轮车项目	201601	201607	50000	50000
洛阳贞观牡丹种植有限公司农业观光园项目	201506	201608	50000	50000
汝阳蒂龙纳新型材料有限公司年产3万吨纳米二氧化硅生产项目	201606		50000	18020
洛阳宇晟通电子科技发展有限公司年产1300万件LED 灯具项目	201601	201612	50000	54470
洛阳微资光伏材料有限公司年切割加工600万片半导体晶圆片、陶瓷片及硅片项目	201504	201603	50000	50000
宜阳城市发展投资有限公司宜阳县“一场两馆”建设项目	201605	201612	50000	50000
洛阳金裕新材料科技有限公司年产3万吨新型高阻隔功能性包装材料项目	201603		50000	43568
伊川县城关镇董村社区居民委员会龙门一号养老公寓项目	201607		50000	29382
偃师市城关镇窑头村民委会窑头新型社区建设项目	201505	201605	50000	50000
林安（偃师）商贸物流城有限公司国际商贸物流城海关保税仓项目	201603		50000	32150
偃师市大豫农机专业合作社农机专业合作社	201407	201605	50000	50000
洛阳天宇机械制造有限公司年产8000台无人驾驶拖拉机项目	201603		50000	46537
洛阳东方富源企业管理有限公司年产6千立方米木塑复合材料项目	201506	201606	49700	49700
孟津县城关镇马步社区居民委员会马步安置区龙马福地建设	201310	201604	49581	49581
金堆成钼业汝阳责任有限公司2万吨/年钼转换工程项目	201502	201610	49229	49229
栾川瑞龙食品有限公司年产7万吨休闲食品项目	201512	201603	49200	56500
洛阳天仓龙邦生物科技有限公司年产500吨5.5%甲维盐高效氯微乳剂、500吨5%甲氨基阿维菌素	201501	201606	49000	49000

单位：万元

	开工时间	投产时间	计　划 总投资	自开工至 本年底累计 完成投资
洛阳市妙石生花工艺艺术品有限公司五千亩根雕奇石生态园项目	201606		49000	19191
栾川豫晨旅游开发有限公司舒心居旅游度假酒店建设项目	201509	201607	49000	49000
伊川县城关镇周村社区居民委员会伊川县植物科普园	201512	201606	49000	50330
洛阳小浪底西霞院旅游发展有限公司西霞院文化旅游园区	201510	201609	49000	49000
嵩县纸房镇人民政府玉皇山森林公园建设	201602	201609	48890	58036
洛阳新拖手扶拖拉机制造厂年产二万台二百马力以上拖拉机生产项目	201604	201609	48820	48820
河南省老君山生态旅游开发有限公司君山.君隐度假山庄项目	201605		48760	12
栾川瑞龙食品有限公司年产20万吨杂粮系列产品深加工项目	201512	201608	48600	50110
洛阳市康怡老年公寓康怡养老中心一期二期建设项目	201607		48500	23500
洛阳锐仕泽科技有限公司电池片生产线设备购置			48500	48500
嵩县产业集聚区管理委员会嵩县产业集聚区洛栾公路升级改造工程	201604		48400	37900
宜阳县市政建设投资有限公司洛河生态治理提升改造建设项目	201603		48309	25640
阿特斯光伏电力(洛阳)有限公司设备购置			48240	38200
洛阳市市政道桥工程项目有限公司洛阳市市政道桥项目-新街跨洛河大桥建设工程	201508		48058	47190
栾川紫海旺斯薰衣草科技有限公司建设4000亩薰衣草种植基地	201504	201612	48000	48000
洛阳双龙峡旅游开发有限公司旅游通道及基础设施配套建设	201503	201609	48000	48000
栾川县豫粤耐磨材料有限公司深加工项目	201603		48000	22700
河南丽鑫电缆有限公司年产30万米特种新型电缆项目	201410	201605	48000	48000
洛阳匾额博物馆契约文书博物馆扩建项目	201601	201612	48000	48000
洛阳乡约农业科技园有限公司现代农业花卉种植项目	201603	201611	48000	48000
洛阳市涧西区兴隆花园社区兴隆寨村安置房二期	201610		48000	100
洛阳韦得电子有限公司年生产一万万条耳机生产项目	201605	201611	48000	48000
偃师市容宝印铁制桶有限公司年产80万只钢桶项目	201407	201604	48000	48000
洛阳仁大医院有限公司仁大医院建设项目	201502	201604	47209	47970
伊川县谦信和成废旧物资回收有限公司年处理废渣5万吨项目	201603	201612	47000	47000
河南永吉服饰有限公司年加工100万套羽绒服装项目	201510	201604	47000	47600
新安县天地源商贸有限公司年加工130万吨铝矿石	201503	201610	47000	47000
新安县城关镇江庄社区居民委员会江庄老村改造	201505		47000	46600
新安县城关镇村镇建设发展中心金水大道东延伸段	201509		47000	41260
洛阳华美电力有限公司2万千瓦分布式光伏项目	201606	201612	46800	46800
孟津县城关镇长华社区居民委员会长华社区综合商住楼建设	201305	201604	46570	46570
洛阳凌翔塑胶有限公司年产8000吨塑料颗粒	201601	201608	46500	46500
洛阳亚海湾旅游开发有限公司温泉养生农庄项目	201601		46500	41375
嵩县木植街乡人民政府木植街乡阜康社区三期工程	201603	201611	46400	46400
洛阳同生水务有限公司伊川县第二污水处理厂项目	201601	201610	46000	47000
偃师市三鑫电线电缆厂年产3万吨PVC低烟无卤环保新型电缆料建设项目	201408	201605	46000	46000

5-14续表12

单位：万元

	开工时间	投产时间	计划总投资	自开工至本年底累计完成投资
伊川县和鑫耐火材料有限公司年产5万吨不定型耐火材料项目	201606		46000	37775
新安县城关镇西苑社区居民委员会七里站社区	201501		46000	45200
栾川县康瑞矿业有限责任公司铅银资源整合项目	201510	201606	45800	45800
孟津县城关镇人民政府（党委)孟津县理想家园建设	201304	201603	45600	45600
洛阳万乐防腐涂料有限公司年产3万吨工业钢结构生产项目	201507	201606	45500	45500
孟津县城关镇人民政府（党委)红太阳花园建设	201203	201603	45000	45000
洛阳万山湖旅游有限公司景区升级转型工程	201603	201609	45000	45000
洛阳铜一金属材料发展有限公司铜铝复合材料材料	201507	201604	45000	45000
洛阳以马内利机械设备有限公司年产1万吨矿山设备及配件项目	201604	201612	45000	45000
河南勇威铁路器材有限公司年产1万吨高铁电器设施配件项目	201601	201610	45000	45000
洛阳特斯拉能源科技有限公司年产壹千伍百万只锂电池项目	201509	201607	45000	49791
洛阳建弘农业开发有限公司台湾生态农业科技园	201502	201605	45000	45000
洛阳武星旅游开发有限公司洛阳鸡冠山旅游风景区建设项目	201503	201612	45000	45000
洛阳华康新能源有限公司宜阳县董王庄乡武坟50M W P地面光伏电站项目	201504	201607	45000	45000
洛阳建弘农业开发有限公司万户亿株兰花苗木培育项目	201606		45000	40500
洛阳贵乙机械设备有限公司年加工5000吨农机配件项目	201601	201610	45000	45000
洛阳道博精密型钢有限公司年加工12000吨精密型钢项目	201605	201612	45000	45000
新安县城关镇西关社区居民委员会后贯沟城中村改造	201507		45000	37350
洛阳宗乔车业有限公司年产10万辆电动车车厢车架项目	201606		45000	23000
洛阳伊滨区撤村并城规划建设办公室伊滨区福民嘉苑二期代建工程	201604		44007	900
洛阳汉子木制品安装有限公司年安装3800平方木屋项目	201607		43900	590
洛阳天河大峡谷旅游度假开发有限公司旅游专线建设项目	201608		43740	17935
洛阳乘瑞化工科技有限公司含氟精细化工品项目	201601	201604	43700	50003
宜阳宏聚光伏电力有限公司虎庙山20M W P地面光伏电站项目	201508	201609	43200	51406
洛阳市科飞亚金柜有限公司年产200万台（套）办公家具项目	201605		43000	10868
洛阳福格森机械装备有限公司玉米收获机生产线二期扩建项目	201602		43000	31350
洛阳师范学院科研楼等建设项目	201605		43000	37400
洛阳佳康电力有限公司光伏发电站项目	201605		42312	40000
洛宁县大元能源有限公司压气站余热发电项目	201603	201612	42056	42056
河南佳联新型建材有限公司建筑保温与结构一体化新型建材	201606	201611	42000	46000
洛阳富帅通用紧固件厂年产11500吨热锻件电力器材配件项目	201601	201610	42000	42000
洛阳果岭旅游有限公司果岭山水温泉城一期项目	201603	201610	42000	46000
嵩县交通运输局大三路改建工程	201607		42000	29000
孟津县城关镇人民政府（党委)金凤凰名都苑建设	201304	201603	42000	42000
大唐宜阳风力发电有限公司建设规模产4.8万千瓦，拟安装24台单机容量为2000千瓦的风力发电	201511	201612	41412	48867
伊川县江左镇江左村村民委员会江左社区隆兴花园建设项目	201601		41000	32300

单位：万元

	开工时间	投产时间	计划总投资	自开工至本年底累计完成投资
洛阳高新实业总公司洛阳市西环路孙辛路高架工程	201603		40021	23700
河南百富兰溪旅游服务有限公司栾川县叫河镇倒回沟黎明生态庄园建设项目	201610		40006	9901
河南科然生物科技有限公司年加工处理6000吨大豆豆粕生产线	201605	201611	40000	40000
洛阳鼎盛源电子科技有限公司新能源汽车零部件精密冲压项目	201605	201609	40000	40000
洛阳醛光环保科技有限公司无机涂料建设项目	201612		40000	800
洛阳坤孚商贸有限公司仓储物流项目	201512	201607	40000	47170
洛阳沃康药业有限公司10000吨/年中药饮片、50亿粒（片）保健食品生产线	201509	201607	40000	40000
汝阳协鑫新能源有限公司二期50M W p地面光伏电站项目	201608		40000	16182
洛阳昕宁木业有限公司年产三十万套家具项目	201608	201612	40000	40000
河南民正农牧股份有限公司年出栏30万头生猪绿色生态养殖基地项目	201509	201610	40000	40000
洛宁龙瑞精密铜管有限公司年产三千台矿山机械设备项目	201610		40000	12262
洛阳市祥泰冶金设备制造有限公司年产2000吨锟套辊芯管件项目	201411	201604	40000	40000
河南丝绸之宝卫生用品有限公司年产4200万包卫生巾及5000万条婴幼儿纸尿裤项目	201504	201605	40000	40000
洛阳旺鼎石材市场管理有限公司旺鼎石材二期项目	201605		40000	27500
洛阳北大公学管理有限公司北大公学洛阳国际学校项目	201601	201611	40000	40000
孟津县华强土地开发服务有限公司电动汽车零部件产业园建设项目	201608		40000	26620
河南源翔电线电缆有限公司年产3000千米1千伏以下环保无卤阻燃特种电缆项目	201408	201605	40000	40000
洛阳市吉利区帝景苗木种植专业合作社世界名贵花木生态园项目	201602		40000	26000
洛宁金龙矿业有限公司锁凹矿区九五六硐口深部拓展工程	201602	201608	39860	39860
洛阳亿欣机械有限公司新建厂房及生产设备购置	201605		39680	18178
偃师市寰慧节能热力有限公司集中供热（BOT项目）	201601	201607	39670	39670
嵩县交通运输局新增国道344嵩县大章镇道路改建工程	201604		39600	37100
洛阳城北线旅游集散中心有限公司黄河漂流项目	201604		39500	30655
洛阳市营光电线电缆有限公司年产4亿支精密输液器项目	201612		39400	3000
洛阳新兴达机械有限公司厂房及生产设备更新购置	201603		39398	26398
伊滨区庞村镇人民政府掘丁路（堤顶路至顾龙路段）改建工程项目	201503	201610	39334	39334
河南省老君山生态旅游开发有限公司老君山景区旅游信息系统改建提升项目	201510	201604	39279	46279
中国一拖集团有限公司新型轮式拖拉机智能制造新模式应用项目	201601		39180	16715
嵩县大章镇村镇建设发展中心扶贫搬迁工程	201607		39100	25000
新安县鑫连鑫矿业开发有限公司年处理80万吨铝矿石废渣	201604		39000	10050
洛阳永邦科技信息服务中心洛阳永邦科技信息服务中心项目	201501	201605	39000	39000
嵩县鹏峰旅游开发有限责任公司铁锁沟九龙湾生态休闲旅游园区项目	201608		38900	
栾川县高山渔村生态养殖有限公司狮子庙镇高山水镇建设工程	201608		38853	1900
嵩县抗旱应急工程建设管理局大章镇河道治理工程	201606		38700	28500
栾川县叫河镇农业服务中心叫河镇街区供排水管网建设项目	201610		38525	1899
洛阳市吉利区交通运输局省道245邵吉线（黄河路）吉利段改建工程	201601		38500	21510

5-14续表14 单位：万元

	开工时间	投产时间	计划总投资	自开工至本年底累计完成投资
洛阳市双美实业有限公司好玛特文化旅游产业综合体项目	201604		38006	15768
洛阳中远物流有限公司远洋仓储物流中心建设项目二期	201603		38000	35600
洛阳天海实业有限公司科技园标准化厂房项目	201603		38000	33382
洛阳振铸机械制造有限公司机加工二期扩建项目	201603		38000	28140
河南盛邦科技有限公司工业科技信息服务中心项目	201601		38000	29215
阿特斯光伏电力(洛阳)有限公司洛阳阿特斯三期新建厂房	201604	201610	38000	39348
嵩县山金矿业有限公司山金公司二期建设	201603	201606	38000	39720
洛阳双月固化剂有限公司过氧化甲乙酮生产线建设项目	201605	201610	38000	38000
嵩县大章镇村镇建设发展中心大章镇旺坪村社区建设项目	201512	201604	38000	44700
洛阳荆紫仙山旅游开发有限公司景区提升工程	201608		38000	15000
河南玖成金属结构有限公司年产12000吨金属结构件项目	201609		38000	16700
新安县交通运输局G 310洛阳市境（新安段）二期	201501	201605	37976	37976
伊川县交通运输局伊川县龙凤大道建设工程	201601	201610	37864	38050
洛阳市住房和城乡建设委员会武屯街建设工程	201605	201611	37617	37617
洛阳逸康老年服务中心洛阳逸康老年服务中心扩建项目	201605	201612	37600	42530
嵩县八道沟旅游度假有限公司老龙山微电影及婚庆拍摄基地建设项目	201602	201609	37600	44740
洛阳市奇迹电子科技有限公司年产60万套智能电动车充电器、控制器项目	201602	201606	37550	37550
偃师市交通运输局X 029府金线中原大道至G 207段改建工程（偃师段）	201603	201611	37420	37420
洛阳天佑春都食品有限公司年产8万吨熟食项目	201604		37400	10564
洛阳大河古渡文化园有限公司文化园项目	201504	201606	37280	37575
洛阳市吉利区住房和城乡建设局城市森林公园工程	201607		37000	3000
洛宁县王范回族镇人民政府洛宁县旅游西路登云路建设工程	201606		37000	24496
洛阳科杰实业有限公司年产70000台（套）高档钢制办公家具项目	201611		37000	58
宜阳旭能光伏科技有限公司20M W 农光互补光伏发电项目	201506	201611	37000	40566
偃师市泉兴鞋业有限公司泉兴鞋业二期工程	201601	201609	37000	37000
洛阳弘鑫燃气有限公司加气站项目	201601		36750	30675
洛宁华泰矿业开发有限公司列沟采区提升竖井项目	201503	201606	36500	36500
孟津县华祥砼业有限公司水泥制品孟津生产基地建设项目	201605		36500	9629
民生药业集团河南德尔康药业有限公司民生第三方现代医药物流分拨中心	201512	201607	36000	36010
河南秀美山川农林科技开发有限公司山化镇秀美山川高效农林综合开发项目	201501	201603	36000	36000
洛阳中超非金属材料有限公司10万吨超细氢氧化铝	201507	201605	36000	36000
洛阳森德石化工程有限公司车间扩建项目	201602		36000	26500
洛阳全惠商贸有限公司标准化高低温冷库建设项目（二期）	201605	201611	36000	42800
洛玻集团洛阳龙昊玻璃有限公司一线冷修节能技改项目	201604	201608	35945	36245
嵩县民政局长寿园老年公寓	201508	201603	35530	42280
洛阳海正机械有限公司49500平方米厂房项目	201510	201606	35100	38830

5-14续表15

单位：万元

	开工时间	投产时间	计划总投资	自开工至本年底累计完成投资
洛阳田园之春农业科技有限公司农业观光休闲采摘一体化园区建设	201604		35000	25076
洛阳市文物局隋唐洛阳城宫城应天门文物保护项目	201511		35000	13457
河南新开源石化管道有限公司年产20000吨特种高压石油化工管道及配件项目	201608		35000	11220
洛阳熙泉商贸有限责任公司孟津县商贸中心项目	201603		35000	28175
洛阳世腾骨科医院有限公司骨科医院建设项目	201604		35000	26570
新安县长福耐火材料有限公司年加工10万吨耐火材料项目	201602	201610	35000	35000
抱犊寨旅游景区有限公司抱龙湾水系建设项目	201605		35000	22900
孟津县空港投资有限公司银溪湖畔小区建设项目	201608		35000	11800
洛阳锐英机械设备有限公司年加工10000吨机械设备及其零部件项目	201607	201612	35000	35000
汝阳正午农业科技有限公司万亩生态农业示范园项目	201608		35000	8975
汝阳尚林农业开发有限公司一期基建项目	201608		35000	22030
栾川县豫达矿业有限公司多金属综合回收项目	201508	201603	35000	42818
河南省来宝实业有限公司年产130万台（套）办公家具项目	201604		35000	15622
洛阳市宇宝办公机具有限公司年产150万台（套）办公家具项目	201510	201610	35000	35000
偃师市圣钰车桥厂年产20万支三轮摩托车后桥	201605	201610	35000	35000
洛阳丰收农业机械装备有限公司年产一万台大功率动力换挡拖拉机和八千台新能源纯电动拖拉	201606	201611	35000	38799
洛宁华安光电科技有限公司年生产一千五百万套节能环保照明灯具项目	201604	201609	35000	35000
洛宁歌尔电气有限公司年加工二百万件电子工艺品电子配件组装成品项目	201604	201609	35000	35000
新安县城关镇村镇建设发展中心城北七路	201601		35000	29650
新安县城关镇牌楼社区居民委员会新型社区建设	201501	201604	35000	35000
伊川县城关镇北府店社区居民委员会景艺路农贸市场	201601	201606	35000	36300
洛宁县石佛山农业发展有限公司石佛山养老基地建设	201601		35000	31530
洛阳五洲国际工业博览城有限公司跨境电子商务保税仓库项目	201602	201609	35000	35000
河南最宜实业有限公司御泉溪谷生态园	201502	201607	35000	40620
嵩县黄庄乡村镇建设发展中心汝河橡胶坝工程	201602	201608	34719	41315
洛宁海升现代农业有限公司现代生态苹果观光示范园区项目二期	201506	201606	34297	34297
宜阳宏聚光伏电力有限公司牵羊坡20M W P地面光伏电站项目	201503	201605	34200	40477
河南誉辉实业有限公司年产58000台（套）高档钢制办公家具项目	201610		34000	45
洛阳鑫玉坊珠宝有限公司承宇珠宝翡翠文化产业园二期项目	201511	201608	33000	38680
洛宁县天源光伏发电有限公司四十八兆瓦光伏发电及苜蓿草种植一体化项目	201605		33000	26843
孟津县空港投资有限公司玫瑰花园建设项目	201607		33000	11500
河南豫博药业科技有限公司河南豫博药业科技有限公司建设项目	201508	201603	33000	36300
河南省洛阳正骨医药科技股份有限公司洛阳正骨医院医药科技产业园一期建设项目	201501	201607	33000	33000
洛阳旅游发展集团有限公司中国洛阳牡丹文化节永久会址	201601	201609	33000	33000
洛阳市公路管理局国道三四四线瑶北坡至旧县镇潭头路口段改建工程	201601		32893	25335
洛阳市富宁木业有限责任公司年产300万米装饰线条生产线项目	201504	201605	32820	34820

5-14续表16

单位：万元

	开工时间	投产时间	计划总投资	自开工至本年底累计完成投资
栾川县冷水镇村镇建设发展中心污水处理厂设施建设项目	201604		32812	18435
洛阳市住房和城乡建设委员会李村大街建设工程	201606		32621	27303
栾川县鑫鑫矿业有限公司日产1000T银矿渣多金属综合回收项目	201503	201607	32478	32478
洛阳市天玺实业有限公司年产56000台（套）高档钢制办公家具项目	201610		32000	60
洛阳凯业轴承滚子有限公司年产3亿粒轴承滚子项目	201608		32000	16641
洛阳雷斯达传动有限公司油田智能开采系统	201602	201606	32000	35550
洛阳寒冰机械制造有限公司拖拉机驾驶室结构件生产项目	201606		32000	31500
栾川县大泽裕养种植专业合作社大泽裕养种植专业合作社建设项目	201509	201605	32000	37520
洛阳宇威有色金属科技研发有限公司正威有色科技城研发中心	201602	201606	32000	34952
新安县五头镇农业服务中心金水河河道治理项目	201504		32000	31887
栾川金雕石化燃气有限公司金雕物流产业园服务区建设项目	201605		32000	19867
洛宁华润燃气有限公司余庄综合站建设	201505	201607	32000	32000
洛阳氟钾科技有限公司车村片区传统萤石矿山开采转型升级技术改造项目	201603	201611	31800	37842
洛宁中硅道得光伏有限公司2M W 分布式光伏电站项目	201602	201606	31800	31800
洛阳伊川龙泉坑口自备发电有限公司超低排放改造项目	201603	201610	31600	31600
洛阳岚清环保有限公司瓦斯节能技术改造	201603		31400	30131
洛阳佰晟机电装备有限公司大型精密智能装备和精密轴承生产项目	201609		31000	15000
河南民泽农业科技有限公司洛宁现代农业综合体项目	201604		31000	21025
洛阳合丰办公家具有限公司产年50万台（套）办公家具项目	201602	201610	31000	31000
栾川县德诚金属冶炼有限责任公司年处理10000吨白钨深加工综合利用项目	201508	201604	31000	34289
新安县开祥耐材有限公司年产11万吨不定型耐火材料项目	201607		31000	100
洛阳水生态投资开发有限公司中原大道建设工程	201509		30358	21845
二机(洛阳)石油设备有限公司年产1万吨石油设备及配件项目	201606		30000	14800
偃师市华泰综合利用建材有限公司年产150万平方米新型墙体材料项目	201609		30000	19650
洛阳市荆山液压元件有限公司年产50万件齿轮泵生产项目	201601	201606	30000	35250
洛阳同欣工贸有限公司年产一万八千套国防工程专用新型消声设备及年产一万五千台高密闭风	201602	201607	30000	33972
洛阳安久保密设备有限公司年产130万台(套)办公家具项目	201606		30000	8144
洛阳上皇酒业有限公司上皇酒业扩建项目	201512	201607	30000	30862
洛阳龙鼎铝业有限公司新能源材料升级项目	201604	201610	30000	35505
河南民正农牧股份有限公司生态种养加工及观光农业精准扶贫项目	201601		30000	9450
洛阳沐益重工机械有限公司年产200台套圆锥破碎机及零配件项目	201509	201605	30000	30000
洛阳万安山野生动物欢乐世界有限公司万安旅游乐园项目	201504	201606	30000	30000
宜阳文化旅游发展集团有限公司宜阳县灵山温泉度假风情小镇建设项目	201608		30000	13142
洛阳宝盈智控科技有限公司年产10万套电池管理系统项目	201601	201611	30000	30000
洛阳市客香来餐饮有限公司洛阳上海市场百货大楼改扩建项目	201509	201607	30000	30000
河南省金尔泽实业有限公司金尔泽20万平方米标准化厂房项目	201508	201604	30000	31132

单位：万元

	开工时间	投产时间	计划总投资	自开工至本年底累计完成投资
洛阳市德仁工贸有限公司年加工5000吨100马力以上拖拉机配件项目	201605	201611	30000	30000
洛阳市熙平苑养老服务中心熙平苑养老服务中心建设项目	201601		30000	17000
洛阳市冰雪实业有限公司洛阳万安山生态农业园项目	201506	201607	30000	30000
洛阳福莱特新能源科技有限公司年产40000块各种规格光伏电池组件项目	201604	201610	30000	30000
洛阳晟源新材料有限公司年产9000吨软磁新材料项目	201607	201611	30000	30000
栾川县陶湾镇村镇建设发展中心生态庄园建设项目	201603		30000	2100
洛阳景森农业有限公司洛宁天豫循环农业产业园建设项目	201602		30000	18200
孟津县华强土地开发服务有限公司会小路项目	201608		30000	24450
河南省耿力工程设备有限公司年产500辆G SPC 车载式湿喷台车建设项目	201610		30000	20700
孟津县教育局孟津县北大育才教育园区	201310	201604	30000	30000
洛阳帅隆铜铝新材料科技有限公司厂房建设及设备购置	201305	201604	30000	30000
偃师市首阳山镇大冢头村民委员会大冢头农村社区	201502	201604	30000	30000
洛阳伊滨区寇店镇人民政府烟岭广场一期建设工程项目	201607		29600	13345
洛阳义安矿业有限公司矿井巷道技术改造	201503	201604	29500	29500
新安县南李村镇村镇建设发展中心中心社区建设项目	201501	201608	29500	29500
嵩县住房和城乡建设局伊东新区五条道路建设	201602	201605	29237	34792
洛宁县王范回族镇人民政府民族路建设工程	201608		29000	10228
洛阳太平洋联合石油化工有限公司有机钼节能减摩抗氧系列润滑油添加剂项目	201510	201609	29000	29000
洛阳华众机械制造有限公司年产5万吨热轧精密轴承冷辗钢管二期扩建项目	201601		29000	16700
洛阳弘路重钙有限公司年产火电脱硫用重钙30万吨石粉深加工系列产品50万吨项目	201602	201611	29000	32496
洛阳祥玉缘珠宝有限公司石沁坊珠宝文化产业园项目	201603		29000	13070
洛阳市磊鑫石材有限公司年加工9万立方米花岗岩等石材项目	201503	201607	29000	29000
洛阳北控水务集团有限公司洛阳故县水库引水高新水厂工程	201601	201611	28884	28884
伊川县山耕农业开发有限公司生态农业示范园项目	201601	201610	28862	28862
洛阳弘鑫燃气有限公司C N G 加气母站项目	201508	201607	28830	28830
中信重工机械股份有限公司技术中心配套建设项目	201006		28800	21930
伊滨区庞村镇人民政府六合大道项目	201602	201609	28664	28664
洛宁县公路局马店至界岭段改建工程	201505	201603	28606	28606
偃师市国有资产经营有限责任公司大冢头棚户区改造项目	201610		28569	2600
嵩县纸房镇人民政府伊东移民安置区项目	201604	201611	28563	33989
河南通达电缆股份有限公司年产16400千米轨道交通及高端制造特种线缆项目	201611		28489	2900
洛阳香江万基铝业有限公司大沟河赤泥库新建库	201611		28220	5010
河南东华鼎盛热力有限公司孟津县城区集中供热项目	201304	201603	28135	28135
神华国华孟津发电有限责任公司孟电职工公寓楼项目	201511	201604	28000	28000
洛宁县禹魂自来水有限公司污水处理厂中水回用工程	201502	201605	28000	28000
义煤集团新安县恒祥煤业有限公司煤矿技术改造	201508	201609	28000	28000

	开工时间	投产时间	计划总投资	自开工至本年底累计完成投资
洛阳市隆源企业管理有限公司隆源购物广场建设项目	201508	201607	28000	28000
嵩县旧县镇农业服务中心伊龙社区3期扶贫搬迁工程	201606	201611	28000	33320
洛阳热盈节能材料有限公司年产22000立方米陶瓷纳米纤维毯项目	201603	201611	28000	31698
河南赛米化工有限公司水基金属加工用添加剂项目	201510	201609	28000	28000
栾川县城关镇西地社区居委会城关镇旧体育场片区棚户区改造建设项目	201603		28000	11562
洛阳伊滨区管理委员会教育中心洛阳市伊滨区第一初级中学项目	201503	201606	28000	28000
新安县城关镇村镇建设发展中心城北五道	201606		28000	18600
洛阳锦桥矿业有限公司圪料沟钻探工程	201504	201605	27800	27800
洛阳锦桥矿业有限公司龙门店矿区九四八硐口探矿工程	201603	201606	27580	27580
普莱柯生物工程股份有限公司动物疫苗产业化扩建项目	201204		27562	12026
洛宁县渡洋河大石涧水源工程建设管理局洛宁县渡洋河大石涧水源工程	201504	201605	27257	27257
洛阳华拓商品混凝土有限公司年生产50万吨商品混凝土项目	201509	201605	27200	27200
河南省华川机械设备有限公司年产5000吨铸件快速生产线	201601		27000	24910
洛阳龙翼钙佳佳科技有限公司年产五百毫升瓶装功能性饮料一一零万箱生产项目	201608	201611	27000	27000
河南技力装备技术有限公司洛阳技力装备技术有限公司二期扩建项目	201601	201609	27000	27000
洛阳九瑞食品有限公司年产6万吨熟食建设项目	201604	201611	27000	31000
洛阳水生态投资开发有限公司洛阳市伊洛连通工程	201511		26846	6614
嵩县车村镇人民政府洛阳牧云山休闲农业观光生态园项目	201509	201603	26838	31937
北控（洛阳）水务发展有限公司涧西污水处理厂扩建工程	201512		26719	11416
伊川县公路管理局新增G 343伊川水寨至宜阳铁炉段改建工程	201603		26325	20130
洛阳至尚有机硅制品有限公司年产捌百万件泳镜和潜水镜项目	201511	201606	26277	30711
洛阳洛政新龙建设发展股份有限公司东环路李城桥南东干渠建设工程	201602	201612	26022	31122
洛阳顺易钛业有限公司年产4000吨钛材项目	201609	201612	26000	26000
偃师市正大管业有限公司正大摩配产业园项目	201602	201608	26000	26000
洛阳祥凯有色金属有限公司年产6300吨有色金属复合材料项目	201603		26000	13720
河南洛阳工业园区管理委员会经六路二期道路工程新建项目	201509	201607	26000	26000
偃师市邱氏文化研究会中华邱氏河南堂文化园	201601	201611	26000	26000
洛阳欧达智能科技发展有限公司年产16万套城乡市场智能监控设备项目	201601		26000	20159
洛阳市清风环保设备有限公司年产400套环境污染治理装备（袋式除尘器、滤筒除尘器）1000套	201505	201604	26000	26000
洛阳市涧西区周山路办事处浅井头社区居民委员会新建中弘中央广场D区浅井头安置房三期建设	201606		26000	15000
洛阳大运三轮摩托车有限公司年产20万辆电动三轮车	201511	201603	26000	26000
洛阳东瑞新能源科技有限公司光伏农业大棚建设	201501		26000	23315
洛阳百成内燃机配件有限公司年产1200万只气缸套项目	201511	201604	26000	26000
洛阳市吉利区吉利乡西杨村村民委员会阳光社区二期项目	201510	201605	26000	26000
洛宁海升现代农业有限公司现代生态苹果观光示范园区项目三期	201602	201611	25812	25812
洛阳市孟津县永辉铸钢厂车间扩建项目	201601		25800	24000

5-14续表19 单位：万元

	开工时间	投产时间	计划总投资	自开工至本年底累计完成投资
洛阳春山农业开发有限公司春山农业生态园建设	201505	201605	25785	28120
洛阳秦汉精工股份有限公司宜阳分公司年产耐磨损精密冷挤压件1600万件搬迁项目	201602	201611	25500	28837
嵩县住房和城乡建设局陆浑大道建设项目	201606	201610	25362	30176
栾川县银海矿业有限公司白峪岩沟尾矿库建设项目	201601	201607	25334	25334
洛阳市黄河机械资产管理有限公司福霖商务大厦建设项目	201603		25150	22295
凯盛信息显示材料（洛阳）有限公司超薄信息显示材料深加工项目	201512	201608	25058	25058
伊川县非非农业专业合作社年产6000万吨桃子生产项目	201604	201608	25000	25000
汝阳县住房和城乡建设局汝阳县东街村凤山路两侧棚户区改造	201601	201609	25000	25000
洛阳森诺精密轴承有限公司年产5000套超精密森吉米尔轧机背衬轴承项目	201508	201605	25000	25000
阿特斯光伏电力(洛阳)有限公司太阳能硅片扩建	201602	201605	25000	28186
洛阳市美立办公家具有限公司年产60万台(套)办公家具项目	201608		25000	1492
洛阳洛轴资产经营管理有限公司洛轴17号街坊棚户区改造项目二期7号8号住宅楼	201601		25000	12500
河南尚亿机械装备有限公司年产25000套玉米收获机低速传动箱总成及年组装5000台除草机建设	201610		25000	20900
洛玻集团洛阳龙泽焦化有限公司年产10万吨焦炉煤气制甲醇项目	201609		25000	3598
河南中光铁塔制造有限公司年产5万吨通讯铁塔电力铁塔建设项目	201601	201608	25000	25000
洛阳赛普新材料有限公司年产170万片各类蓝宝石片项目	201504	201604	25000	25000
洛阳双正塑业有限公司塑料电气开关项目	201606	201610	25000	25000
洛阳冠嘉电子科技有限公司年产值一亿元专业手机电磁屏蔽膜项目	201601	201606	25000	29000
孟津县胜华金属机械有限公司矿山设备机体加工建设项目	201605	201609	25000	25000
洛阳欧陆新世纪家居有限公司天子驾六古玩城(老城店)古玩艺术创客中心项目	201606	201611	25000	25003
洛阳迎春电器有限公司年产四万台烤烟房烟叶自动提升机项目	201601	201607	25000	27462
洛阳星牛变压器有限公司年产500万ＫＶＡ台非晶合金变压器项目	201609	201612	25000	28600
伊川县值地机械配件有限公司年产850万吨机器零部件加工生产项目	201602	201612	25000	25000
洛阳大唐装饰材料有限公司年产800万吨仿古砖	201603	201609	25000	25000
洛阳中盛铜铝业有限公司年产10万吨铝棒	201603	201610	25000	28440
洛阳市超金电器有限责任公司年产1万台三相电源防触电防短路无触点节能安全器生产项目	201608	201612	25000	25000
河南省孟津县化肥厂年产50000吨液氨甲醇节能减排技术改造项目	201605		25000	20130
新安县织锦家庭农场农业观光休闲庄园建设	201503		25000	24020
洛阳承园实业有限公司上阳宫文化园项目	201605		25000	12073
洛阳磨盘山农业有限公司洛阳佛易水上乐园	201601	201612	25000	25000
洛阳全和实业有限公司年产100万平方米塑钢门窗及铝合金门窗断桥门窗项目	201603		25000	13852
孟津县城关镇牛步河社区居民委员会牛步河安置区龙翔小区建设	201310	201603	25000	25000
河南西普电气有限公司年产五百台套业机器人智能装备及年产五千套电动汽车充电桩和充电机项	201601	201606	25000	27351
洛阳伊滨区寇店镇人民政府寇店镇沙河公园二期项目	201606		24900	11826
洛阳一拖东方福利实业有限公司新建厂房及生产设备购置	201605		24893	20330
河南省老君山生态旅游开发有限公司寨沟客运索道工程建设项目	201510	201604	24878	32578

单位：万元

	开工时间	投产时间	计划总投资	自开工至本年底累计完成投资
洛宁县公路局新增国道三四三焦寺河段改建工程	201606		24746	6265
洛阳瑞泰耐火材料有限公司年产3000吨耐火材料生产线二期扩建项目	201602	201611	24700	24700
河南科技大学第二附属医院河科大二附院（急）诊医技综合楼项目	201511		24265	23773
洛阳市住房和城乡建设委员会诸葛大街建设工程	201604		24237	22300
洛阳龙峪湾森林养生避暑度假有限公司景区综合开发建设项目	201601		24131	11670
新安县顺泽农业旅游开发有限公司樱桃庄园林山溪谷项目	201501	201605	24000	24000
偃师市程诚机械设备有限公司轴承、压力机的生产销售	201509	201610	24000	24000
洛阳宜莲农业科技生态有限公司洛阳七彩莲花山生态观光园项目	201611		24000	200
偃师市首阳山镇沟口头村民委员会首阳一号农村社区	201505	201605	24000	24000
洛宁县王范回族镇人民政府洛宁县京宁南路建设工程	201606	201611	24000	24000
孟津县城关镇人民政府（党委)博士嘉园小区建设	201302	201602	24000	24000
洛阳智鼎化工设备辅料有限公司化工设备滤网生产销售	201510	201610	24000	24000
洛阳市第六人民医院门诊病房综合楼建设项目	201502	201612	23885	23885
洛阳鸿吉耐火材料有限公司年产10万吨不定型耐火材料生产线二期扩建项目	201604	201611	23800	23800
嵩县黄庄乡村镇建设发展中心红崖村美丽乡村建设	201603	201608	23700	28203
洛阳市城乡规划局洛阳市规划馆和地方志馆	201503	201605	23508	23508
河南东瑞钢结构工程有限公司年产50000吨钢结构项目	201601	201607	23500	25024
河南陪利客食品有限公司年产20000吨膨化食品项目	201605		23500	17000
洛阳美辰钢构工程有限公司建设轻钢结构重钢结构矿山设备生产线项目	201603	201611	23400	26714
洛阳绿嘉源农业开发有限公司农业开发	201602	201611	23339	23874
洛阳市住房和城乡建设委员会枫叶路建设工程	201607	201611	23316	23316
嵩县抗旱应急工程建设管理局嵩县2015抗旱应急引调提水工程项目	201601	201603	23265	27685
洛阳市涧西长安福利农机配件厂生产设备购置			23146	7437
洛宁县公路局洛宁县安虎线改建工程	201602	201611	23139	23139
洛阳市公路管理局国道三四三长水至焦寺河段改建工程	201606		23092	12042
洛阳市住房和城乡建设委员会玉林路建设工程	201605		23049	19676
洛阳市住房和城乡建设委员会白塔路建设工程	201602	201606	23028	23028
洛阳神灵寨风景区管理有限公司洛阳神灵寨风景区5A级提升改造项目	201605	201610	23015	23015
洛阳青梧农牧发展有限公司农业产业化生态园建设	201604	201611	23000	23000
孟津县空港投资有限公司金水小区建设项目	201611		23000	11400
洛阳紫香园农业科技开发有限公司薰衣草庄园二期玫瑰谷片区项目	201509	201605	23000	23000
洛阳广豫精细钙业有限公司年产6万吨氢氧化钙、2万吨氧化钙粉、8万吨石灰石粉项目	201602	201611	23000	23000
洛阳跃龙农业科技开发有限公司1500亩蔬菜大棚种植项目	201601	201606	23000	26302
洛阳吕文穆园文化发展有限公司吕文穆园项目	201601	201607	23000	23000
洛阳亿辉光电科技有限公司年产15万套灯具生产项目	201602	201606	23000	23000
偃师市昌隆耐火材料厂年产5000吨耐火浇注料及2000件炼铁高炉进行风装置预制件项目	201511	201609	23000	23000

单位：万元

	开工时间	投产时间	计划总投资	自开工至本年底累计完成投资
洛阳市极诺电动车有限公司年产10000辆低速电动车项目	201608		23000	12840
洛阳市留香果业有限公司年产6000万吨苹果生产项目	201603	201609	23000	23000
洛阳风动工具有限公司转型升级智能钻车生产线建设	201608		23000	
洛阳豫欧门窗科技有限公司年产高档自动工业门窗5000套二期扩建项目	201603	201611	23000	23000
洛阳市瀍河回族区杨文办事处栏沟社区居民委员会拦沟隆兴花园小区二期	201604	201610	23000	23000
洛阳义安矿业有限公司矿井安全和环保改造升级建设项目	201610		22890	
偃师市商都城市投资控股集团有限公司夏都大桥项目	201608		22876	19876
宜阳龙马轴承有限公司年产150万套特大型高精度轴承项目	201601	201611	22870	26639
宜阳城市发展投资有限公司三乡汉唐特色古镇建设	201601	201612	22622	22622
洛阳市凯胜实业有限公司年产16000吨编织袋、内衬袋项目	201610		22600	12000
汝阳盛馨热力有限公司汝阳县城区集中供热建设工程	201511	201608	22326	22326
洛阳市公路管理局省道三一九安虎线大原至刘营段改建工程	201601	201609	22149	22149
孟津县城关镇人民政府（党委)大华社区厚德花园建设	201305	201602	22000	22000
洛阳市三箭柜业有限公司年产50万台（套）办公家具项目	201604		22000	12059
洛阳三彩印象文化旅游资源开发有限公司三彩小镇（一期）	201603	201611	22000	25000
洛阳科博思新材料科技有限公司一体化复合材料项目（一期）	201608	201611	22000	22000
洛阳市建龙化工有限公司建龙吸附材料园三期项目	201601	201607	22000	22000
河南科得农业机械有限责任公司年产200万件传动轴项目	201602	201611	22000	23783
洛阳华和复合材料有限公司新建厂房	201602		22000	15900
新安县石寺镇石寺社区居民委员会商业街建设	201601		22000	16000
洛阳祝和实业有限公司年产10万吨不定型耐火材料二期扩建项目	201601	201607	22000	22000
洛阳绿鹏农业开发有限公司绿鹏农业生态观光园	201606		22000	8100
河南星之光文化传播有限公司星光歌剧院项目	201603	201609	21800	21800
洛阳高新三环实业总公司华夏西路休闲购物广场二期建设项目	201601		21750	21748
洛阳锦喜龙电子商务有限公司电子商务产业园项目	201601		21650	15952
洛阳永宁热力有限公司城区清洁能源集中供热项目	201606		21390	1250
洛阳北方易初摩托车有限公司直梁摩托车生产线项目	201510	201606	21260	21260
洛阳天兆源太阳能发电有限公司15M W p农业大棚分布式光伏发电项目	201505	201605	21022	21022
洛阳龙翼钙佳佳科技有限公司年产五百毫升瓶装功能性饮料一百万箱生产项目	201605	201609	21000	21000
洛阳丰收农业机械装备有限公司年产一万台（套拖拉机覆盖件涂装线项目	201509	201605	21000	22220
洛阳宇航重工科技股份有限公司提升改造科技创新项目	201601	201606	21000	21000
洛宁华泰矿业开发有限公司列沟与长岭采区生产系统改造项目	201604	201610	21000	21000
洛阳天宇机械制造有限公司年产叁万台玉米收割机项目	201509	201605	21000	21318
栾川钼城选矿有限责任公司易地搬迁工程	201604		20970	57
洛阳大可森旅游开发有限公司悠乐坪生态园	201507	201606	20600	24600
孟津县空港投资有限公司小浪底专用线等几条道路提升改造项目	201605	201609	20500	20500

5-14续表22

单位：万元

	开工时间	投产时间	计划总投资	自开工至本年底累计完成投资
新安县远能燃气有限公司天燃气利用工程	201512		20299	17200
洛宁县住房和城乡建设局永宁大道至滨河大道	201602	201610	20136	20136
洛宁江苏明善国际学校洛宁明善国际学校建设项目	201605		20000	16360
洛阳核新钛业有限公司年产2000吨钛及钛合金棒	201609		20000	15600
洛阳科博思新材料科技有限公司结构功能一体化复合材料项目二期	201606		20000	100
中建材（洛阳）节能科技有限公司节能烧结类自保温墙体材料生产装备研发与示范性基地建设项	201601	201609	20000	20000
洛阳市宜苏山旅游开发有限公司神农部落康复理疗养生旅游项目	201605	201610	20000	20000
洛阳三恩办公家具有限公司年产30万台(套)办公家具项目	201607		20000	9048
洛阳国润管业有限公司电子商务中心建设项目	201605	201608	20000	20000
河南盛天金属材料有限公司年产1000万张防火板材破碎氯化镁项目	201609	201612	20000	20000
洛阳大生新能源开发有限公司年产1.5亿安时锂离子动力电池项目	201605	201610	20000	23600
偃师市亮琪针织有限公司羊毛衫生产项目	201507	201606	20000	20000
宜阳绿能光伏农业有限公司20M W 农光电互补光伏发电项目	201510	201606	20000	25212
洛阳金裕新材料科技有限公司年产1万吨新型高阻隔功能性包装材料项目	201609		20000	5518
河南省得果种业有限公司农作物新品种开发项目	201605	201611	20000	20000
洛阳兴隆新材料有限公司结构功能一体化复合材料项目	201605	201612	20000	22077
洛阳市宜苏山旅游开发有限公司宜苏山道院建设	201511	201606	20000	20000
洛阳新强联回转支承股份有限公司年产12000套轴承技术改造项目	201510	201604	20000	20000
洛阳市通心安全设备有限公司年产20万樘办公家用门项目	201609		20000	13
洛阳国润管业有限公司超高分子量聚乙烯管道建设项目	201607	201611	20000	20000
洛阳卓格哈斯机械有限公司年产十五万台微耕机项目	201509	201605	20000	21714
洛阳格力电器物流有限公司格力电器物流配送中心项目	201210		20000	7000
洛阳苏园旅游开发有限公司旅游度假培训基地	201502	201604	20000	20000
洛阳中科科技园有限公司洛阳中科科技园建设项目	201605	201611	20000	20000
洛阳翰宇包装材料有限公司洛阳翰宇包装材料有限公司年产800吨PP、PVC、纸质印刷包装材料	201601	201606	20000	20865
洛阳圣瑞智能机器人有限公司年产10000台特殊领域保洁机器人项目	201602	201611	20000	20000
新安县烂柯山种植专业合作社日产10000立方米生物天然气项目	201602		20000	7606
洛阳圣阳农牧科技有限公司五百头肉牛生态养殖项目	201603	201610	20000	20000
河南鲁林农业科技有限公司循环农业生态观光园	201603	201609	20000	20000
洛阳明安钢构有限公司年产二十万平方米装配式建筑项目	201608	201611	20000	20000
洛阳宝贞观苑农业开发有限公司休闲生态农业开发项目	201510		20000	19900
新安县交通运输局310国道改造提升工程	201608		20000	100
洛阳今科供应链物流有限公司大型仓储物流基地建设项目	201508	201604	20000	23637
洛阳豫德电气科技有限公司洛阳豫德电气科技有限公司年产2200套智能化输配电设备项目	201602	201607	20000	22840
洛阳天下秀农业开发有限公司年出栏480头肉牛建设项目	201503	201604	20000	20000
洛阳隆华传热节能股份有限公司大型智能化复合型闭式循环水冷却系统产业化建设项目	201605	201608	20000	20000

单位：万元

	开工时间	投产时间	计划总投资	自开工至本年底累计完成投资
新安县拾万大院餐饮服务有限公司十万大院生态观光园建设项目	201604		19980	15130
中再生洛阳再生资源开发有限公司报废汽车拆解项目	201605		19800	19300
嵩县木植街乡钜麒选矿有限公司张槐尾矿库建设项目	201507	201603	19700	23443
新安县五头镇村镇建设发展中心新老310国道连线	201606		19600	
洛阳昊华化学试剂有限公司科技研发大楼建设项目	201601	201608	19500	19500
汝阳中景旅游开发有限公司龙隐小镇建设项目	201603		19500	13385
新安县曹村乡村镇建设发展中心畛河大桥314省道辅线工程	201608		19500	4120
偃师市交通运输局偃洛古城快速西延新建工程和X 002营君线营防口至府店段公路改建工程	201601	201612	19468	19468
洛阳丰龙办公家具有限公司年产780000台（套）高档钢制办公家具项目	201605		19430	9041
新安县久鸿卫浴有限公司年产200万只洁具生产项目	201610		19213	
洛阳市辉腾鞋业有限公司年产600万双布鞋	201605	201610	19200	19200
洛阳鹏阳农业科技开发有限公司年加工20万吨优质小麦谷子	201603	201611	19000	19000
偃师市贵龙机械厂三轮摩托车的生产销售	201601	201609	19000	19000
洛阳远洋制药有限公司洛阳远洋生物制药有限公司	201510	201610	19000	19000
栾川县城关镇兴华路北社区陈家门黄土岭棚户区改造项目	201604		19000	7868
伊川县平等乡平等村村民委员会平鸣大道扩宽改造工程	201603	201610	19000	20065
洛阳市园林局万亩生态森林一期项目	201601	201605	19000	19000
宜阳县城关镇红旗路社区居民委员会水岸公园绿化工程	201603	201608	18895	18895
洛阳力达化工有限公司年生产90万吨硫脲生产线项目	201509	201605	18850	20601
洛阳超拓实业有限公司年产3300吨高耐磨矿用弹性体装备及成品制造项目	201509	201605	18800	18800
偃师市景鸿环保设备厂环保设备制造施工项目	201605		18750	8000
河南科技大学第一附属医院综合楼配套设备购置			18700	18700
洛阳荣森商贸有限公司年产二十八万件节能环保包装生产装置建设项目	201605	201609	18673	18673
洛阳水帘洞生态休闲农业有限公司洛阳水帘洞养老中心项目	201609		18600	3135
洛阳市凌通环保设备有限公司环保设备生产项目	201606		18600	13838
河南花神家具有限公司年产20万套钢制办公家具项目	201608		18600	13600
洛阳派仕克农业科技有限公司新建办公楼仓库等配套设施	201602		18500	14000
新安县南李村镇村镇建设发展中心社区建设	201601	201610	18500	18500
洛阳市住房和城乡建设委员会立雪路建设工程	201606	201610	18420	18420
洛阳心安散热器有限公司年产1200万片散热器项目	201607		18200	8760
偃师市教育局偃师市新一高建设项目	201610		18000	2700
嵩县鹏峰旅游开发有限责任公司竹林村生态旅游项目	201605		18000	2600
洛阳方智测控股份有限公司洛阳智能电气产业园生产厂房	201602		18000	4000
偃师市昊科针纺科技有限公司腈纶纱胚纱生产项目	201603	201610	18000	18000
洛阳哈德尔回转支承有限公司年产精密轴承5000套项目	201605	201610	18000	18000
洛阳菲尼克斯通用机械有限公司年产10万吨高速铁路钢轨铸造件项目	201602	201607	18000	18000

单位：万元

	开工时间	投产时间	计划总投资	自开工至本年底累计完成投资
洛阳高源石灰岩有限公司年产1000万吨陶粒砂生产项目	201603	201608	18000	18000
洛阳国玉齿轮箱体有限公司年产2万套齿轮箱体制造项目	201604	201608	18000	18000
宜阳协鑫农业有限公司香鹿山镇农光互补项目工程	201606		18000	12625
宜阳县产业集聚区管理委员会八官线道路改造	201602		18000	12649
洛阳天鑫农业开发有限公司洛阳金谷园文化旅游观光园建设项目	201610		18000	3200
洛阳世英机械制造有限公司拖拉机驾驶室结构件生产建设项目	201605	201608	18000	18000
河南省华裕黑色作物科技开发有限公司黑色作物种植加工销售融合项目	201602	201610	18000	18000
洛阳市鸿昌塑业有限公司塑粉生产销售	201511	201609	18000	18000
洛玻集团洛阳龙泽焦化有限公司干熄焦余热综合利用项目	201605	201608	18000	18000
洛阳国林牡丹焊材有限公司年产10000吨烧结焊剂二期项目	201509	201605	18000	18156
洛阳博康农业科技有限公司生态农业观光园	201605		18000	15000
汝阳瑞鸿旅游开发有限公司洛阳天心山旅游区基础设施建设项目	201608		18000	15443
河南省洛水永熙农业科技有限公司年加工2000吨果蔬脆片生产线建设项目	201610		18000	2100
麦蒂迅（上海）生物科技有限公司年产6000台医疗器械建设项目	201508	201607	18000	18000
偃师市顶美商贸有限公司针织帽、套帽的生产销售	201602	201609	18000	18000
偃师市山化乡光明村民委员会偃师市山化镇光明村社区建设项目	201601	201607	18000	18000
河南基泰电气有限公司年产6000套一体式充电桩设备项目	201611		18000	1082
洛阳市住房和城乡建设委员会新源路建设工程	201602	201609	17918	17918
宜阳县中医院宜阳县中医院（医技病房综合楼）工程	201601		17917	4000
嵩县碧海御都实业有限公司嵩县桂花庄园建设项目	201601	201605	17900	20800
河南科技大学第一附属医院医疗设备购置			17840	17840
洛阳卫泰锁业有限公司年产1200万套锁具项目	201509	201606	17788	17788
新安县鹏云养殖有限公司现代化日光温室蔬菜基地建设项目	201606		17787	
宜阳县国土资源局白杨国土资源所土地整治项目	201603	201612	17730	20352
洛阳司马包装有限公司新型瓦楞纸生产线项目	201606		17660	90
洛阳市海龙精铸有限公司精密铸造件加工项目	201507	201606	17600	17600
洛阳京诚重型机械有限公司年产齿轮叁拾万件和轮拖驱动轴贰仟肆百件项目	201509	201605	17600	19692
孟津县空港投资有限公司浙商工业园及中收项目区路网建设项目	201605	201608	17500	17500
洛阳铁门耐火材料有限公司年产10万吨不定型耐火材料项目	201607		17300	6985
洛阳三江源鑫宏米业有限公司年产二万吨大米加工厂项目	201605	201611	17205	17205
河南洛阳工业园区管理委员会洛阳工业园区龙翔东路道路新建工程项目	201510	201605	17200	17200
洛阳智明铸造有限公司玉米收获机驾驶室结构件建设项目	201607		17000	16700
洛阳祥运汽车服务有限公司洛阳祥运汽车服务有限公司汽车服务项目	201501	201604	17000	17000
洛阳市星合电气有限公司年产3000套自动化控制系统及高低压成套设备项目	201512	201605	17000	17511
洛阳松旺旅游开发有限公司二马山生态旅游休闲度假区建设项目	201504	201606	17000	17000
嵩县住房和城乡建设局伊东新区吕沟河大桥工程	201606	201609	16970	19546

单位：万元

	开工时间	投产时间	计划总投资	自开工至本年底累计完成投资
河南强豫农业技术装备有限公司农业机械制造项目	201509	201605	16800	16800
洛阳金地百货有限公司国贸中心整体改造项目	201512	201608	16560	16560
洛阳胜狮实业有限公司胜狮年产18000台（套）高档钢制办公家具项目	201608		16500	645
洛阳欣源通实业有限公司包装材料生产项目	201611		16500	950
洛阳市格林滚动体有限公司年产一亿五千粒轴承滚子项目	201610		16200	4025
嵩县车村镇人民政府车村镇建制镇示范点二期工程项目	201609	201611	16122	19185
伊滨区庞村镇人民政府伊滨大道修建工程	201506	201604	16000	16000
洛阳市红宝塑业有限公司年产30000吨PVC/ABS合金项目	201605	201607	16000	16000
宜阳龙翔建材有限公司年产墙地砖项目	201510	201604	16000	18541
洛阳金锐达机械装备有限公司年产10万套高速电动新能源汽车驱动中心齿轮总成室项目	201610		16000	15900
孟津县空港投资有限公司麻屯镇文化服务中心广场及商业综合体建设项目	201605	201608	16000	16000
洛阳奔腾耐火材料有限公司年产8万吨不定形耐火材料项目	201608		16000	13880
洛阳茂林恒盛苗木有限公司生态种植采摘休闲一体化综合开发项目	201511	201608	16000	16003
洛阳嘉昌机械装备有限公司年产热处理生产线30条及非标设备50台项目	201601	201605	16000	16000
洛阳洛特轴承科技有限公司洛阳洛特轴承科技有限公司年产4000套特大型精密轴承项目	201601	201607	16000	18440
洛阳新能轴承制造有限公司年产500台套2至5兆瓦海上风电轴承生产线项目	201509	201604	16000	16000
洛阳德平科技股份有限公司年产30台套智能化管道焊接机器人成套装备建设项目	201508	201604	16000	16070
洛阳广拓钎具有限公司年产12万吨钎钢钎具项目	201610		16000	4022
洛阳旭端门业有限公司年产10万模钢制防火防盗门项目	201607	201612	16000	17836
孟津县白鹤镇中心小学新校区操场建设	201604	201609	16000	16000
洛阳伊滨区寇店镇人民政府掘丁线伊滨区段建设工程项目	201507		15769	14220
洛阳世弘办公家具有限公司年产18000台（套）高档钢制办公家具项目	201607		15700	12095
洛阳市申健食品有限公司固体饮料生产	201511	201609	15560	15560
新安县曹村乡村镇建设发展中心商业街开发工程	201601		15500	10820
洛阳伟源机械制造有限公司生产150万套内燃机配件项目	201512	201603	15500	16130
洛阳中联水泥有限公司预热发电项目	201503	201605	15450	15500
汝阳瑞鸿旅游开发有限公司汝阳瑞鸿旅游开发有限公司洛阳天心山旅游区建设项目	201506	201605	15400	15400
栾川天寿生态农牧开发有限公司栾川县杨山农林生态园建设项目	201606	201610	15340	15340
洛阳神灵寨风景区管理有限公司神灵寨国际养老旅游度假区项目	201601	201607	15340	15340
洛阳百合园食品有限公司栾川农林特产电子商务创业基地项目	201607		15300	5800
洛阳鑫宏实业集团股份有限公司西泰山景区文化产业园建设项目	201608		15236	7743
河南宏元工贸有限公司蓄电式台车热处理炉改造项目	201509	201605	15200	16200
河南拜尔石膏板有限公司垃圾资源环保产业化示范项目	201605	201610	15038	15038
新安县新宏利工贸有限公司年产15万吨不定型耐火材料项目	201607		15030	50
洛阳安驰汽车制造有限公司年产2000辆智能冷链和通讯集成系统专用车项目	201607		15000	14500
洛阳壹家人酒店管理有限公司酒店改扩建	201610		15000	7000

单位：万元

	开工时间	投产时间	计划总投资	自开工至本年底累计完成投资
洛阳香泉谷旅游资源开发有限公司洛阳香谷生态旅游区建设	201601	201610	15000	15000
洛阳悦华物流有限公司新丝路国际仓储物流园区项目	201606	201608	15000	17000
洛阳市清风环保设备有限公司年产15000套汽车、电动车、工程机械、农业机械的驾驶室覆盖件	201608		15000	14500
洛阳德胜生物科技股份有限公司年产300吨腺嘌呤生产线	201504	201605	15000	15000
洛阳市阿得欣金属新材料有限公司年产1260吨高性能钨钼功能材料项目	201601	201607	15000	15000
洛阳市花荣棉业有限公司花荣广场建设项目	201603	201607	15000	17365
洛阳翌石重工机械有限公司年加工中空轴10000吨建设项目	201607	201611	15000	15000
洛阳东一数控重机有限公司机床再制造基地项目	201604	201609	15000	15000
河南方圆工业炉设计制造有限公司石化工业炉及相关配件加工二期扩建项目	201601	201605	15000	15000
洛阳雪龙生态食品有限公司年产2.75万吨主食厨房食品项目	201512	201605	15000	15258
洛阳高新实业总公司高新区三元工业园标准厂房建设项目	201511	201606	15000	15000
伊川繁盛农业开发有限公司年产30万吨瓜果项目	201612		15000	810
汝阳华睿电子商务产业园有限公司电子商务产业园项目	201606	201610	15000	15000
偃师市建筑陶瓷厂年产3000万块广场砖、透水砖、海绵砖、盲道砖项目	201610		15000	9000
偃师市福山减震器厂年产70万套减震器项目	201603	201605	15000	15000
洛阳高峰工程机械有限公司年组装100台大型隧道盾构机建设项目	201511	201604	15000	15000
洛阳中硅高科技有限公司年产3400吨电子级含硅特气高技术产业化项目	201607	201612	15000	15000
河南英开电气设备有限公司河南英开电气设备有限公司综合自动化成套设备项目	201601	201607	15000	15000
洛阳汇鹏重工机械有限公司年产20000件支柱、横梁连接件等立体车库配件项目	201606	201610	15000	15000
义煤集团新安县恒祥煤业有限公司选煤厂技术改造	201602		15000	12050
洛阳家祥混凝土有限公司年产混凝土150万立方米混凝土生产建设项目	201602	201608	15000	17000
洛阳李学武文化传播有限公司河洛汇文化创意中心建设	201602	201606	15000	15001
洛阳宝泉农业开发有限公司红豆杉现代生态养生基地建设项目	201603	201609	15000	15000
洛阳长兴矿业科技开发有限公司年处理60万吨铝土矿废渣	201502	201604	15000	15000
洛阳建工集团有限公司洛浦金苑整体开发项目	201605		15000	30
洛阳磨盘山农业有限公司小浪底油用牡丹种植观光园项目	201507	201602	15000	15000
洛阳市洛龙区丰李镇员庄村村民委员会丰华小区	201603	201612	14925	17710
洛阳市住房和城乡建设委员会伊洛路西段建设工程	201611		14808	4600
大唐洛阳热电有限责任公司一二五六号机组烟气超低排放改造工程	201603	201610	14636	14636
嵩县交通运输局嵩县跨湖大桥建设项目	201601	201605	14600	17374
中原筑路洛阳混凝土有限公司商品混凝土搅拌站建设项目	201605		14580	11320
嵩县九店乡人民政府扶贫搬迁建设项目	201607	201610	14500	17250
新安县曹村乡村镇建设发展中心环镇区旅游景观大道建设项目	201605		14500	7300
洛阳阳光热电有限公司1号、2号机组超低排放改造	201609		14377	7328
嵩县交通运输局原Z001洛栾线伊龙路口至毛庄段改建工程	201303	201608	14182	16877
丰拓（河南）轻合金有限公司年产1000吨锂电软封聚合材料项目	201601	201606	14000	16380

单位：万元

	开工时间	投产时间	计划总投资	自开工至本年底累计完成投资
洛阳耕洛商贸有限公司年组装3000台新型轮式拖拉机项目	201604	201608	14000	14000
洛阳黎明大成氟化工有限公司1000吨/年电子级三氟化氮扩能改造项目	201609		14000	7000
洛阳市金驰机械制造有限公司年产50台破碎机及1000吨耐磨耐热配件项目	201603	201608	14000	14000
洛阳瑞得拖拉机有限公司年产6000台大中小型拖拉机项目	201509	201605	14000	14862
偃师市山化镇东屯村民委员会偃师市山化镇东屯鞋业园区项目	201610		14000	9000
洛阳市吉利区住房和城乡建设局二道河环境综合整治项目	201508	201604	14000	14000
新安县石寺镇石寺社区居民委员会明珠家园社区建设	201510	201604	14000	14000
洛阳市吉利区农村工作办公室吉利黄河湿地开发一期工程	201606	201611	13980	13980
洛阳市第四中学教学实验楼建设项目	201606	201611	13934	13934
洛阳英格橡塑有限公司年产6千吨塑钢型材项目	201607		13800	100
河南省金财办公家具有限公司年产300000台（套）高档办公家具项目	201606		13800	42
洛阳市住房和城乡建设委员会洛堰快速通道加宽建设工程	201604	201609	13797	13797
洛宁县金铭矿业有限公司下东坡矿区金矿采选项目	201610		13671	10733
洛阳锦昌包装制品有限公司年产1200万套集装袋项目	201607		13600	100
洛阳万山湖酒业有限公司白酒生产二期项目	201512	201609	13590	13590
嵩县陆浑水上交通航运有限公司嵩县陆浑水库港航中心工程	201512	201604	13521	16089
嵩县库区乡人民政府嵩县库区乡崇都小区棚户区改造安置房项目	201511	201604	13340	15874
洛宁县故县镇人民政府西子湖潮野水世界旅游综合开发项目	201512		13300	12830
宜阳县双昇种植农民专业合作社多功级富硒、富锌核桃和优选一号油牡丹间作套种项目	201611		13200	345
洛阳佳一机电设备有限公司年产30台干混砂浆设备建设项目	201603	201608	13000	16000
洛阳巨利机械设备制造有限公司年产减速机生产扩建生产建设项目	201601	201609	13000	16000
偃师市高龙镇金科养殖设备厂年产15万组自动化养鸡设备项目	201608	201612	13000	13000
洛阳茶马古道饮品有限公司年产100000吨矿泉水项目	201608		13000	70
栾川中星矿产品购销有限公司栾川县中星矿产品购销有限公司智选假日酒店及住宅建设项目	201605		13000	7380
洛阳市中仑纸业有限公司年产8000万平方米彩色印刷纸制包装用品生产线项目	201507	201605	13000	13000
洛阳名威金属制品有限公司年产15000套文件柜生产线项目	201601	201606	13000	13000
洛阳鑫沃牧业科技有限公司鑫沃牧业二期工程项目	201605		13000	10500
洛阳永杰车辆装备制造有限公司年产5000台100马力拖拉机项目	201511	201604	13000	15312
洛阳市烨兴特钢制品有限公司年产10000吨冷拉轴承钢丝项目	201611		13000	481
洛阳市吉利区住房和城乡建设局中原路北侧隔离带提升工程	201607		13000	3000
洛阳纵横机械制造有限公司新建厂房	201603	201611	13000	13000
洛阳兴轩模具制造有限公司年产10万套轴承套圈及滚子模具项目	201611		13000	562
洛阳雪龙生态食品有限公司粮食储备库建设项目	201607	201612	12998	14026
洛阳名秀办公家具有限公司年产12000台（套）高档钢制办公家具项目	201607		12900	10875
宜阳县洛阳康汇机械制造有限公司年产600套2.5兆瓦风电主轴及配套小件生产项目	201610		12900	3237
洛阳万安山建设发展有限公司环湖路	201505	201602	12800	12800

单位：万元

	开工时间	投产时间	计划总投资	自开工至本年底累计完成投资
洛阳东汉禽业有限公司熟食加工项目	201504	201604	12700	12700
上海超日（洛阳）太阳能有限公司年产600MW 高效太阳能电池生产线技术改造项目	201603	201611	12697	12697
洛阳市住房和城乡建设委员会保障性安居工程配套基础设施建设	201601	201604	12694	15000
洛阳市旭阳彩印包装有限公司年产5000平方米环保瓦楞纸板及多种包装箱盒项目	201610		12600	2600
洛阳恒兆特能化工有限公司年产4000万发工业雷管建设	201510	201604	12529	12529
汝阳三吉利新能源有限公司汝阳三吉利新能源有限公司二期15WM 分布式光伏电站建设项目	201512	201603	12450	12460
嵩县交通运输局于城路建设项目	201608		12405	9755
偃师市益华铸钢有限公司年产5千吨铸钢件项目	201605		12400	11400
洛阳市公路管理局国道二四一界岭至栾川龙王幢大桥段改建工程	201604	201610	12380	12380
洛阳万安山建设发展有限公司渠滨路建设工程	201603	201605	12373	12373
洛阳山舍人家乡村旅游开发有限公司栾川县三川镇水系治理工程项目	201603	201612	12336	12336
孟津县铁谢种植专业合作社山药种植基地建设项目	201607		12000	2362
洛阳东方蓝文化传播有限公司玩具制造项目	201612		12000	
宜阳国斛物流有限公司国斛物流园交易平台项目	201607		12000	7813
洛阳八里唐文化创意产业园有限公司八里唐文化艺术公园二期项目	201604	201611	12000	14160
河南祯禧祺食品科技发展有限公司健康烘焙食品项目	201601	201605	12000	12000
洛阳市第十一人民医院洛阳市第十一人民医院门诊医技病房综合楼建设项目	201511	201607	12000	12000
洛阳嘉维轴承制造有限公司年产伍百台套风电轴承项目	201511	201605	12000	12000
孟津佳信机械有限公司年加工13万吨端盖大型齿轮	201608		12000	11800
洛阳鑫勃力机械设备有限公司汽车农用机械结构件及工程农用机械覆盖件生产项目	201610		12000	7300
洛阳中硅高科技有限公司低成本多晶硅清洁生产和节能技术改造	201601	201612	12000	12000
河南英开电气设备有限公司电动汽车充电桩和电机测功和蓄电池检测等产品生产项目	201601	201612	12000	13699
洛阳金龙精密铝材有限公司年产15万吨合金铝杆、10万吨合金铝棒项目	201608	201610	12000	12000
洛阳欧科拜克生物技术股份有限公司年产3700吨动物用固体制剂项目	201609		12000	3372
偃师市腾威办公家具有限公司年产钢制家具3万套项目	201603	201607	12000	12000
洛阳市洛龙区教育局洛龙元稹中学	201602	201611	12000	14020
洛阳特克机械有限公司大型风力发电机组增速箱用锁紧盘	201602	201605	12000	13130
偃师市大口乡相东石料厂偃师市大口乡相东石料厂改建项目	201605	201608	12000	12000
洛阳欧科拜克生物技术股份有限公司年产40000吨固体和液体微生物饲料添加加剂项目	201604	201611	12000	14084
汝阳万家物流有限公司汝阳县万家物流仓储中心建设项目	201607	201610	12000	12000
洛阳璀璨文化传播有限公司涧西老工业区丝绸之路文化创意中心项目	201603	201609	12000	12000
新安县城关镇农业服务中心枕头山公园建设	201606		12000	9000
洛阳市锦林农业开发有限公司炎帝豆客山庄	201610		12000	450
洛阳博普轴承制造有限公司年产热处理陆仟吨轴承项目	201512	201606	12000	13518
孟津县白鹤镇村镇建设发展中心白鹤镇金三角商业中心建设	201604	201606	12000	12000
伊川县交通运输局X010掘丁线寇店至吕店段改建工程	201604	201611	11990	11990

单位：万元

	开工时间	投产时间	计划总投资	自开工至本年底累计完成投资
伊川县康寿老年护理公寓康寿老年护理公寓二期项目	201511	201608	11600	11773
洛阳市涧西区延生大槐主题宾馆上海市场美伦购物广场升级改造项目	201604	201611	11600	11600
洛阳炼化奥油化工股份有限公司奥油产品质量升级改造项目	201605		11500	10500
洛阳安格实验仪器设备有限公司年加工20万套热量表、50万套预付费阶梯水表建设项目	201504	201605	11500	11500
孟津县汇兴水务有限公司孟津县第三水厂	201601	201608	11309	11309
宜阳县交通运输局S323八官线洛河大桥危桥改造工程	201603		11263	3700
洛阳市洛新建设投资有限公司排水管网工程项目	201602	201607	11251	11251
宜阳县新大种猪育种有限公司年出栏10万头种猪场建设项目	201610		11243	4070
洛阳市住房和城乡建设委员会东棘街建设工程	201603	201612	11212	11212
汝阳县龙泉自来水有限公司汝阳县城玉马供水工程	201512	201605	11192	11192
洛阳伊滨区寇店镇人民政府府金线改建建设工程项目	201507	201606	11087	11087
洛阳峰鑫机械制造有限公司年产油田专用减速机10000套建设项	201512	201608	11000	13001
洛阳江达混凝土工程有限公司年产100万立方米混凝土项目	201403	201607	11000	11000
洛阳市先进制造业集聚区管理委员会秦岭东路、秦岭南路建设项目	201609		11000	4850
汝阳瑞鸿旅游开发有限公司马庙村旅游风景区项目	201603		11000	4543
河南峰业环保科技有限公司2*330兆瓦机组超低排放改造	201608	201612	11000	11000
河南省洛水永熙农业科技有限公司年加工2000吨红薯脆片生产线项目	201511	201608	11000	11000
洛阳市昊瑞建筑材料有限公司年产12万立方混凝土生产项目	201602	201611	11000	11000
洛阳拖研动力科技有限公司年产32万件农机装备零部件项目	201604	201609	11000	11000
河南汇力丰机械设备制造有限公司汇力丰年产14000套液压油缸生产项目	201508	201605	11000	11000
洛阳亿美电子有限公司洛阳亿美电子有限公司年产80万支远程测控日光灯、60万只雷达感应球	201510	201604	11000	11000
孟津县白鹤镇村镇建设发展中心华阳大道西沿线	201605	201610	11000	11000
洛阳苏援文化交流有限公司洛阳苏援文化体验中心	201305		11000	9092
洛阳鑫宏实业集团股份有限公司西泰山生态旅游风景区游乐园建设项目	201603	201609	11000	11000
洛阳能源密封件有限公司洛阳能源密封件有限公司年产130万套密封件扩建项目	201601	201612	11000	11000
中信重型机械有限责任公司衡山路棚户区改造项目	201311	201605	10976	10976
洛阳学武机械设备有限公司生产30万套机械零部件加工项目	201601		10600	5600
嵩县城关镇村镇建设发展中心北街安置小区建设项目	201601	201605	10500	12495
洛阳九朝文物复制品有限公司年产1万件仿古唐三彩工艺品建设项目	201602	201611	10500	14500
国网河南洛宁县供电公司洛宁琅华二二零千伏输变电工程	201603	201612	10458	10458
洛阳市住房和城乡建设委员会道湛街建设工程	201606	201612	10250	10250
中信重工机械股份有限公司锻件生产能力建设项目	201506	201612	10200	10200
洛阳伏牛山滑雪度假开发有限公司二期工程建设项目	201606		10080	6871
洛阳长明重工机械有限公司年产伍百万套软轴控制器和贰拾万套油门及电子操纵器项目	201510	201606	10000	10000
洛阳神飞航空科技有限公司年产500套导弹、气瓶及他壳体设备专用配套项目	201609		10000	378
洛阳市宜苏山旅游开发有限公司炎帝本草园建设项目	201510	201606	10000	10000

单位：万元

	开工时间	投产时间	计划总投资	自开工至本年底累计完成投资
宜阳协鑫农业有限公司农光互补项目	201607	201612	10000	11500
洛阳市力华工业气体有限公司年产50万瓶工业气体	201601	201612	10000	10000
洛阳精标钢球有限公司年产4000吨高精度汽车轮毂轴承钢球项目	201601	201610	10000	10000
洛阳万格液压科技有限公司洛阳万格液压科技有限公司年产1000套商用低能耗缝隙式液压榨油机	201511	201604	10000	10000
洛阳怡彻万融生态农业发展有限公司夏迹文化园项目	201611		10000	9000
河南省花城办公家具有限公司年产70000台(套)高档钢制办公家具项目	201607		10000	1188
洛阳三五电缆有限公司年产3000千米额定电压1KV架空绝缘电缆项目	201608	201611	10000	11780
洛阳广联轻合金科技有限公司8000吨铝板、铝箱表面加工项目	201608	201611	10000	11790
偃师市岳滩镇宝雕摩托车配件厂年产15万辆电动助力车项目	201609		10000	9000
洛阳盛豫重工机械有限公司耐磨陶瓷复合管项目	201605	201610	10000	10000
洛阳映山红拖拉机有限公司年产4000台60至100马力全自动多功能中型拖拉机项目	201604		10000	53
洛阳祺诺塑胶有限公司年产塑胶材料模具5000吨建设项目	201603	201607	10000	13000
偃师市红星美家居有限公司红星美家项目	201601	201606	10000	10000
偃师市容成商贸有限公司容成广场项目	201607	201611	10000	10000
洛阳玖江牧业有限公司洛阳玖江牧业有限公司蛋鸡养殖项目	201610	201611	10000	10000
洛阳奇山机械设备有限公司航空航天通用结构件及发射装置等配套生产系统建设项目	201601	201605	10000	10000
丰拓(河南)轻合金有限公司年产5000吨LED基板项目	201601	201606	10000	11330
洛阳上阳宫文化传播有限公司经营性用房整体改造	201512	201605	10000	12350

5-15 全市房地产年报数据综合表(一)(2016年)

单位：万元

	计划	累计完成	本年完成	
				配套工程
	总投资	投资	投资	投资
总计(按登记注册类型分)	**23970555**	**14504343**	**3725110**	
国有企业	6700	6700	6700	
集体企业	62774	27362	1359	
国有独资公司	127244	34220	4697	
其他有限责任公司	12131801	6992241	1712136	
股份有限公司	443872	248477	35953	
私营独资企业	20000	10050		
私营合伙企业				
私营有限责任公司	9935275	6310496	1837707	
私营股份有限公司	242000	198106	19914	
其他企业				
与港澳台商合资经营企业				
港澳台商独资经营企业	946589	632083	91615	
港澳台商投资股份有限公司				
中外合资经营企业	15000	11467	378	
外资企业	39300	33141	14651	
总计(按隶属关系分)	**23970555**	**14504343**	**3725110**	
地区(州、盟、省辖市)	702955	353904	66776	
县(区、市、旗)	717339	322315	67623	
其他	22077161	13458495	3489455	
总计(按资质等级分)	**23970555**	**14504343**	**3725110**	
一级	2205303	1380450	242474	
二级	6567455	4337898	927032	
三级	2391374	1519939	261424	
四级	1934150	1113708	253249	
暂定	9980956	5691574	1845696	
其他	891317	460774	195235	

单位:万元

	本年完成投资	建筑工程	安装工程	设备工器具购置	其他费用	土地购置费
总计(按登记注册类型分)	**3725110**	**3048229**	**14986**	**84421**	**577474**	**279219**
国有企业	6700	6150	150	200	200	
集体企业	1359	1359				
国有独资公司	4697	4697				
其他有限责任公司	1712136	1364238	5604	39547	302747	136433
股份有限公司	35953	33768	137	732	1316	1216
私营独资企业						
私营合伙企业						
私营有限责任公司	1837707	1540489	5047	21617	270554	141570
私营股份有限公司	19914	15093	942	2372	1507	
其他企业						
与港澳台商合资经营企业						
港澳台商独资经营企业	91615	71582	3021	17012		
港澳台商投资股份有限公司						
中外合资经营企业	378	378				
外资企业	14651	10475	85	2941	1150	
总计(按隶属关系分)	**3725110**	**3048229**	**14986**	**84421**	**577474**	**279219**
地区(州、盟、省辖市)	66776	57876	200	2318	6382	
县(区、市、旗)	67623	62587	614	2206	2216	1216
其他	3489455	2833976	14087	79258	562134	278003
总计(按资质等级分)	**3725110**	**3048229**	**14986**	**84421**	**577474**	**279219**
一级	242474	183623			58851	41000
二级	927032	749843	4048	12823	160318	85746
三级	261424	243329	976	2465	14654	9797
四级	253249	199815	298	4428	48708	7779
暂定	1845696	1531841	9024	61806	243025	99894
其他	195235	139778	640	2899	51918	35003

5-15续表2

单位:万元

	本年完成投资	住宅	办公楼	商业营业用房	其他	本年新增固定资产
总计(按登记注册类型分)	**3725110**	**2649573**	**212140**	**452090**	**411307**	**974047**
国有企业	6700	6179		521		6500
集体企业	1359	1309		30	20	
国有独资公司	4697	4697				
其他有限责任公司	1712136	1316984	54605	172414	168133	362422
股份有限公司	35953	16176	1799	10698	7280	5620
私营独资企业						
私营合伙企业						
私营有限责任公司	1837707	1222804	148505	252469	213929	493611
私营股份有限公司	19914	11301	6033	1440	1140	38600
其他企业						
与港澳台商合资经营企业						
港澳台商独资经营企业	91615	56114	1198	13718	20585	67294
港澳台商投资股份有限公司						
中外合资经营企业	378	378				
外资企业	14651	13631		800	220	
总计(按隶属关系分)	**3725110**	**2649573**	**212140**	**452090**	**411307**	**974047**
地区(州、盟、省辖市)	66776	53528	2395	5155	5698	
县(区、市、旗)	67623	55842	1829	7467	2485	40141
其他	3489455	2476585	206966	416979	388925	933906
总计(按资质等级分)	**3725110**	**2649573**	**212140**	**452090**	**411307**	**974047**
一级	242474	149484	17439	31241	44310	100804
二级	927032	686066	27232	89310	124424	323181
三级	261424	191114	14666	25827	29817	154080
四级	253249	189872	5710	29537	28130	35305
暂定	1845696	1301078	146138	257568	140912	360677
其他	195235	131959	955	18607	43714	

单位:万元

	本年资金来源合计	上年末结余资金	本年资金来源小计	国内贷款	自筹资金	其他资金
总计(按登记注册类型分)	**5358405**	**1179575**	**4178830**	**469464**	**1460975**	**2248391**
国有企业	6700		6700		5795	905
集体企业	1409		1409		900	509
国有独资公司	29063	29063				
其他有限责任公司	2430132	504672	1925460	118551	674592	1132317
股份有限公司	39750	380	39370	4070	680	34620
私营独资企业	12922	1225	11697			11697
私营合伙企业						
私营有限责任公司	2587868	546695	2041173	328663	755614	956896
私营股份有限公司	80933	59261	21672	100	16418	5154
其他企业						
与港澳台商合资经营企业						
港澳台商独资经营企业	135001	25686	109315	5280		104035
港澳台商投资股份有限公司						
中外合资经营企业	1115	1	1114		1114	
外资企业	33512	12592	20920	12800	5862	2258
总计(按隶属关系分)	**5358405**	**1179575**	**4178830**	**469464**	**1460975**	**2248391**
地区(州、盟、省辖市)	85620	33955	51665	19521	15800	16344
县(区、市、旗)	87170	12800	74370	6970	27372	40028
其他	5083818	1123210	3960608	435173	1391313	2134122
总计(按资质等级分)	**5358405**	**1179575**	**4178830**	**469464**	**1460975**	**2248391**
一级	464698	108972	355726	62500	25406	267820
二级	1423402	319924	1103478	88260	158800	856418
三级	482187	183621	298566	6700	56109	235757
四级	328717	89997	238720	1700	165522	71498
暂定	2379820	415236	1964584	295783	869567	799234
其他	279581	61825	217756	14521	185571	17664

5-15续表4

单位：平方米、万元

	待开发土地面积	本年购置土地面积	本年土地成交价款	拆迁补偿费	土地使用权出让金	契税
总计(按登记注册类型分)	**3415639**	**228302**	**47831**	**10633**	**31330**	**919**
国有企业						
集体企业						
国有独资公司						
其他有限责任公司	1797068	40404	16837	4033	6967	315
股份有限公司	158581	35234	1216		1216	
私营独资企业						
私营合伙企业						
私营有限责任公司	1376440	144798	29377	6600	22777	604
私营股份有限公司	3733	7866	401		370	
其他企业						
与港澳台商合资经营企业						
港澳台商独资经营企业	79817					
港澳台商投资股份有限公司						
中外合资经营企业						
外资企业						
总计(按隶属关系分)	**3415639**	**228302**	**47831**	**10633**	**31330**	**919**
地区(州、盟、省辖市)	295953					
县(区、市、旗)	158581	35234	1216		1216	
其他	2961105	193068	46615	10633	30114	919
总计(按资质等级分)	**3415639**	**228302**	**47831**	**10633**	**31330**	**919**
一级	229771					
二级	904200	132831	13689	600	13058	505
三级	210246	11701	830	33	797	32
四级	454286					
暂定	1262653	70416	27475	10000	17475	382
其他	354483	13354	5837			

5-16 全市房地产年报数据综合表(二)(2016年)

单位:万元

	实收资本	资产总计	流动资产		固定资产	累计折旧	
			合计	存货	原价		本年折旧
总计(按登记注册类型分)	**2102783**	**22107835**	**19674420**	**11502906**	**470544**	**144918**	**28853**
国有企业	2800	33113	26022	24987	4233	1767	108
集体企业	2200	84297	1590	304	239	224	19
国有独资公司	181839	4639933	3772316	1938089	1890	1097	189
其他有限责任公司	859704	7888144	7405284	4638298	246551	62248	13936
股份有限公司	22156	294976	226086	81201	5641	1997	328
私营独资企业							
私营合伙企业							
私营有限责任公司	887256	7865625	7115660	4241607	192610	70191	13143
私营股份有限公司	29822	440865	405631	130085	7409	2670	288
其他企业							
与港澳台商合资经营企业							
港澳台商独资经营企业	107061	685662	548606	359483	9254	2697	648
港澳台商投资股份有限公司							
中外合资经营企业	4945	33609	33484	12739	572	486	61
外资企业							
其他外商投资	5000	141611	139742	76113	2145	1540	135
总计(按隶属关系分)	**2102783**	**22107835**	**19674420**	**11502906**	**470544**	**144918**	**28853**
地区(州、盟、省辖市)	274040	5104271	4196602	2116736	35204	9877	1919
县(区、市、旗)	47888	394366	303214	188504	9159	2639	678
其他	1764882	16288902	14862204	8947588	424222	131771	25987
总计(按资质等级分)	**2102783**	**22107835**	**19674420**	**11502906**	**470544**	**144918**	**28853**
一级	109714	1500627	1115401	451845	154475	26153	6659
二级	621748	6334676	5945536	3475630	144350	56615	9046
三级	505176	7336057	6242424	3351023	85344	30004	6397
四级	204865	1507565	1287038	751980	26566	10685	2068
暂定	602010	5195448	4869474	3322579	48273	16249	3982
其他	59271	233462	214547	149849	11537	5211	700

5-16续表1

单位:万元

	负债合计	所有者权益合计	主营业务收入	土地转让收入	商品房屋销售收入	房屋出租收入	其他收入
总计(按登记注册类型分)	**17548446**	**4559389**	**1772112**	**2277**	**1700292**	**30564**	**38979**
国有企业	28422	4691	7844		7651	192	
集体企业	44111	40186	18308		18308		
国有独资公司	2674695	1965238	31553		814	81	30658
其他有限责任公司	7044963	843181	811464	1060	793865	13423	3117
股份有限公司	138121	156855	13226		9107	2916	1203
私营独资企业							
私营合伙企业							
私营有限责任公司	6613824	1251801	813419	1217	795554	12749	3898
私营股份有限公司	416179	24687	28568		27817	647	103
其他企业							
与港澳台商合资经营企业							
港澳台商独资经营企业	419954	265707	32206		32206		
港澳台商投资股份有限公司							
中外合资经营企业	31981	1628	5118		5118		
外资企业							
其他外商投资	136196	5415	10408		9853	556	
总计(按隶属关系分)	**17548446**	**4559389**	**1772112**	**2277**	**1700292**	**30564**	**38979**
地区(州、盟、省辖市)	3062679	2041593	99083		65647	2377	31059
县(区、市、旗)	302404	91961	117308	41	115650	248	1369
其他	13887344	2401558	1551313	2236	1514838	27710	6529
总计(按资质等级分)	**17548446**	**4559389**	**1772112**	**2277**	**1700292**	**30564**	**38979**
一级	1070266	430361	191205		186540	4517	149
二级	5139224	1195451	716604	1019	704548	8667	2370
三级	5064280	2271778	320943		283321	5180	32442
四级	1373920	133646	141714		136658	2956	2099
暂定	4716959	478489	390480	1258	379234	8091	1897
其他	183797	49664	11167	0	9991	1153	22

单位：万元

	主营业务收入	主营业务成本	主营业务税金及附加	其他业务利润	销售费用	营业利润
总计(按登记注册类型分)	**1772112**	**1299051**	**161161**	**8860**	**109496**	**37104**
国有企业	7844	6211	12		9	695
集体企业	18308	8545	2201		283	6651
国有独资公司	31553	28140	171		11	2062
其他有限责任公司	811464	597947	71450	4560	56919	-2344
股份有限公司	13226	8809	966		413	634
私营独资企业						
私营合伙企业						
私营有限责任公司	813419	589613	77718	3149	42765	36993
私营股份有限公司	28568	24748	2359	216	821	-1566
其他企业						
与港澳台商合资经营企业						
港澳台商独资经营企业	32206	25168	2178	935	7127	-3806
港澳台商投资股份有限公司						
中外合资经营企业	5118	3373	110		73	430
外资企业						
其他外商投资	10408	6497	3997		1076	-2645
总计(按隶属关系分)	**1772112**	**1299051**	**161161**	**8860**	**109496**	**37104**
地区(州、盟、省辖市)	99083	109962	4968	775	1910	1647
县(区、市、旗)	117308	90321	9490		2017	9271
其他	1551313	1097730	146625	8080	104432	26802
总计(按资质等级分)	**1772112**	**1299051**	**161161**	**8860**	**109496**	**37104**
一级	191205	129551	16840	2658	6073	20963
二级	716604	531713	76591	3036	36804	29856
三级	320943	249838	24277	2658	18083	755
四级	141714	102224	9456	24	4820	27944
暂定	390480	276406	33209	478	43060	-38956
其他	11167	9319	788	6	656	-3459

5-16续表3

单位:万元、人

	利润总额	应缴所得税	本年应付工资总额	资产减值损失	投资收益	年末从业人员总计
总计(按登记注册类型分)	**31574**	**39673**	**81588**	**2792**	**1717**	**13199**
国有企业	695		376			85
集体企业	6651		118			64
国有独资公司	2063	3	557	754	-251	91
其他有限责任公司	-1960	14908	37483	1988	458	5836
股份有限公司	186	200	1964			291
私营独资企业	0	0	0	0	0	
私营合伙企业	0	0	0	0	0	
私营有限责任公司	31933	19856	35688	51	1510	6084
私营股份有限公司	-1922	20	2298			405
其他企业						
与港澳台商合资经营企业						
港澳台商独资经营企业	-3816	4618	1770			180
港澳台商投资股份有限公司						
中外合资经营企业	409	67	506			69
外资企业						
其他外商投资	-2664		829			94
总计(按隶属关系分)	**31574**	**39673**	**81588**	**2792**	**1717**	**13199**
地区(州、盟、省辖市)	1506	172	2760	754	-170	524
县(区、市、旗)	9698	1256	4261			894
其他	20981	38242	73600	2038	1887	11588
总计(按资质等级分)	**31574**	**39673**	**81588**	**2792**	**1717**	**13199**
一级	21237	1815	5789		85	643
二级	25682	24157	25728	2525	-1437	3497
三级	1341	3855	13215	144	-248	3164
四级	28115	1081	6882	147	3179	1526
暂定	-41674	8714	27503	-24	137	4036
其他	-3125	52	2471	0	0	333

5-17 分县(市、区)房地产开发投资完成情况(2016年)

单位：万元

	本年完成投资	建筑工程	安装工程	设备工器具购置	其他费用	新增固定资产
洛阳市	**3725110**	**3048229**	**14986**	**84421**	**577474**	**974047**
老城区	325286	262172	100	2146	60868	27092
西工区	641066	485160	4633	33811	117462	251313
瀍河区	343294	216341	652	4926	121375	
涧西区	574456	461472	2870	5975	104139	247072
吉利区	53318	51919			1399	
洛龙区	973690	846095	2286	5671	119638	196193
孟津县	1830	1481			349	
新安县	32924	28141	443	3158	1182	47021
栾川县	72000	64448	85	639	6828	39000
嵩县	13662	13662				10300
汝阳县	38103	30665	842	3750	2846	5956
宜阳县	38561	35482	298	391	2390	8200
洛宁县	193751	187515	1223	4913	100	8250
伊川县	92806	84893	372	4906	2635	27650
偃师市	65049	54710	701	744	8894	38000
高新区	199474	160904	195	13044	25331	
龙管会						
伊滨区	65840	63169	286	347	2038	68000

5-17续表

单位：平方米、万元

	施工面积	住　　宅	竣工面积	住　　宅	房屋销售面积合计	房屋实际销售额
洛阳市	**47669509**	**33674209**	**3671547**	**2549739**	**7703897**	**3501443**
老城区	4298747	3360197	32164	32164	421770	196490
西工区	11772975	8243363	945589	718323	1375777	634603
瀍河区	2112034	1705602			443645	242169
涧西区	5728660	4115907	898834	673017	1109208	565058
吉利区	582673	389108			25270	7581
洛龙区	10432025	6715841	661836	457645	1855667	1040803
孟津县	157523	121797			15967	3998
新安县	1655862	1317878	202844	182120	345536	94182
栾川县	607433	326756	115163		116848	59052
嵩　县	208603	169986	45625	26158	57769	19295
汝阳县	922072	662994	40716	25289	215540	61246
宜阳县	1078944	623634	98525	93175	227671	49098
洛宁县	2239177	1677008	35460	35460	333228	98349
伊川县	1451338	1009474	138210	82848	424807	131646
偃师市	691824	498096	157541	66402	175335	69847
高新区	2322369	1851070			406862	166011
龙管会						
伊滨区	1407250	885498	299040	157138	152997	62015

5-18 全市房地产施工、竣工面积及价值(2016年)

单位：平方米、万元

	施工面积	新开工面积	竣工面积	竣工房屋价值
合计	**47669509**	**8097208**	**3671547**	**825722**
住宅	33674209	5829939	2549739	557852
别墅、高档公寓	892193	190109		
90平米及以下住房	7576692	1124726	417420	75997
144平米以上住房	4603279	724327	378143	87128
办公楼	2574265	197173	253066	67575
商业营业用房	4971546	847006	431722	105226
其他	6449489	1223090	437020	95069

5-19　全市商品房销售与出租情况(2016年)

单位：平方米、万元

	房屋销售面积合计	待售面积	出租面积	房屋实际销售额
合计	**7703897**	**1258131**	**42296**	**3501443**
住宅	6649630	655121		2917555
别墅、高档公寓	138115	13025		118842
90平米及以下住房	1080421	25650		456605
144平米以上住房	1029575	83768		538946
办公楼	161738	58755		113516
商业营业用房	431160	364870	15029	295619
其他	461369	179385	27267	174753

5-20 全市建筑业生产情况(2016年)

单位：万元

	企业数(个)	建筑业总产值	建筑工程	安装工程	其他产值	竣工产值
总　　计	**479**	**13233143**	**11913405**	**862207**	**457531**	**7283785**
按登记注册类型分组						
内资企业	**479**	**13233143**	**11913405**	**862207**	**457531**	**7283785**
国有企业	3	391093	7786	382960	347	8222
集体企业	12	76941	67366	9575		71701
股份合作企业	2	8962	8962			7014
有限责任公司	202	10772437	9989432	367972	415033	6290887
国有独资公司	5	81276	46676	32780	1820	24353
其他有限责任公司	197	10691160	9942756	335192	413213	6266534
股份有限公司	11	787329	760929		26400	240742
私营企业	249	1196383	1078931	101700	15751	665220
按建筑业行业中类分组						
房屋工程建筑	169	3988694	3882266	82902	23527	2155377
土木工程建筑	81	8575938	7649683	539045	387211	4714616
建筑安装业	55	484520	290948	181349	12223	302638
建筑装饰和其它建筑业	174	183991	90508	58911	34571	111154
建筑装饰业	139	96067	50289	29698	16081	75105
其它建筑业	35	87923	40219	29214	18490	36049

5-20续表1 单位：万元

	企业数（个）	建筑业总产值	建筑工程	安装工程	其他产值	竣工产值
按隶属关系分组						
中央属	16	9520993	8681278	481744	357972	4939560
省　属	2	18042	12845		5197	5674
地区属	37	1385564	1248919	125922	10723	865288
县及县以下属	424	2308544	1970363	254541	83639	1473263
按企业资质等级分组						
施工总承包	**248**	**12747314**	**11574635**	**756211**	**416468**	**6851065**
特　级	5	6788674	5976663	479737	332274	2489807
一　级	35	4339483	4167538	143738	28207	3182007
二　级	100	1148309	1008788	104105	35416	864088
三级及以下	108	470849	421645	28633	20571	315163
专业承包	**231**	**485829**	**338770**	**105996**	**41063**	**432721**
一　级	8	199575	192611	3053	3911	251920
二　级	108	125428	55691	47598	22139	95934
三级及以下	115	160826	90468	55345	15013	84867
按控股情况分组						
国有控股	26	3419024	2966636	429970	22418	1211121
集体控股	39	422182	344984	40838	36360	393389
私人控股	380	2932989	2613981	275263	43746	1686212
其　他	34	6458948	5987804	116136	355008	3993063

单位：万元

	房屋建筑施工面积(平方米)	从业人员年平均人数(人)	房屋建筑竣工面积(平方米)	住宅	竣工房屋价值	住宅
总　　计	**62869760**	**243541**	**12080467**	**9065415**	**1807631**	**1339220**
按登记注册类型分组						
内资企业	**62869760**	**243541**	**12080467**	**9065415**	**1807631**	**1339220**
国有企业	39915	13044	4915	3968	752	623
集体企业	847174	4524	502676	394925	63282	47922
股份合作企业	75690	429	57374	48828	6254	5228
有限责任公司	49043928	163017	7809807	5347712	1280892	890616
国有独资公司	183687	2198	10909	10909	1745	1745
其他有限责任公司	48860241	160819	7798898	5336803	1279147	888871
股份有限公司	850997	9890	343506	343506	39653	39653
私营企业	12012056	52637	3362189	2926476	416799	355178
按建筑业行业中类分组						
房屋工程建筑	54617482	102186	10427365	8031654	1499537	1113628
土木工程建筑	4977398	119929	803033	252230	196273	124530
建筑安装业	2905844	13399	839655	775517	110080	100193
建筑装饰和其它建筑业	369036	8027	10414	6014	1741	870
建筑装饰业		4092				
其它建筑业	369036	3935	10414	6014	1741	870

单位：万元

	房屋建筑施工面积(平方米)	从业人员年平均人数(人)	房屋建筑竣工面积(平方米)	住宅	竣工房屋价值	住宅
按隶属关系分组						
中央属	17784219	105847	1211017	254948	250436	124953
省属		403				
地区属	21358763	41017	3745045	2819098	640110	451078
县及县以下属	23726778	96274	7124405	5991369	917086	763190
按企业资质等级分组						
施工总承包	**62687998**	**229880**	**12071817**	**9061165**	**1806006**	**1338467**
特级	14903735	81291	2422830	1672726	474071	351945
一级	31982461	75134	3239368	2126970	537253	345643
二级	11262358	50960	4931967	3982859	619970	492552
三级及以下	4539444	22495	1477652	1278610	174713	148326
专业承包	**181762**	**13661**	**8650**	**4250**	**1625**	**754**
一级		3676				
二级	7856	5113				
三级及以下	173906	4872	8650	4250	1625	754
按控股情况分组						
国有控股	13557520	45912	542064	53414	77107	9068
集体控股	5573082	14540	1582711	1230866	221140	181030
私人控股	36372935	110479	8600174	7070750	1225259	953462
其他	7366223	72610	1355518	710385	284124	195661

5-21 全市建筑业财务状况(2016年)

单位：万元

	流动资产		固定资产				
	合　计	应收工程款	合　计	固定资产原　价	累计折旧	本年折旧	在建工程
总　计	**10136868**	**2787472**	**1304062**	**2331746**	**1267740**	**169092**	**118682**
按登记注册类型分组							
内资企业	**10136868**	**2787472**	**1304062**	**2331746**	**1267740**	**169092**	**118682**
国有企业	589397	154623	38889	129240	90768	12072	417
集体企业	21691	6348	11241	12414	3544	292	2091
股份合作企业	318		63	64	1	1	
有限责任公司	7734403	2158311	1057038	1881282	1037554	145904	106103
国有独资公司	60619	29476	5382	15551	10168	1673	
其他有限责任公司	7673784	2128835	1051656	1865731	1027385	144231	106103
股份有限公司	443734	55452	38299	74006	36564	1212	161
私营企业	1342214	410432	156872	232906	99136	9573	9909
私营有限责任公司	1290638	395366	146273	221913	94176	8873	6831
私营股份有限公司	51576	15067	10599	10993	4959	700	3078
其他企业	5112	2306	1660	1834	174	38	
按建筑业行业中类分组							
房屋工程建筑	2421899	740119	217962	319829	130104	12643	18498
土木工程建筑	7008297	1843097	1009130	1883661	1070938	146206	95534
建筑安装业	451145	121417	41379	72016	41760	7198	4022
建筑装饰和其它建筑业	255528	82839	35592	56241	24938	3046	628
建筑装饰业	160207	46255	13225	17444	7406	881	324
其它建筑业	95320	36583	22366	38797	17533	2165	304

单位：万元

	流动资产 合计	应收工程款	固定资产 合计	固定资产原价	累计折旧	本年折旧	在建工程
按隶属关系分组							
中央属	6986739	1844052	913453	1784021	1045872	140785	86649
省属	17287	8345	1102	3156	2056	335	
地区属	968615	284164	90052	112722	41635	8644	13053
县及县以下属	2164227	650911	299454	431847	178178	19329	18980
按企业资质等级分组							
施工总承包	**9468888**	**2581553**	**1253756**	**2256487**	**1228077**	**163370**	**116393**
特级	5295278	1309184	792231	1479860	856728	125040	81916
一级	2832392	902505	246872	483578	259195	24651	16480
二级	998536	280236	141582	192199	72070	8319	10155
三级及以下	342682	89628	73072	100850	40085	5361	7842
专业承包	**667980**	**205919**	**50306**	**75259**	**39663**	**5722**	**2289**
一级	233010	64797	9483	24307	14972	1775	
二级	192597	58728	19356	24962	11966	1407	1859
三级及以下	242374	82395	20903	25395	12694	2535	430
按控股情况分组							
国有控股	2254266	624992	146581	367912	230209	20108	4512
集体控股	297261	79423	48633	54937	22773	3058	3179
私人控股	2534309	790608	296672	420571	165131	22119	24951
其他	5051032	1292449	812176	1488327	849627	123808	86040

单位：万元

	资产合计	负债合计	所有者权益合计	实收资本	国家资本	法人资本	个人资本
总　　计	**12028443**	**9361447**	**2666996**	**1721620**	**253397**	**711877**	**662094**
按登记注册类型分组							
内资企业	**12028443**	**9361447**	**2666996**	**1721620**	**253397**	**711877**	**662094**
国有企业	637201	438328	198874	53294	52085		
集体企业	39124	11050	28074	19164	618	40	295
股份合作企业	695	63	632	550			550
有限责任公司	9139610	7649798	1489812	1022665	200684	487568	266582
国有独资公司	66517	41363	25154	13974	12314	1660	
其他有限责任公司	9073093	7608435	1464658	1008691	188370	485908	266582
股份有限公司	560068	447752	112316	48110		36600	8510
私营企业	1644973	813201	831773	573837	10	183670	386156
私营有限责任公司	1579589	786592	792997	547602	10	175420	369332
私营股份有限公司	65384	26609	38775	26235		8250	16825
其他企业	6772	1256	5516	4000		4000	
按建筑业行业中类分组							
房屋工程建筑	2874911	1939547	935364	595986	41236	172031	340366
土木工程建筑	8286183	6919214	1366969	880890	209323	499461	149135
建筑安装业	559708	362229	197479	131420	1117	11729	91171
建筑装饰和其它建筑业	307641	140457	167185	113324	1721	28657	81421
建筑装饰业	177687	84510	93178	71114		20618	50396
其它建筑业	129954	55947	74007	42210	1721	8039	31026

单位：万元

	资产合计	负债合计	所有者权益合计	实收资本	国家资本	法人资本	个人资本
按隶属关系分组							
中央属	8109897	7128386	981512	630344	234585	395759	
省属	18390	13894	4495	3221	1721		1500
地区属	1207206	840413	366793	220807	2403	60966	119614
县及县以下属	2692950	1378753	1314197	867248	14688	255152	540980
按企业资质等级分组							
施工总承包	**11285791**	**8842751**	**2443040**	**1553293**	**240021**	**679412**	**552706**
特级	6240978	5466957	774021	457058	161806	234089	53501
一级	3361297	2556920	804376	550359	59779	296414	189156
二级	1248159	611168	636991	413889	13682	110221	243700
三级及以下	435358	207706	227652	131987	4754	38689	66350
专业承包	**742652**	**518696**	**223957**	**168327**	**13376**	**32465**	**109387**
一级	245628	207304	38324	22748	12721	884	9144
二级	221103	129827	91276	71833	655	17368	47438
三级及以下	273722	181365	92357	71745		14213	50806
按控股情况分组							
国有控股	2549865	2046904	502962	248445	140777	93913	1125
集体控股	395131	245598	149533	91852	618	10538	11772
私人控股	3136175	1753256	1382919	902357	281	280790	609198
其他	5947272	5315689	631583	478966	111721	326636	39999

5-21续表4

单位：万元

	主营收入	主营成本	主营税金及附加	销售费用	管理费用	其中：税金
总　　计	**12146338**	**11116743**	**159598**	**20642**	**465950**	**7716**
按登记注册类型分组						
内资企业	**12146338**	**11116743**	**159598**	**20642**	**465950**	**7716**
国有企业	453187	434091			18482	189
集体企业	80835	68364	2622	328	2662	82
股份合作企业	760	608	67	5	74	1
有限责任公司	10047657	9233266	118743	17212	385060	5487
国有独资公司	40315	31083	347	17	2581	68
其他有限责任公司	10007342	9202183	118396	17195	382479	5419
股份有限公司	482078	413261	11164	33	23287	150
私营企业	1079886	965663	31780	3065	36250	1772
私营有限责任公司	1025757	917601	30459	2767	34143	1584
私营股份有限公司	54129	48062	1321	298	2107	189
其他企业	1935	1491	64		136	34
按建筑业行业中类分组						
房屋工程建筑	3178186	2934424	50069	7065	60523	3024
土木工程建筑	8387840	7704375	95983	11213	369385	3224
建筑安装业	395486	327862	9172	1238	22487	1004
建筑装饰和其它建筑业	184826	150083	4374	1127	13555	465
建筑装饰业	92320	74662	2301	929	8598	318
其它建筑业	92505	75421	2073	198	4957	147

5-21续表5 单位：万元

	主营收入	主营成本	主营税金及附加	销售费用	管理费用	其中：税金
按隶属关系分组						
中央属	8768012	8127764	75015	9774	354200	1130
省属	23851	22377	656		491	8
地区属	1220395	1139044	25373	1252	29229	1013
县及县以下属	2134080	1827558	58553	9616	82030	5565
按企业资质等级分组						
施工总承包	**11643806**	**10691480**	**149884**	**17124**	**420845**	**5621**
特级	7013554	6487298	70472	8737	299717	1267
一级	3158772	2936817	42890	1265	74393	1484
二级	1048990	918515	24764	4301	31483	2037
三级及以下	422490	348850	11759	2820	15253	833
专业承包	**502532**	**425263**	**9714**	**3519**	**45105**	**2095**
一级	238432	210070	3311	1602	14476	98
二级	102301	82824	2896	1005	13373	534
三级及以下	161799	132369	3507	911	17248	1463
按控股情况分组						
国有控股	2466226	2309560	10603	1103	84971	772
集体控股	375302	313566	9567	625	17149	1929
私人控股	2664604	2395703	66620	9060	77547	3959
其他	6640206	6097914	72808	9855	286283	1056

单位：万元

	财务费用	营业利润	利润总额	应交所得税	应付职工薪酬	应付增值税
总　　计	**115157**	**294827**	**297777**	**57170**	**2048802**	**249479**
按登记注册类型分组						
内资企业	**115157**	**294827**	**297777**	**57170**	**2048802**	**249479**
国有企业	-1717	10311	10518	1491	67150	10455
集体企业	485	6652	6670	479	15614	498
股份合作企业		7	7	5	86	30
有限责任公司	100388	200598	202215	37269	1536801	225227
国有独资公司	132	6066	6137	1767	15864	772
其他有限责任公司	100256	194532	196078	35502	1520937	224455
股份有限公司	-1357	38451	38248	7608	173470	577
私营企业	17298	38624	39935	10314	255562	12691
私营有限责任公司	17022	36558	37873	9796	243068	11204
私营股份有限公司	276	2066	2061	519	12493	1487
其他企业	60	185	185	5	119	
按建筑业行业中类分组						
房屋工程建筑	32494	91374	88565	20520	620133	76718
土木工程建筑	75771	151304	157267	31943	1313600	156149
建筑安装业	4829	39585	39443	2330	77971	12560
建筑装饰和其它建筑业	2063	12564	12503	2378	37098	4053
建筑装饰业	1602	4771	4749	721	18792	1321
其它建筑业	461	7793	7754	1657	18306	2731

单位：万元

	财务费用	营业利润	利润总额	应交所得税	应付职工薪酬	应付增值税
按隶属关系分组						
中央属	78870	126335	129989	27207	1306690	201243
省属	63	265	258	66	1988	104
地区属	10458	24750	23115	5089	279634	15948
县及县以下属	25767	143478	144415	24808	460490	32184
按企业资质等级分组						
施工总承包	**110403**	**270542**	**273366**	**55225**	**1963122**	**245984**
特级	65294	88367	93348	19969	921049	149979
一级	32204	90052	88095	15846	720962	74611
二级	8752	49854	49733	12134	237689	17215
三级及以下	4153	42269	42189	7276	83422	4181
专业承包	**4754**	**24285**	**24411**	**1945**	**85681**	**3495**
一级	226	7687	7704	199	27207	472
二级	2476	10878	10744	732	21368	1027
三级及以下	2052	5728	5972	1014	37094	1996
按控股情况分组						
国有控股	9110	67195	66132	11652	499446	66314
集体控股	3195	34845	33390	4612	66410	4065
私人控股	30870	92641	93535	22354	620220	35008
其他	71982	100145	104721	18553	862726	144093

5-22 全市劳务分包企业生产经营情况(2016年)

单位：万元

	企业数(个)	建筑业总产值	固定资产原价	本年折旧	资产总计	负债合计	实收资本
总计	**92**	**94571**	**4768**	**758**	**76248**	**46772**	**16902**
按登记注册类型分组							
内资企业	**92**	**94571**	**4768**	**758**	**76248**	**46772**	**16902**
有限责任公司	45	46814	3319	407	41275	25099	6057
其他有限责任公司	45	46814	3319	407	41275	25099	6057
私营企业	47	47757	1449	350	34973	21673	10845
私营有限责任公司	41	44044	1011	328	33636	21170	10022
私营股份有限公司	6	3713	438	23	1337	503	823
按建筑业行业中类分组							
房屋建筑业	52	54796	2829	276	44086	27874	12167
土木工程建筑业	10	3739	244	39	2106	733	796
建筑安装业	13	16171	1325	373	8222	4629	2231
建筑装饰和其他建筑业	17	19865	370	70	21834	13537	1707
建筑装饰业	2	1696	18	5	461	348	148
其他建筑业	15	18169	352	65	21374	13189	1560
按隶属关系分组							
省属							
地区属	1	1362	6		139	91	48
县(区、市、旗)	4	1002	220	4	559	288	200
其他	87	92208	4541	754	75551	46393	16654
按企业资质等级分组							
劳务分包	92	94571	4768	758	76248	46772	16902
一级	51	68427	2908	382	44755	31358	9492
二级	15	4123	565	74	4017	1097	1784
三级及以下	26	21866	1295	302	27278	14417	5326

单位：万元

	营业收入合计	营业成本合计	营业税金及附加	三项费用合计	营业利润	应付职工薪酬	从事建筑业活动平均人数(人)
总　计	**115302**	**109070**	**3069**	**3422**	**902**	**23836**	**7543**
按登记注册类型分组							
内资企业	**115302**	**109070**	**3069**	**3422**	**902**	**23836**	**7543**
有限责任公司	69648	66396	978	1920	520	5619	2348
其他有限责任公司	69648	66396	978	1920	520	5619	2348
私营企业	45654	42675	2092	1502	382	18217	5195
私营有限责任公司	41920	39269	1928	1276	345	16005	4351
私营股份有限公司	3735	3406	164	227	37	2212	844
按建筑业行业中类分组							
房屋建筑业	52761	49598	2101	1466	594	20397	4808
土木工程建筑业	3489	3083	162	197	48	767	340
建筑安装业	16369	15346	319	770	35	2211	649
建筑装饰和其他建筑业	42684	41043	488	990	225	461	1746
建筑装饰业	1696	1400	46	259		64	140
其他建筑业	40988	39643	441	731	235	398	1606
按隶属关系分组							
省　属							
地 区 属	1362	1085	46	229	2		20
县(区、市、旗)	1002	834	58	87	79	1244	261
其他	112939	107152	2965	3106	821	22592	7262
按企业资质等级分组							
劳务分包	115302	109070	3069	3422	902	23836	7543
一　级	66084	62615	1749	1633	484	15268	5034
二　级	4093	3488	90	349	167	1892	829
三级及以下	44969	42822	1225	1430	252	6676	1630

5-23 分县(市、区)建筑业企业生产情况(2016年)

单位：万元

	企业数（个）	建筑业总产值	建筑工程	安装工程	其他产值	竣工产值
洛阳市	**479**	**13233143**	**11913405**	**862207**	**457531**	**7283785**
市　直	6	8251569	7439558	479737	332274	3025938
老城区	19	174098	167462	5320	1317	19075
西工区	142	911279	761226	130651	19402	592142
瀍河区	10	1505671	1488667	4301	12703	2007205
涧西区	79	393980	266929	97501	29550	251189
吉利区	21	142661	73168	57966	11527	95097
洛龙区	67	587966	583311	2223	2432	397175
孟津县	20	87287	68066	13739	5482	64406
新安县	22	130892	122648	4257	3987	109638
栾川县	19	224421	188796	12134	23491	147680
嵩　县	7	27144	19107	8037		26372
汝阳县	9	45175	39677	5460	38	40106
宜阳县	8	104960	95719	5951	3290	129057
洛宁县	7	121725	105685	5992	10049	90605
伊川县	9	28901	25311	3530	61	21534
偃师市	16	87667	73056	13281	1330	37733
高新区	18	407750	395021	12129	600	228834

 单位：万元

	房屋建筑施工面积(平方米)	从业人员平均人数(人)	房屋建筑竣工面积(平方米)	住宅	竣工房屋价值	住宅
洛阳市	**62869760**	**243541**	**12080467**	**9065415**	**1807631**	**1339220**
市直	27492043	83725	2827149	1672726	527682	351945
老城区	1692390	6533	74040	30799	9004	3550
西工区	7099964	25528	1892244	1697372	317407	279456
瀍河区	1063380	32097	374397	145504	57643	19139
涧西区	3962877	15082	1230256	1024253	176974	143480
吉利区	447174	6161	267899	223876	25816	20691
洛龙区	5299049	19703	475521	358199	67214	50858
孟津县	430470	5489	307605	194481	34397	19658
新安县	1886205	8292	444629	434329	55043	53772
栾川县	2744080	8255	656224	557952	100597	85976
嵩县	201694	1334	153638	144991	16018	15031
汝阳县	603577	2743	319987	319987	36106	36106
宜阳县	1277587	4021	977272	719246	113573	86966
洛宁县	784590	4525	394310	352519	61494	54206
伊川县	573817	2167	92700	52750	10429	5715
偃师市	288622	5311	30890		3300	
高新区	7022241	12575	1561706	1136431	194936	112672

5-24 分县(市、区)建筑业企业财务状况(2016年)

单位：万元

	流动资产 合计	应收工程款	固定资产 合计	固定资产原价	累计折旧	本年折旧	在建工程
洛阳市	**10136868**	**2787472**	**1304062**	**2331746**	**1267740**	**169092**	**118682**
市　直	5880578	1509223	821974	1559519	906924	126435	82197
老城区	252206	106066	10487	21458	11584	1468	609
西工区	856818	213552	92098	137967	55609	8630	1060
瀍河区	1016244	299647	104919	221706	125051	12408	5811
涧西区	588368	161312	32587	52254	24108	4751	2022
吉利区	111285	40179	20587	41032	20690	1848	180
洛龙区	701430	244460	59876	94203	42936	4217	2735
孟津县	69493	27068	18842	30096	15402	1224	3810
新安县	74121	27242	19915	27004	11237	1848	2303
栾川县	129751	26166	25143	42842	22208	1904	4251
嵩　县	14055	7244	15299	8655	2044	153	2291
汝阳县	25204	7603	9055	10876	3053	486	432
宜阳县	73519	10179	10415	12448	2815	228	
洛宁县	19435	3931	10461	10734	2604	579	1574
伊川县	26157	12027	7196	7710	3628	727	
偃师市	107849	23004	13628	22744	9485	951	
高新区	190357	68572	31581	30497	8363	1237	9408

单位：万元

	资产合计	负债合计	所有者权益合计	实收资本	国家资本	法人资本	个人资本
洛阳市	**12028443**	**9361447**	**2666996**	**1721620**	**253397**	**711877**	**662094**
市　直	6908988	6084315	824672	487058	191806	234089	53501
老城区	265618	209081	56537	41884	12000	10561	19323
西工区	1089772	622463	467309	361454	5975	125910	200501
瀍河区	1200568	949262	251306	172402	136	167187	5079
涧西区	652725	459310	193415	108205	5904	41196	59962
吉利区	159158	91265	67893	43419		7943	29138
洛龙区	833389	553790	279600	216079	12721	41544	161765
孟津县	89507	30636	58872	37683	10687	3271	8821
新安县	98299	54172	44127	29175	3818	6276	17878
栾川县	159274	67968	91306	40726		2760	31505
嵩　县	29902	9127	20774	10661		4640	295
汝阳县	34480	6573	27907	16830		4800	10400
宜阳县	84320	20823	63497	44235		36008	4441
洛宁县	30253	11250	19002	13000		3420	5300
伊川县	42697	11421	31276	20308	5000	4948	3360
偃师市	122879	61852	61027	20391	5350	7557	5085
高新区	226616	118139	108477	58110		9769	45741

5-24续表2

单位：万元

	主营收入	主营成本	主营税金及附加	销售费用	管理费用	税　金
洛阳市	**12146338**	**11116743**	**159598**	**20642**	**465950**	**7716**
市　直	7893932	7345724	67976	8737	312072	1311
老城区	166991	153608	1519	267	6023	124
西工区	634246	563488	14971	2076	29470	1322
瀍河区	1089401	1004405	14321	256	33703	246
涧西区	394374	354273	7109	278	15204	298
吉利区	137921	117321	2690	236	10037	443
洛龙区	613667	562623	17484	1706	21535	333
孟津县	76429	60968	2156	75	5024	130
新安县	110222	89112	4932	903	9108	641
栾川县	199009	137832	6033	3934	5427	553
嵩　县	33225	28860	1158	220	2045	94
汝阳县	52352	46948	1525	269	1523	67
宜阳县	97341	87785	2555	60	2197	45
洛宁县	85118	56246	2983	252	2828	1509
伊川县	32112	22344	762	110	1211	204
偃师市	110835	96538	1807	1183	3110	139
高新区	419165	388670	9618	80	5435	259

5-24续表3

单位：万元

	财务费用	营业利润	利润总额	应交所得税	应付职工薪酬	应交增值税
洛阳市	**115157**	**294827**	**297777**	**57170**	**2048802**	**249479**
市　　直	74263	91164	94874	20029	1010662	200264
老城区	1804	3280	3158	964	44532	1040
西工区	8522	21422	19861	2598	189234	11070
瀍河区	7801	31444	31281	7148	322986	7010
涧西区	3985	13309	13538	2938	87958	4392
吉利区	1159	7000	6787	1988	32198	5328
洛龙区	5566	17267	18025	3681	112846	2723
孟津县	432	8555	8637	1931	16383	648
新安县	3009	12389	12381	2016	27466	2314
栾川县	1473	38445	38463	2528	34720	7233
嵩　　县	117	797	809	135	5713	184
汝阳县	608	1500	1443	397	12619	166
宜阳县	253	4377	4347	1586	15932	742
洛宁县	11	22797	22804	3252	10717	128
伊川县	425	1211	1297	466	7877	467
偃师市	2123	7373	7599	1847	17410	1393
高新区	3605	12497	12473	3668	99550	4378

六、交通和邮电业

TRANSPORTATION AND POST UTILITIES

资料整理：高洁一

主要统计指标解释

公路里程　指在一定时期内实际达到《公路工程技术标准 JTG B01－2003》规定的技术等级的公路，并经公路主管部门正式验收交付使用的公路里程数。包括大、中城市的郊区公路，以及公路通过小城镇（指县城、集镇）街道的公路里程和公路桥梁长度、隧道长度、渡口的宽度以及分期修建的公路已验收交付使用的里程，不包括大中城市的街道、厂矿、林区生产用道和农业生产用道的里程。两条或多条公路共同经由同一路段，只计算一次，不得重复计算里程长度。按公路技术等级分为等级公路和等外公路，其中等级公路分为高速公路、一级公路、二级公路、三级公路和四级公路。该指标可以反映公路建设的发展规模，也是计算运输网密度等指标的基础资料。

货（客）运量　指在一定时期内，各种运输工具实际运送的货物（旅客）数量。它是反映运输业为国民经济和人民生活服务的数量指标，也是制定和检查运输生产计划、研究运输发展规模和速度的重要指标。货运按吨计算，客运按人计算。货物不论运输距离长短、货物类别，均按实际重量统计。旅客不论行程远近或票价多少，均按一人一次客运量统计；半价票、小孩票也按一人统计。

货物（旅客）周转量　指在一定时期内，由各种运输工具运送的货物（旅客）数量与其相应运输距离的乘积之总和。它是反映运输业生产总成果的重要指标，也是编制和检查运输生产计划，计算运输效率、劳动生产率以及核算运输单位成本的主要基础资料。计算货物周转量通常按发出站与到达站之间的最短距离，也就是计费距离计算。

民用汽车拥有量　指报告期末，在公安交通管理部门按照《机动车注册登记工作规范》，已注册登记领有民用车辆牌照的全部汽车数量。**移动电话用户**　指通过移动电话交换机进入移动电话网、占用移动电话号码的电话用户。用户数量以报告期末在移动电话营业部门实际办理登记手续进入移动电话网的户数进行计算，一部移动电话统计为一户。

固定电话用户　指在电信运营企业营业网点办理开户登记手续并已接入固定电话网上的全部电话用户。包括普通电话用户、公用电话用户、窄带综合业务数字网（N—ISDN）用户、智能网专用接入终端用户等。按行政区划分为城市电话用户和农村电话用户。

住宅电话用户　指安装在居民住宅或农民家里并按照住宅电话用户登记注册和收费的各类电话用户。包括私人付费、单位付费和按规定免费安装的住宅电话用户。

6-1 交通运输、邮电主要指标发展情况

	2011年	2012年	2013年	2014年	2015年	2016年
年末通车里程（公里）	17713	18341	18324	18342	18404	19391
高速公路	247	501	501	501	501	501
货物运输量(万吨)	16276	18847	14868	16570	17524	22045
货运周转量(万吨公里)	3580883	4163537	3721158	4019223	4389486	6144818
旅客运输量(万人)	16019	17401	11367	11688	12855	11456
旅客周转量(万人公里)	1242789	1348955	650300	774573	850343	567662
年末公交实有车辆(辆)	1464	1473	1709	2004	2196	1881
电车	77	75	97	77	117	67
每万人拥有公共交通车辆(标台)	9.4	9.7	11.0	10.4	13.0	10.9
公交车年客运量(万人次)	29847	30144	28731	28522	26993	25741
出租车营运车数(辆)	4226	4226	4226	4226	4227	4268
出租车客运总量(万人次)	8017.5	8691.8	8443.5	7758.9	6973.5	9658.4
行政村客运班车通达率(%)	98.5	98.7	98.7	98.8	99.0	98.8
年末实有机动车辆(辆)	1043789	1115924	1196783	1246102	1308824	1303036
机动车驾驶员(人)	1022885	1154775	1255478	1407510	1442286	1801978
其中：汽车驾驶员(人)	867683	997308	1092301	1259339	1293292	1692704
邮电业务总量(万元)	464986	508919	528078	736240	926959	1446580
邮政业务总量	32013	31666	35762	36904	41819	52788
电信业务总量	432973	477253	492316	699336	885140	1393792
年末固定电话用户(户)	1280677	1136734	1155386	1103899	982571	846777
年末移动电话数(部)	5253305	5687330	6012578	6202381	6088500	6614699

注：因交通部门对公路客、货运运输量和周转量等指标统计口径作周期性调整，部分年份数据与往年不可比。

6-2 年末机动车情况(2016年)

单位：辆

	全市总计	营运	非营运	私人
合计	**1303036**	**111454**	**997711**	**1011092**
汽车	**855771**	**95264**	**759741**	**767386**
载客汽车	747404	15288	731350	691202
# 大型	6229	5136	814	18
中型	2134	594	1053	131
小型	727278	9557	717721	679832
微型	11763	1	11762	11221
# 轿车	443119	9506	433613	415778
载货汽车	97109	72071	25038	66554
# 重型	24756	24140	616	6685
中型	3414	3211	203	2051
轻型	68777	44613	24164	57677
微型	162	107	55	141
# 普通汽车	54000	32058	21942	45355
其他汽车	11258	7905	3353	9630
电车	**67**	**67**		
无轨	67	67		
有轨				
摩托车	**244678**	**6730**	**237948**	**242858**
普通	242123	6730	235393	240308
轻便	2555		2555	2550
拖拉机	**193105**			
挂车	**9343**	**9326**	**17**	**845**
其它类型车	**72**	**67**	**5**	**3**

6-3 邮电业务量

	2015年	2016年
邮电业务量(万元)	**926959**	**1446580**
国内业务		
函　件(万件)	301	194
包　件(万件)	23	24
汇　票(万笔)	37	32
订销报纸累计数(万份)	9107	8342
订销杂志累计数(万份)	392	379
报刊流转额(万元)	9608	9184
特快专递(万件)	80	309
公用电话(户)	76843	63678
住宅电话用户(户)	675326	553750
国际及港澳		
函　件(件)	12701	50057
包　件(件)	2045	2001
特快专递(件)	1628	1432
国际电话(次)	723434	540440
港澳电话(次)	365639	260598
年末国际互联网用户(户)	4270376	4734647

6-4 邮电通信企业增加值(2016年)

单位：万元

	全市总计	市 邮 政 局
总产出	**509849**	**67045**
中间投入	240384	18144
增加值	269464	48901
固定资产折旧	91204	1890
劳动者报酬	72127	37092
工资	42911	16105
福利	2787	1273
生产税	26069	3755
营业盈余	80177	6164

七、批发和零售业、住宿和餐饮业

WHOLE SALE AND RETAIL SALE TRADES、HOTELS AND CATERING SERVICES

资料整理:党 煜 王亚俊

主要统计指标解释

社会消费品零售总额 指企业(单位、个体户)通过交易直接售给个人、社会集团非生产、非经营用的实物商品金额,以及提供餐饮服务所取得的收入金额。个人包括城乡居民和入境人员,社会集团包括机关、社会团体、部队、学校、企事业单位、居委会或村委会等。

批发业 指向其他批发或零售单位(含个体经营者)及其他企事业单位、机关团体等批量销售生活用品、生产资料的活动,以及从事进出口贸易和贸易经纪与代理的活动,包括拥有货物所有权,并以本单位(公司)的名义进行交易活动,也包括不拥有货物的所有权,收取佣金的商品代理、商品代售活动;还包括各类商品批发市场中固定摊位的批发活动,以及以销售为目的的收购活动。

零售业 指百货商店、超级市场、专门零售商店、品牌专卖店、售货摊等主要面向最终消费者(如居民等)的销售活动,以互联网、邮政、电话、售货机等方式的销售活动,还包括在同一地点,后面加工生产,前面销售的店铺(如面包房);谷物、种子、饲料、牲畜、矿产品、生产用原料、化工原料、农用化工产品、机械设备(乘用车、计算机及通信设备除外)等生产资料的销售不作为零售活动;多数零售商对其销售的货物拥有所有权,但有些则是充当委托人的代理人,进行委托销售或以收取佣金的方式进行销售。

商品购进额 指从本企业以外的单位和个人购进(包括从国外直接进口)作为转卖或加工后转卖的商品金额(含增值税)。商品购进包括:(1)从工农业生产者、批发和零售业企业、住宿和餐饮业企业、出版社或报社的出版发行部门和其他服务业企业购进的商品;(2)从机关团体、事业单位购进的商品;(3)从海关、市场管理部门购进的缉私和没收的商品;(4)从居民收购的废旧商品等。不包括:(1)企业为本单位自身经营用,不是作为转卖而购进的商品,如材料物资、包装物、低值易耗品、办公用品等;(2)未通过买卖行为而收入的商品,如接受其他部门移交的商品、借入的商品、收入代其他单位保管的商品、其他单位赠送的样品、加工回收的成品等;(3)经本单位介绍,由买卖双方直接结算,本单位只收取手续费的业务;(4)销售退回和买方拒付货款的商品;(5)商品溢余。

商品销售额 指对本单位以外的单位和个人出售的商品金额(包括售给本单位消费用的商品,含增值税)。商品销售包括(1)售给城乡居民和社会集团消费用的商品;(2)售给农业、工业、建筑业、服务业等国民经济各行业用于生产、经营用的商品,包括售予批发和零售业作为转卖或加工后转卖的商品;(3)对国(境)外直接出口的商品。不包括:(1)未通过买卖行为付出的商品,如随机构变动移交给其他企业单位的商品、借出的商品、归还受其他单位委托代保管的商品、付出的加工原料和赠送给其他单位的样品等;(2)经本单位介绍,由买卖双方直接结算,本单位只收取手续费的业务;(3)购货退回的商品;(4)商品损耗和损失;(5)出售本单位自用的废旧物资。

商品库存额 对于批发和零售业法人单位和个体经营户,是指报告期末取得所有权的全部商品金额(含增值税);对于批发和零售业产业活动单位,是指报告期末实际在库且归属法人具有所有权的全部商品金额(含增值税)。库存商品包括:(1)存放在本单位(如门市部、批发站、采购站、经营处)的仓库、货场、货柜和货架中的商品;(2)挑选、整理、包装中的商品;(3)已记入购进而尚未运到本单位的商品,即发货单或银行承兑凭证已到而货未到的商品;(4)寄放他处的商品,如因购货方拒绝付款而暂时存在购货方的商品;(5)委托其他单位代销(未作销售或调出)尚未售出的商品;(6)代其他单位购进尚未交付的商品。不包括:所有权不属于本单位的商品;委托外单位加工的商品;外贸企业代理其他单位从国外进口,尚未付给订货单位的商品;代国家储备部门保管的商品。

住宿业 指为旅行者提供短期留宿场所的活动,有些单位只提供住宿,也有些单位提供住宿、饮食、商务、娱乐一体的服务,不包括主要按月或按年长期出租房屋住所的活动。

餐饮业 指通过即时制作加工、商业销售和服务性劳动等,向消费者提供食品和消费场所及设施的服务。

营业额 指住宿和餐饮业单位在经营活动中因提供服务或销售商品等取得的收入。包括:客房收入、餐费收入、商品销售额(含增值税)和其他收入。其中,客房收入指住宿和餐饮业单位在经营活动中因提供住宿服务取得的收入。餐费收入指本单位为顾客提供就餐服务取得的收入,包括:经烹饪、调制加工后出售的各种食品，如主食、炒菜、凉拌菜等的收入。

批发和零售业、住宿和餐饮业统计限额标准　批发业年主营业务收入2000万元及以上；零售业年主营业务收入500万元及以上；住宿业和餐饮业年主营业务收入200万元及以上。

7-1 社会消费品零售总额发展情况

单位:万元

	2010年	2011年	2012年	2013年	2014年	2015年	2016年
社会消费品零售总额	**8161830**	**9635440**	**11147801**	**12691980**	**14292067**	**16050799**	**18073767**
按地区分							
城镇	7205269	8439973	9758120	11096610	12477327	14001962	15757032
乡村	956561	1195467	1389681	1595370	1814740	2048837	2316735
按行业分							
批发和零售业	6936905	8101140	9368405	10765646	12066886	13497733	15137761
住宿和餐饮业	1151184	1447245	1678677	1926334	2225181	2553066	2936006
其他行业	73741	87055	100719				
按区域划分							
市区小计(含市直)	**3887381**	**4626133**	**5396768**	**6542521**	**7396516**	**8345797**	**9409895**
老城区	369567	436644	504979	574829	648120	727515	819544
西工区	1349456	1650310	1918485	2182113	2471025	2776198	3127572
瀍河区	272668	389867	484572	584626	667351	800129	917349
涧西区	1058329	1251475	1451085	1640888	1836219	2052392	2308129
吉利区	120159	140161	161395	181476	198625	222163	249087
洛龙区	643461	757676	876252	1378589	1575176	1767400	1988214
县(市)小计	**4273740**	**5030887**	**5784724**	**6149125**	**6895553**	**7749328**	**8738673**
偃师市	1026829	1201904	1379185	1165476	1308130	1464453	1648499
孟津县	303517	357999	415100	493294	550024	622903	704745
新安县	470061	555917	639027	719176	807275	915047	1034685
栾川县	301863	355142	408591	456586	516627	578881	652065
嵩　县	371922	434963	497815	550814	620492	695261	786728
汝阳县	300169	353450	405584	453616	510998	573085	643960
宜阳县	405180	477910	550791	622689	690873	775505	872279
洛宁县	289464	342002	393815	443201	497050	557939	630299
伊川县	804735	951600	1094816	1244273	1394084	1566254	1765413

注：由于统计制度和口径变化，2010年“其他行业”数据按照国家统计局规定，增幅全部以0计算，2013年起，按省统计局调整要求取消数据并入批发零售业和住宿餐饮业。2013年数据总量根据经济普查数据进行调整，之前年份数据未变。

7-2 社会消费品零售总额发展指数

上年=100

	2010年	2011年	2012年	2013年	2014年	2015年	2016年
社会消费品零售总额	**119.0**	**118.1**	**115.7**	**113.9**	**112.6**	**112.3**	**112.6**
按地区分							
城镇	120.0	117.1	115.6	113.7	112.4	112.2	112.5
乡村	110.8	125.0	116.2	114.8	113.8	112.9	113.1
按行业分							
批发和零售业	118.3	118.5	115.6	113.9	112.1	111.9	112.2
住宿和餐饮业	123.1	115.4	116.0	113.7	115.5	114.7	115.0
其他行业	100.0	118.1	115.7				
按区划分							
市区小计（含市直）	**120.0**	**120.0**	**116.7**	**114.6**	**113.1**	**112.4**	**112.5**
老城区	118.8	118.2	115.7	114.6	112.8	112.3	112.6
西工区	120.1	122.3	116.3	114.6	113.2	112.4	112.7
瀍河区	125.4	120.4	117.0	116.6	114.2	114.6	112.5
涧西区	118.8	118.3	116.0	114.0	111.9	111.8	112.5
吉利区	116.0	116.6	115.2	113.2	109.4	111.9	112.1
洛龙区	121.3	117.8	115.7	114.2	114.3	112.2	112.5
县（市）小计	**117.8**	**117.8**	**115.0**	**113.3**	**112.1**	**112.4**	**112.8**
偃师市	116.6	117.1	114.8	113.2	112.2	112.0	112.6
孟津县	117.4	118.0	116.0	114.9	111.5	113.3	113.1
新安县	119.0	118.3	115.0	112.9	112.2	113.4	113.1
栾川县	119.2	117.7	115.1	113.0	113.1	112.1	112.6
嵩　县	117.8	117.0	114.5	113.1	112.7	112.0	113.2
汝阳县	117.8	117.8	114.8	113.1	112.6	112.2	112.4
宜阳县	117.8	118.0	115.3	112.8	110.9	112.3	112.5
洛宁县	117.9	118.2	115.2	113.3	112.2	112.3	113.0
伊川县	118.0	118.3	115.1	113.9	112.0	112.4	112.7

注：由于统计制度和口径变化，2015年起，个别县区计算增速时，基数进行了相应调整，因此“市区小计”和该地区增速均为调整后数据，不能直接以上年资料直接计算；各年增长速度按可比口径进行了相应调整。2013年数据总量根据经济普查数据进行调整，增速不变因此与之前年份数据总量不匹配。

7-3 分县(市、区)社会消费品零售总额(2016年)

单位：万元

	社会消费品零售总额	#城　镇	乡　村	#批发和零售业	住宿和餐饮业
洛阳市	**18073767**	**15757032**	**2316735**	**15137761**	**2936006**
老城区	819544	819544		699282	120262
西工区	3127572	3033504	94068	2858325	269247
瀍河区	917349	825799	91550	896385	20964
涧西区	2308129	1814956	493173	1850772	457357
吉利区	249087	249087		205870	43217
洛龙区	1988214	1583069	405145	1782579	205635
偃师市	1648499	1406804	241695	1406479	242020
孟津县	704745	437108	267637	582838	121907
新安县	1034685	754034	280651	868391	166294
栾川县	652065	571743	80322	502453	149612
嵩　县	786728	540758	245970	598276	188452
汝阳县	643960	388446	255514	526911	117049
宜阳县	872279	490277	382002	720024	152255
洛宁县	630299	395923	234376	523611	106688
伊川县	1765413	1355622	409791	1319666	445747

7-4 限额以上批发零售法人企业商品购进、销售和库存(2016年)

单位：万元

	商品购进		商品销售				年末商品
	总额	进口	总额	批发额		零售额	库存总额
					出口		
限额以上企业总计	**11141173**	**68272**	**12769030**	**6625318**	**122409**	**6143712**	**783560**
一、批发业	**5846089**	**14181**	**6858463**	**6194297**	**114365**	**664166**	**385797**
按批发行业小类分							
农、林、牧产品批发	**29756**		**36792**	**36792**			**884**
谷物、豆及薯类批发	337		6501	6501			427
林业产品批发	20342		20732	20732			251
牲畜批发	9077		9560	9560			207
食品、饮料及烟草制品批发	**967419**	**2865**	**1265015**	**1096109**		**168906**	**119971**
米、面制品及食用油批发	31212		26568	25349		1219	12626
糕点、糖果及糖批发	2683		2779	2779			15
果品、蔬菜批发	291528		307006	202707		104299	1504
肉、禽、蛋、奶及水产品批发	24690		34628	32896		1732	602
盐及调味品批发	4413		7478	7478			565
酒、饮料及茶叶批发	160614	2201	155459	104293		51166	11234
烟草制品批发	431401	664	709717	700762		8956	92901
其他食品批发	20879		21379	19845		1534	525
纺织、服装及家庭用品批发	**198081**	**2317**	**195252**	**173810**	**9889**	**21442**	**18605**
纺织品、针织品及原料批发	35532	2317	37739	37739	9674		1442
服装批发	51399		49446	29668		19778	2357
化妆品及卫生用品批发	25962		25942	25942			907
家用电器批发	79918		76413	74964		1449	13610
其他家庭用品批发	5270		5713	5498	214	214	290
文化、体育用品及器材批发	**35807**	**840**	**312245**	**164047**	**7013**	**148199**	**6431**
首饰、工艺品及收藏品批发	29892	840	306239	158040	1006	148199	6431
其他文化用品批发	5915		6007	6007	6007		
医药及医疗器材批发	**614816**		**642652**	**599910**		**42743**	**55686**
西药批发	323572		349564	349287		276	37069
中药批发	284244		284542	242075		42467	17139
医疗用品及器材批发	7000		8547	8547			1477
矿产品、建材及化工产品批发	**3116641**	**5014**	**3438088**	**3227545**	**32066**	**210543**	**127581**

7-4续表1

单位：万元

	商品购进总额	进口	商品销售总额	批发额	出口	零售额	年末商品库存总额
煤炭及制品批发	221930		237134	179879		57255	16650
石油及制品批发	325836	822	344216	269792	76	74423	8974
非金属矿及制品批发	3639		4388	4388	4343		
金属及金属矿批发	2031549		2305644	2237800	18155	67844	77283
建材批发	104063		116316	105566	814	10750	6383
化肥批发	51190		52339	52339			309
其他化工产品批发	378434	4192	378052	377782	8678	270	17982
机械设备、五金产品及电子产品批发	**683581**	**3146**	**770938**	**733089**	**59749**	**37848**	**29445**
农业机械批发	530343		593823	593823	54164		7565
汽车批发	75497		88587	73447		15140	4290
摩托车及零配件批发	10296		11363	3809		7554	1586
五金产品批发	2949		4023	4023			16
电气设备批发	11179		15173	13708		1465	1512
其他机械设备及电子产品批发	53317	3146	57970	44280	5585	13690	14476
贸易经纪与代理	**2990**		**2913**	**2913**	**2913**		**77**
贸易代理							
其他贸易经纪与代理	2990		2913	2913	2913		77
其他批发业	**196998**		**194568**	**160082**	**2736**	**34486**	**27118**
再生物资回收与批发	122796		127586	93099		34486	871
其他未列明批发业	74202		66982	66982	2736		26248
按等级注册类型分							
内资企业	**5846089**	**14181**	**6858463**	**6194297**	**114365**	**664166**	**385797**
国有企业	453848	664	736180	735904		276	98102
集体企业	20866		22004	22004			222
有限责任公司	2899520	9592	3106176	2807935	32843	298241	174449
国有独资公司	333514		392729	385499		7230	19167
其他有限责任公司	2566006	9592	2713447	2422435	32843	291012	155282

单位：万元

	商品购进		商品销售				年末商品
	总　额	进　口	总　额	批 发 额	出　口	零 售 额	库存总额
股份有限公司	1172594		1353640	1316087	54378	37553	9554
私营企业	1258075	3925	1590083	1270190	27144	319893	102930
私营独资企业							
私营有限责任公司	1218410	3925	1552276	1234888	27144	317388	99328
私营股份有限公司	39665		37807	35302		2505	3603
其他企业	41185		50381	42178		8202	541
按控股情况分							
国有控股	1581436	664	2000437	1990981	54164	9456	132733
集体控股	227748		263956	247916		16040	27530
私人控股	3536881	11200	4080229	3565603	48656	514625	212476
其他	500023	2317	513841	389798	11545	124044	13059
按经营形式分							
独立门店	3939164	10342	4856942	4479139	84624	377804	261284
连锁总店	63357		63417	51886		11531	4085
其他	1843568	3838	1938104	1663273	29741	274831	120429
按单位规模分							
大型	1304331	664	1642378	1530933		111445	106902
中型	2947073	6570	3539926	3161743	71758	378183	194847
小型	1562156	6947	1640190	1469130	40622	171060	75741
微型	32528		35969	32491	1984	3478	8307
二、零售业	**5295085**	**54091**	**5910567**	**431021**	**8045**	**5479546**	**397763**
按零售行业小类分							
综合零售	**1455432**		**1658276**	**128084**		**1530192**	**91240**
百货零售	587486		655507	122433		533073	32333
超级市场零售	809243		937492	1057		936435	56067
其他综合零售	58703		65278	4595		60683	2840
食品、饮料及烟草制品专门零售	**111426**		**117736**	**2601**		**115135**	**6375**
粮油零售	45326		46404			46404	1117
果品、蔬菜零售	579		743	391		352	11
肉、禽、蛋、奶及水产品零售	45665		47230	959		46271	219
营养和保健品零售	1654		3215			3215	835
酒、饮料及茶叶零售	1737		2020			2020	125
烟草制品零售	5834		4836			4836	2903
其他食品零售	10630		13289	1252		12037	1165

7-4续表3 单位：万元

	商品购进		商品销售				年末商品
	总额	进口	总额	批发额	出口	零售额	库存总额
纺织、服装及日用品专门零售	**161817**	**286**	**174436**	**9018**	**9**	**165418**	**11775**
纺织品及针织品零售	13942		18840	1433		17406	1292
服装零售	100174	286	105465	2777	9	102687	5136
鞋帽零售	8365		9408			9408	961
化妆品及卫生用品零售	13280		14991	4291		10699	1644
钟表、眼镜零售	999		1110			1110	23
厨房用具及日用杂品零售	2387		2443			2443	1423
自行车零售	1078		574			574	604
其他日用品零售	21594		21607	517		21090	693
文化、体育用品及器材专门零售	**101247**		**134905**	**18337**	**1803**	**116568**	**9242**
文具用品零售	13348		13919	3660	1803	10259	381
体育用品及器材零售	19595		22169	2734		19435	856
图书、报刊零售	38757		44369	9694		34675	3979
珠宝首饰零售	7902		25314	699		24615	2744
工艺美术品及收藏品零售	21375		28545	1551		26995	1186
其他文化用品零售	270		589			589	95
医药及医疗器材专门零售	**113623**		**130465**	**47077**		**83388**	**28127**
药品零售	111200		127632	45068		82564	27443
医疗用品及器材零售	2423		2833	2009		824	684
汽车、摩托车、燃料及零配件专门零售	**2715604**	**53307**	**2942182**	**163324**		**2778858**	**187321**
汽车零售	1778526	53307	2008359	31125		1977235	161546
汽车零配件零售	31274		27767	16245		11522	6093
摩托车及零配件零售	6102		6445	41		6405	727
机动车燃料零售	899703		899611	115914		783697	18956
家用电器及电子产品专门零售	**371304**		**387496**	**31272**		**356224**	**53182**
家用视听设备零售	132566		141940			141940	18190
日用家电设备零售	192024		190320	15871		174448	25311
计算机、软件及辅助设备零售	16585		18763	4210		14553	4006
通信设备零售	23742		26769	8113		18656	3288
其他电子产品零售	6387		9705	3078		6627	2387

单位：万元

	商品购进总额	进口	商品销售总额	批发额	出口	零售额	年末商品库存总额
五金、家具及室内装饰材料专门零售	**178258**		**260240**	**25523**	**4186**	**234717**	**5406**
五金零售	29925		31539	8779	1599	22760	1330
灯具零售	640		952			952	43
家具零售	131890		212521	11345	2588	201176	1418
涂料零售	1020		1209			1209	170
卫生洁具零售	6724		5375			5375	1995
其他室内装饰材料零售	8058		8644	5398		3246	450
货摊、无店铺及其他零售业	**86375**	**499**	**104830**	**5783**	**2047**	**99047**	**5095**
互联网零售	32512	499	44752	2186	1800	42566	2931
生活用燃料零售	44359		50388	1543		48845	939
其他未列明零售业	9504		9690	2054	247	7636	1225
按登记注册类型分							
内资企业	**5182273**	**54091**	**5742416**	**431021**	**8045**	**5311395**	**392699**
国有企业	159315		168934	7331		161604	8082
集体企业	212714		226329	31864		194465	8780
股份合作企业	3978		3973	450		3523	31
有限责任公司	1825996	27936	1975515	137315	3833	1838199	141811
国有独资公司	15882		15624			15624	807
其他有限责任公司	1810114	27936	1959890	137315	3833	1822575	141004
股份有限公司	988442		999593	130328		869265	20555
私营企业	1985319	26155	2361506	123427	4211	2238079	212988
私营独资企业	22858		24298	106		24193	871
私营合伙企业	7614		7529	510		7019	424
私营有限责任公司	1850566	26155	2215301	82006	4211	2133295	208673
私营股份有限公司	104281		114378	40805		73573	3020
其他企业	6510		6566	306		6261	454
港、澳、台商投资企业	**107078**		**161968**			**161968**	**3392**
与港澳台商合作经营企业	7340		11000			11000	
港澳台商独资企业	99738		150968			150968	3392

7-4续表5 单位：万元

	商品购进		商品销售				年末商品
		进口		批发额		零售额	
	总额		总额		出口		库存总额
外商投资企业	**5733**		**6183**			**6183**	**1671**
中外合资经营企业	5733		6183			6183	1671
按控股情况分							
国有控股	1172445	286	1219366	121821	9	1097545	34771
集体控股	299457		322938	40924		282013	10593
私人控股	3296282	27608	3735965	179029	8036	3556936	310420
港澳台商控股	107078		161968			161968	3392
外商控股	5733		6183			6183	1671
其他	414090	26197	464147	89246		374902	36915
按经营形式分							
独立门店	3288703	54091	3732020	159202	2597	3572818	276048
连锁总店	1176476		1250750	159957		1090792	52591
连锁门店	645061		675082	6946		668136	51517
其他	184845		252716	104916	5448	147800	17607
按单位规模分							
大型	1866012		1942957	114633		1828324	70052
中型	2088775	52009	2534269	113134	3399	2421135	223412
小型	1206721	1796	1292571	186776	2834	1105796	94872
微型	133576	286	140770	16478	1812	124292	9427
按零售业态分							
有店铺零售	**5229199**	**53593**	**5827405**	**421497**	**4442**	**5405908**	**391656**
食杂店	49467		50794	263		50530	485
便利店	116575		119271	81812		37459	4517
超市	122455		142403	4109		138294	12493
大型超市	656367		739447			739447	43591
百货店	638172		748848	50404		698445	36163
专业店	1275919	26553	1396626	141997	4195	1254630	141419
专卖店	2188609	27039	2372469	137701		2234769	123447
家居建材商店	50128		125193	450		124743	188
购物中心	57812		59440	2178		57262	2776
厂家直销中心	73696		72914	2584	247	70330	26577
无店铺零售	**65886**	**499**	**83161**	**9524**	**3603**	**73638**	**6107**
网上商店	56037	499	70669	4920	1800	65749	3998

7-5　限额以上住宿业法人经营情况(2016年)

单位：万元

	法人企业（个）	从业人员期末人数（人）	营业额				
				客房收入	餐费收入	商品销售收入	其他收入
住宿业总计	**143**	**9046**	**133221**	**62199**	**54444**	**2632**	**13946**
按住宿业行业小类分							
旅游饭店	89	7243	104184	46039	42984	1447	13714
一般旅馆	50	1645	27338	15342	10594	1175	228
其他住宿业	4	158	1699	818	867	10	5
按登记注册类型分							
内资企业	**141**	**8956**	**131814**	**61392**	**54047**	**2614**	**13761**
国有企业	16	1468	16797	6799	8695	780	524
集体企业	5	138	3122	1408	1714		
有限责任公司	53	3624	63088	28747	27000	1266	6075
国有独资公司	3	166	1761	992	654		115
其他有限责任公司	50	3458	61327	27755	26346	1266	5960
股份有限公司	2	42	646	640		6	
私营企业	65	3684	48161	23799	16638	562	7163
私营独资企业	6	206	1791	1039	727	11	15
私营合伙企业	2	47	593	194	399		
私营有限责任公司	52	3231	44408	21464	15250	547	7148
私营股份有限公司	5	200	1369	1102	262	5	
港、澳、台商投资企业	**2**	**90**	**1407**	**807**	**398**	**18**	**185**
与港澳台商合资经营企业	2	90	1407	807	398	18	185
按控股情况分							
国有控股	23	2270	29005	12357	13119	927	2602
集体控股	6	173	3341	1527	1807		7
私人控股	99	5766	87939	42144	34904	1569	9323
港澳台商控股	2	90	1407	807	398	18	185
其他	13	747	11529	5364	4217	118	1830
按经营形式分							
独立门店	128	8471	125551	56953	52275	2509	13815
连锁总店	4	110	1622	1354	233	35	1
连锁门店	4	137	2014	1469	485	50	11
其他	7	328	4034	2423	1453	38	120
按单位规模分							
中型	12	3080	52626	18775	21669	739	11443
小型	116	5848	79645	42595	32677	1883	2490
微型	15	118	951	830	99	10	13
按星级分							
五星	3	774	9661	5338	3799		524
四星	12	1874	29386	11857	14456	65	3008
三星	26	1710	30033	12112	13780	1444	2697
二星	16	495	10218	4788	4851	304	276
其他	86	4193	53923	28104	17559	819	7442

7-6 限额以上餐饮业法人经营情况(2016年)

单位：万元

	法人企业（个）	从业人员期末人数（人）	营业额	客房收入	餐费收入	商品销售收入	其他收入
餐饮业	**96**	**6719**	**117416**	**12623**	**100604**	**3610**	**579**
按餐饮业行业小类分							
正餐服务	92	6379	115306	12623	98495	3610	579
快餐服务	2	56	909		909		
其他餐饮业	2	284	1200		1200		
小吃服务	1	81	1042		1042		
餐饮配送服务	1	203	158		158		
按登记注册类型分							
内资企业	**96**	**6719**	**117416**	**12623**	**100604**	**3610**	**579**
国有企业	2	10	6862		6862		
有限责任公司	35	2174	35609	7975	24485	2962	187
其他有限责任公司	35	2174	35609	7975	24485	2962	187
股份有限公司	1	790	16676	856	15820		
私营企业	58	3745	58269	3791	53437	649	392
私营独资企业	15	494	9740	365	8864	465	47
私营有限责任公司	41	3179	47165	3426	43352	41	345
私营股份有限公司	2	72	1364		1221	143	
按控股情况分							
国有控股	3	62	7551	195	7357		
集体控股	2	117	2617	180	2428	9	
私人控股	82	5774	97593	12129	81464	3421	579
其他	9	766	9655	119	9356	180	
按经营形式分							
独立门店	83	5219	93535	11691	77791	3610	443
连锁总店	4	842	10513		10513		
连锁门店	4	351	4211	99	4112		
其他	5	307	9156	832	8188		136
按单位规模分							
大型	1	790	16676	856	15820		
中型	9	2007	40071	5541	31604	2809	118
小型	78	3890	52032	6127	44642	802	461
微型	8	32	8637	99	8538		

7-7 限额以上批发和零售业商品销售类值(2016年)

单位：万元

	销售合计	批　发	零　售
粮油、食品类	**965872**	**296337**	**669535**
其中:粮油类	311335	37462	273873
肉禽蛋类	142367	34790	107577
水产品类	30463	11229	19234
蔬菜类	175851	89033	86818
干鲜果品类	207072	107689	99383
饮料类	**152986**	**30957**	**122029**
烟酒类	**911710**	**716470**	**195240**
服装、鞋帽、针纺织品类	**786755**	**33629**	**753126**
服装类	605026	32209	572817
鞋帽类	123611	726	122885
针纺织品类	58118	694	57424
化妆品类	**99696**	**12217**	**87479**
金银珠宝类	**392173**	**134830**	**257343**
日用品类	**208375**	**1317**	**207058**
其中：儿童玩具类	24767	390	24377
五金、电料类	**274400**	**109205**	**165195**
体育、娱乐用品类	**59619**	**246**	**59373**
其中：照相器材类	801		801
书报杂志类	**43403**	**3**	**43400**
电子出版物及音像制品类	**5812**	**8**	**5804**
家用电器和音像器材类	**513025**	**67806**	**445219**
中西药品类	**1000996**	**783605**	**217391**
其中:西药类	501785	412995	88790
中草药及中成药类	32193	14888	17305
文化办公用品类	**61580**	**2651**	**58929**
其中：计算机及其配套产品	16889	2465	14424
家具类	**276946**	**15163**	**261783**
通讯器材类	**67629**	**318**	**67311**
煤炭及制品类	**384420**	**331956**	**52464**
木材及制品类	**1405**	**1405**	
石油及制品类	**1418080**	**477666**	**940414**
化工材料及制品类	**306109**	**306109**	
其中：化肥类	110264	110264	
金属材料类	**2420529**	**2420529**	
建筑及装潢材料类	**120700**	**76691**	**44009**
机电产品及设备类	**683518**	**646486**	**37032**
其中：农机类	587880	587880	
汽车类	**2145128**	**80972**	**2064156**
种子饲料类	**3909**	**3909**	
棉麻类	**2**	**2**	
其他类	**560721**	**356479**	**204242**

7-8 分县(市、区)限额以上企业批发业商品购、销、存总额(2016年)

单位：万元

	商品购进		商品销售				年末商品
		进　口		批发额		零售额	
	总　额		总　额		出　口		库存总额
洛阳市	**5846089**	**14181**	**6858463**	**6194297**	**114365**	**664166**	**385797**
老城区	331060		323325	237161		86164	35784
西工区	846203	2379	1152742	822893	27200	329848	41868
瀍河区	280435	822	299803	238688	76	61115	9685
涧西区	699595	1562	774744	758927	54164	15817	37470
吉利区	229610		251041	251041			6905
洛龙区	1895858	664	2367341	2291508	12481	75833	138218
孟津县	400552	840	426822	416766	3919	10057	15331
新安县	541250		634115	633839		276	22264
栾川县	274998		260544	260445		99	43151
嵩　县	14256		16127	14593		1534	192
汝阳县	149171		144633	100711		43922	13122
宜阳县	23694		28038	22744	1870	5293	209
洛宁县	8864	4192	12076	12076	5722		17
伊川县	47867	2201	54659	29351		25309	4168
偃师市	45599		49672	49672			2409
高新区	44909	1522	50169	44929	8718	5240	14677
龙门园区							
伊滨区	12169		12612	8952	214	3659	330

7-9 分县(市、区)限额以上企业零售业商品购、销、存总额(2016年)

单位：万元

	商品购进		商品销售				年末商品
	总额	进口	总额	批发额	出口	零售额	库存总额
洛阳市	**5295085**	**54091**	**5910567**	**431021**	**8045**	**5479546**	**397763**
老城区	267410		287115	8800		278315	40381
西工区	1762453	499	1902651	163546	4999	1739105	75965
瀍河区	673871	27039	822855	7258		815597	57622
涧西区	786364		859752	5431		854321	75636
吉利区	14790		16770	546		16223	2960
洛龙区	685341	26267	837655	29701	3037	807955	91037
孟津县	247408		260889	70003		190886	6006
新安县	156834		165241	8175		157066	2491
栾川县	110752	286	132202	7248	9	124954	5410
嵩县	15249		16186	263		15923	1426
汝阳县	47374		49539	647		48892	1060
宜阳县	105795		106803	82641		24162	4713
洛宁县	44894		45563	696		44866	12389
伊川县	87988		97846	9009		88837	5182
偃师市	206723		223171	17221		205950	11626
高新区	76729		79664	19830		59834	3628
龙门园区							
伊滨区	5110		6666	6		6660	233

7-10 分县(市、区)限额以上企业住宿业经营情况(2016年)

单位：万元

	法人企业数(个)	从业人员期末人数(人)	营业额	客房收入	餐费收入	商品销售额	其他收入
洛阳市	**143**	**9046**	**133221**	**62199**	**54444**	**2632**	**13946**
老城区	13	366	7347	4878	2383	53	32
西工区	29	1476	23138	11641	6921	225	4350
瀍河区	1	42	251	200	50		
涧西区	20	1499	26630	12911	12484	89	1146
吉利区	2	50	587	339	234	10	5
洛龙区	13	1336	18919	9028	9162	51	678
孟津县	3	111	897	527	316	23	31
新安县	5	282	10114	3961	4764	1090	299
栾川县	17	992	13354	4967	3613	15	4760
嵩县	6	348	2746	1324	1243	110	69
汝阳县	1	40	512	89	423		
宜阳县	3	108	3526	1253	1985	289	
洛宁县	12	421	5170	2998	1901	50	221
伊川县	6	607	6159	2823	2697	494	144
偃师市	6	468	4214	1258	2868	48	40
高新区	4	327	3565	1578	1707	37	243
龙门园区	2	573	6093	2422	1693	49	1928
伊滨区							

7-11 分县(市、区)限额以上企业餐饮业经营情况(2016年)

单位：万元

	法人企业数(个)	从业人员期末人数(人)	营业额	客房收入	餐费收入	商品销售额	其他收入
洛阳市	**96**	**6719**	**117416**	**12623**	**100604**	**3610**	**579**
老城区	10	518	17018	958	15884	177	
西工区	17	2259	48653	4796	41059	2648	150
瀍河区	3	158	2419	180	2239		
涧西区	18	1229	14267	99	14168		
吉利区	3	73	938		938		
洛龙区	6	386	4965	353	4585	21	6
孟津县	5	198	5105	1693	3156	256	
新安县	3	88	1175	255	919		
栾川县	2	18	471	68	267		136
嵩县	2	68	471		434		37
汝阳县	1	36	257		252	5	
宜阳县	2	47	1938		1712	226	
洛宁县	7	622	6209	2045	4164		
伊川县	6	578	7649	1768	5711	11	159
偃师市	5	149	2906		2726	180	
高新区	4	131	1432	96	1296	13	28
龙门园区	1	128	1023	312	632	15	64
伊滨区	1	33	521		462	59	

7-12 限额以上法人批发和零售业财务状况(2016年)

单位：万元

	法人企业个数(个)	年初存货	流动资产合计	应收账款	存货	固定资产合计
总计	**879**	**644018**	**4091581**	**628997**	**720210**	**436476**
批发业	**306**	**327046**	**2053986**	**488514**	**335574**	**137881**
按登记注册类型分组						
内资企业	**306**	**327046**	**2053986**	**488514**	**335574**	**137881**
国有企业	9	78521	208852	8066	71976	35883
集体企业	2	95	1157	74	195	236
有限责任公司	135	127500	1111769	309135	142341	47259
国有独资公司	4	19011	157836	37829	19143	2751
其他有限责任公司	131	108489	953933	271306	123198	44508
股份有限公司	15	7792	178176	40805	10258	18868
私营企业	137	112969	549053	130434	110439	35524
私营有限责任公司	131	110289	535865	127698	107761	34998
私营股份有限公司	6	2680	13188	2736	2679	526
其他企业	8	170	4979		363	110
港、澳、台商投资企业						
港澳台商独资企业						
按国民经济行业分组						
农、林、牧产品批发	**8**	**490**	**9043**	**46**	**233**	
谷物、豆及薯类批发	1	427	289	46		
林业产品批发	4	63	6701		128	
牲畜批发	3		2054		105	
食品、饮料及烟草制品批发	**31**	**96749**	**263792**	**12924**	**92346**	**41465**
米、面制品及食用油批发	5	4013	10561	1343	3958	2540
糕点、糖果及糖批发	1		829	308	1	10
果品、蔬菜批发	10	566	4945	473	417	2987
肉、禽、蛋、奶及水产品批发	3	493	1900	555	567	2229
盐及调味品批发	1	1355	5324	35	563	898
酒、饮料及茶叶批发	5	9665	30912	4136	11460	302
烟草制品批发	2	80207	204502	5597	74896	32075
其他食品批发	4	451	4819	478	484	423
纺织、服装及家庭用品批发	**14**	**11774**	**51525**	**10508**	**16872**	**773**
纺织品、针织品及原料批发	2	1469	11905	4542	1449	245
服装批发	1	1469	2497		2264	
化妆品及卫生用品批发	3	2093	12434	5219	2449	59
家用电器批发	5	6548	22126	576	10559	38
其他家庭用品批发	3	195	2563	172	152	431
文化、体育用品及器材批发	**8**	**44094**	**146681**	**34709**	**44113**	**1908**
首饰、工艺品及收藏品批发	6	44094	145142	34456	44113	1897
其他文化用品批发	2		1540	254		11

 单位：万元

	法人企业个数(个)	年初存货	流动资产合计	应收账款	存货	固定资产合计
医药及医疗器材批发	**20**	**47320**	**367184**	**177996**	**55941**	**5863**
西药批发	8	33724	248091	98476	38264	1743
中药批发	10	12353	113771	76574	16249	4072
医疗用品及器材批发	2	1243	5321	2946	1429	48
矿产品、建材及化工产品批发	**179**	**96078**	**879446**	**173345**	**91005**	**51622**
煤炭及制品批发	15	23579	201376	41880	14962	6337
石油及制品批发	24	14297	142989	28145	13818	7217
非金属矿及制品批发	1		585	77		3
金属及金属矿批发	81	51163	365390	72787	55286	9734
建材批发	23	4417	102197	15288	4733	3132
化肥批发	4	148	2260	74	197	1553
其他化工产品批发	31	2474	64649	15095	2009	23646
机械设备、五金产品及电子产品批发	**35**	**21101**	**286364**	**73734**	**30322**	**34503**
农业机械批发	4	4771	171685	45248	7760	273
汽车批发	7	4338	27561	1404	4352	32165
摩托车及零配件批发	2	1421	10814	155	1473	365
五金产品批发	1		2014			
电气设备批发	5	1000	8190	2072	1961	384
其他机械设备及电子产品批发	16	9571	66100	24856	14775	1316
贸易经纪与代理	**1**	**300**	**629**	**121**	**129**	
贸易代理						
其他贸易经纪与代理	1	300	629	121	129	
其他批发业	**10**	**9141**	**49322**	**5131**	**4612**	**1747**
再生物资回收与批发	6	844	10374	3341	3631	1735
其他未列明批发业	4	8296	38949	1790	982	12
零售业	**573**	**316971**	**2037595**	**140483**	**384636**	**298596**
按登记注册类型分组						
内资企业	**570**	**311920**	**1912504**	**133752**	**375043**	**281787**
国有企业	30	2535	12589	2023	2836	8313
集体企业	37	3342	24022	6681	3107	11322
股份合作企业	1	31	494	53	31	175
有限责任公司	177	117518	562101	39945	186808	124962
国有独资公司	3	404	4892	622	173	4517
其他有限责任公司	174	117114	557208	39323	186635	120445
股份有限公司	15	14586	423450	3724	16038	37960
私营企业	307	173706	888270	81324	165821	98501
私营独资企业	14	1174	3024	369	930	1116
私营合伙企业	2	372	530	33	443	107
私营有限责任公司	279	168161	866728	75942	157215	93270
私营股份有限公司	12	4000	17988	4980	7234	4009
其他企业	3	203	1579	2	402	556

	法人企业个数(个)	年初存货	流动资产			固定资产
			合计	应收账款	存货	合计
港、澳、台商投资企业	**2**	**3454**	**117541**	**6731**	**3785**	**14074**
合作经营企业(港或澳、台资)	1	351	7703	21	393	7057
港、澳、台商独资经营企业	1	3103	109838	6711	3392	7016
外商投资企业	**1**	**1597**	**7550**		**5808**	**2735**
中外合资经营企业	1	1597	7550		5808	2735
按国民经济行业分组						
综合零售	**104**	**69187**	**453842**	**28480**	**141517**	**111228**
百货零售	46	14770	85259	9607	27748	56943
超级市场零售	38	52840	360586	16364	112169	52036
其他综合零售	20	1577	7998	2510	1600	2249
食品、饮料及烟草制品专门零售	**27**	**5188**	**19253**	**3770**	**6543**	**6149**
粮油零售	6	1324	4631	614	1306	621
果品、蔬菜零售	1	7	30		6	579
营养和保健品零售	8	76	2440	177	269	3471
肉、禽、蛋、奶及水产品零售	1	126	4000	2000	1000	1020
酒、饮料及茶叶零售	2	166	392			
烟草制品零售	2	2715	4676		2873	41
其他食品零售	7	775	3085	979	1090	417
纺织、服装及日用品专门零售	**43**	**8056**	**46711**	**9027**	**8505**	**16559**
纺织品及针织品零售	6	716	3079	444	783	1696
服装零售	22	4817	36367	6246	5024	13759
鞋帽零售	3	164	2223	1376	337	62
化妆品及卫生用品零售	3	814	973	162	750	131
钟表、眼镜零售	3	20	85	39	25	48
厨房用具及日用杂品零售	1	1027	2359	103	1217	11
自行车零售	1	103	169	120	20	56
其他日用品零售	4	395	1457	537	349	797
文化、体育用品及器材专门零售	**41**	**9017**	**50644**	**7436**	**8587**	**10388**
文具用品零售	9	358	2927	802	298	727
体育用品及器材零售	1	796	3698	116	856	199
图书、报刊零售	12	3003	21558	4884	4442	5277
珠宝首饰零售	5	3537	18770	1061	2226	1463
工艺美术品及收藏品零售	13	1324	3691	572	765	2723
其他文化用品零售	1					
医药及医疗器材专门零售	**19**	**19640**	**37049**	**5814**	**21474**	**2971**
药品零售	17	18857	34837	4529	20797	2956
医疗用品及器材零售	2	783	2212	1285	678	15
汽车、摩托车、燃料及零配件专门零售	**186**	**149691**	**1217954**	**51633**	**142767**	**104579**
汽车零售	133	135317	772140	41979	120885	62883
汽车零配件零售	12	2168	17409	4897	5899	773
摩托车及零配件零售	7	449	1775	201	741	276
机动车燃料零售	34	11758	426631	4557	15242	40647

单位：万元

	法人企业个数(个)	年初存货	流动资产合计	应收账款	存货	固定资产合计
家用电器及电子产品专门零售	**76**	**43908**	**128839**	**13980**	**38785**	**3280**
家用视听设备零售	27	13694	40292	3412	12902	1366
日用家电设备零售	25	18028	41030	2373	17639	1474
计算机、软件及辅助设备零售	11	4845	15086	4804	4425	214
通信设备零售	9	4398	25723	780	3192	148
其他电子产品零售	4	2943	6708	2611	627	78
五金、家具及室内装饰材料专门零售	**44**	**7391**	**41982**	**12276**	**7389**	**4967**
五金零售	16	931	7764	3713	1479	810
灯具零售	1	86				4
家具零售	20	5729	27816	3789	5248	4040
涂料零售	1	137	312	86	170	5
卫生洁具零售	1	90	498	103	82	76
其他室内装饰材料零售	5	418	5592	4586	410	32
货摊、无店铺及其他零售业	**33**	**4895**	**41322**	**8067**	**9071**	**38475**
互联网零售	14	2002	16918	4351	5786	5950
生活用燃料零售	13	1623	16143	976	1726	24740
其他未列明零售业	6	1271	8260	2740	1558	7785
按零售业态分组						
有店铺零售	**546**	**312303**	**2010346**	**133911**	**376435**	**291217**
食杂店	7	167	1554	293	504	2019
便利店	9	2209	12367	2262	2138	2475
超市	42	15924	55701	2693	19651	11398
大型超市	5	41830	303725	16036	96242	40057
百货店	73	16990	108983	10204	30538	64435
专业店	212	103148	409839	49365	108610	72752
专卖店	170	123343	1059610	35044	110728	79846
家居建材商店	6	240	14761	734	207	372
购物中心	9	2529	16969	7934	2658	7778
厂家直销中心	13	5922	26838	9347	5160	10086
无店铺零售	**27**	**4668**	**27248**	**6572**	**8201**	**7378**
网上商店	17	3087	20541	4817	6424	5902

7-12续表4　　　　　　单位：万元

	固定资产原价	累计折旧	本年折旧	在建工程	资产总计	流动负债合计	应付账款
总计	**659623**	**231091**	**31120**	**89514**	**5491011**	**4031928**	**920356**
批发业	**211655**	**75472**	**8065**	**16517**	**2625437**	**1891967**	**686575**
按登记注册类型分组							
内资企业	**211655**	**75472**	**8065**	**16517**	**2625437**	**1891967**	**686575**
国有企业	73066	37183	2546	2126	256396	101994	62069
集体企业	296	60			1398	1372	92
有限责任公司	64051	17777	3009	13774	1406069	1187950	507242
国有独资公司	6115	3363	59		205645	182940	99900
其他有限责任公司	57936	14413	2950	13774	1200424	1005010	407341
股份有限公司	21842	3515	400	225	207062	151200	13559
私营企业	52190	16838	2090	391	742061	449268	103613
私营独资企业							
私营有限责任公司	51502	16676	2038	391	727747	441360	102421
私营股份有限公司	688	161	52		14314	7908	1192
其他企业	210	100	21		12451	185	
港、澳、台商投资企业							
港澳台商独资企业							
按国民经济行业分组							
农、林、牧产品批发	**1**	**1**			**10242**	**817**	**230**
谷物、豆及薯类批发	1	1			773	705	230
林业产品批发					6956	99	
牲畜批发					2513	14	
食品、饮料及烟草制品批发	**80940**	**39512**	**2860**	**2141**	**346251**	**143443**	**68700**
米、面制品及食用油批发	3081	541	29	367	14421	10301	283
糕点、糖果及糖批发	28	17	17		839	788	
果品、蔬菜批发	4500	1535	97		28871	2213	426
肉、禽、蛋、奶及水产品批发	2480	250	45	140	4134	3235	288
盐及调味品批发	1689	791	40		6496	5643	2876
酒、饮料及茶叶批发	506	219	78	14	31415	20619	5283
烟草制品批发	67981	35906	2517	1620	253922	97739	58757
其他食品批发	677	254	38		6152	2905	789
纺织、服装及家庭用品批发	**1835**	**1062**	**81**		**53036**	**30259**	**12673**
纺织品、针织品及原料批发	813	567	41		12190	6734	2254
服装批发					2497	2539	
化妆品及卫生用品批发	478	420	12		12675	6739	1930
家用电器批发	85	47	10		22547	13874	8330
其他家庭用品批发	459	28	17		3128	373	158
文化、体育用品及器材批发	**3600**	**1691**	**219**		**254300**	**108840**	**29651**
首饰、工艺品及收藏品批发	3444	1547	219		252749	108027	29110
其他文化用品批发	156	145			1551	813	541

单位：万元

	固定资产原价	累计折旧	本年折旧	在建工程	资产总计	流动负债合计	应付账款
医药及医疗器材批发	**5995**	**1242**	**347**	**3585**	**395306**	**348441**	**205034**
西药批发	2316	573	141	3585	267993	244129	139884
中药批发	3545	583	181		121905	99871	63266
医疗用品及器材批发	133	85	24		5408	4441	1884
矿产品、建材及化工产品批发	**72509**	**21428**	**3521**	**9564**	**1166190**	**912272**	**282824**
煤炭及制品批发	11158	4821	524	38	220773	174745	58722
石油及制品批发	13418	6742	1153		161121	130596	60270
非金属矿及制品批发	18	15	2		589	512	339
金属及金属矿批发	15608	5874	806	9356	452707	376171	120428
建材批发	4596	1464	317		153233	120079	10547
化肥批发	1744	191	10		3817	2755	142
其他化工产品批发	25966	2321	707	169	173950	107415	32376
机械设备、五金产品及电子产品批发	**44615**	**10122**	**969**	**1227**	**344099**	**308794**	**83392**
农业机械批发	770	497	248	14	173917	192810	52052
汽车批发	38868	6703	452		72386	40066	870
摩托车及零配件批发	574	209	35	678	13445	10077	1435
五金产品批发					3576	1891	
电气设备批发	576	201	33		8576	5688	183
其他机械设备及电子产品批发	3828	2512	202	535	72200	58261	28853
贸易经纪与代理					**971**	**152**	**152**
贸易代理							
其他贸易经纪与代理					971	152	152
其他批发业	**2161**	**414**	**69**		**55042**	**38950**	**3919**
再生物资回收与批发	1970	236	63		16001	4446	3463
其他未列明批发业	191	179	6		39041	34504	456
零售业	**447969**	**155619**	**23055**	**72998**	**2865574**	**2139961**	**233782**
按登记注册类型分组							
内资企业	**398054**	**122313**	**21892**	**46207**	**2692197**	**1964509**	**174293**
国有企业	11425	3112	598	362	23400	13535	1417
集体企业	13574	3886	701	1436	40841	22174	6636
股份合作企业	1774	1600	88		669	289	
有限责任公司	164637	41456	9760	21867	901049	686941	92607
国有独资公司	8218	3701	112		15456	3033	766
其他有限责任公司	156419	37755	9649	21867	885592	683909	91841
股份有限公司	67787	29833	2381	10030	508603	393156	2216
私营企业	138131	42254	8330	12512	1215175	848019	71364
私营独资企业	1485	385	63		5288	956	346
私营合伙企业	169	62	15		646	904	
私营有限责任公司	130127	39466	7426	12501	1185861	831088	68709
私营股份有限公司	6350	2341	827	12	23380	15070	2309
其他企业	728	172	34		2461	394	53

	固定资产原价	累计折旧	本年折旧	在建工程	资产总计	流动负债合计	应付账款
港、澳、台商投资企业	**27895**	**13822**	**1163**	**26591**	**162617**	**145501**	**56379**
合作经营企业(港或澳、台资)	8652	1595	340	2929	18428	8159	615
港、澳、台商独资经营企业	19243	12227	823	23662	144190	137342	55764
外商投资企业	**22019**	**19484**		**200**	**10759**	**29951**	**3110**
中外合资经营企业	22019	19484		200	10759	29951	3110
按国民经济行业分组							
综合零售	**174626**	**65522**	**9071**	**42117**	**777822**	**644337**	**128773**
百货零售	74439	19130	2908	3080	170582	114795	22994
超级市场零售	97359	45810	6120	38411	595935	524090	105027
其他综合零售	2829	582	44	627	11305	5453	752
食品、饮料及烟草制品专门零售	**9638**	**3489**	**420**	**46**	**26760**	**14921**	**2296**
粮油零售	756	135	72		5276	2819	86
果品、蔬菜零售	580	1			609	151	151
肉、禽、蛋、奶及水产品零售	3998	527	148	46	6925	4243	732
营养和保健品零售	3510	2490	150		5020	215	215
酒、饮料及茶叶零售					702		
烟草制品零售	161	120	6		4724	4868	31
其他食品零售	634	218	44		3503	2625	1082
纺织、服装及日用品专门零售	**26810**	**10305**	**1256**	**801**	**71176**	**44089**	**10719**
纺织品及针织品零售	1993	297	29	128	5652	3167	1426
服装零售	22877	9118	1150	626	55135	32244	4827
鞋帽零售	325	263	7		2738	4164	3804
化妆品及卫生用品零售	227	97	21		1445	1344	110
钟表、眼镜零售	61	13	1		147	32	
厨房用具及日用杂品零售	47	36	4		2370	2275	
自行车零售	58	2	2		312	198	25
其他日用品零售	1221	478	41	47	3379	664	526
文化、体育用品及器材专门零售	**16117**	**5729**	**908**	**74**	**72080**	**27302**	**6198**
文具用品零售	1285	559	336		3844	2209	830
体育用品及器材零售	901	703	98		3896	1402	762
图书、报刊零售	9013	3736	331	18	34175	7834	4400
珠宝首饰零售	1703	240	43		21282	14702	
工艺美术品及收藏品零售	3214	492	100	56	8555	1155	206
其他文化用品零售					327		
医药及医疗器材专门零售	**4402**	**1431**	**843**	**12**	**41484**	**32109**	**13828**
药品零售	4355	1400	838	12	39253	30245	13476
医疗用品及器材零售	47	32	5		2231	1864	352
汽车、摩托车、燃料及零配件专门零售	**159869**	**57588**	**8567**	**13543**	**1497524**	**1194888**	**43766**
汽车零售	92014	31425	6207	4264	964384	784797	39307
汽车零配件零售	1104	331	54		19349	13150	2691
摩托车及零配件零售	409	136	29		2202	1623	10
机动车燃料零售	66342	25695	2277	9278	511590	395319	1758

7-12续表7 单位：万元

	固定资产原价	累计折旧	本年折旧	在建工程	资产总计	流动负债合计	应付账款
家用电器及电子产品专门零售	**5634**	**2382**	**450**	**4192**	**147083**	**107921**	**17404**
家用视听设备零售	2562	1196	266	47	45756	37859	9007
日用家电设备零售	2051	604	98	4145	51573	32574	4970
计算机、软件及辅助设备零售	488	274	62		16455	6095	1377
通信设备零售	285	137	13		26514	26897	266
其他电子产品零售	248	170	12		6786	4495	1785
五金、家具及室内装饰材料专门零售	**8432**	**3481**	**379**	**993**	**53581**	**37868**	**2951**
五金零售	1222	412	40		8659	5591	1023
灯具零售	5	1	1		890	509	
家具零售	7038	3015	328	993	37428	26296	801
涂料零售	22	16	2		318	288	221
卫生洁具零售	89	13	4		663	302	129
其他室内装饰材料零售	57	24	5		5625	4882	777
货摊、无店铺及其他零售业	**42441**	**5692**	**1161**	**11221**	**178064**	**36525**	**7848**
互联网零售	6417	467	229	9	28445	6517	1664
生活用燃料零售	26100	3086	889	6762	47614	20886	3431
其他未列明零售业	9924	2139	44	4449	102005	9123	2754
按零售业态分组							
有店铺零售	**439067**	**154095**	**22666**	**72989**	**2822639**	**2124970**	**229812**
食杂店	2189	176	112		4218	1626	
便利店	3521	1334	645	411	15564	14343	6936
超市	33678	22482	1060	454	74944	74456	18844
大型超市	62152	22095	4291	37546	517963	442773	81395
百货店	89049	26248	4135	3939	205971	140034	28626
专业店	93779	22769	4191	14935	677464	364032	50100
专卖店	130085	52612	6825	13477	1242327	1021736	35214
家居建材商店	2167	1795	111		17621	16516	227
购物中心	10219	2442	487	276	25679	13544	3514
厂家直销中心	12228	2143	808	1952	40888	35909	4958
无店铺零售	**8902**	**1523**	**389**	**9**	**42935**	**14991**	**3970**
网上商店	7102	1201	336	9	32059	7651	2933

	非流动负债合计	负债合计	所有者权益合计	实收资本			
					国家资本	集体资本	法人资本
总计	**156103**	**4208109**	**1282902**	**812367**	**57586**	**24377**	**264922**
批发业	**61232**	**1954641**	**670796**	**446123**	**49507**	**3551**	**151308**
按登记注册类型分组							
内资企业	**61232**	**1954641**	**670796**	**446123**	**49507**	**3551**	**151308**
国有企业	489	102483	153913	5826	1000		4825
集体企业	17	1389	8	215		215	
有限责任公司	35507	1227347	178722	179370	41193	1836	82216
国有独资公司	100	183040	22605	36905	36605		300
其他有限责任公司	35407	1044307	156117	142465	4588	1836	81916
股份有限公司	2174	152381	54682	29564	6601	81	7444
私营企业	23045	470857	271204	218882	713	400	45576
私营独资企业							
私营有限责任公司	23045	462949	264798	215444	713		44237
私营股份有限公司		7908	6406	3438		400	1338
其他企业		185	12267	12267		1019	11248
港、澳、台商投资企业							
港澳台商独资企业							
按国民经济行业分组							
农、林、牧产品批发		**817**	**9424**	**9423**			**9417**
谷物、豆及薯类批发		705	68	68			68
林业产品批发		99	6857	6857			6857
牲畜批发		14	2499	2498			2492
食品、饮料及烟草制品批发	**12911**	**156364**	**189887**	**35936**	**1100**	**2019**	**24084**
米、面制品及食用油批发	279	10581	3840	1430	420		1010
糕点、糖果及糖批发		788	51	50			50
果品、蔬菜批发	12556	14779	14091	12140		2019	9610
肉、禽、蛋、奶及水产品批发	40	3275	860	291	100		141
盐及调味品批发		5643	853	580	580		
酒、饮料及茶叶批发	36	20655	10760	10674			6114
烟草制品批发		97739	156183	8220			4681
其他食品批发		2905	3247	2550			2478
纺织、服装及家庭用品批发	**456**	**35445**	**17591**	**12686**			**4352**
纺织品、针织品及原料批发		6734	5457	2600			150
服装批发		2539	-43	50			50
化妆品及卫生用品批发		6739	5936	5600			3000
家用电器批发	456	19060	3486	1700			643
其他家庭用品批发		373	2755	2736			509
文化、体育用品及器材批发	**114**	**108954**	**145346**	**121852**			**402**
首饰、工艺品及收藏品批发	114	108141	144608	121162			402
其他文化用品批发		813	738	690			

7-12续表9 单位：万元

	非流动负债合计	负债合计	所有者权益合计	实收资本			
					国家资本	集体资本	法人资本
医药及医疗器材批发	**5057**	**353498**	**41809**	**27025**	**600**	**462**	**20983**
西药批发	930	245059	22934	11249	600	62	10567
中药批发	4127	103998	17907	15377		400	10416
医疗用品及器材批发		4441	968	398			
矿产品、建材及化工产品批发	**36357**	**945329**	**220861**	**188229**	**40194**	**1044**	**77503**
煤炭及制品批发	484	175229	45544	54415	31105		12050
石油及制品批发	390	130289	30832	24402	3088		13118
非金属矿及制品批发		512	77	10			
金属及金属矿批发	24839	399238	53468	58954	1001		23390
建材批发	2578	122656	30577	19541	5000	500	8786
化肥批发	68	2823	994	770		270	500
其他化工产品批发	7997	114582	59367	30137		274	19659
机械设备、五金产品及电子产品批发	**6130**	**314924**	**29175**	**43618**	**7613**		**10222**
农业机械批发		192810	-18894	7560	6900		200
汽车批发	4592	44658	27728	15513	713		8000
摩托车及零配件批发		10077	3368	4700			420
五金产品批发	373	2264	1312	500			500
电气设备批发		5688	2887	2515			302
其他机械设备及电子产品批发	1165	59426	12774	12830			800
贸易经纪与代理		**152**	**819**	**50**			
贸易代理							
其他贸易经纪与代理		152	819	50			
其他批发业	**208**	**39158**	**15884**	**7305**		**26**	**4345**
再生物资回收与批发	208	4654	11347	6729			4320
其他未列明批发业		34504	4537	576		26	25
零售业	**94871**	**2253467**	**612106**	**366244**	**8079**	**20826**	**113614**
按登记注册类型分组							
内资企业	**94871**	**2078016**	**614182**	**350038**	**7944**	**20826**	**105752**
国有企业	3710	17245	6155	3424	3005		420
集体企业	2297	24371	16470	10557		10065	405
股份合作企业	863	1152	-483	368			
有限责任公司	50208	736511	164538	125598	4253	9991	39128
国有独资公司	8712	11745	3712	1822	1822		
其他有限责任公司	41496	724766	160826	123776	2431	9991	39128
股份有限公司	1068	394759	113844	4986	386	761	1216
私营企业	35902	902760	312415	204732		10	64519
私营独资企业	42	1113	4175	3908			1601
私营合伙企业		904	-258	200			200
私营有限责任公司	34834	884647	301214	194960			60165
私营股份有限公司	1026	16096	7284	5664		10	2554
其他企业	823	1218	1243	374	300		64

	非流动负债合计	负债合计	所有者权益合计	实收资本			
					国家资本	集体资本	法人资本
港、澳、台商投资企业		**145501**	**17116**	**8343**	**135**		
合作经营企业(港或澳、台资)		8159	10269	2661	135		
港、澳、台商独资经营企业		137342	6848	5683			
外商投资企业		**29951**	**-19191**	**7862**			**7862**
中外合资经营企业		29951	-19191	7862			7862
按国民经济行业分组							
综合零售	**16890**	**661130**	**116692**	**94299**	**1033**	**16701**	**22652**
百货零售	10741	125436	45146	34725	1022	15382	8186
超级市场零售	5618	529711	66224	56087			13201
其他综合零售	530	5983	5322	3487	10	1319	1265
食品、饮料及烟草制品专门零售	**1097**	**16019**	**10741**	**9383**	**629**		**4522**
粮油零售	61	2880	2396	1234	386		
果品、蔬菜零售		151	458	458			458
肉、禽、蛋、奶及水产品零售	1	4244	2681	2790	214		500
营养和保健品零售	1035	1250	3770	3000			3000
酒、饮料及茶叶零售			702	702			
烟草制品零售		4868	-144	341			
其他食品零售		2625	878	857	29		564
纺织、服装及日用品专门零售	**3308**	**47971**	**23206**	**16302**	**627**	**2313**	**5610**
纺织品及针织品零售	1491	4658	993	497	127		100
服装零售	1474	33652	21483	12294	124	2225	3838
鞋帽零售	344	4508	-1770	786	376	89	210
化妆品及卫生用品零售		1448	-4	68			68
钟表、眼镜零售		32	115	115			
厨房用具及日用杂品零售		2275	95	30			
自行车零售		198	114	15			
其他日用品零售		1199	2180	2497			1395
文化、体育用品及器材专门零售	**11138**	**38440**	**33640**	**18552**	**3705**		**1983**
文具用品零售		2209	1635	569	5		143
体育用品及器材零售		1402	2495	910			
图书、报刊零售	10567	18401	15774	7009	3700		130
珠宝首饰零售	381	15083	6199	5793			293
工艺美术品及收藏品零售	190	1346	7210	3943			1418
其他文化用品零售			327	327			
医药及医疗器材专门零售	**1475**	**33165**	**8319**	**7541**	**307**	**382**	**2267**
药品零售	1475	31301	7952	7241	307	382	2067
医疗用品及器材零售		1864	367	300			200
汽车、摩托车、燃料及零配件专门零售	**50383**	**1263208**	**234316**	**148136**	**38**	**889**	**55623**
汽车零售	49786	852423	111961	132687			47580
汽车零配件零售	155	13304	6045	5286			2501
摩托车及零配件零售	25	1662	540	414			206
机动车燃料零售	417	395819	115770	9749	38	889	5336

单位：万元

	非流动负债合计	负债合计	所有者权益合计	实收资本	国家资本	集体资本	法人资本
家用电器及电子产品专门零售	**1080**	**109427**	**37656**	**27186**	**3**	**541**	**7939**
家用视听设备零售	894	39180	6575	5763		541	2305
日用家电设备零售	157	32731	18843	7803	3		3627
计算机、软件及辅助设备零售	28	6124	10331	9862			450
通信设备零售		26897	-383	1651			1051
其他电子产品零售		4495	2290	2106			506
五金、家具及室内装饰材料专门零售	**1662**	**39743**	**13838**	**11092**	**61**		**6091**
五金零售	26	5617	3042	2359	61		735
灯具零售		509	380	300			300
家具零售	1636	28145	9283	7617			4567
涂料零售		288	30	50			
卫生洁具零售		302	361	70			
其他室内装饰材料零售		4882	743	696			488
货摊、无店铺及其他零售业	**7839**	**44364**	**133700**	**33753**	**1677**		**6927**
互联网零售	1682	8199	20247	14674			2904
生活用燃料零售	5967	26853	20761	9868	1155		3444
其他未列明零售业	191	9313	92692	9211	522		579
按零售业态分组							
有店铺零售	**91190**	**2234795**	**587844**	**347189**	**8079**	**20826**	**109974**
食杂店	61	2223	1995	2673	82		345
便利店	47	14394	1170	2121		182	1043
超市	1637	75778	-834	21090	67	165	12493
大型超市	5142	447916	70047	36483			1800
百货店	12528	152461	53510	42125	1550	16803	9756
专业店	23773	387872	289593	137840	5918	1522	33850
专卖店	46740	1086920	155407	89772	463	855	41325
家居建材商店	878	17394	227	3736			2668
购物中心	69	13613	12066	3762		1300	2162
厂家直销中心	315	36224	4664	7587			4532
无店铺零售	**3682**	**18673**	**24263**	**19055**			**3640**
网上商店	1682	9332	22727	15360			2570

7-12续表12 单位：万元

				营业收入	主营业务收入	营业成本	主营业务成本
	个人资本	港澳台资本	外商资本				
总计	**457274**	**8208**		**11234130**	**11167058**	**10255303**	**10196444**
批发业	**241758**			**6228495**	**6211096**	**5781072**	**5756760**
按登记注册类型分组							
内资企业	**241758**			**6228495**	**6211096**	**5781072**	**5756760**
国有企业				657633	651900	469115	463646
集体企业				22004	22004	20815	20815
有限责任公司	54126			2876660	2870812	2722753	2718381
国有独资公司				339779	339779	331862	331862
其他有限责任公司	54126			2536880	2531033	2390890	2386519
股份有限公司	15438			1178058	1175695	1157751	1146701
私营企业	172194			1447027	1443573	1375983	1372562
私营有限责任公司	170494			1412284	1408830	1344219	1340798
私营股份有限公司	1700			34743	34743	31764	31764
其他企业				47113	47113	34656	34656
港、澳、台商投资企业							
港澳台商独资企业							
按国民经济行业分组							
农、林、牧产品批发	**5**			**36792**	**36792**	**26913**	**26913**
谷物、豆及薯类批发				6501	6501	5853	5853
林业产品批发				20732	20732	15390	15390
牲畜批发	5			9560	9560	5670	5670
食品、饮料及烟草制品批发	**8733**			**1087890**	**1081584**	**856506**	**850336**
米、面制品及食用油批发				25894	25891	24989	24989
糕点、糖果及糖批发				2779	2779	2685	2685
果品、蔬菜批发	512			220692	220692	201218	201218
肉、禽、蛋、奶及水产品批发	**50**			**33330**	**33330**	**29851**	**29851**
盐及调味品批发				6671	6671	4094	4094
酒、饮料及茶叶批发	4560			150543	150543	132172	132172
烟草制品批发	3539			627729	621999	443771	438302
其他食品批发	72			20251	19679	17726	17026
纺织、服装及家庭用品批发	**8334**			**176389**	**176098**	**167621**	**167490**
纺织品、针织品及原料批发	2450			37346	37138	34809	34678
服装批发				42261	42261	41307	41307
化妆品及卫生用品批发	2600			25045	25045	22853	22853
家用电器批发	1057			66025	65942	63144	63144
其他家庭用品批发	2227			5713	5713	5507	5507
文化、体育用品及器材批发	**121450**			**269898**	**269898**	**263796**	**263561**
首饰、工艺品及收藏品批发	120760			263891	263891	258152	258152
其他文化用品批发	690			6007	6007	5645	5410

7-12续表13　　单位：万元

	个人资本	港澳台资本	外商资本	营业收入	主营业务收入	营业成本	主营业务成本
医药及医疗器材批发	**4979**			**609440**	**609378**	**581885**	**581763**
西药批发	20			337087	337026	319254	319133
中药批发	4561			265074	265073	256338	256338
医疗用品及器材批发	398			7279	7279	6292	6292
矿产品、建材及化工产品批发	**69489**			**3104633**	**3096739**	**2995731**	**2989985**
煤炭及制品批发	11261			225291	225291	207705	207705
石油及制品批发	8197			312273	308857	296648	294521
非金属矿及制品批发	10			4405	4388	4071	4071
金属及金属矿批发	34563			2030259	2028024	1993267	1990815
建材批发	5255			113770	112534	95314	94148
化肥批发				50940	50940	45556	45556
其他化工产品批发	10204			367694	366705	353169	353169
机械设备、五金产品及电子产品批发	**25783**			**754452**	**751606**	**718136**	**706226**
农业机械批发	460			593826	593767	569181	568915
汽车批发	6800			78480	76213	75012	63887
摩托车及零配件批发	4280			10007	10007	8791	8791
五金产品批发				4023	4023	2949	2949
电气设备批发	2213			14463	14463	12916	12915
其他机械设备及电子产品批发	12030			53654	53132	49287	48768
贸易经纪与代理	**50**			**2868**	**2868**	**2228**	**2228**
贸易代理							
其他贸易经纪与代理	50			2868	2868	2228	2228
其他批发业	**2934**			**186133**	**186133**	**168259**	**168259**
再生物资回收与批发	2409			120067	120067	104662	104662
其他未列明批发业	525			66065	66065	63597	63597
零售业	**215516**	**8208**		**5005635**	**4955962**	**4474231**	**4439684**
按登记注册类型分组							
内资企业	**215516**			**4900382**	**4859750**	**4390956**	**4356810**
国有企业				163805	163657	142108	142048
集体企业	87			207295	207246	191935	191935
股份合作企业	368			329	329		
有限责任公司	72225			1747856	1732395	1530198	1524607
国有独资公司				16197	14823	11795	11358
其他有限责任公司	72225			1731659	1717572	1518403	1513249
股份有限公司	2623			610917	606417	560080	549850
私营企业	140202			2163776	2143367	1961218	1942957
私营独资企业	2308			23229	23229	20760	20759
私营合伙企业				7509	7509	7109	7109
私营有限责任公司	134795			2018676	1998267	1830528	1818879
私营股份有限公司	3100			114363	114363	102821	96210
其他企业	10			6404	6339	5417	5412

7-12续表14 单位：万元

	个人资本	港澳台资本	外商资本	营业收入	主营业务收入	营业成本	主营业务成本
港、澳、台商投资企业		**8208**		**99492**	**90450**	**78754**	**78354**
合作经营企业(港或澳、台资)		2526		11217	11217	7718	7716
港、澳、台商独资经营企业		5683		88276	79234	71037	70639
外商投资企业				**5761**	**5761**	**4520**	**4520**
中外合资经营企业				5761	5761	4520	4520
按国民经济行业分组							
综合零售	**48231**	**5683**		**1363372**	**1345144**	**1164988**	**1157242**
百货零售	10134			600864	594000	509218	509089
超级市场零售	37203	5683		698633	687620	596520	589098
其他综合零售	893			63876	63525	59250	59055
食品、饮料及烟草制品专门零售	**4232**			**116609**	**116393**	**107091**	**107062**
粮油零售	848			47211	47131	43911	43911
果品、蔬菜零售				743	743	546	546
营养和保健品零售	2076			46348	46347	43912	43912
肉、禽、蛋、奶及水产品零售				**3000**	**3000**	**2134**	**2134**
酒、饮料及茶叶零售	702			2020	2020	1362	1362
烟草制品零售	341			4836	4836	4394	4394
其他食品零售	265			12452	12316	10832	10804
纺织、服装及日用品专门零售	**7751**			**167568**	**167557**	**136598**	**136527**
纺织品及针织品零售	270			18289	18289	17336	17336
服装零售	6108			102885	102874	79969	79898
鞋帽零售	111			8824	8824	7761	7761
化妆品及卫生用品零售				14991	14991	11587	11587
钟表、眼镜零售	115			1072	1072	870	870
厨房用具及日用杂品零售	30			2182	2182	1939	1939
自行车零售	15			491	491	428	428
其他日用品零售	1102			18835	18835	16708	16708
文化、体育用品及器材专门零售	**12864**			**132217**	**130611**	**102609**	**102270**
文具用品零售	422			13325	13325	12036	12036
体育用品及器材零售	910			22169	22169	16412	16412
图书、报刊零售	3179			44214	42718	30347	30101
珠宝首饰零售	5500			24596	24596	22554	22554
工艺美术品及收藏品零售	2526			27324	27215	20954	20860
其他文化用品零售	327			589	589	307	307
医药及医疗器材专门零售	**4585**			**130051**	**129724**	**116411**	**116351**
药品零售	4485			127407	127080	114104	114044
医疗用品及器材零售	100			2644	2644	2307	2307
汽车、摩托车、燃料及零配件专门零售	**91586**			**2436870**	**2411795**	**2278405**	**2254210**
汽车零售	85107			1894292	1873919	1788395	1768341
汽车零配件零售	2785			25655	25453	21879	21699
摩托车及零配件零售	208			6064	6064	5362	5362
机动车燃料零售	3486			510858	506359	462769	458808

单位：万元

				营业收入	主营业务收入	营业成本	主营业务成本
	个人资本	港澳台资本	外商资本				
家用电器及电子产品专门零售	**18704**			**358253**	**356714**	**324817**	**323887**
家用视听设备零售	2918			135514	134840	121131	120337
日用家电设备零售	4174			172519	172519	158501	158501
计算机、软件及辅助设备零售	9412			16846	16770	15193	15126
通信设备零售	600			24950	24160	22981	22912
其他电子产品零售	1600			8425	8425	7011	7011
五金、家具及室内装饰材料专门零售	**4940**			**200308**	**200308**	**164202**	**164174**
五金零售	1562			29512	29512	27051	27051
灯具零售				814	814	651	651
家具零售	3050			155934	155934	123045	123017
涂料零售	50			1033	1033	988	988
卫生洁具零售	70			4594	4594	4405	4405
其他室内装饰材料零售	208			8421	8421	8062	8062
货摊、无店铺及其他零售业	**22624**	**2526**		**100387**	**97716**	**79110**	**77962**
互联网零售	11770			41088	40033	28052	27827
生活用燃料零售	2744	2526		49757	48486	43208	42574
其他未列明零售业	8110			9542	9197	7850	7561
按零售业态分组							
有店铺零售	**200102**	**8208**		**4927650**	**4878872**	**4417013**	**4382721**
食杂店	2246			50683	50683	45957	45957
便利店	897			109127	108548	103310	103309
超市	8365			125869	124999	109220	108944
大型超市	29000	5683		512689	503647	440215	439718
百货店	14016			702560	694732	586914	579943
专业店	94025	2526		1337196	1327084	1195975	1184312
专卖店	47129			1889422	1869176	1766968	1752084
家居建材商店	1068			75590	75590	64087	64087
购物中心	300			58244	58244	41439	41439
厂家直销中心	3055			66271	66169	62927	62927
无店铺零售	**15414**			**77985**	**77090**	**57217**	**56964**
网上商店	12790			67005	66154	47896	47671

单位：万元

	营业税金及附加	主营业务税金及附加	其他业务利润	销售费用	管理费用	税金
总计	**107982**	**106933**	**49215**	**369024**	**221157**	**8775**
批发业	**84144**	**83351**	**1920**	**141168**	**74490**	**3064**
按登记注册类型分组						
内资企业	**84144**	**83351**	**1920**	**141168**	**74490**	**3064**
国有企业	70675	70657	261	55490	15841	1055
集体企业	19	19		715	332	
有限责任公司	8233	7754	1273	48231	35087	966
国有独资公司	115	115		880	3896	58
其他有限责任公司	8117	7638	1273	47351	31191	908
股份有限公司	188	186	82	6382	6064	492
私营企业	4079	3785	305	27913	15965	521
私营有限责任公司	4051	3757	303	26564	15286	499
私营股份有限公司	28	28	2	1349	679	22
其他企业	951	951		2437	1202	31
港、澳、台商投资企业						
港澳台商独资企业						
按国民经济行业分组						
农、林、牧产品批发	**1860**	**1601**		**2571**	**712**	**20**
谷物、豆及薯类批发	2	2		662		
林业产品批发	1361	1102		1167	338	12
牲畜批发	497	497		743	374	8
食品、饮料及烟草制品批发	**76300**	**76296**	**426**	**61458**	**19604**	**1171**
米、面制品及食用油批发	4	4		526	802	5
糕点、糖果及糖批发	2	2		88		
果品、蔬菜批发	5153	5153	58	2447	1745	32
肉、禽、蛋、奶及水产品批发	29	26	108	2033	1002	41
盐及调味品批发	54	54		656	1828	23
酒、饮料及茶叶批发	208	208		1172	1143	34
烟草制品批发	70602	70602	261	53364	12787	1035
其他食品批发	248	247		1174	298	2
纺织、服装及家庭用品批发	**279**	**279**	**242**	**4217**	**2694**	**47**
纺织品、针织品及原料批发	25	25	78	190	1382	14
服装批发	187	187		454	497	2
化妆品及卫生用品批发	30	30		1303	420	2
家用电器批发	37	37	83	2180	318	28
其他家庭用品批发			82	90	77	1
文化、体育用品及器材批发	**64**	**64**	**2**	**1629**	**2766**	**59**
首饰、工艺品及收藏品批发	62	62	2	1500	2527	59
其他文化用品批发	2	2		129	239	

7-12续表17

单位：万元

	营业税金及附加	主营业务税金及附加	其他业务利润	销售费用	管理费用	税金
医药及医疗器材批发	**630**	**615**	**1037**	**6444**	**7764**	**129**
西药批发	421	406	1037	3321	3907	56
中药批发	190	190		2834	3469	73
医疗用品及器材批发	19	19		289	388	
矿产品、建材及化工产品批发	**3331**	**2926**	**53**	**36291**	**29423**	**1276**
煤炭及制品批发	162	162		9684	5487	83
石油及制品批发	651	641	3	7653	5095	213
非金属矿及制品批发			18	109	193	
金属及金属矿批发	671	671	115	11237	9566	794
建材批发	1169	842	45	3295	3223	96
化肥批发	434	434		903	578	5
其他化工产品批发	243	175	-129	3411	5280	84
机械设备、五金产品及电子产品批发	**1295**	**1265**	**159**	**26128**	**8956**	**339**
农业机械批发	101	101		22137	3462	207
汽车批发	706	706	117	1348	1714	54
摩托车及零配件批发	25	25		142	620	
五金产品批发	243	243		236	155	
电气设备批发	19	19		788	602	4
其他机械设备及电子产品批发	200	170	43	1477	2403	74
贸易经纪与代理	**24**	**24**		**1**	**121**	
贸易代理						
其他贸易经纪与代理	24	24		1	121	
其他批发业	**362**	**282**		**2429**	**2450**	**23**
再生物资回收与批发	346	267		1945	1700	20
其他未列明批发业	15	15		484	751	3
零售业	**23838**	**23583**	**47295**	**227856**	**146667**	**5711**
按登记注册类型分组						
内资企业	**23450**	**23195**	**38651**	**220442**	**130014**	**5435**
国有企业	2432	2422	2727	7029	6843	1731
集体企业	1297	1288	66	4979	4199	138
股份合作企业	8	8		145	182	
有限责任公司	7841	7669	16622	106835	48148	1219
国有独资公司	146	142	838	1648	1327	3
其他有限责任公司	7695	7527	15785	105188	46821	1216
股份有限公司	789	784		23068	6029	391
私营企业	11058	10998	19235	78115	64243	1945
私营独资企业	92	92		854	542	29
私营合伙企业	6	6	28	284	65	5
私营有限责任公司	9238	9178	19207	72428	60426	1871
私营股份有限公司	1722	1722		4549	3211	41
其他企业	25	25		271	369	11

单位：万元

	营业税金及附加	主营业务税金及附加	其他业务利润	销售费用	管理费用	税金
港、澳、台商投资企业	**375**	**375**	**8644**	**5397**	**16311**	**276**
合作经营企业(港或澳、台资)	85	85		161	424	22
港、澳、台商独资经营企业	290	290	8644	5236	15888	254
外商投资企业	**13**	**13**		**2018**	**342**	
中外合资经营企业	13	13		2018	342	
按国民经济行业分组						
综合零售	**11023**	**10878**	**33472**	**98014**	**50920**	**1178**
百货零售	7134	7050	20580	26543	18740	630
超级市场零售	3462	3405	12853	69786	30994	490
其他综合零售	427	423	40	1686	1186	58
食品、饮料及烟草制品专门零售	**450**	**450**	**1490**	**2903**	**2245**	**37**
粮油零售	139	139	1489	1023	824	3
果品、蔬菜零售	1	1		38	26	
营养和保健品零售	220	220	1	821	900	18
肉、禽、蛋、奶及水产品零售	23	23		150	69	6
酒、饮料及茶叶零售	49	49		7	31	5
烟草制品零售	8	8		415	161	2
其他食品零售	10	10		450	234	2
纺织、服装及日用品专门零售	**1427**	**1422**	**686**	**8929**	**10918**	**271**
纺织品及针织品零售	56	56		200	597	20
服装零售	1290	1284	419	7059	8382	200
鞋帽零售	61	61	267	304	882	17
化妆品及卫生用品零售	8	8		840	644	0
钟表、眼镜零售	7	7		101	88	2
厨房用具及日用杂品零售	1	1		176	53	
自行车零售	2	2		31	24	1
其他日用品零售	4	4		219	249	30
文化、体育用品及器材专门零售	**918**	**850**	**2189**	**8723**	**8194**	**149**
文具用品零售	31	31		385	224	9
体育用品及器材零售	12	12		1397	1020	
图书、报刊零售	259	240	933	4814	4444	6
珠宝首饰零售	178	178		725	371	7
工艺美术品及收藏品零售	431	384	1256	1342	2066	125
其他文化用品零售	7	5		60	68	4
医药及医疗器材专门零售	**468**	**468**	**201**	**6519**	**5763**	**100**
药品零售	460	460	34	6294	5683	99
医疗用品及器材零售	9	9	167	225	80	1
汽车、摩托车、燃料及零配件专门零售	**3320**	**3311**	**8343**	**71692**	**40362**	**1278**
汽车零售	2493	2489	8305	46745	32409	844
汽车零配件零售	103	102	6	1670	1453	7
摩托车及零配件零售	69	69	33	110	263	10
机动车燃料零售	656	651		23167	6237	418

 单位：万元

	营业税金及附加	主营业务税金及附加	其他业务利润	销售费用	管理费用	税金
家用电器及电子产品专门零售	**2269**	**2268**	**9**	**16075**	**9322**	**1825**
家用视听设备零售	343	343		8506	3155	237
日用家电设备零售	1772	1772		4715	3792	1567
计算机、软件及辅助设备零售	33	32	9	564	804	10
通信设备零售	28	28		2001	744	9
其他电子产品零售	93	93		288	827	2
五金、家具及室内装饰材料专门零售	**3058**	**3058**	**284**	**9342**	**12853**	**704**
五金零售	93	93	278	1288	617	71
灯具零售	49	49		1	48	
家具零售	2904	2904	6	7927	11884	629
涂料零售				2	42	
卫生洁具零售	4	4		9	86	2
其他室内装饰材料零售	8	8		113	176	2
货摊、无店铺及其他零售业	**905**	**879**	**621**	**5659**	**6092**	**170**
互联网零售	700	695		4447	3517	135
生活用燃料零售	174	157	621	668	2040	34
其他未列明零售业	31	27		544	535	1
按零售业态分组						
有店铺零售	**23163**	**22913**	**47295**	**221311**	**141379**	**5549**
食杂店	132	132		939	895	1
便利店	317	317	488	2795	2497	135
超市	912	909	552	8878	4190	134
大型超市	1120	1120	8644	52189	22967	254
百货店	9415	9273	24113	38662	25805	825
专业店	7203	7111	5949	52255	47235	2805
专卖店	2559	2548	7542	52570	27888	1243
家居建材商店	425	425	6	6331	1986	22
购物中心	958	956		5101	6275	100
厂家直销中心	123	122	2	1591	1641	30
无店铺零售	**675**	**670**		**6546**	**5288**	**162**
网上商店	653	648		5982	4661	138

	财务费用	利息收入	利息支出	资产减值损失	公允价值变动收益	投资收益	营业利润
总计	**84277**	**5031**	**36424**	**3289**	**-142**	**1260**	**194945**
批发业	**36079**	**3599**	**16061**	**1831**	**227**	**-585**	**109856**
按登记注册类型分组							
内资企业	**36079**	**3599**	**16061**	**1831**	**227**	**-585**	**109856**
国有企业	-1326	1703	110			-26	47812
集体企业	120		120				3
有限责任公司	26053	1657	11775	1785		7	34956
国有独资公司	14441	80	4263	2			-11417
其他有限责任公司	11612	1577	7512	1783		7	46374
股份有限公司	601	-108	339	44		33	7061
私营企业	9187	346	3698	2	227	-600	13598
私营有限责任公司	8827	346	3656	2	227	-600	13036
私营股份有限公司	361		42				562
其他企业	1444		20				6425
港、澳、台商投资企业							
港澳台商独资企业							
按国民经济行业分组							
农、林、牧产品批发	**1520**						**3216**
谷物、豆及薯类批发							-16
林业产品批发	1093						1382
牲畜批发	427						1850
食品、饮料及烟草制品批发	**523**	**1735**	**341**				**73606**
米、面制品及食用油批发	320	19	110				-746
糕点、糖果及糖批发							4
果品、蔬菜批发	955		20				9175
肉、禽、蛋、奶及水产品批发	159		98				364
盐及调味品批发	5						34
酒、饮料及茶叶批发	124	22	82				15725
烟草制品批发	-1428	1693	31				48634
其他食品批发	388	1					417
纺织、服装及家庭用品批发	**333**	**103**	**-141**			**58**	**1756**
纺织品、针织品及原料批发	-123	5	-151				1064
服装批发							-183
化妆品及卫生用品批发	344	96					95
家用电器批发	92	2	1				705
其他家庭用品批发	21		9			58	75
文化、体育用品及器材批发	**905**	**2**	**-18**				**738**
首饰、工艺品及收藏品批发	917	2	2				734
其他文化用品批发	-12		-20				4

	财务费用	利息收入	利息支出	资产减值损失	公允价值变动收益	投资收益	营业利润
医药及医疗器材批发	**2587**	**714**	**2006**	**-36**		**15**	**10181**
西药批发	2229	655	1680	-36			7991
中药批发	357	59	326			15	1900
医疗用品及器材批发	2						291
矿产品、建材及化工产品批发	**29271**	**366**	**12537**	**154**		**-1048**	**9329**
煤炭及制品批发	3680	220	2318			-26	-1453
石油及制品批发	1215	56	540	116		-23	946
非金属矿及制品批发	-1	1					33
金属及金属矿批发	17288	-129	4137	155		-1020	-2946
建材批发	3959	4	3529	2		2	6810
化肥批发	284		120				3186
其他化工产品批发	2847	213	1893	-120		20	2755
机械设备、五金产品及电子产品批发	**651**	**679**	**1261**	**1713**	**227**	**390**	**-1809**
农业机械批发	-955	566	719	1710		19	-1791
汽车批发	882	27	177	2	227	367	-590
摩托车及零配件批发	-99	113	12			3	531
五金产品批发	83						357
电气设备批发	61	-33	67	1			77
其他机械设备及电子产品批发	679	6	285				-392
贸易经纪与代理	**1**						**493**
贸易代理							
其他贸易经纪与代理	1						493
其他批发业	**286**	**-2**	**76**				**12347**
再生物资回收与批发	163		16				11251
其他未列明批发业	123	-2	60				1095
零售业	**48198**	**1433**	**20362**	**1458**	**-369**	**1846**	**85089**
按登记注册类型分组							
内资企业	**48010**	**1433**	**20279**	**513**	**-369**	**1846**	**88700**
国有企业	1621	6	81	109	1	1	3673
集体企业	784	93	66		3	-3	4101
股份合作企业							-5
有限责任公司	17345	429	7745	117	16	135	37535
国有独资公司	293	-2		17			972
其他有限责任公司	17052	431	7745	100	16	135	36563
股份有限公司	1125	-1	109	21	31	3	19899
私营企业	27006	897	12255	264	-420	1710	23305
私营独资企业	74	11	1				907
私营合伙企业	1						37
私营有限责任公司	25803	886	12167	104	-420	1682	21562
私营股份有限公司	1128		88	161		28	800
其他企业	129	9	23	1			192

单位：万元

	财务费用	利息收入	利息支出	资产减值损失	公允价值变动收益	投资收益	营业利润
港、澳、台商投资企业	**188**		**83**				**-1533**
合作经营企业(港或澳、台资)	89		83				2741
港、澳、台商独资经营企业	100						-4274
外商投资企业				**946**			**-2078**
中外合资经营企业				946			-2078
按国民经济行业分组							
综合零售	**10896**	**179**	**3685**	**924**	**4**	**102**	**26704**
百货零售	7181	178	3571	-23	4	-2	32074
超级市场零售	3479	1	57	947			-6565
其他综合零售	236		57			104	1195
食品、饮料及烟草制品专门零售	**477**	**1**	**165**	**182**	**31**	**3**	**3296**
粮油零售	203		57				1111
果品、蔬菜零售	16						116
营养和保健品零售	79		68				417
肉、禽、蛋、奶及水产品零售	1						623
酒、饮料及茶叶零售	36			182	31	3	389
烟草制品零售	58						-200
其他食品零售	85	0	40				840
纺织、服装及日用品专门零售	**1498**	**2**	**252**			**50**	**8514**
纺织品及针织品零售	108		27				-7
服装零售	794	1	225				5392
鞋帽零售	24						61
化妆品及卫生用品零售	405						1506
钟表、眼镜零售	1					50	54
厨房用具及日用杂品零售							14
自行车零售	3						4
其他日用品零售	164						1492
文化、体育用品及器材专门零售	**1571**	**-16**	**48**	**199**	**-370**	**978**	**10639**
文具用品零售	23	1	13		-370	370	626
体育用品及器材零售	4						3325
图书、报刊零售	357	-16		181		26	3846
珠宝首饰零售	898						-130
工艺美术品及收藏品零售	193		35	18		583	2921
其他文化用品零售	96						51
医药及医疗器材专门零售	**361**	**64**	**102**			**75**	**665**
药品零售	357	64	99			75	645
医疗用品及器材零售	4		3				20
汽车、摩托车、燃料及零配件专门零售	**26105**	**1205**	**13980**	**53**	**-50**	**614**	**17281**
汽车零售	24506	1165	13312	2	-50	614	91
汽车零配件零售	86	3					464
摩托车及零配件零售	61		5				199
机动车燃料零售	1452	37	663	51			16527

单位：万元

	财务费用	利息收入	利息支出	资产减值损失	公允价值变动收益	投资收益	营业利润
家用电器及电子产品专门零售	**3001**	**-23**	**762**			**1**	**2771**
家用视听设备零售	786	-7	111			1	1593
日用家电设备零售	1967		403				1772
计算机、软件及辅助设备零售	90	1	89				162
通信设备零售	21	-17	26				-825
其他电子产品零售	137		133				68
五金、家具及室内装饰材料专门零售	**2987**	**15**	**367**				**7864**
五金零售	122	7	3				340
灯具零售	6		6				59
家具零售	2798	7	329				7373
涂料零售	6						-5
卫生洁具零售	24						66
其他室内装饰材料零售	31		29				31
货摊、无店铺及其他零售业	**1303**	**7**	**1002**	**100**	**16**	**23**	**7355**
互联网零售	537	6	367	100			3836
生活用燃料零售	714	2	635		16	23	2991
其他未列明零售业	52						529
按零售业态分组							
有店铺零售	**47195**	**1409**	**19564**	**1358**	**-369**	**1845**	**77833**
食杂店	222						2538
便利店	150	67	190	-23	-367	367	80
超市	675	6	146	948			1038
大型超市	1874		2			43	-5634
百货店	8922	112	3422		1	62	33172
专业店	12802	202	2962	432	47	691	22115
专卖店	20215	981	11446	2	-50	683	19636
家居建材商店	687	2	309				2075
购物中心	335	1	212				4137
厂家直销中心	1314	37	875				-1325
无店铺零售	**1003**	**24**	**798**	**100**			**7257**
网上商店	542	6	367	100			7271

单位：万元

	营业外收入	政府补助	利润总额	营业外支出	应交所得税	应付职工薪酬	应交增值税
总计	**10056**	**4068**	**201898**	**4376**	**30999**	**210779**	**149371**
批发业	**6176**	**3401**	**116667**	**1833**	**18833**	**58158**	**102913**
按登记注册类型分组							
内资企业	**6176**	**3401**	**116667**	**1833**	**18833**	**58158**	**102913**
国有企业	3671	3230	51179	204	13369	15447	30426
集体企业			3			92	4
有限责任公司	2024		38730	857	3603	24244	62302
国有独资公司	1279		-8237	17	12	1666	1047
其他有限责任公司	745		46967	840	3591	22578	61256
股份有限公司	156	150	7074	2	821	4111	2661
私营企业	325	21	13507	770	1040	13367	7520
私营有限责任公司	325	21	12946	768	1015	12713	7236
私营股份有限公司	1		561	2	26	654	284
其他企业			6175			898	
港、澳、台商投资企业							
港澳台商独资企业							
按国民经济行业分组							
农、林、牧产品批发	**33**		**3216**			**796**	**105**
谷物、豆及薯类批发	33		-16			22	5
林业产品批发			1382			518	75
牲畜批发			1850			256	26
食品、饮料及烟草制品批发	**3946**	**3230**	**76991**	**208**	**13485**	**18338**	**31511**
米、面制品及食用油批发	793	414	32	14	2	345	16
糕点、糖果及糖批发			4			41	2
果品、蔬菜批发			8926		3	1452	
肉、禽、蛋、奶及水产品批发			362	2	67	1056	385
盐及调味品批发	26		52	8	13	1271	448
酒、饮料及茶叶批发	1		15725	1	36	822	393
烟草制品批发	2858	2816	51210	181	13330	12683	30166
其他食品批发	269		680	1	35	669	101
纺织、服装及家庭用品批发	**6**		**1166**	**145**	**543**	**1870**	**605**
纺织品、针织品及原料批发			1049	14	324	786	209
服装批发			-183			68	
化妆品及卫生用品批发	2		-31	128	15	336	83
家用电器批发	4		255	2	204	533	312
其他家庭用品批发			75		1	147	
文化、体育用品及器材批发	**46**		**776**	**2**	**57**	**1810**	**281**
首饰、工艺品及收藏品批发	7		734	1	47	1699	281
其他文化用品批发	39		42	1	10	111	

单位：万元

	营业外收入	政府补助	利润总额	营业外支出	应交所得税	应付职工薪酬	应交增值税
医药及医疗器材批发	**327**		**10294**	**18**	**1983**	**7120**	**55521**
西药批发	231		8198	13	1580	3285	53626
中药批发	96		2001	4	357	3577	1759
医疗用品及器材批发			95		46	258	137
矿产品、建材及化工产品批发	**1448**	**8**	**12687**	**1091**	**1793**	**18679**	**11909**
煤炭及制品批发	43		406	97	58	2813	3507
石油及制品批发	44		875	17	319	4508	1927
非金属矿及制品批发			33		8	140	3
金属及金属矿批发	1304		-1439	955	720	4848	2673
建材批发	12	8	6833		250	1855	774
化肥批发	2		3186			197	1651
其他化工产品批发	43		2793	22	437	4319	1375
机械设备、五金产品及电子产品批发	**356**	**150**	**-1274**	**370**	**880**	**8637**	**821**
农业机械批发	297	150	-1496		494	5210	417
汽车批发	4		-226	260	36	1224	94
摩托车及零配件批发			531		194	398	-22
五金产品批发			357			100	38
电气设备批发			50	27	12	274	32
其他机械设备及电子产品批发	54		-490	82	145	1431	262
贸易经纪与代理			**493**			**78**	**4**
贸易代理							
其他贸易经纪与代理			493			78	4
其他批发业	**13**	**13**	**12320**		**93**	**831**	**2159**
再生物资回收与批发			11212		62	410	2131
其他未列明批发业	13	13	1109		31	421	28
零售业	**3881**	**667**	**85231**	**2543**	**12166**	**152621**	**46458**
按登记注册类型分组							
内资企业	**3481**	**667**	**91662**	**2239**	**11725**	**146690**	**45131**
国有企业	85	1	3744	36	49	3269	1701
集体企业	2		4131	1	8	3077	1052
股份合作企业			-5			144	
有限责任公司	1615	53	41562	488	4322	79658	16332
国有独资公司	7		944	35		2163	5
其他有限责任公司	1608	53	40618	454	4322	77495	16327
股份有限公司	108	5	18926	924	4927	8088	5372
私营企业	1669	609	23113	788	2419	52037	20645
私营独资企业	66		1042		8	597	226
私营合伙企业			36			238	
私营有限责任公司	1602	609	21282	787	2330	48411	20215
私营股份有限公司	2		752		80	2791	204
其他企业	2		191	2		417	30

7-12续表26

单位：万元

	营业外收入	政府补助	利润总额	营业外支出	应交所得税	应付职工薪酬	应交增值税
港、澳、台商投资企业	**399**		**-4352**	**302**	**441**	**5283**	**1306**
合作经营企业(港或澳、台资)	176					282	427
港、澳、台商独资经营企业	224		-4352	301	441	5000	879
外商投资企业	**1**		**-2079**	**2**		**649**	**21**
中外合资经营企业	1		-2079	2		649	21
按国民经济行业分组							
综合零售	**1507**	**5**	**30057**	**471**	**3538**	**71355**	**11601**
百货零售	70	5	32106	30	2428	17578	3313
超级市场零售	1436		-2952	415	1100	52125	8225
其他综合零售	2		903	26	10	1651	63
食品、饮料及烟草制品专门零售	**72**	**5**	**2973**	**8**	**159**	**1829**	**463**
粮油零售			1131			228	68
果品、蔬菜零售			116			4	2
营养和保健品零售	58		248	2		841	5
肉、禽、蛋、奶及水产品零售			623		156	23	26
酒、饮料及茶叶零售	6	5	212			79	1
烟草制品零售	7		-199	6		227	66
其他食品零售	2		842		2	427	296
纺织、服装及日用品专门零售	**13**	**4**	**8518**	**1**	**236**	**7509**	**3260**
纺织品及针织品零售			32		5	517	1154
服装零售	11	4	5356		204	5357	956
鞋帽零售			61			635	45
化妆品及卫生用品零售			1506		20	314	18
钟表、眼镜零售			54			164	3
厨房用具及日用杂品零售	1		15		4	111	6
自行车零售			4		1	214	15
其他日用品零售			1492		2	196	1063
文化、体育用品及器材专门零售	**287**	**214**	**12841**	**53**	**491**	**9263**	**1441**
文具用品零售	3	2	583		13	338	264
体育用品及器材零售	214	212	3539		12	1523	98
图书、报刊零售	68		4011	51	455	5633	102
珠宝首饰零售			-132	2		501	754
工艺美术品及收藏品零售	2		4839		11	1188	213
其他文化用品零售						80	11
医药及医疗器材专门零售	**10**	**1**	**635**	**51**	**160**	**7035**	**2114**
药品零售	10	1	615	51	156	6934	2045
医疗用品及器材零售			20		4	101	69
汽车、摩托车、燃料及零配件专门零售	**1086**	**42**	**15144**	**1674**	**5809**	**37287**	**20443**
汽车零售	994	42	-1343	727	1002	27871	14779
汽车零配件零售	1		548		73	2247	586
摩托车及零配件零售	1		199		25	167	1
机动车燃料零售	90		15740	946	4710	7002	5077

单位：万元

	营业外收入	政府补助	利润总额	营业外支出	应交所得税	应付职工薪酬	应交增值税
家用电器及电子产品专门零售	**390**	**331**	**3287**	**-3**	**511**	**7562**	**3371**
家用视听设备零售	18		1737	-29	223	3385	1283
日用家电设备零售	331	330	2123	7	185	2118	1461
计算机、软件及辅助设备零售	29	1	175	16	38	604	193
通信设备零售	12		-813		47	1091	98
其他电子产品零售			65	4	19	364	336
五金、家具及室内装饰材料专门零售	**108**	**62**	**7409**	**16**	**602**	**6610**	**1676**
五金零售	17	17	344	12	20	566	122
灯具零售			59		11	51	
家具零售	87	45	6909	4	557	5812	1484
涂料零售			-5			25	2
卫生洁具零售			66		13	31	2
其他室内装饰材料零售	4		36		2	125	67
货摊、无店铺及其他零售业	**409**	**4**	**4367**	**273**	**659**	**4171**	**2089**
互联网零售	227		3582	272	652	2582	1784
生活用燃料零售	178		251	1		1039	204
其他未列明零售业	4	4	533		7	550	101
按零售业态分组							
有店铺零售	**3437**	**454**	**75584**	**2265**	**11497**	**147613**	**44485**
食杂店			2558			749	1211
便利店	23		89	14	29	2281	600
超市	137		749	27	67	5894	543
大型超市	1268		-2017	375	1026	42630	6750
百货店	85	5	33258	57	2455	23093	5666
专业店	988	409	18927	365	1784	35021	11343
专卖店	853	32	17142	1380	5687	30516	14602
家居建材商店	40		2110	4	202	1660	237
购物中心	4	4	4141		208	4397	668
厂家直销中心	40	4	-1374	44	40	1373	2867
无店铺零售	**444**	**214**	**9647**	**278**	**669**	**5008**	**1972**
网上商店	441	212	7193	272	666	4413	1893

7-13 限额以上住宿餐饮企业财务状况(2016年)

单位：万元

	法人企业个数(个)	年初存货	流动资产合计	应收账款	存货	固定资产合计
总计	**239**	**11912**	**238370**	**18643**	**10319**	**190030**
住宿业	**143**	**6919**	**144627**	**10885**	**6320**	**145558**
按登记注册类型分						
内资企业	**141**	**6729**	**138004**	**10027**	**6157**	**139187**
国有企业	16	740	11143	2702	689	39367
集体企业	5	92	1631	550	122	668
有限责任公司	53	3319	72677	4755	2553	46898
国有独资公司	3	75	277	135	67	123
其他有限责任公司	50	3245	72400	4620	2486	46775
股份有限公司	2	1	293	172	2	521
私营企业	65	2576	52260	1848	2792	51734
私营独资企业	6	121	687	87	99	2747
私营合伙企业	2	16	298	138	16	168
私营有限责任公司	52	2366	50842	1454	2600	48267
私营股份有限公司	5	74	433	169	77	552
港、澳、台商投资企业	**2**	**190**	**6623**	**859**	**163**	**6370**
与港澳台商合资经营企业	2	190	6623	859	163	6370
按国民经济行业分组						
旅游饭店	89	6041	133111	9661	5244	133374
一般旅馆	50	825	8287	1056	998	9070
其他住宿业	4	53	3230	169	79	3113
餐饮业	**96**	**4994**	**93743**	**7758**	**3999**	**44472**
按登记注册类型分						
内资企业	**96**	**4994**	**93743**	**7758**	**3999**	**44472**
国有企业	2	62	194	5	61	88
有限责任公司	35	1253	41918	4421	1096	16666
其他有限责任公司	35	1253	41918	4421	1096	16666
股份有限公司	1	759	12331	702	451	7926
私营企业	58	2920	39300	2629	2392	19793
私营独资企业	15	212	1932	849	195	2568
私营有限责任公司	41	2664	27917	1525	2158	16734
私营股份有限公司	2	44	9452	256	39	492
按餐饮业行业小类分						
正餐服务	92	4977	92207	7754	3984	44060
快餐服务	2	10	714	4	8	
其他餐饮业	2	8	822		8	412
小吃服务	1	2	437		2	243
餐饮配送服务	1	6	385		6	170

7-13续表1

单位：万元

	固定资产原价	累计折旧	本年折旧	在建工程	资产总计	流动负债合计	应付账款
总计	**282622**	**93961**	**12046**	**12884**	**513803**	**255394**	**42103**
住宿业	**222340**	**77661**	**9544**	**12771**	**350161**	**153808**	**28971**
按登记注册类型分							
内资企业	**203364**	**65055**	**9111**	**12681**	**336775**	**149509**	**28453**
国有企业	59407	20040	2118	2354	62914	36004	3658
集体企业	1185	517	40	320	7973	1717	68
有限责任公司	77441	31382	3743	7723	150667	46404	7723
国有独资公司	602	479	98		988	477	134
其他有限责任公司	76839	30903	3644	7723	149678	45927	7588
股份有限公司	561	41	2		815	168	168
私营企业	64769	13075	3209	2284	114406	65217	16837
私营独资企业	3767	1020	166	21	4668	2741	1157
私营合伙企业	501	334	97	3	628	207	57
私营有限责任公司	59906	11679	2906	2259	107883	62141	15580
私营股份有限公司	595	42	40		1228	127	44
港、澳、台商投资企业	**18976**	**12606**	**433**	**90**	**13387**	**4299**	**519**
与港澳台商合资经营企业	18976	12606	433	90	13387	4299	519
按国民经济行业分组							
旅游饭店	206154	73657	8797	12701	315528	140236	25786
一般旅馆	12556	3485	489		27410	10830	2920
其他住宿业	3631	518	257	71	7222	2742	266
餐饮业	**60282**	**16301**	**2503**	**113**	**163642**	**101586**	**13132**
按登记注册类型分							
内资企业	**60282**	**16301**	**2503**	**113**	**163642**	**101586**	**13132**
国有企业	132	44	4		283	149	
有限责任公司	21898	5300	1043	94	65298	46475	9960
其他有限责任公司	21898	5300	1043	94	65298	46475	9960
股份有限公司	11988	4063	671		28875	9608	47
私营企业	26264	6895	784	20	69187	45355	3125
私营独资企业	3266	720	91		4593	1109	268
私营有限责任公司	21046	4708	646	20	54596	31236	2483
私营股份有限公司	1952	1467	48		9998	13009	375
按餐饮业行业小类分							
正餐服务	59251	15682	2431	113	160871	100989	12896
快餐服务	335	334			1236	102	23
其他餐饮业	696	284	71		1535	496	214
小吃服务	480	237	24		680	282	
餐饮配送服务	216	47	47		855	214	214

单位：万元

	非流动负债合计	负债合计	所有者权益合计	实收资本			
					国家资本	集体资本	法人资本
总计	**101754**	**358233**	**155570**	**194694**	**21643**	**4340**	**105624**
住宿业	**88135**	**242223**	**107938**	**157435**	**21522**	**3005**	**93015**
按登记注册类型分							
内资企业	**83785**	**233574**	**103200**	**146351**	**21522**	**3005**	**91411**
国有企业	7013	43017	19897	21773	20180		1592
集体企业	1032	2749	5224	726		576	150
有限责任公司	69797	116201	34466	77361	1340	2147	61224
国有独资公司		477	511	130	40	30	55
其他有限责任公司	69797	115724	33954	77231	1300	2117	61169
股份有限公司		168	647	290		280	10
私营企业	5942	71439	42967	46202	2	3	28434
私营独资企业	246	2987	1681	892			356
私营合伙企业		207	421	528			
私营有限责任公司	5548	67969	39913	43891			27937
私营股份有限公司	149	275	952	892	2	3	142
港、澳、台商投资企业	**4350**	**8649**	**4738**	**11083**			**1604**
与港澳台商合资经营企业	4350	8649	4738	11083			1604
按国民经济行业分组							
旅游饭店	86432	226668	88860	144285	18234	3005	88980
一般旅馆	1294	12404	15006	9082	1064		3738
其他住宿业	408	3150	4072	4067	2225		297
餐饮业	**13619**	**116010**	**47632**	**37259**	**121**	**1335**	**12609**
按登记注册类型分							
内资企业	**13619**	**116010**	**47632**	**37259**	**121**	**1335**	**12609**
国有企业	3	152	131	78			78
有限责任公司	4789	51263	14034	11481	121	1285	6105
其他有限责任公司	4789	51263	14034	11481	121	1285	6105
股份有限公司	5510	15118	13757	11600			
私营企业	3318	49477	19710	14100		50	6425
私营独资企业	304	1413	3180	1244			734
私营有限责任公司	3014	35055	19542	12635		50	5691
私营股份有限公司		13009	-3011	221			
按餐饮业行业小类分							
正餐服务	13315	115108	45764	35561	121	1335	11710
快餐服务	120	221	1014	1123			323
其他餐饮业	185	681	854	576			576
小吃服务		282	397	119			119
餐饮配送服务	185	399	457	457			457

				营业收入	主营业务收入	营业成本	主营业务成本
	个人资本	港澳台资本	外商资本				
总计	**53607**	**9479**		**246436**	**241865**	**137512**	**134650**
住宿业	**30413**	**9479**		**130293**	**125758**	**69092**	**66494**
按登记注册类型分							
内资企业	**30413**			**128886**	**124351**	**68888**	**66290**
国有企业				16653	16640	7395	7394
集体企业				2783	2783	2300	2300
有限责任公司	12649			61820	59379	37524	35046
国有独资公司	5			1575	1575	904	904
其他有限责任公司	12644			60245	57804	36620	34143
股份有限公司				646	640	506	505
私营企业	17763			46984	44909	21163	21044
私营独资企业	536			1661	1652	817	817
私营合伙企业	528			592	592	270	270
私营有限责任公司	15955			43363	41296	19100	19066
私营股份有限公司	745			1369	1369	977	891
港、澳、台商投资企业		**9479**		**1407**	**1407**	**205**	**205**
与港澳台商合资经营企业		9479		1407	1407	205	205
按国民经济行业分组							
旅游饭店	24587	9479		102886	98367	51081	48569
一般旅馆	4281			25935	25928	17184	17098
其他住宿业	1545			1472	1464	828	828
餐饮业	**23195**			**116143**	**116107**	**68419**	**68155**
按登记注册类型分							
内资企业	**23195**			**116143**	**116107**	**68419**	**68155**
国有企业				6862	6862	4895	4895
有限责任公司	3970			34989	34976	20604	20591
其他有限责任公司	3970			34989	34976	20604	20591
股份有限公司	11600			16676	16676	7514	7514
私营企业	7625			57615	57593	35407	35155
私营独资企业	510			9549	9537	6523	6276
私营有限责任公司	6894			46676	46666	28221	28216
私营股份有限公司	221			1390	1390	663	663
按餐饮业行业小类分							
正餐服务	22395			114146	114111	67227	66963
快餐服务	800			797	797	264	264
其他餐饮业				1200	1200	928	928
小吃服务				1042	1042	791	791
餐饮配送服务				158	158	138	138

7-13续表4 单位：万元

	营业税金及附加	主营业务税金附加	其他业务利润	销售费用	管理费用	税金
总计	**7022**	**6989**	**7065**	**51707**	**41183**	**920**
住宿业	**3433**	**3406**	**1953**	**29541**	**26917**	**617**
按登记注册类型分						
内资企业	**3398**	**3371**	**1952**	**29144**	**25714**	**549**
国有企业	533	533	291	4973	4293	161
集体企业	27	27		223	222	3
有限责任公司	1570	1543	1158	9362	13018	153
国有独资公司	54	54	3	296	302	3
其他有限责任公司	1516	1489	1155	9066	12716	150
股份有限公司	39	39		29	58	1
私营企业	1230	1229	503	14557	8123	231
私营独资企业	79	79		229	409	102
私营合伙企业	22	22		89	143	9
私营有限责任公司	1117	1117	503	14162	7378	113
私营股份有限公司	11	11		78	194	7
港、澳、台商投资企业	**35**	**35**	**1**	**397**	**1203**	**69**
与港澳台商合资经营企业	35	35	1	397	1203	69
按国民经济行业分组						
旅游饭店	2798	2784	1253	26417	22993	437
一般旅馆	526	513	700	3027	3702	166
其他住宿业	108	108		97	222	14
餐饮业	**3590**	**3583**	**5112**	**22167**	**14266**	**303**
按登记注册类型分						
内资企业	**3590**	**3583**	**5112**	**22167**	**14266**	**303**
国有企业	162	162		649	1117	
有限责任公司	1280	1277	1	7519	4189	59
其他有限责任公司	1280	1277	1	7519	4189	59
股份有限公司	554	554		4260	1687	
私营企业	1594	1590	5111	9739	7273	244
私营独资企业	266	266		1007	771	18
私营有限责任公司	1282	1278	5111	8211	6211	209
私营股份有限公司	47	47		521	291	18
按餐饮业行业小类分						
正餐服务	3557	3553	5112	21933	13685	281
快餐服务	27	24		198	360	19
其他餐饮业	6	6		35	221	3
小吃服务	4	4		27	181	3
餐饮配送服务	2	2		8	40	

7-13续表5

单位：万元

	财务费用			资产减值损失	公允价值变动收益	投资收益	营业利润
		利息收入	利息支出				
总计	**10868**	**137**	**4446**	**148**	**5**	**56**	**-1664**
住宿业	**7094**	**123**	**3607**	**143**	**5**	**56**	**-5151**
按登记注册类型分							
内资企业	**6775**	**123**	**3292**	**143**	**5**	**56**	**-4399**
国有企业	544	2	248	-2		42	-1041
集体企业	4		1				8
有限责任公司	3772	39	2581	12	5	14	-2709
国有独资公司	6					6	20
其他有限责任公司	3767	39	2581	12	5	8	-2730
股份有限公司	7		3				18
私营企业	2447	82	459	133			-674
私营独资企业	10						117
私营合伙企业	36		35				32
私营有限责任公司	2402	82	424	133			-934
私营股份有限公司							111
港、澳、台商投资企业	**320**	**1**	**315**				**-751**
与港澳台商合资经营企业	320	1	315				-751
按国民经济行业分组							
旅游饭店	6659	93	3402	143	5	56	-6438
一般旅馆	422	31	205				1084
其他住宿业	14						203
餐饮业	**3774**	**13**	**839**	**5**			**3486**
按登记注册类型分							
内资企业	**3774**	**13**	**839**	**5**			**3486**
国有企业	3						37
有限责任公司	1305	6	560				-336
其他有限责任公司	1305	6	560				-336
股份有限公司	1275						1386
私营企业	1192	7	279	5			2399
私营独资企业	57		5				924
私营有限责任公司	1011	7	274	5			1731
私营股份有限公司	125						-256
按餐饮业行业小类分							
正餐服务	3762	12	839	5			3541
快餐服务	13						-66
其他餐饮业	-1	1					11
小吃服务	-1	1					41
餐饮配送服务							-30

单位：万元

	营业外收入	政府补助	营业外支出	利润总额	应交所得税	应付职工薪酬	应交增值税
总计	**560**	**104**	**228**	**-3806**	**383**	**49683**	**2794**
住宿业	**420**	**4**	**169**	**-7311**	**227**	**30692**	**1480**
按登记注册类型分							
内资企业	**418**	**4**	**167**	**-6559**	**227**	**30435**	**1461**
国有企业	111		23	-948	39	4695	136
集体企业	2			10	8	348	7
有限责任公司	244	4	117	-4607	82	14386	573
国有独资公司			1	12	13	500	3
其他有限责任公司	244	4	117	-4619	69	13886	570
股份有限公司				18	4	102	
私营企业	61		27	-1031	95	10905	744
私营独资企业	2			-30		466	56
私营合伙企业				32		136	49
私营有限责任公司	40		18	-1076	94	9762	628
私营股份有限公司	19		9	43	1	541	11
港、澳、台商投资企业	**2**		**2**	**-752**		**257**	**20**
与港澳台商合资经营企业	2		2	-752		257	20
按国民经济行业分组							
旅游饭店	378	4	143	-8349	129	25468	1213
一般旅馆	42		24	951	98	4888	216
其他住宿业			1	87		336	52
餐饮业	**140**	**100**	**59**	**3504**	**156**	**18991**	**1313**
按登记注册类型分							
内资企业	**140**	**100**	**59**	**3504**	**156**	**18991**	**1313**
国有企业				37	7	27	145
有限责任公司	129	100	59	-138	56	6195	298
其他有限责任公司	129	100	59	-138	56	6195	298
股份有限公司				1386		2591	376
私营企业	12			2219	94	10179	493
私营独资企业	2			900	22	1453	151
私营有限责任公司	9			1576	63	8487	330
私营股份有限公司				-256	9	240	12
按餐饮业行业小类分							
正餐服务	140	100	59	3490	156	18501	1303
快餐服务				4		161	6
其他餐饮业				**11**		**329**	**4**
小吃服务				41		178	4
餐饮配送服务				-30		151	

八、能源消费与库存

CONSUMPTION AND STOCK OF ENERGY

资料整理：张静静　蒋　蕤

主要统计指标解释

能源生产总量 指一定时期内全国（地区）一次能源生产量的总和。该指标是观察全国（地区）能源生产水平、规模、构成和发展速度的总量指标。一次能源生产量包括原煤、原油、天然气、水电、核能及其他动力能（如风能、地热能等）发电量，不包括低热值燃料生产量、生物质能、太阳能等的利用和由一次能源加工转换而成的二次能源产量。

能源消费总量 指一定地域内（国家或地区）国民经济各行业和居民家庭在一定时期消费的各种能源的总和。能源消费总量分为终端能源消费量、能源加工转换损失量和能源损失量三部分。

（1）终端能源消费量：指一定时期内，生产和生活消费的各种能源在扣除了用于加工转换二次能源消费量和损失量以后的数量。

（2）能源加工转换损失量：指一定时期内，投入加工转换的各种能源数量之和与产出各种能源产品之和的差额。该指标是观察能源在加工转换过程中损失量变化的指标。

（3）能源损失量：指一定时期内，能源在输送、分配、储存过程中发生的损失和由客观原因造成的各种损失量，不包括各种气体能源放空、放散量。

能源生产弹性系数 研究能源生产增长速度与国民经济增长速度之间关系的指标。计算公式为：

能源生产弹性系数＝能源生产总量年平均增长速度/国民经济年平均增长速度

国民经济年平均增长速度，可根据不同的目的或需要，用国民生产总值、国内生产总值等指标来计算，本年鉴是采用国内生产总值指标计算的。

电力生产弹性系数 是研究电力生产增长速度与国民经济增长速度之间关系的指标。一般来说，电力的发展应当快于国民经济的发展，也就是说电力应超前发展。计算公式为：

电力生产弹性系数＝电力生产量年平均增长速度/国民经济年平均增长速度

能源消费弹性系数 反映能源消费增长速度与国民经济增长速度之间比例关系的指标。计算公式为：

能源消费弹性系数＝能源消费量年平均增长速度/国民经济年平均增长速度

电力消费弹性系数 反映电力消费增长速度与国民经济增长速度之间比例关系的指标。计算公式为：

电力消费弹性系数＝电力消费量年平均增长速度/国民经济年平均增长速度

能源加工转换效率 指一定时期内能源经过加工、转换后，产出的各种能源产品的数量与同期内投入加工转换的各种能源数量的比率。该指标是观察能源加工转换装置和生产工艺先进与落后、管理水平高低等的重要指标。计算公式为：

能源加工转换效率＝能源加工转换产出量/能源加工转换投入量×100%

单位 GDP 能耗 指一定时期内，一个国家或地区每生产一个单位的生产总值所消耗的能源。能源消费的核算范围既包括全部三次产业的生产、经营及其他活动用能，也包括居民生活用能。计算方法：

单位 GDP 能耗＝能源消费总量/GDP（可比价）

单位 GDP 电耗 指一定时期内，一个国家或地区每生产一个单位的国内生产总值所消耗的电力。计算公式为：

单位 GDP 电耗＝全社会用电量/GDP（可比价）

单位工业增加值能耗 指一定时期内，一个国家或地区每生产一个单位的工业增加值所消耗的能源。计算公式为：

单位工业增加值能耗＝工业能源消耗量/工业增加值

8-1 能源生产情况

	2011年	2012年	2013年	2014年	2015年	2016年
发电量(万千瓦时)	4770693	4645743	4907088	4726766	4667324	4330535
火　电	4370940	4099061	4457501	4364795	4266481	4057758
水　电	399753	546682	449587	341747	377904	246482
焦炭(吨)	730698	944610	776081	821192	868779	573782
原油加工量(吨)	6182245	7540553	7192840	6417553	4566829	5643754
汽　油(吨)	1392669	1834694	1862716	1724420	1279221	1741991
煤　油(吨)	477016	721135	782775	726304	494824	627807
柴　油(吨)	2159789	2496710	2311913	1912227	1384294	1437985
燃料油(吨)	38931	21266	6913	7458	10412	1147
液化石油气(吨)	338375	438907	432248	420379	278786	438646

8-2 能源生产、消费弹性系数

	2011年	2012年	2013年	2014年	2015年	2016年
能源消费比上年增长(%)	8.50	2.08	2.96	2.74	2.29	0.12
电力消费比上年增长(%)	16.85	-1.51	-0.67	1.23	-3.21	3.81
国内生产总值比上年增长(%)	12.50	10.00	7.20	9.00	9.16	8.60
能源消费弹性系数	0.68	0.21	0.41	0.30	0.25	0.14
电力消费弹性系数	1.35			0.14		0.44
电力生产比上年增长(%)	23.03	-2.62	6.70	-3.67	-1.26	-7.30
电力生产弹性系数	1.84		0.93			

注：2016年起全社会能耗核算改为等价值。

8-3 能源加工转换效率

单位：%

	2011年	2012年	2013年	2014年	2015年	2016年
能源转换效率	**64.53**	**68.50**	**67.50**	**66.76**	**62.93**	**65.90**
火力发电	38.37	38.60	39.40	39.82	40.11	39.90
供　　热	80.42	82.90	83.60	83.12	81.83	81.20
炼　　油	99.16	99.40	99.40	98.82	97.96	99.10
制　　气	77.19	80.30	84.20	66.00	75.76	75.10
热电联产	40.97	41.50	42.20	42.92	43.02	48.60

8-4 单位GDP能耗情况

	2011年	2012年	2013年	2014年	2015年	2016年
单位GDP能耗降低率(%)	-3.52	-7.23	-3.93	-5.73	-6.30	-7.80
单位GDP电耗降低率(%)	3.91	-10.46	-7.34	-7.12	-11.33	-4.41
单位工业增加值能耗降低率(%)	-9.17	-16.2	-8.05	-11.54	-10.90	-13.07

注：2016年起全社会能耗核算改为等价值。

8-5 规模以上工业企业水消费

单位：万立方米

	取水量			外供水量		
	2016年	2015年	2016比2015年±%	2016年	2015年	2016比2015年±%
合　计	**30425.50**	**31307.06**	**-2.82**	**12493.98**	**12373.27**	**0.98**
地表淡水	8667.13	8759.15	-1.05			
地下淡水	16230.15	16614.35	-2.31			
自 来 水	2988.57	2788.23	7.19	12493.98	12373.27	0.98
矿 井 水	33.11	20.85	58.82			
雨　　水	0.02	0.03	-7.36			
再生水(中水)	2782.95	3089.51	-9.92			
其他水	23.58	34.94	-32.50			
外排水量	**21439.33**	**20882.64**	**2.67**			
重复用水	**269063.32**	**270912.05**	**-0.68**			

8-6 分县(市、区)规模以上工业综合能源消费量(当量值)

单位：吨标准煤

	2011年	2012年	2013年	2014年	2015年	2016年
洛阳市	**18259195**	**16218355**	**16156861**	**15984852**	**15953682.52**	**15129695**
市　直	3786497	3203068	3141957	2868887	2460497	2668542
高新区	71986	72721	70699	78144	67038	63548
老城区	12470	6488	6156	6070	6115	5777
西工区	48850	53741	48750	48229	44264	47900
瀍河回族区	20941	15489	13450	5922	5801	5644
涧西区	42795	35390	35426	36549	36576	34896
吉利区	73214	95563	106017	108780	77298	80161
洛龙区	573503	466094	441277	497065	728827	914280
孟津县	1599733	1916747	1940069	1661707	1372671	1218701
新安县	4006980	3686924	3548147	3672209	4141793	3403268
栾川县	260570	259215	215023	205847	200494	187530
嵩　县	49064	55013	53054	53451	52506	51202
汝阳县	233397	187674	179584	269565	341112	274140
宜阳县	1004651	858167	752118	748616	776600	679813
洛宁县	53866	61607	62097	59397	56183	58011
伊川县	4217117	3268007	3695996	3712563	3697738	3719243
偃师市	2030511	1802155	1670950	1773225	1714637	1540445
伊滨区	172800	174027	175665	178419	173845	171725

8-7 规模以上工业主要能源消费情况

	2011年	2012年	2013年	2014年	2015年	2016年
原　煤(吨)	28996710	27087115	26760695	25804256	25324240	23196079
洗精煤(吨)	3173	1498	1440	820	820	
其他洗煤(吨)		727				
煤制品(吨)	190	3	3	3	12	3
焦　炭(吨)	363395	205888	185455	233588	143857	113029
其他焦化产品(吨)	1796		1	1	1	
焦炉煤气(万立方米)	2124	4231	6404	24477	18117	
高炉煤气(万立方米)						
发生炉煤气(万立方米)	210942	75668	24724			5074
天然气万立方米)	3389	11514	25049	37155	31975	33185
液化天然气(吨)	766	901	2519	1722	310	484
原　油(吨)	6182248	7540553	7192841	6417553	4566829	5643755
汽　油(吨)	17532	17050	19188	16499	19418	17956
煤　油(吨)	6290	6093	4002	3082	3161	3896
柴　油(吨)	76924	48364	43321	36809	32518	29510
燃料油(吨)	54644	26598	8963	8378	8310	9034
液化石油气(吨)	3984	2083	2375	1158	441	343
炼厂干气(吨)	211349	221721	222265	203138	153142	220358
其他石油制品(吨)	560845	721435	926381	931633	773202	891404
热　力(百万千焦)	15198715	11566081	11651349	12467459	9109062	11307686
电　力(万千瓦时)	4160382	3408230	3313411	3372611	3519906	3428032
其他燃料(吨标准煤)		315	30	173	39	103
能源合计(吨标准煤)	34850927	34666180	34598220	33241527	30234958	30591127

注：本表能源合计是含二次能源投入量的当量标准值。

8-8 规模以上工业主要能源消费量发展指数

上年=100

	2011年	2012年	2013年	2014年	2015年	2016年
原　煤	115.8	93.4	98.8	96.4	98.1	91.6
洗精煤	207.3	47.2	96.1	56.9	100.0	
其他洗煤						
煤制品	10.0	1.4	100.0	96.2	480.0	25.0
焦　炭	80.6	56.7	90.1	126.0	61.6	78.6
其他焦化产品	57.2					
焦炉煤气	58.5	199.2	151.4	382.2	74.0	85.7
高炉煤气						
发生炉煤气	110.1	35.9	32.7	35.2		85.5
天然气	118.0	339.7	217.5	148.3	86.1	103.8
液化天然气	51.2	117.6	279.5	68.3	18.0	156.1
原　油	92.0	122.0	95.4	89.2	71.2	123.6
汽　油	107.0	97.2	112.5	86.0	117.7	92.5
煤　油	86.4	96.9	65.7	77.0	102.6	123.3
柴　油	170.3	62.9	89.6	85.0	88.3	90.7
燃料油	85.7	48.7	33.7	93.5	99.2	108.7
液化石油气	29.8	52.3	114.0	48.8	38.1	77.8
炼厂干气	89.8	104.9	100.2	91.4	75.4	143.9
其他石油制品	45.6	128.6	128.4	100.6	83.0	115.3
热　力	93.5	76.1	100.7	107.0	73.1	124.1
电　力	116.6	81.9	97.2	101.8	104.4	97.4
其他燃料			9.5	578.1	22.4	264.1
能源合计	104.7	99.5	99.8	96.1	91.0	94.8

8-9 分县(市、区)规模以上工业企业原煤消费量

单位：吨

	2011年	2012年	2013年	2014年	2015年	2016年
洛阳市	**28996710**	**27087115**	**26760695**	**25804256**	**25324240**	**23196079**
市　直	7262310	5960061	5521513	5066695	4154862	4389731
高新区	37462	41334	40247	49175	48028	37195
老城区	46					
西工区	7517	9314	4600	195	165	100
瀍河回族区	94556	6200	6780		338	
涧西区	49772	49504	46902	47617	46000	48805
吉利区	45209	43789	48264	43204	10320	2972
洛龙区	918135	841178	1024276	902516	1501629	1806852
孟津县	3508097	4713004	4611078	3777077	3376983	2858630
新安县	5508121	5036942	4543796	4464276	5206968	3585021
栾川县	59134	75575	61811	63814	56682	48992
嵩　县	4384	4099	3120	2738	2318	2377
汝阳县	227038	375595	334343	447959	559099	307125
宜阳县	1030105	1036615	900878	888540	986245	870780
洛宁县	6656	8649	9181	7903	5971	5637
伊川县	5396033	4651112	5750698	6026139	5792520	5913424
偃师市	4698073	4119079	3749794	3909494	3473231	3227202
伊滨区	144015.3	115001	103345	106902	102861	91224

8-10 分县(市、区)规模以上工业企业电力消费量

单位：万千瓦时

	2011年	2012年	2013年	2014年	2015年	2016年
洛阳市	**4160382**	**3408230**	**3313411**	**3372611**	**3519906**	**3428032**
市 直	352346	307447	295644	242778	227008	232727
高新区	22587	23557	23974	24299	25727	29096
老城区	9189	4494	4478	4659	4672	4385
西工区	27615	29650	27086	27031	27891	31539
瀍河回族区	7706	6958	6964	2668	3190	3223
涧西区	19061	14422	14631	17144	19038	16972
吉利区	15676	16462	18575	16617	14897	16064
洛龙区	164186	102516	102787	138790	141085	124817
孟津县	133242	129502	132293	149793	140421	121153
新安县	1158328	1087949	1088045	1071462	1120393	1077140
栾川县	148385	133627	134756	111234	117940	112922
嵩 县	35478	39276	39276	38418	37942	37065
汝阳县	67466	62615	62615	50116	73132	71224
宜阳县	270567	155487	155462	152792	137451	114478
洛宁县	23519	27007	27007	28502	31952	36398
伊川县	1458681	1045743	1045952	1070124	1151761	1150471
偃师市	192826	163664	165055	168635	189476	189727
伊滨区	53386	57699	63004	57392	55813	58540

8-11 分县(市、区)规模以上工业企业焦炭消费量

单位：吨

	2011年	2012年	2013年	2014年	2015年	2016年
洛阳市	**363395.0**	**205888.4**	**185455.0**	**233587.9**	**143857.1**	**113029.0**
市　直	74575.3	6037.2	1087.6	1121.0	994.0	1141.0
高新区						
老城区						
西工区						55.0
瀍河回族区	33.4	20.5	4.4			
涧西区						
吉利区						
洛龙区	1864.0				23.0	
孟津县	257618.1	144749.2	133325.9	184009.1	106928.9	98990.0
新安县						
栾川县	10969.0	18949.0	13601.0	7915.0		
嵩　县						
汝阳县			1.0	1.0	1.0	1.0
宜阳县	56.0					
洛宁县	95.5	2111.5	3513.9	4081.5		
伊川县	10230.0	23217.0	24428.2	23907.2	20643.1	335.0
偃师市	7953.8	10804.0	9493.0	12553.0	15267.0	12507.0
伊滨区						

8-12 分县(市、区)规模以上工业企业汽油消费量

单位：吨

	2011年	2012年	2013年	2014年	2015年	2016年
洛 阳 市	**17532.3**	**17049.6**	**19188.3**	**16498.9**	**19417.7**	**17956.0**
市　　直	2687.2	2337.7	1826.2	1179.8	1128.5	1047.0
高 新 区	1095.8	1178.0	1168.3	1025.6	991.0	860.0
老 城 区	129.2	63.3	70.3	45.3	57.4	60.0
西 工 区	759.0	664.2	993.8	816.8	922.7	906.0
瀍河回族区	147.2	70.2	52.4	31.9	7.0	7.0
涧 西 区	368.1	215.6	214.4	248.6	257.0	276.0
吉 利 区	99.8	58.3	86.6	60.5	57.1	55.0
洛 龙 区	566.9	667.1	635.3	587.8	442.6	371.0
孟 津 县	1660.1	2641.9	2354.8	1886.0	1948.3	2785.0
新 安 县	845.4	745.4	663.0	757.8	1126.8	1388.0
栾 川 县	751.0	636.2	472.6	450.5	368.8	344.0
嵩　　县	336.6	663.6	671.3	790.4	753.1	653.0
汝 阳 县	796.5	516.0	378.8	289.0	275.7	192.0
宜 阳 县	913.0	1232.1	1553.4	1214.0	726.0	489.0
洛 宁 县	707.3	855.1	768.9	883.4	1013.1	995.0
伊 川 县	388.4	324.4	3926.4	2172.4	2930.6	3121.0
偃 师 市	2357.6	2829.3	2533.8	3185.2	5545.5	3638.0
伊 滨 区	2899.65	1343.26	767.4	866.6	853.9	763.0

8-13 分县(市、区)规模以上工业企业煤油消费量

单位：吨

	2011年	2012年	2013年	2014年	2015年	2016年
洛阳市	**6290.0**	**6093.1**	**4002.2**	**3082.1**	**3161.4**	**3896.0**
市　直	591.9	512.7	526.5	601.1	504.3	436.0
高新区	32.8	30.8	39.3	23.2	108.5	25.0
老城区						
西工区	16.7	10.4	27.2	24.5	23.2	26.0
瀍河回族区	6.4	1.5	2.1	2.6	2.0	3.0
涧西区	7.9	16.4			7.5	4.0
吉利区	0.2					
洛龙区	1110.5	1389.8	532.7	473.1	602.1	1661.0
孟津县				0.3		
新安县	39.6	24.2	11.9	12.6	10.7	6.0
栾川县	4087.0	3523.1	2249.3	1065.9	1073.0	943.0
嵩　县	254.9	190.0	164.8	379.0	409.3	486.0
汝阳县	0.8	222.7	326.4	361.5	331.8	230.0
宜阳县						
洛宁县	85.0	84.9	39.2	57.2	3.9	1.0
伊川县	55.7	85.6	79.0	80.6	84.9	75.0
偃师市			3.0			
伊滨区				0.46		

8-14 分县(市、区)规模以上工业企业柴油消费量

单位：吨

	2011年	2012年	2013年	2014年	2015年	2016年
洛阳市	**76923.6**	**48363.9**	**43321.4**	**36808.8**	**32517.6**	**29510.1**
市 直	14003.9	11217.8	11227.3	6631.3	5984.5	6232.1
高新区	1209.9	1054.3	621.7	593.5	815.9	407.8
老城区	654.7	598.3	269.8	190.5	197.5	206.0
西工区	370.9	419.5	508.6	468.9	483.7	333.8
瀍河回族区	161.5	195.2	76.6	60.1	50.2	63.4
涧西区	237.9	247.9	300.4	187.1	157.9	141.3
吉利区	185.8	121.0	101.3	36.4	38.6	36.1
洛龙区	898.0	686.6	546.2	2085.5	2647.5	1214.9
孟津县	34916.2	5993.7	3165.4	1864.8	1765.2	2203.7
新安县	4445.9	5063.8	4795.1	8711.7	5526.5	5070.5
栾川县	9854.0	9516.6	9770.5	7095.2	7823.6	7305.6
嵩 县	1090.4	1453.9	1256.2	1461.6	1522.9	1298.1
汝阳县	4286.2	3578.6	877.4	689.7	669.4	385.3
宜阳县	932.1	834.7	1088.8	779.6	683.8	486.6
洛宁县	873.2	1114.6	1076.6	1020.2	987.0	982.8
伊川县	915.1	3760.4	4847.2	2247.1	1096.6	722.3
偃师市	1843.0	2471.3	2542.4	2543.1	1947.6	2386.9
伊滨区	35.7	24.5	209.6	133.4	119.0	28.8

8-15 分县(市、区)规模以上工业企业燃料油消费量

单位：吨

	2011年	2012年	2013年	2014年	2015年	2016年
洛阳市	**54644.2**	**26597.8**	**8962.9**	**8377.7**	**8309.6**	**9034.0**
市　直	32025.7	6669.7	452.8	371.0	2098.0	243.1
高新区				28.1	56.5	52.1
老城区						
西工区						
瀍河回族区						
涧西区			2.1			50.0
吉利区	7168.0	6969.0	6639.0	7012.0	5770.0	8006.0
洛龙区				75.1		212.4
孟津县			4.3			
新安县						
栾川县				6.0		
嵩　县						
汝阳县						
宜阳县						
洛宁县						
伊川县	166.0	666.8	796.3	480.8	321.0	471.0
偃师市	15284.6	12292.3	1068.5	404.7	64.0	
伊滨区						

8-16 分部门规模以上工业企业原煤消费量

单位：吨

	2011年	2012年	2013年	2014年	2015年	2016年
全　市	**28996710**	**27087115**	**26760695**	**25804256**	**25324240**	**23196079**
#轻工业	363245	283413	237429	173670	205642	184935
重工业	28633464	26803702	26523266	25630586	25118598	23011143
#煤　炭	225446	219033	59998	35096	31084	15006
石油石化	364036	477955	466100	495868	371420	505000
冶　金	1707577	1820650	1441539	1335652	1478345	1055980
有　色	5738388	4972913	10013324	10401697	10631884	9158049
建　材	831681	976814	766781	730369	1133751	949477
化　工	655195	965104	974277	816700	783585	517757
轻　工	144549	144698	130623	120575	120756	101484
烟　草						
纺　织	69344	60340	46649	38600	36145	38879
医　药	20724	23226	15806	8695	8764	9843
机　械	218864	141826	75659	76629	64614	56251
电　子	3254	3634	2801			
电　力	18773627	17185918	12676725	11645895	10528461	10666316
其　他	244025	95004	90413	98479	135432	122038

8-17 分部门规模以上工业企业电力消费量

单位：万千瓦时

	2011年	2012年	2013年	2014年	2015年	2016年
全　市	**4160382**	**3408230**	**3313411**	**3372611**	**3519906**	**3428032**
#轻工业	114576	115203	113345	124133	133305	143267
重工业	4045806	3293027	3200066	3248477	3386602	3284766
#煤　炭	40660	42761	49056	38758	36271	35725
石油石化	95545	102217	101891	94083	83845	95302
冶　金	185970	164200	193165	180911	159874	163136
有　色	1818584	1210720	2166877	2131001	2246469	2175600
建　材	123527	224029	198801	210583	255191	256458
化　工	271013	182017	144283	217519	202183	158613
轻　工	72460	83520	84486	94986	102975	112049
烟　草	1151	195	202	228	221	242
纺　织	24814	19003	13467	11866	13457	13716
医　药	5483	6932	6049	10524	12184	14340
机　械	258504	287103	182490	200582	232877	229556
电　子	11870	10680	7939	8291	10340	11704
电　力	1184970	1055549	146805	145505	139205	137732
其　他	65832	19304	17901	27775	24815	23858

8-18　分部门规模以上工业企业焦炭消费量

单位：吨

	2011年	2012年	2013年	2014年	2015年	2016年
全　市	**363395**	**205888**	**185455**	**233588**	**143857**	**113029**
#轻工业		305	205	200		
重工业	363395	205583	185250	233388	143857	113029
#煤　炭						
石油石化						
冶　金	316898	146471	134887	185864	109382	101879
有　色	23684	23630	42180	36523	21272	1141
建　材		8047	6339	8860	10598	6967
化　工	340					
轻　工						
烟　草						
纺　织		305	205	200		
医　药						
机　械	21642	24764	138	89	113	59
电　子						
电　力						
其　他	830	2671	1706	2052	2492	2983

8-19 分部门规模以上工业企业汽油消费量

单位：吨

	2011年	2012年	2013年	2014年	2015年	2016年
全　市	**17532**	**17050**	**19188**	**16499**	**19418**	**17956**
#轻 工 业	3761	4326	3243	2828	5304	3339
重 工 业	13771	12724	15946	13671	14113	14617
#煤　炭	276	189	371	342	314	140
石油石化	78	119	117	77	12	9
冶　金	655	375	394	465	522	586
有　色	2046	1385	1475	1112	1254	1306
建　材	1213	1721	5633	3515	4002	4175
化　工	1145	1153	1043	1384	1252	1205
轻　工	2878	3830	3022	2549	5027	3112
烟　草	55	25	13	12	13	15
纺　织	145	139	91	143	98	87
医　药	114	235	119	174	157	141
机　械	6380	4932	4685	4865	4904	5206
电　子	148	191	95	97	104	134
电　力	1742	1696	1390	1318	1402	1485
其　他	657	1059	739	447	359	355

8-20　分部门规模以上工业企业煤油消费量

单位：吨

	2011年	2012年	2013年	2014年	2015年	2016年
全　市	**6290**	**6093**	**4002**	**3082**	**3161**	**3896**
#轻 工 业	14	13	16	13	12	12
重 工 业	6276	6080	3986	3069	3149	3884
#煤　炭						
石油石化						
冶　金	58	72	36	64	131	325
有　色	4403	1965	2781	1816	1707	1352
建　材	21	51	29	33	26	22
化　工	0					
轻　工	12	13	15	12	12	12
烟　草						
纺　织	1		1			
医　药			1			
机　械	1782	3970	1125	1144	1277	2179
电　子						
电　力	4					
其　他	8	22	15	12	7	6

8-21 分部门规模以上工业企业柴油消费量

单位：吨

	2011年	2012年	2013年	2014年	2015年	2016年
全　市	**76924**	**48364**	**43321**	**36809**	**32518**	**29510**
#轻 工 业	2116	1702	1759	1395	1642	2267
重 工 业	74808	46662	41562	35414	30876	27243
#煤　炭	546	564	661	604	619	470
石油石化	479	583	578	539	376	825
冶　金	3049	3012	2881	1817	2109	2335
有　色	14364	12058	18872	14214	12934	12005
建　材	3304	6841	4955	6886	3506	2014
化　工	410	449	373	398	363	249
轻　工	1480	1323	1335	1134	1363	2034
烟　草	12	7	7	8	11	12
纺　织	80	49	48	19	0	
医　药	95	138	124	45	36	35
机　械	13880	14628	9631	7680	7053	5514
电　子	24	58	23	19	22	27
电　力	38383	7488	2843	2512	3506	3315
其　他	818	1165	990	935	619	674

8-22 分部门规模以上工业企业燃料油消费量

单位：吨

	2011年	2012年	2013年	2014年	2015年	2016年
全　市	**54644**	**26598**	**8963**	**8378**	**8310**	**9034**
#轻工业						212
重工业	54644	26598	8963	8378	8310	8822
#煤　炭						
石油石化	31266	6476	453	371	2098	243
冶　金	760			8		
有　色	166	439	796	487	321	521
建　材	15285	12714	1069	397	64	51
化　工	7168	6969	6639	7012	5770	8006
轻　工				8	1	213
烟　草						
纺　织						
医　药						
机　械			6	95	55	
电　子						
电　力						
其　他						

8-23 分县(市、区)工业企业用水情况(取水总量)

单位：万立方米

	2011年	2012年	2013年	2014年	2015年	2016年
洛阳市	**34223.34**	**33828.10**	**33390.07**	**31876.29**	**31279.47**	**303725.50**
市　直	18308.82	18177.69	17508.35	17006.54	16885.98	16761.35
高新区	218.77	215.72	236.75	263.02	252.20	267.31
老城区	62.95	52.11	46.43	41.44	39.14	40.91
西工区	42.66	105.76	258.93	143.11	133.15	151.03
瀍河回族区	17.99	14.62	117.59	9.65	9.79	11.75
涧西区	79.21	72.71	75.90	76.76	79.64	85.77
吉利区	61.71	77.49	1051.56	65.94	60.21	63.52
洛龙区	766.54	689.40	1274.64	715.37	1090.72	1186.74
孟津县	1321.23	1798.43	2093.10	1848.59	1648.28	1385.35
新安县	1675.17	1553.51	1628.38	1773.62	1650.21	1445.71
栾川县	3175.63	2338.34	2021.21	1870.31	1601.93	1548.41
嵩　县	559.13	556.77	803.62	859.09	769.83	767.63
汝阳县	859.90	1103.99	881.23	303.77	284.85	280.92
宜阳县	1281.58	1156.65	855.75	848.30	860.13	872.43
洛宁县	422.60	504.55	534.66	502.59	502.64	560.90
伊川县	3109.62	3405.26	3659.77	3525.10	3561.89	3599.67
偃师市	2038.28	1805.27	2362.59	1838.16	1671.10	1533.89
伊滨区	220.32	198.59	586.38	152.93	152.84	161.66

8-24 分县(市、区)工业企业用水情况(地表水)

单位：万立方米

	2011年	2012年	2013年	2014年	2015年	2016年
洛阳市	**12046.05**	**11143.19**	**9775.74**	**9587.44**	**8741.88**	**8667.13**
市　直	2676.95	2499.87	1938.84	1725.52	1280.24	1337.43
高新区	22.00	23.17	29.38	2.39	3.81	4.47
老城区						
西工区					0.05	0.05
瀍河回族区					0.35	
涧西区	2.48		1.54			
吉利区						
洛龙区		1.20	0.06			4.25
孟津县	720.00	769.22	643.51	243.85	88.07	91.76
新安县	985.86	1121.86	1195.34	1318.65	1241.37	1039.01
栾川县	3091.28	2256.02	1866.32	1771.46	1565.87	1520.22
嵩　县	134.70	127.87	389.16	476.00	448.64	432.53
汝阳县	320.76	232.50	152.74	176.08	187.97	225.52
宜阳县	665.98	515.97	217.01	216.84	216.71	228.66
洛宁县	307.85	347.24	383.99	377.11	390.48	446.09
伊川县	2957.78	3195.03	2913.25	3234.70	3265.47	3287.99
偃师市	97.58	2.11	2.23	0.12	5.84	4.87
伊滨区	62.83	51.13	42.26	40.85	43.60	44.27

注：从2014年起，地表水仅指地表淡水。

8-25 分县(市、区)工业企业用水情况(地下水)

单位：万立方米

	2011年	2012年	2013年	2014年	2015年	2016年
洛阳市	**17877.43**	**17929.05**	**18253.38**	**16913.80**	**16642.61**	**16230.15**
市　直	13343.04	13554.98	13542.80	13395.27	13488.08	13256.23
高新区	18.68	15.04	22.20	27.62	18.73	30.34
老城区	40.82	41.48	41.15	37.66	35.33	35.31
西工区	20.43	39.75	52.73	51.92	52.35	52.85
瀍河回族区	3.64	3.45	4.32	3.99	4.26	7.42
涧西区	0.01	3.87	4.67	5.02	0.01	0.03
吉利区	36.23	43.19	38.90	22.07	10.97	38.02
洛龙区	112.66	87.67	105.91	179.24	171.84	172.01
孟津县	576.70	430.28	616.72	506.49	541.80	406.08
新安县	646.82	394.59	412.65	417.77	370.81	348.32
栾川县	52.35	59.42	60.54	70.00	4.69	3.10
嵩　县	420.46	423.97	407.66	375.22	315.71	327.51
汝阳县	536.61	869.78	725.67	125.92	95.40	53.21
宜阳县	610.53	637.17	629.73	530.50	554.75	562.11
洛宁县	113.04	155.39	146.77	117.97	104.70	105.75
伊川县	150.51	186.56	643.02	164.91	149.39	149.78
偃师市	1039.88	837.56	695.95	772.38	623.93	584.55
伊滨区	153.79	143.63	101.51	109.34	99.33	96.98

注：从2014年起，地下水仅指地下淡水。

8-26 分县(市、区)工业企业用水情况(自来水)

单位：万立方米

	2011年	2012年	2013年	2014年	2015年	2016年
洛阳市	**3011.09**	**2965.74**	**2639.49**	**2883.85**	**2749.70**	**2988.57**
市　直	2139.73	2053.30	1677.31	1686.84	1604.82	1726.34
高新区	178.09	177.50	199.33	233.01	229.66	232.51
老城区	22.13	10.63	3.72	3.78	3.81	5.60
西工区	22.23	66.01	104.73	91.19	80.76	98.13
瀍河回族区	14.35	11.17	10.31	5.66	5.18	4.33
涧西区	66.75	55.86	57.21	61.31	67.41	75.30
吉利区	25.48	34.30	28.14	40.12	30.46	17.88
洛龙区	258.01	245.50	168.77	203.89	158.72	184.63
孟津县	4.53	8.27	16.15	21.91	29.03	36.83
新安县	42.50	37.06	36.47	37.21	38.03	43.13
栾川县	32.00	22.90	24.63	28.85	31.38	25.09
嵩　县	3.97	4.93	5.40	5.87	3.67	5.78
汝阳县	2.52	1.71	1.77	1.76	1.48	2.17
宜阳县	5.06	3.50	3.00	100.96	88.66	81.66
洛宁县	1.71	1.92	5.80	7.51	7.46	9.05
伊川县	1.33	23.66	102.44	125.49	147.03	161.86
偃师市	187.00	203.69	191.30	198.13	197.49	261.52
伊滨区	3.70	3.83	3.01	2.74	3.68	16.73

8-27 分县(市、区)工业企业用水情况(重复用水)

单位：万立方米

	2011年	2012年	2013年	2014年	2015年	2016年
洛阳市	**151733.33**	**152512.04**	**20208.09**	**19320.53**	**18906.12**	**269063.32**
市　直	99360.41	93978.65	4777.81	4453.53	4512.71	113405.98
高新区	145.35	150.31	250.91	263.02	252.20	23.23
老城区			44.87	41.44	39.14	
西工区	26.52	30.39	157.46	143.11	133.15	0.05
瀍河回族区	0.40	0.13	14.63	9.65	9.79	
涧西区	8.31	12.79	76.67	76.72	79.61	10.29
吉利区	2853.29	3578.34	67.04	65.94	60.21	6281.97
洛龙区	288.45	379.56	614.37	715.37	1090.72	723.80
孟津县	15.95	4278.65	2093.88	1848.59	1648.28	92531.66
新安县	1391.97	1378.32	1641.82	1770.91	1650.15	1936.75
栾川县	14867.11	12231.23	1951.49	1870.31	1601.93	9770.63
嵩　县	1072.25	977.80	802.22	859.09	769.83	979.84
汝阳县	777.58	887.45	880.18	303.77	284.85	2460.68
宜阳县	15.00	315.27	849.74	848.30	860.13	5223.72
洛宁县	278.20	1451.88	536.55	502.59	502.64	544.50
伊川县	24862.94	26941.90	3658.70	3525.10	3561.89	26984.35
偃师市	5769.60	5847.52	1642.36	1838.16	1671.10	8116.29
伊滨区		71.85	69.12	152.93	152.84	69.58

8-28 主要耗能工业企业单位产品能源消耗情况表

单位：千克标准煤/吨

	2016年	2015年	2016年比2015年±%
吨原煤生产综合能耗	5.85	6.49	-9.82
每吨涤纶综合能耗(短纤)	137.79	129.97	6.01
每吨纱(线)混合数综合能耗	421.10	491.19	-14.27
万米布混合数综合能耗	1463.93	1292.76	13.24
炼焦工序单位能耗	167.88	310.22	-45.88
原油加工单位综合能耗	66.32	67.24	-1.36
吨水泥熟料综合能耗	104.21	104.91	-0.66
吨水泥综合能耗	85.63	87.21	-1.81
每重量箱平板玻璃综合能耗	18.89	24.41	-22.63
吨钢综合能耗	480.00	491.32	-2.30
吨钢耗新水	2.21	2.22	-0.45
单位氧化铝综合能耗	363.74	408.57	-10.97
单位电解铝综合能耗	1583.78	1612.04	-1.75
吨铜加工材消耗能源量	416.84	416.17	0.16
吨铝加工材消耗能源量	181.86	187.76	-3.15
电厂火力发电标准煤耗	311.13	314.99	-1.23

8-29 主要耗能工业企业单位产品电力消耗情况表

单位：千瓦时/吨

	2016年	2015年	2016年比2015年±%
吨原煤生产耗电	36.99	39.39	-6.09
每吨涤纶用电量(短纤)	192.81	222.47	-13.33
每吨纱(线)混合数生产用电量	3424.77	3988.25	-14.13
万米布混合数生产用电量	11902.99	9802.63	21.43
原油加工单位耗电	76.36	73.58	3.77
吨水泥熟料综合电耗	88.71	83.60	6.11
吨水泥综合电耗	94.71	94.81	-0.10
每重量箱平板玻璃耗电	13.68	20.15	-32.08
吨钢耗电	550.00	530.90	3.60
轧钢工序单位电力消耗	84.37	81.40	3.64
单位铝锭综合交流电耗	13685.34	13777.17	-0.67
吨铜加工材消耗电量	2144.63	2262.57	-5.21
吨铝加工材消耗电量	707.57	688.39	2.79
发电厂用电率	6.22	6.69	-7.05

8-30 规模以上工业企业分行业能源消费量(一)(2016年)

单位：吨

	原　煤	无烟煤	炼焦烟煤	一般烟煤	褐　煤
合　计	**23196079**	**199072**	**470172**	**22526835**	
采矿业	**35159**	**6193**		**28966**	
煤炭开采和洗选业	15006	6169		8837	
石油和天然气开采业					
黑色金属矿采选业	665			665	
有色金属矿采选业	16381	24		16357	
非金属矿采选业	3107			3107	
开采辅助活动					
其他采矿业					
制造业	**12374211**	**12906**	**470172**	**11891133**	
农副食品加工业	10085	94		9991	
食品制造业	6699	2500		4199	
酒、饮料和精制茶制造业	5039			5039	
烟草制品业					
纺织业	28365			28365	
纺织服装、服饰业					
皮革、毛皮、羽毛及其制品和制鞋业	2066			2066	
木材加工和木、竹、藤、棕、草制品业	511			511	
家具制造业	38016		62	37954	
造纸和纸制品业	3548			3548	
印刷和记录媒介复制业	435			435	
文教、工美、体育和娱乐用品制造业	735	520		215	
石油加工、炼焦和核燃料加工业	1514445		469770	1044675	
化学原料和化学制品制造业	521298	995		520303	
医药制造业	9843			9843	
化学纤维制造业	10514			10514	
橡胶和塑料制品业	3104			3104	
非金属矿物制品业	945041		340	944701	
黑色金属冶炼和压延加工业	45208	940		44268	
有色金属冶炼和压延加工业	9141668			9141668	
金属制品业	31341	476		30865	
通用设备制造业	11538			11538	
专用设备制造业	9055	7381		1674	
汽车制造业	312			312	
铁路、船舶、航空航天和其他运输设备制造业	30117			30117	
电气机械和器材制造业	5129			5129	
计算机、通信和其他电子设备制造业					
仪器仪表制造业	100			100	
其他制造业					
废弃资源综合利用业					
金属制品、机械和设备修理业					
电力、热力、燃气及水生产和供应业	**10786709**	**179973**		**10606736**	
电力、热力生产和供应业	10752218	145482		10606736	
燃气生产和供应业					
水的生产和供应业	34491	34491			

8-31 规模以上工业企业分行业能源消费量(二)(2016年)

单位：吨

	洗精煤	煤制品	焦炭	焦炉煤气 (万立方米)
合　　计		**3**	**113029**	**15531**
采矿业				
煤炭开采和洗选业				
石油和天然气开采业				
黑色金属矿采选业				
有色金属矿采选业				
非金属矿采选业				
开采辅助活动				
其他采矿业				
制造业		**3**	**113029**	**15531**
农副食品加工业				
食品制造业				
酒、饮料和精制茶制造业				
烟草制品业				
纺织业				
纺织服装、服饰业				
皮革、毛皮、羽毛及其制品和制鞋业				
木材加工和木、竹、藤、棕、草制品业				
家具制造业				
造纸和纸制品业				
印刷和记录媒介复制业				
文教、工美、体育和娱乐用品制造业				
石油加工、炼焦和核燃料加工业			1	
化学原料和化学制品制造业				
医药制造业				
化学纤维制造业				
橡胶和塑料制品业				
非金属矿物制品业			6967	2757
黑色金属冶炼和压延加工业			101878	12113
有色金属冶炼和压延加工业			1141	
金属制品业			2983	
通用设备制造业			4	
专用设备制造业		3	55	661
汽车制造业				
铁路、船舶、航空航天和其他运输设备制造业				
电气机械和器材制造业				
计算机、通信和其他电子设备制造业				
仪器仪表制造业				
其他制造业				
废弃资源综合利用业				
金属制品、机械和设备修理业				
电力、热力、燃气及水生产和供应业				
电力、热力生产和供应业				
燃气生产和供应业				
水的生产和供应业				

8-32 规模以上工业企业分行业能源消费量(三)(2016年)

单位：万立方米

	发生炉煤气	天然气(气态)	液化天然气(液态)(吨)	煤层气(煤田)
合　计	**5074**	**33185**	**484**	**3**
采矿业				
煤炭开采和洗选业				
石油和天然气开采业				
黑色金属矿采选业				
有色金属矿采选业				
非金属矿采选业				
开采辅助活动				
其他采矿业				
制造业	**5074**	**33185**	**426**	**3**
农副食品加工业		230		
食品制造业		103		
酒、饮料和精制茶制造业		566		
烟草制品业				
纺织业			25	
纺织服装、服饰业				
皮革、毛皮、羽毛及其制品和制鞋业				
木材加工和木、竹、藤、棕、草制品业				
家具制造业				
造纸和纸制品业		123		
印刷和记录媒介复制业		19		
文教、工美、体育和娱乐用品制造业				
石油加工、炼焦和核燃料加工业		120		
化学原料和化学制品制造业		1249		
医药制造业		18		
化学纤维制造业				
橡胶和塑料制品业		18		
非金属矿物制品业	2405	14608		3
黑色金属冶炼和压延加工业	253	3394	381	
有色金属冶炼和压延加工业		7382	2	
金属制品业		888		
通用设备制造业		572		
专用设备制造业	2416	3257	18	
汽车制造业		98		
铁路、船舶、航空航天和其他运输设备制造业		170		
电气机械和器材制造业		303		
计算机、通信和其他电子设备制造业		5		
仪器仪表制造业		22		
其他制造业				
废弃资源综合利用业				
金属制品、机械和设备修理业		40		
电力、热力、燃气及水生产和供应业			**58**	
电力、热力生产和供应业				
燃气生产和供应业			58	
水的生产和供应业				

8-33 规模以上工业企业分行业能源消费量(四)(2016年)

单位：吨

	原　油	汽　油	煤　油	柴　油
合　　计	**5643755**	**17956**	**3896**	**29510**
采矿业		**1122**	**1660**	**7414**
煤炭开采和洗选业		140		470
石油和天然气开采业				
黑色金属矿采选业		35	325	1929
有色金属矿采选业		903	1335	4862
非金属矿采选业		43		153
开采辅助活动				
其他采矿业				
制造业	**5643755**	**15193**	**2236**	**18687**
农副食品加工业		1058		507
食品制造业		158		59
酒、饮料和精制茶制造业		109		86
烟草制品业		15		12
纺织业		53		
纺织服装、服饰业		31		
皮革、毛皮、羽毛及其制品和制鞋业		17		
木材加工和木、竹、藤、棕、草制品业		127		132
家具制造业	1	430		4
造纸和纸制品业		109		99
印刷和记录媒介复制业		644		1028
文教、工美、体育和娱乐用品制造业		84		22
石油加工、炼焦和核燃料加工业	5643754	9		855
化学原料和化学制品制造业		1160		249
医药制造业		141		35
化学纤维制造业		3		
橡胶和塑料制品业		217		225
非金属矿物制品业		3998	22	1822
黑色金属冶炼和压延加工业		422		306
有色金属冶炼和压延加工业		402	17	7143
金属制品业		629	12	150
通用设备制造业		2614	2104	688
专用设备制造业		1711	69	3981
汽车制造业		230	3	635
铁路、船舶、航空航天和其他运输设备制造业		163	3	89
电气机械和器材制造业		309		95
计算机、通信和其他电子设备制造业		134		27
仪器仪表制造业		176		15
其他制造业				
废弃资源综合利用业				
金属制品、机械和设备修理业		40	6	423
电力、热力、燃气及水生产和供应业		**1641**		**3409**
电力、热力生产和供应业		1541		3315
燃气生产和供应业		49		38
水的生产和供应业		52		56

8-34 规模以上工业企业分行业能源消费量(五)(2016年)

单位：吨

	燃料油	液化石油气	炼厂干气	石油焦
合　　计	**9034**	**343**	**220358**	**195380**
采矿业				
煤炭开采和洗选业				
石油和天然气开采业				
黑色金属矿采选业				
有色金属矿采选业				
非金属矿采选业				
开采辅助活动				
其他采矿业				
制造业	**9034**	**343**	**220358**	**195380**
农副食品加工业				
食品制造业	212			
酒、饮料和精制茶制造业		3		
烟草制品业				
纺织业				
纺织服装、服饰业				
皮革、毛皮、羽毛及其制品和制鞋业				
木材加工和木、竹、藤、棕、草制品业				
家具制造业				
造纸和纸制品业				
印刷和记录媒介复制业				
文教、工美、体育和娱乐用品制造业				
石油加工、炼焦和核燃料加工业	243		217776	182605
化学原料和化学制品制造业	8006		2582	439
医药制造业				
化学纤维制造业				
橡胶和塑料制品业				
非金属矿物制品业	51	26		8602
黑色金属冶炼和压延加工业		41		
有色金属冶炼和压延加工业	521	5		3734
金属制品业	1			
通用设备制造业		248		
专用设备制造业		14		
汽车制造业		2		
铁路、船舶、航空航天和其他运输设备制造业		4		
电气机械和器材制造业				
计算机、通信和其他电子设备制造业				
仪器仪表制造业				
其他制造业				
废弃资源综合利用业				
金属制品、机械和设备修理业				
电力、热力、燃气及水生产和供应业				
电力、热力生产和供应业				
燃气生产和供应业				
水的生产和供应业				

8-35 规模以上工业企业分行业能源消费量(六)(2016年)

单位：吨

	其它石油制品	热力(百万千焦)	电力(万千瓦时)	生物质废料用于燃料	余热余压(百万千焦)
合计	**891404**	**11307686**	**3428032**	**6979**	**4249467**
采矿业			**184480**		
煤炭开采和洗选业			35725		
石油和天然气开采业					
黑色金属矿采选业			8969		
有色金属矿采选业			130671		
非金属矿采选业			9115		
开采辅助活动					
其他采矿业					
制造业	**891404**	**11307686**	**3092929**	**158**	**4249467**
农副食品加工业		11997	10946		
食品制造业			8300	158	
酒、饮料和精制茶制造业		34379	4687		
烟草制品业			242		
纺织业	3	51230	11175		
纺织服装、服饰业			1661		
皮革、毛皮、羽毛及其制品和制鞋业			4468		
木材加工和木、竹、藤、棕、草制品业			3581		
家具制造业			18487		
造纸和纸制品业			3828		
印刷和记录媒介复制业			15602		
文教、工美、体育和娱乐用品制造业			2707		
石油加工、炼焦和核燃料加工业	891392	8203055	102958		4248621
化学原料和化学制品制造业		1761887	156817		
医药制造业		72490	14340		
化学纤维制造业			880		
橡胶和塑料制品业		955	15760		
非金属矿物制品业		2018	241066		
黑色金属冶炼和压延加工业			142762		
有色金属冶炼和压延加工业		86008	2044929		
金属制品业		4416	32957		
通用设备制造业	9	129936	99144		
专用设备制造业		786030	67237		
汽车制造业			23665		
铁路、船舶、航空航天和其他运输设备制造业		71278	19912		
电气机械和器材制造业		33771	30902		
计算机、通信和其他电子设备制造业			11704		
仪器仪表制造业		2703	927		846
其他制造业			50		
废弃资源综合利用业			724		
金属制品、机械和设备修理业		55533	510		
电力、热力、燃气及水生产和供应业			**150623**	**6821**	
电力、热力生产和供应业			138141	6821	
燃气生产和供应业			2494		
水的生产和供应业			9988		

8-36 分县(市、区)能源购进、消费及库存(2016年)

单位：吨

	购进 实物量	消费量 合计	工业生产 消费	年末 库存量
原 煤	**23351180**	**23196079**	**23190198**	**1363901**
市 直	4506705	4389731	4389105	352850
西工区	100	100	100	
涧西区	50000	48805	48805	27909
吉利区	2821	2972	2972	92
洛龙区	1806012	1806852	1806852	134047
孟津县	2928014	2858630	2858628	137080
新安县	3550610	3585021	3585021	357962
栾川县	57168	48992	48992	773
嵩 县	2324	2377	2377	170
汝阳县	315841	307125	307125	118
宜阳县	854273	870780	866363	35565
洛宁县	5637	5637	5637	
伊川县	5892500	5913424	5912588	58415
偃师市	3253154	3227202	3227202	254034
高新区	34664	37195	37195	3411
伊滨区	91346	91224	91224	1475
无烟煤	**205245**	**199072**	**199072**	**70950**
市 直	**6419**	**7369**	**7369**	
洛龙区	**940**	**940**	**940**	
孟津县	3500	3495	3495	15
栾川县	24	24	24	
伊川县	35581	35581	35581	4218
偃师市	157607	150489	150489	66717
伊滨区	1162	1162	1162	
炼焦烟煤	**511033**	**470172**	**470172**	**39461**
市 直	**509231**	**469770**	**469770**	**39461**
洛龙区	**1400**			
伊川县	340	340	340	
伊滨区	62	62	62	

	购进 实物量	消费量 合计	工业生产 消费	年末 库存量
一般烟煤	**22634902**	**22526835**	**22520954**	**1253490**
市　直	3991056	3912592	3911967	313389
西工区	100	100	100	
涧西区	50000	48805	48805	27909
吉利区	2821	2972	2972	92
洛龙区	1803672	1805912	1805912	134047
孟津县	2924514	2855135	2855133	137065
新安县	3550610	3585021	3585021	357962
栾川县	57144	48968	48968	773
嵩　县	2324	2377	2377	170
汝阳县	315841	307125	307125	118
宜阳县	854273	870780	866363	35565
洛宁县	5637	5637	5637	
伊川县	5856579	5877503	5876667	54197
偃师市	3095546	3076713	3076713	187317
高新区	34664	37195	37195	3411
伊滨区	90122	90000	90000	1475
焦　炭	**110729**	**113029**	**113029**	**6513**
市　直	1141	1141	1141	
西工区	55	55	55	
孟津县	96690	98990	98990	6513
汝阳县	1	1	1	
伊川县	335	335	335	
偃师市	12507	12507	12507	

	购进 实物量	消费量 合计	工业生产 消费	年末 库存量
焦炉煤气	**15531**	**15531**	**15531**	
市　直	**426**	**426**	**426**	
涧西区	661	661	661	
孟津县	2052	2052	2052	
新安县	12113	12113	12113	
汝阳县	280	280	280	
发生炉煤气	**2658**	**5074**	**5074**	
市　直		2416	2416	
偃师市	2658	2658	2658	
天然气(气态)	**32894**	**33185**	**33149**	**88**
市　直	9650	9725	9712	
西工区	461	461	461	
瀍河回族区	122	122	122	
涧西区	82	82	82	
吉利区	312	312	312	
洛龙区	591	580	580	10
孟津县	73	73	73	
新安县	10540	10540	10540	
栾川县	93	93	93	
汝阳县	1842	1842	1842	
宜阳县	1114	1114	1114	
伊川县	3019	3066	3066	77
偃师市	1983	2161	2139	
高新区	429	431	431	
伊滨区	2584	2584	2583	
液化天然气(液态)(吨)	**485**	**484**	**484**	
市　直	60	60	60	
吉利区	25	25	25	
洛龙区	381	381	381	
嵩　县	15	14	14	
高新区	4	4	4	
原　油(吨)	**5576311**	**5643755**	**5643755**	**163524**
市　直	5576310	5643754	5643754	163524
伊滨区	1	1	1	
汽　油(吨)	**16982**	**17956**	**16982**	**33**
市　直	1007	1047	962	15
老城区	60	60	60	
西工区	906	906	870	
瀍河回族区	7	7	1	

单位：吨

	购进 实物量	消费量 合计	工业生产 消费	年末 库存量
涧西区	271	276	267	9
吉利区	55	55	49	
洛龙区	362	371	311	1
孟津县	1947	2785	2524	
新安县	1374	1388	1112	
栾川县	344	344	344	
嵩县	654	653	637	
汝阳县	192	192	192	
宜阳县	473	489	375	
洛宁县	995	995	995	
伊川县	3118	3121	3119	
偃师市	3590	3638	3598	
高新区	857	860	797	1
伊滨区	763	763	763	5
煤油	**3903**	**3896**	**3896**	**70**
市直	411	436	436	11
西工区	26	26	26	
瀍河回族区	3	3	3	
涧西区	4	4	4	
洛龙区	1662	1661	1661	1
新安县	6	6	6	
栾川县	944	943	943	5
嵩县	505	486	486	33
汝阳县	241	230	230	20
洛宁县	1	1	1	
伊川县	75	75	75	
高新区	25	25	25	
柴油	**27503**	**29510**	**29166**	**2076**
市直	4833	6232	6216	741
老城区	206	206	206	
西工区	334	334	334	
瀍河回族区	63	63	63	
涧西区	141	141	141	
吉利区	36	36	36	
洛龙区	1083	1215	1215	181
孟津县	1358	2204	2170	281
新安县	5054	5071	4935	20
栾川县	7308	7306	7306	22
嵩县	1499	1298	1229	33
汝阳县	368	385	385	1
宜阳县	487	487	462	
洛宁县	961	983	983	
伊川县	574	722	722	309
偃师市	2755	2387	2322	483
高新区	408	408	408	4
伊滨区	29	29	29	

单位：吨

	购进实物量	消费量合计	工业生产消费	年末库存量
燃料油	**8550**	**9034**	**9034**	**1430**
市　　直		243	243	
涧西区	50	50	50	
吉利区	7877	8006	8006	644
洛龙区	212	212	212	
伊川县	358	471	471	203
高新区	52	52	52	
液化石油气	**361**	**343**	**343**	**34**
市　　直	214	197	197	34
西工区	20	20	20	
洛龙区	48	48	48	
孟津县	16	16	16	
嵩　　县	14	14	14	
洛宁县	3	3	3	
伊川县	45	45	45	
炼厂干气	**3560**	**220358**	**220358**	
市　　直	978	217776	217776	
吉利区	2582	2582	2582	
润滑油	**10**	**10**	**10**	
涧西区	2	2	2	
孟津县	6	6	6	
洛宁县	2	2	2	
溶剂油	**180**	**154**	**154**	**10**
洛宁县	180	154	154	10
石油焦	**151348**	**195380**	**195380**	**7**
市　　直	146775	190809	190809	
新安县	3734	3734	3734	
嵩　　县	441	439	439	7
汝阳县	399	399	399	
其它石油制品	**919436**	**891404**	**891404**	**44903**
市　　直	919424	891392	891392	44903
洛龙区	12	12	12	
热　　力(百万千焦)	**3033373**	**11307686**	**11274607**	
市　　直	1021756	9296069	9263256	
西工区	29816	29816	29816	
涧西区	4523	4523	4257	
吉利区	1128974	1128974	1128974	
洛龙区	575940	575940	575940	
新安县	16066	16066	16066	
偃师市	175388	175388	175388	
高新区	80911	80911	80911	

单位：吨

	购进 实物量	消费量 合计	工业生产 消费	年末 库存量
电　力(万千瓦时)	**2686163**	**3428032**	**3416493**	
市　直	113458	232727	231124	
老城区	4385	4385	4385	
西工区	31539	31539	31534	
瀍河回族区	3223	3223	3222	
涧西区	16960	16972	16778	
吉利区	16064	16064	16056	
洛龙区	99756	124817	124626	
孟津县	95104	121153	120460	
新安县	552798	1077140	1071704	
栾川县	112774	112922	112922	
嵩　县	37087	37065	37050	
汝阳县	71220	71224	70029	
宜阳县	104385	114478	113908	
洛宁县	35867	36398	36147	
伊川县	1150092	1150471	1149880	
偃师市	153657	189727	189188	
高新区	29126	29096	29066	
伊滨区	58578	58540	58327	
煤矸石用于燃料	**266233**	**245336**	**245336**	**39966**
洛宁县	206	206	206	
偃师市	266027	245130	245130	39966
生物质废料用于燃料	**6979**	**6979**	**6979**	
洛宁县	6979	6979	6979	
余热余压(百万千焦)	**846**	**4249467**	**4249467**	
市　直		4248621	4248621	
高新区	846	846	846	

8-37 工业企业能源加工转换情况(2016年)

	工业生产 消　费	加工转换 投入合计	火电投入	供热投入	炼焦
原　　煤(吨)	21759098	20893938	18706340	1194550	985701
无 烟 煤	187342	187320	71115	108858	
炼焦烟煤	469770	469770	175140	294630	
一般烟煤	21101986	20236848	18460085	791062	985701
褐煤					
洗 精 煤(吨)					
其它洗煤(吨)					
煤 制 品(吨)					
焦　　炭(吨)	1				
其它焦化产品(吨)					
焦炉煤气(万立方米)					
高炉煤气(万立方米)					
转炉煤气(万立方米)					
发生炉煤气(万立方米)	2416				
天然气(气态)(万立方米)	4018				
液化天然气(液态)(吨)					
煤层气(煤田)(万立方米)					
原　　油(吨)	5643754	5643754			
汽　　油(吨)	462				
煤　　油(吨)	47				
柴　　油(吨)	10782	2903	2546	357	
燃 料 油(吨)	714	150	56	94	
液化石油气(吨)					
炼厂干气(吨)	217776	56039	20706	35333	
石 脑 油(吨)					
润 滑 油(吨)					
石　　蜡(吨)					
溶 剂 油(吨)					
石 油 焦(吨)	182605	182605	67472	115133	
石油沥青(吨)					
其它石油制品(吨)	891392	891392			
热　　力(百万千焦)	8721801				
电　　力(万千瓦时)	2135177				
煤矸石用于燃料(吨)	245130	245130	93419	151711	
城市垃圾用于燃料(吨)	23714	23714	23714		
生物质废料用于燃料(吨)	6821	6821	6821		
余热余压(百万千焦)	4248621				
其它工业废料用于燃料(吨)					
其他燃料(吨标准煤)					
能源合计(吨标准煤)	27220381	23231869	12490891	1076567	704086

8-37续表

			能源加工转换	回收利用
	炼油及煤制油	制气	产　出	
原　　煤(吨)		7347		
无烟煤		7347		
炼焦烟煤				
一般烟煤				
褐煤				
洗精煤(吨)				
其它洗煤(吨)				
煤制品(吨)				
焦　　炭(吨)			573782	
其它焦化产品(吨)			3719	
焦炉煤气(万立方米)			149	
高炉煤气(万立方米)				
转炉煤气(万立方米)				
发生炉煤气(万立方米)			2635	
天然气(气态)(万立方米)				
液化天然气(液态)(吨)				
煤层气(煤田)(万立方米)				
原　　油(吨)	5643754			
汽　　油(吨)			1741991	
煤　　油(吨)			627807	
柴　　油(吨)			1437985	
燃料油(吨)			1147	
液化石油气(吨)			438646	
炼厂干气(吨)			219780	
石脑油(吨)			135351	
润滑油(吨)				
石　　蜡(吨)				
溶剂油(吨)				
石油焦(吨)			244041	
石油沥青(吨)			143879	
其它石油制品(吨)	891392		1528607	
热　　力(百万千焦)			25649149	
电　　力(万千瓦时)			4057758	
煤矸石用于燃料(吨)				
城市垃圾用于燃料(吨)				
生物质废料用于燃料(吨)				
余热余压(百万千焦)				4248621
其它工业废料用于燃料(吨)				
其他燃料(吨标准煤)				
能源合计(吨标准煤)	8954059	6266	15299357	144878

九、外经和旅游业

FOREIGN TRADE AND TOURISM

资料整理：李冬菊

主要统计指标解释

进出口总额 海关进出口总额指实际进出我国国境的货物总金额。包括对外贸易实际进出口货物,来料加工装配进出口货物,国家间、联合国及国际组织无偿援助物资和赠送品,华侨、港澳台同胞和外籍华人捐赠品,租赁期满归承租人所有的租赁货物,进料加工进出口货物,边境地方贸易及边境地区小额贸易进出口货物(边民互市贸易除外),中外合资企业、中外合作经营企业、外商独资经营企业进出口货物和公用物品,到、离岸价格在规定限额以上的进出口货样和广告品(无商业价值、无使用价值和免费提供出口的除外),从保税仓库提取在中国境内销售的进口货物,以及其他进出口货物。进出口总额用以观察一个国家在对外贸易方面的总规模。我国规定出口货物按离岸价格统计,进口货物按到岸价格统计。

利用外资 指我国各级政府、部门、企业和其他经济组织通过对外借款、吸收外商直接投资以及用其他方式筹措的境外现汇、设备、技术等。

外商直接投资 指外国企业和经济组织或个人(包括华侨、港澳台胞以及我国在境外注册的企业)按我国有关政策、法规,用现汇、实物、技术等在我国境内开办外商独资企业、与我国境内的企业或经济组织共同举办中外合资经营企业、合作经营企业或合作开发资源的投资(包括外商投资收益的再投资),以及经政府有关部门批准的项目投资总额内企业从境外借入的资金。

外商其他投资 指除对外借款和外商直接投资以外的各种利用外资的形式。包括企业在境内外股票市场公开发行的以外币计价的股票(目前主要是在香港证券市场发行的 H 股和在境内证券市场发行的 B 股)发行价总额,国际租赁进口设备的应付款,补偿贸易中外商提供的进口设备、技术、物料的价款,加工装配贸易中外商提供的进口设备、物料的价款。

旅游人数

(1)入境旅游人数:指报告期内来我国观光、度假、探亲访友、就医疗养、购物、参加会议或从事经济、文化、体育、宗教活动的外国人、港澳台同胞等入境游客。统计时,外国人、港澳台同胞每入境一次统计 1 人次。

(2)出境人数:指中国(大陆)居民因公或因私出境前往其他国家、中国香港特别行政区、澳门特别行政区和台湾省观光、度假、探亲访友、就医疗养、购物、参加会议或从事经济、文化、体育、宗教活动的人数,即出境游客。统计时,按每出境一次统计 1 人次。

(3)国内旅游人数:指在报告期内在中国(大陆)观光游览、度假、探亲访友、就医疗养、购物、参加会议或从事经济、文化、体育、宗教活动的中国(大陆)居民人数,其出游的目的不是通过所从事的活动谋取报酬。统计时,国内游客按每出游一次统计 1 人次。

国际旅游(外汇)收入 指入境游客在中国(大陆)境内旅行、游览过程中用于交通、参观游览、住宿、餐饮、购物、娱乐等全部花费。

国内旅游收入 指国内游客在国内旅行、游览过程中用于交通、参观游览、住宿、餐饮、购物、娱乐等全部花费。

星级饭店 指设备、设施、服务符合《旅游饭店星级的划分与评定》(GB/T14308 - 2003),通过相关旅游管理部门评定,并取得星级饭店称号的饭店(含预备星级饭店)。

9-1 对外经济贸易主要经济指标

	2010年	2011年	2012年	2013年	2014年	2015年	2016年
进出口总值(万美元)	**154427**	**208295**	**157664**	**179484**	**176299**	**195077**	**175639**
出口总值	105188	147774	118890	129256	143796	162878	153574
进口总值	49239	60521	38774	50228	32502	32199	22065
外商投资情况							
新批项目(合同)数(个)	33	34	39	38	39	21	24
项目(合同)总投资(万美元)	91386	125370	120098	124476	174277	82043	172596
外商投资	73803	73556	92469	103773	137584	46057	126867
外商投资企业实际到位资金(万美元)	120475	176800	199251	222272	241025	255300	268798
银行结售汇情况							
结汇收入(万美元)	145627	147802	126861	120310	148830	152890	142047
售汇支出(万美元)	78781	88611	81716	88144	87596	136176	309262
接待旅游者情况							
接待人数(万人)	**6079.0**	**6870.0**	**7765.0**	**8608.0**	**9470.0**	**10430.0**	**11420.0**
国内游客	6033.0	6817.0	7704.0	8538.0	9386.0	10330.0	11310.0
外国人、华侨、港澳台胞游客	45.8	53.0	61.3	70.0	84.2	100.4	115.0
旅游收入(亿元)	**302.0**	**348.0**	**402.7**	**485.0**	**601.0**	**780.0**	**905.0**
接待国内游客收入	293.0	337.0	391.4	472.8	587.0	761.3	882.0
港澳台胞游客收入(万美元)	13500	15526	17950	20296	23816	30900	34800

注：进出口总值资料、新签外商投资协议资料由市商务局提供；接待旅游者资料由市旅游局提供。(下表同)

9-2 对外经济贸易发展指数

上年=100

	2010年	2011年	2012年	2013年	2014年	2015年	2016年
进出口总值	**137.4**	**134.9**	**75.7**	**113.8**	**98.2**	**110.7**	**90.0**
出口总值	161.1	140.5	80.5	108.7	111.0	113.3	94.3
进口总值	104.6	122.9	64.1	129.5	64.7	99.1	68.5
外商投资情况							
新批项目(合同)数	150.0	103.0	114.7	97.4	102.6	53.9	114.3
项目(合同)总投资	106.6	137.2	95.8	103.6	140.0	47.1	210.4
外商投资	110.2	99.7	125.7	112.2	138.0	33.5	275.5
外商投资企业实际到位资金	131.6	146.8	112.7	111.6	132.6	105.9	105.3
银行结售汇情况							
结汇收入	191.1	101.5	85.8	94.8	123.7	102.7	92.9
售汇支出	109.5	112.5	92.2	107.9	99.4	155.5	227.1
接待旅游者情况							
接待人数	**114.6**	**113.0**	**113.0**	**110.9**	**110.0**	**110.1**	**109.5**
国内游客	114.5	113.0	113.0	110.8	110.0	110.1	109.5
外国人、华侨、港澳台胞游客	122.8	115.7	115.7	114.2	120.3	119.2	114.6
旅游收入	**116.2**	**115.2**	**115.7**	**120.4**	**123.9**	**129.8**	**116.0**
接待国内游客收入	116.3	115.0	116.1	120.8	124.1	129.7	115.9
港澳台胞游客收入	120.9	115.0	115.6	113.1	117.3	129.7	112.6

9-3 进出口总值(2016年)

单位：万美元

	出口总值	进口总值
总　计	**153574**	**22065**
按贸易方式分	**153574**	**22065**
一般贸易	123271	19744
对外承包工程货物	24589	
来料加工	26	90
进料加工	5589	1425
外商投资		
出料加工贸易	51	57
保税仓库货物		343
其　他	48	406
按企业性质分		
国有企业	62773	11767
三资企业	22458	1637
私营企业		
其　他	68282	8661
按商品类别分		
初级产品	1888	5930
食品及活动物	48	
饮料及烟类	1	51
非食用原料	1810	5865
矿物燃料、润滑油及有关原料	29	11
动植物油、脂及蜡		2
工业制品	147995	16135
化学成品及有关产品	11798	1879
按原料分类的制成品	43926	1967
机械及运输设备	77599	10783
杂项制品	14672	1506
未分类的商品		
按国别(地区)分		
亚　洲	**87786**	**8112**
蒙古	122	
也门共和国	267	
吉尔吉斯坦	146	
科威特	268	
中国(保税区)		61
巴林	130	

单位：万美元

	出口总值	进口总值
孟加拉国	1938	
缅甸	4983	
柬埔寨	4897	
伊拉克	375	
澳门		
老挝	2445	
塞浦路斯	7	
香港	1084	4
尼泊尔	52	
印度	9479	799
印度尼西亚	10507	1
伊朗	924	
以色列	651	16
日本	7456	2969
约旦	100	
阿曼	152	
黎巴嫩	99	
马来西亚	2793	136
巴基斯坦	1558	2
菲律宾	2794	
沙特阿拉伯	2388	
新加坡	629	18
韩国	6969	1944
斯里兰卡	135	
叙利亚	48	
泰国	2681	362
土尔其	1431	3
阿拉伯联合酋长国	3013	20
越南	3008	30
台湾省	2385	1578
卡塔尔	321	1
哈萨克斯坦	10248	86
塔吉克斯坦	179	
乌兹别克斯坦	926	83
土库曼斯坦	68	

单位：万美元

	出口总值	进口总值
东帝汶	2	
文莱	42	
马尔代夫	7	
阿富汗	67	
朝鲜	9	
非　洲	**10186**	
阿尔及利亚	838	
贝宁	493	
喀麦隆	36	
埃塞俄比亚	75	
埃及	1740	
科特迪瓦	12	
利比里亚	9	
毛里求斯	38	
加蓬	3	
加纳	1252	
尼日利亚	347	
博茨瓦纳	5	
南非	1427	
多哥	588	
卢旺达	5	
苏丹	53	
肯尼亚	113	
摩洛哥	2106	
赞比亚	33	
利比亚	3	
刚果(金)	512	
刚果(布)	2	
几内亚	41	
纳米比亚	6	
塞内加尔	26	
安哥拉	26	
乌干达	29	
坦桑尼亚	59	

单位：万美元

	出口总值	进口总值
马达加斯加	20	
莫桑比克	43	
毛里塔尼亚	25	
马拉维		
留尼旺	13	
塞舌尔	8	
突尼斯	72	
塞拉利昂	6	
布基纳法索	10	
津巴布韦	57	
吉布提	40	
马里	15	
马约特岛	1	
欧　洲	**20729**	**6902**
比利时	477	49
丹麦	15	6
瑞典	100	25
英国	1264	433
德国	2277	2241
法国	2083	2000
爱尔兰	16	2
意大利	2767	116
卢森堡	1	15
荷兰	1341	177
葡萄牙	88	
希腊	238	
西班牙	2369	3
澳地利	288	459
保加利亚	641	
芬兰	95	1
波兰	847	
匈牙利	21	49
挪威	487	
罗马尼亚	156	
马耳他	8	

	出口总值	进口总值
瑞士	139	33
拉脱维亚	15	
爱沙尼亚	155	
立陶宛	12	
黑山		
斯洛文尼亚	182	
阿塞拜疆	123	
乌克兰	133	
白俄罗斯	13	6
格鲁吉亚	111	5
波黑	23	
俄罗斯	3386	1245
捷克共和国	208	38
斯洛伐克	29	
克罗地亚共和国	97	
阿尔巴尼亚	64	
塞尔维亚	347	
摩尔多瓦	7	
冰岛	91	
前南马其顿	9	
亚美尼亚	6	
列支敦士登	3	
南美洲	**11895**	**2189**
阿根廷	157	
巴西	1322	204
智利	745	118
哥伦比亚	305	
厄瓜多尔	91	29
多米尼加	1286	
玻利维亚	22	
海地	194	
乌拉圭	74	
古巴	2400	
圭亚那	99	
牙买加	11	
墨西哥	3330	879
波多黎各	6	

	出口总值	进口总值
秘鲁	1127	959
巴拿马	523	
委内瑞拉	2	
苏里南	23	
瓜德罗普		
特立--巴哥	17	
巴拉圭	12	
尼加拉瓜	9	
法属圭亚那		
安提瓜		
危地马拉	64	
阿鲁巴岛	1	
哥斯达黎加	42	
荷属安地列斯		
巴哈马	1	
巴巴多斯	2	
圣卢西亚	2	
开曼群岛		
多米尼加		
洪都拉斯	24	
萨尔瓦多	5	
库拉索岛	1	
北美洲	**16348**	**2224**
加拿大	848	1
美国	15500	2223
大洋洲	**6629**	**2638**
澳大利亚	6106	2638
萨摩亚	2	
新喀里多尼亚	11	
巴布亚新几内亚	59	
新西兰	368	
斐济	70	
瓦努阿图	4	
法属波利尼亚	8	
所罗门群岛	1	

9-4 银行结售汇情况(2016年)

单位：万美元

	金 额		金 额
结汇收入合计	**142047**	**售汇支出合计**	**309262**
贸易收入	116771	贸易支出	84042
非贸易收入	7422	非贸易支出	4493
资本收入	17854	资本支出	220727
境外借款	11847	外商投资企业资本汇出	192798
出售有价证券		国内外汇贷款	8250
外商投资	6007	外债转贷款	3407
其他资本收入		跨境贷款	15913

9-5 外商投资企业实际投资情况(2016年)

单位：万美元

	实际投资总额	合同外资额	现金	实物	其他
历年累计投资合计	**1523338**	**956338**	**949162**	**6023**	**1153**
按投资方式分					
中外合资	951492	581090	576091	3854	1145
中外合作	137803	75992	75780	204	8
外商独资	420342	294850	292885	1965	
外商投资股份制	13701	4405	4405		
按国民经济行业分					
农林牧渔业	98929	71276	71093	183	
采掘业	17132	7637	7575	62	
制造业	832901	511187	507737	2297	1153
电力煤气及水的生产和供应业	178712	106255	106255		
建筑业	6260	5926	5926		
交通运输仓储及邮电通信业	20109	9178	9178		
批发和零售贸易餐饮业	107022	71802	71688	114	
房地产业	55957	42757	42679	78	
社会服务业	45895	22790	19510	3280	
卫生体育和社会福利业	6162	4389	4381	8	
旅游业	35897	18849	18849		
科技	113363	83116	83116		
文化娱乐	4998	1175	1175		
按国别(地区)分					
亚　洲	**1199800**	**742270**	**735900**	**5309**	**1061**
香港	970069	587830	583754	4056	20
澳门	5101	1737	1732	5	
台湾省	123798	98342	97254	1088	
日本	9966	3991	3950	37	4
菲律宾	1800	1560	1560		
新加坡	28850	11205	11165	40	
韩国	27524	22477	22405	72	
泰国	6754	3509	2461	11	1037
印度	39	19	19		
马来西亚	6116	2116	2116		
卡塔尔	5600	4760	4760		
开曼群岛	14173	4711	4711		
以色列	10	10	10		

	实际投资总额	合同外资额	现金	实物	其他
非洲	**7912**	**3350**	**3350**		
毛里求斯	1836	1012	1012		
塞舌尔	6076	2338	2338		
欧洲	**179853**	**109725**	**109435**	**201**	**89**
英国	19983	15931	15931		
德国	20939	12514	12514		
法国	1595	644	625	4	15
意大利	1509	376	365	11	
荷兰	1001	636	636		
西班牙	14841	12924	12845	19	60
奥地利	51	45	4	38	
保加利亚	364	120	120		
芬兰	168	103	37	56	10
匈牙利	1024	606	595	11	
瑞士	131	41	37		4
英属维尔京群岛	106575	55173	55173		
俄罗斯	208	84	22	62	
比利时	4	4	4		
瑞典	11460	10524	10524		
南美洲	**4960**	**4933**	**4933**		
阿根廷	10	10	10		
智利	4950	4923	4923		
北美洲	**110493**	**85062**	**84664**	**394**	**4**
美国	74188	61332	60934	394	4
百慕大	1598	815	815		
加拿大	34707	22915	22915		
大洋洲	**20319**	**10059**	**9941**	**118**	
澳大利亚	5347	2596	2586	10	
马绍尔群岛	250	213	213		
萨摩亚	14722	7250	7142	108	

单位：万美元

	实际投资总额	合同外资额	现金	实物	其他
2016年投资合计	**172596**	**126867**	**126867**		
按投资方式分					
中外合资	95886	64864	64864		
外商独资	42110	27402	27402		
中外合作	34600	34600	34600		
股份					
按国民经济行业分					
农业	64586	46014	46014		
电力、煤气、水					
制造业	8780	8280	8280		
建筑业					
贸易	19655	11670	11670		
社会服务	6156	1378	1378		
旅游业					
文体娱乐					
科技	73418	59524	59524		
按国别(地区)分					
亚洲	**172339**	**126646**	**126646**		
香港	167209	126022	126022		
台湾省	5125	621	621		
澳门					
韩国	3	3	3		
新加坡					
土耳其	2	1	1		
非洲					
塞舌尔					
大洋洲					
澳大利亚					
欧洲	**7**	**7**	**7**		
比利时	4	4	4		
奥地利	3	3	3		
大洋洲	**250**	**213**	**213**		
马绍尔群岛	250	213	213		
加拿大					

9-6 新批外商投资合同(项目)(2016年)

单位：万美元

	合同(项目)数(个)	投资总额	合同外资额
总　计	**24**	**172596**	**126867**
按投资方式分			
中外合资	2	252	213
中外合作			
外商独资	3	10	10
港澳台与大陆合资	8	95634	64651
港澳台与大陆合作	2	34600	34600
港澳台独资	9	42099	27392
港澳台股份			
按国民经济行业分			
农业	5	64586	46014
电力、煤气、水的制造业			
建筑业			
制造业	1	8780	8280
专用设备制造业	1	8780	8280
其他制造业			
批零贸易餐饮业	10	19655	11670
旅游			
文体娱乐			
社会服务业	2	6156	1378
科技	6	73418	59524
按国别(地区)分			
香港	14	167209	126022
台湾	5	5125	621
澳门			
韩国	1	3	3
马绍尔群岛	1	250	213
比利时	1	4	4
奥地利	1	3	3
土耳其	1	2	1
加拿大			
德国			
智利			
澳大利亚			

9-7 旅游事业发展情况

	2010年	2011年	2012年	2013年	2014年	2015年	2016年
人数总计(万人)	**6079**	**6870**	**7765.0**	**8608.0**	**9470.0**	**10430.0**	**11420.0**
国内游客（万人）	6033	6817	7703.7	8538.0	9386.0	10330.0	11310.0
接待外国人.华侨.港澳台胞总人数(人)	457900	530000	612800	700498	842100	1004200	1149900
外 国 人	340112	399960	463544	488596	593737	662108	762550
华 侨							
港澳台胞	117788	130040	149256	211902	248363	342092	387351
总人天数（人天）	**702878**	**773465**	**891463**	**995835**	**1152387**	**1284567**	**1339769**
人均停留天数(天)	**1.54**	**1.46**	**1.45**	**1.42**	**1.37**	**1.28**	**1.17**
接待外国人分国别人数(人)							
亚洲小计	**123236**	**186332**	**190908**	**202214**	**250680**	**305528**	**361006**
印度	1995	2300	2537	5609	3565	6098	7026
印度尼西亚	1841	3604	4671	5764	14160	7295	6030
日本	24692	24128	22962	23017	21907	38434	55538
马来西亚	20978	15761	27344	19660	35940	54348	69719
菲律宾	301	1178	523	1102	6638	1603	544
新加坡	5278	3669	7031	9622	8514	16578	26500
韩国	38575	83318	88130	107496	121846	137934	156942
泰国	15720	14833	15639	18608	28522	28332	15444
越南	1407	2748	1142	243	784	1258	3038
缅甸		2613	304	460	879	2159	2307
朝鲜	100	16	83	213	293	184	75
蒙古	16	16	21	175	568	334	713
巴基斯坦	27	91	685	200	1078	813	2402
其他	12306	32057	19836	10045	5986	10158	14729

9-7续表

	2010年	2011年	2012年	2013年	2014年	2015年	2016年
欧洲小计	**162556**	**133089**	**176606**	**187953**	**253661**	**244023**	**288510**
英国	9670	10389	4578	6276	7880	10284	10488
德国	34680	24152	37056	38940	71979	65777	59280
法国	41064	29785	38306	51011	56636	45555	51740
意大利	4578	5277	6093	7469	8233	11533	16813
荷兰							
西班牙	5646	4216	6575	11497	15409	16400	23513
瑞典	1036	402	1058	1328	1247	1922	1526
瑞士	1902	1704	5788	3569	2903	4950	3662
俄罗斯	24194	22469	35700	26332	28702	31367	39757
其他	39786	34695	41452	41531	60672	56236	81730
美洲小计	**20816**	**28722**	**35116**	**44724**	**38444**	**57655**	**64732**
加拿大	2718	5533	7142	8550	7006	9951	8923
美国	16449	21843	24937	32969	28190	42466	41982
其他	1649	1346	3037	3205	3248	5239	13827
大洋洲小计	**5078**	**11518**	**9305**	**12806**	**22448**	**20140**	**19005**
澳大利亚	3860	9367	8271	11232	21507	18608	16277
新西兰	748	670	732	987	721	1054	1239
其他	470	1481	302	587	220	479	1489
非洲小计	**493**	**2489**	**1010**	**2402**	**2314**	**5249**	**5728**
其　他	**27933**	**37810**	**50599**	**38497**	**26190**	**479**	**23568**
旅游收入(亿元)	**302**	**348**	**402.7**	**485.0**	**601.0**	**780.0**	**905**
接待国内游客收入(亿元)	293	337	391.4	472.8	586.7	761.3	882
港澳台胞游客收入(万美元)	13500	15526	17950	20296	23816	30900	34800

十、财政税收和金融保险业

FINANCE, BANKING AND INSURANCE

资料整理：王海慧

主要统计指标解释

财政收入 指国家财政参与社会产品分配所取得的收入，是实现国家职能的财力保证。公共财政预算收入主要包括税收收入和非税收入。

(1)税收收入：包括国内增值税、国内消费税、进口货物增值税和消费税、出口货物退增值税和消费税、营业税、企业所得税、个人所得税、资源税、城市维护建设税、房产税、印花税、城镇土地使用税、土地增值税、车船税、船舶吨税、车辆购置税、关税、耕地占用税、契税、烟叶税等。

(2)非税收入：包括专项收入、行政事业性收费收入、罚没收入、国有资本经营收入、国有资源(资产)有偿使用收入和其他收入。

财政支出 指国家财政将筹集起来的资金进行分配使用，以满足经济建设和各项事业的需要。公共财政预算支出主要包括：

(1)一般公共服务：指政府提供基本公共管理与服务的支出，包括人大事务、政协事务、政府办公厅(室)及相关机构事务、发展与改革事务、统计信息事务、财政事务、税收事务、审计事务、海关事务、人力资源事务、纪检监察事务、人口与计划生育事务、商贸事务、知识产权事务、工商行政管理事务、质量技术监督与检验检疫事务、国土资源事务、海洋管理事务、测绘事务、地震事务、气象事务、民族事务、宗教事务、港澳台侨事务、档案事务、共产党事务、民主党派及工商联事务、群众团体事务、彩票发行事务、国债事务、债券投资、其他一般公共服务支出。

(2)国防：指政府用于国防方面的支出，包括现役部队、预备役部队、民兵、国防科研事业、专项工程、国防动员等方面的支出。

(3)公共安全：指政府维护社会公共安全方面的支出，包括武装警察、公安、国家安全、检察、法院、司法行政、监狱、劳教、国家保密、缉私警察等。

(4)教育：指政府教育事务支出，包括教育管理、学前教育、小学教育、初中教育、普通高中教育、普通高等教育、中专教育、技校教育、职业高中教育、高等职业教育、广播电视教育、留学生教育、特殊教育、干部继续教育、教育机关服务等。

(5)科学技术：指用于科学技术方面的支出，包括科学技术管理事务、基础研究、应用研究、技术研究与开发、科技条件与服务、社会科学、科学技术普及、科技交流与合作等。

(6)文化体育与传媒：指政府在文化、文物、体育、广播影视、新闻出版等方面的支出。

(7)社会保障和就业：指政府在社会保障与就业方面的支出，包括社会保障和就业管理事务、民政管理事务、财政对社会保险基金的补助、补充全国社会保障基金、行政事业单位离退休、企业改革补助、就业补助、抚恤、退役安置、社会福利、残疾人事业、城市居民最低生活保障、其他城镇社会救济、农村社会救济、自然灾害生活救助、红十字事务等。

(8)医疗卫生：指政府在医疗卫生方面的支出，包括医疗卫生管理事务、医疗服务、社区卫生服务、医疗保障、疾病预防控制、卫生监督、妇幼保健、农村卫生、中医药等。

(9)节能环保：指政府节能环保的支出，包括环境保护管理事务、环境监测与监察、污染防治、自然生态保护、天然林保护工程、退耕还林、风沙荒漠治理、退牧还草、已垦草原退耕还草、能源节约利用、污染减排、可再生能源和资源综合利用等支出。

(10)城乡社区事务：指政府城乡社区事务支出，包括城乡社区管理事务、城乡社区规划与管理、城乡社区公共设施、城乡社区住宅、城乡社区环境卫生、建设市场管理与监督等。

(11)农林水事务：指政府农林水事务的支出，包括农业、林业、水利、扶贫、农业综合开发等。

(12)交通运输：指政府交通运输和邮政业方面的支出，包括公路运输、水路运输、铁路运输、民用航空运输、邮政业支出等。

(13)资源勘探电力信息等事务：指政府对资源勘探电力信息等事务支出，包括资源勘探业、制造业、建筑业、电力监管、工业和信息产业监管、安全生产监管、国有资产监管、支持中小企业发展和管理支出等。

(14)商业服务业等事务：指政府对商业服务业等事务的支出，包括商业流通事务、旅游业管理与服务、涉外发展服务支出等。

(15)金融监管等事务:指政府对金融保险业监管等事务方面的支出。

(16)国土资源气象等事务:指政府用于国土资源、海洋、测绘、地震、气象等公益服务事业方面的支出。

(17)住房保障支出:指政府用于住房保障方面的支出。

(18)粮油物资储备事务:指政府用于粮油物资储备事务方面的支出。

(19)国债还本付息支出:指政府在国债还本、付息、发行等方面的支出。

信贷资金　指金融机构以信用方式积聚和分配的货币资金。金融机构信贷资金的来源有各项存款、对国际金融机构负债、流通中货币、银行自有资金及当年结益等;信贷资金的运用有各项贷款、黄金占款、外汇占款、财政借款及在国际金融机构中的资产等。

存款　指企业、机关、团体或居民根据资金必须收回的原则,把货币资金存入银行或其他信用机构保管并取得一定利息的一种信用活动形式。根据存款对象的不同可划分为企业存款、财政存款、机关团体存款、基本建设存款、城镇储蓄存款、农村存款等科目。它是银行信贷资金的主要来源。

贷款　指银行或其他信用机构根据资金必须归还的原则,按一定利率,为企业、个人等提供资金的一种信用活动形式。我国银行贷款分为短期贷款、委托及信托类贷款、其他贷款等。

保险公司　在中国境内的、经过保险监督部门批准设立,并依法登记注册的各类商业保险公司。

保险金额　指保险人承担赔偿或者给付保险金责任的最高限额。

保费　指投保人为取得保险人在约定范围内所承担赔偿责任而支付给保险人的费用。

赔款　指保险人根据保险合同的规定,向被保险人支付的赔偿保险责任损失的金额。

给付　包括死伤医疗给付和满期给付。死伤医疗给付是指保险人根据人寿保险及长期健康保险合同的规定,因被保险人在保险期内发生保险责任范围内的保险事故支付给被保险人(或受益人)的金额。满期给付是指被保险人生存期满,保险人按人寿保险合同规定支付给被保险人的满期保险金额。

10-1 一般公共预算收入发展情况

	一般公共预算收入(万元)						发展指数(上年=100)					
	2005年	2010年	2013年	2014年	2015年	2016年	2005年	2010年	2013年	2014年	2015年	2016年
一般公共预算收入	**609566**	**1420232**	**2340480**	**2602579**	**2866887**	**3026563**	**142.4**	**118.1**	**114.0**	**111.2**	**110.2**	**109.1**
市　区	324257	876576	1429130	1597310	1754254	1812771	123.5	143.1	113.0	111.8	109.8	108.1
偃师市	59136	82410	121193	141372	159098	183198	168.9	74.0	116.5	116.7	112.5	112.2
孟津县	18220	53786	100136	116510	130741	139326	144.1	116.0	123.8	116.4	112.2	109.7
新安县	50529	121877	150279	161179	173269	194261	146.1	116.0	112.7	107.3	107.5	109.5
栾川县	58000	124939	150979	160055	172000	181369	390.9	118.0	106.6	106.0	107.5	107.5
嵩　县	12506	40039	62689	52569	57758	64685	141.8	117.3	112.8	83.9	109.9	120.9
汝阳县	11188	33558	56717	69262	77646	82105	139.4	114.2	122.4	122.1	112.1	110.9
宜阳县	15067	42699	72399	86169	97568	103399	132.6	115.8	117.1	119.0	113.2	108.0
洛宁县	10205	34268	65762	66254	74184	83180	127.3	117.7	116.8	100.7	112.0	115.1
伊川县	50458	10080	131196	151899	170369	182269	157.1	110.9	121.5	115.8	112.2	109.5

10-2 一般公共预算支出发展情况

	一般公共预算支出(万元)						发展指数(上年=100)					
	2005年	2010年	2013年	2014年	2015年	2016年	2005年	2010年	2013年	2014年	2015年	2016年
一般公共预算支出	**888674**	**2307993**	**3733705**	**4129882**	**4777578**	**5169122**	**141.5**	**112.8**	**108.2**	**110.6**	**115.7**	**108.0**
市　区	409272	1044277	1769686	1950799	2344947	2531780	135.2	122.4	106.8	110.2	120.2	107.6
偃师市	79328	158128	238456	264215	279937	296730	152.9	84.7	115.0	110.8	106.0	105.8
孟津县	35149	112458	192298	230180	253910	279181	133.9	116.6	115.0	119.7	110.3	109.5
新安县	69007	189698	236773	253879	287823	312918	127.2	110.2	103.2	107.2	113.4	108.7
栾川县	68816	145646	202656	245736	273366	297632	251.5	117.5	103.8	121.3	111.2	108.8
嵩　县	41899	119539	206269	216219	267589	288123	132.9	106.8	104.0	104.8	123.8	107.5
汝阳县	35315	98958	175338	198893	218626	237411	134.8	100.4	108.7	113.4	109.9	108.6
宜阳县	44968	141666	220288	237688	285598	307788	141.0	111.0	104.8	107.9	120.2	107.7
洛宁县	35600	117913	206976	219255	244095	277718	128.2	117.3	113.4	105.9	111.3	113.7
伊川县	69320	179710	284965	313018	321687	339841	143.1	102.6	117.6	109.8	102.8	105.6

10-3 住户年末存款余额发展情况

单位:万元

	2005年	2008年	2009年	2010年	2011年	2012年	2013年	2014年	2015年	2016年
总　计	**5952129**	**8402538**	**9926729**	**11116814**	**12330532**	**14651561**	**16598450**	**17849303**	**20640743**	**23645934**
市　区	3822121	5097707	6143368	6794877	7406345	8650732	9726601	10385486	11957015	13475257
偃师市	531107	745877	846643	965077	1117710	1345933	1546581	1718331	1989117	2226843
孟津县	232877	330108.75	395399	446474	514880	655014	770721	851206	959536	1093331
新安县	229062	357967	426619	495438	565844	686692	776341	819012	956528	1128374
栾川县	318159	537883	548734	613879	617658	664497	713653	703660	765296	874568
嵩　县	163245	255938	303663	353844	426068	530901	611922	687929	790700	939267
汝阳县	120811	218967	256193	299977	347014	437089	506565	558562	650831	740738
宜阳县	175732	268668	312423	369949	437449	535276	625151	690841	819096	989484
洛宁县	113132	187312	220023	259825	312353	400266	466869	511472	603970	736477
伊川县	245883	402110	473664	517474	585211	745161	854046	922804	1148654	1441595

注：2014年及以前年份为城乡居民年末储蓄余额。(下表同)

10-4 住户年末存款余额发展指数

上年=100

	2005年	2008年	2009年	2010年	2011年	2012年	2013年	2014年	2015年	2016年
总　计	**114.7**	**120.9**	**118.1**	**112.0**	**110.9**	**118.8**	**113.3**	**107.5**	**115.6**	**114.6**
市　区	119.7	121.3	120.5	110.6	109.0	116.8	112.4	106.8	115.1	112.7
偃师市	113.8	119.0	113.5	114.0	115.8	120.4	114.9	111.1	115.8	112.0
孟津县	114.3	117.1	119.8	112.9	115.3	127.2	117.7	110.4	112.7	113.9
新安县	121.1	121.3	119.2	116.1	114.2	121.4	113.1	105.5	116.8	118.0
栾川县	140.5	120.6	102.0	111.9	100.6	107.6	107.4	98.6	108.8	114.3
嵩　县	121.1	118.1	118.6	116.5	120.4	124.6	115.3	112.4	114.9	118.8
汝阳县	120.0	121.6	117.0	117.1	115.7	126.0	115.9	110.3	116.5	113.8
宜阳县	115.8	119.3	116.3	118.4	118.2	122.4	116.8	110.5	118.6	120.8
洛宁县	114.0	124.3	117.5	118.1	120.2	128.1	116.6	109.6	118.1	121.9
伊川县	121.3	124.0	117.8	109.2	113.1	127.3	114.6	108.1	124.5	125.5

10-5 预算内财政收入(2016年)

单位:万元

	决算数			
	合　计	地　级	县　级	乡镇级
财政收入合计	**3603486**	**1439263**	**1631701**	**532522**
一般公共预算收入	**3026563**	**1071621**	**1431906**	**523036**
税收收入	1984004	707802	847554	428648
增值税	554814	207839	232923	114052
营业税	301376	139601	69944	91831
企业所得税	186943	87963	75435	23545
企业所得税退税				
个人所得税	60444	32523	22002	5919
资源税	47370	9	32947	14414
城市维护建设税	124700	61861	49003	13836
房产税	63017	7704	44712	10601
印花税	25699	4370	16609	4720
城镇土地使用税	71652	8086	41912	21654
土地增值税	124936	21490	87909	15537
车船税	22721	331	17328	5062
耕地占用税	241172	29489	124676	87007
契税	147000	106536	29844	10620
烟叶税	12160		2310	9850
其他税收收入				
非税收入	1042559	363819	584352	94388
专项收入	117830	78512	37892	1426
行政事业性收费收入	253517	57150	184825	11542
罚没收入	53440	15805	37635	
国有资本经营收入	116783	51597	30464	34722
国有资源(资产)有偿使用收入	229573	85667	139921	3985
其他收入	271416	75088	153615	42713
基金预算收入	**570467**	**362186**	**198795**	**9486**
国有资本经营收入	**6456**	**5456**	**1000**	

10-6 预算内财政支出(2016年)

单位：万元

	决算数			
	合计	地级	县级	乡镇级
财政支出合计	**5945816**	**1962602**	**3571647**	**411567**
一般公共预算支出	**5169122**	**1559178**	**3239143**	**370801**
一般公共服务	485510	105442	274053	106015
外交				
国防	3439	2590	849	
公共安全	256222	122951	131870	1401
教育	944713	203119	726670	14924
科学技术	93307	33867	51141	8299
文化体育与传媒	88349	53311	31934	3104
社会保障和就业	467230	149504	305215	12511
医疗卫生与计划生育	487485	87846	387135	12504
节能环保	96634	26065	59339	11230
城乡社区	756898	336606	361852	58440
农林水	594694	66881	402937	124876
交通运输	263440	142290	118269	2881
资源勘探电力信息等	118869	68708	41604	8557
商业服务业等	39771	19486	19590	695
金融	19521	18497	1024	
援助其他地区	358	2	356	
国土海洋气象等	37290	2970	33974	346
住房保障	284014	93084	189324	1606
粮油物资储备	12138	5449	6689	
其他支出	76650	6119	67279	3252
债务付息支出	42590	14391	28039	160
债务发行费用支出				
基金预算支出	**775712**	**402724**	**332222**	**40766**
国有资本经营支出	**982**	**700**	**282**	

10-7 分县(市)一般公共预算收入(2016年)

单位:万元

	洛阳市	偃师市	孟津县	新安县	栾川县	嵩　县	汝阳县	宜阳县	洛宁县	伊川县
一般公共预算收入	**3026563**	**183198**	**139326**	**194261**	**181369**	**64685**	**82105**	**103399**	**83180**	**182269**
税收收入	1984004	115890	89910	127656	113493	41154	65668	63317	51906	115658
国内增值税(含改征增值税)	554814	35822	22524	38406	36132	6242	12218	19361	11802	31049
营业税	301376	12897	14613	13237	23004	6716	10789	9509	4798	17466
企业所得税	186943	15780	7139	5991	8332	4870	3008	5779	3939	7814
企业所得税退税										
个人所得税	60444	1805	1491	1650	1619	656	1269	1085	807	1593
资源税	47370	1132	726	12158	18595	4590	4531	1315	3827	454
城市维护建设税	124700	7069	3191	4534	4540	844	1944	2372	1442	3297
房产税	63017	2562	2745	3135	2084	444	1548	2205	647	3534
印花税	25699	816	914	1418	1248	344	442	618	382	2470
城镇土地使用税	71652	6399	5599	8008	1929	889	3720	4250	608	6599
土地增值税	124936	5547	3686	9105	513	856	1379	1887	782	6452
车船税	22721	1299	1445	1110	669	353	526	736	311	965
耕地占用税	241172	20715	19591	24118	11277	12454	21163	8761	17617	15383
契税	147000	4047	4969	4356	3356	924	1526	2685	980	17619
烟叶税	12160		1277	430	195	972	1605	2754	3964	963
其他税收收入										
非税收入	1042559	67308	49416	66605	67876	23531	16437	40082	31274	66611
专项收入	117830	6056	3360	8704	5043	2851	2788	2898	1578	5842
行政事业性收费收入	253517	4438	7608	38518	39032	15348	9072	34569	6867	19043
罚没收入	53440	4117	2577	13048	1588	2072	2005	510	1813	6160
国有资本经营收入	116783	37942	1000	1249	2179				16376	6435
国有资源(资产)有偿使用收入	229573	1281	1383	4066	9673	2467	911	1853	3810	11425
捐赠收入	14123	243	61	121	10107	74	830		581	33
政府住房基金收入	18259	16	195	147	82	98	124	238	229	112
其他收入	239034	13215	33232	752	172	621	707	14	20	17561
政府性基金预算收入合计	**570467**	**11368**	**31725**	**16064**	**30762**	**12280**	**11446**	**39096**	**7278**	**44487**

10-8 分县(市)一般公共预算支出(2016年)

单位：万元

	洛阳市	偃师市	孟津县	新安县	栾川县	嵩　县	汝阳县	宜阳县	洛宁县	伊川县
一般公共预算支出	**5169122**	**296730**	**279181**	**312918**	**297632**	**288123**	**237411**	**307788**	**277718**	**339841**
一般公共服务	485510	30888	23204	23988	20161	17943	29939	30796	31216	26593
国防	3797				277				250	
公共安全	256222	12221	13255	10625	10055	8414	9570	13744	11877	13592
教育	944713	78006	59958	78481	65258	68207	57525	66210	53636	82089
科学技术	93307	8605	2955	7248	3776	2008	3384	5030	3274	3707
文化体育与传媒	88349	3710	4037	4314	2360	2722	1665	3083	4952	2416
社会保障和就业	467230	31801	20477	31614	14521	24033	24409	25703	21550	39626
医疗卫生与计划生育	487485	35340	29484	35044	23984	37870	30489	41907	32306	66973
节能环保	96634	5593	7368	9347	15447	8814	2256	4870	4765	7516
城乡社区	756898	16382	21417	16554	30286	12056	5355	20036	19766	15358
农林水	594694	52995	56603	40153	50409	71107	45509	58180	64692	51232
交通运输	263440	7812	6061	22725	25424	9753	7231	10320	11043	8802
资源勘探信息等	118869	1494	8703	1806	16456	1229	940	2531	1197	5270
商业服务业等	39771	412	3115	3897	4100	1346	670	1088	741	384
金融支出	19521		334	30	21	28		7		
国土海洋气象等	37290	1763	2446	3119	3505	7015	3836	5084	2944	1880
住房保障	284014	7749	12522	14940	4895	11905	11979	10357	11350	9398
粮油物资储备	12138	629	707	534	449	533	741	1102	898	1096
债务付息支出	42590	1320	3490	2266	3784	2417	1771	2222	1150	2178
其他支出	76650	10	3045	6233	2464	723	142	5518	111	1731
政府性基金预算支出	**775712**	**17997**	**41019**	**26531**	**23233**	**34115**	**19201**	**50345**	**18936**	**60262**

10-9 税收收入分级别分税种(地税局)(2016年)

单位：万元

	合 计	中 央	省 级	市(地)级	县(区)级
总 计	**1632424**	**170910**	**22528**	**451889**	**987097**
税收合计	**1505118**	**170910**	**297**	**370339**	**963572**
增值税	1919	892		418	609
营业税	329027	4707	272	134444	189604
企业所得税	124990	74994		16826	33170
个人所得税	150530	90317		29031	31182
资源税	47370				47370
固定资产投资方向调节税					
城市维护建设税	143399		25	60941	82433
房产税	62595			2004	60591
印花税	25676			1391	24285
城镇土地使用税	71624			269	71355
土地增值税	124935			3621	121314
车船税	22721				22721
车辆购置税					
烟叶税	12160				12160
耕地占用税	241171			14857	226314
契税	147001			106537	40464
非税收入合计	**127306**		**22231**	**81550**	**23525**
教育费附加收入	64859		15	48615	16229
地方教育附加	43247		21623	16201	5423
文化事业建设费收入	49				49
海上石油矿区使用费收入					
税务部门罚没收入	66		66		
残疾人就业保障基金	8401		527	6050	1824
其他非税收入	10684			10684	

10-10 税收收入分企业类型(地税局)(2016年)

单位：万元

	合计	国有企业	集体企业	股份合作企业	联营企业	股份公司	私营企业	其他内资企业	港澳台资企业	外商投资企业	个体经营
税收合计	**1505118**	**121720**	**11338**	**6400**	**36**	**996188**	**61616**	**148116**	**39007**	**23770**	**96927**
增值税	1919			2		132		15			1770
营业税	329027	8996	4417	4609	10	276606	14412	4325	4312	1644	9696
企业所得税	124990	1526	2305	2	4	114737	6244	81	69	22	
个人所得税	150530	21831	1275	988		91490	4351	404	1890	5830	22471
资源税	47370	1197				26067	1952	66	14319	1240	2529
固定资产投资方向调节税											
城市维护建设税	143399	26017	753	484	5	100302	3975	329	3276	5261	2997
房产税	62595	6335	741	187	13	42391	2646	954	4494	2084	2750
印花税	25676	1572	133	80	1	20062	1298	180	999	760	591
城镇土地使用税	71624	6444	346	40	3	53291	3204	1731	4076	2000	489
土地增值税	124935	447	76	6		104141	5870	4726	5332	3670	667
车船税	22721	6797	39	2		14869	17		224	558	215
车辆购置税											
烟叶税	12160	12160									
耕地占用税	241171	28124	1174			134476	15982	52107		682	8626
契税	147001	274	79			17624	1665	83198	16	19	44126
其他税收											

10-11　税收收入分产业类型(地税局)(2016年)

单位：万元

	合　计	增值税	营业税	企业所得税	个人所得税	城建税	印花税	房产税
税收合计	**1505118**	**1919**	**329027**	**124990**	**150530**	**143399**	**25676**	**62595**
第一产业	2562				55	4	60	5
第二产业	517045		135989	59897	53975	89570	11604	28528
采矿业	69740			4612	3522	3551	794	2304
制造业	182059			16118	28239	64933	7221	21093
电力、热力、燃气及水的生产和供应业	32193		-1	4229	7495	7848	905	4193
建筑业	233053		135990	34938	14719	13238	2684	938
第三产业	985511	1919	193038	65093	96500	53825	14012	34062
批发和零售业	50788			1653	8433	12353	4630	3121
交通运输、仓储和邮政业	10881		24	934	2997	1002	241	971
住宿和餐饮业	9506		5211	571	731	594	41	1290
信息传输、软件和信息技术服务业	4921		51	372	1442	1135	91	1079
金融业	142998		69166	3084	29251	8550	1907	2714
房地产业	462059	1919	100127	45431	8809	14294	3922	12959
租赁和商务服务业	42253		4578	6447	8304	1960	895	1606
科学研究和技术服务	16691		697	1433	12236	800	117	830
水利、环境和公共设施管理业	15997				113	34	283	8
居民服务、修理和其他服务业	87451		11606	4516	10534	11813	1405	6874
教育	10172		564	234	3311	682	50	1174
卫生和社会工作	9230		5	45	2506	8	14	67
文化、体育和娱乐业	2274		545	262	423	110	25	399
公共管理、社会保障和社会组织	120290		464	111	7410	490	391	970
其他行业								

单位：万元

	土地使用税	土地增值税	车船税	耕地占用税	契税	资源税\烟叶税
税收合计	**71624**	**124935**	**22721**	**241171**	**147001**	**59530**
第一产业	27			2372	39	
第二产业	45349	8253	56	32080	4374	47370
采矿业	3792		34	3780	97	47254
制造业	34117	207	18	8250	1747	116
电力、热力、燃气及水的生产和供应业	5384		4	1756	380	
建筑业	2056	8046		18294	2150	
第三产业	26248	116682	22665	206719	142588	12160
批发和零售业	3547	294	5	3581	1011	12160
交通运输、仓储和邮政业	1071		164	2989	488	
住宿和餐饮业	399	9		646	14	
信息传输、软件和信息技术服务业	749			1	1	
金融业	513	3221	22322	14	2256	
房地产业	14839	101848	6	45226	112679	
租赁和商务服务业	1599	2301	34	13015	1514	
科学研究和技术服务	413			19	146	
水利、环境和公共设施管理业	60			15499		
居民服务、修理和其他服务业	2436	4500	18	29131	4619	
教育	236	3909		12		
卫生和社会工作	15			6152	418	
文化、体育和娱乐业	231			279		
公共管理、社会保障和社会组织	141	600	116	90155	19442	
其他行业						

10-12 税收收入分级别分税种(国税局)(2016年)

单位：万元

	入库收入	中 央 级	省 级	市(地)级	县(区)级
总　计	**2208901**	**1505699**	**21646**	**245186**	**436370**
税收合计	**2335496**	**1633251**	**20796**	**245111**	**436338**
增值税	1270557	714461	11042	181002	364052
消费税	597892	597892			
企业所得税	369721	223575	9754	64106	72286
个人所得税	7	4		3	
车辆购置税	97319	97319			
出口退税	**-127721**	**-127721**			
非税收收入	**1126**	**169**	**850**	**75**	**32**

10-13 税收收入分企业类型(国税局)(2016年)

单位：万元

	合计	国有企业	集体企业	股份合作企业	联营企业	股份公司	私营企业	其他企业	港澳台资企业	外商投资企业	个体经营	附：乡镇企业
税收合计	**2335496**	**354839**	**11288**	**40754**	**121**	**1469166**	**171591**	**4122**	**73685**	**77661**	**132269**	
增值税	1270557	147505	10392	4443	85	797920	146711	3316	60701	51387	48097	
一般纳税人	1129477	132788	3648	3075	29	734670	124493	1530	59543	51084	18617	
小规模纳税人	141080	14717	6744	1368	56	63250	22218	1786	1158	303	29480	
消费税	597892	174159				422215	71		142	1163	142	
企业所得税	369721	32834	814	35860	30	241529	20706	61	12801	25086		
个人所得税	7										7	
车辆购置税	97319	341	82	451	6	7502	4103	745	41	25	84023	

10-14 税收收入分产业类型(国税局)(2016年)

单位：万元

	合 计	增值税			消费税	企业所得税		个 人	车 辆	其 他
			一般纳税人	小规模纳税人		内 资	外 资	所得税	购置税	各 税
税收合计	**2335496**	**1270557**	**1129477**	**141080**	**597892**	**331834**	**37887**	**7**	**97319**	
第一产业	1293	394	211	183	1	159			739	
第二产业	1537017	866111	790648	75463	537356	103553	27608		2389	
采矿业	90211	77340	76863	477		9567	3137		167	
制造业	1151486	533185	529090	4095	537356	77939	1368		1638	
电力、热力、燃气及水的生产和供应业	168338	133389	133354	35		11691	23094		164	
建筑业	126982	122197	51341	70856		4356	9		420	
第三产业	797186	404052	338618	65434	60535	228122	10279	7	94191	
批发和零售业	254580	164040	132011	32029	60522	26964	963		2091	
交通运输、仓储和邮政业	32985	25685	23209	2476		1012	11		6277	
住宿和餐饮业	3220	3076	1807	1269		58	41		45	
信息传输、软件和信息技术服务业	11304	10714	10040	674		474	64		52	
金融业	227248	62043	61677	366	13	164612	487		93	
房地产业	135401	106724	91160	15564		20738	7637		302	
租赁和商务服务业	20744	12638	5619	7019		6573	1056		477	
科学研究和技术服务业	14339	8097	5592	2505		6042	7		193	
水利、环境和公共设施管理业	473	255	116	139		140			78	
居民服务、修理和其他服务业	9281	8323	5459	2864		697	10		251	
教育	1316	1047	815	232		4	2		263	
卫生、社会工作	104	10		10		12			82	
文化、体育和娱乐业	2153	1318	1113	205		795	1		39	
公共管理、社会保障和社会组织	60111	82		82					60029	
其他行业	23927					1		7	23919	

10-15 金融机构人民币信贷收支(2016年)

单位：万元

资金来源	年末余额	资金运用	年末余额
资金来源总计	**53212838**	**资金运用总计**	**53212838**
各项存款	**49823792**	**各项贷款**	**30119020**
境内存款	49813421	境内贷款	30118538
住户存款	23645934	住户贷款	8520042
活期存款	8100208	短期贷款	3263821
定期及其他存款	15545726	消费贷款	617823
非金融企业存款	19527640	经营贷款	2645997
活期存款	5751493	中长期贷款	5256221
定期及其他存款	13776147	消费贷款	4645858
广义政府存款	5500773	经营贷款	610363
财政性存款	518324	非金融企业及相关团体贷款	21598495
机关团体存款	4982449	短期贷款	9957398
非银行业金融机构存款	1139075	中长期贷款	7099936
境外存款	10370	票据融资	3206103
金融债券	**749614**	融资租赁	1279007
境外发行		各项垫款	56052
卖出回购资产		境外贷款	482
借款及非银行业金融机构拆入	**80**	**债券投资**	**4865856**
联行往来(净)		**股权及其他投资**	**5386838**
应付及暂收款	**980465**	**买入返售资产**	**35485**
各项准备	**1039218**	**存放非银行业金融机构款项**	**133**
所有者权益	**2975094**	**联行往来(净)**	**11974411**
实收资本	885633	境内存放二级准备金	1260079
其他	**-2355425**	**金银占款**	
		外汇买卖	
		应收及预付款	**417211**
		投资性房地产	
		固定资产	**413885**

10-16 中资全国性四家大型银行人民币信贷收支(2016年)

单位：万元

资金来源	年末余额	资金运用	年末余额
资金来源总计	**16672221**	**资金运用总计**	**16672221**
各项存款	**16078086**	**各项贷款**	**10351528**
境内存款	16068749	境内贷款	10351371
住户存款	9910754	住户贷款	4028164
活期存款	4079130	短期贷款	407690
定期及其他存款	5831624	消费贷款	295807
非金融企业存款	3282905	经营贷款	111883
活期存款	1401312	中长期贷款	3620473
定期及其他存款	1881593	消费贷款	3484794
广义政府存款	2800096	经营贷款	135679
财政性存款	1323	非金融企业及相关团体贷款	6323207
机关团体存款	2798773	短期贷款	1971229
非存款类金融机构存款	74994	中长期贷款	2904595
境外存款	9336	票据融资	144704
金融债券		融资租赁	
境外发行		各项垫款	5679
卖出回购资产		境外贷款	157
借款及非银行业金融机构拆入		**债券投资**	**-1348**
联行往来(净)		**股权及其他投资**	
应付及暂收款	**292145**	**买入返售资产**	
各项准备	**152111**	**存放非银行业金融机构款项**	
所有者权益	**216859**	**联行往来(净)**	**6149174**
实收资本		境内存放二级准备金	754801
其他	**-66980**	**金银占款**	
		外汇买卖	
		应收及预付款	**42847**
		投资性房地产	
		固定资产	**130020**

10-17 股份制商业银行人民币信贷收支(2016年)

单位：万元

资金来源	年末余额	资金运用	年末余额
资金来源总计	**10287092**	**资金运用总计**	**10287092**
各项存款	**9758115**	**各项贷款**	**5587364**
境内存款	9757446	境内贷款	5587039
住户存款	2031590	住户贷款	1273375
活期存款	638056	短期贷款	430854
定期及其他存款	1393534	消费贷款	84891
非金融企业存款	6746323	经营贷款	345963
活期存款	1327970	中长期贷款	824521
定期及其他存款	5418353	消费贷款	709248
广义政府存款	639316	经营贷款	133273
财政性存款	47	非金融企业及相关团体贷款	4313664
机关团体存款	639269	短期贷款	2307149
非存款类金融机构存款	340217	中长期贷款	1698532
境外存款	669	票据融资	278328
金融债券		各项垫款	29655
境外发行		境外贷款	325
卖出回购资产		**债券投资**	**40**
借款及非银行业金融机构拆入		**股权及其他投资**	
联行往来(净)		**买入返售资产**	
应付及暂收款	**146725**	**存放非银行业金融机构款项**	
各项准备	**89262**	**联行往来(净)**	**4648067**
所有者权益	**70926**	境内存放二级准备金	131626
实收资本		**金银占款**	
其他	**222065**	**外汇买卖**	
		应收及预付款	**22144**
		投资性房地产	
		固定资产	**29477**

10-18　金融机构本外币信贷收支(2016年)

单位：万元

资金来源	年末余额	资金运用	年末余额
资金来源总计	**53463981**	**资金运用总计**	**53463981**
各项存款	**50142233**	**各项贷款**	**30442226**
境内存款	50131150	境内贷款	30407058
住户存款	23830170	住户贷款	8520235
活期存款	8199995	短期贷款	3264006
定期及其他存款	15630175	消费贷款	618009
非金融企业存款	19660991	经营贷款	2645997
活期存款	5828531	中长期贷款	5256229
定期及其他存款	13832460	消费贷款	4645866
广义政府存款	5500773	经营贷款	610363
财政性存款	518324	非金融企业及相关团体贷款	21886823
机关团体存款	4982449	短期贷款	10059009
非银行业金融机构存款	1139217	中长期贷款	7286652
境外存款	11082	票据融资	3206103
金融债券	**749614**	融资租赁	1279007
境外发行		各项垫款	56052
卖出回购资产		境外贷款	35167
借款及非银行业金融机构拆入	**887**	**债券投资**	**4865856**
联行往来(净)		**股权及其他投资**	**5386838**
应付及暂收款	**990608**	**买入返售资产**	**35485**
各项准备	**1041289**	**存放非银行业金融机构款项**	**14895**
所有者权益	**2981936**	**联行往来(净)**	**11886786**
实收资本	885633	境内存放二级准备金	1263397
其他	**-2442586**	**金银占款**	
		外汇买卖	
		应收及预付款	**418010**
		投资性房地产	
		固定资产	**413885**

10-19　农村商业银行人民币信贷收支(2016年)

单位：万元

资金来源	年末余额	资金运用	年末余额
资金来源总计	**12763489**	**资金运用总计**	**12763489**
各项存款	**9335256**	**各项贷款**	**5906136**
境内存款	9775256	境内贷款	5906136
个人存款	5501528	短期贷款	4608577
活期储蓄存款	1429497	个人贷款及透支	1776346
定期储蓄存款	4019471	个人消费信贷	139629
结构性存款	10000	单位贷款及透支	2832231
单位存款	3833728	经营贷款及透支	2828541
活期存款	1127737	固定资产贷款	3690
定期存款	1564367	非存款类金融机构贷款	
保证金存款	1117624	中长期贷款	1281731
结构性存款	5000	个人贷款	269615
国库定期存款		个人消费贷款	57008
非存款类金融机构存款		单位贷款	1012116
境外存款	20489	经营贷款	964246
代理财政性存款		固定资产贷款	47870
金融债券	**897679**	各项垫款	15828
境外发行	304500	境外贷款	
卖出回购资产	**950954**	**债券投资**	**2786676**
向中央银行借款	**80**	**股权及其他投资**	**106025**
银行业存款类金融机构往来		**买入返售资产**	**557241**
借款及非存款类金融机构拆入	**215965**	**存放中央银行存款**	**2574834**
联行往来(净)	**145963**	**缴存中央银行财政性存款**	**204**
应付及暂收款	**61298**	**银行业存款类金融机构往来**	**682014**
应付利息	977268	**存放非存款类金融机构款项**	
其他负债	**360473**	**联行往来**	**246069**
所有者权益		境内存放二级准备金	
实收资本		**库存现金**	**52402**
		应收及预付款	**108531**
		应收利息	69275
		投资性房地产	
		固定资产	**178387**
		其他资产	**27220**
		减:各项准备	**462250**
		贷款损失准备	454661

10-20 保险业务情况

单位：万元

	2010年	2013年	2014年	2015年	2016年
保费收入	**652380**	**708064**	**814545**	**898824**	**1110675**
财产保险	104823	198884	237472	247314	268681
机动车辆险	94392	157865	191442	207085	231190
企业财产险	5560	5813	5242	3923	4384
家庭财产险	97	210	245	274	298
人身保险	547557	509180	577072	651510	841994
寿险	516019	461492	498938	555855	723058
健康险	24433	36986	64557	81616	103820
意外伤害险	7105	10702	13577	14040	115116
赔款及给付	**132750**	**257951**	**269977**	**377788**	**408037**
财产保险	51657	90307	102921	118397	119794
机动车辆险	43171	75264	88668	97812	100148
企业财产险	5480	2042	1950	1380	961
家庭财产险	76	35	26	26	42
人身保险	81092	167644	167057	259392	288243
寿险	67047	156679	147458	235310	261128
健康险	11682	7712	15242	20891	23332
意外伤害险	2363	3253	4356	3190	3783

十一、社会与科技事业

SOCIAL SCIENTIFIC AND TECHNOLOGICAL UTILITIES

资料整理:陈秀根　孙　莉　张静静

主要统计指标解释

在园幼儿数 指在单独设立的、小学附设的学前班、幼儿班及托儿所附设的幼儿班的幼儿数。托幼混合班仅统计三至周六岁的幼儿数。不包括季节性的农忙时临时组织的幼儿园。

学前教育毛入园率 指学前教育在学人数占国家规定的年龄组人口数的比重。

小学学龄儿童净入学率 指小学学龄人口中正在接受小学教育人数所占比重。

小学五年巩固率 指小学五年级在校学生中,能够从一年级连续学习五年的学生数占入学时本年级学生数比重。

初中阶段毛入学率 指初中阶段在校学生总数与12－14岁学龄组人口数的比重。

初中三年巩固率 指初中三年级在校学生中,能够从一年级连续学习三年的学生占入学时本年级学生数比重。

高中阶段毛入学率 指高中阶段(包括普通高中、职业高中、中等专业学校、技工学校、成人中等专业学校、成人高中)在校学生总数与15－17岁学龄组人口数的比重。

特殊教育 指独立设置的招收盲聋哑和残疾儿童,以及其他特殊需要的儿童,青少年进行普通或职业初中,中等教育的教学。

普通高等学校 指按国家规定的设置标准和审批程序批准建立的,通过全国普通高等教育统一招生考试,招收高中毕业生为主要培养对象,实施高等学历教育的全日制大学、独立设置的学院和高等专科学校、高等职业学校和其他机构。

成人高等学校 指国家规定的设置标准和审批程序批准举办的,通过全国成人高等教育统一招生考试,招收具有高中毕业或同等学历的人员为主要培养对象,利用函授、业余、脱产的多种形式对其实施高等学历教育的学校。包括职工高等学校、农民高等学校、管理干部学院、教育学院、独立函授学院、广播电视大学、其他机构。其他机构是承担国家成人招生计划任务不计校数的机构。

艺术表演团体 指由文化部门主办或实行行业管理(经文化行政部门审批或已申报登记并领取相关许可证),专门从事表演艺术等活动的各类专业艺术表演团体,含民间职业剧团。不包括群众业余文艺表演团队。

艺术表演场馆 指由文化部门主办或实行行业管理(经文化市场行政部门审批或已申报登记并领取相关许可证),有观众席、舞台、灯光设备,公开售票、专供文艺团体演出的文化活动场所。附属于文化部门机构内非独立核算的剧场、排演场,公开营业的也应单独统计。

公共图书馆 指文化部门主办的面向社会服务的图书馆。

广播节目综合人口覆盖率 是指根据国家广电总局制定的《广播电视人口覆盖率统计技术标准和方法》,在对象区内采用无线、有线、卫星等技术手段能够收听到包括中央、省、地市、县广播节目其中任意一套的人口数与总人口的比。

电视节目综合人口覆盖率 是指根据国家广电总局制定的《广播电视人口覆盖率统计技术标准和方法》,在对象区内采用无线、有线、卫星等技术手段能够收看到包括中央、省、地市、县级电视节目中任意一套的人口数与总人口的比。

等级运动员 是指经考核正式批准授予技术等级的运动员,分为国际级运动健将、运动健将、一级、二级运动员。

医疗卫生机构 指从卫生行政部门取得《医疗机构执业许可证》、《计划生育技术服务许可证》,或从民政、工商行政、机构编制管理部门取得法人单位登记证书,为社会提供医疗保健、疾病控制、卫生监督服务或从事医学科研和医学在职培训等工作的单位。医疗卫生机构包括医院、基层医疗卫生机构、专业公共卫生机构、其他医疗卫生机构。

基层医疗卫生机构 包括社区卫生服务中心、社区卫生服务站、街道卫生院、乡镇卫生院、村卫生室、门诊部、诊所(医务室)。

专业公共卫生机构 包括疾病预防控制中心、专科疾病防治机构、妇幼保健机构(含妇幼保健计划生育服务中心)、健康教育机构、急救中心(站)、采供血机构、卫生监督机构、取得《医疗机构执业许可证》或《计划生育技术服务许可证》的计划生育技术服务机构。

其他医疗卫生机构　包括疗养院、临床检验中心、医学科研机构、医学在职教育机构、医学考试中心、农村改水中心、人才交流中心、统计信息中心等卫生事业单位。

医院　指设有固定床位,能收容病人住院并能为病人提供医疗、护理服务的医疗机构。包括综合医院、中医医院、中西医结合医院、民族医院、各类专科医院和护理院,不包括专科疾病防治院、妇幼保健院和疗养院。

卫生技术人员　包括执业医师、执业助理医师、注册护士、药师(士)、检验技师(士)、影像技师(士)、卫生监督员和见习医(药、护、技)师(士)等卫生专业人员。不包括从事管理工作的卫生技术人员(如院长、副院长、党委书记等)。

执业医师　指《医师执业证》"级别"为"执业医师"且实际从事医疗、预防保健工作的人员,不包括实际从事管理工作的执业医师。执业医师类别分为临床、中医、口腔和公共卫生四类。

执业助理医师　指《医师执业证》"级别"为"执业助理医师"且实际从事医疗、预防保健工作的人员,不包括实际从事管理工作的执业医师。执业助理医师类别分为临床、中医、口腔和公共卫生四类。

注册护士　指具有注册护士证书且实际从事护理工作的人员,不包括从事管理工作的护士。

收养性单位(提供食宿的社会福利单位)　指提供食宿的、不以盈利为目的的革命伤残人休养院、复退军人慢性病疗养院、复退军人精神病院、光荣院、社会福利院、儿童福利院、精神病人福利院、老年收养性机构(敬老院、养老院、老年公寓)等收养性的社会福利企业单位的总称。

收养性单位年末在院人数(收养人数)　指收养单位报告期末实际收养的优抚对象、社会"三无"对象和自费人员的总人数。

社会福利企业单位　指以集中安置有一定劳动能力的残疾人就业为目的(残疾职工占生产人员10%以上)、带有社会福利性质的企业总称。社会福利企业分类为:社会福利工厂、假肢厂、其他福利企业。

研究与试验发展(R&D)　指在科学技术领域,为增加知识总量,以及运用这些知识去创造新的应用进行的系统的创造性的活动,包括基础研究、应用研究、试验发展三类活动。国际上通常采用R&D活动的规模和强度指标反映一国的科技实力和核心竞争力。

R&D人员　指参与研究与试验发展项目研究、管理和辅助工作的人员,包括项目(课题)组人员,企业科技行政管理人员和直接为项目(课题)活动提供服务的辅助人员。反映投入从事拥有自主知识产权的研究开发活动的人力规模。

R&D经费内部支出合计　指调查单位用于内部开展R&D活动(基础研究、应用研究和试验发展)的实际支出。包括用于R&D项目(课题)活动的直接支出,以及间接用于R&D活动的管理费、服务费、与R&D有关的基本建设支出以及外协加工费等。不包括生产性活动支出、归还贷款支出以及与外单位合作或委托外单位进行R&D活动而转拨给对方的经费支出。

R&D经费内部支出中政府资金　指R&D经费内部支出中来自各级政府部门的各类资金,包括财政科学技术拨款、科学基金、教育等部门事业费以及政府部门预算外资金的实际支出。

R&D经费内部支出中企业资金　指R&D经费内部支出中来自本企业的自有资金和接受其他企业委托而获得的经费,以及科研院所、高校等事业单位从企业获得的资金的实际支出。

专利　是专利权的简称,是对发明人的发明创造经审查合格后,由专利局依据专利法授予发明人和设计人对该项发明创造享有的专有权。包括发明、实用新型和外观设计。反映拥有自主知识产权的科技和设计成果情况。

用水总量　指分配给各类用户的包括输水损失在内的毛用水量之和,不包括海水直接利用量。按用户特性分为农业、工业、生活和生态用水四大类。

废水排放总量　为工业废水排放量、城镇生活污水排放量和集中式治理设施污水排放量之和。

工业废水排放量　指报告期内经过企业厂区所有排放口排到企业外部的工业废水量。包括生产废水、外排的直接冷却水、超标排放的矿井地下水和与工业废水混排的厂区生活污水,不包括外排的间接冷却水(清污不分流的间接冷却水应计算在废水排放量内)。

城镇生活污水排放量 指报告期内城镇居民排放生活污水的量。城镇生活包括"住宿业与餐饮业、居民服务和其他服务业、医院和独立燃烧设施以及城镇生活污染源"。

集中式治理设施污水排放量 指报告期内集中式治理设施的渗滤液排放量。集中式治理设施包括垃圾处理场(厂)和危险废物(医疗废物)集中处置厂。

化学需氧量(COD)排放量 为工业、农业、城镇生活和集中式治理设施排放的废水中COD排放量之和。

氨氮排放量 为工业、农业、城镇生活和集中式治理设施排放的废水中氨氮排放量之和。

二氧化硫排放量 指报告期内工业、城镇生活和集中式治理设施SO2排放量之和。

工业SO2排放量 指报告期内企业在燃料燃烧和生产工艺过程中排入大气的SO2总量。

烟(粉)尘排放量 指报告期内工业、城镇生活、机动车和集中式治理设施烟(粉)尘排放量之和。

工业烟(粉)尘排放量 指报告期内企业在燃料燃烧和生产工艺过程中排入大气的烟尘及工业粉尘的总质量之和。烟尘或工业粉尘排放量可以通过除尘系统的排风量和除尘设备出口烟尘浓度相乘求得。

一般工业固体废物产生量 指未被列入《国家危险废物名录》或者根据国家规定的危险废物鉴别标准、固体废物浸出毒性浸出方法及固体废物浸出毒性测定方法鉴别方法判定不具有危险特性的工业固体废物。

一般工业固体废物综合利用量 指报告期内企业通过回收、加工、循环、交换等方式,从固体废物中提取或者使其转化为可以利用的资源、能源和其他原材料的固体废物量(包括当年利用的往年工业固体废物累计贮存量)。如用作农业肥料、生产建筑材料、筑路等。

一般工业固体废物综合利用率 指一般工业固体废物综合利用量占一般工业固体废物产生量与综合利用往年贮存量之和的百分率。

一般工业固体废物处置量 指报告期内企业将工业固体废物焚烧和用其他改变工业固体废物的物理、化学、生物特性的方法,达到减少或者消除其危险成分的活动,或者将工业固体废物最终置于符合环境保护规定要求的填埋场的活动中,所消纳固体废物的量。

一般工业固体废物处置率 指一般工业固体废物处置量占一般工业固体废物产生量与处置往年贮存量之和的百分率。

城区面积 包括:市本级(1)街道办事处所辖地域;(2)城市公共设施、居住设施和市政公用设施等连接到的其他镇(乡)地域;(3)常住人口在3000人以上独立的工矿区、开发区、科研单位、大专院校等特殊区域。

建成区面积 城市行政区内实际已成片开发建设、市政公用设施和公共设施基本具备的区域。对核心城市,它包括集中连片的部分以及分散的若干个已经成片建设起来,市政公用设施和公共设施基本具备的地区;对一城多镇来说,它包括由几个连片开发建设起来的,市政公用设施和公共设施基本具备的地区组成。因此建成区范围,一般是指建成区外轮廓线所能包括的地区,也就是这个城市实际建设用地所达到的范围。

供水总量 指报告期供水企业(单位)供出的全部水量。包括有效供水量和漏损水量。

有效供水量指水厂将水供出厂外后,各类用户实际使用到的水量。包括售水量和免费供水量。

供气总量 指报告期燃气企业(单位)向用户供应的燃气数量。包括销售量和损失量

集中供热面积 指从一个或多个热源通过热网向城市的热用户供给生产和生活热能,供热企业(单位)向城市各类房屋建筑物、构筑物及其附属设施供热的全部建筑面积。

道路长度 指道路长度和与道路相通的桥梁、隧道的长度,按车行道中心线计算。

道路面积 指道路实际铺装面积和与道路相通的广场、桥梁、隧道的铺装面积(统计时,将人行道面积单独统计)。

人行道面积按道路两侧面积相加计算,包括步行街和广场,不含人车混行的道路。

排水管道长度 指所有排水总管、干管、支管、检查井及连接井进出口等长度之和。计算时应按单管计算,即在同一条街道上如有两条或两条以上并排的排水管道时,应按每条排水管道的长度相加计算。

污水排放总量 指生活污水、工业废水的排放总量,包括从排水管道和排水沟(渠)排出的污水量。

污水处理量 指污水处理厂(或污水处理装置)实际处理的污水量。包括物理处理量、生物处理量和化学处理量。

公园绿地面积 城市中向公众开放的、以游憩为主要功能,有一定的游憩设施和服务设施,同时兼有健全生态、美化景观、防灾减灾等综合作用的绿化用地。它是城市建设用地、城市绿地系统和城市市政公用设

施的重要组成部分。

生活垃圾处理量 指报告期内简易处理场和各种生活垃圾无害化处理场(厂)处理生活垃圾总量。生活垃圾简易处理量指生活垃圾简易处理场所处理的生活垃圾总量。生活垃圾无害化处理量指生活垃圾无害化处理场(厂)所处理的生活垃圾总量。

11-1　全市社会事业发展情况

	2005年	2010年	2012年	2013年	2014年	2015年	2016年
文艺表演团体(个)	15	16	12	12	9	9	9
公共图书馆藏书量(万册)	116.5	135.0	165.0	172.0	185.6	236.0	252.6
市区	64.0	71.0	97.0	98.8	105.9	144.7	141.9
各类学校数(所)	3358	5277	5000	3444	2810	3667	3505
普通高等学校	4	3	5	7	7	7	7
普通中学	455	444	456	451	431	421	427
小　学	2558	2223	2068	1722	1446	1309	1305
在校学生数(人)	1417473	1877820	1665679	1426290	1411687	1620824	1645689
普通高等学校	65085	82214	87792	118507	124241	103212	109015
研究生	775	1609	1774	1818	1726	1937	2084
普通中学	459560	426442	401150	394345	400170	405539	413994
小　学	654865	639483	615855	597872	589543	582802	589786
当年招生数(人)	413051	399866	428105	439908	426432	442887	420744
普通高等学校	17357	26097	27276	38681	39795	30666	34025
研究生	307	611	616	648	647	731	762
当年毕业生数　(人)	371331	836644	709123	400352	361142	530330	518946
普通高等学校	14828	20123	22849	27998	33129	24501	27313
研究生	143	431	547	603	646	619	619
专任教师数(人)	64736	73212	76339	79904	79149	81985	84175
普通高等学校	3055	4433	5083	5676	5777	5817	6062
普通中学	25694	26168	27018	24654	31225	31333	32093
小　学	28533	29860	29822	28719	28476	27518	27671
学龄儿童（6-11岁）(人)	565241	597239	582436	557854	589543	558410	567223
学龄儿童入学率(%)	99.98	100.00	100.00	100.00	100.00	100.00	100.00
幼儿园数(所)	213	375	576	726	817	969	1123
在园幼儿数(人)	101936	100594	162627	200972	218843	235441	262728
成人教育当年毕业人数(人)	284080	457330	348396	32602	11698	11588	146500
年末卫生机构数(个)	323	780	831	838	4124	4149	4177
医　院	106	109	111	118	119	128	132
卫生机构床位数(张)	18264	27927	31683	34149	37163	39366	44857
医　院	14093	20513	23672	26056	28265	30206	34613
年末卫生技术人员 (人)	20494	29346	33579	36430	39157	41808	43281
执业医师	6371	9363	10157	14360	15052	16162	16800

注:1.非学历教育的成人技术培训学校2013年不再统计；2.村卫生室2014年开始按卫生机构统计。

11-2 文化事业基本情况(2016年)

	文艺表演团体(个)	本年演出场次		文化馆艺术馆(个)	文化站(个)	公共图书馆	
		场次(场)	观众(千人次)			馆数(个)	藏书(万册)
总计	**9**	**2597**	**2072**	**17**	**180**	**17**	**252.6**
市区				**7**	**56**	**8**	**141.9**
九县	**9**	**2597**	**2072**	**10**	**124**	**9**	**110.7**
偃师市	2	733	504	1	11	1	26.2
孟津县				1	10	1	10.7
新安县	1	331	359	1	11	1	17.7
栾川县	1	668	528	1	14	1	15.8
嵩县	1	230	276	2	16	1	6.1
汝阳县	1	120	100	1	14	1	9.2
宜阳县	2	285	105	1	16	1	13.4
洛宁县	1	230	200	1	18	1	2.8
伊川县				1	14	1	8.9

11-3 广播电视事业情况(2016年)

	广播人口综合覆盖		电视人口综合覆盖		编辑记者	
	人口数(万人)	覆盖率(%)	人口数(万人)	覆盖率(%)	人数(人)	女性
总计	**682.7**	**97.52**	**685.7**	**97.96**	**505**	**252**
电视台本级					**259**	**155**
市辖区	190.2	100.00	190.2	100.00		
吉利区	6.9	100.00	6.9	100.00	7	4
偃师市	59.0	97.62	59.5	98.40	42	20
孟津县	45.8	99.24	45.7	98.94	7	4
新安县	51.9	98.02	52.3	98.72	70	20
栾川县	30.0	88.45	31.7	93.34	18	12
嵩县	51.8	86.48	56.0	93.46	35	10
汝阳县	47.8	99.38	48.0	99.85	19	7
宜阳县	68.5	98.50	64.7	93.05	10	2
洛宁县	47.8	97.87	48.0	98.22	14	6
伊川县	82.9	99.88	82.8	99.80	24	12

11-4　分县(市、区)教育经费情况(2016年)

单位:万元

	合　计	国家财政性教育经费	公共财政预算教育经费	民办学校中举办者投入	社会捐赠经费	事业收入	和杂费	其他教育经费
全　市	**1127904**	**960006**	**951855**	**9585**	**454**	**153517**	**132380**	**4342**
市本级	**212139**	**171432**	**171206**	**4319**	**392**	**33879**	**28719**	**2117**
老城区	18119	14768	14762	40		3311	3039	
西工区	28744	21144	21144	45		7546	7505	9
瀍河区	14111	10583	10527	322	0	2883	2833	323
涧西区	38404	29013	27954			9372	8048	19
吉利区	13979	12664	12225	233		1081	1026	0
洛龙区	71420	52804	52689	1466	0	16055	15529	1095
高新区	11514	8818	8812	77		2619	2575	0
伊滨区	27334	24955	24955	169		2209	2000	
龙门园区	4307	3395	3395	120		792	786	
偃师市	87942	77635	77635	1851		8457	7492	
孟津县	68020	59005	56376		13	8836	4933	165
新安县	85006	78481	78481		2	6455	5896	68
栾川县	70518	66769	65258	65	17	3566	3511	100
嵩　县	75067	68327	68207	20		6546	5780	174
汝阳县	61333	56421	56421			4912	4786	
宜阳县	79238	66436	66210	549	20	12219	9157	14
洛宁县	59935	53636	53636	262	10	5967	5261	60
伊川县	100775	83721	81964	47		16811	13502	196

11-5 民办学校教育基本情况(2016年)

单位：人

	学校数（所）	教职工数	#专任教师	招生数	在校生数	毕业生数
民办高等教育	11	82	56		462	581
民办高校	11	82	56		462	581
硕士						
本科学生						
专科学生						
#独立学院						
本科学生						
专科学生						
民办的其他高等教育机构						
民办中等教育	113	7352	5239	25224	64541	16980
高中阶段教育	48	3613	2545	12575	30691	7731
民办普通高中	22	2569	1814	2931	7932	1512
民办中等职业教育	26	1044	731	9644	22759	6219
初中阶段教育	65	3739	2694	12649	33850	9249
民办普通初中	65	3739	2694	12649	33850	9249
民办职业初中						
民办普通小学	46	1526	1015	8676	52841	8284
民办幼儿园	1002	18203	10458	62525	191148	54269

11-6 分学科本科学生数(2016年)

单位：人

	普通本科			成人本科		
	招生数	在校学生数	毕业生数	招生数	在校学生数	毕业生数
总计	**22721**	**82548**	**20011**	**4603**	**14127**	**5861**
其中：女性	**12795**	**44361**	**11275**	**2459**	**8448**	**3069**
其中：师范	**2375**	**8088**	**2379**			
哲学						
经济学	638	2259	572	161	290	193
法学	647	2216	595	195	342	207
教育学	1350	4635	988	132	530	229
文学	1552	6217	1852	103	287	220
#外语	782	3139	916	47	105	45
历史学	137	541	158		7	19
理学	1637	6284	1695	24	94	77
工学	8948	32828	7364	932	1750	1002
农学	943	3451	784			
医学	1672	5486	1136	2310	9610	3215
管理学	2881	10475	2669	724	1168	672
艺术学	2316	8156	2198	22	49	27

11-7 普通高等学校分学科研究生数(2016年)

单位：人

	招生数	硕士	博士	在校学生数	硕士	博士	毕业生数	硕士	博士
总计	**732**	**716**	**16**	**1982**	**1944**	**38**	**581**	**581**	
其中：女性	**374**	**370**	**4**	**974**	**958**	**16**	**285**	**285**	
哲学									
经济学	3	3		9	9		2	2	
法学	27	27		77	77		25	25	
教育学	52	52		108	108		32	32	
文学	24	24		54	54		22	22	
历史学	2	2		7	7		4	4	
理学	48	48		131	131		48	48	
工学	286	270	16	890	852	38	248	248	
农学	106	106		246	246		99	99	
医学	89	89		224	224		47	47	
军事学									
管理学	95	95		236	236		54	54	
艺术学									

11-8 普通高等学校专任教师分学历的人数(2016年)

单位：人

	合 计	正高级	副高级	中 级	初 级	无职称
总 计	**6062**	**505**	**1719**	**2540**	**987**	**311**
博 士	1519	263	540	672	16	28
硕 士	2064	46	282	1020	619	97
本科毕业	2266	192	871	769	304	130
专科以下	213	4	26	79	48	56

11-9 普通中等专业学校专任教师学历情况(2016年)

单位：人

	合 计	正高级	副高级	中 级	初 级
总 计	**2045**	**4**	**330**	**723**	**527**
博 士					
硕 士	112	3	21	29	33
本科毕业	1674		304	594	444
专科及以下	259	1	5	100	50

11-10　技工学校数、学生数和教职工数

单位：人

	2005	2010	2012	2013	2014	2015	2016
学校数(所)	23	23	23	17	17	16	24
在校学生数	38500	31784	32043	17788	11515	12103	24515
毕业生数	5300	11802	11853	8691	4357	5126	6357
招生数	15000	12485	12498	4886	4883	3627	4640
教职工数	1300	1549	1559	1066	965	799	1384

11-11　成人学校基本情况(2016年)

单位：人

	学校数(所)	教职工数	专任教师	在校学生数	招生数	毕业生数
成人高等学校	**3**	**232**	**131**	**23047**	**7561**	**11001**
广播电视大学						
职工、农民高校	3	232	131	23047	7561	11001
管理干部学院						
教育学院						
其他机构						
高校函授部、夜大学						
成人中等专业学校	**13**	**456**	**363**	**2582**	**1015**	**915**
成人中小学	**5**	**27**	**8**	**164**		**75**
成人高中						
成人初中	5	27	8	164		75
成人小学						
技术培训学校	**517**	**621**	**529**	**134489**		**134489**
职工技术培训学校	3	89	53	390		390
农民技术培训学校	514	532	476	134099		134099
其他培训机构						

11-12 普通中小学和幼儿园专任教师分学历的人数与构成

	2015年		2016年	
	绝 对 数 (人)	构 成 (%)	绝 对 数 (人)	构 成 (%)
高中教师	**8977**	**100.00**	**9164**	**100.00**
大学本科毕业及以上的	8793	97.95	9025	98.48
大学专科毕业	177	1.97	138	1.51
高中阶段毕业及以下	7	0.08	1	0.01
初中教师	**19654**	**100.00**	**20052**	**100.00**
大学本科毕业及以上的	15235	77.51	16058	80.09
大学专科毕业	4264	21.70	3881	19.35
高中阶段毕业	155	0.79	113	0.56
高中阶段毕业以下				
小学教师	**30220**	**100.00**	**30548**	**100.00**
大学专科毕业及以上的	27666	91.55	28434	93.08
高中阶段毕业	2554	8.45	2114	6.92
高中阶段毕业以下				
幼儿园教师	**11061**	**100.00**	**12691**	**100.00**
大学专科毕业及以上的	7553	68.28	8787	69.24
高中阶段毕业	3139	28.38	3458	27.25
高中阶段毕业以下	369	3.34	446	3.51

11-13　分县(市、区)各级普通学校生师比(2016年)

	普通小学	初　中	普通高中	中等职业学校
全　市	**19.31**	**13.91**	**14.73**	**21.84**
老城区	20.31	11.55	14.31	28.01
西工区	21.94	13.32	14.77	26.68
瀍河区	18.68	10.79	14.76	18.75
涧西区	21.12	13.89	13.62	13.41
吉利区	13.49	8.82	18.45	
洛龙区	25.58	15.52	14.61	33.09
高新区	24.04	12.44	15.86	11.30
伊滨区	14.91	11.63	10.71	30.55
龙门园区	20.66	18.39		
偃师市	13.79	10.29	13.53	3.50
孟津县	15.56	12.84	13.78	15.15
新安县	19.93	15.15	12.88	34.28
栾川县	20.97	14.18	13.54	17.27
嵩　县	23.03	15.74	17.24	28.36
汝阳县	20.88	16.84	17.46	10.13
宜阳县	18.27	14.79	15.58	12.53
洛宁县	19.17	15.38	16.25	20.96
伊川县	18.50	13.68	15.91	7.14

11-14　分县(市、区)每万人口各级学校平均在校生数(2016年)

单位：人

	学前教育	小　学	初中阶段	高中阶段	高等教育
全　市	**389.60**	**874.70**	**413.70**	**361.00**	**200.00**
老 城 区	273.30	564.90	170.80	1693.60	24.00
西 工 区	325.60	866.00	396.50	462.70	134.20
瀍 河 区	299.00	733.70	324.20	656.40	183.60
涧 西 区	211.00	741.80	384.30	306.50	1135.10
吉 利 区	419.90	656.10	315.60	170.40	
洛 龙 区	568.10	1050.10	470.40	588.20	1582.80
高 新 区	311.70	640.40	157.50	94.80	
伊 滨 区	241.20	622.60	335.50	390.80	
龙门园区	602.30	1012.00	235.90		
偃 师 市	303.00	671.60	323.20	218.00	
孟 津 县	322.60	719.90	386.30	385.90	
新 安 县	290.20	795.70	446.10	539.90	46.60
栾 川 县	405.60	820.40	357.80	282.50	
嵩　县	475.10	1123.10	497.30	302.30	
汝 阳 县	564.50	1212.90	560.60	233.80	
宜 阳 县	351.70	836.00	458.00	243.10	
洛 宁 县	538.20	935.10	455.60	202.40	
伊 川 县	495.70	1073.70	469.30	199.70	

11-15　分县(市、区)普通高等学校(机构)基本情况(2016年)

单位:人

	学校数(所)	教职工数	专任教师	在校学生数	招生数	毕业生数
全　市	**7**	**8158**	**6062**	**109015**	**34025**	**27313**
老城区						
西工区	1	450	284	4708	2124	1492
瀍河区	1	325	235	3502	2011	257
涧西区	1	3215	2262	38321	9885	9246
吉利区						
洛龙区	3	3593	2780	60249	18858	16128
偃师市						
孟津县						
新安县	1	575	501	2235	1147	190
栾川县						
嵩　县						
汝阳县						
宜阳县						
洛宁县						
伊川县						

11-16 分县(市、区)成人学校高等教育基本情况(2016年)

单位：人

	学校数(所)	教职工数	专任教师	在校学生数	招生数	毕业生数
全　市	**3**	**223**	**131**	**23047**	**7561**	**11001**
老城区						
西工区				60		44
瀍河区						
涧西区	3	223	131	18926	6212	8692
吉利区						
洛龙区				4061	1349	2265
高新区						
伊滨区						
龙门园区						
偃师市						
孟津县						
新安县						
栾川县						
嵩　县						
汝阳县						
宜阳县						
洛宁县						
伊川县						

注：不包含普通高等教育学校中的成人教育学生数。

11-17 分县(市、区)中等职业学校基本情况(2016年)

单位：人

	学校数(所)	教职工数	#专任教师	#双师型	招生数	在校学生数	毕业生数	#获得职业资格证书	预计毕业生数
全　市	**68**	**4564**	**3623**	**456**	**32300**	**83897**	**26876**	**23281**	**25526**
老城区	6	346	243	45	2640	6919	2539	2467	1953
西工区	8	404	311	94	3278	8379	2817	2668	2480
瀍河区	8	385	299	21	1654	5906	3310	2031	2090
涧西区	3	242	199	22	1181	2964	795	793	837
吉利区	1	38	26						
洛龙区	6	406	331	60	5286	12806	2910	2732	3535
高新区	1	14	10			113	147	50	113
伊滨区	5	469	319		4502	9775	2573	1826	2713
龙门园区									
偃师市	4	197	177		252	620	278	196	204
孟津县	5	287	232	38	1991	4968	2946	2805	1430
新安县	3	463	425	64	4809	14568	3979	3867	4904
栾川县	1	206	168	31	1073	3160	597	71	965
嵩　县	4	281	227	39	2404	6495	1882	1858	1956
汝阳县	3	135	116	12	466	1206	480	369	366
宜阳县	5	245	206		642	2581	1130	1105	1501
洛宁县	2	91	70		972	1551	342	313	294
伊川县	3	355	264	30	1150	1886	151	130	185

11-18 分县(市、区)普通中学基本情况(2016年)

单位：人

	学校数(所)	教职工数	在校学生数	招生数	毕业生数
全 市	**427**	**35190**	**413994**	**143350**	**128366**
老城区	5	414	4494	1488	1461
西工区	14	1835	22511	7678	7483
瀍河区	14	1330	12795	4234	3581
涧西区	20	2759	33178	11170	11230
吉利区	5	372	3368	1106	1083
洛龙区	28	2679	30279	10595	9598
高新区	5	250	2975	999	895
伊滨区	9	1061	9009	3002	2914
龙门园区	2	98	809	298	240
偃师市	37	3405	30110	10041	10344
孟津县	28	2473	27688	9027	8652
新安县	31	2636	32671	10903	10895
栾川县	19	1506	19317	6601	6451
嵩 县	27	2540	34946	12208	10450
汝阳县	35	2163	32373	11438	9114
宜阳县	59	3357	40356	13922	12177
洛宁县	41	1979	26633	9898	7611
伊川县	48	4333	50482	18742	12025

11-19 分县(市、区)普通高中基本情况(2016年)

单位：人

	学校数（所）	教职工数	#专任教师	招生数	在校学生数	#女生	毕业生数
全　市	**81**	**12649**	**11184**	**46278**	**135019**	**71827**	**41689**
老城区	1	93	84	398	1202	684	381
西工区	5	894	851	2752	8256	4530	2608
瀍河区	7	877	778	2206	6612	3385	1688
涧西区	8	1190	1010	4413	13072	6893	4522
吉利区	1	115	115	402	1181	590	247
洛龙区	10	1471	1172	3806	11133	5859	3516
高新区	2	120	96	286	1047	448	229
伊滨区	2	421	271	140	332	254	19
龙门园区							
偃师市	7	1068	949	3801	11756	6074	4079
孟津县	5	879	824	3618	11353	6100	3613
新安县	6	1033	930	3963	11298	6131	3487
栾川县	3	513	499	2405	6757	3323	2314
嵩　县	4	714	679	2860	9172	4816	3024
汝阳县	3	515	497	3183	8676	4592	2450
宜阳县	8	1119	974	4087	12306	6693	3293
洛宁县	3	483	438	2983	7119	4033	1778
伊川县	6	1144	1017	4975	13747	7422	4441

11-20 分县(市、区)普通初中基本情况(2016年)

单位：人

	学校数(所)	专任教师	在校学生数	招生数	毕业生数	初中适龄人口入学率(%)	初中在校生巩固率(%)
全　市	**346**	**20909**	**278975**	**97072**	**86677**	**100.0**	**94.6**
老城区	4	308	3292	1090	1080	100.0	105.6
西工区	9	892	14255	4926	4875	100.0	99.5
瀍河区	7	403	6183	2028	1893	100.0	100.9
涧西区	12	1498	20106	6757	6708	100.0	102.6
吉利区	4	221	2187	704	836	100.0	103.4
洛龙区	18	1150	19146	6789	6082	100.0	94.9
高新区	3	125	1928	713	666	100.0	
伊滨区	7	612	8677	2862	2895	100.0	
龙门园区	2	93	809	298	240	100.0	
偃师市	30	2155	18354	6240	6265	100.0	95.5
孟津县	23	1522	16335	5409	5039	100.0	99.6
新安县	25	1484	21373	6940	7408	100.0	99.6
栾川县	16	886	12560	4196	4137	100.0	99.3
嵩　县	23	1700	25774	9348	7426	100.0	93.5
汝阳县	32	1577	23697	8255	6664	100.0	93.9
宜阳县	51	2041	28050	9835	8884	100.0	92.3
洛宁县	38	1347	19514	6915	5833	100.0	96.5
伊川县	42	2895	36735	13767	9746	100.0	86.9

注：1. 初中适龄人口入学率=初中阶段在校学生总数/校内外初中学龄人口总数*100%
　　2. 初中在校生巩固率=2016年初中毕业生数/2013年初中招生数*100%

11-21 分县(市、区)小学基本情况(2016年)

单位：人

	学校数(所)	教职工数	专任教师	在校学生数	招生数
全 市	**1305**	**28777**	**27671**	**589786**	**104361**
老城区	18	516	513	10885	1761
西工区	30	1403	1305	31133	5360
瀍河区	15	614	589	13991	2461
涧西区	27	1752	1738	38812	6608
吉利区	9	331	313	4547	757
洛龙区	32	1387	1345	42740	8278
高新区	13	355	326	7838	1268
伊滨区	18	1057	974	16101	2892
龙门园区	5	123	119	3471	619
偃师市	45	2498	2314	38133	6437
孟津县	63	1779	1706	30445	5214
新安县	117	1850	1787	38123	6491
栾川县	37	1388	1373	28795	5337
嵩 县	284	2339	2319	58209	9784
汝阳县	212	2346	2285	51269	9440
宜阳县	117	2486	2474	51205	9420
洛宁县	141	2125	2011	40052	7044
伊川县	122	4428	4180	84037	15190

11-21续表

单位：人

	毕业生数	小学适龄人口入学率(%)	小学在校生巩固率(%)	小学毕业生升学率(%)
全　市	**96041**	**100.00**	**95.74**	**101.07**
老城区	1865	100.00	96.31	58.45
西工区	4707	100.00	100.49	104.65
瀍河区	2156	100.00	109.80	94.06
涧西区	7645	100.00	98.88	97.71
吉利区	792	100.00	100.48	88.89
洛龙区	8350	100.00	115.61	119.15
偃师市	6442	100.00	79.82	96.86
孟津县	4984	100.00	98.77	108.53
新安县	6733	100.00	90.02	103.07
栾川县	4213	100.00	101.14	99.60
嵩　县	9559	100.00	98.90	97.79
汝阳县	8161	100.00	90.43	101.15
宜阳县	9282	100.00	89.83	105.96
洛宁县	7043	100.00	92.25	98.18
伊川县	14109	100.00	95.22	97.58

注：小学在校生巩固率=2016年小学毕业生数/2010年小学招生数*100%

11-22 分县(市、区)学前教育情况(2016年)

单位：人

	幼儿园数(所)	专任教师数	#女性	在园幼儿数	#女童	#公办幼儿园
全市	**1123**	**12691**	**12600**	**262728**	**125629**	**71580**
老城区	28	405	405	5266	2525	625
西工区	49	939	928	11707	5506	6020
瀍河区	39	463	458	5702	2730	785
涧西区	37	915	911	11041	5254	7482
吉利区	16	129	127	2910	1414	1767
洛龙区	118	1588	1574	23120	10878	3487
高新区	21	309	309	3815	1809	
伊滨区	7	98	98	6237	2882	3635
龙门园区	7	72	72	2066	987	455
偃师市	61	731	728	17207	8288	3624
孟津县	58	620	614	13641	6662	6801
新安县	56	589	583	13903	6655	2573
栾川县	41	386	383	14236	6518	10305
嵩县	130	984	973	24622	11914	6979
汝阳县	83	693	690	23863	11485	9587
宜阳县	92	905	903	21542	10232	2092
洛宁县	115	1090	1088	23049	11217	1210
伊川县	165	1775	1756	38801	18673	4153

11-23 分县(市、区)特殊教育情况(2016年)

单位：人

	学校数(所)	专任教师	#女性	招生数	在校学生数	#女生	毕业生数
全　市	**14**	**310**	**233**	**444**	**2106**	**801**	**187**
老城区	1	10	9	5	51	18	5
西工区	2	72	55	49	282	133	31
瀍河区	1	4	3	4	25	12	2
涧西区	1	9	6	10	48	18	10
吉利区					7	1	
洛龙区				5	42	13	6
高新区							
伊滨区				4	7	2	
龙门园区							
偃师市	1	25	18	36	107	34	6
孟津县	1	19	14	19	110	34	11
新安县	1	29	23	50	159	75	39
栾川县	1	25	22	18	165	48	6
嵩　县	1	22	14	59	182	66	10
汝阳县	1	30	24	23	113	63	11
宜阳县	1	16	13	57	284	91	23
洛宁县	1	24	19	10	98	50	16
伊川县	1	25	13	95	426	143	11

11-24 运动员在国际国内比赛成绩

	2015年	2016年
荣获金牌数(枚)	166	120
荣获银牌数(枚)	143	110
荣获铜牌数(枚)	140	120
获团体和个人全国前六名(人次)	–	–

11-25 健身场地设施建设每年新增情况

单位：个

	2015年	2016年
各类健身场地设施数	**531**	**444**
县(市)区级全民健身活动中心	2	3
乡镇级体育健身场所		23
社区、村级农民体育健身场所	529	418

11-26 体育系统职工人数

单位：人

	2015年	省级	市级	2016年	省级	市级
总计	**254**		**254**	**234**		**234**
专职教练员	103		103	106		106
运动员						
管理干部	97		97	78		78
专职文化教师	28		28	27		27
科技人员						
医务人员	1		1	1		1
工人	25		25	22		22

11-27 等级运动员、裁判员人数

单位：人

	2015年	女	2016年	女
等级运动员人数	**119**	**31**	**135**	**47**
运动健将				
一级运动员				
二级运动员	119	31	135	47
等级裁判员人数	**494**	**80**	**229**	**65**
国家级				
一级				
二级	465	75	229	65
三级	29	5		

11-28 卫生事业发展情况

	2015年	2016年
卫生机构数(个)	**4149**	**4177**
医院、卫生院	282	286
医院	128	132
疗养院、所	1	1
门诊部、所	34	39
诊所、卫生所、医务室	347	362
乡镇卫生院	154	154
社区卫生服务中心	168	172
专科防治院(所、站)	1	1
妇幼保健所、站	16	16
卫生机构床位数(张)	**39936**	**44857**
医院、卫生院	36896	41943
医院	30206	34613
疗养院、所	100	100
门诊部、所	120	82
卫生机构人员数(人)	**58053**	**59307**
卫生技术人员	41808	43281
医生	16162	16800
护师	17412	18165

注：2014年报表制度修改，村卫生室认定为卫生机构。

11-29 卫生机构、床位、人员数(2016年)

	机构数(个)	床位数(张)	人员合计(人)	卫生技术人员	其他技术人员	管理人员	工勤人员
总　计	**4177**	**44857**	**59361**	**43281**	**2473**	**2776**	**4793**
医院合计	**132**	**34624**	**34559**	**28607**	**1537**	**1495**	**2920**
综合医院	97	25216	24798	20699	919	1083	2097
中医医院	16	5847	7384	6019	510	274	581
中西医结合医院	1	22	30	27	1	2	
专科医院	18	3539	2347	1862	107	136	242
口腔医院							
眼科医院	2		213	172	9	15	17
耳鼻喉科医院							
肿瘤医院	1		26	25	1		
心血管病医院							
胸科医院							
血液病医院							
妇产(科)医院	1		215	121	24	30	40
儿童医院							
精神病医院	3		1257	1257	55	44	72
传染病医院							
皮肤病医院							
结核病医院							
麻风病医院							
职业病医院							
骨科医院	1		43	42		1	
康复医院							
整形外科医院							
美容医院	2		94	51	1	4	38
其他专科医院	8		499	365	17	42	75
社区卫生服务中心(站)	**172**	**766**	**2716**	**2358**	**74**	**175**	**109**
卫生院	**154**	**7330**	**6063**	**4918**	**317**	**230**	**598**
村卫生室	**3108**		**7850**	**1812**			
门诊部	**39**	**82**	**702**	**574**	**12**	**24**	**92**
诊所、卫生室、医务室	**362**		**1434**	**1330**			**104**
采供血机构	**1**		**88**	**59**	**11**	**6**	**12**
妇幼保健院(所、站)	**12**	**1886**	**1975**	**1622**	**70**	**170**	**203**
专科疾病防治院(所、站)	**1**	**60**	**51**	**28**		**4**	**19**
疾病预防控制中心(防疫站)	**16**		**1021**	**637**	**82**	**140**	**162**
卫生监督所	**16**		**445**	**229**	**47**	**93**	**76**
计划生育技术服务机构	**147**		**2136**	**971**	**301**	**399**	**465**

11-30 卫生机构各类人员

单位：人

	2015年	2016年
各类人员总计	**58053**	**59361**
卫生技术人员	41808	43281
其他技术人员	2472	2473
管理人员	2878	2776
工勤人员	4720	4793
卫生技术人员	**41808**	**43281**
医生	16162	16800
注册护士	17412	18165
药剂人员	1869	1923
检验人员	1362	1411
其他	4216	4203
平均每千人口卫生技术人员	**6.2**	**6.3**
执业医师	2.4	2.5

11-31 医院床位使用情况

	2015年	2016年
床位周转次数(次)	29	29.3
床位工作日(日)	284.5	291.1
床位使用率(%)	77.95	79.76
出院者平均住院日(日)	9.7	9.5

11-32 医院、卫生院诊疗人次及入院人数(2016年)

	诊疗人次 (万人次)	入院人数 (万人)	出院人数 (万人)	每百门、急诊次的入院人数 (人)
总　计	**4260.56**	**120.06**	**120.06**	**4.69**
医院	**1451.17**	**90.75**	**90.75**	**6.37**
综合医院	1084.33	71.15	71.15	6.70
中医医院	327.11	16.24	16.25	5.00
中西医结合医院	0.34	0.01	0.01	1.98
民族医院	无	无	无	无
专科医院	39.39	3.31	3.34	8.72
护理院	无	无	无	无
基层医院卫生机构	**2658.64**	**22.64**	**22.43**	**2.29**
社区卫生服务中心(站)	297.27	0.70	0.70	0.24
卫生院	720.23	21.88	21.68	3.14
街道卫生院	无	21.88	无	无
乡镇卫生院	720.23	0.06	21.68	2.83
村卫生室	1440.55			
门诊部	31.17	0.10	0.06	
专业公关卫生机构	**149.96**	**6.91**	**6.88**	**4.74**
专科疾病防治院(所、站)	2.53	0.07	0.07	2.66
妇幼保健院(所、站)	146.72	6.84	6.82	4.77
其他机构	**0.80**			**0.31**
疗养院	0.80			0.31
临床检测中心	无	无	无	无

11-33 分县(市、区)卫生机构情况(2016年)

	卫生机构数(个)	医院	社区卫生服务中心(站)	乡镇卫生院	村卫生室	门诊部(所)	#疾病预防控制中心	#专科疾病防治院(所、站)	#妇幼保健院	#健康教育中心(所)	#卫生监督所(中心)
全　市	**4177**	**132**	**172**	**154**	**3108**	**39**	**16**	**1**	**16**		**16**
老城区	88	12	27	1	26	2	1		1		1
西工区	191	23	41	2	25	4	1		2		1
瀍河区	70	9	23	1	15		1		1		1
涧西区	210	19	65	2	17	28	1		1		1
吉利区	74	2	4	1	51		1		1		1
洛龙区	204	15	12	8	158		2		1		2
偃师市	499	7		16	403		1		1		1
孟津县	264	4		12	228		1		1		1
新安县	357	6		13	302	1	1		1		1
栾川县	236	4		14	192		1		1		1
嵩　县	376	6		16	318		1		1		1
汝阳县	257	2		15	217		1		1		1
宜阳县	423	14		18	367	4	1		1		1
洛宁县	426	4		20	370		1	1	1		1
伊川县	502	5		15	419		1		1		1

11-34 分县(市、区)卫生事业基本情况(2016年)

	床位数(张)	#医院、卫生院	#疗养院、所	卫生机构人员数(人)	卫生技术人员数(人)	#执业(助理)医师	#执业医师	#注册护士
全市	**44857**	**41943**	**100**	**59361**	**43281**	**16800**	**13172**	**18165**
老城区	760	760		1495	1231	567	421	500
西工区	6806	5734		8645	7135	2523	2375	3348
瀍河区	3497	3298		5124	4227	1467	1361	2014
涧西区	7595	7187		9196	7855	2891	2718	3642
吉利区	305	305		679	511	219	174	182
洛龙区	5182	5125		3897	2902	1087	879	1259
偃师市	2722	2669		4899	3007	1400	1064	1133
孟津县	1800	1750		2968	2029	854	537	679
新安县	2209	2149		2630	1717	711	482	591
栾川县	1889	1739		2431	1720	638	450	751
嵩县	2261	2162		3017	1754	766	480	613
汝阳县	1738	1708		2724	1729	642	429	709
宜阳县	3065	2955		4398	2808	1130	676	1063
洛宁县	2422	2026	100	2903	1726	710	424	639
伊川县	2606	2376		4355	2930	1195	702	1042

11-35　城市建设基本情况

	2015年	2016年
年底供水综合生产能力(万立方米/日)	85.70	85.70
全年供水总量(万立方米)	16167.97	14507.98
生活用水量	6941.80	7174.20
平均每人每天生活用水量(升)	117.00	121.00
用水普及率(%)	97.49	99.00
天然气家庭用量(万立方米)	3606	3962
液化石油气家庭用量(吨)	18200	17170
燃气普及率(%)	76.41	83.00
集中供热面积(万平方米)	3290	3870
道路长度(千米)	741.37	824.75
道路面积(万平方米)	2369.59	2494.85
排水管道长度(千米)	1636.92	1697.42
建成区绿化覆盖面积(公顷)	8226.00	8590
建成区绿化覆盖率(%)	39.30	39.7
公共绿地面积(公顷)	2227	2477
人均公园绿地面积(平方米)	10.33	10.46
公园个数(个)	14	14
公园面积(公顷)	767	1016.9
生活垃圾清运量(万吨)	69.15	69.24
生活垃圾无害化处理率(%)	92.35	95.42
城市污水排放量(万吨)	15179	16339
城市污水处理量(万吨)	14981	16330

11-36 社会安全基本情况

	2015年	2016年
治安案件查处数(件)	34814	28041
公安机关实有人数中女性所占比重(%)	17.69	18.34
破获强奸案件数(件)	122	122
破获拐卖妇女案件数(件)		1
破获拐卖儿童案件数(件)	4	3
破获组织强迫、引诱、容留介绍妇女等卖淫案件数(件)	14	14
解救被拐卖妇女数(人)		6
解救被拐卖儿童数(人)	4	2
刑事犯罪受害人构成(%)		
男性	61.71	91.06
女性	38.72	8.94
强奸犯罪受害人占刑事犯罪受害人的比重(%)	0.33	3.4
拐卖妇女犯罪受害人占刑事犯罪受害人的比重(%)	0.002	0.1
未成年人吸毒人数占全部吸毒人数比重(不满14岁)(%)		
未成年人吸毒人数占全部吸毒人数比重(14-17岁)(%)	1.89	0.83
刑事犯罪受害人中儿童所占比重(14岁以下)(%)	0.24	0.19
青少年作案成员占全部作案人员的比重(14-25岁)(%)	16.99	19.56

11-37 公安机关立案的刑事案件情况

	立　案（起）		构　成（%）	
	2015年	2016年	2015年	2016年
总　计	**49785**	**43564**	**100.00**	**100.00**
杀　人	35	27	0.07	0.06
伤　害	731	634	1.47	1.46
抢　劫	455	199	0.91	0.46
强　奸	156	182	0.31	0.42
拐卖人口	11	11	0.02	0.03
盗　窃	38257	31892	76.84	73.21
诈　骗	7304	8555	14.67	19.64
走　私				
伪造贩运假货币		1		0.00
其　他	2836	2063	5.70	4.74

11-38 公安机关受理的治安案件分类情况

单位：起

	2015年		2016年	
	受　理	查　处	受　理	查　处
总　计	**37275**	**34814**	**29280**	**28041**
扰乱单位秩序	315	297	271	262
扰乱公共场所秩序	308	300	236	235
寻衅滋事	435	415	414	404
阻碍执行职务	63	61	77	77
非法携带枪支、弹药、管制工具	48	48	36	35
违反危险物质管理规定	65	62	228	227
殴打他人	13385	12800	10953	10688
故意伤害	1944	1773	1482	1421
盗窃	4950	4101	4667	4247
敲诈勒索	28	24	23	22
抢夺	47	42	30	28
盗窃、损毁公共设施	60	39	55	32
伪造、编造倒卖有价票证、凭证	4	4	3	3
违反旅馆业管理	429	428	75	75
违反房屋出租管理	706	706	401	401
诈骗	655	395	622	482
卖淫、嫖娼	41	41	41	41
赌博	214	212	329	323
毒品违法活动	2762	2754	945	943
其　他	10816	10312	8392	8095

11-39 交通事故发生情况(2016年)

	发 生 数 (起)	死亡人数 (人)	受伤人数 (人)	直 接 财产损失 (万元)
总 计	**966**	**163**	**1040**	**549.4**
重大事故	148	163	88	85.7
特大事故				
一般事故	818		952	463.8
按地区分组				
老城区	76	5	74	30.0
西工区	61	11	54	2.9
瀍河区	85	6	76	25.2
涧西区	152	16	135	125.7
吉利区	19	3	20	8.1
洛龙区	272	39	275	132.7
高新区				
伊滨区				
龙管会				
偃师市	51	6	61	29.3
孟津县	16	5	17	6.7
新安县	31	20	41	47.3
栾川县	7	5	10	0.6
嵩 县	30	8	39	12.6
汝阳县	45	13	53	2.0
宜阳县	58	8	89	11.1
洛宁县	25	4	26	2.3
伊川县	10	2	9	7.2
高速大队	28	12	61	105.8

11-40 火灾事故发生情况(2016年)

	发生数(起)	死亡人数(人)	受伤人数(人)	直接经济损失(万元)	人口火灾发生率(1/10万人)	平均每起事故损失(元)
合计	**773**	**1**	**2**	**916.1**		**11851**
特大						
重大						
较大						
一般	773	1	2	916.1		11851
按地区分组						
老城区	36			14.2		3943
西工区	53			68.8		12979
瀍河区	43		2	59.6		13853
涧西区	53	1		51.1		9644
吉利区	23			7.2		3119
洛龙区	64			45.7		7144
高新区	40			53.1		13284
伊滨区	8			5.5		6856
龙门园区	3			1.7		5667
偃师市	84			78.9		9396
孟津县	59			174.1		29515
新安县	53			138.5		26134
栾川县	50			20.2		4036
嵩县	36			20.5		5700
汝阳县	27			65.6		24291
宜阳县	51			33.2		6512
洛宁县	44			20.3		4604
伊川县	40			45.5		11369
经开区	6			12.4		20633

11-41 环境保护基本情况

	2015年	2016年
水环境		
废水排放总量(万吨)	30158.93	37409.67
工业废水排放量(万吨)	6843.87	4932.23
城镇生活污水排放量(万吨)	23307.76	32469.60
集中式治理设施污水排放量(万吨)	7.30	7.83
化学需氧量排放量(吨)	65676.70	15223.27
工业废水中化学需氧量排放量(吨)	9053.32	2181.02
农业化学需氧量排放量(吨)	39358.38	372.56
城镇生活污水中化学需氧量排放量(吨)	16555.40	12294.53
集中式治理设施化学需氧量排放量(吨)	709.60	375.16
氨氮排放量(吨)	6822.49	2821.73
工业废水中氨氮排放量(吨)	546.75	172.72
农业氨氮排放量(吨)	2136.85	3.99
城镇生活污水中氨氮排放量(吨)	4065.24	2629.92
集中式治理设施氨氮排放量(吨)	73.65	15.10
地表水达标率(%)		
大气环境		
二氧化硫排放量(吨)	148980.27	40285.56
工业二氧化硫排放量(吨)	119072.50	28385.54
城镇生活二氧化硫排放量(吨)	29902.47	11900.00
集中式治理设施二氧化硫排放量(吨)	5.30	0.02
氮氧化物排放量(吨)	116997.79	58819.77
工业氮氧化物排放量(吨)	85007.90	29635.10
城镇生活氮氧化物排放量(吨)	2857.83	1553.60
机动车氮氧化物排放量(吨)	29128.00	27631.00
集中式治理设施氮氧化物排放量(吨)	4.06	0.07
烟(粉)尘排放量(吨)	57857.90	23591.34
工业烟(粉)尘排放量(吨)	43052.71	18423.86
城镇生活烟尘排放量(吨)	11200.00	1800.00
机动车烟尘排放量(吨)	3602.47	3367.00
集中式治理设施烟尘排放量(吨)	2.72	0.48

11-42 环境基本情况

	2015年	2016年
固体废物		
一般工业固体废物产生量(万吨)	3039.82	2893.88
一般工业固体废物综合利用量(万吨)	1883.35	1306.14
综合利用往年贮存量(万吨)		
一般工业固体废物综合利用率(%)	61.96	45.13
一般工业固体废物处置量(万吨)	1156.46	1587.68
处置往年贮存量(万吨)		
一般工业固体废物处置率(%)	38.04	54.86
一般工业固体废物贮存量(万吨)	0.01	0.05
一般工业固体废物倾倒丢弃量(吨)		
危险废物产生量(吨)	86443.00	52705.00
危险废物综合利用量(吨)	39857.00	37420.00
综合利用往年贮存量(吨)	34.00	740.00
危险废物综合利用率(%)	46.11	70.99
危险废物处置量(吨)	18682.00	15566.00
处置往年贮存量(吨)	5.00	411.00
危险废物处置率(%)	21.61	29.53
危险废物贮存量(吨)	27943.00	869.00
危险废物倾倒丢弃量(吨)		
生态环境		
自然保护区数(个)	4	4
国家级自然保护区(个)	2	2
自然保护区面积(万公顷)	7.91	7.91
自然灾害		
突发环境事件次数(次)	1	

11-43 婚姻登记情况

	2015年	2016年
准予登记结婚(对)	**64758**	**56463**
初婚(人)	126199	108161
再婚(人)	3317	4765
离婚(对)	**14777**	**15280**
民政部门	14777	15280

11-44 收养性社会福利单位基本情况(2016年)

	院数(个)	工作人员(人)	床位(张)	年底收养人数(人)
优抚类收养性单位	**18**	**203**	**751**	**323**
优抚休养、疗养院	15	178	600	178
光荣院	3	25	151	145
福利类收养性单位	**199**	**2191**	**18382**	**11297**
社会福利院	2	61	1030	305
儿童福利院	1	173	671	646
社会福利医院				
城镇收养性老年福利机构	47	756	4525	2752
农村收养性老年福利机构	123	893	8214	6602
其他收养性福利机构				

11-45 社会福利事业、企业单位数和工作人员

	2015年		2016年	
	机构（个）	人员（人）	机构（个）	人员（人）
总计	**91**	**3113**	**92**	**2860**
社会福利事业单位	**3**	**49**	**3**	**234**
军供转运站				
烈士纪念建筑物管理单位	7	73	6	61
救助管理站	4	45	5	57
殡葬事业单位	17	377	14	330
军队离退休干部休养所	8	128	8	128
社会福利企业单位	**52**	**2441**	**28**	**1025**
民政部门办	52	2441	28	1025
假肢厂				
安置农场				
社会办				

11-46 由国家支出的社会福利救济主要费用情况

单位：万元

	2015年	2016年
抚恤事业费	34323	34274
社会福利事业费	14838	17015
农村社会救济费(低保)	35323	27412
城镇社会救济费(低保)	23716	17470
自然灾害救济费	2388	2288
彩票发行额		

11-47 规模以上工业企业研究与发展(R&D)人员分属地情况(2016年)

单位：人

	R&D人员 合　计	#参加项目 人　员	管理和 服务人员	#女　性	#研究人员	#全时人员	非全时人员
总　计	**20644**	**19271**	**1373**	**4449**	**6672**	**13609**	**7035**
市辖区	**9665**	**9007**	**658**	**2484**	**3500**	**6522**	**3143**
老城区	12	12		3	2	11	1
西工区	675	635	40	211	321	481	194
瀍河区	98	96	2	16	27	86	12
涧西区	262	217	45	57	129	207	55
吉利区	91	91		16	38	80	11
洛龙区	967	926	41	193	303	805	162
孟津县	966	861	105	172	380	744	222
新安县	680	617	63	109	125	494	186
栾川县	652	640	12	197	58	299	353
嵩　县	28	27	1	9	9	17	11
汝阳县	138	138		37	27	121	17
宜阳县	562	562		129	151	274	288
洛宁县	143	142	1	35	37	123	20
伊川县	1420	1228	192	56	111	527	893
偃师市	1082	1056	26	162	209	551	531
高新区	3102	2921	181	547	1221	2188	914
龙门园区	12	12		1	3	7	5
伊滨区	89	83	6	15	21	72	17

11-48 规模以上工业企业研究与发展(R & D)经费内部支出分属地情况(2016年)

单位：万元

	R & D经费内部支出合计	按支出用途分					按资金来源分			
		经常费支出	劳务费	资产性支出	土建工程	仪器设备	政府资金	企业资金	境外资金	其他资金
总　计	**451219.8**	**415259.4**	**123170.4**	**35960.4**	**428.4**	**35532.0**	**22062.3**	**425026.8**		**4130.7**
市辖区	**231377.1**	**215221.2**	**65565.6**	**16155.9**	**223.5**	**15932.4**	**15460.4**	**215916.7**		
老城区	107.3	21.0	14.2	86.3		86.3		107.3		
西工区	10194.3	7847.6	3787.9	2346.7	6.5	2340.2	547.2	9472.1		175.0
瀍河区	1321.7	1321.7	651.5					1321.7		
涧西区	10262.4	6334.2	2131.3	3928.2	3.0	3925.2	44.1	10218.3		
吉利区	2843.1	2840.9	591.7	2.2	2.2		54.1	2789.0		
洛龙区	16262.1	15948.1	4948.8	314.0	10.8	303.2	364.6	15610.5		287.0
孟津县	20009.5	17211.6	6275.9	2797.9	16.7	2781.2	145.4	18889.8		974.3
新安县	19220.7	16804.6	3532.2	2416.1	108.1	2308.0	142.0	18824.5		254.2
栾川县	9904.5	9117.7	2722.8	786.8	3.2	783.6	112.0	9792.5		
嵩　县	644.8	525.6	80.8	119.2		119.2	160.0	484.8		
汝阳县	2724.3	2303.1	642.1	421.2		421.2		2724.3		
宜阳县	25644.7	25300.5	3514.9	344.2		344.2	15.0	25299.8		329.9
洛宁县	2985.7	2204.8	1019.9	780.9	4.0	776.9	300.0	2375.7		310.0
伊川县	22870.0	21516.8	1499.5	1353.2	6.8	1346.4	17.5	22852.5		
偃师市	20730.0	18350.9	6867.3	2379.1	35.5	2343.6	147.5	20582.5		
高新区	52662.4	51609.7	18870.3	1052.7	8.1	1044.6	4484.3	46377.8		1800.3
龙门园区	93.7	93.7	43.7				68.0	25.7		
伊滨区	1361.5	685.7	410.0	675.8		675.8	0.2	1361.3		

11-49 规模以上工业企业研发产出及相关分属地情况(2016年)

	专利申请数(件)	发明专利	有效发明专利数(件)	已被实施	专利所有权转让及许可数(项)	专利所有权转让及许可收入(万元)	发表科技论文(篇)	拥有注册商标数(件)	境外注册	形成国家或行业标准数(项)
总　计	**2853**	**1245**	**4433**	**2749**	**23**	**15.0**	**1020**	**1493**	**369**	**99**
市辖区	**1433**	**693**	**1841**	**1728**	**12**		**613**	**797**	**163**	**51**
老城区	30	4	16	9				1		
西工区	24	11	28	19			22	17		
瀍河区	3		8							
涧西区	56	25	162	70			16	15	1	6
吉利区	42	20	21	21						1
洛龙区	194	69	261	133	1	15.0	20	87		12
孟津县	179	42	158	56			32	11		16
新安县	92	30	84	65			13	27	10	
栾川县	47	18	19	15	2		24	111		
嵩　县	13	9	51	27	2			3		
汝阳县	6	2	4	2						
宜阳县	12	1	9	9			24	9		2
洛宁县	18	8	14	7						
伊川县	57	30	57	15	6		54	10		4
偃师市	51	17	99	44			1	7		
高新区	558	263	1552	499			200	379	191	7
龙门园区	5		18	2			1	1		
伊滨区	33	3	31	28				18	4	

11-50 规模以上工业企业办研发机构分属地情况(2016年)

	机构数(个)	机构人员合计(人)	博士毕业	硕士毕业	机构经费支出(万元)	仪器和设备原价(万元)	进口
总 计	**174**	**9236**	**93**	**1840**	**209272.2**	**164718.5**	**35095.8**
市辖区	**23**	**4692**	**23**	**1106**	**136564.8**	**86538.1**	**31431.7**
老城区	2	48		2	675.6	274.1	
西工区	13	619	8	99	7003.3	5691.2	552.1
瀍河区							
涧西区	5	247	9	42	3725.8	433.3	115.0
吉利区							
洛龙区	18	644	10	126	14999.0	20862.6	260.5
孟津县	26	579	6	48	4582.8	3470.3	618.6
新安县	26	554	7	33	4691.6	2736.9	855.0
栾川县	6	177		6	802.8	451.9	21.0
嵩 县	4	32		1	564.8	396.4	78.0
汝阳县	3	168	7	2	313.0	1235.0	
宜阳县							
洛宁县	7	140		2	977.8	2021.3	
伊川县	6	189	5	4	14389.6	4135.5	
偃师市	7	173	3	14	3711.6	5330.4	
高新区	19	913	13	346	15722.8	30092.7	1113.9
龙门园区							
伊滨区	9	61	2	9	546.9	1048.8	50.0

11-51 科技活动人员情况(2016年)

单位：人

	单位数（个）	有R&D活动单位数（个）	从事科技活动人员	大学本科以上学历
总计	**2088**	**304**	**45203**	**28197**
按数据来源分组				
科技部门	**6**	**1**	**325**	**181**
科研机构	5	1	221	164
事业单位	1		104	17
教育部门	**9**	**7**	**5640**	**5551**
理工农医院校	3	3	2860	2835
人文社科院校	6	4	2780	2716
统计部门	**2062**	**292**	**36154**	**20687**
规模以上工业	1918	266	26184	13827
建筑业	38	6	3136	2258
服务业	78	13	6270	4515
事业单位	20	7	517	76
其他	8		47	11

11-52 研究与发展(R & D)情况(2016年)

	研究与发展(R & D)经费内部支出(万元)	从事研究与发展(R & D)活动人员(人)	研究人员	发表科技论文(篇)
总计	**673162.3**	**31595**	**13072**	**5371**
按数据来源分组				
科技部门	**775.0**	**139**	**120**	**44**
科研机构	775.0	139	120	39
事业单位				5
教育部门	**20129.6**	**2514**	**2186**	**3817**
理工农医院校	18690.0	958	877	2622
人文社科院校	1439.6	1556	1309	1195
统计部门	**497661.7**	**22690**	**7674**	**1056**
规模以上工业	451219.8	20644	6672	1020
建筑业	12656.1	703	345	
服务业	32926.2	1343	657	
事业单位	859.6			36
其他				1

11-53　科技活动机构情况(2016年)

	机 构 数 (个)	从事科技 活动人员 (人)	博士毕业	硕士毕业	机构内部 经费支出 (万元)
总计	**236**	**14315**	**425**	**3902**	**340577.2**
按数据来源分组					
科技部门	**5**	**139**	**2**	**30**	**775.0**
科研机构	5	139	2	30	775.0
事业单位					
教育部门	**33**	**376**	**165**	**103**	**2690.6**
理工农医院校	27	265	125	45	2621.4
人文社科院校	6	111	40	58	69.2
统计部门	**195**	**10987**	**121**	**2148**	**238570.4**
规模以上工业	174	9236	93	1840	209272.2
建筑业	8	1214	17	138	25709.7
服务业	7	482	11	164	3508.5
事业单位	4	55		6	78.5
其他	2				1.5

十二、人民生活和物价

PEOPLE'S LIVELIHOOD AND PRICE

资料整理:邢秋红 李宝华

主要统计指标解释

可支配收入 指调查户在调查期内获得的、可用于最终消费支出和储蓄的综合，即调查户可以用来自由支配的收入。可支配收入既包括现金，也包括实物收入。按照收入的来源，可支配收入包含四项，分别为：工资性收入、经营净收入、财产净收入和转移净收入。计算公式为：

可支配收入＝工资性收入＋经营净收入＋财产净收入＋转移净收入

消费性支出 指用户用于满足家庭日常生活消费需要的全部支出，包括用于消费品的支出和用于服务性消费的支出。根据用途不同，消费支出可以划分为食品烟酒、衣着、居住、生活用品及服务、交通通讯、教育文化娱乐、医疗保健、其他用品及服务八大类。根据来源不同，消费支出可以划分为现金消费支出、实物消费支出（含自产自用、来自单位、来自政务和其他社会组织）。

商品零售价格指数 是反映一定时期城乡商品零售价格变动趋势的一种经济指数。零售物价的调整变动直接影响到城乡居民的生活支出和国家的财政收入，影响居民购买力和市场供需平衡，影响消费与积累的比例。因此，计算零售价格指数，可以从一个侧面对上述经济活动进行观察和分析。

居民消费价格指数 是反映一定时期内城乡居民所购买的生活消费品价格和服务项目价格变动趋势和程度的相对数，是对城市居民消费价格指数和农村居民消费价格指数进行综合汇总计算的结果。利用居民消费价格指数，可以观察和分析消费品的零售价格和服务价格变动对城乡居民实际生活费支出的影响程度。

12-1 城镇居民人均收支发展情况

	2014年			2015年			2016年		
	绝对值（元）	构成（%）	发展速度（上年=100）	绝对值（元）	构成（%）	发展速度（上年=100）	绝对值（元）	构成（%）	发展速度（上年=100）
城镇居民人均可支配收入	**26974**	**100.0**	**108.7**	**28686**	**100.0**	**108.5**	**30752**	**100.0**	**107.2**
工资性收入	18372	64.3	108.4	18121	63.2	107.8	18604	60.5	102.7
经营性收入	2461	8.6	111.0	3387	11.8	112.1	3549	11.5	104.8
财产性收入	642	2.2	96.2	1681	5.9	115.9	1816	5.9	108.0
转移性收入	7091	24.9	112.6	5497	19.1	106.4	6783	22.1	123.4
城镇居民人均消费性支出	**18380**	**100.0**	**115.1**	**20328**	**100.0**	**110.6**	**22659**	**100.0**	**111.5**
食品烟酒支出	4924	26.8	110.5	4728	23.3	96.0	5088	22.5	107.6
衣着支出	2268	12.3	116.7	2218	10.9	97.8	2290	10.1	103.3
生活用品及服务支出	1693	9.2	113.8	1932	9.5	114.1	2099	9.3	108.6
教育文化娱乐支出	2431	13.2	110.5	2718	13.4	111.8	2939	13.0	108.1
交通和通讯支出	2483	13.5	113.7	2406	11.8	96.9	3232	14.3	134.3
医疗保健支出	1693	9.2	131.2	1896	9.3	112.0	2021	8.9	106.6
居住支出	2008	10.9	126.7	3694	18.2	184.0	4170	18.4	112.9
其他用品及服务支出	880	4.9	107.3	737	3.6	83.8	820	3.6	111.2

12-2 城镇居民人均可支配收入情况

单位：元

	2009年	2010年	2011年	2012年	2013年	2014年	2015年	2016年
全　　市	**15948.65**	**17639.21**	**20163.38**	**22636.21**	**24820.17**	**26974.16**	**28686.10**	**30751.5**
市　　区	**16579.87**	**18309.65**	**20775.22**	**23512.71**	**25932.22**			
老城区	15569.40	17199.26	19685.00	22151.19	24596.93	26772.92	28568.28	30776.93
西工区	17541.81	19409.82	22165.22	24919.05	27769.82	30297.09	32982.28	35462.91
瀍河区	16036.39	17680.04	20200.05	22674.00	25222.11	27272.67	29663.07	31751.68
涧西区	16189.57	17871.01	20383.10	22881.64	25430.66	27881.42	29670.21	32170.55
吉利区	18997.66	20978.30	23920.10	26850.29	29439.51	31808.13	33722.86	36131.04
洛龙区	16161.09	17850.12	20412.00	22971.09	25483.90	27559.68	29191.64	31451.39
高新区						28731.00	30516.83	32845.78
偃师市	13883.30	15533.88	17970.27	20225.22	22356.98	24199.17	25705.43	27772.43
孟津县	12003.98	13490.38	15615.08	17625.64	19695.33	21457.37	23296.00	25192.80
新安县	13999.17	15692.30	18101.19	20300.13	22541.27	24512.68	26637.14	28858.97
栾川县	12843.80	14468.51	16761.87	18898.04	21041.13	23111.83	24979.02	26831.96
嵩　县	12087.69	13604.06	15760.11	17751.96	19816.51	21409.39	23140.59	24980.77
汝阳县	11347.34	12745.56	14740.22	16545.23	18421.46	20000.54	21696.57	23245.94
宜阳县	11916.44	13410.43	15531.48	17525.56	19565.55	21432.66	22869.92	24525.95
洛宁县	11869.23	13322.73	15401.83	17302.04	18969.98	20704.71	22440.09	24312.33
伊川县	12747.40	13944.93	16143.17	18152.08	20283.15	22360.45	24234.32	25989.16

12-3 城镇居民人均可支配收入发展指数

上年=100

	2009年	2010年	2011年	2012年	2013年	2014年	2015年	2016年
全　市	**108.7**	**110.6**	**114.3**	**112.3**	**109.7**	**108.7**	**108.5**	**107.2**
市　区	**108.5**	**110.4**	**113.5**	**113.2**	**114.6**			
老城区	108.4	110.5	114.5	112.5	111.0	108.8	108.8	107.7
西工区	108.4	110.6	114.2	112.4	111.4	109.1	111.0	107.5
瀍河区	108.4	110.2	114.3	112.2	111.2	108.1	110.9	107.0
涧西区	108.6	110.4	114.1	112.3	111.1	109.6	108.5	108.4
吉利区	108.3	110.4	114.0	112.2	109.7	108.0	108.1	107.1
洛龙区	108.6	110.5	114.4	112.5	110.9	108.1	108.0	107.7
高新区						109.2	108.3	107.6
偃师市	108.5	111.9	115.7	112.5	110.5	108.2	108.3	108.0
孟津县	108.7	112.4	115.7	112.9	111.7	108.9	110.7	108.1
新安县	108.8	112.1	115.4	112.1	111.0	108.7	110.8	108.3
栾川县	108.6	112.6	115.8	112.7	111.3	109.8	110.2	107.4
嵩　县	108.9	112.5	115.8	112.6	111.6	108.0	110.2	108.0
汝阳县	108.4	112.3	115.7	112.2	111.3	108.6	110.6	107.1
宜阳县	109.1	112.5	115.8	112.8	111.6	109.5	108.8	107.2
洛宁县	109.0	112.2	115.6	112.3	109.6	109.1	110.5	108.3
伊川县	108.7	109.4	115.8	112.4	111.7	110.2	110.5	107.2

12-4 城镇居民人均消费性支出情况

单位：元

	2009年	2010年	2011年	2012年	2013年	2014年	2015年	2016年
全　　市	**11046.15**	**12069.05**	**13883.76**	**14927.20**	**15967.62**	**18380.29**	**20328.00**	**22658.82**
市　　区	**11364.24**	**12424.88**	**14483.39**	**15286.12**	**16718.38**			
老城区	10430.39	11077.91	11048.68	11207.36	13845.86	16890.17	16575.08	**17110.45**
西工区	11834.05	12877.61	16561.28	17872.20	20611.76	22657.99	27464.42	29604.07
瀍河区	9862.79	10572.09	11246.99	11977.83	13646.73	14646.00	16930.35	17882.45
涧西区	11438.13	12592.42	13982.55	15004.79	16032.51	17258.87	18018.02	19868.70
吉利区	14124.27	15539.93	16784.48	18477.74	19994.58	21812.89	24287.20	26697.37
洛龙区	11727.24	13518.45	15662.48	16270.82	17311.58	18602.23	20053.85	22015.05
高新区							18605.00	20837.12
偃师市	9552.61	10851.14	11842.80	12993.08	14193.83	15278.52	15902.29	17495.14
孟津县	8117.62	8791.08	10093.45	11557.42	13882.93	16273.12	19202.78	21600.82
新安县	10555.14	10807.84	14957.20	15917.82	17819.96	20080.45	22078.55	23963.73
栾川县	11231.26	11951.24	13407.19	13914.95	16446.13	17981.65	21601.91	23443.22
嵩　　县	8797.51	9678.66	10230.41	10662.01	12829.95	14875.04	15882.27	17134.61
汝阳县	7634.86	8360.10	9050.51	10048.58	10938.43	11762.56	13026.37	13760.18
宜阳县	10319.15	11770.79	13983.93	16040.00	18095.56	20928.30	23501.25	25653.36
洛宁县	7849.22	8377.03	8659.53	9795.66	10650.68	11807.36	13248.37	14169.41
伊川县	9428.63	10234.48	11734.59	13558.81	14931.03	17432.41	19529.21	28337.37

12-5 农村居民人均收支发展情况

	2014年			2015年			2016年		
	绝对值(元)	构成(%)	发展速度(上年=100)	绝对值(元)	构成(%)	发展速度(上年=100)	绝对值(元)	构成(%)	发展速度(上年=100)
农村居民人均收入	**9669**	**100.0**	**110.4**	**10667**	**100.0**	**108.8**	**11457**	**100.0**	**107.4**
工资性收入	6311	65.3	111.2	4908	46.0	106.5	5521	48.2	112.5
经营性收入	2779	28.7	110.9	3077	28.8	112.8	3069	26.8	99.7
财产性收入	153	1.6	76.1	201	1.9	103.3	182	1.6	90.2
转移性收入	426	4.4	113.3	2481	23.3	109.3	2685	23.4	108.2
农村居民人均消费性支出	**7423**	**100.0**	**109.4**	**8382**	**100.0**	**112.9**	**9261**	**100.0**	**110.5**
食品烟酒支出	2013	27.1	101.7	2019	24.1	100.3	2129	23.0	105.4
衣着支出	748	10.1	107.3	798	9.5	106.7	845	9.1	105.9
生活用品及服务支出	657	8.9	109.1	741	8.8	112.8	758	8.2	102.3
教育文化娱乐支出	549	7.4	125.6	789	9.4	143.8	951	10.3	120.5
交通和通讯支出	1047	14.1	112.7	1330	15.9	127.0	1281	13.8	96.4
医疗保健支出	574	7.7	109.3	549	6.5	95.6	807	8.7	147.0
居住支出	1635	22.0	112.9	1982	23.6	121.2	2313	25.0	116.7
其他用品及服务支出	200	2.7	120.5	174	2.1	87.1	175	1.9	100.7

注：因统计方法改变，2014年及以前年份的农民收入指标为农民人均纯收入，2015年及以后年份为农民人均可支配收入。(下表同)

12-6 农村居民人均收入情况

单位：元

	2009年	2010年	2011年	2012年	2013年	2014年	2015年	2016年
全　市	**4961.00**	**5680.00**	**6822.00**	**7777.00**	**8756.14**	**9669.28**	**10667.30**	**11456.70**
老城区	5592.00	6552.00	7627.00	8720.00	9810.00	10909.00	11980.11	12913.48
西工区	5860.00	6797.00	8353.00	9538.00	10739.79	11835.00	13368.03	14344.85
廛河区	6235.00	7034.00	8712.00	9918.00	11128.00	12242.00	13765.42	14663.14
涧西区	7885.00	8815.00	10200.00	11628.00	13023.36	14339.00	15789.86	16985.39
吉利区	6233.00	6889.00	8332.00	9490.00	10619.31	11671.00	12958.12	13888.64
洛龙区	5447.00	6232.00	7541.00	8640.00	9789.12	10953.00	12094.72	13011.62
高新区	5573.00	6088.00	7460.00	8311.00	9358.00	10340.59	11439.89	12273.98
偃师市	7355.00	8303.00	9826.00	11147.00	12596.11	13881.00	15285.85	16505.66
孟津县	4426.00	5166.00	6458.00	7407.00	8384.72	9349.00	10569.86	11435.71
新安县	5112.00	6065.00	7575.00	8668.00	9742.83	10766.00	12203.40	13207.15
栾川县	4085.00	4784.00	5738.00	6545.00	7317.31	8166.00	9174.70	9799.74
嵩　县	3910.00	4551.00	5680.00	6475.00	7323.23	8041.00	9091.06	9776.90
汝阳县	3896.00	4311.00	5158.00	5888.00	6653.44	7432.00	8410.09	9099.21
宜阳县	4170.00	4598.00	5348.00	6100.00	6868.60	7645.00	8658.71	9281.62
洛宁县	3908.00	4338.00	5196.00	5932.00	6643.84	7341.00	8322.62	9020.22
伊川县	5010.00	5790.00	6839.00	7797.00	8826.20	9868.00	11086.48	11886.25

12-7 农村居民人均收入发展指数

上年=100

	2009年	2010年	2011年	2012年	2013年	2014年	2015年	2016年
全 市	**107.9**	**114.5**	**120.1**	**114.0**	**112.6**	**110.4**	**108.8**	**107.4**
老城区	107.1	117.2	116.4	114.3	112.5	111.2	108.3	107.8
西工区	107.4	116.0	122.9	114.2	112.6	110.2	111.4	108.1
廛河区	107.2	112.8	123.9	113.8	112.2	110.0	110.9	107.1
涧西区	107.3	111.8	115.7	114.0	112.0	110.1	108.6	107.6
吉利区	107.2	110.5	120.9	113.9	111.9	109.9	109.5	107.2
洛龙区	107.2	114.4	121.0	114.6	113.3	111.9	108.9	107.6
高新区	107.0	109.2	122.5	111.4	112.6	110.5	109.1	107.3
偃师市	108.0	112.9	118.3	113.4	113.0	110.2	108.6	108.0
孟津县	108.6	116.7	125.0	114.7	113.2	111.5	111.5	108.6
新安县	108.7	118.6	124.9	114.4	112.4	110.5	111.8	108.4
栾川县	114.4	114.4	119.9	114.1	111.8	111.6	110.8	107.8
嵩 县	108.9	116.4	124.8	114.0	113.1	109.8	111.4	108.4
汝阳县	101.4	110.7	119.6	114.2	113.0	111.7	111.6	108.3
宜阳县	106.2	110.3	116.3	114.1	112.6	111.3	111.7	107.3
洛宁县	108.8	111.0	119.8	114.2	112.0	110.5	111.8	108.5
伊川县	108.7	108.7	118.1	114.0	113.2	111.8	110.8	108.2

注：因统计方法改变，2014年及以前年份的指标为农民人均纯收入，2015年及以后年份为农民人均可支配收入。

12-8 农村居民人均消费支出情况

单位：元

	2009年	2010年	2011年	2012年	2013年	2014年	2015年	2016年
全　　市	**4114.00**	**4635.00**	**5293.00**	**5979.00**	**6782.63**	**7422.58**	**8385.21**	**9260.52**
老 城 区	4955.00	5462.00	6043.00	6712.00	7088.00	7751.00	8227.37	8617.86
西 工 区	4810.00	5494.00	6520.00	7400.00	8743.00	10164.00	14034.78	15953.89
廛 河 区	4936.00	5395.00	6541.00	7604.00	9140.00	9589.00	10587.64	11252.21
涧 西 区	6860.00	7555.00	8168.00	8815.00	9607.00	10331.00	11278.58	12469.53
吉 利 区	4675.00	5059.00	6026.00	7030.00	7509.00	8187.00	9181.04	10136.25
洛 龙 区	5458.00	6055.00	6902.00	8229.00	8769.00	9762.00	10494.13	11894.79
高 新 区	4951.00	5455.00	6471.00	6815.00	7516.00	8598.00	9200.00	9391.00
偃 师 市	4815.00	5486.00	6394.00	7212.00	7907.00	8421.00	8947.78	10112.81
孟 津 县	3902.00	4385.00	5019.02	5896.00	6728.00	7859.00	9472.92	10892.32
新 安 县	4350.00	4903.00	5740.00	6627.00	7427.00	8212.00	9128.87	9920.93
栾 川 县	4390.00	4835.00	6310.77	6896.00	7380.00	8174.00	9792.26	10812.16
嵩　　县	3510.00	4050.00	4613.02	5115.00	6037.00	6722.00	7438.77	8005.43
汝 阳 县	3795.00	4262.00	4654.00	4891.00	5327.00	5818.00	6712.90	7369.83
宜 阳 县	2967.00	3338.00	3989.00	4274.00	4486.00	5199.00	6729.60	7486.86
洛 宁 县	2903.00	3265.00	3855.00	4619.00	5411.00	6075.00	7017.26	7498.06
伊 川 县	4586.00	5049.00	5634.46	6048.00	6896.00	7992.00	9109.81	10231.04

12-9 农村居民人均消费支出发展指数

上年=100

	2009年	2010年	2011年	2012年	2013年	2014年	2015年	2016年
全　　市	**115.0**	**112.7**	**114.2**	**113.0**	**113.4**	**109.4**	**113.0**	**111.5**
老城区	112.5	110.2	110.6	111.1	105.6	109.4	106.1	104.7
西工区	111.1	114.2	118.7	113.5	118.1	116.3	138.1	113.7
廛河区	123.4	109.3	121.2	116.3	120.2	104.9	110.4	106.3
涧西区	113.4	110.1	108.1	107.9	109.0	107.5	109.2	110.6
吉利区	109.9	108.2	119.1	116.7	106.8	109.0	112.1	110.4
洛龙区	114.3	110.9	114.0	119.2	106.6	111.3	107.5	113.3
高新区	110.1	110.2	118.6	105.3	110.3	114.4	107.0	102.1
偃师市	115.2	113.9	116.6	112.8	109.6	106.5	106.3	113.0
孟津县	118.4	112.4	114.5	117.5	114.1	116.8	120.5	115.0
新安县	118.9	112.7	117.1	115.5	112.1	110.6	111.2	108.7
栾川县	114.4	114.4	130.5	109.3	107.0	110.8	119.8	110.4
嵩　县	114.7	115.4	113.9	110.9	118.0	111.3	110.7	107.6
汝阳县	107.0	112.3	109.2	105.1	108.9	109.2	115.4	109.8
宜阳县	114.3	112.5	119.5	107.1	105.0	115.9	129.4	111.3
洛宁县	115.7	112.5	118.1	119.8	117.1	112.3	115.5	106.9
伊川县	112.3	108.7	111.6	107.3	114.0	115.9	114.0	112.3

12-10 居民消费价格指数(2016年)

项目名称	上年为100
居民消费价格总指数	**101.7**
一、食品烟酒	**103.4**
1.食品	104.2
(1)粮食	99.1
大　　米	99.0
面　　粉	101.5
其他粮食	86.9
粮食制品	100.7
(2)薯类	123.8
薯　　类	123.8
(3)豆类	100.7
干　　豆	98.6
豆 制 品	100.9
(4)食用油	101.2
食用植物油	101.3
食用动物油	99.7
(5)菜	110.6
鲜　　菜	111.3
干菜及菜制品	103.1
(6)畜肉类	111.5
猪　　肉	118.0
牛　　肉	98.6
羊　　肉	95.2
畜肉副产品	112.1
其他畜肉及制品	101.2
(7)禽肉类	99.1
鸡	98.4
鸭	98.7
其他禽肉及制品	101.5
(8)水产品	102.4
淡 水 鱼	100.0
海 水 鱼	104.3
虾 蟹 类	106.4
其他水产品及制品	103.2
(9)蛋类	98.7
鸡　　蛋	98.7
其他蛋及制品	98.5
(10)奶类	100.6
鲜　　奶	98.3
酸　　奶	102.2
奶　　粉	107.3
其他奶制品	95.8
(11)干鲜瓜果类	96.1
鲜 瓜 果	93.9
坚　　果	102.3
瓜果制品	101.3
(12)糖果糕点类	99.4
食　　糖	101.9
糖　　果	95.6
糕　　点	100.1
其他糖果糕点	101.6
(13)调味品	104.0
食 用 盐	106.7
酱　　油	105.9
食　　醋	103.9
调 味 酱	103.1
味　　精	104.2
其他调味品	102.0
(14)其他食品类	105.4
方便食品	109.4
淀粉及制品	101.5
膨化食品	99.4

项目名称	上年为100
2.茶及饮料	101.4
茶　　叶	103.2
固体咖啡	103.3
其他固体饮料	103.3
饮 用 水	102.1
果汁饮料	99.8
其他液体饮料	100.1
3.烟酒	102.1
(1)烟草	101.7
烟　　草	101.7
(2)酒类	102.4
白　　酒	102.6
葡 萄 酒	104.3
啤　　酒	100.3
其他酒类	102.1
4.在外餐饮	102.0
正　　餐	102.0
快　　餐	101.0
地方小吃	104.5
其他在外餐饮	100.7
二、衣着	**100.0**
1.服装	99.6
(1)男式服装	99.0
男式西服	99.0
男式冬衣	97.6
男式夹克衫	95.1
男式毛线衣	98.4
男式运动装	95.2
男式衬衫T恤	100.9
男式裤子	102.4
男式内衣	100.6
(2)女式服装	100.2
女式外套	105.4
女式冬衣	96.2
女式毛线衣	100.9
女式运动装	97.1
女式衬衫T恤	102.3
女式裤子	99.1
女式裙子	96.1
女式内衣	103.1
(3)儿童服装	99.5
婴幼服装	99.0
儿童上衣	106.6
儿童裤子	97.0
儿童裙子	91.2
2.服装材料	102.2
服装材料	102.2
3.其他衣着及配件	102.6
袜　　子	105.0
帽　　子	100.0
其他衣着配件	100.8
4.衣着加工服务费	108.1
衣着洗涤保养	104.0
衣着加工	115.2
5.鞋类	99.9
(1)鞋	99.8
男　　鞋	103.3
女　　鞋	97.4
童　　鞋	98.2
(2)鞋类加工服务	104.2
鞋类加工服务	104.2
三、居住	**100.7**

12-10续表1

项目名称	上年为100	项目名称	上年为100
1.租赁房房租	101.0	其他床上用品	110.1
公房房租	100.0	⑵窗帘门帘	100.3
私房房租	101.0	窗帘门帘	100.3
2.住房保养维修及管理	100.3	⑶其他家用纺织品	**103.6**
⑴住房装潢材料	100.6	其他家用纺织品	103.6
木 地 板	99.8	4.家庭日用杂品	**101.1**
瓷　　砖	100.6	⑴洗涤卫生用品	100.8
水　　泥	100.2	清洗用品	100.4
涂　　料	102.1	清洁用具	99.8
板　　材	97.0	清洁用纸	101.9
管　　材	101.4	⑵厨具餐具茶具	101.7
厨卫设备	101.3	厨　　具	103.6
门　　窗	100.0	餐　　具	101.4
其他住房装潢材料	102.5	茶　　具	97.8
⑵物业管理费	100.0	⑶家用手工工具	97.7
物业管理费	100.0	家用手工工具	97.7
⑶住房装潢维修	100.0	⑷其他家庭日用杂品	101.4
装潢维修费	100.0	配电附件	100.0
其他住房费用	100.0	雨　　具	102.6
3.水电燃料	99.9	其他日用杂品	102.8
⑴水	107.1	5.个人护理用品	101.1
水	107.1	⑴化妆品	101.0
⑵电	100.0	清洁化妆品	100.5
电	100.0	护肤化妆品	101.1
⑶燃气	96.4	彩妆化妆品	101.4
管道燃气	100.0	化妆器具	100.6
液化石油气	90.2	⑵其他护理用品类	101.3
⑷取暖费	100.0	清洁类护理用品	101.0
取 暖 费	100.0	护发美发用品	103.6
⑸其他燃料	97.9	护理器具	99.6
其他燃料	97.9	其他护理用品	100.3
4.自有住房	101.2	6.家庭服务	113.9
自有住房	101.2	家政服务	119.2
四、生活用品及服务	**101.2**	家庭维修服务	104.9
1.家具及室内装饰品	100.2	**五、交通和通信**	**98.1**
⑴家具	100.2	1.交通	97.8
柜	100.4	⑴交通工具	96.3
床	99.6	小型汽车	94.3
桌	100.4	电动自行车	99.9
椅	104.1	自 行 车	100.7
沙　　发	99.2	其他交通工具	100.5
其他家具	100.2	⑵交通工具用燃料	96.2
⑵室内装饰品	100.2	汽　　油	96.1
灯　　具	100.2	柴　　油	95.8
其他室内装饰品	100.2	其他车用能源	100.3
2.家用器具	97.8	⑶交通工具使用和维修	98.3
⑴大型家用器具	97.3	停 车 费	100.0
洗 衣 机	98.5	车辆使用费	100.0
电冰箱(柜)	97.8	交通工具零配件	101.5
抽油烟机	97.5	车辆修理与保养	98.1
空 调 器	93.9	⑷交通费	103.5
热 水 器	101.6	市内公共交通	100.0
炉具灶具	97.7	出租汽车	100.0
微 波 炉	99.4	飞 机 票	104.1
其他大型家用器具	100.6	火 车 票	100.0
(2)小家电	101.8	长途汽车	112.3
厨房小家电	103.0	其他交通费	100.0
生活小家电	99.5	2.通信	98.7
3.家用纺织品	102.7	⑴通信工具	95.7
⑴床上用品	102.9	固定电话机	81.6
被　　子	104.0	移动电话机	95.9
床单被套	98.2	通信工具零配件	100.4

12-10续表2

项目名称	上年为100	项目名称	上年为100
⑵通信服务	100.0	治疗精神障碍药	108.1
固定电话费	100.0	神经系统用药	135.9
移动通信费	100.0	消毒防腐及创伤外科用药	107.5
上 网 费	100.0	泌尿系统用药	103.1
其他通信服务	100.0	维生素、矿物质类药	121.1
⑶邮递服务	100.0	调节水、电解质及酸碱平衡药	101.4
邮政邮寄	100.0	⑶滋补保健品	110.1
快递服务	100.0	滋补保健品	110.1
六、教育文化和娱乐	**100.0**	⑷医疗卫生器具	102.6
1.教育	99.2	医疗卫生器具	102.6
⑴教育用品	103.3	⑸保健器具	100.0
工 具 书	100.0	保健器具	100.0
教　　材	105.5	2.医疗服务	105.2
参考资料	102.6	⑴综合医疗类	105.0
其他教育用品	100.0	一般医疗服务	107.0
⑵教育服务	98.9	一般治疗操作	102.3
学前教育	103.1	护　　理	115.6
小学初中教育	100.0	其他综合医疗服务	100.1
高中中职教育	100.0	⑵诊断类	99.6
高等教育	100.0	病理学诊断	100.0
课外教育	100.0	实验室诊断	100.0
专业技能培训	89.8	影像学诊断	99.1
2.文化娱乐	101.0	临床诊断	101.3
⑴文娱耐用消费品	97.2	⑶治疗类	114.0
电 视 机	90.0	临床手术治疗	118.1
照 相 机	99.7	临床非手术治疗	102.5
台式计算机	102.9	⑷康复类	100.0
笔记本平板	99.7	康复医疗	100.0
乐　　器	98.7	⑸中医医疗服务类	100.9
音　　响	99.3	中医治疗	100.9
其他文娱耐用消费品	100.0	⑹其他医疗服务	100.0
⑵其他文娱用品	103.4	其他医疗服务	100.0
书报杂志	104.6	**八、其他用品和服务**	**104.9**
纸张文具	102.3	1.其他用品类	108.3
体育户外用品	100.1	⑴首饰手表	110.8
游戏用品和玩具	99.2	金 饰 品	113.5
园艺花卉及用品	119.7	银 饰 品	100.1
宠物及用品	101.3	铂金饰品	99.0
其他文化娱乐用品	101.0	手　　表	102.1
⑶文化娱乐服务	98.2	⑵其他杂项用品	100.0
电 影 票	100.0	箱　　包	100.0
景点门票	94.3	母婴用品	100.0
有线电视	100.0	眼　　镜	99.7
健身活动	104.3	2.其他服务类	102.6
其他文娱服务	100.0	⑴旅馆住宿	99.4
⑷旅游	107.2	宾馆住宿	99.9
旅行社收费	107.4	其他住宿	98.8
其他旅游	100.0	⑵美容美发洗浴	103.9
七、医疗保健	**107.4**	美　　容	99.6
1.药品及医疗器具	110.7	美　　发	105.5
⑴中药	108.3	洗　　浴	106.5
中 药 材	102.2	⑶养老服务	106.5
中 成 药	110.5	养老服务	106.5
⑵西药	113.4	⑷金融保险	99.3
抗微生物药	102.9	金融服务	100.0
消化系统用药	117.2	车辆保险	95.9
呼吸系统用药	124.8	旅行保险	100.0
解热镇痛药	110.4	其他保险	120.0
抗肿瘤药	98.2	⑸其他服务类	108.3
激素及影响内分泌药	124.3	中介服务	108.3
心血管系统用药	103.8	其他服务	108.3
血液系统用药	120.6		

12-11 商品零售价格指数(2016年)

项目名称	上年为100
商品零售价格指数	**100.7**
一、食品	**103.4**
1.粮食	99.1
大　　米	99.0
面　　粉	101.5
其他粮食	86.9
粮食制品	100.7
2.薯类	123.8
薯　　类	123.8
3.豆类	100.7
干　　豆	98.6
豆 制 品	100.9
4.食用油	101.2
食用植物油	101.3
食用动物油	99.7
5.菜	110.6
鲜　　菜	111.3
干菜及菜制品	103.1
6.畜肉类	111.5
猪　　肉	118.0
牛　　肉	98.6
羊　　肉	95.2
畜肉副产品	112.1
其他畜肉及制品	101.2
7.禽肉类	99.1
鸡	98.4
鸭	98.7
其他禽肉及制品	101.5
8.水产品	102.4
淡 水 鱼	100.0
海 水 鱼	104.3
虾 蟹 类	106.4
其他水产品及制品	103.2
9.蛋类	98.7
鸡　　蛋	98.7
其他蛋及制品	98.5
10.奶类	100.6
鲜　　奶	98.3
酸　　奶	102.2
奶　　粉	107.3
其他奶制品	95.8
11.干鲜瓜果类	96.1
鲜 瓜 果	93.9
坚　　果	102.3
瓜果制品	101.3
12.糖果糕点类	99.4
食　　糖	101.9
糖　　果	95.6
糕　　点	100.1
其他糖果糕点	101.6
13.调味品	104.0
食 用 盐	106.7
酱　　油	105.9
食　　醋	103.9
调 味 酱	103.1
味　　精	104.2
其他调味品	102.0
14.其他食品类	105.4
方便食品	109.4
淀粉及制品	101.5
膨化食品	99.4
15.在外餐饮	102.0
正　　餐	102.0
快　　餐	101.0
地方小吃	104.5
其他在外餐饮	100.7
二、饮料、烟酒	**101.9**
1.茶及饮料	101.4
茶　　叶	103.2
固体咖啡	103.3
其他固体饮料	103.3
饮 用 水	102.1
果汁饮料	99.8
其他液体饮料	100.1
2.烟草	101.7
烟　　草	101.7
3.酒类	102.4
白　　酒	102.6
葡 萄 酒	104.3
啤　　酒	100.3
其他酒类	102.1
三、服装、鞋帽	**99.8**
1.服装	99.7
⑴男士服装	99.0
男式西服	99.0
男式冬衣	97.6
男式夹克衫	95.1
男式毛线衣	98.4
男式运动装	95.2
男式衬衫T恤	100.9

12-11续表1

项目名称	上年为100	项目名称	上年为100
男式裤子	102.4	其他大型家用器具	100.6
男式内衣	100.6	2. 文娱用耐用消费品	92.9
⑵女士服装	100.2	电 视 机	90.0
女式外套	105.4	照 相 机	99.7
女式冬衣	96.2	音 响	99.3
女式毛线衣	100.9	其他文娱耐用消费品	100.0
女式运动装	97.1	3. 专业音像器材	90.4
女式衬衫T恤	102.3	专业音响器材	84.0
女式裤子	99.1	专业声像器材	96.9
女式裙子	96.1	**六、文化办公用品**	**101.2**
女式内衣	103.1	纸张文具	102.3
⑶儿童服装	99.5	台式计算机	102.9
婴幼服装	99.0	笔记本平板	99.7
儿童上衣	106.6	电脑附件	97.8
儿童裤子	97.0	打印复印机	101.5
儿童裙子	91.2	教学设备	102.3
2. 鞋帽袜	100.3	**七、日用品**	**100.7**
⑴鞋	99.8	1. 日用百货	100.7
男 鞋	103.3	电动自行车	99.9
女 鞋	97.4	自 行 车	100.7
童 鞋	98.2	雨 具	102.6
⑵袜子	105.0	护理器具	99.6
袜 子	105.0	清洁用纸	101.9
⑶帽子	100.0	化妆器具	100.6
帽 子	100.0	2. 厨具餐具茶具	101.8
3. 其他衣着配件	100.8	厨 具	103.6
其他衣着配件	100.8	餐 具	101.4
四、纺织品	**102.7**	茶 具	97.8
1. 服装材料	102.2	3. 清洗用品	100.4
服装材料	102.2	清洗用品	100.4
2. 床上用品	102.9	4. 其他日用品	100.1
被 子	104.0	灯 具	100.2
床单被套	98.2	箱 包	100.0
其他床上用品	110.1	母婴用品	100.0
五、家用电器及音像器材	**95.5**	眼 镜	99.7
1. 家庭设备	98.0	其他护理用品	100.3
洗 衣 机	98.5	其他日用杂品	102.8
电冰箱(柜)	97.8	**八、体育娱乐用品**	**101.4**
抽油烟机	97.5	1. 体育户外用品	100.1
空 调 器	93.9	体育户外用品	100.1
热 水 器	101.6	2. 娱乐用品	103.2
炉具灶具	97.7	乐 器	98.7
微 波 炉	99.4	游戏用品和玩具	99.2
厨房小家电	103.0	园艺花卉及用品	119.7
生活小家电	99.5	宠物及用品	101.3

12-11续表2

项目名称	上年为100	项目名称	上年为100
其他文化娱乐用品	101.0	泌尿系统用药	103.1
九、交通、通信用品	**95.5**	维生素、矿物质类药	121.1
1.交通运输机械	95.4	调节水、电解质及酸碱平衡药	101.4
小型汽车	94.3	4.保健器具及用品	108.4
大中型客车	98.9	保健器具	100.0
交通工具零配件	101.5	滋补保健品	110.1
2.通信器材	95.7	**十四、书报杂志及电子出版物**	**103.5**
固定电话机	81.6	1.教材及参考书	103.3
移动电话机	95.9	工 具 书	100.0
其他通信器材	100.0	教　　材	105.5
十、家具	**100.2**	参考资料	102.6
柜	100.4	其他教育用品	100.0
床	99.6	2.书报杂志	104.6
桌	100.4	书报杂志	104.6
椅	104.1	3.计算机办公软件	100.0
沙　　发	99.2	计算机办公软件	100.0
其他家具	100.2	**十五、燃料**	**96.2**
十一、化妆品	**101.3**	1.煤炭及制品	96.2
清洁化妆品	100.5	原　　煤	94.0
护肤化妆品	101.1	煤 制 品	97.9
彩妆化妆品	101.4	2.石油及制品	96.3
清洁类护理用品	101.0	管道燃气	100.0
护发美发用品	103.6	液化石油气	90.2
十二、金银饰品	**108.1**	汽　　油	96.1
金 饰 品	113.5	柴　　油	95.8
银 饰 品	100.1	**十六、建筑材料及五金电料**	**100.1**
铂金饰品	99.0	1.建筑装璜材料	100.6
十三、中西药品及医疗保健	**110.8**	木 地 板	99.8
1.医疗卫生器具	102.6	瓷　　砖	100.6
医疗卫生器具	102.6	水　　泥	100.2
2.中药	108.3	涂　　料	102.1
中 药 材	102.2	板　　材	97.0
中 成 药	110.5	管　　材	101.4
3.西药	113.4	厨卫设备	101.3
抗微生物药	102.9	门　　窗	100.0
消化系统用药	117.2	其他住房装潢材料	102.5
呼吸系统用药	124.8	2.五金水暖	99.1
解热镇痛药	110.4	家用手工工具	97.7
抗肿瘤药	98.2	配电附件	100.0
激素及影响内分泌药	124.3	水暖器材	100.0
心血管系统用药	103.8		
血液系统用药	120.6		
治疗精神障碍药	108.1		
神经系统用药	135.9		
消毒防腐及创伤外科用	107.5		

十三、其它统计资料

OTHER STATISTICS

资料整理：李兵兵

13-1 河南省及各省辖市主要统计指标(2016年)

	年末总人口(万人)	年末常住总人口(万人)	城镇化率(%)	城镇登记失业率(%)	城镇非私营单位就业人员平均工资(元)	城镇私营单位就业人员平均工资(元)	人均地区生产总值(元)	人均地区生产总值指数(上年=100)
河南省	**10788**	**9532**	**48.5**	**3.0**	**49505**	**33312**	**42575**	**107.6**
郑州市	776	972	71.0	1.9	60373	37998	84113	106.5
开封市	520	455	45.9	2.9	48379	35249	38619	108.6
洛阳市	**705**	**680**	**54.4**	**4.0**	**50076**	**34139**	**56410**	**107.6**
平顶山市	547	498	50.8	3.1	46182	29925	36708	107.5
安阳市	586	513	48.5	3.3	45125	31081	39603	107.6
鹤壁市	164	161	57.2	2.1	41739	34392	47940	107.4
新乡市	611	574	50.4	3.8	43872	30935	37805	107.9
焦作市	373	355	56.5	3.9	45773	31837	59183	107.9
濮阳市	394	363	42.0	2.3	45647	27898	40059	108.3
许昌市	493	438	49.4	3.0	48104	39601	54522	108.0
漯河市	281	264	49.2	2.5	45616	32859	41138	107.4
三门峡市	230	226	53.1	2.8	45821	30764	58894	107.3
南阳市	1188	1007	43.0	2.7	47209	30955	31010	108.0
商丘市	915	728	40.0	3.7	47326	35401	27332	108.5
信阳市	875	644	44.4	2.7	44968	32190	31733	108.0
周口市	1149	882	39.5	3.7	46243	29690	25682	108.4
驻马店市	911	699	39.8	3.2	44425	31679	28305	108.1
济源市	70	73	59.6	2.9	48175	33539	73722	107.3
洛阳为全省(%)	**6.54**	**7.13**			**101.15**	**102.48**	**132.50**	
洛阳居全省位次	**7**	**6**	**5**	**1**	**2**	**6**	**5**	**11**

注：省辖市数据包含所辖直管县。(下同)

13-1续表1

	地区生产总值(亿元)	第一产业	第二产业	工业	第三产业	地区生产总值指数(上年=100)	第一产业	第二产业	工业	第三产业
河南省	**40471.79**	**4286.21**	**19275.82**	**17042.72**	**16909.76**	**108.1**	**104.2**	**107.3**	**107.2**	**110.3**
郑州市	8113.97	156.35	3796.93	3331.60	4160.68	108.5	103.0	105.8	105.6	111.4
开封市	1755.10	287.72	712.93	645.08	754.45	108.5	104.3	107.9	108.1	111.0
洛阳市	**3820.11**	**234.00**	**1791.32**	**1541.51**	**1794.80**	**108.6**	**104.4**	**107.1**	**107.7**	**110.9**
平顶山市	1825.14	176.75	895.05	811.65	753.34	107.7	104.2	106.4	106.3	110.4
安阳市	2029.85	212.44	971.02	836.37	846.39	108.0	103.4	106.8	106.9	110.9
鹤壁市	771.79	61.99	503.25	460.45	206.55	107.9	104.0	108.4	108.3	107.9
新乡市	2166.97	222.89	1074.01	926.25	870.07	108.3	104.2	108.0	108.3	109.8
焦作市	2095.08	133.95	1241.89	1160.55	719.24	108.3	104.2	107.8	107.6	110.1
濮阳市	1449.56	161.87	793.85	759.86	493.84	108.7	104.4	108.5	108.9	110.5
许昌市	2377.71	162.48	1398.54	1299.11	816.69	108.9	103.6	108.2	108.3	111.3
漯河市	1081.93	113.87	674.62	632.21	293.43	108.1	103.8	108.2	108.4	109.5
三门峡市	1325.86	123.50	748.93	676.18	453.43	107.5	104.6	106.8	106.5	109.5
南阳市	3114.97	515.50	1364.35	1174.51	1235.12	108.4	104.4	108.3	108.0	110.5
商丘市	1989.15	386.26	823.83	699.24	779.06	108.7	104.4	108.7	108.5	111.0
信阳市	2037.80	446.05	805.87	660.15	785.87	108.3	104.2	108.2	108.1	111.2
周口市	2263.86	457.63	1040.23	918.10	766.00	108.5	104.3	109.1	109.1	110.6
驻马店市	1972.99	412.86	773.94	667.70	786.19	108.5	104.3	108.1	107.7	111.4
济源市	538.91	23.27	350.12	326.36	165.52	108.0	104.1	107.9	107.7	108.8
洛阳为全省(%)	**9.44**	**5.46**	**9.29**	**9.04**	**10.61**					
洛阳居全省位次	**2**	**7**	**2**	**2**	**2**	**4**	**2**	**14**	**11**	**7**

13-1续表2

	非公有制经济增加值(亿元)	非公有制经济增加值占GDP比重(%)	全社会固定资产投资(亿元)	固定资产投资			商品房销售额(亿元)	商品房销售面积(万平方米)
					工业	房地产		
河南省	**26264.3**	**64.90**	**40415.1**	**39753.9**	**18536.6**	**6179.1**	**5612.9**	**11306.3**
郑州市	4789.2	59.02	7070.4	6998.6	1485.3	2779.0	2333.9	2859.2
开封市	1112.8	63.40	1555.1	1526.6	853.2	211.8	169.5	415.4
洛阳市	**2295.0**	**60.08**	**4120.1**	**4082.7**	**1839.1**	**372.5**	**350.1**	**770.4**
平顶山市	1021.3	55.96	1755.5	1732.7	764.9	148.4	129.8	303.6
安阳市	1246.4	61.40	2102.4	2074.9	1015.8	279.8	255.7	696.7
鹤壁市	502.5	65.10	816.9	809.1	519.6	76.2	71.8	193.8
新乡市	1457.1	67.24	2041.7	2006.9	987.1	365.9	282.6	740.0
焦作市	1377.5	65.75	2221.5	2198.0	1490.4	112.6	113.1	278.3
濮阳市	961.2	66.31	1542.2	1523.3	799.2	124.1	162.6	400.4
许昌市	1721.5	72.40	2294.8	2263.8	1434.9	174.6	219.5	528.3
漯河市	747.0	69.04	1078.4	1060.4	720.9	60.8	58.2	143.0
三门峡市	693.5	52.31	1783.0	1773.1	994.0	114.6	72.0	211.8
南阳市	1917.5	61.56	3471.7	3395.5	1889.2	184.4	231.9	653.9
商丘市	1261.6	63.42	2039.1	1991.2	986.0	301.2	393.6	943.7
信阳市	1243.6	61.02	2277.9	2217.7	775.6	358.5	271.0	724.1
周口市	1448.6	63.99	1941.0	1862.2	1016.3	219.2	161.5	460.0
驻马店市	1245.7	63.14	1755.2	1692.7	767.9	278.5	315.4	926.6
济源市	376.0	69.78	548.3	544.6	197.5	17.1	20.6	57.3
洛阳为全省(%)	**8.74**		**10.19**	**10.27**	**9.92**	**6.03**	**6.24**	**6.81**
洛阳居全省位次	**2**	**15**	**2**	**2**	**2**	**2**	**3**	**4**

13-1续表3

	外商直接投资实际使用额（万美元）	接待入境旅游者人数（万人次）	外国人	国际旅游外汇收入（万美元）	国内旅游人数（万人次）	乡村户数（万户）	耕地面积（千公顷）	农业机械总动力（万千瓦）	化肥使用量（折纯量）（万吨）
河南省	**1699312**	**293.95**	**191.98**	**89542**	**58013**	**2089.00**	**8111.00**	**9858.82**	**735.24**
郑州市	403305	48.07	37.25	19945	13701	108.31	315.75	433.10	21.98
开封市	62338	27.08	13.64	7322	5303	101.01	416.30	566.80	31.92
洛阳市	**268798**	**114.99**	**76.26**	**34869**	**8930**	**128.13**	**430.79**	**516.90**	**24.68**
平顶山市	43221	8.76	1.49	863	2096	105.59	320.38	378.20	38.35
安阳市	50076	14.46	14.07	3191	3386	124.95	407.15	541.00	46.37
鹤壁市	81394	0.83	0.20	9313	1005	28.88	119.60	218.70	8.11
新乡市	102289	17.51	16.77	189	3274	111.43	472.81	739.40	55.49
焦作市	82733	35.92	1.76	3355	4170	66.29	195.16	231.30	20.20
濮阳市	63301	1.95	20.53	2329	1852	76.32	282.83	409.10	26.80
许昌市	71951	0.43	0.37	136	1424	83.83	335.99	366.80	29.08
漯河市	90032	0.95	0.56	231	978	54.78	190.01	247.30	17.55
三门峡市	106296	8.76	2.89	247	3208	45.10	175.93	116.80	9.78
南阳市	60228	2.03	0.18	1008	2941	245.84	1052.18	1368.90	90.23
商丘市	36249	0.85	0.16	252	1761	197.82	707.81	818.70	82.99
信阳市	52415	1.52	0.37	392	2918	188.41	840.95	603.50	51.81
周口市	52197	6.17	2.94	1680	1626	229.84	856.13	917.60	82.00
驻马店市	38879	4.22	1.86	421	1968	180.50	945.51	1308.90	74.92
济源市	33610	1.24	0.68	199	982	12.46	45.73	72.00	2.48
洛阳为全省(%)	**15.82**	**39.12**	**39.72**	**38.94**	**15.39**	**6.13**	**5.31**	**5.24**	**3.36**
洛阳居全省位次	**2**	**1**	**1**	**1**	**2**	**6**	**7**	**9**	**12**

13-1续表4

	居民人均可支配收入(元)	居民人均消费支出(元)	食品支出	农村居民人均可支配收入(元)	农村居民人均消费支出(元)	食品支出	城镇居民人均可支配收入(元)	城镇居民人均消费支出(元)	食品支出
河南省	**18443**	**12712**	**3585**	**11697**	**8587**	**2447**	**27233**	**18088**	**5068**
郑州市	28039	19845	5114	18426	13595	3060	33214	23210	6620
开封市	16607	12882	3129	11166	8073	2099	24596	19947	4642
洛阳市	**20812**	**15757**	**3564**	**11457**	**9261**	**2129**	**30752**	**22659**	**5088**
平顶山市	18462	11569	3627	11244	6446	2093	27102	17702	5463
安阳市	19321	11225	3247	12624	7789	2169	28168	15764	4671
鹤壁市	20288	12975	3501	14022	9666	2895	26184	16089	4070
新乡市	19115	12721	3761	12679	7921	2409	26892	18520	5394
焦作市	20942	15405	4347	14851	11081	3181	26876	19616	5484
濮阳市	16434	10615	3307	10622	7444	2330	26482	16098	4996
许昌市	19862	13024	3828	14357	9173	2646	27016	18027	5364
漯河市	18887	12460	3548	12938	7076	2198	26618	19456	5302
三门峡市	18343	13392	3269	11982	8639	2082	25254	18556	4558
南阳市	17421	12761	4272	11701	8397	3054	26898	19414	6381
商丘市	15027	10040	3211	9605	6845	2374	25217	16047	4784
信阳市	15853	11301	4261	10651	8141	3206	23959	16225	5904
周口市	13822	10007	3476	9279	6536	2377	22471	16613	5569
驻马店市	14857	11337	3430	9935	7838	2634	24158	17950	4936
济源市	22351	15685	3795	15540	9845	2806	28231	20727	4614
洛阳为全省(%)	**112.84**	**123.95**	**99.41**	**97.95**	**107.85**	**87.00**	**112.92**	**125.27**	**100.39**
洛阳居全省位次	**4**	**2**	**9**	**11**	**5**	**15**	**2**	**2**	**10**

13-1续表5

	农村用电量(亿千瓦小时)	农作物总播种面积(千公顷)	粮食作物	粮食产量(万吨)	夏粮	秋粮	棉花产量(万吨)	油料产量(万吨)	蔬菜产量(万吨)
河南省	**317.23**	**14472.25**	**10286.15**	**5946.60**	**3476.80**	**2469.80**	**9.75**	**619.09**	**7807.61**
郑州市	36.99	457.29	341.02	161.04	81.80	79.24	0.22	14.72	259.65
开封市	9.11	813.88	494.01	283.93	185.14	98.79	1.79	48.59	712.20
洛阳市	**23.99**	**698.73**	**521.24**	**231.44**	**114.32**	**117.12**	**0.52**	**12.75**	**283.06**
平顶山市	12.54	541.54	424.94	206.80	110.71	96.09	0.19	13.94	235.23
安阳市	28.74	763.58	580.34	364.05	206.30	157.75	0.78	27.08	585.09
鹤壁市	2.39	193.78	170.95	119.57	63.84	55.73	0.06	2.96	40.88
新乡市	61.52	807.43	653.46	418.88	248.99	169.90	0.47	34.63	292.46
焦作市	13.62	355.13	280.24	204.76	112.53	92.23	0.06	12.61	196.95
濮阳市	9.03	497.48	388.89	262.41	154.79	107.62	0.30	14.47	253.80
许昌市	10.38	571.69	442.03	284.17	157.48	126.69	0.11	6.22	169.59
漯河市	6.07	365.66	269.17	176.92	103.41	73.50	0.38	3.51	182.99
三门峡市	3.78	243.49	168.30	66.79	33.14	33.64	0.14	3.52	110.87
南阳市	22.19	1904.62	1200.62	638.39	386.41	251.98	1.44	145.87	1047.89
商丘市	22.99	1378.10	1019.13	672.32	425.28	247.04	1.99	35.05	996.60
信阳市	17.14	1254.85	844.55	576.73	150.00	426.73	0.16	67.91	398.34
周口市	15.47	1727.26	1245.33	805.79	507.15	298.64	1.29	48.17	1003.27
驻马店市	19.54	1714.78	1247.11	745.61	469.46	276.15	0.16	129.55	451.54
济源市	1.93	54.29	42.84	22.36	11.57	10.79	0.05	0.27	28.33
洛阳为全省(%)	**7.56**	**4.83**	**5.07**	**3.89**	**3.29**	**4.74**	**5.33**	**2.06**	**3.63**
洛阳居全省位次	**4**	**9**	**8**	**11**	**11**	**9**	**6**	**12**	**9**

13-1续表6

	水果产量（万吨）	肉类产量（万吨）	奶类产量（万吨）	禽蛋产量（万吨）	水产品产量（万吨）	规上工业增加值指数（上年=100）	工业企业单位数（个）	工业企业资产总计（亿元）
河南省	**922.73**	**697.00**	**336.60**	**422.50**	**128.35**	**108.0**	**23679**	**60454.73**
郑州市	27.26	25.45	32.65	20.13	15.06	106.0	2897	13101.62
开封市	54.09	40.77	31.24	29.80	7.39	109.0	1343	2295.09
洛阳市	**88.82**	**25.36**	**30.70**	**16.22**	**5.49**	**108.9**	**1920**	**6594.07**
平顶山市	14.12	38.51	22.06	16.92	4.92	107.6	899	3141.88
安阳市	71.47	26.99	5.42	20.89	1.92	107.5	1120	2608.70
鹤壁市	3.70	18.51	5.86	11.10	1.31	108.8	562	1612.60
新乡市	20.50	37.38	31.02	28.83	6.63	108.5	1257	2911.81
焦作市	13.78	18.73	18.51	11.21	1.37	107.9	1336	3364.84
濮阳市	28.95	26.83	8.22	30.22	3.97	109.1	1010	1902.47
许昌市	7.00	35.47	4.60	17.46	2.06	108.9	1718	4394.63
漯河市	9.18	29.21	7.07	13.02	1.76	109.0	677	1629.08
三门峡市	236.06	11.31	4.54	5.52	2.12	107.3	618	2729.02
南阳市	90.70	73.79	33.56	36.72	13.28	108.9	2470	4044.78
商丘市	177.88	51.98	24.31	30.40	9.15	109.1	1358	2138.06
信阳市	13.09	62.18	0.13	29.92	27.77	108.8	1294	1612.92
周口市	52.99	74.42	13.66	33.53	7.02	109.8	1282	2899.71
驻马店市	14.30	82.69	4.58	35.84	13.22	109.3	1666	2230.47
济源市	3.22	5.23	3.81	2.29	3.92	107.8	260	1242.96
洛阳为全省(%)	**9.63**	**3.64**	**9.12**	**3.84**	**4.27**		**8.11**	**10.91**
洛阳居全省位次	**4**	**14**	**5**	**13**	**9**	**7**	**3**	**2**

13-1续表7

	工业企业负债合计(亿元)	工业企业主营业务收入(亿元)	工业企业主营业务成本(亿元)	工业企业利润总额(亿元)	建筑业企业单位数(个)	建筑业总产值(亿元)	房屋建筑施工面积(万平方米)	房屋建筑竣工面积(万平方米)
河南省	**28805.88**	**79657.15**	**69652.46**	**5240.61**	**5710**	**8807.99**	**55784.03**	**19425.80**
郑州市	7623.11	14158.17	12261.99	1079.14	1610	2891.14	25323.51	4829.42
开封市	662.42	3001.75	2613.79	257.73	281	241.99	1932.07	719.01
洛阳市	**3758.03**	**7468.82**	**6642.92**	**276.00**	**480**	**1323.31**	**6286.98**	**1208.05**
平顶山市	1731.31	2480.53	2134.35	186.52	264	126.99	899.15	333.46
安阳市	1439.69	3833.07	3377.07	167.59	302	771.07	5103.11	3195.68
鹤壁市	791.68	2065.31	1806.28	109.68	103	67.67	577.20	227.90
新乡市	1488.57	4480.34	4027.01	265.51	468	490.11	2243.54	1154.40
焦作市	1315.47	5692.23	5050.56	362.53	220	110.60	530.07	188.70
濮阳市	648.31	3772.24	3349.15	178.26	239	251.82	947.68	533.66
许昌市	1659.22	6295.50	5333.50	534.46	146	138.15	1073.91	624.68
漯河市	555.51	3275.20	2824.93	311.15	93	54.56	516.68	277.21
三门峡市	1532.24	3194.30	2874.82	161.78	145	133.98	606.08	99.68
南阳市	1861.89	4513.85	3952.06	205.73	381	376.47	1752.30	832.10
商丘市	995.71	3545.19	3188.87	179.51	201	424.81	1966.97	1295.15
信阳市	623.54	2714.39	2329.94	174.47	226	482.71	2508.33	1573.34
周口市	789.71	4530.41	3793.12	488.83	214	403.14	1614.62	1160.35
驻马店市	659.53	3073.22	2687.82	216.35	242	480.42	1667.61	1039.12
济源市	669.93	1562.62	1404.27	85.36	95	39.04	234.23	133.90
洛阳为全省(%)	**13.05**	**9.38**	**9.54**	**5.27**	**8.41**	**15.02**	**11.27**	**6.22**
洛阳居全省位次	**2**	**2**	**2**	**6**	**2**	**2**	**2**	**5**

13-1续表8

	公路里程 (公里)	民用汽车拥有量 (辆)	邮政业务总量 (亿元)	电信业务总量 (亿元)	固定电话用户 (万户)	移动电话用户 (万户)	国际互联网用户 (万户)	社会消费品零售总额 (亿元)
河南省	**267441**	**14816643**	**233.22**	**1832.67**	**798.60**	**7889.01**	**8145.49**	**17618.35**
郑州市	11372	2676879	86.90	395.10	180.28	1340.49	1438.84	3665.83
开封市	7697	456195	6.66	77.45	30.00	342.68	353.80	840.99
洛阳市	**19390**	**855771**	**15.85**	**154.32**	**88.76**	**602.72**	**618.22**	**1807.38**
平顶山市	11747	518276	5.27	82.52	33.63	380.58	376.37	771.71
安阳市	9237	599488	9.86	103.24	58.85	465.64	502.20	755.79
鹤壁市	4573	198172	2.22	28.11	13.10	134.46	143.11	205.89
新乡市	11435	753106	12.23	119.10	61.26	496.54	554.00	862.40
焦作市	8013	434955	9.04	69.09	30.01	300.47	321.51	698.92
濮阳市	6784	493502	5.05	65.91	22.01	298.31	302.10	529.96
许昌市	9936	503403	7.41	69.49	40.63	345.70	347.79	794.29
漯河市	5374	249452	6.12	44.03	17.42	194.91	191.75	491.55
三门峡市	10089	249157	3.40	44.58	18.42	185.65	193.78	441.13
南阳市	35532	774697	14.91	128.75	60.38	679.76	702.27	1756.43
商丘市	21149	744346	15.91	113.85	46.09	581.16	585.26	918.53
信阳市	23314	442645	9.72	94.69	38.20	418.30	429.91	981.47
周口市	20701	648595	11.05	124.09	20.87	556.40	532.92	1094.09
驻马店市	19259	471786	10.21	100.38	30.58	493.31	473.53	849.11
济源市	2504	132391	1.42	14.81	8.11	71.93	78.15	152.89
洛阳为全省(%)	**7.25**	**5.78**	**6.80**	**8.42**	**11.11**	**7.64**	**7.59**	**10.26**
洛阳居全省位次	**5**	**2**	**3**	**2**	**2**	**3**	**3**	**2**

13-1续表9

	公共财政预算收入(亿元)	税收收入	增值税	营业税	企业所得税	个人所得税	非税收入	行政事业费收入
河南省	**3153.48**	**2158.45**	**550.61**	**345.54**	**297.31**	**71.75**	**995.03**	**238.63**
郑州市	1011.18	723.26	169.39	129.63	124.93	34.48	287.92	40.40
开封市	113.21	78.13	17.24	12.95	6.51	1.65	35.09	17.15
洛阳市	**302.66**	**198.40**	**55.48**	**30.14**	**18.69**	**6.04**	**104.26**	**25.35**
平顶山市	124.46	83.93	25.33	9.31	6.37	2.24	40.53	9.19
安阳市	117.45	82.35	22.69	13.48	10.43	1.67	35.10	10.75
鹤壁市	55.61	35.25	7.72	4.48	2.66	0.57	20.36	3.00
新乡市	148.06	101.79	27.92	14.93	11.36	3.07	46.26	9.37
焦作市	124.18	78.94	21.64	9.54	6.94	2.35	45.24	5.98
濮阳市	72.16	53.97	14.94	8.96	4.82	1.75	18.19	5.39
许昌市	131.89	97.21	24.29	16.97	8.64	2.44	34.68	10.63
漯河市	75.99	59.19	15.36	6.75	7.90	2.81	16.79	3.28
三门峡市	100.12	68.39	15.29	8.50	4.33	1.37	31.73	6.47
南阳市	167.07	105.64	29.59	17.41	8.47	3.50	61.43	23.09
商丘市	117.43	81.31	20.73	17.39	5.28	1.75	36.13	9.10
信阳市	94.65	65.05	15.22	14.56	5.49	2.07	29.61	13.71
周口市	103.86	69.40	15.63	9.59	6.02	1.51	34.46	9.79
驻马店市	105.39	72.24	17.52	13.05	6.68	1.78	33.14	16.89
济源市	36.50	26.66	10.97	2.60	3.86	0.66	9.84	1.14
洛阳为全省(%)	**9.60**	**9.19**	**10.08**	**8.72**	**6.29**	**8.42**	**10.48**	**10.62**
洛阳居全省位次	**2**	**2**	**2**	**2**	**2**	**2**	**2**	**2**

13-1续表10

	公共财政预算支出(亿元)	一般公共服务	教育	科学技术	文化体育与传媒	社会保障和就业	医疗卫生与计划生育	住房保障
河南省	**7453.74**	**750.94**	**1343.76**	**96.10**	**97.33**	**1067.40**	**778.01**	**268.58**
郑州市	1321.53	96.86	155.53	21.72	12.62	85.90	86.55	48.44
开封市	295.57	50.48	51.57	3.03	4.21	41.99	37.13	9.41
洛阳市	**516.91**	**48.55**	**94.47**	**9.33**	**8.83**	**46.72**	**48.75**	**28.40**
平顶山市	275.68	31.65	50.51	3.04	3.58	42.62	35.95	12.40
安阳市	291.73	31.67	63.05	4.19	5.05	37.40	38.23	11.75
鹤壁市	115.80	11.84	18.32	1.27	1.67	14.44	11.46	4.96
新乡市	325.71	37.56	66.44	5.11	3.25	38.18	39.13	11.51
焦作市	217.82	25.24	34.79	3.17	3.42	30.30	28.16	4.70
濮阳市	221.62	20.68	44.56	2.30	3.17	31.77	27.91	9.84
许昌市	265.06	38.66	54.91	2.83	3.31	30.88	31.05	9.79
漯河市	176.91	21.20	27.22	1.32	2.50	21.15	17.32	14.39
三门峡市	186.81	27.36	36.97	2.08	2.65	17.20	19.16	8.57
南阳市	548.78	55.31	108.80	7.07	7.68	79.80	71.76	11.34
商丘市	422.43	39.37	69.81	1.94	3.47	57.21	57.10	25.58
信阳市	403.00	53.57	90.52	2.12	4.69	54.51	49.35	9.88
周口市	475.52	48.07	96.51	2.60	6.72	69.74	78.59	15.64
驻马店市	414.02	41.96	81.66	4.21	3.32	66.05	59.12	19.17
济源市	56.56	7.04	9.86	0.81	0.83	7.12	4.55	2.20
洛阳为全省(%)	**6.93**	**6.47**	**7.03**	**9.71**	**9.07**	**4.38**	**6.27**	**10.57**
洛阳居全省位次	**3**	**5**	**4**	**2**	**2**	**7**	**7**	**2**

13-1续表11

	小学学校数(所)	小学专任教师数(人)	小学在校生数(人)	普通高中学校数(所)	普通高中专任教师数(人)	普通高中在校生数(人)	初中学校数(所)	初中专任教师(人)
河南省	**22822**	**474179**	**9655895**	**792**	**135454**	**1995960**	**4557**	**300810**
郑州市	932	38040	831919	118	16609	188370	306	23251
开封市	996	22834	462340	46	6497	96611	226	13390
洛阳市	**1305**	**27671**	**589786**	**81**	**11184**	**135019**	**346**	**20909**
平顶山市	1341	24582	545809	31	5219	85032	218	14036
安阳市	1301	24859	606785	42	6142	93454	261	16113
鹤壁市	343	7096	149200	13	1847	29809	70	5122
新乡市	1437	24785	622970	57	8968	104064	339	17855
焦作市	540	14382	250823	32	5195	75117	180	12149
濮阳市	1106	20168	393689	38	5711	72017	175	12469
许昌市	1002	21536	412732	27	5483	69743	214	14743
漯河市	501	10382	202240	17	2733	48031	94	7264
三门峡市	234	9433	149539	19	3891	44039	106	7092
南阳市	2491	51755	1258170	71	10995	186470	437	31023
商丘市	2156	46315	758851	32	8909	161982	406	25730
信阳市	1642	36704	676960	63	11672	182363	314	23722
周口市	3081	51989	920051	58	13229	242308	527	30112
驻马店市	2323	39214	771998	40	10069	165984	307	23669
济源市	91	2434	52033	7	1101	15547	31	2161
洛阳为全省(%)	**5.72**	**5.84**	**6.11**	**10.23**	**8.26**	**6.76**	**7.59**	**6.95**
洛阳居全省位次	**8**	**7**	**9**	**2**	**4**	**7**	**4**	**7**

13-1续表12

	初 中 在校生数 (人)	普通高等学校 (所)	普通高等学校 教职工数 (所)	普通高等学校 招 生 数 (人)	普通高等学校 在校生数 (人)	普通高等学校 毕业生数 (人)	公共图书馆 个 数 (个)
河南省	**4158272**	**129**	**138777**	**604712**	**1872263**	**483043**	**158**
郑州市	343980	56	60800	278813	889322	234404	13
开封市	204908	5	7711	27768	91191	25580	6
洛阳市	**278975**	**7**	**8158**	**34025**	**109015**	**27313**	**17**
平顶山市	188385	5	4635	20014	57913	15078	9
安阳市	226356	6	4809	24894	78308	19285	7
鹤壁市	77385	3	1284	5389	13833	3656	5
新乡市	258468	9	11579	44834	146808	36845	11
焦作市	132913	6	6069	26012	74003	18454	8
濮阳市	179703	1	808	5169	11212	2404	7
许昌市	173391	4	2861	13505	38659	10048	7
漯河市	92469	3	5350	12606	30763	8087	5
三门峡市	72710	1	977	5710	14035	4676	7
南阳市	457918	6	6675	26790	80438	20519	12
商丘市	328770	6	6475	31721	91113	23287	9
信阳市	321724	5	5108	21943	68668	14931	11
周口市	459171	3	3096	13009	42301	10147	11
驻马店市	336995	2	1612	7678	24039	5905	10
济源市	24051	1	770	4832	10642	2424	1
洛阳为全省(%)	**6.71**	**5.43**	**5.88**	**5.63**	**5.82**	**5.65**	**10.76**
洛阳居全省位次	**7**	**3**	**3**	**3**	**3**	**3**	**1**

13-1续表13

	卫生机构数(个)	医院	卫生机构床位数(张)	医院	卫生机构人员数(人)	卫生技术人员	执业(助理)医师	注册护师、护士
河南省	**71273**	**1596**	**521613**	**387054**	**796744**	**546732**	**206766**	**222121**
郑州市	3964	218	85929	76017	119051	94955	33251	46575
开封市	3186	88	25607	19828	40914	28044	10581	11676
洛阳市	**4177**	**132**	**44857**	**34613**	**59361**	**43281**	**16800**	**18165**
平顶山市	3909	83	26899	19633	39623	27587	10484	10771
安阳市	5962	103	28714	20657	42472	28772	12422	11233
鹤壁市	1383	35	7959	6229	12669	8645	3474	3446
新乡市	5251	111	34965	25758	52561	35299	13813	14496
焦作市	2787	94	23233	16916	30435	21631	8792	8407
濮阳市	4048	59	19851	13395	31592	19805	7413	7822
许昌市	3976	84	18883	14493	34621	23127	9410	8638
漯河市	1812	50	13952	10130	20954	14388	4920	5847
三门峡市	1915	53	13673	10198	19068	14330	5428	5534
南阳市	6583	110	45077	31308	73231	47172	16907	18973
商丘市	6325	79	33534	21904	58573	37875	13954	13210
信阳市	4064	76	24264	15754	42214	25029	9347	9136
周口市	7892	138	38194	25317	64865	40029	15736	13863
驻马店市	3425	73	32829	22547	48896	32824	12491	12746
济源市	614	10	3193	2357	5644	3939	1543	1583
洛阳为全省(%)	**5.86**	**8.27**	**8.60**	**8.94**	**7.45**	**7.92**	**8.13**	**8.18**
洛阳居全省位次	**6**	**3**	**3**	**2**	**4**	**3**	**3**	**3**

附录

APPENDIX

中华人民共和国 2016 年国民经济和社会发展统计公报[1]

中华人民共和国国家统计局

2017 年 2 月 28 日

2016 年,面对复杂多变的国际环境和国内繁重艰巨的改革发展稳定任务,在以习近平同志为核心的党中央坚强领导下,各地区各部门全面贯彻党的十八大和十八届三中、四中、五中、六中全会精神,认真落实党中央、国务院决策部署,统筹推进“五位一体”总体布局和协调推进“四个全面”战略布局,坚持稳中求进工作总基调,坚持新发展理念,以推进供给侧结构性改革为主线,适度扩大总需求,坚定推进改革,妥善应对风险挑战,引导形成良好社会预期,经济社会保持平稳健康发展,实现了“十三五”良好开局。

一、综合

初步核算,全年国内生产总值[2]744127 亿元,比上年增长 6.7%。其中,第一产业增加值 63671 亿元,增长 3.3%;第二产业增加值 296236 亿元,增长 6.1%;第三产业增加值 384221 亿元,增长 7.8%。第一产业增加值占国内生产总值的比重为 8.6%,第二产业增加值比重为 39.8%,第三产业增加值比重为 51.6%,比上年提高 1.4 个百分点。全年人均国内生产总值 53980 元,比上年增长 6.1%。全年国民总收入[3]742352 亿元,比上年增长 6.9%。

图1 2012-2016年国内生产总值及其增长速度

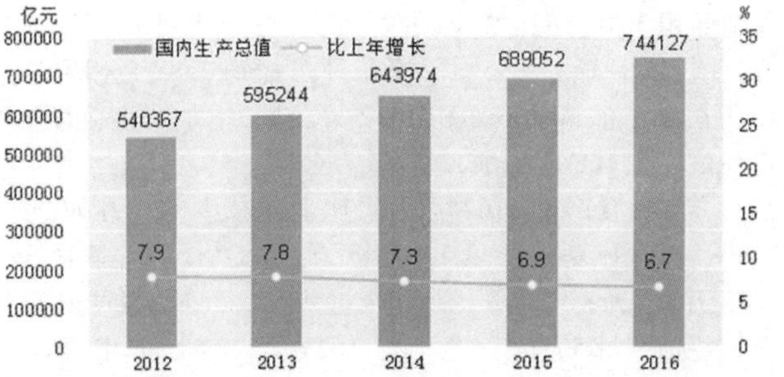

图2 2012-2016年三次产业增加值占国内生产总值比重

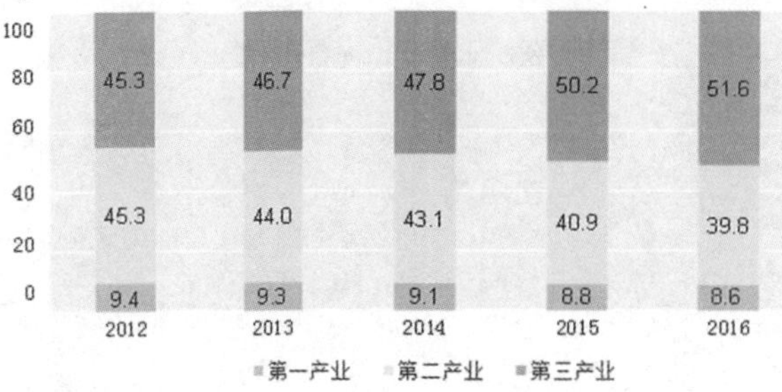

年末全国大陆总人口 138271 万人,比上年末增加 809 万人,其中城镇常住人口 79298 万人,占总人口比重(常住人口城镇化率)为 57.35%,比上年末提高 1.25 个百分点。户籍人口城镇化率为 41.2%,比上年末提高 1.3 个百分点。全年出生人口 1786 万人,出生率为 12.95‰;死亡人口 977 万人,死亡率为 7.09‰;自然增长率为 5.86‰。全国人户分离的人口[4]2.92 亿人,其中流动人口[5]2.45 亿人。

表 1 2016 年年末人口数及其构成

指 标	年末数	比重%
全国总人口	138271	100.0
其中:城镇	79298	57.35
乡村	58973	42.65
其中:男性	70815	51.2
女性	67456	48.8
其中:0-15 岁(含不满 16 周岁)[6]	24438	17.7
16-59 岁(含不满 60 周岁)	90747	65.6
60 周岁及以上	23086	16.7
其中:65 周岁及以上	15003	10.8

年末全国就业人员 77603 万人,其中城镇就业人员 41428 万人。全年城镇新增就业 1314 万人。年末城镇登记失业率为 4.02%。全国农民工[7]总量 28171 万人,比上年增长 1.5%。其中,外出农民工 16934 万人,增长 0.3%;本地农民工 11237 万人,增长 3.4%。

图3 2012-2016年城镇新增就业人数

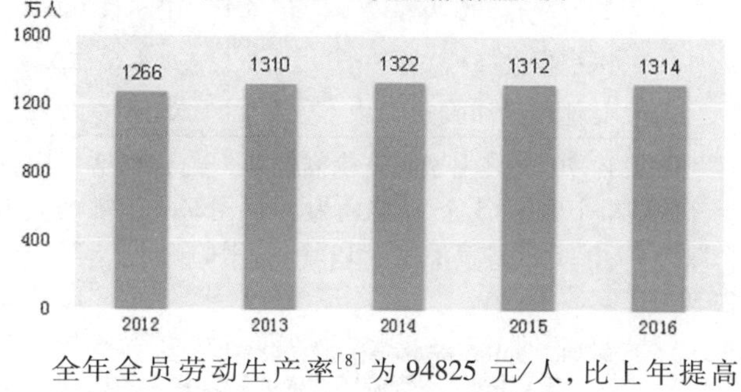

全年全员劳动生产率[8]为 94825 元/人,比上年提高 6.4%。

图4　2012-2016年全员劳动生产率

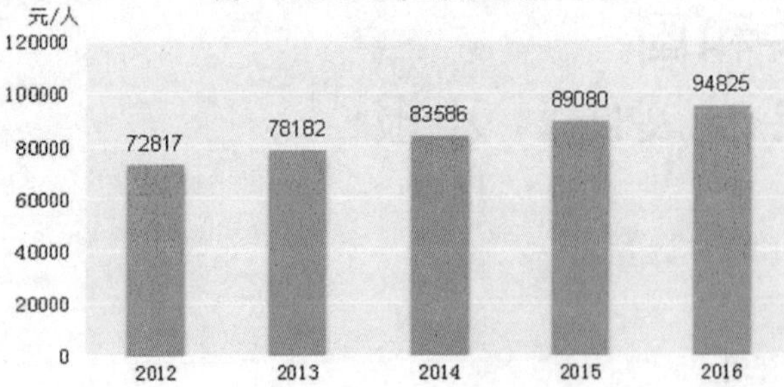

全年居民消费价格比上年上涨2.0%。工业生产者出厂价格下降1.4%。工业生产者购进价格下降2.0%。固定资产投资价格下降0.6%。农产品生产者价格[9]上涨3.4%。

图5　2016年居民消费价格月度涨跌幅度

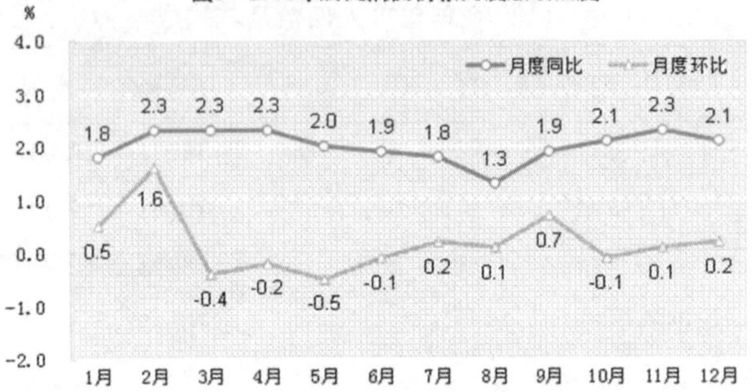

表2　2016年居民消费价格比上年涨跌幅度

单位:%

指　标	全国	城市	农村
居民消费价格	2.0	2.1	1.9
其中:食品烟酒	3.8	3.7	4.0
衣　着	1.4	1.5	1.3
居　住[10]	1.6	1.9	0.6
生活用品及服务	0.5	0.5	0.2
交通和通信	-1.3	-1.4	-1.1
教育文化和娱乐	1.6	1.5	1.9
医疗保健	3.8	4.4	2.5
其他用品和服务	2.8	2.9	2.2

12月份70个大中城市新建商品住宅销售价格月同比上涨的城市个数为65个,下降的为5个;月环比上涨的城市个数为46个,比年内高点减少19个,持平的为4个,下降的为20个。

图6　2016年新建商品住宅月环比价格上涨、持平、下降城市个数变化情况

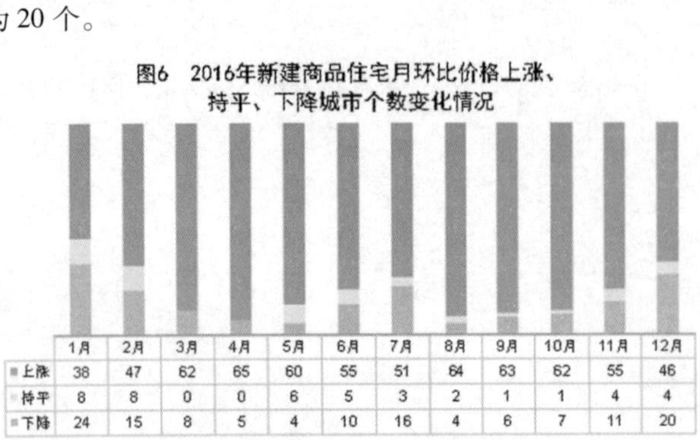

全年全国一般公共预算收入159552亿元,比上年同口径[11]增加6828亿元,增长4.5%,其中税收收入130354亿元,增加5432亿元,增长4.3%。

图7　2012-2016年全国一般公共预算收入

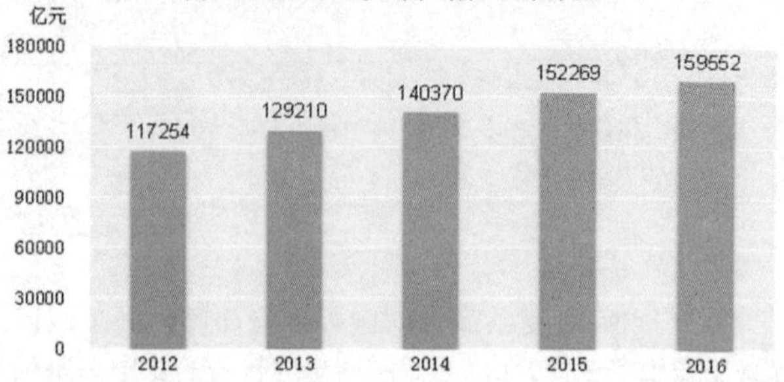

注:图中2012年至2015年数据为全国一般公共预算收入决算数,2016年为执行数。

年末国家外汇储备30105亿美元,比上年末减少3198亿美元。全年人民币平均汇率为1美元兑6.6423元人民币,比上年贬值6.2%。

图8　2012-2016年年末国家外汇储备

二、农业

全年粮食种植面积11303万公顷,比上年减少31万公顷。其中,小麦种植面积2419万公顷,增加5万公顷;稻谷种植面积3016万公顷,减少5万公顷;玉米种植面积3676万公顷,减少136万公顷。棉花种植面积338万公顷,减少42万公顷。油料种植面积1412万公顷,增加8万公顷。糖料种植面积168万公顷,减少6万公顷。

全年粮食产量61624万吨,比上年减少520万吨,减产0.8%。其中,夏粮产量13920万吨,减产1.2%;早稻产量3278万吨,减产2.7%;秋粮产量44426万吨,减产0.6%。全年谷物产量56517万吨,比上年减产1.2%。其中,稻谷产量20693万吨,减产0.6%;小麦产量12885万吨,减产1.0%;玉米产量21955万吨,减产2.3%。

图9　2012-2016年粮食产量

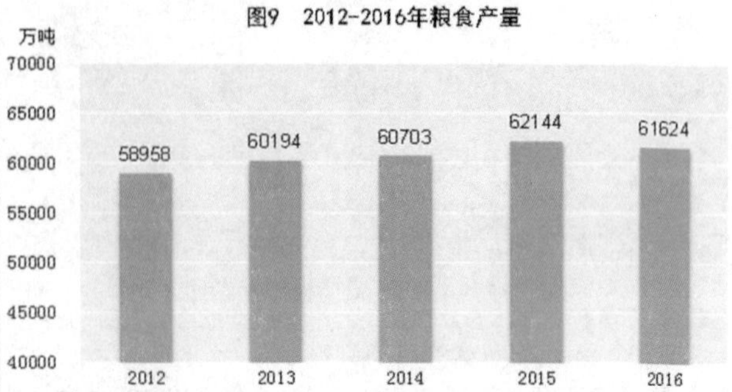

全年棉花产量534万吨,比上年减产4.6%。油料产量

3613万吨，增产2.2%。糖料产量12299万吨，减产1.6%。茶叶产量241万吨，增产7.4%。

全年肉类总产量8540万吨，比上年下降1.0%。其中，猪肉产量5299万吨，下降3.4%；牛肉产量717万吨，增长2.4%；羊肉产量459万吨，增长4.2%；禽肉产量1888万吨，增长3.4%。禽蛋产量3095万吨，增长3.2%。牛奶产量3602万吨，下降4.1%。年末生猪存栏43504万头，下降3.6%；生猪出栏68502万头，下降3.3%。

全年水产品产量6900万吨，比上年增长3.0%。其中，养殖水产品产量5156万吨，增长4.4%；捕捞水产品产量1744万吨，下降1.0%。

全年木材产量6683万立方米，比上年下降7.0%。

全年新增耕地灌溉面积118万公顷，新增节水灌溉面积211万公顷。

三、工业和建筑业

全年全部工业增加值247860亿元，比上年增长6.0%。规模以上工业增加值增长6.0%。在规模以上工业中，分经济类型看，国有控股企业增长2.0%；集体企业下降1.3%，股份制企业增长6.9%，外商及港澳台商投资企业增长4.5%；私营企业增长7.5%。分门类看，采矿业下降1.0%，制造业增长6.8%，电力、热力、燃气及水生产和供应业增长5.5%。

图10 2012-2016年全部工业增加值及其增长速度

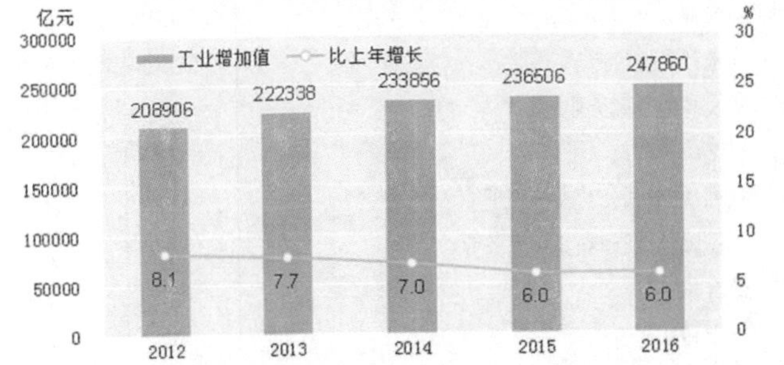

全年规模以上工业中，农副食品加工业增加值比上年增长6.1%，纺织业增长5.5%，化学原料和化学制品制造业增长7.7%，非金属矿物制品业增长6.5%，黑色金属冶炼和压延加工业下降1.7%，通用设备制造业增长5.9%，专用设备制造业增长6.7%，汽车制造业增长15.5%，电气机械和器材制造业增长8.5%，计算机、通信和其他电子设备制造业增长10.0%，电力、热力生产和供应业增长4.8%。工业战略性新兴产业[12]增加值增长10.5%。高技术制造业[13]增加值增长10.8%，占规模以上工业增加值的比重为12.4%。装备制造业[14]增加值增长9.5%，占规模以上工业增加值的比重为32.9%。六大高耗能行业[15]增加值增长5.2%，占规模以上工业增加值的比重为28.1%。

表3 2016年主要工业产品产量及其增长速度

产品名称	单位	产 量	比上年增长%
纱	万吨	3732.6	5.5
布	亿米	906.8	1.6
化学纤维	万吨	4943.7	2.3
成品糖	万吨	1443.3	-2.1
卷 烟	亿支	23825.8	-8.0
彩色电视机	万台	15769.6	8.9
其中：液晶电视机	万台	15713.6	9.2
其中：智能电视	万台	9310.1	11.1
家用电冰箱	万台	8481.6	6.1
房间空气调节器	万台	14342.4	1.0
一次能源生产总量	亿吨标准煤	34.6	-4.2
原 煤	亿吨	34.1	-9.0
原 油	万吨	19968.5	-6.9
天然气	亿立方米	1368.7	1.7
发电量	亿千瓦小时	61424.9	5.6
其中：火电[16]	亿千瓦小时	44370.7	3.6
水电	亿千瓦小时	11933.7	5.6
核电	亿千瓦小时	2132.9	24.9
粗 钢	万吨	80836.6	0.6
钢 材[17]	万吨	113801.2	1.3
十种有色金属	万吨	5310.3	3.0
其中：精炼铜(电解铜)	万吨	843.6	6.0
原铝(电解铝)	万吨	3187.3	1.5
水 泥	亿吨	24.1	2.3
硫 酸(折100%)	万吨	8889.1	-1.0
烧 碱(折100%)	万吨	3283.9	8.7
乙 烯	万吨	1781.1	3.9
化 肥(折100%)	万吨	7128.6	-4.1
发电机组(发电设备)	万千瓦	13218.4	6.3
汽 车	万辆	2811.9	14.8
其中：基本型乘用车(轿车)	万辆	1211.1	4.1
运动型多用途乘用车(SUV)	万辆	914.4	51.8
其中：新能源汽车	万辆	45.9	40.0
大中型拖拉机	万台	63.0	-8.5
集成电路	亿块	1318.0	21.2
程控交换机	万线	1457.7	-22.5
移动通信手持机	万台	205819.3	13.6
其中：智能手机	万台	153764.1	9.9
微型计算机设备	万台	29008.5	-7.7
工业机器人	台(套)	72426.0	30.4

年末全国发电装机容量164575万千瓦，比上年末增长8.2%。其中[18]，火电装机容量105388万千瓦，增长5.3%；水电装机容量33211万千瓦，增长3.9%；核电装机容量3364万千瓦，增长23.8%；并网风电装机容量14864万千瓦，增长13.2%；并网太阳能发电装机容量7742万千瓦，增长81.6%。

全年规模以上工业企业实现利润68803亿元，比上年增长8.5%。分经济类型看，国有控股企业实现利润11751亿元，比上年增长6.7%；集体企业477亿元，下降4.2%，股份制企业47197亿元，增长8.3%，外商及港澳台商投资企业17352亿元，增长12.1%；私营企业24325亿元，增长4.8%。分门类看，采矿业实现利润1825亿元，比上年下降27.5%；制造业62398亿元，增长12.3%；电力、热力、燃气及水生产和供应业4580亿元，下降14.3%。全年规模以上工业企业每百元主营业务收入中的成本为85.52元，比上年下降0.1

元。年末规模以上工业企业资产负债率为55.8%,比上年末下降0.4个百分点。

全年全社会建筑业增加值49522亿元,比上年增长6.6%。全国具有资质等级的总承包和专业承包建筑业企业实现利润6745亿元,增长4.6%。其中,国有控股企业1879亿元,增长6.8%。

图11　2012-2016年建筑业增加值及其增长速度

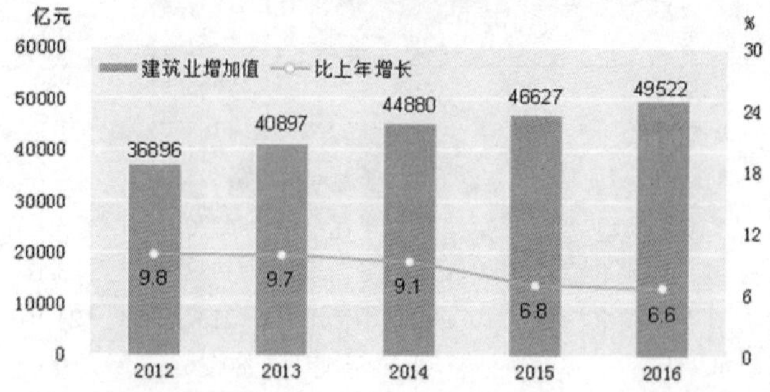

四、固定资产投资

全年全社会固定资产投资606466亿元,比上年增长7.9%,扣除价格因素,实际增长8.6%。其中,固定资产投资(不含农户)596501亿元,增长8.1%。分区域看[19],东部地区投资249665亿元,比上年增长9.1%;中部地区投资156762亿元,增长12.0%;西部地区投资154054亿元,增长12.2%;东北地区投资30642亿元,下降23.5%。

图12　2012-2016年全社会固定资产投资

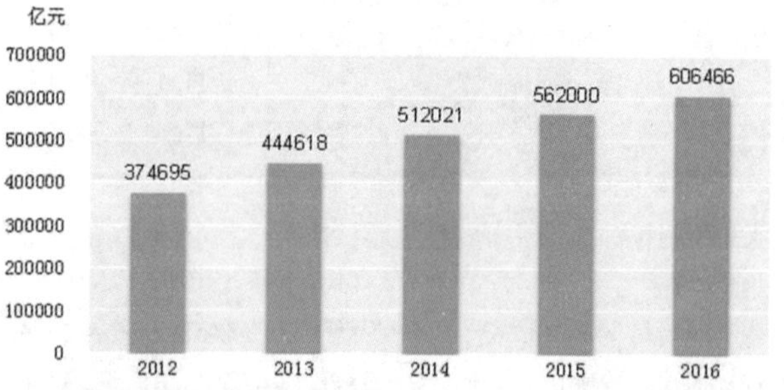

在固定资产投资(不含农户)中,第一产业投资18838亿元,比上年增长21.1%;第二产业投资231826亿元,增长3.5%;第三产业投资345837亿元,增长10.9%。基础设施投资[20]118878亿元,增长17.4%,占固定资产投资(不含农户)的比重为19.9%。民间固定资产投资[21]365219亿元,增长3.2%,占固定资产投资(不含农户)的比重为61.2%。高技术产业投资[22]37747亿元,增长15.8%,占固定资产投资(不含农户)的比重为6.3%。六大高耗能行业投资66376亿元,增长3.1%,占固定资产投资(不含农户)的比重为11.1%。农林牧渔业、水利、环境保护等短板领域投资快速增长。

图13　2016年按领域分固定资产投资(不含农户)及其占比

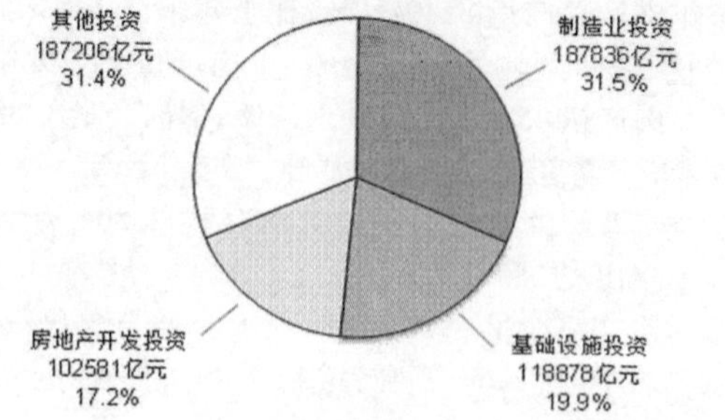

表4　2016年分行业固定资产投资(不含农户)及其增长速度

行　业	投资额	比上年增长%
总计	**596501**	**8.1**
农、林、牧、渔业	22774	19.5
采矿业	10320	-20.4
制造业	187836	4.2
电力、热力、燃气及水生产和供应业	29736	11.3
建筑业	4577	-6.5
批发和零售业	17939	-4.0
交通运输、仓储和邮政业	53628	9.5
住宿和餐饮业	5947	-8.6
信息传输、软件和信息技术服务业	6319	14.5
金融业	1310	-4.2
房地产业[23]	135284	6.8
租赁和商务服务业	12316	30.5
科学研究和技术服务业	5568	17.2
水利、环境和公共设施管理业	68647	23.3
居民服务、修理和其他服务业	2677	1.8
教育	9324	20.7
卫生和社会工作	6282	21.4
文化、体育和娱乐业	7830	16.4
公共管理、社会保障和社会组织	8188	4.3

表5　2016年固定资产投资新增主要生产与运营能力

指　标	单　位	绝对数
新增220千伏及以上变电设备	万千伏安	24336
新建铁路投产里程	公里	3281
其中:高速铁路[24]	公里	1903
增、新建铁路复线投产里程	公里	3612
电气化铁路投产里程	公里	5899
新改建公路里程	公里	324898
其中:高速公路	公里	6745
港口万吨级码头泊位新增吞吐能力	万吨	32436
新增民用运输机场	个	8
新增光缆线路长度	万公里	554

全年房地产开发投资102581亿元,比上年增长6.9%。其中,住宅投资68704亿元,增长6.4%;办公楼投资6533亿元,增长5.2%;商业营业用房投资15838亿元,增长8.4%。

年末商品房待售面积69539万平方米，比上年末减少2314万平方米。年末商品住宅待售面积40257万平方米，比上年末减少4991万平方米。

全年全国城镇棚户区住房改造开工606万套，棚户区改造和公租房基本建成658万套。全年全国农村地区建档立卡贫困户危房改造158万户[25]。

表6 2016年房地产开发和销售主要指标及其增长速度

指　标	单位	绝对数	比上年增长%
投资额	亿元	102581	6.9
其中:住宅	亿元	68704	6.4
其中:90平方米及以下	亿元	24772	0.5
房屋施工面积	万平方米	758975	3.2
其中:住宅	万平方米	521310	1.9
房屋新开工面积	万平方米	166928	8.1
其中:住宅	万平方米	115911	8.7
房屋竣工面积	万平方米	106128	6.1
其中:住宅	万平方米	77185	4.6
商品房销售面积	万平方米	157349	22.5
其中:住宅	万平方米	137540	22.4
本年到位资金	亿元	144214	15.2
其中:国内贷款	亿元	21512	6.4
个人按揭贷款	亿元	24403	46.5

五、国内贸易

全年社会消费品零售总额332316亿元，比上年增长10.4%，扣除价格因素，实际增长9.6%。按经营地统计，城镇消费品零售额285814亿元，增长10.4%；乡村消费品零售额46503亿元，增长10.9%。按消费类型统计，商品零售额296518亿元，增长10.4%；餐饮收入额35799亿元，增长10.8%。

图14 2012-2016年社会消费品零售总额

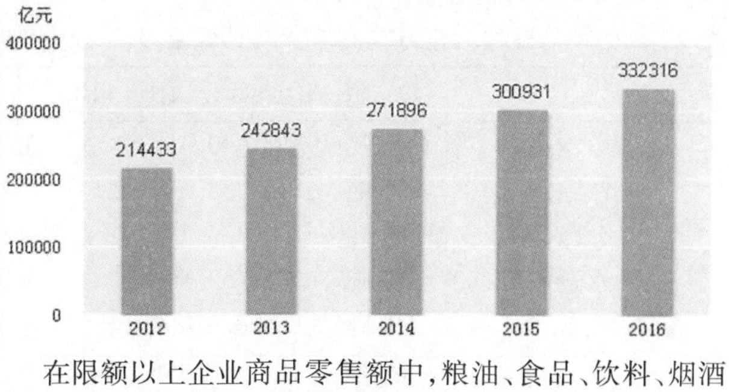

在限额以上企业商品零售额中，粮油、食品、饮料、烟酒类零售额比上年增长10.5%，服装、鞋帽、针纺织品类增长7.0%，化妆品类增长8.3%，金银珠宝类与上年持平，日用品类增长11.4%，家用电器和音像器材类增长8.7%，中西药品类增长12.0%，文化办公用品类增长11.2%，家具类增长12.7%，通讯器材类增长11.9%，建筑及装潢材料类增长14.0%，汽车类增长10.1%，石油及制品类增长1.2%。

全年网上零售额[26] 51556亿元，比上年增长26.2%。其中网上商品零售额41944亿元，增长25.6%，占社会消费品零售总额的比重为12.6%。在网上商品零售额中，吃类商品增长28.5%，穿类商品增长18.1%，用类商品增长28.8%。

六、对外经济[27]

全年货物进出口总额243386亿元，比上年下降0.9%。其中，出口138455亿元，下降1.9%；进口104932亿元，增长0.6%。货物进出口差额(出口减进口)33523亿元，比上年减少3308亿元。对"一带一路"[28]沿线国家进出口总额62517亿元，比上年增长0.5%。其中，出口38319亿元，增长0.5%；进口24198亿元，增长0.4%。

图15 2012-2016年货物进出口总额

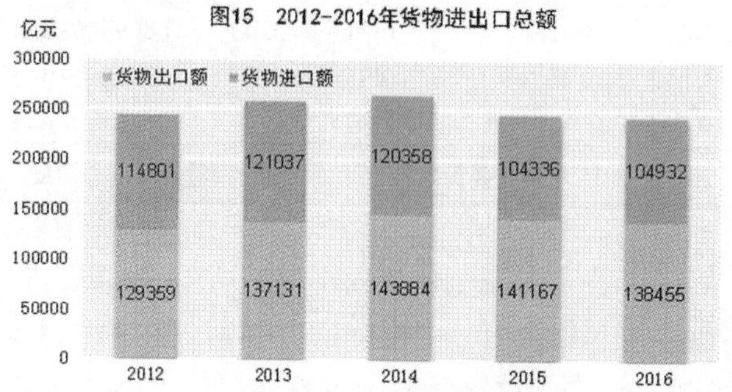

表7 2016年货物进出口总额及其增长速度

指　标	绝对数	比上年增长%
货物进出口总额	243386	-0.9
货物出口额	138455	-1.9
其中:一般贸易	74601	-1.1
加工贸易	47237	-4.6
其中:机电产品	79820	-1.9
高新技术产品	39876	-2.1
货物进口额	104932	0.6
其中:一般贸易	59398	3.7
加工贸易	26223	-5.5
其中:机电产品	50985	1.9
高新技术产品	34618	1.8
货物进出口差额(出口减进口)	33523	—

表8 2016年主要商品出口数量、金额及其增长速度

商品名称	单位	数量	比上年增长%	金额(亿美元)	比上年增长%
煤(包括褐煤)	万吨	879	64.6	46	48.0
钢材	万吨	10849	-3.5	3587	-7.8
纺织纱线、织物及制品	—	—	—	6925	1.9
服装及衣着附件	—	—	—	10413	-3.7
鞋类	万吨	422	-5.6	3113	-6.2
家具及其零件	—	—	—	3151	-3.8
自动数据处理设备及其部件	万台	159257	-7.1	9068	-4.1
手持或车载无线电话	万台	127192	-5.3	7643	-0.9
集装箱	万个	199	-26.7	279	-41.2
液晶显示板	万个	190569	-16.9	1700	-11.6
汽车	万辆	79	9.4	709	1.8

表9 2016年主要商品进口数量、金额及其增长速度

商品名称	数量(万吨)	比上年增长%	金额(亿元)	比上年增长%
谷物及谷物粉	2199	-32.8	375	-35.5
大豆	8391	2.7	2247	4.1
食用植物油	553	-18.3	276	-11.5
铁矿砂及其精矿	102412	7.5	3809	7.0
氧化铝	303	-35.0	58	-43.1
煤(包括褐煤)	25551	25.2	938	25.1
原油	38101	13.6	7698	-7.5
成品油	2784	-6.5	735	-16.6
初级形状的塑料	2570	-1.5	2731	-2.2
纸浆	2106	6.2	808	2.1
钢材	1321	3.4	869	-2.3
未锻轧铜及铜材	495	2.9	1741	-3.3
汽车(万辆)	107	-2.4	2942	6.1

表10 2016年对主要国家和地区货物进出口额及其增长速度

国家和地区	出口额	比上年增长%	占我全部出口比重(%)	进口额	比上年增长%	占我全部出口比重(%)
欧盟	22369	1.3	16.2	13747	5.9	13.1
美国	25415	0.0	18.4	8887	-3.2	8.5
东盟	16894	-1.9	12.2	12978	7.4	12.4
中国香港	19009	-7.6	13.7	1107	39.2	1.1
日本	8529	1.3	6.2	9626	8.4	9.2
韩国	6185	-1.7	4.5	10496	-3.2	10.0
中国台湾	2665	-4.3	1.9	9203	3.4	8.8
印度	3850	6.6	2.8	777	-6.4	0.7
俄罗斯	2466	14.2	1.8	2128	3.1	2.0

全年服务进出口[29]总额53484亿元,比上年增长14.2%。其中,服务出口18193亿元,增长2.3%;服务进口35291亿元,增长21.5%。服务进出口逆差17097亿元。

全年吸收外商直接投资(不含银行、证券、保险)新设立企业27900家,比上年增长5.0%。实际使用外商直接投资金额8132亿元(折1260亿美元),增长4.1%。其中"一带一路"沿线国家对华直接投资新设立企业2905家,增长34.1%;对华直接投资金额458亿元(折71亿美元)。

表11 2016年外商直接投资(不含银行、证券、保险)及其增长速度

行业	企业数(家)	比上年增长%	实际使用金额(亿美元)	比上年增长%
总 计	27900	5.0	8132.2	4.1
其中:农、林、牧、渔业	558	-8.4	123.2	30.0
制造业	4013	-11.0	2303.0	-6.1
电力、燃气及水生产和供应业	311	18.0	139.8	0.3
交通运输、仓储和邮政业	425	-5.4	329.2	26.7
信息传输、计算机服务和软件业	1463	11.6	540.4	128.0
批发和零售业	9399	2.7	1011.1	36.0
房地产业	378	-2.3	1264.4	-29.4
租赁和商务服务业	4631	3.7	1045.9	67.8
居民服务和其他服务业	245	13.0	33.0	-25.8

全年对外直接投资额(不含银行、证券、保险)11299亿元,按美元计价为1701亿美元,比上年增长44.1%。其中,对"一带一路"沿线国家直接投资额145亿美元。

表12 2016年对外直接投资额(不含银行、证券、保险)及其增长速度

行业	对外直接投资金额(亿美元)	比上年增长(%)
总 计	1701.1	44.1
其中:农、林、牧、渔业	29.7	45.0
采矿业	86.7	-20.1
制造业	310.6	116.7
电力、热力、燃气及水生产和供应业	25.3	-9.2
建筑业	53.1	18.0
批发和零售业	275.6	72.0
交通运输、仓储和邮政业	36.2	17.1
信息传输、软件和信息技术服务业	203.6	252.2
房地产业	106.4	17.4
租赁和商务服务业	422.7	1.4

全年对外承包工程业务完成营业额10589亿元,按美元计价为1594亿美元,比上年增长3.5%。其中,对"一带一路"沿线国家完成营业额760亿美元,增长9.7%,占对外承包工程业务完成营业额比重为47.7%。对外劳务合作派出各类劳务人员49万人,下降6.8%。

七、交通、邮电和旅游

全年货物运输总量440亿吨,比上年增长5.7%。货物运输周转量185295亿吨公里,增长4.0%。全年规模以上港口完成货物吞吐量118.3亿吨,比上年增长3.2%,其中外贸货物吞吐量37.6亿吨,增长4.1%。规模以上港口集装箱吞吐量21798万标准箱,增长3.6%。

表13 2016年各种运输方式完成货物运输量及其增长速度

指 标	单 位	绝对数	比上年增长%
货物运输总量	亿 吨	440.4	5.7
铁路	亿 吨	33.3	-0.8
公路	亿 吨	336.3	6.8
水运	亿 吨	63.6	3.7
民航	万 吨	666.9	6.0
管道	亿 吨	7.0	5.3
货物运输周转量	亿吨公里	185294.9	4.0
铁路	亿吨公里	23792.3	0.2
公路	亿吨公里	61211.0	5.6
水运	亿吨公里	95399.9	4.0
民航	亿吨公里	221.1	6.3
管道	亿吨公里	4670.6	5.7

全年旅客运输总量192亿人次,比上年下降1.2%。旅

客运输周转量31306亿人公里,增长4.1%。

表14 2016年各种运输方式完成旅客运输量及其增长速度

指　标	单　位	绝对数	比上年增长%
旅客运输总量	亿人次	192.0	-1.2
铁路	亿人次	28.1	11.0
公路	亿人次	156.3	-3.5
水运	亿人次	2.7	0.1
民航	亿人次	4.9	11.8
旅客运输周转量	亿人公里	31305.7	4.1
铁路	亿人公里	12579.3	5.2
公路	亿人公里	10294.8	-4.2
水运	亿人公里	72.0	-1.4
民航	亿人公里	8359.5	14.8

年末全国民用汽车保有量19440万辆(包括三轮汽车和低速货车881万辆),比上年末增长12.8%,其中私人汽车保有量16559万辆,增长15.0%。民用轿车保有量10876万辆,增长14.4%,其中私人轿车10152万辆,增长15.5%。

全年完成邮电业务总量[30]43344亿元,比上年增长52.7%。其中,邮政行业业务总量7397亿元,增长45.7%;电信业务总量35948亿元,增长54.2%。邮政业全年完成邮政函件业务36.2亿件,包裹业务0.3亿件,快递业务量312.8亿件;快递业务收入3974亿元。电信业全年新增移动电话交换机容量[31]7318万户,达到218384万户。年末全国电话用户总数152856万户,其中移动电话用户132193万户。移动电话普及率上升至96.2部/百人。固定互联网宽带接入用户[32]29721万户,比上年增加3774万户,其中固定互联网光纤宽带接入用户[33]22766万户,比上年增加7941万户;移动宽带用户[34]94075万户,增加23464万户。移动互联网接入流量93.6亿G,比上年增长123.7%。互联网上网人数7.31亿人,增加4299万人,其中手机上网人数[35]6.95亿人,增加7550万人。互联网普及率达到53.2%,其中农村地区互联网普及率达到33.1%。软件和信息技术服务业[36]完成软件业务收入48511亿元,比上年增长14.9%。

图16 2012-2016年快递业务量及其增长速度

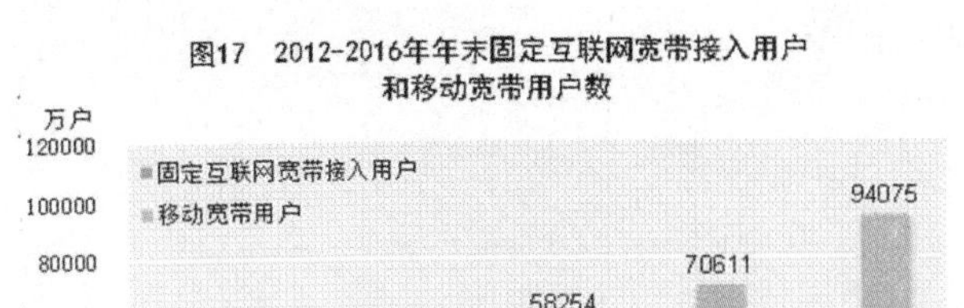

图17 2012-2016年年末固定互联网宽带接入用户和移动宽带用户数

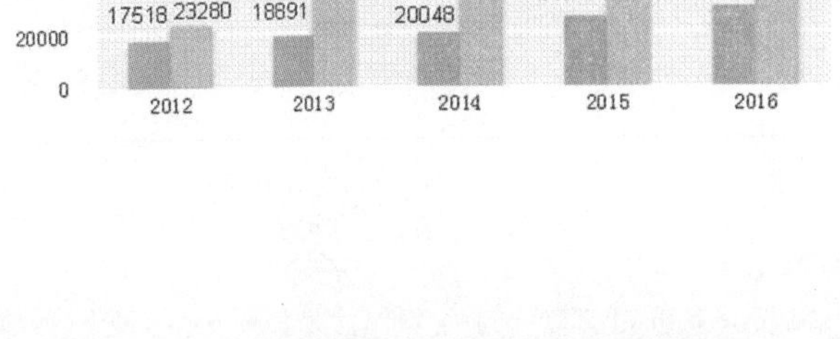

全年国内游客44亿人次,比上年增长11.2%,国内旅游收入39390亿元,增长15.2%。入境游客13844万人次,增长3.5%。其中,外国人2813万人次,增长8.3%;香港、澳门和台湾同胞11031万人次,增长2.3%。在入境游客中,过夜游客5927万人次,增长4.2%。国际旅游收入1200亿美元,增长5.6%。国内居民出境13513万人次,增长5.7%。其中因私出境12850万人次,增长5.6%;赴港澳台出境8395万人次,下降2.2%。

八、金融

年末广义货币供应量(M2)余额155.0万亿元,比上年末增长11.3%;狭义货币供应量(M1)余额48.7万亿元,增长21.4%;流通中货币(M0)余额6.8万亿元,增长8.1%。

全年社会融资规模增量[37]17.8万亿元,比上年多2.4万亿元。年末全部金融机构本外币各项存款余额155.5万亿元,比年初增加15.7万亿元,其中人民币各项存款余额150.6万亿元,增加14.9万亿元。全部金融机构本外币各项贷款余额112.1万亿元,增加12.7万亿元,其中人民币各项贷款余额106.6万亿元,增加12.6万亿元。

表15 2016年年末全部金融机构本外币存贷款余额及其增长速度

单位:亿元

指　标	年末数	比上年增长%
各项存款	1555247	11.3
其中:境内住户存款	606522	9.9
其中:人民币	597751	9.5
境内非金融企业存款	530895	16.6
各项贷款	1120552	12.8
其中:境内短期贷款	380020	3.6
境内中长期贷款	635052	17.8

年末主要农村金融机构(农村信用社、农村合作银行、农村商业银行)人民币贷款余额134219亿元,比年初增加13895亿元。金融机构境内住户人民币消费贷款余额250472亿元,增加60998亿元。其中,短期消费贷款余额49313亿元,增加8347亿元;中长期消费贷款余额201159亿元,增加52651亿元。

全年上市公司通过境内市场累计筹资23342亿元,比上年增加5088亿元。其中,首次公开发行A股248只,筹资1634亿元;A股现金再融资(包括公开增发、定向增发[38]、配股、优先股)13387亿元,增加4618亿元;上市公司通过沪深交易所发行公司债、可转债筹资8321亿元,增加414亿元。全年全国中小企业股份转让系统[39]新增挂牌公司5034家,筹资1391亿元,增长14.4%。

全年发行公司信用类债券[40]8.22万亿元,比上年增加1.50万亿元。

全年保险公司原保险保费收入[41]30959亿元,比上年增长27.5%。其中,寿险业务原保险保费收入17442亿元,健康险和意外伤害险业务原保险保费收入4792亿元,财产险业务原保险保费收入8725亿元。支付各类赔款及给付10513亿元。其中,寿险业务给付4603亿元,健康险和意外伤害险赔款及给付1184亿元,财产险业务赔款4726亿元。

九、人民生活和社会保障

全年全国居民人均可支配收入[42] 23821元，比上年增长8.4%，扣除价格因素，实际增长6.3%；全国居民人均可支配收入中位数[43] 20883元，增长8.3%。按常住地分，城镇居民人均可支配收入33616元，比上年增长7.8%，扣除价格因素，实际增长5.6%；城镇居民人均可支配收入中位数31554元，增长8.3%。农村居民人均可支配收入12363元，比上年增长8.2%，扣除价格因素，实际增长6.2%；农村居民人均可支配收入中位数11149元，增长8.3%。按全国居民五等份收入分组[44]，低收入组人均可支配收入5529元，中等偏下收入组人均可支配收入12899元，中等收入组人均可支配收入20924元，中等偏上收入组人均可支配收入31990元，高收入组人均可支配收入59259元。贫困地区[45]农村居民人均可支配收入8452元，比上年增长10.4%，扣除价格因素，实际增长8.4%。全国农民工人均月收入3275元，比上年增长6.6%。

全国居民人均消费支出17111元，比上年增长8.9%，扣除价格因素，实际增长6.8%。按常住地分，城镇居民人均消费支出23079元，增长7.9%，扣除价格因素，实际增长5.7%；农村居民人均消费支出10130元，增长9.8%，扣除价格因素，实际增长7.8%。恩格尔系数为30.1%，比上年下降0.5个百分点，其中城镇为29.3%，农村为32.2%。

图18　2012-2016年全国居民人均可支配收入及其增长速度

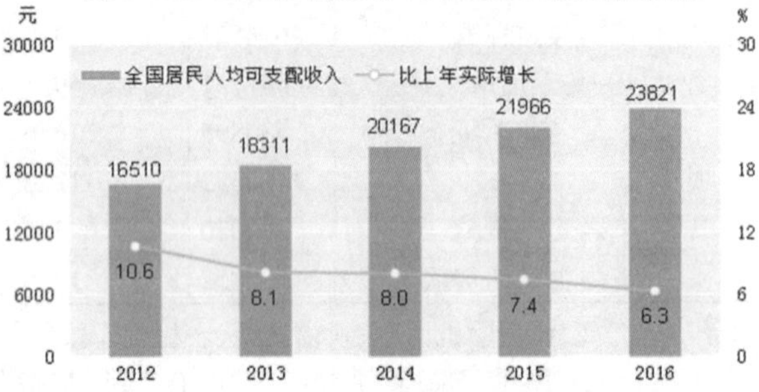

图19　2016年全国居民人均消费支出及其构成

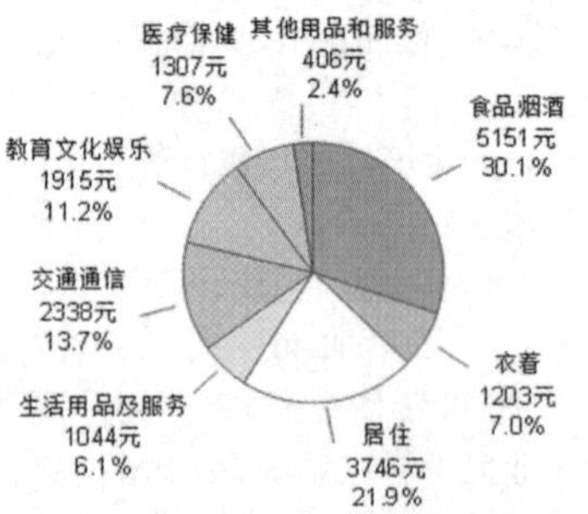

年末全国参加城镇职工基本养老保险人数37862万人，比上年末增加2501万人。参加城乡居民基本养老保险人数50847万人，增加375万人。参加城镇基本医疗保险人数74839万人，增加8257万人。其中，参加职工基本医疗保险人数29524万人，增加631万人；参加城镇居民基本医疗保险人数45315万人，增加7626万人。参加失业保险人数18089万人，增加763万人。年末全国领取失业保险金人数230万人。参加工伤保险人数21887万人，增加455万人，其中参加工伤保险的农民工7510万人，增加21万人。参加生育保险人数18443万人，增加672万人。年末全国共有1479.9万人享受城市居民最低生活保障，4576.5万人享受农村居民最低生活保障，496.9万人享受农村特困人员[46]救助供养。全年资助5620.6万人参加基本医疗保险，医疗救助3099.8万人次。国家抚恤、补助各类优抚对象877.2万人。按照每人每年2300元（2010年不变价）的农村贫困标准计算，2016年农村贫困人口4335万人，比上年减少1240万人[47]。

十、教育、科学技术和文化

全年研究生教育招生66.7万人，在学研究生198.1万人，毕业生56.4万人。普通本专科招生748.6万人，在校生2695.8万人，毕业生704.2万人。中等职业教育[48]招生593.3万人，在校生1599.1万人，毕业生533.7万人。普通高中招生802.9万人，在校生2366.6万人，毕业生792.4万人。初中招生1487.2万人，在校生4329.4万人，毕业生1423.9万人。普通小学招生1752.5万人，在校生9913.0万人，毕业生1507.4万人。特殊教育招生9.2万人，在校生49.2万人，毕业生5.9万人。学前教育在园幼儿4413.9万人。九年义务教育巩固率为93.4%，高中阶段毛入学率为87.5%。

图20　2012-2016年普通本专科、中等职业教育及普通高中招生人数

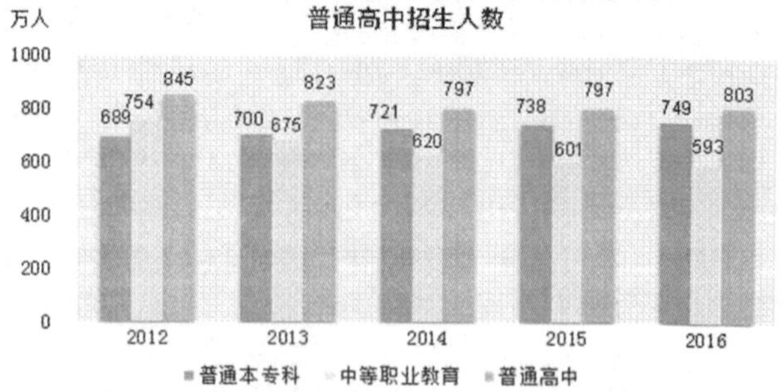

全年研究与试验发展（R&D）经费支出15500亿元，比上年增长9.4%，与国内生产总值之比为2.08%，其中基础研究经费798亿元。全年国家重点研发计划共安排42个重点专项1163个科技项目，国家科技重大专项共安排224个课题，国家自然科学基金共资助41184个项目。截至年底，累计建设国家重点实验室488个，国家工程研究中心131个，国家工程实验室194个，国家企业技术中心1276家。国家科技成果转化引导基金累计设立9支子基金，资金总规模173.5亿元。全年受理境内外专利申请346.5万件，授予专利权175.4万件。截至年底，有效专利628.5万件，其中境内有效发明专利110.3万件，每万人口发明专利拥有量8.0件。全年共签订技术合同32.0万项，技术合同成交金额11407亿元，比上年增长16.0%。

图21 2012-2016年研究与试验发展(R&D)经费支出及其增长速度

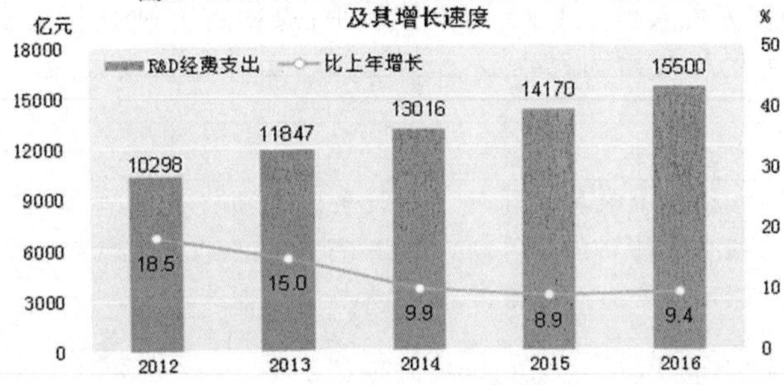

表16 2016年专利申请受理、授权和有效专利情况

指　标	专利数（万件）	比上年增长（%）
专利申请受理数	346.5	23.8
其中：境内专利申请受理	328.1	25.4
其中：发明专利申请受理	133.9	21.5
其中：境内发明专利	119.3	24.7
专利申请授权数	175.4	2.1
其中：境内专利授权	161.2	2.1
其中：发明专利授权	40.4	12.5
其中：境内发明专利	29.5	15.0
年末有效专利数	628.5	14.7
其中：境内有效专利	540.6	15.7
其中：有效发明专利	177.2	20.4
其中：境内有效发明专利	110.3	26.6

全年完成22次宇航发射。长征五号、长征七号新一代运载火箭成功首飞；天宫二号空间实验室、神舟十一号载人飞船成功发射，航天员在轨驻留30天并安全返回；新一代静止轨道气象卫星风云四号、合成孔径雷达卫星高分三号、3颗北斗导航卫星等成功发射。

年末全国共有产品检测实验室34487个，其中国家检测中心681个。全国现有产品质量、体系认证机构312个，已累计完成对152525个企业的产品认证。全国共有法定计量技术机构3933个，全年强制检定计量器具7878万台（件）。全年制定、修订国家标准1763项，其中新制定1255项。

年末全国文化系统共有艺术表演团体2046个，博物馆3060个。全国共有公共图书馆3172个，总流通[49]64781万人次；文化馆3338个。有线电视实际用户2.23亿户，其中有线数字电视实际用户1.97亿户。年末广播节目综合人口覆盖率为98.4%，电视节目综合人口覆盖率为98.9%。全年生产电视剧330部14768集，电视动画片119895分钟。全年生产故事影片772部，科教、纪录、动画和特种影片[50]172部。出版各类报纸394亿份，各类期刊27亿册，图书86亿册（张），人均图书拥有量[50]6.27册（张）。年末全国共有档案馆4193个，已开放各类档案13388万卷（件）。

全年我国运动员在23个运动大项中获得107个世界冠军，共创9项世界纪录。在里约奥运会上，我国运动员共获得26枚金牌，奖牌总数70枚，位列奥运会金牌榜第三位，奖牌榜第二位。全年我国残疾人运动员在17项国际赛事中获得237个世界冠军。在里约残奥会上，我国运动员共获得107枚金牌，蝉联金牌榜和奖牌榜第一位。

十一、卫生和社会服务

年末全国共有医疗卫生机构99.3万个，其中医院2.9万个，在医院中有公立医院1.3万个，民营医院1.6万个；基层医疗卫生机构93.1万个，其中乡镇卫生院3.7万个，社区卫生服务中心（站）3.5万个，门诊部（所）21.7万个，村卫生室64.2万个；专业公共卫生机构2.9万个，其中疾病预防控制中心3484个，卫生监督所（中心）3138个。年末卫生技术人员844万人，其中执业医师和执业助理医师317万人，注册护士350万人。医疗卫生机构床位747万张，其中医院575万张，乡镇卫生院123万张。全年总诊疗人次[52]78.0亿人次，出院人数[53]2.2亿人。

图22 2012-2016年卫生技术人员人数

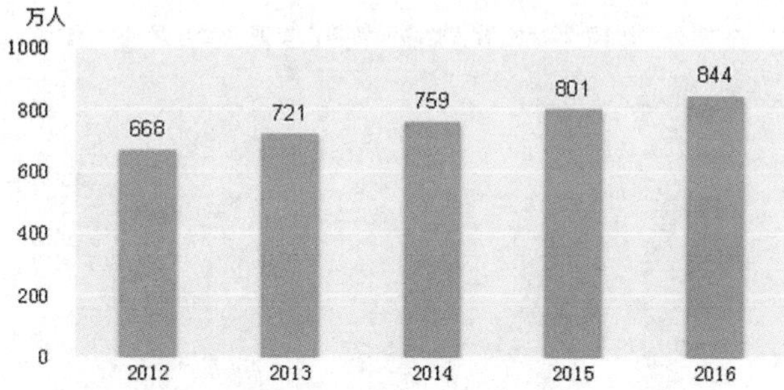

年末全国共有各类提供住宿的社会服务机构3.1万个，其中养老服务机构2.8万个，儿童服务机构713个。社会服务床位[54]716.6万张，其中养老服务床位680.0万张，儿童服务床位10.0万张。年末共有社区服务中心2.4万个，社区服务站13.0万个。

十二、资源、环境和安全生产

全年全国国有建设用地供应总量[55]52万公顷，比上年下降2.9%。其中，工矿仓储用地12万公顷，下降3.2%；房地产用地[56]11万公顷，下降10.3%；基础设施等用地29万公顷，增长0.2%。

全年水资源总量30150亿立方米。全年平均降水量730毫米。年末全国监测的614座大型水库蓄水总量3409亿立方米，比上年末蓄水量略有减少。全年总用水量6150亿立方米，比上年增长0.8%。其中，生活用水增长2.7%，工业用水减少0.4%，农业用水增长0.7%，生态补水增长1.9%。万元国内生产总值用水量[57]84立方米，比上年下降5.6%。万元工业增加值用水量53立方米，下降6.0%。人均用水量446立方米，比上年增长0.2%。

全年完成造林面积679万公顷，其中人工造林面积381万公顷，占全部造林面积的56.1%。森林抚育面积837万公顷。截至年底，自然保护区达到2750个，其中国家级自然保护区446个。新增水土流失治理面积5.4万平方公里，新增实施水土流失地区封育保护面积1.6万平方公里。

初步核算，全年能源消费总量43.6亿吨标准煤，比上年增长1.4%。煤炭消费量下降4.7%，原油消费量增长5.5%，天然气消费量增长8.0%，电力消费量增长5.0%。煤炭消费量占能源消费总量的62.0%，比上年下降2.0个百分点；水电、风电、核电、天然气等清洁能源消费量占能源消费总量的19.7%，上升1.7个百分点。全国万元国内生产总值能耗下降5.0%。工业企业吨粗铜综合能耗下降9.45%，吨钢综合能耗下降0.08%，单位烧碱综合能耗下降2.08%，吨水泥综合能耗下降1.81%，每千瓦时火力发电标准煤耗下降0.97%。

图23　2012-2016年万元国内生产总值能耗降低率

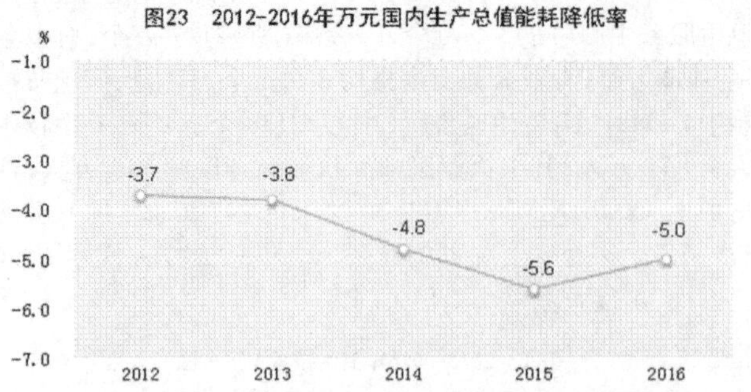

图24　2012-2016年清洁能源消费量占能源消费总量的比重

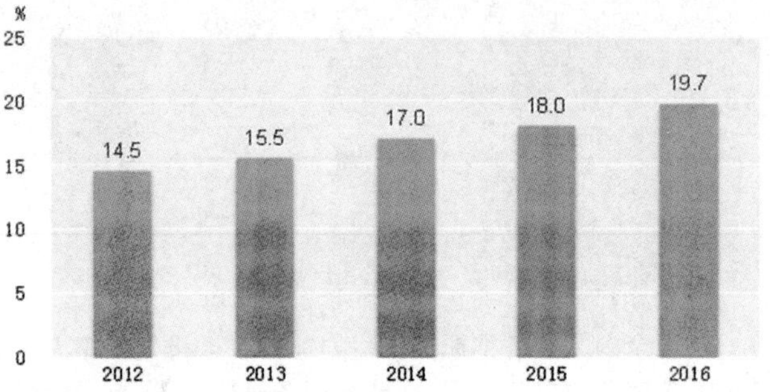

近岸海域417个海水水质监测点中，达到国家一、二类海水水质标准的监测点占73.4%，三类海水占10.3%，四类、劣四类海水占16.3%。

在监测的338个城市中，城市空气质量达标的城市占24.9%，未达标的城市占75.1%。细颗粒物（PM2.5）未达标地级及以上城市年平均浓度52微克/立方米，比上年下降8.8%。

在监测的322个城市中，城市区域声环境质量好的城市占5.0%，较好的占68.3%，一般的占26.1%，较差的占0.6%。

全年平均气温为10.49℃，比上年下降0.13℃。共有8个台风登陆。

年末城市污水处理厂日处理能力14823万立方米，比上年末增长5.6%；城市污水处理率为92.4%，提高0.5个百分点。城市生活垃圾无害化处理率为95.0%，提高0.9个百分点。城市集中供热面积70.7亿平方米，增长5.2%。城市建成区绿地面积197.1万公顷，增长3.3%；建成区绿地率为36.44%，提高0.08个百分点；人均公园绿地面积13.45平方米，增加0.10平方米。

全年农作物受灾面积2622万公顷，其中绝收290万公顷。全年因洪涝和地质灾害造成直接经济损失3134亿元，因旱灾造成直接经济损失418亿元，因低温冷冻和雪灾造成直接经济损失179亿元，因海洋灾害造成直接经济损失50亿元。全年大陆地区共发生5.0级以上地震18次，成灾16次，造成直接经济损失67亿元。全年共发生森林火灾2034起，森林火灾受害森林面积0.6万公顷。

全年各类生产安全事故[58]共死亡43062人。亿元国内生产总值生产安全事故死亡人数0.058人，按可比口径比上年下降10.8%；工矿商贸企业就业人员10万人生产安全事故死亡人数1.702人，按可比口径下降2.3%；道路交通事故万车死亡人数2.1人，与上年持平；煤矿百万吨死亡人数0.156人，下降3.7%。

注：

[1]本公报中数据均为初步统计数。各项统计数据均未包括香港特别行政区、澳门特别行政区和台湾省。部分数据因四舍五入的原因，存在着与分项合计不等的情况。

[2]国内生产总值、各产业增加值和人均国内生产总值绝对数按现价计算，增长速度按不变价格计算。

[3]国民总收入，原称国民生产总值，是指一个国家或地区所有常住单位在一定时期内所获得的初次分配收入总额。它等于国内生产总值加上来自国外的净要素收入。

[4]人户分离的人口是指居住地与户口登记地所在的乡镇街道不一致且离开户口登记地半年及以上的人口。

[5]流动人口是指人户分离人口中扣除市辖区内人户分离的人口。市辖区内人户分离的人口是指一个直辖市或地级市所辖区内和区与区之间，居住地和户口登记地不在同一乡镇街道的人口。

[6]2016年年末，0－14岁（含不满15周岁）人口为23008万人，15－59岁（含不满60周岁）人口为92177万人。

[7]年度农民工数量包括年内在本乡镇以外从业6个月及以上的外出农民工和在本乡镇内从事非农产业6个月及以上的本地农民工两部分。

[8]全员劳动生产率为国内生产总值（以2015年价格计算）与全部就业人员的比率。

[9]农产品生产者价格是指农产品生产者直接出售其产品时的价格。

[10]居住类价格包括租赁房房租、住房保养维修及管理、水电燃料等价格。

[11]为推进财政资金统筹使用，2016年起将政府住房基金等5个项目从政府性基金预算转列一般公共预算，将从国有资本经营预算调入一般公共预算的资金由直接列为一般公共预算收入调整列为财政调入资金。因此，上年基数中考虑了上述因素影响，并以此为基础计算同口径增减额和增减幅。

[12]工业战略性新兴产业包括节能环保产业，新一代信息技术产业，生物产业，高端设备制造产业，新能源产业，新材料产业，新能源汽车产业等七大产业。

[13]高技术制造业包括医药制造业，航空、航天器及设备制造业，电子及通信设备制造业，计算机及办公设备制造业，医疗仪器设备及仪器仪表制造业，信息化学品制造业。

[14]装备制造业包括金属制品业，通用设备制造业，专用设备制造业，汽车制造业，铁路、船舶、航空航天和其他运输设备制造业，电气机械和器材制造业，计算机、通信和其他电子设备制造业，仪器仪表制造业。

[15]六大高耗能行业包括石油加工、炼焦和核燃料加工业，化学原料和化学制品制造业，非金属矿物制品业，黑色金属冶炼和压延加工业，有色金属冶炼和压延加工业，电力、热力生产和供应业。

[16]火电包括燃煤发电量，燃油发电量，燃气发电量，余热、余压、余气发电量，垃圾焚烧发电量，生物质发电量。

[17]钢材产量数据中含企业之间重复加工钢材约35443万吨。

[18]少量发电装机容量(如地热等)公报中未列出。

[19]固定资产投资按东部、中部、西部和东北地区计算的合计数据小于全国数据,是因为有部分跨地区的投资未计算在地区数据中。其中,东部地区是指北京、天津、河北、上海、江苏、浙江、福建、山东、广东和海南10省(市);中部地区是指山西、安徽、江西、河南、湖北和湖南6省;西部地区是指内蒙古、广西、重庆、四川、贵州、云南、西藏、陕西、甘肃、青海、宁夏和新疆12省(区、市);东北地区是指辽宁、吉林和黑龙江3省。

[20]基础设施投资是指建造或购置为社会生产和生活提供基础性、大众性服务的工程和设施的支出。公报中的基础设施投资包括交通运输、邮政业,电信、广播电视和卫星传输服务业,互联网和相关服务业,水利、环境和公共设施管理业投资。

[21]民间固定资产投资是指具有集体、私营、个人性质的内资企事业单位以及由其控股(包括绝对控股和相对控股)的企业单位建造或购置固定资产的投资。

[22]高技术产业投资包括医药制造、航空航天器及设备制造等六大类高技术制造业投资和信息服务、电子商务服务等九大类高技术服务业投资。

[23]房地产业投资除房地产开发投资外,还包括建设单位自建房屋以及物业管理、中介服务和其他房地产投资。

[24]高速铁路是指最高营运速度达到200公里/小时及以上的铁路。

[25]数据来源为各省(区、市)汇总上报截至2016年12月底建档立卡贫困户农村危房改造实际开工数。

[26]网上零售额是指通过公共网络交易平台(包括自建网站和第三方平台)实现的商品和服务零售额。其中,网上零售额包括的服务,以及少部分用于生产经营用或被转卖的商品不统计在社会消费品零售总额中。

[27]货物贸易、服务贸易、吸收外资采用人民币计价。对外投资和对外承包工程由于技术原因仍主要沿用美元计价。

[28]"一带一路"是指"丝绸之路经济带"和"21世纪海上丝绸之路"。

[29]服务进出口按照《国际收支手册(第六版)》标准统计,不含政府服务,增速按可比口径计算。

[30]邮电业务总量按2010年价格计算。

[31]移动电话交换机容量是指移动电话交换机根据一定话务模型和交换机处理能力计算出来的最大同时服务用户的数量。

[32]固定互联网宽带接入用户是指报告期末在电信企业登记注册,通过xDSL、FTTx+LAN、FTTH/0以及其他宽带接入方式和普通专线接入公众互联网的用户。

[33]固定互联网光纤宽带接入用户是指报告期末在电信企业登记注册,通过FTTH或FTTO方式接入公众互联网的用户。

[34]移动宽带用户是指报告期末在计费系统拥有使用信息,占用3G或4G网络资源的在网用户。

[35]手机上网人数是指过去半年通过手机接入并使用互联网的6周岁及以上中国居民数量。

[36]软件和信息技术服务业包括软件开发,信息系统集成服务,信息技术咨询服务,数据处理和存储服务,集成电路设计服务和其他信息技术服务等行业。

[37]社会融资规模增量是指一定时期内实体经济从金融体系获得的资金总额。

[38]定向增发不含资产认购部分。

[39]全国中小企业股份转让系统又称"新三板",是2012年经国务院批准设立的全国性证券交易场所。

[40]公司信用类债券包括非金融企业债务融资工具、企业债券以及公司债、可转债等。

[41]原保险保费收入是指保险企业确认的原保险合同保费收入。

[42]全国居民收入增速快于分城乡居民收入增速的原因是:在城镇化过程中,一部分在农村收入较高的人口进入城镇地区,但在城镇属于较低收入人群,他们的迁移对城乡居民收入均有拉低作用。但无论在城镇还是农村,其收入增长效应都会体现在全体居民收入增长中。

[43]人均收入中位数是指将所有调查户按人均收入水平从低到高(或从高到低)顺序排列,处于最中间位置调查户的人均收入。

[44]全国居民五等份收入分组是指将所有调查户按人均收入水平从低到高顺序排列,平均分为五个等份,处于最高20%的收入群体为高收入组,依此类推依次为中等偏上收入组、中等收入组、中等偏下收入组、低收入组。

[45]贫困地区包括集中连片特困地区和片区外的国家扶贫开发工作重点县,共832个县,其中国家扶贫开发工作重点县共计592个。

[46]农村特困人员是指无劳动能力,无生活来源,无法定赡养、抚养、扶养义务人或者其法定义务人无履行义务能力的农村老年人、残疾人以及未满16周岁的未成年人。

[47]减贫人口等于当年贫困人口减去上年贫困人口,也相当于当年脱贫人口减去当年返贫人口。

[48]中等职业教育包括普通中专、成人中专、职业高中和技工学校。

[49]总流通人次是指本年度内到图书馆场馆接受图书馆服务的总人次,包括借阅书刊、咨询问题以及参加各类读者活动等。

[50]特种影片是指那些采用与常规影院放映在技术、设备、节目方面不同的电影展示方式,如巨幕电影、立体电影、立体特效(4D)电影、动感电影、球幕电影等。

[51]人均图书拥有量是指在一年内全国平均每人能拥有的当年出版图书册数。

[52]总诊疗人次指所有诊疗工作的总人次数,包括门诊、急诊、出诊、预约诊疗、单项健康检查、健康咨询指导(不含健康讲座)人次。

[53]出院人数指报告期内所有住院后出院的人数,包括医嘱离院、医嘱转其他医疗机构、非医嘱离院、死亡及其他人数,不含家庭病床撤床人数。

[54]社会服务床位数除收养性机构外,还包括救助类机构、社区类机构以及军休所、军供站等机构的床位。

[55]国有建设用地供应总量是指报告期内市、县人民政府根据年度土地供应计划依法以出让、划拨、租赁等方式将土地使用权提供给单位或个人使用的国有建设用地

总量。

[56]房地产用地是指商服用地和住宅用地的总和。

[57]万元国内生产总值用水量、万元工业增加值用水量和万元国内生产总值能耗按2015年价格计算。

[58]2016年起，安全监管总局对生产安全事故统计制度进行改革，由于排除了非生产经营领域的事故，事故统计口径发生变化，数据同比按照可比口径计算。

资料来源：

本公报中户籍人口城镇化率、民用汽车、交通事故数据来自公安部；城镇新增就业、登记失业率、社会保障、技工学校数据来自人力资源社会保障部；财政数据来自财政部；外汇储备、汇率、货币金融、公司信用类债券数据来自人民银行；水产品产量数据来自农业部；木材产量、林业、森林火灾数据来自林业局；灌溉面积、水资源数据来自水利部；发电装机容量、新增220千伏及以上变电设备数据来自中电联；新建铁路投产里程、增新建铁路复线投产里程、电气化铁路投产里程、铁路运输数据来自铁路总公司；新改建公路里程、港口万吨级码头泊位新增吞吐能力、公路运输、水运、港口货物吞吐量数据来自交通运输部；新增民用运输机场、民航数据来自民航局；新增光缆线路长度、电话交换机容量、电话用户、宽带用户、移动互联网接入流量、上网人数、互联网普及率、软件业务收入等数据来自工业和信息化部；农村地区互联网普及率数据来自中国互联网络信息中心；棚户区住房改造、农村地区建档立卡贫困户危房改造、城市污水处理、城市垃圾处理、城市集中供热面积、建成区绿地数据来自住房城乡建设部；货物进出口数据来自海关总署；服务进出口、外商直接投资、对外直接投资、对外承包工程、对外劳务合作等数据来自商务部；管道数据来自中石油、中石化、中海油；邮政业务数据来自邮政局；旅游数据来自旅游局、公安部；上市公司数据来自证监会；保险业数据来自保监会；城乡低保、农村特困人员救助供养、社会服务、农作物受灾面积、洪涝地质灾害造成直接经济损失、旱灾造成直接经济损失、低温冷冻和雪灾造成直接经济损失来自民政部；教育数据来自教育部；重点研发计划、科技重大专项、国家重点实验室、科技成果转化引导基金、技术合同等数据来自科技部；自然科学基金项目数据来自自然基金委；国家工程研究中心、企业技术中心等数据来自发展改革委；专利数据来自知识产权局；宇航发射数据来自国防科工局；质量检验、国家标准制定修订等数据来自质检总局；艺术表演团体、博物馆、公共图书馆、文化馆数据来自文化部；广播电视、电影、报纸、期刊、图书数据来自新闻出版广电总局；档案数据来自档案局；体育数据来自体育总局；残疾人运动员数据来自中国残联；卫生数据来自卫生计生委；国有建设用地供应数据来自国土资源部；自然保护区、环境监测数据来自环境保护部；平均气温、登陆台风数据来自气象局；海洋灾害造成直接经济损失数据来自海洋局；地震次数、地震灾害直接经济损失数据来自地震局；安全生产数据来自安全监管总局；其他数据均来自国家统计局。

2016年河南省国民经济和社会发展统计公报

河南省统计局

国家统计局河南调查总队

2017年3月1日

2016年，全省上下深入贯彻落实中央和省委、省政府各项决策部署，坚持以新发展理念为引领，主动适应经济发展新常态，扎实推进供给侧结构性改革，统筹稳增长、促改革、调结构、强基础、惠民生、防风险，全省经济保持总体平稳、稳中有进的运行态势，结构调整持续推进，民生保障不断改善，实现了"十三五"良好开局。

一、综合

初步核算，全年全省生产总值40160.01亿元，比上年增长8.1%。其中，第一产业增加值4286.30亿元，增长4.2%；第二产业增加值19055.44亿元，增长7.5%；第三产业增加值16818.27亿元，增长9.9%；三次产业结构为10.7∶47.4∶41.9。人均生产总值42247元，比上年增长7.6%。

图1:2010年以来生产总值及增速

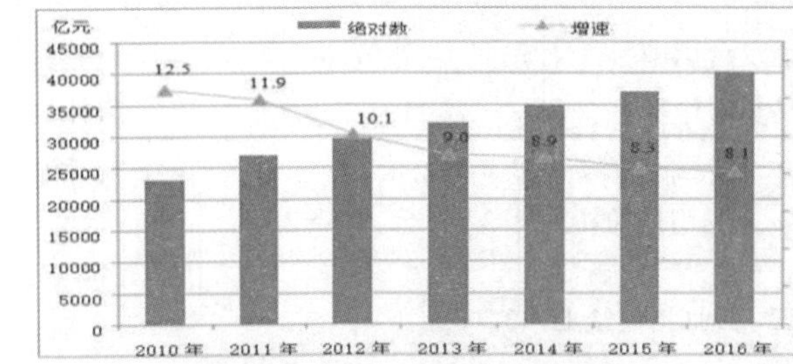

图2:2010年以来三次产业增加值占生产总值比重

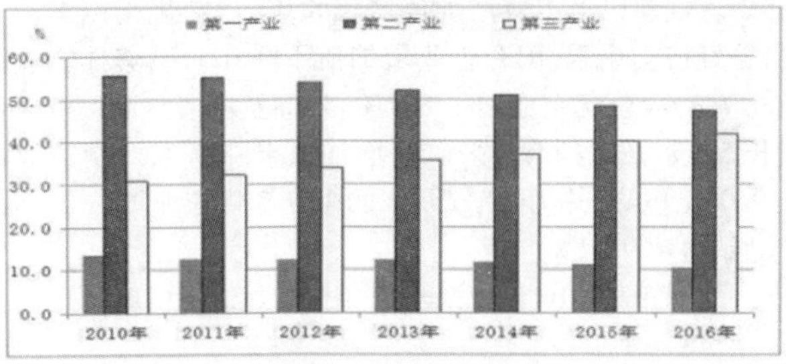

年末全省总人口10788.14万人，常住人口9532.42万人，其中城镇常住人口4623.22万人，城镇化率48.5%，比上年末提高1.65个百分点。出生人口142.61万人，出生率13.26‰；死亡人口76.47万人，死亡率7.11‰；自然变动净增人口66.14万人，自然增长率6.15‰。

表1:2016年年末人口数及构成

指标	年末数(万人)	比重(%)
年末总人口	10788.14	—
常住人口	9532.42	100.0
#城镇	4623.22	48.5
乡村	4909.20	51.5
#男性	4841.96	50.8
女性	4690.46	49.2
#0—14岁	2032.31	21.3
15—64岁	6558.30	68.8
65岁及以上	941.80	9.9

全年城镇新增就业人员145.10万人，失业人员实现再就业48.02万人。就业困难人员再就业19.19万人，城镇登记失业率3.0%。新增农村劳动力转移就业62万人，年末全省农村劳动力转移就业2876万人。

图3:2010年以来城镇新增就业人员

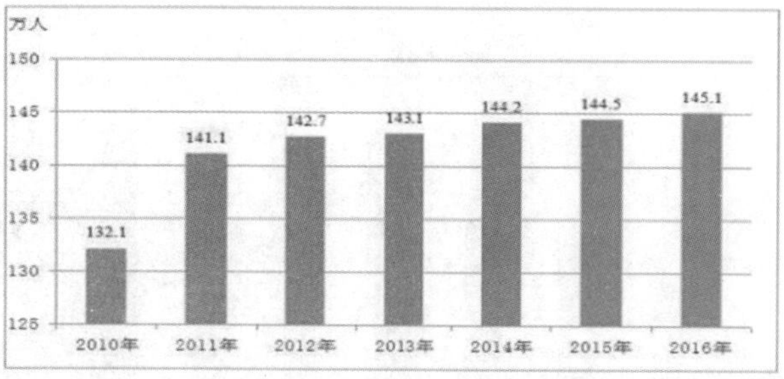

全年居民消费价格比上年上涨1.9%，其中食品烟酒价格上涨3.2%。商品零售价格上涨0.3%。工业生产者出厂价格下降1.0%。工业生产者购进价格下降0.8%。固定资产投资价格下降0.8%。农业生产资料价格上涨0.8%。

图4:2016年居民消费价格月度同比涨幅

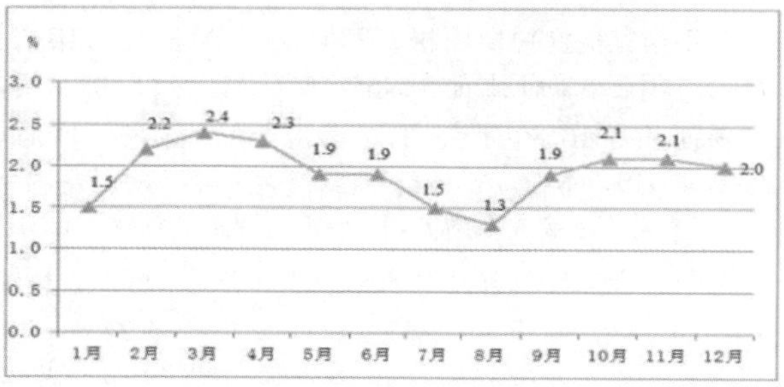

表 2:2016 年居民消费价格指数

以上年为 100

类　别	指　数
居民消费价格指数	101.9
# 城市	101.9
农村	102.0
# 食品烟酒	103.2
# 粮食	100.1
鲜菜	111.3
畜肉	112.8
蛋	95.6
衣着	100.7
居住	102.2
生活用品及服务	100.2
交通和通信	98.3
教育文化和娱乐	102.4
医疗保健	102.8
其他用品和服务	103.9

全年地方财政总收入 4706.96 亿元,比上年增长 5.6%。一般公共预算收入 3153.45 亿元,增长 8.0%,其中税收收入 2158.39 亿元,增长 8.9%,占一般公共预算收入的 68.4%。一般公共预算支出 7456.64 亿元,增长 9.4%,其中财政民生支出 5784.76 亿元,增长 9.4%,占一般公共预算支出的 77.6%。

图 5:2010 年以来一般公共预算收入及增速

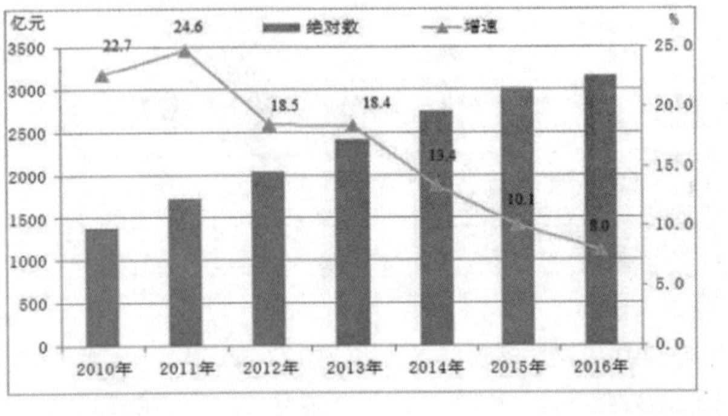

二、农业

全年全省粮食种植面积 10286.15 千公顷,比上年增长 0.2%。其中,小麦种植面积 5465.66 千公顷,增长 0.7%;玉米种植面积 3316.86 千公顷,下降 0.8%。棉花种植面积 100.00 千公顷,下降 16.7%。油料种植面积 1624.76 千公顷,增长 1.5%。蔬菜种植面积 1772.53 千公顷,增长 1.2%。

全年粮食产量 5946.60 万吨,比上年下降 2.0%。其中,夏粮产量 3476.80 万吨,下降 1.0%;秋粮产量 2469.80 万吨,下降 3.3%。小麦产量 3466.00 万吨,下降 1.0%;玉米产量 1752.97 万吨,下降 5.4%。

图 6:2010 年以来粮食产量

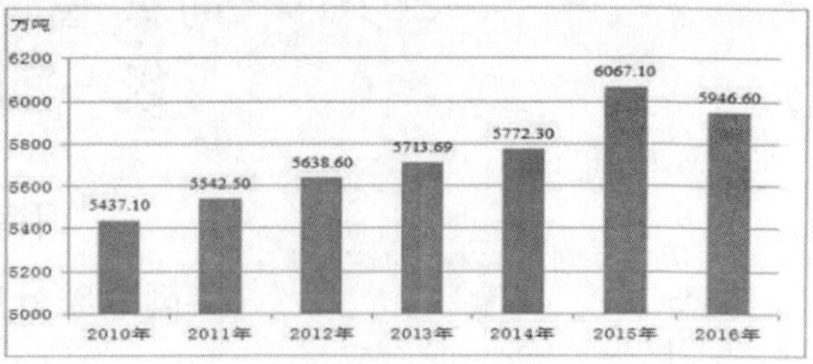

全年棉花产量 9.75 万吨,下降 22.9%。油料产量 619.09 万吨,增长 3.2%。蔬菜及食用菌产量 7807.61 万吨,增长 4.7%。瓜果类农作物产量 1948.53 万吨,增长 11.4%。

全年猪牛羊禽肉总产量 682.54 万吨,下降 2.0%。禽蛋产量 422.50 万吨,增长 3.0%。牛奶产量 326.80 万吨,下降 4.5%。

表 3:2016 年主要农产品产量及增速

产品名称	产量(万吨)	比上年增长(%)
粮食	5946.60	-2.0
# 夏粮	3476.80	-1.0
其中:小麦	3466.00	-1.0
秋粮	2469.80	-3.3
其中:玉米	1752.97	-5.4
棉花	9.75	-22.9
油料	619.09	3.2
# 花生	509.19	4.9
蔬菜及食用菌	7807.61	4.7
瓜果类农作物	1948.53	11.4

年末农业机械总动力 9858.82 万千瓦,比上年下降 15.8%。农用拖拉机 372.22 万台,下降 2.0%。

三、工业和建筑业

全年全省全部工业增加值 16830.74 亿元,比上年增长 7.5%。规模以上工业增加值增长 8.0%。在规模以上工业中,分经济类型看,国有企业增加值下降 0.1%,集体企业增长 6.7%,股份制企业增长 8.7%,外商及港澳台商投资企业增长 5.5%;分门类看,采矿业增加值下降 0.7%,制造业增长 9.0%,电力、热力、燃气及水的生产和供应业增长 2.5%;产品销售率 98.1%。

图 7:2010 年以来全部工业增加值及增速

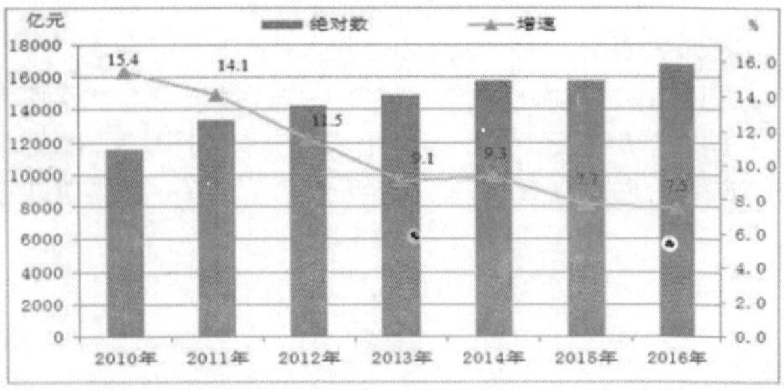

全年高技术产业增加值增长 15.5%，占规模以上工业的 8.7%。高成长性制造业增长 10.6%，占规模以上工业的 48.4%。传统支柱产业增长 5.3%，占规模以上工业的 44.5%。六大高载能行业增长 6.1%，占规模以上工业的 32.3%。

表 4:2016 年规模以上工业主要产品产量及增速

产品名称	单　位	产　量	比上年增长(%)
原煤	万吨	11905.26	-12.1
原油	万吨	315.74	-23.4
汽油	万吨	203.62	24.2
柴油	万吨	143.80	3.9
焦炭	万吨	2919.89	-0.9
发电量	亿千瓦小时	2622.50	-0.1
#火力发电量	亿千瓦小时	2516.20	0.4
#新能源发电量	亿千瓦小时	38.68	15.6
钢材	万吨	4667.91	-1.5
电解铝	万吨	314.78	-4.7
铝材	万吨	1117.18	12.1
汽车	万辆	58.47	13.8
#新能源汽车	万辆	2.66	29.1
#运动型多功能乘用车(SUV)	万辆	31.07	25.8
手机	万台	25919.46	30.3
#智能手机	万台	17157.96	8.6
太阳能电池	万千瓦	209.29	38.0
工业机器人	套	487	—
畜肉制品	万吨	230.13	0.9
速冻米面食品	万吨	381.50	4.1
服装	亿件	22.78	-7.5
卷烟	亿支	1528.06	-8.7

年末全社会发电装机容量 7218.45 万千瓦，比上年末增长 7.0%。其中，火电装机容量 6380.74 万千瓦，增长 3.5%；水电装机容量 398.96 万千瓦，增长 0.1%；并网风电装机容量 104.06 万千瓦，增长 14.2%；并网太阳能发电装机容量 284.33 万千瓦，增长 596.7%。

全年规模以上工业企业主营业务收入 79195.70 亿元，比上年增长 7.9%；利润总额 5174.14 亿元，增长 6.4%。分所有制看，国有控股企业利润 41.08 亿元，增长 108.1%；集体控股企业利润 251.74 亿元，增长 4.3%；非公有制企业利润 4881.32 亿元，增长 6.1%。

图 8:2016 年国有控股工业企业月度累计利润总额

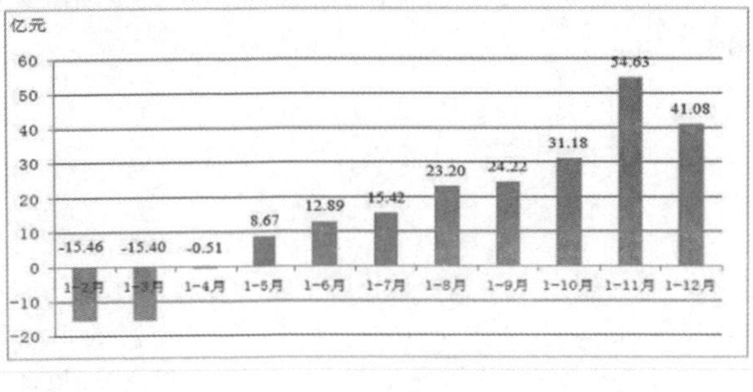

全年产业集聚区规模以上工业增加值比上年增长 11.9%，占全省规模以上工业的 63.4%；主营业务收入 51613.89 亿元，增长 12.0%；利润总额 2972.41 亿元，增长 10.0%。郑州航空港经济综合实验区规模以上工业增加值增长 13.7%；主营业务收入 2674.69 亿元，增长 0.9%；利润总额 41.29 亿元，下降 17.8%。

全年建筑业增加值 2287.04 亿元，比上年增长 7.2%。资质内建筑业企业 7012 家，比上年增加 660 家；建筑业总产值 8807.99 亿元，增长 9.4%；房屋施工面积 55784.03 万平方米，增长 5.0%。

四、固定资产投资

全年全省固定资产投资(不含农户，下同) 39753.93 亿元，比上年增长 13.7%。

图 9:2010 年以来固定资产投资及增速

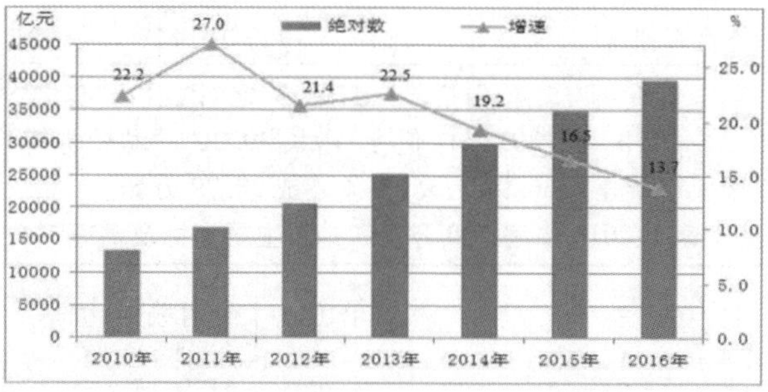

在固定资产投资中，第一产业投资 1932.11 亿元，比上年增长 31.1%；第二产业投资 18523.16 亿元，增长 9.0%；第三产业投资 19298.66 亿元，增长 17.1%。基础设施投资 6770.19 亿元，增长 29.0%，占固定资产投资的 17.0%。工业投资 18536.63 亿元，增长 8.9%，占固定资产投资的 46.6%。民间投资 31414.73 亿元，增长 5.9%，占固定资产投资的 79.0%。

图 10:2016 年民间投资月度累计增速

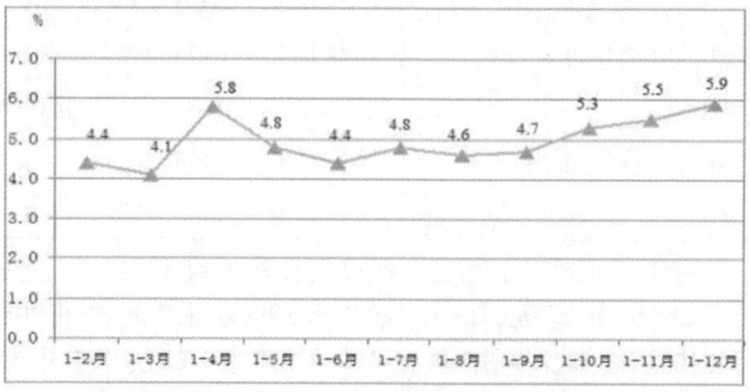

表 5:2016 年分行业固定资产投资(不含农户)及增速

行　业	投资额(亿元)	比上年增长(%)
合 计	39753.93	13.7
农林牧渔业	2159.76	29.6
工业	18536.63	8.9
采矿业	567.59	-0.1
制造业	16237.24	5.8

电力、燃气及水的生产和供应业	1731.80	55.5
建筑业	3.56	-47.1
批发和零售业	1221.76	4.2
交通运输、仓储和邮政业	1944.56	2.0
住宿和餐饮业	358.04	-12.1
信息传输、软件和信息技术服务业	238.95	47.8
金融业	30.77	56.4
房地产业	8949.07	17.7
租赁和商务服务业	450.23	2.7
科学研究和技术服务业	252.20	36.5
水利、环境和公共设施管理业	3697.92	32.9
居民服务、修理和其他服务业	152.21	-15.8
教育	533.74	27.7
卫生和社会工作	555.87	33.5
文化、体育和娱乐业	547.66	47.6
公共管理、社会保障和社会组织	120.98	-37.0

全年房地产开发投资6179.13亿元，比上年增长28.2%，其中住宅4558.07亿元，增长29.2%。城镇保障性安居工程新开工36.91万套，基本建成28.79万套。

表6:2016年房地产开发和销售主要指标及增速

指 标	单 位	绝对数	比上年增长(%)
投资额	亿元	6179.13	28.2
#住宅	亿元	4558.07	29.2
#90平方米及以下	亿元	1530.62	20.3
房屋施工面积	万平方米	47359.55	15.5
#住宅	万平方米	35579.02	14.0
房屋新开工面积	万平方米	14669.72	33.7
#住宅	万平方米	10954.03	30.8
房屋竣工面积	万平方米	6299.44	16.9
#住宅	万平方米	5015.23	18.3
商品房销售面积	万平方米	11306.27	32.1
#住宅	万平方米	10137.13	32.6
商品房待售面积	万平方米	3395.26	-5.9
#住宅	万平方米	2530.41	-8.6

全年亿元及以上固定资产投资在建项目11435个，完成投资28358.13亿元，比上年增长15.9%。米字形高速铁路网加快构建，郑徐高铁建成通车，郑济、郑太高铁开工建设。郑州城郊铁路、焦作至桐柏高速公路登封至汝州段投入使用。出山店水库、前坪水库和东风汽车郑州基地年产20万辆乘用车产能扩能等重大项目建设进展顺利。

全年产业集聚区固定资产投资21013.58亿元，比上年增长13.5%，占全省固定资产投资的52.9%。其中，产业集聚区工业投资13903.01亿元，增长9.1%。郑州航空港经济综合实验区固定资产投资618.96亿元，增长18.6%。

五、国内贸易

全年全省社会消费品零售总额17618.35亿元，比上年增长11.9%，扣除价格因素，实际增长11.6%。分城乡看，城镇14399.86亿元，增长11.7%；乡村3218.49亿元，增长12.8%。分行业看，批发业1898.79亿元，增长10.6%；零售业13259.08亿元，增长12.0%；住宿业139.70亿元，增长9.0%；餐饮业2320.78亿元，增长12.7%。

图11:2010年以来社会消费品零售总额及增速

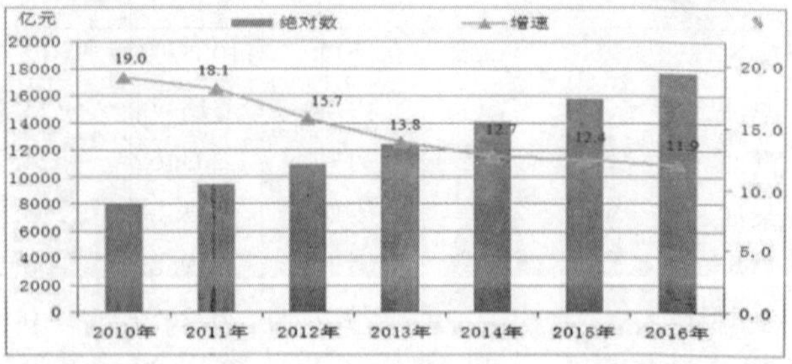

在限额以上批发和零售业商品零售额中，粮油食品类比上年增长14.4%，饮料类增长12.5%，烟酒类增长12.1%，服装鞋帽、针纺织品类增长10.7%，化妆品类增长3.4%，金银珠宝类增长7.6%，日用品类增长13.1%，家用电器和音像器材类增长8.3%，中西药品类增长10.9%，家具类增长16.4%，石油及制品类增长3.6%，汽车类增长12.8%。

六、对外经济

全年全省进出口总值4714.70亿元，比上年增长2.6%。其中，出口总值2835.34亿元，增长5.7%；进口总值1879.35亿元，下降1.8%。

表7:2016年进出口总值及增速

指标	金额(亿元)	比上年增长(%)
进出口总值	4714.70	2.6
出口总值	2835.34	5.7
#一般贸易	863.35	4.1
加工贸易	1934.54	6.8
#机电产品	2143.15	8.1
高新技术产品	1879.28	8.7
进口总值	1879.35	-1.8

全年新批准外商投资企业196个。实际吸收外资169.93亿美元，比上年增长18.7%。实际利用省外资金8438.10亿元，增长7.9%。

全年对外承包工程和劳务合作业务新签合同额44.68亿美元，比上年增长3.1%；营业额52.68亿美元，增长9.0%。

七、运输、邮电和旅游

z年末全省铁路营业里程5466.22公里，高速公路通车里程6448公里。全年各种运输方式货物运输量比上年增长6.6%；货物周转量增长6.1%。旅客运输量下降3.5%；旅客周转量增长3.9%。机场旅客吞吐量增长19.8%；机场货邮吞吐量增长13.1%。

表8:2016年交通运输主要指标及增速

指标	单位	绝对量	比上年增长（%）
货物运输量	亿吨	20.54	6.6
#铁路	亿吨	0.96	-2.5
公路	亿吨	18.43	6.9
水运	亿吨	1.15	10.4
货物周转量	亿吨公里	7336.28	6.1
#铁路	亿吨公里	1685.89	1.2
公路	亿吨公里	4838.53	6.5
水运	亿吨公里	808.61	14.6
旅客运输量	亿人	12.23	-3.5
#铁路	亿人	1.45	11.1
公路	亿人	10.64	-5.4
水运	万人	288.48	3.2
旅客周转量	亿人公里	1857.17	3.9
#铁路	亿人公里	938.30	3.1
公路	亿人公里	760.57	2.2
水运	亿人公里	0.57	5.0
机场旅客吞吐量	万人次	2229.09	19.8
机场货邮吞吐量	万吨	45.90	13.1

年末民用汽车保有量1481.66万辆，比上年末增长10.4%，其中私人汽车1010.01万辆，增长16.5%。民用轿车(小微型载客汽车)942.94万辆，增长16.9%，其中私人轿车888.27万辆，增长18.4%。

全年邮电业务总量2065.90亿元，比上年增长55.8%。其中，邮政行业业务总量(含快递)233.22亿元，增长42.4%；电信业务总量1832.67亿元，增长57.6%。快递业务总量8.39亿件，增长63.0%。年末本地固定电话用户798.60万户，移动电话用户8164.60万户。电话普及率94.50部/百人。年末互联网用户8145.50万户。

图12:2010年以来年末互联网用户

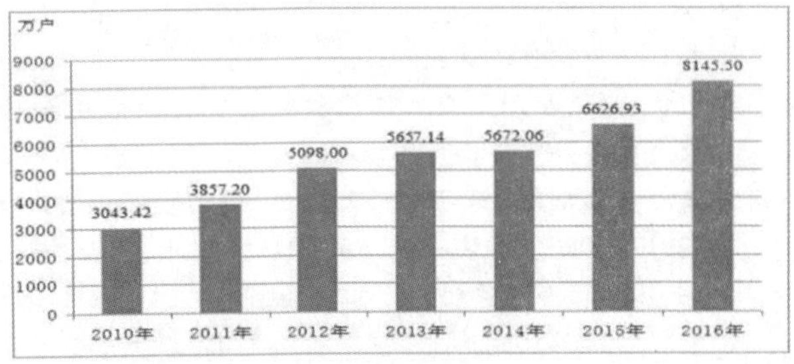

全年共接待海内外游客58306.95万人次，比上年增长12.4%。其中入境游客293.95万人次，增长9.6%。旅游总收入5764.06亿元，增长14.5%。年末4A级以上景区146处，星级酒店520个，旅行社1178家。

八、金融、证券和保险业

年末全省金融机构人民币各项存款余额53977.62亿元，比上年末增长13.3%，其中境内住户存款余额29421.19亿元，增长12.9%。人民币各项贷款余额36501.17亿元，增长16.1%，其中境内住户贷款余额12556.75亿元，增长25.0%。

表9:2016年末金融机构人民币存贷款余额及增速

指标	年末数（亿元）	比上年末增长（%）
各项存款余额	53977.62	13.3
#境内住户存款	29421.19	12.9
境内非金融企业存款	14845.34	11.7
各项贷款余额	36501.17	16.1
#境内住户贷款	12556.75	25.0
#境内非金融企业及机关团体短期贷款	10647.95	5.2
境内非金融企业及机关团体中长期贷款	11618.72	16.0

全年有3家企业在境内外首发上市。其中，境内1家，境外2家。全年首次发行和再融资募集资金442.85亿元，其中通过A股发行和再融资募集资金436.73亿元。截至年底，全省已有108家境内外上市公司，发行股票110只，募集资金总额2984.70亿元。年末，境内A股上市公司流通股市价总值6591.84亿元。

全年保险公司保费收入1555.15亿元。其中，财产险372.95亿元，人身险1182.19亿元。全年赔款支出与给付548.03亿元。其中，财产险184.32亿元，人身险363.72亿元。

九、人民生活和社会保障

全年全省居民人均可支配收入18443元，比上年增长7.7%；居民人均消费支出12712元，增长7.4%。按常住地分，农村居民人均可支配收入11697元，增长7.8%；农村居民人均消费支出8587元，增长8.9%。城镇居民人均可支配收入27233元，增长6.5%；城镇居民人均消费支出18088元，增长5.4%。

年末参加城镇职工基本养老保险人数1749.98万人，其中参保职工1323.44万人，参保离退休人员426.54万人。参加城乡居民基本养老保险人数4893.74万人。参加城镇职工医疗保险人数1227.34万人，其中参保职工882.74万人，参保离退休人员344.60万人。参加城镇居民基本医疗保险人数1133.40万人。参加失业保险人数788.07万人。参加工伤保险人数876.97万人。参加生育保险人数646.80万人。

全年共发放城镇居民最低生活保障资金28.38亿元，城镇享受最低生活保障人数82.12万人。发放农村最低生活保障金57.46亿元，农村享受最低保障人数327.76万人。

十、教育、科学技术和文化体育

全年全省研究生招生14206人，在学研究生39525人，毕业生11954人。普通高等教育招生60.60万人，在校生187.48万人，毕业生48.69万人。成人高等教育招生11.78万人，在校生31.55万人，毕业生15.65万人。中等职业技术教育招生47.79万人，在校生128.25万人，毕业生42.37万人。普通高中招生69.53万人，在校生199.60万人，毕业生63.31万人。初中招生144.13万人，在校生415.83万人，毕业生129.50万人。普通小学招生173.16万人，在校生965.59万人，毕业生144.16万人。特殊教育招收残疾儿童0.51万人，在校2.39万人。幼儿园在园幼儿408.68万人。

全年研究与试验发展人员25万人，经费支出490亿元，比上年增长13.0%。省级以上企业技术中心1072个，其中国家级84个；省级以上工程实验室（工程研究中心）459个，其中国家级42个。国家级工程技术研究中心10个，省级工程技术研究中心1080个；省级重点实验室125个；国家级创新型（试点）企业18家，省级创新型（试点）企业515家。申请专利94669件，增长27.3%；授权专利49145件，增长2.9%；有效发明专利22601件，增长28.6%。签订技术合同4275份，技术合同成交金额59.2亿元，增长30.0%。

图13：2010年以来研究与试验发展经费支出及增速

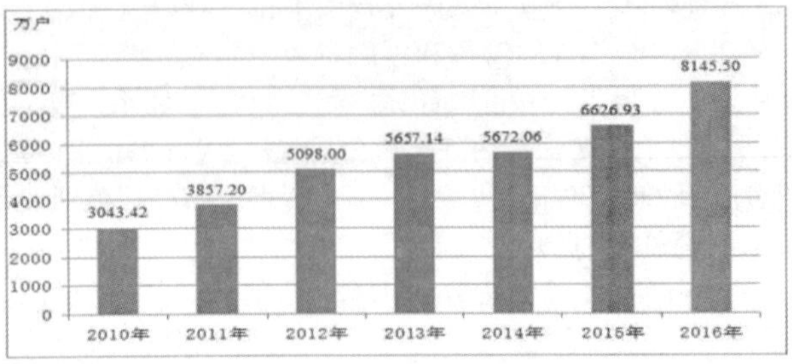

年末共有通过资质认定的检验检测机构2038个；产品质量、体系认证分支机构4个；完成产品认证的企业4219个；法定计量技术机构301个；60个产品获得国家地理标志产品保护。全年强制检定计量器具291万台件；制定、修订地方标准179项；新建计量标准227项。年末共有天气雷达观测站点18个，卫星数据广播接收系统122个，区域气象观测站2512个。全年晴雨预报准确率88.16%，最高最低气温预报准确率分别为79.67%和81.76%。地震观测台项87个，地震观测台网1个。测绘地理信息部门编制各类地图及专题数字产品7896幅，专题地图25种，获取覆盖全省的多分辨率卫星影像16.7万平方公里。

年末全省共有艺术表演团体171个，文化馆205个，公共图书馆158个。博物馆283个，其中新增民办博物馆15个。全国重点文物保护单位358处。入选国家级非物质文化遗产名录113个。豫剧《焦裕禄》荣获第十一届中国艺术节“文华大奖”。有线电视用户1068.89万户。广播人口覆盖率98.43%，电视人口覆盖率98.64%。全年图书出版总印数2.39亿册，期刊出版总印数0.88亿册，报纸出版总印数19.45亿份。年末共有综合档案馆177个，已开放各类档案472.78万卷（件）。

全年全省运动员在国内外重大比赛中，共获得世界冠军10个、亚洲冠军5个、全国冠军152个，共获得金牌167块。

十一、卫生和社会服务

年末全省共有卫生机构71273个，其中村卫生室56774个，医院1596个，乡（镇）卫生院2065个，妇幼保健院（所、站）164个，疾病预防控制中心（防疫站）180个，专科防治院（所、站）21个，卫生监督检验机构179个。卫生机构病床床位52.37万张，其中医院38.70万张，乡（镇）卫生院10.03万张。卫生技术人员54.69万人，其中执业医师和执业助理医师20.69万人，注册护士22.21万人。

图14：2010年以来卫生技术人员

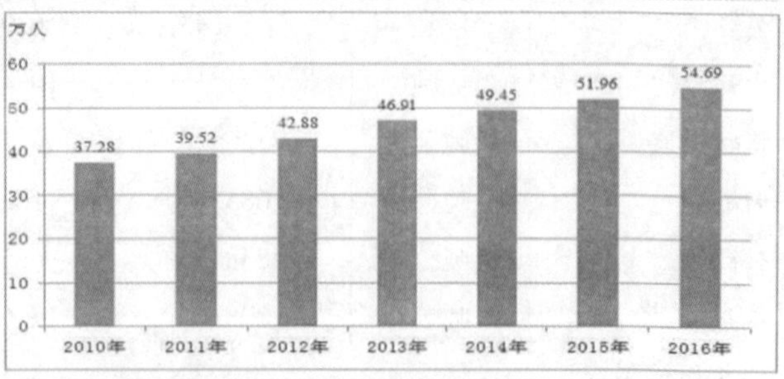

年末可提供社会服务床位50.65万张，其中养老床位49.50万张，每千名老人养老床位33张。

十二、资源和环境

年末全省已发现的矿种144种，已查明资源储量的矿种110种，已开发利用的矿种93种。其中，能源矿产6种，金属矿产23种，非金属矿产62种，水气矿产2种。全年新发现大中型矿产地19处。

全年万元工业增加值能耗比上年下降10.98%，初步核算可超额完成国家下达的万元生产总值能耗下降目标。

全年全省地表水水质级别为轻度污染。全省141个省控河流监测断面中，断流3个，占2.1%；水质符合Ⅰ～Ⅲ类标准的断面72个，占51.1%；符合Ⅳ类标准的断面28个，占19.9%；符合Ⅴ类标准的断面11个，占7.8%；水质为劣Ⅴ类的断面27个，占19.1%。18个省辖市环境空气优良天数比例为53.6%，上升3.4个百分点。

全年平均气温15.6℃。

全年共营造林449.4千公顷，其中人工造林97.7千公顷。年末共有自然保护区30个，面积760.59千公顷，其中国家级自然保护区13个。森林公园117个，其中国家级森林公园34个。森林覆盖率23.62%。

注：

1. 本公报为初步统计数。
2. 生产总值、各产业增加值绝对数按现行价格计算，增长速度按可比价格计算。
3. 三次产业划分：根据《三次产业划分规定》（国统字[2012]108号），第一产业是指农、林、牧、渔业（不含农、林、牧、渔服务业）。第二产业是指采矿业（不含开采辅助活动），制造业（不含金属制品、机械和设备修理业），电力、热力、燃气及水的生产和供应业，建筑业。第三产业即服务业，是指除第一产业、第二产业以外的其他行业。
4. 根据农业部规定，计算农业机械总动力指标时，农业机械拥有量统计口径有所调整，不再包含三轮汽车、低速载货汽车。
5. 资料来源：本公报中城镇新增就业人员、失业人员实现再就业、就业困难人员再就业、城镇登记失业率、新增农村劳动力转移就业、全省农村劳动力转移就业、城镇职工基本养老保险、城乡居民基本养老保险、城镇职工医疗保险、城镇居民基本医疗保险、失业保险、工伤保险、生育保险数据来自省人社厅；财政收支、税收收入数据来自省财政厅；农业机械总动力、农用拖拉机数据来自省农机局；发电装机容量数据来自省电力公司；城镇保障性安居工程数据来自省住建厅；进出口总值数据来自郑州海关；新批准外商投资企业、实际吸收外资、实际利用省外资金、对外承包工程和劳务合作业务新签合同额及营业额数据来自省商务厅；铁路营业里程数据来自铁路部门；高速公路通车里程数据来自省交通厅；机场旅客吞吐量、货邮吞吐量数据来自省内三家机场；民用汽车、民用轿车保有量数据来自省公安厅；邮政行业业务总量数据来自省邮政管理局；电信业务总量、本地固定电话用户、移动电话用户、电话普及率、互联网用户数据来自省通信管理局；接待海内外游客、旅游总收入、4A级以上景区、星级酒店、旅行社数据来自省旅游局；金融机构人民币各项存贷款数据来自人行郑州中心支行；股票境内外首发上市、首次发行和再融资募集资金、境内外上市公司、发行股票、募集资金总额数据来自省金融办；境内A股上市公司流通股市价总值数据来自省证监局；保费收入、赔款支出与给付数据来自省保监局；城镇居民最低生活保障、农村最低生活保障、可提供社会服务床位、每千名老人养老床位数据来自省民政厅；各类学校招生、在学、在校、毕业人数数据来自省教育厅；省级以上企业技术中心、省级以上工程实验室数据来自省发改委；国家级工程技术研究中心、省级工程技术研究中心、省级重点实验室、国家级创新型（试点）企业、省级创新型（试点）企业、签订技术合同、技术合同成交额数据来自省科技厅；申请专利、授权专利、有效发明专利数据来自省知识产权局；通过资质认定的检验检测机构、产品质量、体系认证分支机构、完成产品认证企业、法定计量技术机构、国家地理标志产品保护、强制检定计量器具、制定、修订地方标准、新建计量标准数据来自省质监局；天气雷达观测站点、卫星数据广播接收系统、区域气象观测站、晴雨预报准确率、最高最低气温预报准确率、全年平均气温数据来自省气象局；地震观测台项、地震观测台网数据来自省地震局；编制各类地图及专题数字产品、专题地图、获取覆盖全省的多分辨率卫星影像数据来自省测绘局；艺术表演团体、文化馆、公共图书馆、入选国家级非物质文化遗产名录数据来自省文化厅；博物馆、全国重点文物保护单位数据来自省文物局；有线电视用户、广播人口覆盖率、电视人口覆盖率、全年图书、期刊、报纸出版总印数数据来自省新闻出版广电局；综合档案馆、已开放各类档案数据来自省档案局；获得世界冠军、亚洲冠军、全国冠军、获得金牌数据来自省体育局；卫生机构、卫生机构病床床位数、卫生技术人员数据来自省卫计委；已发现矿种、已查明资源储量矿种、已开发利用矿种、新发现大中型矿产地数据来自省国土资源厅；地表水水质级别、省控河流监测断面、省辖市环境空气优良天数比例、自然保护区数据来自省环保厅；营造林、森林公园、森林覆盖率数据来自省林业厅；各种价格指数、粮食种植面积、棉花种植面积、粮食产量、棉花产量、畜产品产量、居民收支数据来自国家统计局河南调查总队；其他数据来自省统计局。